넘다, 보다, 듣다, 읽다

넘다 보다 듣다 읽다

1930년대 문학의
'경계넘기'와
'개방성'의 시학

조영복

서울대학교출판문화원

Cross, Watch, Listen and Read

The 1930s Literary World's Borders–Crossing and Poetics of Openness

by Youngbok Cho

Seoul National University Press

윤에게

이 저서는 2008년 정부(교육과학기술부)의 재원으로 한국연구재단이 지원을 받아 수행된 연구임.
(KRF-812-2008-A00167)

책을 내면서

책을 사랑하는 것은 운명애적인 것이다. 책을 사랑하는 자들(philobiblion)은 근본적으로 디지털 세계의 전자 기호를 읽는 것에 만족하기 어렵다. 책광들은 문자를 읽는 것이 아니라 온몸으로 문자와 활자 그리고 활자를 둘러싸고 있는 책의 아우라를 감각하는 것이다. 책에 대한 환몽은 유례없이 끈질기다. '활자'에 대한 집요한 탐색은 활자의 흔적을 자기 육신 위에 덧입혀가며 자신의 정신적 귀족주의를 위무하는 책략이다. 책을 덮으면 몸에서 활자가 떨어져 나가는 환각이 그들의 물질적 궁핍을 대체했으며, 백지처럼 창백한 안색은 육신의 결핍과 공허를 가리면서 완벽한 책의 정신을 표상하는 메타포가 되었다. 1930년대 책광들은 활자에 그들 실존의 무게를 달아야 했던 것이다. 그 빈궁하고 어두운 시대를 그들은 그렇게 생존해 나갔던 것이다.

1940년 8월이 되었다. 민간신문들이 다 폐간된 뒤 문인들은 할 말을 잃었고 할 일을 잃었다. 그들에게 남겨진 것은, 조선어로 문학을 할 수 있는 매체가 사라졌다는 단순한 발표 기관의 상실에서 오는 좌절이 아니었다. 무엇인가 만지고 돌보고 감각할 그런 것들이 사라져 버린 데서 오는 정신적 공허감이었다. 누구보다 유미주의적이고 감각적인 문체를 가졌던 이태준의 공허감은 달랠 길이 없었다. 그나마 활자공들은 납활자를 만지지 못한다는 정도의 상실감을 가졌지만, 자신들, 소설가들은 더 이상 책을 만져볼 수 없다는 공허감과 마주해야 했다. 붓과 종이는 그대로 책상 위에 놓여 있지만 그들은 정작 그 붓과 종이(책)를 만져볼 수 없었다. 원고를 쓸 필요가 없었다. 원고를 실어줄 매체가 이미 사라져 버렸던 것이다. 이태준은 '원고 졸리던 생각이 아쉽게 난다'고 아득하게 썼다.

이태준의 상실감에는 종이와 붓으로 감각되는 그런 물질적인 감각의 아우라가 깊게 묻어 있다. 어떤 지면에 연재소설을 내줄까 재보면서 그는 고민 아닌 고민을 하곤 했던 것이다. 그가 이렇게 저렇게 지면 선택의 수고로움을 즐겼던 것은 연재소설의 결정적 지위가 삽화의 아름다움과 활자의 모양과 지면의 배치에 있다고 보았기 때문이다. 그런 '문학을 둘러싸고 있는 물질적 환경'은 그에게 소설의 미를 구성하는 작은 뼈대 같은 것이었다. 호사 취미가 남달랐던 것이다. 그런 정신적 귀족주의가 그에게 있었다.

감각의 기억은 사변의 그것보다 영속적이고 강력하며 쉽게 버리기 힘든 것이다. 감각이 사라지면 존재도, 생명도 사라질 것이다. 이성과 분석의 알츠하이머가 내 생명의 끈을 사라지게 하는 운명의 여신은 아니다. 망각의 두려움은 기억상실의 두려움이 아니라 감각의 상실에 대한 두려움 아니겠는가. 더 이상 원고지를 마주할 수 없는 시간을, 감각적이고 달콤한 문학의 회감에서 멀어지는 순간을, 이태준은 그런 상실감과 공허감으로 기억하고 있다.

나에게 근대문학 공부의 많은 시간은 책을 읽는다는 것이었다. 읽어야 할 책들의 목록에는 서구로부터 건너온 화려하고 현학적이며 분석적인 문학 이론서들이 대부분을 차지했으며, 한국문학의 장고(藏庫) 역시 현대적으로 잘 정리되고 매끈하게 편집된 현대판, 최근판 판본들로 채워졌다. 문학 공부를 한다는 것은 어떻게 보면 전적으로 문자를 해독하고 분석하는 것이었다. 그러나 내 학문의 상자에는, 서양의 이론을 읽고 소화한 공부의 내공이 쌓여 있는지, 오히려 의문과 의혹만이 점차 가득 차 갔다.

내가 좋아하는 일제강점기 문인들은 글만 읽지 않았다. 그림도 보고 음악도 듣고 무용도 보고 영화도 봤다. 영화평은 물론이고, 전람회평도 쓰고 간혹은 무용평도 쓴다. 이상도, 박태원도, 김기림도, 정지용도, 이효석도 그랬다. 임화마저 그랬다. 이상이 그랬던 것은 납득되지만, 임화가 '조선의 장 콕토'로 불렸다는 건 아무래도 의아하지 않은가. 그런 다중적인 기호나 취미가 그들에게는 딜레탕트적인 여기거나 호사가적 방편일 수 있다. 보헤미안처럼 영화관에 몰려다니고 미술평을 한 자락씩 날리면서 그들은 1930년대 문학판의 구도를, 판세를 바꾸어 놓았다. 결과적으로 우리는 이를 '모더니즘'이라고 불러왔던 것 아닌가. 아무튼, 언제부턴가 나는 그들이 썼던 소설이나 시보다는 그들의 시나 소설이 실린 잡지들의 원본을 구경하는 재미에 빠져 있었다. 1930년대 간행된 소설 단행본들, 단행본 장정들, 연재소설 삽화들, 시화들, 화문들. 그들이 남긴 글과 그림의 향연에 내 눈과 귀와 손을 다 내주었다. 글을 읽는 것에 비할 바 아니었다. 영혼의 절절하고 아름다운 숨결이 느껴졌다.

그러니까 1930년대 '모더니즘 문학판'의 범주는 우리가 알고 있는 것과는 다르거나 더 넓다는 것이다. 얼마나 넓거나, 혹은 그 이전과 이후와 어떻게 다른 것인가. 그래서 하나의 틀을 제시하는 방편으로 1930년대 문학의 '경계넘기'라는 구도를 잡고, 거기에 '혼종성의 시학'이라는 미학적 개념을 부쳤다. 거기에는 비슷한 감각을 가진 인간들이 있고, 그들이 모여 같이 즐기는 멍석(판)도 필요하다. 무엇을 할 것인가, 그들의 목표는 1930년대 내내 그들의 문학을 낳고 기르는 동력이 되었을 것이며, 그들의 장난에 박수쳐 주고 호응해 주는 관객들(독자들)이 있었을 것이며, 그렇게 그들은 서로의 감각과 기호를 나누었을 것이다.

근대문학사가 모더니즘과 리얼리즘이라는 환원론적 구도로 재현될 수 없고, 더욱이 1930년대 문단 자체가 그러한 이분적 구도 속에서 재편되지는 않는 것 같다. 문인-화가(예술가) 공동체의 존재, 이종 텍스트의 존재, 혼종성 미학은 1930년대 문학의 진경이 아니었을까. 1930년대 문학의 미적 자율성은 그렇게 생성된 것 아니었을까. 저널리즘 제도, 인적 네트워크, 아방가르드 미학 이념, 혼종적 텍스트의 존재는 본질적으로 상호로 얽혀 있는 모나드(monad)적 입자들이자 1930년대 문화운동의 본질이었던 것이다. 이 책에서 그런 것들을 탐색해 보고 싶었다.

그들이 남긴 장정들을, 삽화들을, 화문들을, 이른바 원본 텍스트를 보고 있으면 그들의 숨결이 정신의 협곡을 가로지르고 시간의 바람을 건너 나에게 전해지는 듯하다. 이상이 장정한 김기림의 기상도를 더듬어 보며, 정현웅이 그린 「나와 나타샤와 힌 당나귀」의 삽화를 넘겨보며, 김용준이 그린 이태준의 『달밤』의 표지를 감촉하며, 1930년대 문학의 판이 펼쳐지는 아우라를 느끼며 1930년대 문학의 거리를 소요해 보는 것이다. 먼 곳으로부터의 아득한 그리움이 '아우라'라면, 나는 그런 이상의 기발한 에로티즘을, 이태준의 유미주의적 감각을, 백석의 순결한 자의 자의식을, 문자 지식이 아닌, 허리케인처럼 달려나가는 '기상도' 세 글자의 점진적 질주로부터, 『달빛』을 감싸고 있는 그 책의 물질성으로부터, 정현웅이 그린 삽화의 이미지로부터, 그렇게 아득하게 느껴보는 것이다.

그런 생각의 단편들을 체계화하고 사이사이 발표한 소논문들을 정리하고, 서로 덧붙이고 합해서 한 권의 책으로 내게 되었다. 한국학술진흥재단의 '인문저술지원' 사업이 구체적인 계기가 되었다. 출판미술을 이끌었던 정현웅을 조명하는 작업에 참여해 쓴 글도 일부 포함되어 있다.

문학을 한다는 것은 여전히 조금은 더 감상적이고 감각적이며 딜레탕트적인, 이런저런 예술파적인 감수성과 연관되어 있다는 생각이 든다. 언제부턴가 생경하고 낯선 외국문학 이론들을 읽는 것에 흥미를 잃었다. 문자 지식의 해독 능력뿐만이 아니라 적용의 능력, 논리적 부석 능력도 이제는 힘에 부치다. 그들의 문학을 이해하는 내 편협성은 문학 이론을 척박하게 읽고 소박하고 얕게 그것을 한국문학에 적용해 보는, 어설프고 소박한 자기만족의 대용품과 수시로 연락한다. 이 책 제목의 '원소유권자'인 레비스트로스(Lévi-Strauss)의 말처럼, '불타오르는 영감이 우리 안에 잠든 감각을 깨우지 못한다면' 그 머리 쓰는 일이란 것이 얼마나 희안하고 가소로운 일일 것인가. 나의 어설프고 얕은 논리실증주의적 사유의 책임을 스스로 감당하지 못하는 지점들을 나는 '경계넘기' 혹은 '혼종성의 미학'이라는 봉쇄 틀로 알뜰하게 포장하고 있는지 모르겠다. 능력이 없기 때문이다. 어설픈 것은 어쨌든 슬프다.

책 내기가 쉽지 않다. 책을 내는 상황은 더더욱 어려운 시대가 되었다. 나로서는 책 출간을 결정하기도 쉽지 않았다. 출간을 결정해 주신 서울대학교출판문화원에 감사드린다. 출간할 수 있게 도움과 격려를 주신 신범순 선생님께는 감사의 말씀을 다 전하기 어려울 것이다. '발로 뛰는 능력'이 특히 부족한 본인의 게으름을 책망하지 않고 중요한 원본 자료를 제공해 주신 오영식 선생님께도 감사드린다. 자료 정리에는 김정현 선생의 도움이 컸다.

2013년 10월의 막바지에

차례

Ⅰ. 1930년대 문학의 구도

이교도의 피가 살아난다. 나는 영원히 열등민족에 속해 있다.
나는 짐승이다. 흑인이다.

– Rimbaud, 「지옥에서 보낸 한 철」 中

1930년대 문학을 보는 시각

새로운 에크리튀르를 향한 항해

문학사를 기술하는 사람들은 아마도 문학사 기술의 보편적이면서 일반적인 원칙, 문학사의 연대기적인 연속성이 존재한다고 믿고 싶을지 모른다. 신문학 도입기인 1910년대, 동인지 시대인 1920년대 문학 모더니즘과 카프의 대립기였던 1930년대(일제 말기) 및 해방공간 문학, 1950년대 문학, 1960년대 문학 같은, '10년 단위'로 재편하는 문학사 기술 방법이 그것이다. 이것이 방법론상 용이하고 익숙하기 때문이다. 전통의 단절과 지양으로 정향되는 임화의 '이식문학론'적 관점뿐 아니라, 근대성의 주체적 동력을 한국문학 내부로 이해하는 관점 역시 근본적으로는 10년 단위의 '문학사적 분할'에 기대고 있다.[1] 10년 단위로 분할된 문학사는 아무런 단절과 비약 없이 논리적 필연성을 갖고 있는 듯 보인다. 하지만 이는 실재이기보다는 일종의 조형적(plastic)인 구분에 가깝다. 이 같은 10년 단위의 문학사 기술은 적당한 '용량'의 문학적 자료를 담지하고 있다는 점에서 기술상 용이하고, 그것을 뒤받쳐 주는 실체가 있다는 점에서 진실을 담보하고 있다는 인상을 준다. 문제는 이 같은 분할의 적절성 여부가 아니라 문학사 자체가 어떤 문학 내적인 문제에 집중되거나, 반영론, 리얼리즘론/모더니즘론, 표현 기술상의 방법론 같은 문학사 기술상의 어떤 인위적 체계 위에서 작동되고 있다는 것이다.

이효석은 자신의 문단 등단 시절을 회상하는 글에서, 「노령근해」(1931)를 쓰던 1930년대는 시대색이 뚜렷했던 '사실주의 시대인지 모르나

1 김윤식 · 김현, 『한국문학사』, 민음사, 1987, 16~17면.

기실은 낭만주의 시대'라고 규정한 바 있다. '도대체 문학의 한 조류란 한 세기에 한두 번 찾는 것이지 이것을 거의 해마다 성급히 찾으려 할 때 억지가 많은 듯하다'고 썼다.[2] 200~300여 년의 시간 위에 펼쳐졌던 모든 서양 문예사조를 조선 근대문학 10년이 완벽하게 추체험했을 리도 만무하거니와 서구 문예사조의 수용과 모방에 대한 인과관계를 정합적으로 구축하는 것도 사실상 용이하지 않다. 문학사 기술이든, 문단사 회고든 10년 단위로 분절된 문학사 및 문단사는 실재이기보다는 인위적 배치에 가깝다. 그런데 문제는 이 같은 배치가 환원론적인 강제와 규범적인 틀에 구속된 경우이다.

문학의 장은 '인위적 분절이나 배치'가 감당할 수 없는 훨씬 복잡하고 정교한 장을 스스로 구축하면서 움직인다. 문학은 물질적 토대의 계급주의적 반영물로 기능한다기보다는 사회문화제도의 광범위한 토대 위에서 스스로 움직이면서 그 토대 자체를 재구축한다. 그 사회문화제도 가운데는 신문, 잡지 같은 발표 매체도 있고 뉴미디어의 틈입과 같은 가시적인 것도 있으며 장르 등 문학 본질적인 양식 문제들도 있다. 뿐만 아니라 문학을 낳고 기르는 '감각'이라는 인간주의적인 것도 있다. 감각 자체의 변화가 문화의 장을 변화시키기도 하고 변화된 문화의 제도 속에서 감각의 변화가 야기되기도 하는 것이다. 이 관계는 인과적이거나 일방적인 것이 아니라 상호 가역적이며 교환적이다.

개별 장르들은 이 같은 문학의 장 속에서 탄생한다기보다는 문학의 장을 움직이면서 스스로 생성된다. 새로운 장르는 문학을 둘러싼 거대 담론이나 '사회적 제도'를 바탕으로 생성되기도 하지만, '읽고 쓰기의 감각' 곧 새로운 에크리튀르[3]에 대한 욕망 없이는 가능하지 않다. 이상, 김

2 이효석, 「駑馬의 十年」, 『이효석 전집 7』, 창미사, 1983, 266~267면.

기림, 박태원 등은 '영화관에서 배우는 새로운 말'을 통해 새로운 에크리튀르를 창안해 낸다.[4] 영화란 무엇이었는가? '무엇인가'가 아니라 '무엇이었는가'라고 과거 시제로 질문한 것은 당대 문인들의 욕망의 지평을 묻고 싶기 때문이다.

당면한 정신적 문제를 탐조하는 문학은 '근대적 탄력성'으로 접근하고자 하는 영화 장르의 의지에 접근한다.[5] 초현실주의의 사도처럼 불리는 기욤 아폴리네르의 문학은 문학 자체의 혁신이기보다는 기계에 충만해 있는 시적 이미지를 차용함으로써 비롯된 것이다.[6] 그가 발견한 기계는 인간주의적인 것이었으며 그것의 기능 자체는 인간의 육체와 마음으로부터 유추된 것이었다. 이 같은 아폴리네르의 아이디어가 페르낭 레제, 장 콕토, 르네 클레르에 지대한 영향을 끼쳤음은 물론이다. 이들이 미술에서 출발해 영화 제작 및 연출로 그들의 역할을 옮겨 갔던 것은 인간주의적 비전을 뉴미디어인 영화를 통해 구현하고자 했기 때문이다. 그들의 영화 매체에 대한 헌신은 영화 그 자체에 대한 동경보다는 영화를 통한 시적 비전의 확보라는 것을 주목해야 할 것이다.

그들은 문명의 최첨단인 스피드를 인간의 의식과 감각 위에 자유로이 구사함으로써 현실의 압축에서 벗어나는 공간을 구축하고자 했는데, 이는 1차 세계대전 이후 '가장 젊은 문학'에 도달하는 길로 인식된다. 영

---

3 'écriture'는 그림문자든, 표의 문자든 상관없이 문자적 표기의 신체적 특징(꼴, body)을 지칭할 뿐 아니라 이 문자적 표기를 가능하게 하는 모든 것들, '읽기-쓰기'의 방법을 총칭한다. 자크 데리다, 『그라마톨로지에 대하여』, 김웅권 역, 동문선, 2004, 17면.

4 일본 작가 코노 유키치(香野雄吉)가 모호리 주장을 소개하면서 한 말이다. 난명, 「"여자의 눈"은 왜 찢어졌는가」, 『한국현대문학연구』 제30집, 한국현대문학회, 2010, 110면.

5 이헌구, 「세계 문학의 정신 탐조, 一의 서론적 수기」, 『개벽』, 1934.11.1.

6 Neal Oxenhandler, "Poetry in Three Films of Jean Cocteau", *Yale French Studies No.17 Art of Cinema,* 1956, p.14.

화적 방법은 공간의 비상적 감각성(飛翔的 感覺性)을 구현하는 것이다. 그래서 활자 매체는 영화, 사진 등 기계 매체와의 조우를 통해 새로운 표현 방법을 모색하게 된다. 문학이 문자 매체의 한계를 뚫고 입체주의적 이상을 실현해 나가기 위해 영화나 회화 같은 뉴미디어적 방법론을 수용하는 것은 적극적인 경계넘기와 혼종성 매체 전략의 일환이다. 여기에 문학이 근대적 방향성이 있었으며, 국제적 '코스폴리티즘'으로의 길이 있었다.

초기 전위영화를 제작했던 예술가들에게 '시적(poetic)'이라는 말의 문맥은 문예 장르로서의 '시'를 의미하는 것이 아니라 광범위하고 다양한 형태를 취하는 인간의 감각(sensibility)를 의미하는 것이었으며 그들은 그 감각의 다양한 층위를 새로운 영화 매체를 통해 확인하고자 했다.[7] 초기 아방가르드 영화에 간여했던 사람들이나 관객들이 아방가르드 영화에 열광한 이유가 '시적' 영화 경험을 창조하는 필름 제작자와 감각을 서로 공유하기 위한 것이었다는 지적도 있다. '영화'에 방점이 찍힌 것이 아니라 '시적인'에 방점이 찍혔음을 주목해야 할 것이다. 당시 영화는 당시 현재 우리가 견지하고 기대하는 지평에서 경험되는 매체가 아니었다. 그들에게 영화는, '시적인 것'을 표현하고 시적인 감각을 창안해 낼 수 있는 도구로써 이해되었다는 뜻이다. 영화는 다양한 형태의 감각적 표현이 가능하고 그 같은 경험을 공유할 수 있는 매체이며, 이는 범박하게는 환상적, 비논리적, 반실정적이라는 말과 통한다. 이는 기계주의 시대가 연 비산문적이고 비일상적이며 판타직한 미적 경험과 분리할 수 없다. 루이 브뉘엘에게서조차 영화는 시적 경험을 창조하는 도구로 이해되었다. 영화는 자유로운 감각을 보장하고, 리얼리티의 전복을 의미하며, 인

7 Scott Macdonald, "Poetry and Avant-Garde Film: Three Recent Contributions", *Poetics Today*, Vol.28, No.1, spring, 2007, pp.1~3.

간을 둘러싸고 있는 제한된 사회에 대해 무의식적이고 비정합적이며 경이로운 세계를 경험할 수 있도록 인도하는 그런 것이었다.[8] '시'는 '희망 없는 종교이자 모럴이 되었다. 그것은 계급주의의 몰락, 지드의 전향으로 인한 정신적 좌절 등을 극복하는 하나의 방법론적 기제와도 같은 것이었다.

1930년대 문학을 논하면서 우리는 영화를 통해 구현되는 '시적'인 것의 가치, 곧 읽고 쓰는 방법론 및 미학의 문제에 다시 시선을 모으게 된다. 난명은 일본 신감각파들의 『시와 시론』과 프랑스 전위영화와의 관계를 밝히면서 이상의 「흥행물 천사」, 「광녀의 고백」이 장 콕토의 '천사' 이미지, 영화 〈잔다르크〉와 밀접한 관계가 있다고 주장한다. 이상의 창조적 역량을 지탱하고 있는 것은, 1930년대 매체적 혼종을 통한 월경(越境), 곧 장르의 문턱을 돌파하려는 월경자의 의지라는 것이다. 영화의 1930년대 문학과의 관계성은 '영향 관계'보다는 읽고 쓰는 감각의 변화에 잠복되어 있다. 이를 서구 문예사조로부터 출발한 '모더니즘'을 가공한 미학관 및 세계관으로 이해하고 있지만, 실상 그것은 뉴미디어를 통해 수용된 감각의 발견과 그것의 재현에 깊숙이 연결되어 있는 것이다. 이는 문자 텍스트 중심의 읽기 쓰기 감각, 선조적 시간 감각, 단일 매체적 감각, 작가 절대주의의 감각과의 단절을 의미한다. 영화, 미술 등에서 기원한 신흥예술파적인 감각은 물질주의적인 것이며, 공감각적인 것이며, 입체주의적인 것이며, 공간 감각적인 것이다. 독자들은 그러한 물질적 텍스트를 감상하는 '노변의 감상자'로서의 역할을 충실히 수행하게 된다.[9] 이것이 독자 대중이며, 저널리즘 문예물의 대중성 논의의 본질이

---

8 *Ibid.*, p.6.

9 아놀드 하우저, 『문학과 예술의 사회사–고대, 중세편』, 백낙청 외 역, 창작과 비평사, 1985, 292~293면.

다. 1930년대 문학의 구도는 물질적이며 감각적이며 제도적인 것에 직접 연결돼 있다. 이는 그만큼 당시 조선의 사회적 인적 네트워크 및 제도와 밀접하게 연관되어 있다는 뜻이기도 하다.

새로운 에크리튀르가 생성되는 이 같은 1930년대 문학의 장을 우리는 확인하게 될 것인데, 이를 위해 '혼종성(hybrydity)'[10]과 '경계넘기(borders-crossing)'[11]라는 개념을 도입할 것이다. 이들 두 개념은 '평행'과 '역설'의 층위[12]에서는 역설을, '폐쇄성'과 '개방성'의 층위에서는 개방성을, '축소'와 '확장'의 층위에서는 확장을, '독점'과 '공유'의 층위에서는 '공유'의 관점을 지지한다. 그래서 이 두 개념은 순혈주의적인 문학의 독립적 지위와 자율성의 영역이 아니라 문학의 혼종주의적 월경과 자유주의적 개방성의 받침대로서 기능한다. 이 개방성과 혼종성이, 어떤 시기보다도 암울했을 일제시대, 그 정치적 암흑기를 관통한 힘이었음을 1930년대 쏟아진 그 숱한 문학적 자산물들이 증거한다.

새로운 에크리튀르가 창안되면서 1930년대 문학은 그 자체로 역동적인 새로운 구도 속에 놓이게 된다. 이 같은 접근 방식은, 10년 단위로 인위적으로 분할해서 기술하는 문학사적 시각보다 구체적이고 명료하

---

10 '혼성성' 혹은 '혼종성'으로 번역되는 'hybridity'는, 근대 자본주의적 문화의 속성을 기본적으로 미디어 간 '혼성'으로 분석하는 Marshall McLuhan의 개념에서 차용한 것이다. '매체의 이종 교배(hybridization of media)'로도 번역된다. 그는 '새로운 형태의 탄생'은 매체와 매체 간의 문화적 혼종에 의해 가능하다고 보고 있으며, 보들레르, 조이스 등의 예를 들어 영화와 문학의 혼종성을 거론한다. 마샬 매클루언, 『미디어의 이해』, 박정규 역, 커뮤니케이션북스, 2007, 64~65면/파울슈티히의 '매체 결합' 역시 유사한 개념이다. 베르너 파울슈티히, 『근대초기 매체의 역사』, 황대현 역, 지식의 풍경, 2007, 15면.

11 표현 주체의 관점에서 '타 매체와의 혼종'은 'borders-crossing'의 시도이다. Dario Del Degan, "Crossing borders: Towards a cognitive aesthetic approach to Caravaggio and Beckett", *Semiotics*, 2005, Vol.157 참조.

12 이 개념은 사이드와 바렌보임이 공유한 역사 인식의 관점에서 빌어왔다. 에드워드 사이드, 『평행과 역설』, 장영준 역, 생각의 나무, 2003.

며, 그래서 역설적으로 '문학적'이다. 19세기 문학을 설명하면서 예술 공동체의 탄생과 예술의 자율적 지위를 강조하는 부르디외(Pierre Bourdieu)의 논의를 우리의 1930년대 문학을 설명하기 위해 잠깐 빌어오기로 한다. 부르디외는 어떻게 말했던가? 그는 문학의 장은 '창설'된다고 말한다.[13] 그 창설된 장들은 어떤 것인가, 어떤 모델로 설명할 수 있는가. 1930년대 '창설된' 문학의 장을 어떻게 설명할 것인가.

자율성의 '제도' 탐구

우리가 지금까지 견지해 왔던 '리얼리즘/모더니즘'의 대립 구도는 견고하다. 이분법적 대립 구도로 구축된 이 방법론적 틀이 적용된 연대기적 문학사는 문학 내적인 문제로 연대기를 온전히 구축할 수 없다는 점에서, 다른 새로운 설명 모델을 필요로 한다. 그것은 문학적인 것도 아니며 문학 외적인 것도 아니다. 뉴미디어의 출현과 미디어적 갈등 및 결합(혼종), 학예면이라는 제도적 현실과 인간관계 등의 사회적 자산, 새로운 장르의 생성 같은 문학 내적인 제도의 변화, 이 여러 얽히고 서로를 가로지르는 모나드의 존재들이 1930년대 문학의 구도를 구축하고 있다.

마르크스주의적 환원론의 입장이나 모더니즘 미학의 자율성 원리를 기반으로 한 문학사 이해는, 먼저 문학의 내부・외부로 문제의 틀을 규정하는 데서 출발한다. 전자는 사회, 역사적 발전 과정과 문화를 연결시킴으로써 문학과 사회와의 관계성을 고찰하는 데 유효한 관점을 제공하지만, 토대 상부 구조의 결정론적 발전 모델을 기반으로 하고 있다는 점에서 문화 자율성의 맥락을 괄호치고 '집합적 현상'에 가려진 '개인적 실

13 피에르 부르디외, 『예술의 규칙』, 하태환 옮김, 동문선, 2002, 158면.

재'를 간과하는 위험을 스스로 떠안는다. 반면, 후자가 문화·예술의 사회적 매개 관계의 복잡한 연쇄 고리를 설정하고 개인적 동기나 가치의 문제에 집중한 것은 문화예술의 자율성 이론을 보다 정교하게 구축하는 동력으로 작용한다. 하지만 이것 역시 자율성의 초점을 문화 내부의 논리에 맞춤으로써 문화를 역사적 과정과 단절시킬 뿐 아니라 불가피한 분화 과정의 자동적 산물로 인식하는 위험을 내재한다.[14] 이 두 가지 축은 오랫동안 우리 문학사를 이해하는 중요한 두 축, 곧 리얼리즘과 모더니즘이라는 양 축의 근간이 되었다.

문제를 보다 구체적이고 직접적으로 이해하기 위해서는 자율성의 '제도' 자체를 탐구해야 한다. 개인적 현상과 사회적 현상, 개인을 둘러싸고 있는 미시적 환경과 경험에 대한 고려, 사회적·정치적 변화 속에서의 문화예술의 지위, 제도와 환경에 대한 이해가 그것이다. 1930년대 문학의 토대를 '일제 식민지 시대'의 정치적 경제적 구조에 상응하는 것으로 이해하는 일련의 논의들로부터 빠져나와, 1930년대가 마주친 가변적이고 유동적인 문화 생산의 장을 들여다보아야 할 것이다. 이것이 1930년대 문학의 독자성과 자율성을 확보하는 길이다. 베버는 우리가 문화라고 부르는 것들을 가치 영역이라 명명하는데, 정치적인 것과 경제적인 것, 지적인 것과 과학적인 것, 에로틱한 것과 개인적인 것 등은 서로 얽혀 있으며 이들은 사회발전과정에서 다른 것들과는 독립적으로 유지되며 자신의 내적 논리를 견지한다는 것이다.[15] 마르크스주의적 환원주의적 분석 방법과는 달리, 동기 구조(motivational structure)와 가치 영역들의 자율성을 시시하는 이 같은 입장은 문학적 사건들의 다층적 질서를 이해

14 앨란 스윈지우드, 『문화사회학 이론을 향하여-문화이론과 근대성의 문제』, 박형신·김민규 옮김, 한울아카데미, 2004, 55~59면.

15 위의 책, 63면.

하는 데 도움을 준다.

문화 토대와 문화 장 및 문화적 행위 간의 관계는 역동적이다. 정치 경제적 현실을 비켜 가면서 혹은 교차하면서 이어지는 이런 국면을 문화예술의 '진보' 혹은 '전위'라고 규정할 때, 1930년대 문학의 독립성과 자율성은 이 같은 진보주의적・전위주의적 정신사 위에서 정립된다. 1930년대 문학은, 정치 경제적 현실이라는 토대, 그것과의 중층적 관계에 놓인 여러 물질적 문화적 무형적 '제도', 인적 네트워크 등의 제반 관계 속에서 형성된 것이다. 이 구도 한가운데서 1930년대의 새로운 문학 장르 및 양식들이 창안된다. 이 구도의 본원적인 개념을 '경계넘기'라 지칭할 것인데, 혼종성의 미학 및 혼종 텍스트는 이 새로운 문학 장의 산물이다.

따라서 다음과 같은 관점에서 1930년대 문학사의 지평을 탐색할 것이다.

첫 번째, 사회적 경제적 토대의 문제이다. '순문학(純文學)'을 업으로 해서는 생계를 이어 가기 힘든 문인 및 화가들의 경제적 현실은 1930년대 문화 토대의 저변을 이룬다. 신문사나 잡지사가 중요한 생계수단이 된다. 이광수, 염상섭 등 1920년대 문인기자들에 이어, 1930년대 활동했던 이원조, 최정희, 채만식, 정현웅, 안석영, 이무영, 백석 등 대부분 문인, 화가들이 '밥벌이용'으로 신문・잡지 기자가 된다. 예컨대 정현웅이 조선일보 출판부에 취직하고 백석이 『여성』 편집을 담당하면서 그들은 조선일보 출판부 '한솥밥 식구'가 된다. 이 관계는 일제시대뿐 아니라 후일 월북 이후까지 이어진다. '김기림-이상'의 인간적 관계나, 이태준의 〈조선중앙일보〉와 이상의 「오감도」의 관계 또한 1930년대 문학장의 창안과 깊숙이 연결되어 있다. '구인회' 동인의 형성 이면에는 단순한 신문사(학예면) 제도뿐만 아니라 이를 둘러싼 다른 제도들이 존재한다. 그 미시적 범주에는 활자 텍스트와 뉴미디어 혼종성, 새로운 에크리튀르 생성

등이 있다.

'목일회'와 '구인회'의 관계는 화가와 작가 사이의 일종의 공동 작업(collaboration) 혹은 '협력' 관계가 발아, 지속된 결과이다. 이들 문인-화가들은 1930년대 문학의 한 장을 창설해 낸다. 그 장은 이들 집단의 신념과 연결되며, 그들은 '상징화 작업'을 통해 일종의 예술 생산에 기여한다. 그들은 예술 생산의 장 속에서 서로를 발견해 '준다'. 작가는 비평가이자 해설가이며 주석자들이다. 이 같은 해석과 해석의 해석이라는 상징 행위 속에서 예술 생산품의 의미와 가치가 적극적으로 부여된다. 문인들 대부분이 '미전평'을(가령, 정지용은 조택원, 최승희 등을 탐구한 '무용가론'을 쓰기도 한다) 쓰고 있다는 사실은 주목되어야 할 것이다. 작가들은 미전평을 통해, 화가들은 작가들의 삽화나 장정을 통해 그렇게 한다. 작품은 발견되고 인정되며 알려지는 과정 속에 재창조된다. 작품에 대한 담론은 작품의 이해와 평가를 도와주는 단순한 보조가 아니라 작품의 의미와 가치를 생산하는 것이다.[16] 부르디외는 이를 '상징적 연금술적 기획'이라고 부른다. 이태준의 역할은 여기에 분명한 근거를 준다.[17] 이태준과 김용준의 관계는 문단 형성 과정이나 작품집 출간 과정에서 이미 확인된 것이다. 정지용과 장발, 이상과 구본웅 그리고 김환기가 서로 얽혀 있는 것도 주목할 부분이다.[18] 이들이 서로를 발견해 주는 과정은 상호 교환적인 상징화 과정이며 이 과정 자체가 '혼종성과 경계넘기'라는 1930년대 문학의 장이 창설되는 과정이기도 하다.

---

16 피에르 부르디외, 앞의 책, 227~231면.

17 이태준, 「화단의 회고와 전망」, 〈매일신보〉, 1931.1.3; 이태준, 「제13회 협전관후기」, 〈조선중앙일보〉, 1934.10.26; 이태준, 「제9회 협전인상」, 〈중외일보〉, 1929.10.29.

18 김용준, 『풍진세상 예술에 살며』, 을유문화사, 1988, 172면; 이승만, 「풍류세시기」, 〈중앙일보〉, 1977; 조용만, 『30년대의 문화예술인들』, 범양사출판부, 1989.

두 번째는 뉴미디어의 출현에 따른 작가들의 인식이나 글쓰기 방법론 문제, 새로운 텍스트의 텍스트성을 이해하는 것이다. 영화가 새로운 미디어의 주역으로 등장하면서 당시 지식인들 대부분이 뉴미디어인 영화에 열광한다. 영화 매체는 문학의 창작 방법에 단순히 기술적인 영향만을 끼친 것이 아니라, 읽고 쓰고 사고하는 방법의 변화, 감각의 변화를 충동하게 된다. 문예미학상 '시네마틱 모더니즘(cinematic modernism)'이라 지칭되는 것인데, 이를 시학적 차원에서 '시네 포에틱스(cine poetics)'라 규정한다. 그런데 보다 본질적인 것은 영화 매체가 문자 매체와 결합돼 '혼종성의 미학'을 구축한다는 점이다. 영화에 대한 관심은 영화소설, 신문연재소설, 시화, 화문 등의 문자와 도상이 결합된 텍스트의 창안과 연관되며, 이는 그림문자와 언어문자의 비율에 따라 시각적 효과가 달성되는 편집미학 텍스트의 본격적인 등장을 예고한다. 이것의 기원은 이미 윤전기 미학, 곧 활자 텍스트의 시각적 효과를 시학에 도입한 데서 찾을 수 있다. 시는 이미 '인쇄술의 발달에 따라 문자의 예술로 再轉되는'[19] 시각예술로서 정착되고 있었다. 이 같은 혼종 텍스트의 창안자들은 그 '윤전기 미학'의 후예가 아닐 수 없다.

활자의 크기나 서체에 주목하는 경우, 이는 의미보다는 형태에 주목함으로써 시각적 효과를 노리는 일종의 '윤전기' 미학으로서의 가치에 집중하는 것이다. 물질적이고 물리적인 측면, 곧 서지학적인 엄격성이 지배하는 이 관점은 문자 언어로서의 문학의 지평을 넘어서(beyond) 존재한다. 활자체의 물질적 특성, 활자공들의 습관 같은 물리적 증거들을 다루는 브래드 쇼우(Bradshow)의 방법들은, 우리가 오랫동안 공들여 왔던 문학의 주제나 내용을 이해하는 문학 연구 방법과는 다른 종류의 지적 분

19 김기림, 『김기림 전집 2』(이하, '『전집 2』'), 심설당, 1988, 75면.

류 작업이며 구조화 작업인 것이다.[20]

신문, 잡지 등 저널리즘 매체의 편집미학은 시각적이고 물질적이며 감각주의적인 특성을 가진다. 인쇄된 언어(활자)로 된 예술작품은 그 자체의 세계 속에, '언어적 아이콘(verbal icon)' 속에 갇혀 있다는 확신을 주는데, 그것이 신비평과 형식주의 비평이다. 언어적 아이콘은 읽는 것이지 듣는 것이 아니다. 인쇄본이 갖는 시각적 물리적 일치성이 '인쇄된 텍스트는 완전한 것이다'는 자기충족적 이미지를 확산시킨다.[21] 폐쇄성과 완전성을 가진 텍스트, 저자의 말을 결정적으로 가진 최종적 자기 텍스트로서의 권위가 언어문자 중심의 텍스트의 근간을 이룬다. 그러나 편집과 배치의 공간미학을 중시하는 '윤전기 미학'의 텍스트는 언어미학적 규범에 근거한 텍스트와는 본질적으로 차이를 갖는다. 이 텍스트는 개방성과 불완전성을 가진 텍스트이며, 외부 세계(독자), 비언어 텍스트(그림)와 끊임없이 대화를 주고받는 열린 텍스트로서의 지위와 해석학적 층위를 갖는다. 혼종 텍스트인 시문, 화문 등의 장르가 여기에 속한다. 독자들에게 신문, 잡지 등의 매체는 '읽는 것'의 원천이기보다는 '읽고 보는' 것의 보고가 되고 있었다. 신문, 잡지에 실린 작품들, 소설과 시의 질적 수준이나 문학적 성취 또한 편집자–문인, 소설가–삽화가 등 인적 네트워크 및 저널리즘 제도와 분리되지 않는다.

이태준이 편집이나 삽화에 주목한 것은 이 같은 인쇄 매체가 갖는 미학적 기능 및 물질적 효과를 인지한 데 있을 것이다. 그는 이로써 언어미학의 규범을 넘어 개방성과 혼종성 미학에 관심을 가진 문인으로서의

---

20 Wane De Fremery, 「1920년대 한성도서 인쇄인 노기정에 대하여」, 『근대서지』 제4호, 2011, 433면.

21 월터 J. 옹, 『구술문화와 문자문화』, 이기우・임명진 옮김, 문예출판사, 1996, 200~201면.

위상을 확고하게 다진다. 그러니까 이태준의 유미주의적 태도, 목일회 관계, 김용준과의 관계, 문장파 활동 등 일련의 행적은 이 개방성과 혼종성의 미학적 인식과 결코 분리될 수 없다. 그런 이태준에게 신문 연재소설 그 자체의 질적 가치나 미학은 삽화가의 중요성이나 삽화의 이미지와 '평행' 하는 것이었다.

세 번째는 독자 취향의 변화이다. 이는 텍스트를 향유하는 감각의 변화를 의미하며, 혼종 감각의 텍스트, 혼종 감각의 물질성을 구현하는 텍스트에 대한 기호의 확장과 관련된다. 신문, 잡지 지면의 편집 상태, 글과 그림 간의 지면 배치 등은 독자들의 감각과 기호에 맞춰진다. 구독률, 인기도 등등 문학 외적 지표들, 일종의 사회적 통계 지표들이 문학장의 중요한 변수가 된다. 잡지를 얼마나 흥미롭게 편집하는가, 작품의 배치를 어떻게 하는가와 같은, 삽화와 문자 텍스트 간의 관계성에 대한 문제, 곧 '활자 공간(typographic space)'의 문제가 신문, 잡지 편집의 중요한 인자가 된다. 단어의 배치, 단어들끼리의 배치 및 위치 문제는 인쇄의 통제를 받는데 이는 문학적 상상력을 발현하는 데도 크게 작용한다. 문학적 상상력은 활자가 만들어 낸 공간이 독자의 마음을 어떻게 움직이는가 하는 복잡하고 신비한 요인에도 의존하며 활자 공간은 심리적이며 정서적인 기능뿐 아니라 상징성을 띤 기호의 역할을 한다. 문자가 지시하는 소리조차 그것은 청각적일 뿐 아니라 그 문자 주위의 시각적이고 운동감각적으로 감지되는 공간과 서로 영향을 주고받는다.[22] 근대적 시쓰기란 단순히 쓰기 문화의 산물이라기보다는 활자 인쇄에 결부되어 있다는 지적은 의심의 여지가 없다. 다다, 초현실주의 같은 이른바 '래디컬 모더니즘'으로 지칭되는 모더니즘의 형태주의적 시도는 단순히 서구 모더니

22 위의 책, 194~195면.

즘의 수용과 답습의 문제가 아니라 근대문학의 읽기 쓰기 감각의 변화, 자율적 장의 제도적 변화 등에 밀접히 관련된다.

잡지들은 빈궁한 가운데서도 '2도 삽화' 형태의 삽화를 게재하던 관행에서 벗어나 채색 삽화를 싣는 등의 이른바 '볼거리'에 주목한다. '읽을거리'에서 '볼거리'로 중심이 이동한 것이다. 한 때 『여성』 편집에 간여했던 백석은 『여성』 지 최고의 편집자로서 '잡지쟁이'가 된다. 독자들은 단지 잡지에 수록된 기사의 내용 때문에 잡지를 구매하지는 않는다. 편집, 시각적 효과, 삽화가의 역량 등 '볼거리'는 잡지 구매의 중요한 인자가 되며 이른바 '물질성의 미학'에 기초한 문학의 취향은 잡지 구매력과 긴밀하게 연결된다. 따라서 삽화가-소설가의 인적 네트워크의 형성은 독자들이 문학에 부여하는 장르적 위계를 결정하는 중요한 요소가 되며, 이로써 '독자'는 문학 텍스트의 생산 및 소비의 핵심적인 고리가 된다. '연재소설 공고'를 내면서 화가의 이름을 강조하는 문구가 두드러지게 나타나는 것도 대중들의 읽기 감각의 욕구를 반영한 것이다.

네 번째는 새로운 장르 및 양식이 창안되면서 1930년대 문학은 그 고유한 장을 형성하게 된다는 것이다. 이 새로운 장르들은 기존 문예학의 범주 내에서는 설명하기 어렵거나 기존 장르가 포괄할 수 없는 것들이다. 흥미로운 것은, 1930년대 문학에서 각 장르 사이의 차이나 갈등보다는 장르와 그 장르종 사이의 차이와 갈등이 더 커진다는 것이다. 연재소설과 시 사이의 양식적 · 장르적 차이 및 그로 인한 갈등보다는 신문 연재소설과 순문학적 소설(본격소설) 간의 갈등이 더 두드러진다. 당시 통속 소설론이나 신문 연재소설의 차이와 갈등에 대한 담론들이 신문, 잡지 지면을 채웠음을 기억하기 바란다. 화문, 시화, 연재소설의 경우, 어떻게 보면 이들은 혼종 텍스트라는 측면에서 동질성을 갖는다. 이들은 사변적이고 사색적이며 선형적 읽기 문화인 '책 문화'에 속하는 것이 아니라 물질적이고 도상적이며 모자이크적인 일종의 '저널리즘 문예'에 속하는 것이다. 앞에 있는 것은 문예학적 가치 영역에 속하지만, 후자의 것은 '윤전기 미학'의 가치 영역에 속한다. 독자들의 요구나 읽기 감각 또한 이 범주에 관련된다. 이 같은 혼종 텍스트의 존재, 양식 및 장르의 변화가 문학 장 전체의 변화를 이끌고 온다는 사실은 1930년대 문학을 이해하는 데 중요한 바탕이 된다.

기존 문학사 기술에서 첫 번째와 두 번째 문제는 대체로 간략하게 처리되고 있으며, 세 번째와 네 번째 문제는 대부분 주목되지 않았거나 간과됐던 것 같다. 특히 장르 문제를 보는 시각은 장르 그 자체의 문제가 아니라 문학사(시사) 이해의 문제와 직결되어 있다는 점에서 중요하다.

1930년대 문학의 장은 시, 소설, 희곡, 수필 등의 문예학적 장르론으로는 포괄할 수 없는 것이다. 이 시기는 문학 내적인 장르 문제뿐 아니라 문학과 회화 사이에 존재하는 매체적 차이에 관한 문제도 새로운 상황에 직면한다. 문인들의 언어는 문학적인 것에 국한되지 않는다. 회화, 무용, 음악 등의 '월경적 지식'의 문화 담론들이 문학 담론을 위해 견인된다. 이 문제는 비단, '멀티미디어 예술가'였던 이상에게만 해당되는 것은 아니다. 이태준은 밀레의 〈만종〉을 내용 중심의 문학으로, 고흐의 〈해바라기〉를 선과 색채, 개성의 형식 문제로 비유한다.[23] 박태원은 작가의 개성과 주관을 '음향'이라는 다중감각적 용어로 구현한다. 박태원이 르네 클레르 영화에 심취했다거나 유년기에 축음기로 들은 서양 음악이 박태원의 문학적 감수성에 큰 영향을 미쳤다는 일련의 회고담은 그의 월경적(越境的) 소양과 통합적 예술 감수성의 일단을 보여준 것이다. 김기림은 영화시, 교향악적 시와 같은 뉴미디어 및 다중 매체적 시학에 대한 관심

---

23 이태준, 「소설의 맛」, 『무서록』, 서음출판사, 1988, 178~179면.

을 근대시론의 한 축으로 삼는다. '시각 영상', '의미의 전체적 조화에 따른 가치'라는 담론은 이 시학의 중심을 차지한다. 이 같은 담론들은 문학이 더 이상 문자 언어적 감각 내에서 작동하는 것이 아님을 단적으로 보여준다.

이 같은 월경적 담론들은 궁극적으로 주관과 개성을 중시하는 이른바 '표현주의적 문예관'으로 수렴된다.[24] 다다, 표현파, 미래파뿐 아니라 프로 문예 등 '신흥예술'은 '시와 소설의 악수'라는 장르 통합적 관점에서 구예술과 구분된다는 관점[25]도 있다. 일본에서 신감각주의 및 실험적인 신흥예술을 공부하고 돌아온 일군의 예술가들이 1930년대 저널리즘의 전면에 등장한다. 그들의 주관적이고 전위적인 예술가적 자의식은 엄격한 장르 구분이나 매체 독립성보다는 혼종적이고 통합적인 장르성을 요구하게 되었을 것이다. 표현주의적 문예관 아래 통합된 문학과 회화는 이제 글과 그림이라는 매체적 차이 외에는 어떤 차이가 존재하기 어렵다. 이 두 매체의 갈등이나 차이는 예컨대 모더니즘 소설과 리얼리즘 소설의 차이나 갈등에 비해 현저히 적으며, 아무리 크게 양보한다 해도, 이들 차이나 갈등의 정도를 넘어서지는 않는다.

이 장르 간의 갈등이나 차이보다는 각 장르 내부(장르종)에서 관찰되는 차이나 갈등, 그리고 그 차이나 갈등에 대한 작가들의 인식이 보다 중요해진다. 부르디외는 작품들과 작가들 사이의 특수한 위계를 설정하는 것은 대중의 사회적 질과 상징적인 이익이라고 설명하고 있다.[26] 고전극/통속극/카바레극 같은 대립은 대중들의 사회적 서열과 상응하고, 더

24 기혜경, 「1920, 30년대 한국 근대미술과 문학의 교류상에 관한 연구」, 홍익대학교 대학원 석사학위 논문, 1998, 59면.

25 김화산, 「설명에서 감각으로」, 〈조선일보〉, 1925.10.23.

26 부르디외, 앞의 책, 161면.

직접적으로는 재현된 사회 세계들의 서열, 사회적 출신과 성별에 따른 작가의 서열과 관련된다는 식이다. 대중은 문화적이기보다는 사회적으로 조직된다. 신문 연재소설을 원하는 대중을 끌어들이기 위해서는 작가든 편집자든 '거대한 대중'에 다가서야 한다.

대중과 미디어와 작가의 모종의 합의 혹은 공감 속에서 장르 혼종이 일어나면서 1930년대 문학의 장, 궁극적으로 문화의 장은 통합되기에 이른다. 문단, 화단 등 순수예술가 집단과 저널리즘 집단의 통합, 아카데미즘과 비아카데미즘의 통합, 순수예술과 출판 예술의 통합, 순수성과 대중성의 통합 등이 가능해진다. 아카데미즘과는 순수 화단에서 결별하면서 화가들은 문인 작가들과 공모하면서 새로운 직업적 전환을 이루어 나간다. 정현웅이나 안석영 등이 보여준 1930년대 출판미술의 공과도 바로 이것이 초점이 아닐 것인가. 그것은 궁극적으로 1930년대 문화운동의 장으로 통합된다. 언론인이자 문인이었으며 구인회에도 간여했던 조용만 등이 1930년대를 문화운동의 관점에서 바라본 이유가 여기에 있다. 1930년대 장이 다른 시대의 장과 다른 점이 이것이다.

미디어의 이종 교배와 합성 곧 혼종성이 갖는 폭발력은 '내란'에 버금간다는 지적은 1930년대 뉴미디어의 힘과 문학의 내적 폭발력에 대한 중요한 암시가 된다. 영화 등 전기 미디어가 활자 매체에 끼친 영향은 급진적이면서 본격적이다.[27] '기계주의 시대' 매체인 영화 매체가, 단순히 읽고 사색하는 문자 매체인 책 문화 및 순문학 장르에 끼친 영향을 간과할 수 없는 이유이다. 1930년대 문학은 문단 내부 집단의 제도에 귀속될 수 없으며, 문학 내부의 장르종의 변화에 한정될 수도 없다. 다시 말하자면, 그것은 문학의 경계를 '넘어(beyond)'서 있다. '혼종적 상태'[28]에

---

27 매클루언, 앞의 책, 57~58면.

있었던 것이다.

혼종성과 '경계넘기'의 '파리(Paris)'

궁극적으로 1930년대 문인들은 무엇을 꿈꾸었는가? 그들의 욕망의 코라(chora)에는 무엇이 내재되어 있었던가? 혼종성과 경계넘기는 입체주의 미학을 구현한다. 문자 언어와 그림 언어, 보는 극장과 귀의 극장, 문학과 미술과 영화, 평면성과 입체성, 선조적 시간 개념과 회귀적(신화적) 시간 의식 같은 것들이 서로 혼종되는 가운데 입체주의 미학은 실현된다. 이 지표들이 궁극적으로 향하는 것은 '조선문학의 방향성'이다. 혼종성과 경계넘기의 이상주의는 그러니까, '파리 정향성'과 분리될 수 없다. 이른바 '현해탄 콤플렉스'로 정향되는 근대문학의 지표들은 1930년대로 접어들면서 새로운 국면을 맞게 되었던 것이다. 탈일본을 넘어서는 길은 '현해탄을 넘는 것'이 아니라 파리를 향하는 것(toward Paris)에 있었다. 한편으로, '파리'는 보들레르나 르네 클레르로 정향되는 것이었는데, 여행의 필수품으로 보들레르 시집이 선택된 것은 이를 극적으로 암시한다. 〈유령 서쪽으로 가다〉의 마지막 종착점은 미국이 아니라 파리라는 해석은 이러한 정신사적 배경을 바탕으로 형성된 것이다. 장 콕토(Jean Cocteau), 페르낭 레제(Fernand Léger), 샤를 보들레르(Charles Baudelaire) 등으로 상징되는 서구 전위예술의 지표 역시 동일한 지층에 존재하고 있었

---

28 '혼종적 상태'처럼 '혼종적'이라는 형용사형은 혼종 장르 자체의 장르적 규정이 명백하게 확립되어 있지 않은 점을 의미할 뿐 아니라 장르 자체의 유동적 성격을 강조하기 위해 쓰였다. '서정·서사·극'의 명사형과 대응되는 '서정적·서사적·극적'이라는, 양식과 스타일을 구분하는 용도와 유사하다고 할 수 있다. Rene Wellek·Austin Warren, 『문학의 이론』, 백철·김병철 역, 신구문화사, 1959; 김준오, 『한국현대장르비평론』, 문학과 지성사, 1990; 에밀 슈타이거, 『시학의 근본개념』, 이유영 외 역, 삼중당, 1978 참조.

다. 그런데 이 파리 역시 최종 목적지이기보다는 파리를 넘어서는 것(beyond Paris)의 상징적 가치에 귀속되는 것이었다. 이 같은 '파리' 절대주의 혹은 정신주의가 이상에게, 김기림에게 있었다. 그들의 서구 전위예술의 지향은 본질적으로 1930년대의 문학의 독창적이고 풍부한 장을 형성하는 동인이 되었을 뿐 아니라 1930년대 조선주의 담론과 유미주의적 작가 의식과 중화되면서 보다 내향적인 것으로 순치되었다. '구인회'에서 '문장'으로 가는 길이 이를 보여준다.

'시적 영화'나 '시적 영상'에 대한 인식은 근대 문인들의 '파리'에 대한 동경과도 깊은 연관성이 있다. 파리는 공간적 지향성의 실체이기보다는 문학예술의 본향 같은 것으로 이데아적인 상징성이 있다. '파리'는 '조선'이라는 영토성을 뛰어넘고 조선 근대문학예술의 지역성을 뛰어넘는 욕망의 문턱이자 그 욕망의 최종 지향점이다. 탈영토성의 욕망이 질주하는 근원적 힘의 잠재성이다. '파리'의 궁극적이고 모태적인 코라가 '파리를 넘어(beyond Paris)'라면, 파리(Paris)는 '조선'이라는 지역성과 '조선문학'을 넘어서(beyond) 존재하는 성소이자 이미지이다. '시적 영상'을 강조한 뒤비비에(Julien Duvivier, 1896~1967)의 영화가 인기 있었던 것은, 문인들의 '파리'에 대한 신화적 몰입과 동경이 관련된다. '파리'는 '문학'이라는 절대지존의 아우라를 거느린 성스러운 기표이다. 1920년대 문인들에게 엑조티시즘의 원천이었던 '파리'는 이제 뉴미디어인 영화와 결합되면서 보다 구체적 지향성을 띤 지리적 '상상 공간'이 된다. 르네 클레르의 '파리'를 주제로 한 영화들이 그토록 문인들의 욕망을 자극했던 이유가 여기에 있다. 순수예술 영화나 로망스 영화에 대한 문인들의 취향 역시 이 파리 담론의 아우라에 깊이 깃들어 있다.

다만, 일제시대 영화와 시의 관계는 서구만큼 상호 소통적일 수 없었다. 영화 제작은 축적된 기술력과 경험을 필요로 했고, 거대한 자본이 투여돼야 가능한 것이었기 때문이다. 따라서 이상만큼 영화 매체에 대해 분명한 시각을 가진 문인도 없었을 것으로 추측되지만, 이상 스스로 영화 제작에 대한 언급을 한 적은 없는 것 같다. 당시 서구 전위예술가들처럼 시의 도구(instrument)로서 영화를 제작하는 것은 불가능했던 것이다. 따라서 1930년대 문화의 장을 설명하기 위해서는, 매체 자체의 수용이나 영향 문제보다는 이들 매체의 수용이나 영향을 가능하게 한 제도의 문제를 다루어야 한다. 1930년대 문학의 질적, 양적 팽창은 이 같은 물적, 인적 '제도'의 문제와 분리하기 어렵다. 이 '제도'에는 문화적 토대, 저널리즘 제도, 이들 제도하에서의 혼종 장르 탄생과 같은 문학 양식의 문제까지 광범위하게 포함된다. 본질적인 문화 인프라 구축이라는 관점에서 '경계넘기'의 장이 구축되어 있는 것이다. 문학 장르나 양식 역시 이 같은 혼종적 상태를 지양하면서 변화를 모색하고 변화를 내재화하면서 1930년대 문학 구도의 독립적인 지위를 스스로 생성해 간다.

이 같은 상황을 전제하면, 1930년대 문학을 문학 내적 관점으로, 텍스트 자체를 문예학적(언어 아이콘)인 관점으로 읽고 해석하는 것은 일면적인 것일 수 있다. 문학 텍스트의 가치 및 평가·해석 문제, 독자와의 소통 문제 등의 문학 내적인 문제뿐 아니라 문학과 타 예술 장르 간 매체 혼종 문제, 문인과 화가 등의 교류장의 문제, 뉴미디어적 감각과 새로운 읽기 쓰기의 문제와 같은 문학 '밖'의 문제가 광범위하게 놓여 있는 셈이다. 1930년대 문학의 구도를 읽는 이 미시적인 '개념'들은 '근원(기원)'과 '모방(수용)'에 관심을 두는 일련의 비교문학적 범주와는 차이가 있다.

경험적인 것이지만, 문학을 낳고 기르는 감각이 진정으로 문학 내적인 것인가 하는 점에 대해서는 의문이 있다. 문학을 낳고 기른 감각의 '7할'은 문학의 인접적인 것들이다. 그 가운에 미술이 있고, 음악이 있고, 영화가 있고, 이 모든 것들을 아우르는 당대의 문화적 정신사적 풍경이 존재하는 것이다. 문학이 그 자체로 문학을 낳고 기르는 감수성을 강화한다기보다는, 문학은 문학 그 주변의 것들에 깃들어 문학적 감수성의 깊이와 영토를 확장해 간다. 신문·잡지 매체를 중심으로 문화운동을 이끌면서 예술 공동체의 성격을 강하게 유지했던 1930년대 문화 언저리의 풍경들은 더더욱 그러했을 것이다.

따라서 이 저서는 다음과 같은 논제들로 구성되어 있다.

Ⅰ부에서는 주로, 뉴미디어와 아방가르드 예술과의 관계성 특히 그것의 근간이 된 기계주의 미학이 한국 근대문학(시)에 수용되는 과정과 그 양식들을 구체적으로 다루게 된다. 여기에는 '윤전기 미학'이라고 불리는 활자 매체의 제도적 토대, 학예면의 성립과 같은 신문·잡지 저널리즘의 제도적 문화적 토대를 고찰하는 과정이 포함된다. 뿐만 아니라 '테크놀로지 매체'인 영화 등의 장르와 시와의 관계를 다룬다. 문자 매체인 근대시가 어떻게 문자를 넘어서 '입체적인 시'로 전환해 가는가를 뉴미디어와의 관계 속에서 고찰한다. 그 외 유행하지는 않았으나 시도된 바 있는 라디오시 등에 대한 논의도 덧붙여질 것이다.

Ⅱ부에서는, 문학의 경계넘기가 장르 간 소통을 유도하고 혼종 장르의 탄생을 견인하는바, 시의 영화화 과정이나 영화를 통한 시 장르의 변화를 다루고 혼종 장르인 영화시에 대한 탐색이 시도될 것이다. 또, 시와 그림 간의 관계를 다루고 이미지즘에 대한 새로운 고찰을 시도할 것이다. 이미지즘 문제는 지금까지 모더니즘의 일파인 '이미지즘 사조'로 이해된 바 있다. 하지만 이미지즘은 단순히 양식 및 기법 혁신과 같은 문학 내적인 지평에 갇힌 문제가 아니었다. 이는 Ⅲ부에서 다루게 될 '1930년대 예술 공동체주의 이상(理想)'과도 관련이 있는데, 모더니즘 문학에 영향을 준 것으로 알려진 엘리엇, 스펜더 등 모더니스트들이 시도한 입체주의의 본질은 시간과 공간의 병치, 영화적인 발상의 시적 재현에 그 맥

이 닿아 있다. 이는 시의 물질주의 미학을 정립하는 데 핵심적인 이데올로기로 작용한다. 이 물질성이 1930년대 신문·잡지 저널리즘의 본질이다. 1930년대 신문 삽화의 중요성, 신문 연재소설이나 화문 장르의 존재성의 본질은 여기에 있다 할 것이다.

시화를 비롯 화문 장르 전반의 양식적 성격과 그 장르적 변종의 다양한 스펙트럼을 살펴보게 될 것이다. 화문 텍스트는 한국문학사에서 대체로 처음 언급되고 논의되는 것들이다. 글과 그림의 관계, 문자 텍스트와 그림 텍스트가 혼종되면서 발생하는 감각의 문제 및 독자와의 소통관계가 1930년대 신문·잡지 발간이나 인적 교류와 어떤 관계를 맺는지도 확인하게 될 것이다. 정현웅, 이태준, 이상, 이효석, 김기림 등의 문인 및 화가들의 관계나 그들의 인적 교류, 이들 작품 간의 장르적 소통이 1930년대 문화적 지평을 어떻게 확장하고 성장시켰는가 하는 것은 혼종성과 개방성의 시학을 이해하는 근간이다.

Ⅲ부에서는 구체적으로 '경계넘기'를 시도했던 시인들을 다룬다. 주로 김기림과 이상을 다룰 예정이다. 그들이 오마주(hommage) 했던 서구 전위예술가들, 르네 클레르, 장 콕토, 페르낭 레제 등의 텍스트와 그로부터 이들 문인들의 텍스트가 재문맥화되는 양상을 살펴본다. 이들 전위예술가들의 텍스트는 회화, 음악, 영화 등 뉴미디어와의 관계가 있으며, 문학과 타 예술과의 혼종적 텍스트성을 구현한 것이다. 따라서 1930년대 시인들의 시적 탐색이나 실험 과정에서 이들 뉴미디어와의 관계를 살펴보고, 그들의 시적 전략이 어떤 매체 혼종적 시각에서 도출된 것이며, 어떤 차원에서 '경계넘기'가 시도되는지를 살펴볼 것이다. 이 논의들 맨 앞에는, 거칠기는 하지만, 당대 '파리 지향성'의 풍경을 펼쳐 두었다.

미술, 건축 등 다양한 예술활동을 했던 이상은 본질적으로 문학의 '경계넘기'를 실행할 수 있던 자질을 타고난 경우인데, 영화, 미술, 음악 등 거의 모든 분야의 예술활동을 했던 장 콕토, 르네 클레르 등 20세기 초 멀티 아티스트이자 전위예술가들과의 관계 속에서 이상을 살펴볼 수 있다. 프랑스 전위영화 감독 르네 클레르와 그의 영화는 1930년대 문인들이 시도했던 시적 방법론이나 기술에 중요한 영향을 미치는데, 이 영향은 입체주의적인 감각이 실현되는 계기로써 작동될 뿐 아니라 영화 텍스트를 매체 변용해 혼종 장르가 탄생하는 계기가 되기도 한다. 페르낭 레제의 기계주의 미학이나 미래파적인 이념이 1930년대 김기림이나 표현주의 화가들에게 이해되고 수용되는 과정도 뉴미디어적 감각의 수용과 시의 입체파적인 방향성 정립이라는 관점에서 설명될 수 있는 것이다. 문인, 영화인, 화가 등이 한 시대의 문화예술의 방향성을 모색하며 함께 꿈꾸었던 문화예술인 공동체도 이 같은 관점에서 설명될 것이다.

이 같은 과정을 통해 1930년대 문학은 기존 문학사(시사)에서 간과되었던 일련의 중요한 과제를 내포하고 있음을 확인할 것이다. 첫째, '문학성'의 문제가 시공간을 초월한 고유한 것인가 하는 문제. 둘째, 문학 및 문단의 변화가 문학 자체의 고유한 동력이나 연속성에 의해 결정되는가 하는 문제. 셋째, 한 작가(시인)의 삶을 일관된 문학 고유의 틀이나 문학적 범주로 정의·규정할 수 있는가 하는 문제. 넷째, 문학은 이데올로기적인 것의 반영인가 혹은 물질적이며 구체적인 감각의 재현이자 감각 그 자체인가 하는 문제 등이다. 이 같은 질문에 대한 '해답'을 이 책이 제시하는 것은 무리일 것이다. 문제 제기를 한 것으로써 '자기충족적' 의미를 가질 뿐이다. 한국 근대시사 기술(記述)의 문제에 대한 근본적인 질문을 던질 수 있었다는 것만으로 자기 위안을 삼고자 할 뿐이다.

혼종성(hybridity), 개방성(openness), '경계넘기(borders-crossing)'의 개념과 미학

문화운동으로서의 '경계넘기'

1930년대 문학[1]은 문단 내부적 관계나 문학 제도를 넘어서 새롭고 혁신적인 문화적 토대 위에서 형성된 일종의 문화운동이다. 이 운동은 제도적, 인적 네트워크, 장르 등 중층적 매트릭스 차원에서 펼쳐진다. 구미디어와 신(뉴)미디어 간, 문인과 화가 간의 '경계넘기'가 시도된다. 문학과 타 예술 간의 경계넘기는 언어 텍스트와 비언어 텍스트와의 혼종을 낳고 이는 '감각의 입체화'로 이어지며, 이는 궁극적으로 문학 생산과 소비, 곧 쓰고 읽는 방법의 새로운 창안을 가능하게 한다. 이에 따라 새로운 양식적 실험이 시도되고 새로운 장르가 생성된다. 이로써 1930년대 문학은 고유의 미적 자율성을 확보하게 되는 것이다. 1930년대가 일본의 강압적인 식민지 정책을 타기하면서 그 자체로 의미 있는 문화적·문학적 성과를 보여줄 수 있었던 중요한 이유이다. 이를 이해하기 위해서는 1930년대에 형성된 지적 교류의 장의 존재를 확인할 필요가 있으며, 영화, 신문, 잡지 등 뉴미디어와 기존의 문학, 미술 장르가 어떻게 서로 혼종하며 새로운 양식과 장르를 창안해 내는가에 대한 검토 또한 필요하다.

1930년대 문인들은 잡지, 신문 등 저널리즘 매체와 내외적 관계를 가지면서 한편으로는 영화 등 새로운 미디어에 열광하고, 이 뉴미디어적 감각을 적극적으로 구현하는 텍스트 생산의 주체가 된다. 1910, 1920년

1 '시 양식' 및 '시 장르' 중심의 '시네 포에틱스'를 다루는 이 책의 특성상 '문학'이라는 용어는 일반적인 문학적 지평을 의미하는 경우가 많다. 장르적 구분의 맥락에서는 대체로 '문학' 전반을 포괄하기보다는 '시 양식'을 지칭한다.

대와 분명하게 달라진 점이 있다면, 이들이 대부분 문학 및 미술, 영화 등과 관련된 전문적인 지식을 가지고 있었으며, 신문 학예면의 제도적 장점을 적극적으로 활용할 수 있었다는 것이다. '책 지식인' 혹은 '글쟁이'로서의 형언할 수 없는 자부심이 생계인으로서 그들의 어깨에 드리워진 짐의 위력 앞에서 허물어지는 경험은 1920년대 문인기자들도 이미 했던 것이다. 그런데 1930년대 문인기자들은 오히려 그런 경험을 적극적이고 긍정적인 방향으로 전회할 수 있었다. 사회주의 운동과 근대 예술의 확립이라는 계몽 의식이 맞부딪히는 지점에서 동인지・잡지를 발간하던 1910, 1920년대의 상황과는 질적으로 제도적으로 감각적으로 다른 차원에서, 1930년대 문인들은 잡지, 신문 등의 저널리즘 매체와 관계를 맺게 되는 것이다. 이들은 문인기자로서 신문사에 들어가 이들 저널리즘 매체를 하나의 문화적 토대 곧 문학 생산의 중요한 제도로써 본격적으로 활용한다. 1930년대 문인, 화가, 영화인들은 자신의 전문적 지식을 저널리즘 지면에 직간접적으로 활용할 수 있었던 전문 예술가이자 저널리스트이자 지식인들이었다. 따라서 '학예면'은 1919년 민간신문 창간 후 10년의 기간이 이뤄낸 최상의 문화 제도이자 문화운동의 인프라였던 것이다.

영화 미디어의 수용과 감각의 혼종, 확장

그들이 특히 관심을 기울였던 새로운 매체는 새로운 테크놀로지 예술로 주목받던 영화였다. 그들은 영화광이거나 영화 애호가들이었다. 모더니즘계의 문인, 화가들뿐 아니라 경향적인 문학, 예술을 했던 문인, 화가들 역시 영화 장르에 깊은 관심을 나타낸다. 그러니까 1930년대 문인들은 신문사, 잡지사에 취직해 생계를 유지하면서 신문・잡지 편집에 간여하거나 기자 활동에 참여하고 다른 한편으로는 영화적 기법을 문학이나 미술 장르에 투영하게 되는 것이다. 이는 두 가지 중요한 결과를 낳는다. 문자의 시각화 그리고 문자와 도상의 결합이다. 문학・미술의 영화화 과정인 '시네마틱 모더니즘(Cinematic Modernism)'은 문학의 물질성 미학의 획득이라는 보다 본질적인 문제와 마주친다. 장르 혼종 및 혼종 장르 탄생, 그리고 이에 대한 평가 및 해석의 문제와 밀접한 관련을 갖게 되는 것이다. 이는 기존의 문학사 서술이나 1930년대 문학 이해의 장에서 소외되거나 간과된 부분이며, 따라서 이 책에서 본격적으로 논의하고자 하는 핵심적 논지이기도 하다.

영화 미디어는 시각예술에 속하는 것으로 문자로 이루어진 기존의 문학 텍스트와는 다른 감각에서 생산되고 향유되는 텍스트이다. 문화적 토대의 변화는 문학 텍스트에도 변화를 초래하게 되는데, 이 과정에서 문학 장르는 시각예술에서 받은 영감이나 기법을 문학 텍스트에 견인하면서 이전의 장르적 관습이나 양식으로부터 탈주한다. 이어 시각예술과 문자예술이 혼종된 새로운 문학 텍스트가 출현한다. 신문 저널리즘이 문화 형성의 중요한 제도적 장치가 되면서 문학 텍스트 역시 이 제도의 존립 방식과 밀접한 관계를 맺는다. 제도는 감각의 변화를 이끌고, 이는 텍스트 재현 방식의 변화뿐 아니라 텍스트성의 본질을 변화시킨다. 모더니즘은 한 개인의 모더니즘적 취향에서 비롯된 것이 아니며, 구인회의 결성이 문단 권력 확보라는, 어떤 집단의 특수하고 우연적인 동기에서 비롯되었다고 보기도 힘들다. 신문, 잡지, 영화 등은 문학적인 것을 표현하는 수단, 곧 일종의 장치(device)가 아니라 그 자체로 당대 최고의 뉴미디어이자 제도였다.[2] 그 자체로 타자들과의 소통 수단이라는 점에서 '뉴미디어'이며, 문단・화단이라는 제도와 같이 얽혀 있으면서 1930년대 문화

2 임화는 신문, 잡지를 '현대 저널리즘을 구성하는 양대지주'로 본다. 임화, 「잡지문화론」, 『임화문학예술전집 2』, 소명출판, 2009, 29면.

의 장을 결정짓는다는 점에서 또 다른 상위의 '제도'이기도 한 것이다.

뉴미디어의 특징은 '오감(五感)'으로 체감된다는 것이다. 당대 예술가들은 그것을 오감으로 체감하면서 이를 의식화하게 되는데, 예술을 확장하고 혼종 예술의 가능성을 탐색하는 일종의 번역 미디어로서 이를 성찰한다. 매클루언은 하나의 미디어는 다른 미디어가 '내용'으로 주어짐으로써 그 효과를 높이고 스스로도 강력해진다고 말한다.[3] 이른바 '매체 혼종'이다. 영화의 내용은 소설이고 극이며 오페라이다. 글로 씌어진 것, 인쇄물의 내용은 스피치(speech)이지만, 독자들은 그것이 인쇄물인지, 스피치인지 알지 못한다. 라디오 매체는 '귀의 극장'이다. 새로운 미디어는 기존 미디어로서의 텍스트의 성격을 잠재적으로 견지하면서 뉴미디어의 가치를 그것에 부가한다. 그러나 독자들은 그것들을 마치 그 이전에 있었던 것인 양 자연스럽게 받아들인다. '문학의 영화화'는 신미디어가 정착하는 과정에서 필연적으로 작동하는 미디어 혼종 과정이다. 영화가 온전히 독립적인 장르가 되기 전까지 문학 텍스트의 성격은 소멸되지 않는다. 초기 영화는 시의 이상을 구현하는 수단이었음을 기억할 것이다.

미디어 간 교섭은 새로운 미디어의 공간 구성이나 형식의 변화를 이끌어낸다. 독자들의 감각이나 경험이 광범위하게 변화하는데, 이를 '미디어 확장'이라 한다. 미디어들이 서로 작용하고 서로 감각을 배분하면서 각자의 영역을 확장하게 된다는 뜻이다. 인간의 감각이 확장되면서 각 미디어 내부에도 새로운 배분 비율이 만들어진다. 예컨대, 신문 지상에 소설 장르가 게재되면서 활자 크기 및 종류, 지면의 공간 배치 등 편집의 문제가 핵심으로 떠오른다. 삽화와 문자 텍스트의 관계, 삽화가의 역량, 문자 크기, 활자체 등이 문학의 존재 방식을 결정짓는 중요한 인자가 된

3 마샬 매클루언, 앞의 책, 20면.

다. 독자들은 소설 내용만을 읽는 것이 아니라 삽화의 시각적 이미지를 소설 내용에 덧씌우면서 소설을 감각적으로 향유하는데, 이때 편집은 문학의 미학적 향유에 있어 중요한 기능을 한다. 미디어 간 혼종으로 나타나는 화문이나, 삽화가 있는 신문 연재소설에 반응하는 독자의 존재는 감각의 확장이라는 차원에서 이해된다. 특히 예술가 집단은, 영화 및 라디오 같은 새로운 미디어에 즉각 반응하면서 자신의 행위와 그 시대의 새로운 지식이 갖는 의미를 누구보다도 정확하게 간파한다. 1930년대 문인, 화가들의 새로운 테크놀로지 수용과 변용은 문화 전체의 구도를 바꿀 수 있는 돌파력을 갖게 된다.

1930년대 문학의 '경계넘기'는 제도적인 것이며 문화 토대와의 길항적인 관계 속에서 생성된 것이다. 이는 문화 네트워크의 새로운 존립 방식을 의미하는 것으로 이때 문인·화가들의 협업 및 공동 작업은 필연적인 것이었다. 그것은 구인회, 문장파 등의 문인·화가 공동체를 결성하는 계기가 되며, 본질적으로 문인, 화가, 영화인 등 예술 공동체의 존립은 문화 전체의 방향성을 결정짓는 토대가 된다. 현대 아방가르드 예술운동은 예술 공동체의 탄생이 결정적인 동기가 되었으며 그들이 지향한 입체파 예술의 미학적 논리는 혼종 예술의 토대 위에서 꽃핀다. 저널리즘 제도, 인적 네트워크, 아방가르드 미학 이념, 혼종적 텍스트의 존재는 본질적으로 상호 간 얽혀 있는 모나드(monad)적 입자들이자 1930년대 문화운동의 본질인 것이다.

경계넘기와 인지미학적 방법론

한편으로, 1930년대 문학의 '경계넘기(borders-crossing)'는 1930년대 문학의 시각예술화 과정을 의미한다. 아방가르드 예술 형식이 보편적으로 견지하는 모던 스타일은 영화와 입체파 회화의 문법이 1930년대 시적 방향성과 마주할 수 있는 동력이 된다. 이를 해명하는 방법론 역시 예술 장르 간 연구와 매체 혼종론의 관점이다.

이들 매체 간 상호 연구가 용이하지 않은 것은, '매체/장르' 간의 '담화/표현' 방식의 차이 때문이다. 형식을 비교하는 것 자체가 쉽지 않다는 것이다. 영화 매체의 문학적 수용에 대해 회의적 시각을 갖는 연구도 있다. 이질적인 매체를 두고 어떻게 동일한 개념을 적용할 수 있는가 하는 물음에 답하기 어렵다는 것이다. 모더니즘 소설의 '몽타주' 기법을 영화와 동일한 것으로 간주하고, 동일한 개념으로 설명할 수 있는가를 그들은 질문한다. 이 문제는 이질적 매체 간의 매질적 차이를 넘는 방법론적인 영향이나 개념의 공유라는 문제의식을 개입시킴으로써 해결의 실마리를 찾을 수 있다.

인식론적 미학(Cognitive Aesthetic)의 관점은 장르 간 소통 및 매체 간 연구, '혼종 연구'가 시작되는 출발점이다. 인지학적 연구들은 이 문제를 미적 의사소통의 차원으로 해결하고자 한다. 이 방법의 중심은 읽기의 문제이며, 이것의 주체는 따라서 '독자(예술가)'이다. 독자로서 예술가는 한 매체에서의 읽기를 다른 매체로 전이한다. 텍스트와 독자 및 관객의 관계는 결국 마음(mind) 속에서 일어나는 미적 의사소통의 문제로 해명된다.[4] 하나와 다른 하나의 '영향 관계'라는 수학적・양적・선조적인 관계는 미학적이고 인식론적인 차원에서 통합적 소통의 관계로 정향된다. 어떤 텍스트를 읽은(본, 들은) 독자(예술가)에게 그 텍스트로부터 받은 영감이나 생각들은 결국 새로운 텍스트를 생성하는 조건이 된다.

장르적 경계를 뛰어넘어 타 예술 장르와 의사소통하면서 하나의

---

4 Dario Del Degan, *op. cit.*, pp.65~66.

베케트(Beckett)는 르네상스 시대의 화가 카라바조(Michelangelo Merisi da Caravaggio)의 그림 〈Decollation of St. John the Baptist〉(1607~1608)와 내적 의사소통하면서 『Not I』(1973)를 완성한다. 예술 혹은 예술가는 400~500년의 시간 간극이나 표현 매체의 이질성을 뛰어넘어 내적으로 서로 소통한다.

텍스트가 생산되고 또 그 텍스트의 지평이 확장되는 것은, 예술사로 보면 드문 방식은 아니다. 단일한 예술 장르 내부의 영향뿐 아니라 다른 매체로부터의 영향 역시 일반적이다. 르네상스 시대의 화가 카라바조(Michelangelo Merisi da Caravaggio)의 그림 〈Decollation of St. John the Baptist〉[세례 요한의 참수(1607~1608)]와 이것에서 강렬한 영향을 받은 것으로 알려진 베케트의 극 『Not I』(1973) 사이에는, 약 400년의 시간 간격이 존재하는데, 이를 '경계넘기'의 인식론적 시각으로 설명할 수 있다.[5] 헤롯왕의 의붓딸 살로메의 요청으로 세례 요한을 참수하는 사형집행인과 그 광경을 지켜보는 등장인물들의 예민한 시선은 카라바조의 어둡고 무거

5 *Ibid.,* pp.66~81.

운 화면에서 생생하게 되살아난다.

이 그림은 참수의 주체와 그 대상, 죽음과 침묵, 죄와 용서 등의 문제를 제기한다.[6] 바케트는 카라바조의 그림에 속에 있던 이 어둠의 관찰자들에게 검은 가운을 입힌 뒤 무대 한가운데로 불러낸다. '입'은 이 이항 대립적 개념들을 아우르는 구체적 형상성이다. 무대의 허공에 떠다니며 '나는 아니야(Not I)'를 반복하는 '입'은, 신체로부터 분리된 몸(머리)의 아날로지이며, '주체'로부터 분리된 '나(I)'의 형상성이며, 관람객의 관음증적 욕망의 대상이다. 카라바조의 그림은 몇백 년을 뛰어넘어 바케트에게로 와서 더욱 심오한 주제와 표현 기법들을 낳는다. 매체의 이질적이고 불균질한 차이 때문에 경계넘기의 가능성이 희석되는 것은 아니다. 매체는 그 매체적 이질성의 변곡점을 지나면서 더 큰 범주의 확장과 주제의 깊이로 전회해 간다. 예술가들은, 형식 및 담화 방식의 차이를 가진 이질적인 매체로부터 받은 인상을 소통적 방식으로 자기 작품에 견인한다.

'인식론적 미학'의 관점은 이상 텍스트와 '비주얼 매체'와의 의사소통 문제를 다루는 데도 유효하다. 지금까지 알려진 대로 마티스나 피카소, 루오 같은 화가들의 미술 작품뿐 아니라 복합적인 감각의 의사소통 양식을 가진 영화와의 관계 속에서도 이상 텍스트를 고찰할 충분한 근거가 마련된다. 르네 클레르의 〈유령 서쪽으로 가다〉, 〈최후의 억만장자〉 등은 이상의 작품과 내적으로 의사소통한다. 그 외 에드워드 루드비히의 〈맨하튼에서의 모험(Adventure in Manhatten)〉 같은 범죄 영화나 맥세네트의 추적 영화의 혼종 감각의 모티프들 역시 이상의 창작 욕망을 추동했던 것이다.[7] 이들 영화에서 읽은 문법들, 아방가르드적인 실험 미학이나 정

6 권혜경, 『침묵과 소리의 극작가 사무엘 베케트』, 도서출판 동인, 2004, 191~194면.

7 황호딕, 「한국 모너니즘과 영화-이상, 매트로쏠리탄, 활동사진」, 『한국사상과 문화』 제15집, 2002.

신을 이상은 자신의 텍스트에 은밀하면서도 생생하게 펼쳐 둔다. 이 '경계넘기'의 미학과 '혼종성'의 시학은 인식론적이면서 내향적이고, 개방적이면서 동시에 소통적이다.

이제, 우리는 '경계넘기'의 1930년대 문학의 '판'을 움직이는 '제도'를 들여다볼 수 있게 되었다. 그것은 다음 네 가지 관점에서 조명될 것이다. 세부적으로는, ① 신문, 잡지 등 1930년대 활자 미학과 관련된 '문화 토대 및 제도'의 문제를 제기하고, 모더니즘 문학과 전위영화와의 관계를 '평행 모델'이라는 관점에서 다룰 것이다. ② 학예면 중심의 저널리즘의 계보와 물적 토대 ③ 문인-화가 공동체의 인적 인프라와 그들의 물질주의적 감각주의를 고찰할 것이며, 마지막으로 ④ 뉴미디어 감각의 향수에 기반한 새로운 에크리튀르 생성과 장르 창안의 문제를 다룰 것이다.

1930년대 시네마틱 모더니즘(Cinematic Modernism)과 '윤전기' 미학

'기계주의' 미학을 이해하기

'기계'로부터 떠올려지는 것은 총체적인 부정성의 이미지이다. 근대 문명의 부정적 표상이자 반인간주의적인 것의 총화로서의 기계(기계주의)가 여기에 놓여 있다. '모더니티'의 '양가성'을 규정하는 논의들이 기대고 있는 것은 '부정/긍정'의 이항 대립적 논리의 토대이다. 우울의 메타포도 명랑성의 메타포도 이 굳건한 환원적 근대성의 이데올로기를 잊어버린 적이 없다. 그러나 이 토대 위에서 우리의 진지한 고민은 시작된다.

정작 정지용과 김기림을 이 '근대성의 양가성'이라는 평형 저울추의 한 축에 어떻게 적절히 위치시킬 수 있는가? '기계주의'에 맹목적인 모더니스트의 시선이라는 관점에서, 김기림은 이 기계주의의 근대성이라는 판타지에 실제로 몸을 던졌을까? 그래서 그의 모더니스트로서의 경박함은 기계의 날렵함과 유용성이 갖는 어떤 이면일 것인가? 우리의 고민은 이어진다. 반대의 경우는 어떤가. 밧줄에 몸을 아슬하게 의지하고 사이렌의 바다에 뛰어든 오디세우스처럼, 이상은 예지로 그런 위험을 깨달았고 그 덕에 그는 기계주의의 위험으로부터 탈주해 '인간의 속도'(「선에 관한 각서」)를 선언할 수 있었는가? 그래서 19세기로부터도 20세기로부터도 탈주하지 못하고 근대 문명의 '복사 제국' 동경에서 요절하고 말았는가? 이 같은 근대성의 신화 읽기는 과연 합당한가? 그 고민은 끝이 없다.

그런데 우리는 이 같은 물음에 대한 명확한 답을 이미 가지고 있었다. 기계주의–악, 인간주의–선이라는 이항 대립적 논의의 틀 안에서 말이다. 실제로 이 명확한 이분법이 우리 근대문학에 확고하게 적용되는가? 선뜻 답하기 어려웠던 것이다. 김기림이 기계문명으로 특징지어지는 '근대성'에 그렇게 맹목적인 인간이었는지 확신할 수 없다. '기계주의=근대문명'은 애초부터 성립할 수 없는 등가식이 아니었을까. '상식적 차원'의 논의를 하자는 것이 아니라면 더더욱 그러하다. 학문적인 탐구 대상으로서는 특히 그렇다.

다음 절에서 '기계주의'는 두 가지 차원에서 논의된다. 문자 매체로서 문학이 당대에 겪은 변화 중 하나는 신문, 잡지 등 인쇄 매체와의 관계 속에서 발생하는 것이며, 다른 하나는 영화 등 뉴미디어의 관계에서 이루어진 것이다. 문학의 '경계넘기'는 궁극적으로 '윤전기 미학'의 원심적 역할 속에서 이루어진다. 이 말은 활자 매체로서 문학의 운명을 말한 것이다. 문자 언어에 기반한 새로운 에크리튀르가 창안되는 과정은 활자 매체의 속성을 벗어나기 어렵다는 뜻이다. '영화' 등 뉴미디어와의 관계에서 발생하는 '시네마틱 모더니즘' 또한 궁극적으로 '윤전기 미학'의 범주에 속해 있다. 문자 매체인 문학이 영화 및 회화・음악 등과 양식적 장르적 혼종성을 공유한다 할지라도 궁극적으로는 문자 매체로서의 속성을 벗어나지 못한다는 것이다.

기계주의, 전위영화, 미래파적인 속도감

장 콕토(Jean Cocteau), 르네 클레르(Rene clair), 페르낭 레제(Fernand Léger), 만 레이(Man Ray) 등 20세기 서구의 아방가르드 예술사에 이름을 남긴 이들은 특정 분야나 장르에 자신의 이름을 귀속시키기보다는 여러 장르를 넘나든 멀티미디어 예술가로 기억된다. 그들은 주로 화가나 문인으로 출발하지만 공통적으로 총체적 기계 예술 매체인 영화에 관심을 기울였다.

Léger, 〈Les constructeurs a l'a loes(알로에의 건설자들)〉(1951), 기계적인 육체가 뿜어내는 유쾌한 낙관주의가 잘 묻어나는 작품이다.

그들은 영화가 가진 능동적이고 창조적인 혁신의 힘에 주목하고, 전위영화 제작으로 열정의 방향을 전환한다. 이들이 만든 영화는 음악(소리)과 미술과 문학(시)이 혼종적으로 결합돼 실험적이고 전위적인 특성을 띤다.

영화는 육체를 스크린 위에 자연스럽게 재생하는 경이로운 매체였다. 순수 본질적인 예술의 형태 변환과 왜곡을 실감 있게 수행하는 이 기계 매체는 방법론의 혁신과 주관성의 무한 가능성을 꿈꾸었던 전위예술가들에게 그들의 이상을 실현시켜 주는 '꿈의 공장' 같은 것이었다. 그들은 이 같은 확신을 아방가르드 영화 제작을 통해 구체화한다. 20세기 초에 들어서서 제작되었던 실험적인 영화들은 다다 · 큐비즘 등 추상 회화의 바탕 위에서 기계적인 움직임을 효과적이면서 적극적으로 구현한다. 회화 텍스트를 기계주의적인 매체로 '다르게' 쓰고 있었던 것이다. 초기에는 영화 그 자체의 완성이 추구되기보다는 주로 문학(시)을 영화로 재연하는 것이 더욱 강조되었다. 클레르의 시를 영화로 만들고자 한 것(시적 영화의 비전), 장 콕토의 새로운 리얼리티를 구현하는 방법으로서의 영화적 조합, 레제가 〈Ballet Mecanique〉에서 보여주듯, 기계주의적인 생동감과 명랑성을 모더니즘의 시적 비전으로 치환한 것 등이 여기에 포함된다.[1] 상징주의 시인 말라르메(Stéphane Mallarméé)의 '시네 포에틱스'의 비전은 그 선구적인 것으로 기록된다.[2] 아폴리네르도 이 전위예술가들의 계보에 이름을 올린다. 그는 인간주의적인 시적 가시성을 투사하는 것으로 카메라를 지목한다. 카메라가 인간 '눈'의 기계적 대체물로 이해된 것이다. 아폴리네르가 선구적으로 시도했던 형태시, 칼리그램 등의 시적 모색은 '영화적인 것, 입체적인 것'의 추구와 무관하지 않다.

'기계'에 대한 새로운 인식론적인 사고에서 '기계'를 인간 육체와 아날로지 하는 다양한 표현 기법이 생겨난다. 기계 매체의 총화인 영화는 문학 특히 시에 유사한 '기계적인 경험'을 제공하면서 형태적으로도 낯선 기법들이 실험되는 계기로써 작동한다.[3] 전위예술가들의 실험적 기법이 스크린을 통해 재생되면서, '실험'과 '전위'의 아방가르드 정신은 물질화한다. 영혼은 육신과 근친성을 갖기보다 '기계'에 등을 맞대고 있다. 그것들은 스크린에 '실재'처럼 존재한다. 벤야민은 기계를 통한 재생산

---

1 Katharine Kuh, "Fernand Léger: Pioneering The Present", *My Love Affair with Modern Art*, Arcade Publishing Inc., New York, 2006.

2 Christophe Wall-Romana, "Mallarme's Cinepoetics: The Poem Uncoiled by the Cinématographe, 1893~98", *PMLA*, Vol.120, No.1, Jan. 2005.

3 Susan Mccabe, "The 'Ballet Mecanique' of Marianne Moorer's Cinematic Modernism", *Mosaic: A Journal for The Interdisciplinary Study of Literature*, Vol.32, No.2, Jun. 2000, pp.68~69.

기술은 재생산된 물품을 전통의 영역으로부터 분리시키면서 근본적이고 본질적인 아우라를 제거한다고 말한다.[4] 영화는 그러한 청산을 가장 강력하게 집행한다는 것이다.

초기 아방가르드 영화는 '몸'의 형상적 가치를 변화시킨다. 전통적이며 유기체적인 '인간 몸'의 재현을 거부하고 그 자리에 파편적이고 일탈적인 '기계 몸'을 채워 넣는다. 이렇게 기계주의적 동력학은 서구 전위예술의 미학적 토대와 정신사적 풍경의 한가운데 존재한다. 20세기 문학 특히 시가 이들 전위영화의 방식과 스타일을 '도구화'함으로써 시의 거시적 방향성은 입체주의적인 시각성과 기계주의적 내적 동력학이 결절되는 지점에 놓이게 된다. 이는 매체 혼종의 기원이며, '경계넘기'의 미학적, 인식론적 바탕이 된다.

김기림은 미래파적인 기계주의 동력학에서 1930년대 조선 근대시의 방향성을 찾고자 한다. 그의 인식은 선구적이며 자각적이다. 김기림이 일본에서 돌아온 시점인 1928~1929년경 지식인 집단의 분위기는 그가 쓴 한 편의 글에 암시적으로 드러나 있다. 일본 예술대학을 졸업한 김기림은 귀국 후 고향 경성에서 무료하게 소일하고 있었다. 권태 가까운 한적(閑寂)은 일종의 감옥과 같은 것이었다. 그것은 견딜 수 없을 정도로 불만 가득한 기성 예술에 대한 자연스러운 반감과 은연중 결탁해 있었다. 김기림은 젊은 화가 K군과 함께 이 도무지 타협할 수 없고 지루하기 그지없는 기성 예술의 권태 앞에서 명일의 지평선을 상상해 본다. 미래의 지평선은 조선 예술의 새로운 방향성이다. 반기성 예술과 반전원생활이 그들이 꿈꾼 신흥예술의 좌표가 된다. 그들은 신인 진출을 막고 있는

---

4 Walter Benjamin, "The Work of Art in the Mechanical Age of Reproduction", *Film Theory and Criticism,* Gerald Mast, Marschall Cohen and Leo Braudy (ed.), Oxford: Oxford UP, 1974, pp.65~81.

신문 매체 등 발표 기관의 문제를 지적하고 시대에 뒤처진 기성 문인들에 대한 불신을 토로한다. 그들 향토의 선배 작가인 최서해의 작가적 몰락을 문학의 시대적 갱신과 현신을 몰각한 것에서 찾는다. 서해(曙海) 이후 조선 예술은 그 방향성을 잃었다는 것이다. 김기림은 조선 예술의 갱생의 지표는 '스피드와 좋은 감각'에 존재한다고 본다. 그러니까 미래주의적이고 기계적인 감각은 그들 예술적 지표의 근본적인 출발점이자 방향성이었던 것이다.

> K君의 [오토바이]는 [개솔린]의 보얀 연기를 확확 쏘대며 K군의 다리 아래서 전율한다. 3馬力의 [모터] 그것을 에워싼 흰 연기, 거기에서 쏟아지는 동력의 폭음 나는 지금 [마리네띠]의 시편을 감상하고 있는가 — 과거의 [로맨틱]한 자연적인 소박한 미를 부정하는 아니 학살하는 폭군과 같은 동력의 [리듬]이 생활의 美가 않은가. 힘있게 붙잡아 주었던 K군의 손바닥이 남긴 체온이 채 사라지기도 전에 K군의 [오토바이]는 갔다. 안개와 몸짓 발 저쪽에[5]

스스로 '마리네띠의 시편을 감상하고 있다'고 언급했듯 일본 유학을 하고 귀국한 김기림의 시각은 현저하게 '마리네티적인 세계관'에 기울어져 있었다. 그는 로컬리즘인 공간적 가치를 부정하고 대신 시간적 가치의 중요성을 역설하는데 이는 기계의 속도미와 동력미를 강력하게 욕망했던 것과 관계가 깊다. 공간적 · 로컬리즘적 가치를 뛰어넘는 시간적 가치의 중요성은 이 시기부터 적어도 일제 말기까지 연속적으로 강조된 모더니즘론의 핵심이다. 이는 그가 일본 예술대학 커리큘럼에서 배운 근대 예술의 철학적 인식론에 근거한 것으로 판단된다. '시간'에 대한 인식론

5 김기림, 「오후와 무명작가들」, 『전집 3』, 198~199면.

적인 가치는 모더니즘 예술에서의 혁신과 부정 정신에 그 기원을 둔다. 동시성, 몽타주, 병치 등의 방법론적 전략 역시 이 부정과 저항 정신의 산물이다. '스피드'와 '감각(속도감)'은 고정적이고 인습적인 기성 예술을 뛰어넘고 새로운 예술의 근대적 가치를 정립하는 내적 동력이다. 신흥예술파들의 표현주의적이고 전위적인 감각과 깊은 연관을 가진 것이다.

'美'란 고답적이고 향토적인 데서 기인하는 것이 아니라 스피드와 좋은 감각, 곧 현대적인 감각에서 온다고 김기림은 분명하게 언급하고 있다. 당시 신진예술가들이 관심을 가졌던 서구 전위예술 유파는 프랑스의 쉬르 리얼리즘, 독일의 퓨리즘, 러시아의 네오리얼리즘, 구성파, 일본의 포비스트 등이다. 이들은 대체로 '미래파'에 그 한 끈을 겨누고 있는데, 미래파 예술의 특징은 폭군 같은 동력적 리듬감과 속도감에 있었다. K군의 오토바이는 그러한 전위예술과 기계미에 대한 황홀한 표상이다. 가솔린과 모터와 흰 연기가 복합적으로 만들어 내는 기계적 소음은 20세기 신흥예술의 동력이자 혼종 감각의 소음이자 활력이다. 김기림은 '미래파적인 돌기-폭음-섬광 그러한 것들을 지상에 폭발시킬 운동'을 조선에서 욕망했던 것이다.

1934년에 쓴 이헌구의 세계문학을 조명하는 한 편의 글은 스피드와 기계미에 매혹된 당대 문인들의 정신사적 풍경을 반조하고 있다.

> 공간으로의 비상적 감각성 현실의 압축에서 해방하자. 될 수 있으면 문명의 최첨단인 스피-드를 인간의 의식과 감각 우에 자유로히 驅使하자. 이리하야 국경을 초월한 국제성과 정신적 고뇌를 망각하는 감각성의 결합에서 몽환적 세계를 그려내자. 이것이 「포올-모랑」의 「코스폴리티즘」과 「장 콕토오」의 「모델니슴」의 정신과 「슈로 레알리니슴」 운동에서 더 나아가 「데코브라」와 가튼 세계적 문단의 寵愛 嗜好性을 가진 작품을 나허 노앗다. 거기에는 한 개

의 誘惑하는 바다나 구름과 가튼 포근한 감촉과 금시로 멀리 도피할 수 있는 순간적 변환을 엿볼 수 잇다. 이것은 분명코 세계대전 이후에 나흔 가장 젊은 문학이다. 그 점에 잇서서 영화의 근대성과 공통되는 탄력성을 가지고 잇다. 이와 가티 우리가 이 문학적 조류에서 과연 꿈과 가튼 공간의 비행에 도취될 수 잇을까? 인간은 결국 지상에 추락하거나 하강될 운명을 가지고 잇다. 이 지상에는 이러한 세계의 감각성만을 가지지 못한 현실을 우리는 본다.[6]

이른바 '해외문학파' — 이들이 후일 학예면을 주도한다는 것은 이 저서의 논지와 부합한다 — 로 잘 알려진 이헌구의 논의는 수용과 모방의 비교문학사적, 문예사조사적 문학사 이해로는 가늠하기 힘든 정신적 풍경이 존재한다. 근대문학사가 서구 문예사조나 '이즘(~ism)'의 모방이나 영향 관계로 설명되기 어렵다는 뜻이다. 문명의 최첨단인 '스피-드'는 인간의 의식과 감각 위에서 자유로이 구사되는 국제성의 정신주의를 의미하는 것이었다. 그것은 초현실주의자들이 인식했던 것처럼, 비정상적인 감각과 몽환성과 필연적으로 연결되는 것이었으며, 공간성과 지역성에 얽매인 현실의 압축을 폭파하는 것이었다. 바다, 구름은 순간적 변환과 자유의 공간을 의미하는 '코스폴리티즘'의 이미지로, 이를 자유자재로 이미지화하는 영화는 그 점에서 스피디한 첨단 문명의 총애인 것이다. 그러니까 이 몽환성은 영화 미디어 같은 문명의 첨단에 서 있는 기계 산물이며, 이는 당시로써는 가장 젊은 문학에 속하는 것이었다.

6 이헌구, 앞의 글, 109면.

활자, 별, 배치의 기술

'스피드'는 이 긴급한 1930년대의 시대정신이 표출된 것이었다. 그것은 '경박하고 날렵한 근대주의자'의 시선을 이들, 문인들에게서 지운다. 이 헌구가 제시한 '감각성'과 '국제성'이 결합된 몽환적 현실은 '추락하는 천사', 꿈 같은 몽환적 공간으로의 비행, 망원경의 이미지 등 콕토의 개념과 이어진다. 몽환성은 당대 첨단 문명의 스피디한 세계사적 현실 앞에서 현실의 핍진성을 뛰어넘는 기제로 이해된다. 영화 미디어와의 혼종, 몽환적 공간의 창안, 신화적 공간의 도입과 같은 1930년대의 입체주의적 감각주의는 몽환성으로 시대정신을 구축하는 '경계넘기' 계보의 한 장을 마련하고 있었다.

김기림의 문인으로서의 출발은 신문기자가 된 순간 가능했다. 문인으로서 기자일 수는 있지만 기자로서 문인일 수는 없는 '문인-기자' 계보에서 김기림은 특이한 경우에 속한다. 이는 '구인회', '해외문학파', '문장파' 등이 신문, 잡지 등 인쇄 매체와의 상관성을 갖고 출발한다는 문학사적 사실과도 무관하지 않다. 김기림에게 인쇄 활자란 기계의 속도감만큼이나 현대적이며 그것은 균질한 현대의 '리듬'에 조응한다. 이는 「오후와 무명작가들」에서 보여준 폭군 같은 속도감과 상상력에 비견된다. 저널리스트로서의 김기림의 감각은 인공 활자의 배치와 시각성에 그 근거를 둔 것이라는 점에서 '스피드'와 '기계미'의 연장 선상에 있다. 비슷한 시기에 조선일보에서 기자 생활을 했던 심훈은 기자의 글쓰기를 농경의 그것으로 치환하면서 이를 지식인의 본질적인 책무로 규정하는 시를 남겼다.

> 시우치를 제칫느냐 輪轉機가 돌아가느냐
>
> 猛獸의 咆哮와 가튼 轟音과 함께

한 시간에도 몇 만장이나 박혀돌리는 활자의 위력
민중의 脈搏을 니어주는 우리의 血壓이다!
오오 붓을 잡은 자여 위대한 心臟의 把守兵이여![7]

활자의 위력은 '한 시간에도 몇만 장이나 박혀 돌리는' 역동성과 힘에 있다. 이를 민중적인 것으로 본 심훈의 감수성은 '경향성'을 견지했던 그의 사상가적 이력과도 무관하지 않을 것이다. 김기림에게는 슈베르트 음악으로 아날로지 된 '윤전기 轟音'이 심훈의 시에서는 '민중의 맥박을 이어 주는 우리의 혈압'으로 육체화한다. 인간의 몸에 간단없이 아날로지 되는 이 기계주의적 감각은 당대 저널리즘의 민족주의적 치환을 이루어 내는 중요한 기제가 되기도 한다. '민간지=민족지'라는 등식의 한 축은 이 '기계-인간 몸'의 동형동성론적 인식, 저널리즘의 유기체적 치환에 기댄 것이다. 그래서 붓을 잡은 자는 '위대한 심장의 파수병'이 되지 않을 수 없다.

정지용 역시 저널리즘의 역동성과 속도감에 주목하고 여기에서 모더니즘의 신화적 분위기를 감지하고 있다.

활자 냄새가 이상스런 흥분을 일으키도록 향기롭다 우리들의 詩가 까만 눈을 깜박이며 소곤거리고 잇다. 시는 활자화한 뒤에 훨씬 효과적이다. 시의 명예는 활자직공의게 반분하라. 우리들의 시는 별보다 알뜰한 활짜를 운율보다 존중한다. 윤전기를 지나기 전 시는 생각하기에도 촌스럽다. 이러하야 시는 기차로 항로로 항공우편으로 신호와 함께 흐트저나르는 軍用鳩처럼 날너간다.[8]

7 심훈, 「筆耕」, 『鐵筆』 1권 1호, 1930.7, 82면.

8 정지용, 「소묘 2」, 『정지용 전집 2-산문』, 민음사, 2003, 15면.

김기림의 '전기기사'적 인공 별빛은 정지용에게 오면 '활자직공의 별빛'으로 변형돼 있다. 실제 이 글이 실린 지면은 『카톨릭청년』인데, 장발과 함께 『카톨릭청년』을 편집했던 경험이 이 같은 진술을 가능하게 했을 것이다. 김기림이든, 정지용이든 이들이 꿈꾼 '인공 별빛'의 세계관은 기계주의적인 것으로 순수 자연이 주는 별빛과 다른 차원에 있다. 정지용은 이를 '별보다 알뜰한 활자'라는 문맥으로 요약한다.

김기림, 정지용의 글에는 포스트휴먼적인 인간 존재의 가능성을 영화 매체에서 찾고, 시집 『주사위 던지기』를 통해 시의 입체주의적 이상을 실현하고자 했던 말라르메의 목소리가 반향하고 있다.

> 시는 이 순간, 지면 분할에 관한한, 내가 구상했던 그대로 인쇄되어 있습니다. 모든 효과가 여기 있습니다. 굵은 글자로된 그런 단어는 그 자체가 비어있는 한면 전체를 요구합니다. — 여기서 반짝이는 별들은, 정확한 법칙들에 따라서, 그리고 어떤 인쇄된 텍스트에 허락되는 만큼, 별자리의 진행에 치명적으로 영향을 미칠 것입니다. 내부 공간은 여기서 한 지면의 위 끝에서 다른 면의 아래 끝에까지, 그리고 나머지에도 띠를 부여합니다.[9]

문학의 존재성을 천체의 리듬과 우주 원리에 두고 있는 말라르메의 사유는 신비주의적이고 상징적인 울림이 있다. 인쇄된 글을 존재의 기원인 우주 원리에 아날로지 하는 그의 사유는 영화에서 존재의 영속성을 보았던 기계주의적 사유와 멀리 있지 않다. 인쇄와 지면 분할과 활자의 표의문자적 형상성에서 말라르메는 문학의 새로운 가능성을 보았다. 그

9 쏠 발레리, 『말라르메를 만나다』, 김진하 옮김, 문학과 지성사, 2007, 24~25면.

것은 상징주의적 신비와 상통했다. 문학은 지면 위의 별자리였다. 활자는 별이 되었고, 독서는 별자리를 따라 움직이면서 무엇인가를 산출하는 연금술사의 작업(Opus)이 되었다. 책의 기원은 작가로부터가 아니라 시초의 인쇄로부터 온다.

시인은 천분의 자질을 가진 존재라는 낭만주의적 사고는 이들에게 와서 뒤집혀진다. '시는 쓰기의 본분보다는 활자 인쇄의 소산이다'라는 월터 옹의 지적은 여기서 근거를 얻는다. 소리는 청각에 의존하기보다는 활자가 만들어 내는 공간에 더 지배를 받는다. 현대시의 실존은 공간의 여백에서 울리는 소리 없는 리듬과 침묵하는 이미지에 좌우된다. 이는 물론 편집과 배치의 기술을 일컫는다. 그러니 활자는 시에게 '알뜰한' 존재가 아닐 수 없으며, '윤전기를 지나기 전'의 시는 시로서 온전한 존재성을 지니지 못한다. 활자 매체로서의 운명을 지닌 시는 제작 단계에서부터 전달(향유)에 이르기까지 본질적으로 기계 매체에 의존하지 않을 수 없다.

정지용 시의 신감각파적인 측면을 '활자' 감각에서 찾고 있는 박월탄의 평가는 그 자체로 신감각파적인 것이다.

> 그는 가장 날카롭게 말을 고르고 가장 민첩하게 감각을 표현시켜 상글한 몇 줄 깨알 같은 활자 우에 미꾸라지 같은 발랄한 감각을 함박꽃 솟아놓는 것임을 알었다. 지용의 시는 읽기만 해서는 아니된다. 눈으로 활자를 보며 활자 종의 밋흐로 나타나는 정경의 그림을 보고 귀로 그 시 속에 나타나는 소리를 듣고 두 코로 날듯날듯한 냄새를 벙싯벙싯하야 맛고 혀끝으로 활자의 백힌 깜인 먹의 맛을 단가쓴가 매운가 신가 한구 한자식 할터야만 비로소 아는 사람이오 알고 있는 사람이라 할 것이다. 이러무로써 지용은 신감각파의 시인이다. 따라서 지용의 시는 대중적으로 어려웁다 알지못하겠다 하는 소리를 듣게 된다.[10]

정지용의 시는 전체적인 몸의 감각을 작동시켜 받아들여야 한다. 그것은 활자 매체 자체의 맛을 파악하는 데서 시작한다. 신감각파는 그러니까 스스로도 기존의 방식과는 다르게 감각을 다룰 뿐 아니라 독자들에게도 다른 감각을 작동시킨다는 것이다. '활자'를 읽는다는 것은 '활자' 주변의 정경들, 그러니까 여백과 이미지를 상상하면서 오감을 작동시키는 행위이다. 이를 정지용 시에 접근하기가 어려운 이유라고 밝힌 월탄의 통찰력이 돋보이는 문맥이다.

김기림과 정지용 등 당대 최전방에 있던 이들 모더니스트들은 윤전기의 기계음과 자극적인 잉크 냄새로부터 시론을 전개하고 그들의 감수성을 기계주의적 감각 위에 각인한다. '현대생활에 맞는 좋은 감각'이란 이런 것이다. 김기림의 시론에서 언급되는 '제작설' 또한 인공 구성물의 불확실성의 원리에 기반한 것으로 이 기계주의적 세계관과 조응한다.

조선일보사에 출근한 첫날의 인상을 기록한 글에서도 김기림은 기계주의적 세계관의 일단을 피력한 바 있다. '기계문명에 대한 현대적인 감각과 신화적인 메타포어'가 착종된 그의 감각은 미래파적인 감수성의 연장선에 있다. 이 시기 그의 내면을 지배하고 있던 것은 속도감, 몽환성, 통합적 감수성 같은 신흥예술파적 감각이었다.

> 나는 편집국에 들어선 첫 날에 새로 한시 '締切' 시간을 좌우하여 모든 테블 위에서 원고지를 검구는 기자들의 손가락의 회전은 실로 프로펠러와 같이 보였다. 그리고 사회부장은 오십 이상의 귀를 가지고 있는 것 같았다. 왜 그러냐 하면 간단없는 전화가 그를 습격하기 위하여 모든 순간 순간에 그의 테블 위에서 소리치고 있으니까.[11]

---

10 박월탄, 「감각의 연주」, 〈매일신보〉, 1935.12.13.

이는 '추상과 혼돈, 기하학적 질서와 육체의 생명력'이라는 당시 전위예술이 가지고 있던 양가적 세계관에 날카롭게 아날로지 된다. 뭇솔리니와의 제휴로 이 부정과 생명에 근간한 미래파의 정신은 퇴색되어 버리지만, 초창기 마리네티를 지배한 것은, 기계 문명에 기반한 물질주의나 유물론적인 것보다는 테크놀로지가 만들어 내는 시간과 공간의 착종 및 이를 다층 예술의 감각으로 표현하고자 하는 아방가르드 정신이었다. 다음과 같은 글을 참조할 수 있다.

> 마리네티는 테크놀로지가 창안해 가는 언어의 혁신, 그럼으로써 기계 테크놀로지화 하는 인간의 언어를 전망하고 있었다. 그것은 기계에 의한 인간 몸의 확장이라는 매클루언의 해석을 위한 전조처럼 보인다. 1913년, '문법의 파괴, 무선의 상상력과 자유로운 상태의 말' 선언에서 마리네티는 현대 테크놀로지가 인간의 감각을 어떻게 변용시키고, 그것이 예술 언어를 어떻게 변화시키는지를 예전에 보여줬다. 마리네티는, 미래파는 "과학상의 위대한 발전으로 일어난 인간 감성의 전체적인 혁신 위에서 성립했다."라고 선언한다. 이제 전신, 전화, 축음기, 영화, 신문, 철도, 자전거, 오토바이, 자동차, 배, 비행선, 비행기 등 전달과 이동의 미디어 때문에 인간의 심리 상태가 결정적인 변화를 겪고 있다는 것이다.[12]

마리네티는 미디어의 발달로 인한 지구의 축소, 경험의 동시성이 인간 감각의 변화를 야기했다고 본다. 이헌구나 김기림, 정지용 역시 이 같은 세계관에서 분리되지 않는다. '무선 상상력'이란 언어의 선형성이 해제된 상태 곧 감각 혼종과 미디어 혼종 상태를 지칭한다. 이는 공간의

11 김기림, 「신문기자로서의 최초 인상」, 『철필』 1권 1호, 1930.7; 졸저, 『문인기자 김기림과 1930년대 '활자-도서관'의 꿈』, 살림, 2007 참조.

12 요시미 순야, 『소리의 자본주의』, 송태욱 옮김, 이매진, 2005, 299~302면.

확장 및 소리문화의 전방위적 입체화를 의미하는 것이다. 그것은 선조적인 시간 의식과는 다른 것으로, 일률적이고 평균적인 문자 매체의 속도감과도 선명한 차이가 있다. 테크놀로지를 기반으로 한 뉴미디어는 혼종적 감각의 기반을 제공한다. 세계관이나 철학의 문제 이전의 선취적인 것이다. 영화학 분야에서의 근대성의 주제는 영화의 시각성 기술이 어떻게 근대의 대중에게 수용・변조되는가를 중심으로 고찰되기도 한다.[13] 그런데 1930년대 문인들의 관람자적 시선 속에서 영화는 모더니즘의 방법론적인 혁신을 가능하게 하면서, '경계넘기'의 주체로서 작동된다. 김기림은 그러한 테크놀로지의 속도와 빛에서 신흥예술의 경이로운 기운을 발견하고, 그것으로 조선 근대 예술을 밝히는 등대의 불빛으로 삼고자 했던 것이다.

현대 추상예술사 및 전위예술사의 전체적인 과정이나 기원은 '기계주의'와 분리되기 어렵다. 인식론적이면 미학적인 차원에서 이것의 구체화는 '새로운 육체의 재현'인데 이는 두 가지 맥락을 갖는다. 관념에 대한 실재(육체)의 승리, 추상적인 것에 대한 가시적인 것의 재현이 그것이다. 이는 일련의 형태상의 낯선 기법들을 필연적으로 수반하는데, 모더니즘을 '육체적인(bodily) 것에 부여된 형태상의 승리'라고 표현하는 것은 이 때문이다. 그 선구적 공적은 상징주의자들에게 돌려야 할 것이다. 상징주의자들의 자유시 운동을 기점으로 전통적인 시 문법에서 벗어나 시의 형태적인 왜곡을 추구하는 경향들이 대두하기 시작한다. 이후 미래주의, 다다, 초현실주의 운동 등 아방가르드 시 운동의 목표는 시의 몸을 갖는 것, 즉 '형태적인 것의 승리'이며, 이는 기존의 '육체'를 새로운 개념

13 유선영, 「초기 영화의 문화적 수용과 관객성-근대적 시각문화의 변조와 재배치」, 『언론과사회』 12권 1호, 2004; 여선정, 「무성영화시대 식민도시 서울의 영화 관람성 연구」, 중앙대학교 대학원 석사학위 논문, 1999.

의 육체로 변형 왜곡하면서 거기에 강력한 생명력과 리듬감을 부여하는 것이다. 변형과 일탈의 육체성을 기반으로 사물을 재현하고 거기에 반복과 소멸의 동력학을 부여함으로써 그들은 새로운 시적 양식을 창안할 수 있었다. 시의 새로운 방향성 모색은 '육체성의 재현'이라는 과제를 어떻게 실현할 것인가 하는 문제로 정형되며, 따라서 모더니스트들이 미래주의적인 속도와 기계미에 관심을 기울인 것은 자명한 결론이 된다.

각도, 영화에서 배운 말

상징주의 시인으로 알려진 말라르메에게서 우리가 잊고 있는 것이 있다. '고답적인 상징주의자'의 지칭과는 달리, 말라르메는 기계주의 세계관에 경도된 뉴미디어 '추종자'였다. 말라르메에게 부쳐진 '순수시 절대주의자'라는 칭호는 이 혼합물인 '시네마틱 포에틱스'에 와서 간단없이 무너진다. 19세기 말 뤼미에르 영화가 상업적인 흥행을 시작하자 프랑스의 저널리스트는, 영화가 죽음의 경계를 뒤로 돌려놓을 것이라는 점을 강조했다. 짧은 쇼트를 통해 재생되는 영화의 움직임에서 당대인들은 열렬한 생명 의식과 역동적으로 펼쳐지는 삶의 불변성을 느꼈던 것이다. '죽음은 절대적으로 중지될 것이며 삶은 재생산된다'는 것에 그들은 열광했다. 저널리즘적인 선언처럼 보이기는 하지만, 이 같은 자각은 고답적인 상징주의파 시인으로 알려진 말라르메에게도 그대로 해당된다. '절대주의적인 순수시의 사도'라는 말라르메의 신화를 잠깐 옆에 치워 놓고 보면, '이미지의 움직임'에서 욕망의 흘러넘치는 현재를 보고자 했던 시인이라는 다소 낯선 '새로운 말라르메'를 만나게 되는 것이다. '상징주의 시인'으로만 알려진 말라르메의 이 같은 낯선 면모는 서구 문학사에서도 그간 그다지 중요하게 취급된 것 같지는 않다.

초현실주의적이면서도 기하학적이며 환상적인 아우라가 있는 콕토 영화의 이미지. 전위영화의 기원이 입체파적인 회화에 있음을 알려주는 징표이다.

말라르메는 영화와 시, 두 매체의 매체적 특성을 지양하려는 의욕을 가지고 있었으며 이를 실현하기 위해 영화적인 시학(Cinematic Poetics)을 구상한다. 1896년 1월 8일 '상징주의 유파'의 아버지 격인 베를렌느가 죽은 뒤, 말라르메는 같은 이 데카당 시인의 죽음을 앞에 두고 '순수한 빛에서 인간의 혼이 풀려난다'는 글을 쓴다. 이 글에서 '순수한 빛'이란 '인간 영혼'을 의미하는 메타포로서뿐 아니라 새로운 '시네마 시대'를 언급하는 복수적 의미를 갖는 듯하다. 뤼미에르 영화가 대중들의 환호를 받는 것을 보면서 말라르메 역시 이 새로운 기계 미디어에 심취했던 것이다. 말라르메 시편들 중에서 그간 별로 주목받지 못했던 『*Un coup de dés*』는, 최근 학제 간 연구나 장르 융합 연구에서 인용되고 있는데,[14] 이 시편들은 기계 매체를 통한 시의 새로운 발견이라는 점에서 '시네포에틱스'의 대표적인 경우로 설명된다.

---

14 Christophe Wall-Romana, *op. cit.,* pp.128~130.

왜 영화였을까? 당시 전위적인 감수성으로 가득 차 있던 시인들은 리얼리티의 얼굴을 새롭게 변화시킬 필요성을 깊이 자각한다. 현실 모사적 리얼리즘에 대해 비판적이었던 말라르메는 영화의 새로운 '물질적·기계주의적 리얼리티' 감각에 매료당한다. 외부 모사의 단순한 미메시스에 저항했던 이력을 가진 그였기에 영화는 신비한, 그러나 뜻하지 않은 지평을 제시했다. 장 콕토(Jean Cocteau), 르네 클레르(Rene clair), 장 비고(Jean Vigo), 페르낭 레제(Fernand Léger)도 마찬가지였다. 그 '물질적 위세'가 필름에 의해 채워지고 있었다. 영화 속 인물들의 인공적이고 기계적인 육체는 인간 육체와의 유사성(Simulation)을 강력하게 내재했으며 기계적인 것에는 경이롭게도 역동적인 생명력이 부여되어 있었다. 살아 있는 것과 유사한 움직임이 부여된 영화 속 인물들의 동작이나 행위에서 '포스트휴먼(Posthuman)'적인 인간을 볼 수 있었다. 영화는 그래서 죽음과 삶 사이의 물리적·시간적 장벽을 해체하고 삶을 연장하려는 인간들의 강박관념을 이행하는 매체가 된다. 지상에 존재하는 '단 한 권의 책'을 꿈꿈으로써 완전한 세계를 건설하고자 했던 말라르메는 그 영화와 영화 속 가상신체(인공육체)인 '몸'에서 불멸성과 완전성의 신화를 본다. 문학에서 제기된 문학성이나 불멸성은 실제 영화가 보여주는 '포스트휴먼'적인 거대한 상징에 비하면 너무 소략하거나 우스꽝스러울 정도로 제한적이다 에드거 앨런 포(Edgar Allan Poe)와 빌레에르 역시 비슷하게 인간 육체의 기계주의적인 아날로지를 꿈꾼다. 영화는 예술과 삶 사이를 잇는 강력하고도 새로운 매개항이자, 기술을 포용하는 모더니티의 방향성을 제시하는 확실한 근거이자 지지자가 된다.

전위영화는 20세기에 들어 시각성의 기술이 집약된 것으로 방법론적인 혁신의 무대가 된다. 전위예술 양식에서의 형태 해체와 새로운 방법론 또한 '추상적 기계미'를 전적으로 수용·변용하는 데서 비롯된다.

이 같은 상황에서 초창기 전위영화인들은 영화를 독립적인 매체로 인식하지 않았다. 미술, 음악 등 기존의 고전적인 예술 장르를 통합하는 매체로서의 영화에 관심을 기울였던 것이다. 초기 전위영화 감독들은 대부분 큐비즘 등의 예술 사조와 연관된 추상파 화가로서의 경력을 동시에 가진 인물들이었고, 문학적 글쓰기도 함께 했던 종합예술가들, 즉 '경계인들'이었다. 이들은 당대의 음악가, 미술가들과 공동 작업을 통해 초기 아방가르드 영화를 제작하기도 했는데, 실제 이들의 영화 텍스트에는 그림, 음악, 사진 등의 장르 및 관련 방법론들이 혼융돼 있는 것이 특징이다.[15]

시와 영화는 기계 문명으로부터 기원하는 역동적이고 실험적인 표현 양식들을 각기 시도할 뿐 아니라, 상호 영향을 주고받으면서 시적 영화(poetic film) 혹은 '영화적 시(filmic poetry)', '영화시(시학)(cinepoetry, cinepoetics)' 등의 개념 및 장르를 파생시킨다.[16] 영화와 시는 초기부터 소통적 관계를 기본 개념으로 깔고 있었다. 이들 전위예술가들의 이름이나 작품은 한국 근대 문인들에게도 알려졌고, 작품에 인용되기도 하는데, 이 문제는 그동안 근대문학 연구자들의 주목을 별로 받지 못했다. 이들 서구 전위예술가들의 작품이 대부분 1920~1930년경에 창작되거나 제작되었고 이들의 텍스트가 국내에 별로 알려지지 않았기 때문이다.

시를 보는 '정전주의적(canonical)'인 시각이, 정통 시 문법에서 벗어난 시들, 뉴미디어 실현과 관련된 시들에 대한 연구를 가로막은 탓도 없지 않다. '고유한 시 문법'이라는 판타지는 영화나 라디오 매체 등 뉴미디어와 관련된 서정적 경험을 무시하거나, 이들 뉴미디어가 야기한 서정 양

---

15 김호영, 「1920년대 프랑스의 영화예술운동: 아방가르드, 초현실주의, 인상주의 영화」, 『유럽영화예술』, 한울아카데미, 2003, 13~28면.

16 이에 대한 자세한 논의는 앞서 언급한 Scott Macdonald의 논문 참조. 아방가르드 필름의 '시적인 것'에 대한 강박증적인 태도를 확인할 수 있다.

식의 형태적 변이들을 부정하는 요인으로 작용한다. 김기림을 '시보다 시론'이 뛰어난 인물로 평가하거나 '시인 부적합자'로 보는 것도 '정전주의적' 시각과 무관하지 않다. 근대 뉴미디어 매체의 양식적 틈입을 허용하지 않는 보수주의적 미학의 산물인 것이다. 김기림은 근대 인쇄 및 활자 매체의 기계주의적 역동성을 이해했고, 영화 매체를 통한 시적 방법론의 확장에 관심이 있었으며 이를 근대적인 시로 이해했다. 김기림의 반감상주의적 태도와 명랑성의 강조는 새로운 근대 기계주의 감각과 매체 수용과 관계가 있다. 따라서 '기계-반인간주의'라는 관점으로 1930년대 모더니즘을 해석하거나 '외래 사조의 무분별한 수용'이라는 관점에서 기계주의·근대주의의 시각을 설명하는 것은 이분법적 환원주의를 벗어나기 어렵다.

시네 포에틱스, 전사 그리고 평행

기법의 유사성(analogy)이라는 관점에서 영화와 문학 간의 관계를 논할 때 제기되는 문제가 있다. 먼저, 크로즈업, 트랙, 팬, 컷, 몽타주 등 영화 매체의 고유한 방법론을 문학 양식에 아날로지 하기 위해서는 전제가 필요하다. 문학은 영화처럼 구조화된다는 것이다. 그리고 영화의 기법이 문학으로 전이되는 'Ut pictura poesis(회화에 있다면 시에도 있다: 자매 예술로서의 영향이나 모방의 관점)'의 국면 역시 전제해야 한다. 영향이라는 목적론을 지지하기 위해 역사를 괄호 치는 이른바 시대착오적인 위험을 감수해야 한다.[17]

또 다른 논란도 있다. 범박하게 '영화 기법이나 영화 체험을 문학으

17 Louise Hornby, "Cinema and Modrenism", *James Joyce Quarterly,* Vol.46, No.3-3, Spring-Summer, 2009, p.610.

로 견인한 것'으로 설명하는 일련의 연구들은 소설가 혹은 시인 개개인의 취향이나 일회적이고 우연적인 기법의 수용이라는 맥락을 바탕에 깔고 있는 것처럼 보인다는 것이다. 어떤 특정한 개인이 '몽타주', '오버랩' 등의 영화 기법을 소설이나 시의 장면 전환에 적용했다고 치자. 영화 매체의 문학적 수용에 대한 이 같은 개인적이고 일회적인 시각은 제한적으로 의미를 갖는다. 매체의 재질 차이는 이 매개항 없는 영향 관계를 거부할 명분을 주기도 한다. 입체성과 시각성 및 공간성이 절대 우위를 차지하는 영화 매체와는 달리 평면성과 선조성 그리고 시간성이 중심인 문학 매체에 영화적 기법의 차용을 적용하기란 쉽지 않다. 매체 간 기법 차용의 연구는 그 자체로 제한성을 가질 수밖에 없다는 것이다. 그럼 어떤 관점이 가능한가. '영향의 소통'이라는 측면보다는 '평행적 전사'라는 측면을 강조할 필요가 있다. 이 설명 모델의 기반은 기계주의 동력학이다.

영화와 문학 간의 관계에 대한 기존의 연구 동향을 비판하면서 트로터(Trotter)는 역사적 정확성과 이론적 모델 둘 다를 충족시키기 위해서는 '재현 매체(representational medium)인 문학과 기록 매체(recording medium)인 영화는 기본적으로 다르다'는 전제가 필요하다고 주장한다. '영향의 관점'은 영화와 문학 간의 역사적 아나크로니즘을 넘어서기 어렵고 매체의 차이에 대한 고려도 불가하기 때문이다. 그가 제시한 것은 '아날로지'보다는 평행 모델이라는 관점이다. 영화와 모더니즘 문학 작품들 사이의 유사한 기법을 설명하기 위해서는, '전사 기법의 교환(the model of an exchange of transferable technique) 모델'이라는 용어보다는 '평행 모델(the model of parallelism)'이 더 적합하다는 것이다. 즉, 영화인들과 문학인들이 서로에게서 기법을 배웠다기보다는 당시 영화나 문학은 기계주의 사회에 대응하면서 그 자체로 평행적인 역사를 이루어 가고 있었다는 것이다.

초기 영화 제작자나 모더니스트 작가들은 동일하게 자동화주의

(automatism)와 영화의 중립성(indifference; the neutrality oh film)에 대한 관심을 공유한다. '오토마티즘의 의지'란 세상에 대한 현존과 그것으로부터의 부재를 동시에 탐색하는 도구로서의 의미를 갖는다. 인간 주체성이 사라지고 기계의 눈이 인간을 대신한다는 이 자동화주의의 관점에서 세계의 야만성과 추함은 노골적으로 드러난다. 현전이란 리얼한 세계를 그대로(immediacy) 보여주는 것이고, 부재란 하이퍼디어시(hypermediacy), 곧 추상화와 '인휴먼'의 상황을 보여주는 것이다. '자동화 의지'란 그러니까 인간 주체성의 소멸, 기계의 눈이라는 중립적 개념의 등장, 추상화(부재)라는 개념, 청중의 부재 등을 동시에 의미한다고 할 수 있겠다.

조이스의 『유리시즈(*Ulysses*)』 중 「Wandering Rocks」 장은 일반적으로 영화의 몽타주 기법으로 설명되는데, 조이스가 영화 기법을 모방한 것이라는 의미일 것이다. 여기에 나타나는 '측면의 트렉킹 샷'은 자연적인 시선을 의미하며, 이는 인간의 눈으로는 포착할 수 없는 것, 즉 인간의 한계를 동시에 의미한다. 하지만 이 기법은 제임스 조이스가 영화 매체를 접하기 전에도 이미 그의 소설에서 구사되고 있었다. 따라서 영향이나 모방의 단계가 아니라 영화와 문학 간 관계는 두 단계의 다른 시각을 필요로 한다. 첫 단계는, 영화와 문학 간의 소통적 교환 모델이 아닌 평행적 발전 모델이라는 트로터의 관점을 빌어오는 것이다. 다음 단계는, 20세기 예술사 전체가 지향한 입체주의적 토대, 전체 문화의 장 위에 놓인 영화적인, 장면적인, 사진학적인 양식을 이해하는 것이다. 이는 물론 활판 인쇄술적인 문자 매체의 물질적 제도적 측면과 시각예술 미학의 대중적 수용 등과 연관될 것이다.

T.S. 엘리엇의 『황무지』, 제임스 조이스의 『펠리컨의 경야』 등은 영화의 영향을 받기 이전 출간된 모더니즘 텍스트이다. 그 스타일이나 기법은 영화적 방법론과 크게 다르지 않다. 몽타주적인 기법과 장면 병치

등과 영화 기법과의 유사성은 충분히 알려져 있다. 이 같은 접근 방식은 관례적인 것이었으며 널리 통용되고 있는 관점이다. 하지만 이들 작품이 영화의 영향을 받기 이전에 창작되고 발표된 것이라는 점은 이 통용과 관례를 깨는데 효과적으로 사용된다. 『황무지』가 아방가르드 필름의 몽타주 기법을 차용한 대표적인 시편이라고 알려져 있지만, 실제 『황무지』가 나온 1920년 영국에는 아방가르드 영화가 알려지지 않은 상태였다. 여기서 장면 배치 방식은 영화의 영향에서 기인한 것이기보다는 모더니즘적인 스타일과 양식의 문제라는 것이다. 이 같은 사실은 영화 기법의 모방이나 영화의 영향이라는 관점으로 파악할 수 없는 어떤 문제, 곧 모더니스트들이 가지고 있는 '고유한 스타일'이라는 관점에서 그 해답을 찾게 된다. 황무지의 'Tiresias'는 현전과 부재의 욕망으로 고동치는 인물로 그려지고 있는데 이 인물묘사 기법이 영화 기법상의 '전사'와 관련되어 있다는 것이다.

초기 영화인들이나 문학인들은 기계주의적인 동력학으로부터 영감을 받아 형태와 기법 양 측면에서 각자 최상의 재현 양식들을 창안해 나간다. 이 같은 공통적인 선취(preoccupation)의 중요한 배경은 테크놀로지였으며, 자동기술(automatisms)이라는 사유 방식의 토대가 이로써 생겨나게 된다.[18] 따라서 이들의 텍스트에 알람 시계라든가 비행기 같은 테크놀로지가 소재로 등장했다는 것은 그다지 중요하지 않다. 기계주의적인 동력학에서 비롯된 인간 행위의 자동화라는 문제가 등장한다는 것이 더 본질적이다. 모더니스트들은 모든 감각에서 문학적이면서 영화적인 텍스트성을 공유한다. 따라서 엘리엇의 유명한 논의, 「전통과 개인의 재능」에서 '몰개성화' 문제는 기계주의적인 인간학의 문제가 된다. 엘리엇이나 파

18 David Trotter, "T.S Eliot and Cinema", *Modernism/Modernity*, Vol.13, No.2, Apr. 2006, pp.239~240.

운드 등에게서 볼 수 있는 사진학(photogramatic)적인 흔적들은 몰개성화의 시학(poetics of impersonality)이라는 관점에서 조명될 수 있다. 프레드릭 제임슨이 말한 주체와 수용 대상 사이에 있는 '제3의 맥락(the third term)'은 문자(문학)적이면서 사진학적인 장치 곧 '기계에 의한 비구상적인 수용', 한마디로 자동화(automatism)를 뜻한다. 제임슨은 하워즈 엔드(1910)의 예를 든다. 영화적인 기술이자 초기 모더니스트적인 언어로 쓰여진 이 작품은 주체와 지각 대상 사이에 어떤 여지 이른바, '제3의 맥락'이 존재하는데, 그것이 바로 '문학적이면서 사진적인(literary/photographic) 장치'라는 것이다. 기계적으로 지각되는 비구상적인 형태가 바로 자동화(automatism) 장치이다. 이는 추상주의, 입체주의, 비유기체주의라는 맥락에서 전위예술의 기본 이념이자 또 그 토대가 된다.

모더니스트에게서 나타나는 비인격화된 구어적 기술과 자동화된 이미지 투사 사이에는 문화적 공유점이 있다. 그것은 기계주의 시대와의 전사를 형성하고 있으며, 그것의 양식적 반응이기도 하다. 자동기계나 유령으로 간주되는 군중들의 웃음은 생명이 없다. 영화 속의 움직임이 생명의 에너지로 가득 차 있다 해도 그것은 너무 빨라 거의 지각되지 않으며 스크린상에서 인물의 희뿌연 안면 근육을 볼 수 있다고 하더라도 그 웃음은 침묵으로 전해질 뿐이다. 이 같은 영화적인 이미지는 익명성을 가진 도시의 군중의 이미지와 그대로 아날로지 된다. 이는 테크놀로지 시대의 인간의 자동기계화나 유령화가 문학과 영화에 동시에 투영되고 있음을 의미한다.

트로터에 기대면, 엘리엇의 몰개성화 이론 역시 당시 뉴미디어인 '시네마'와의 평행적인 관계 속에서 자동화라는 관점으로 이해된다. 자동화 이론이 당대의 기계적인 동력학을 수용함으로써 생긴 지각의 변화이지 영화와의 영향 관계로 설명하기는 어렵다는 것이다. 몰개성화 시학

자체가 이 같은 시대적 변화 속에서 문학의 변화를 모색하고자 했던 이론적 시도라는 것이다. 기계적이며 다주체적인 시학을 의미하는 '몰개성화 시학'은 '주체'와 '심혼'을 강조하는 전통적 서정시학과는 이질적인 것으로, 이는 프레드릭 제임슨이 말한 '제3의 문맥'이라는 뜻과 상통한다. 문학과 영화 매체는 동시대적인 관심과 감각의 변화를 스스로 견인하면서 각각 독자적인 역사를 발전시켜 갔다는 것이다. 따라서 『황무지』의 인간의 군중화 혹은 탈개성화는 자동기계 시대의 시대적 투영물이다. 그러니까 뉴미디어 시대의 모더니스트의 글쓰기란 기본적으로 기계적 동력학이 이끄는 글쓰기의 운명으로부터 벗어나기 어렵다. 영화로부터의 영감은 영향의 문제이기보다는 운명의 문제이다. 문학은 영화로부터 모방이나 영향을 받기보다는 그것과 평행적 전사의 관계를 형성한다. 계량적 차원이 아니라 질의 문제가 된다는 뜻이다. 그것이 뉴시네마 시대 문학의 운명이며 이를 우리는 1930년대 문학의 저 스스로 빛나는 가치 곧 미학적 자율성이라 이름 붙이고 있는 셈이다.

모더니즘, 영화와의 평행적 전사

1930년대 문학, 특히 시의 '영화 수용'은 전위예술의 방법론을 서브 텍스트로 둔 것으로 '기법 차용'이라는 계량적 측면보다는 조선 근대시의 방향성 정립이라는 보다 거시적인 목표와 관련된다.[19] 시의 모더니티를 설명하면서 '한 개의 엑스타시'의 '發電體'[20]라는 표현을 사용한 김기림의

19 1920년대 초기 아방가르드 영화와 시 장르 사이에는 매체적 특질에 따른 관계성이 있다. 이는 '시에 대한 영화의 일방적 영향' 관계를 논하는 방식과는 차이가 있다. Katharine Kuh, "Fernand Léger: Pioneering The Present", *My Love Affair with Modern Art*, Arcade Publishing Inc., New York, 2006; David Trotter, "T.S Eliot and Cinema", *Modernism/Modernity*, Vol.13, No.2, Apr. 2006.

내면에는, 기계주의적인 동력학과 근대시의 방향성이 밀착되어 있었을 것이다. 빛과 그림자를 통해 사물의 진상을 투사하는 영화 영사기를 상기시키는 이 '발전체'란 말은, 1930년대 문학의 방향성을 상징적이고 암시적으로 제시해 주는 듯한데, 이는 그가 문학 초창기부터 가졌던 '윤전기 미학'의 '개념적 진화'라고 할 수 있겠다. 그가 시론에서 '현대시'의 개념을 설명할 때 사용했던 다양한 수사(修辭)들은 이 '발전체'라는 용어를 향한 요약의 과정이라 할 만큼, 그가 강조한 현대시의 정신적 바탕은 이 '기계의 세계'와 '스피드의 동력학'에 긴박된 것이었다. 김기림의 시론은 그 이후로 '기계미'와 '스피드'로 대변되는 문명학의 비판적 교섭학의 층위에서 전개된다. 이 대목이 초기 시학을 대변하는 「감상에의 반역」의 한 구절임을 상기한다면, 김기림의 시학은 처음부터 기계 매체인 영화와의 교섭을 준비하고 있었던 것이다. 김기림이 다소 불확실하게 언급하고 있기는 하지만, 그는 이미 초기 시론에서 'Cinematic Modernism'의 가능성을 언급한다.[21] 시(문학)는 혁신적인 기계 매체인 영화와의 교섭을 통해 기존 문학 담론의 관습적인 재현을 거부하면서 새로운 전위적 양식을 정교하면서도 강력하게 구축해 나가고자 했던 것이다.

이상, 김기림, 박태원, 정지용, 이효석 등 1930년대 문인들이 몽타주, 이중노출 등 영화의 카메라 기법이나 영화 체험과 관련된 언급을 하는 것은 하등 특별한 일이 아니다.[22] 최재서는 박태원의 『천변풍경』을 가리

20 김기림, 「시의 모더니티」, 『전집 2』, 81면.

21 '시네마틱 모더니즘'의 출발은 시와 전위영화와의 밀접한 관계에서 비롯된다. Scott Macdonald, "Poetry and Avant-Garde Film: Three Recent Contributions", *Poetic Today,* Vol.28, No.1, Spring, 2007.

22 박태원, 「표현, 묘사, 기교-창작여록」, 『구보가 아즉 박태원일 때』, 깊은샘, 2005, 274면; 김기림, 「시의 이해」, 『전집 2』, 240~243면; 김기림, 「문학개론」, 『전집 3』, 66면; 이상, 「실화」, 「동해」, 『이상문학전집 2』, 소명출판, 2005.

켜 ‘카메라 아이식 묘사’[23]라는 용어로 ‘시네마틱 모더니즘’의 관점을 비평에 적용한 바 있다. 이후 1930년대 모더니즘 소설의 ‘몽타주’ 기법은 문학이 영화로부터 그 기법을 수용한 대표적인 사례로 이해되었다. 최근에는 시 분야로 그 범위가 확대돼 김기림의『기상도』,「시네마 풍경」 연작을 몽타주 기법 혹은 문명 관찰자의 시선으로 이해하기도 한다.[24] 이 같은 기법이 문학에 고유한 것인가, 영화로부터 온 것인가 하는 논의를 떠나면, 이는 입체주의적인 에크리튀르 창안과 밀접하게 관련된다는 점에서 1930년대 문학의 경계넘기와 혼종성의 구도에 적확하게 들어앉는다.

모더니즘 문인들이 가진 전위적이고 실험적인 영화의 방법론과 세계관을 우리는 여기서 다시 주목한다.[25] 이상, 김기림 등은 특징적으로 당대 영화 텍스트의 구체적이고 상세한 목록들을 언급하고 있고, 당대 이름난 영화감독이나 전위예술가들 및 이와 관련된 전위 텍스트를 자신들 문학의 주요 자양분으로 삼았다. 1930년대 문인들의 텍스트에는 당시 널리 알려진 마티스, 피카소 등의 화가들과 아폴리네르, 브르통, 거트루드 스타인 같은 입체파류의 시인들은 물론이고, 르네 클레르, 장 뒤비비에, 장 콕토, 페르낭 레제 등의 이름들도 등재돼 있다. 1930년대 문인들은 이들 전위예술가들에게서 입체주의 예술의 형식 파괴적이고 실험적

---

23 최재서,「‘천변풍경’과 ‘날개’에 관하야-리얼리즘의 확대와 심화」,〈조선일보〉, 1936.10.31~11.7.

24 나희덕,「김기림의 영화적 글쓰기와 문명의 관상학」,『배달말』 제38호, 배달말학회, 2006; 이정배,「1930년대 한국문학과 영화의 상관성 연구」, 강원대학교 대학원 석사학위 논문, 2003.

25 ‘멀티 아티스트’로서의 이상에 대한 김민수의 선행 연구를 주목할 수 있다. 김민수,『멀티미디어 인간, 이상은 이렇게 말했다』, 생각하는 나무, 1999; 이상의 영화 체험과 관련한 연구로는, 황호덕, 앞의 글 참조. 이 논문은 월터 K. 류의「이상의〈산촌여정, 성천 기행 중의 몇 절〉에 나타나는 활동사진과 공동체적인 동일시」(『익 TRANS』 창간호, 씨앗을 뿌리는 사람, 1999)를 출발점으로 삼고 있다.

인 시도 그 자체보다는 시대정신을 끌고 가는 어떤 힘을 찾고자 한다. 김기림에게 그것은 다소 지식인적인 책무와 관련되는 것이었으며, 이상에게는 감각의 혼종적 상태에서 확보되는 어떤 초현실주의적이고 입체적인 공간감의 재현에 대한 욕망으로 발현되기도 한다.

김기림은 현대 전위예술사조, 즉 미래파, 입체파, 다다, 초현실파 등의 형태 파괴나 형식 해체는 우연성과 일회성을 가질 뿐이라는 점에서 비판하는데, 이는 전위적 작품이 끌고 가는 시대정신이나 그것이 의도하는 새로운 방향성을 이해해야 한다는 논리와 연결되어 있다.[26] 이는 1930년대 신진 화가들의 지향성과도 연결된다. 1930년대 문인, 화가 등 이들 신진예술가들이 가지고 있었던 예술적 욕망은 신감각과 신흥예술파적인 감각의 지층 위에서 개화하고 사그라든다. 이들은 1930년대 저널리즘의 제도적 기반 위에서 공통의 문화 장을 구축한다. 그들은 영화적인 신감각과 입체주의적인 조형성을 학예면을 통해 실현하면서 1930년대 문화운동의 주역으로 활동한다. 1930년대 '경계넘기'의 문화예술 공동체는 신감각파적인 아방가르드 미학과 내적인 조응 관계를 이룬다. 이를 우리는 다음 장에서 확인하게 될 것이다.

26 김기림, 「감상에의 반역」, 『전집 2』, 115~116면.

신문·잡지 저널리즘의 계보학 및 학예면 중심의 인적 네트워크: 신흥예술파적, 입체주의 미학

근대 출판문화운동의 계보

텍스트와 텍스트 생산의 '장(場)'[1] 사이의 구조적 역학적 관계를 생각할 때, 1920년대와 1930년대는 무엇이 달라졌는가. 1930년대 문화운동의 토대는 근대의 '출판문화운동'과 계보학적으로 동일하다. 하지만 1930년대는 그 이전과는 다른 두드러진 변화가 나타나는데, 그것은 '학예면' 중심의 문화 저널리즘으로, 1930년대는 출판문화운동의 장이 신문 학예면의 인적 네트워크를 중심으로 새롭게 창안되고 있었다. 일본에서 갓 귀국한 김문집이 학예면 중심의 조선 저널리즘 활황 현상을 '문학 신문'이라는 다소 시니컬하면서도 비판적인 용어로 규정하고 있는데, 이는 1930년대 문학의 한 축이 학예면을 둘러싸고 형성되었음을 언급한 것이다.[2] 보다 주목되는 것은, 1930년대 들어 문인기자들이 학예면을 중심으로 아방가르드 문화예술운동을 기능적으로 펼쳐간다는 점인데,[3] 이것이 1930년대 문학사를 이해하는 데 결정적이라는 사실이다.

근대 예술이 태동하던 시기의 조선 지식인 집단의 대사회적 메시지를 전달하면서 그들 간 결속을 가능하게 했던 것은 '잡지 발간'이 중심이 된 출판문화운동이다. 이는 조선 지식인 사회의 중요한 사회·역사적 책

---

1 '장(場)'은 부르디외(P.Bourdieu)의 개념이다. 피에르 부르디외, 『상징폭력과 문화재생산』, 정일준 옮김, 새물결, 1995.

2 김문집, 「평단 破壞의 긴급성-신문 학예면의 문제」, 『비평문학』, 청색지, 1938, 421면.

3 정진석, 「신문지면을 그림으로 빛낸 언론인」, 『틀을 돌파하는 미술-정현웅 미술작품집』, 소명출판, 2012, 380면.

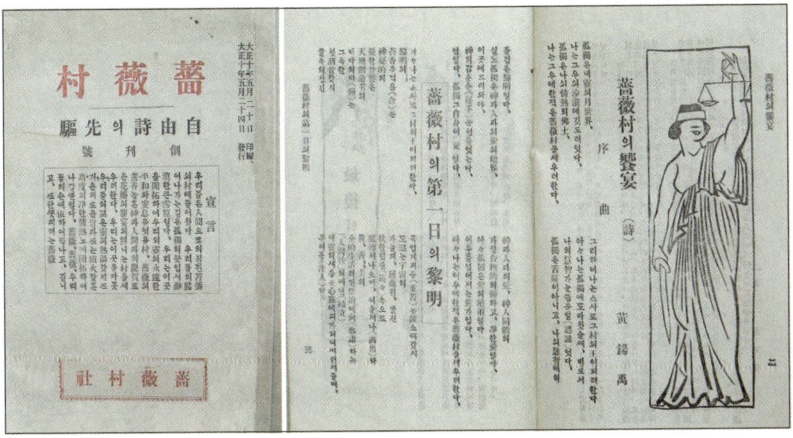

薔薇村

自由詩의 先驅

創刊號

宣言

薔薇村社

薔薇村의 第一日의 黎明

薔薇村의 饗宴 (詩)

序曲

黃錫禹

'장미'의 붉은색을 표상하는 채색 활자가 인상적인 『장미촌』의 표지. 전반적으로 '장미촌'을 주제로 한 글들을 실었는데, 이는 근대문학의 꼭지점을 향한 조선문학의 '계단'에서 '은유'의 개념과 가치를 설정하는 에크리튀르적 전략이기도 했다.

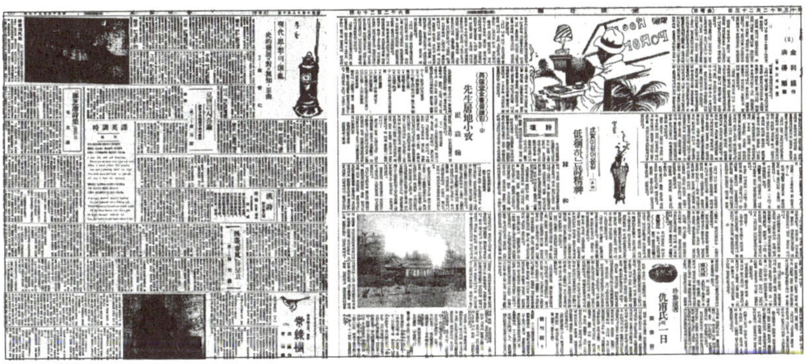

1930년대 중반기 <동아일보> 학예면. 계몽성과 미학주의가 결합된 당시 신문 학예면의 진면이 드러난다.

무가 '문화계몽주의' 차원에 있었음을 의미한다. 지식과 인간 그리고 인간 상호 간을 매개하고 개인과 집단, 문화와 정치, 계몽과 투쟁을 매개한 것이 바로 '잡지'였다. '잡지'는 사회주의 사상운동의 정신적 집결체이자 신문화예술의 성립이라는 계몽적 목적의식을 구현한 실재이며 그 근거였다. 그래서 근대 초창기 많은 지식인이 잡지 발간의 선구자가 되기로 결심했던 것이다.

1920년대 초기까지만 해도 잡지는 문화운동과 정치운동의 혼종적 성격을 가지고 있었을 뿐 아니라 참여 동인 역시 문인과 비문인의 혼종적 네트워크 결사체였다. '동인지 시대' 전문적인 '시잡지'로 알려진 『장미촌』은 문학인들의 소유물이 아니었으며, 순수시의 발표 매체도 아니었다. 동인 역시 문인들로 구성되지 않았다.[4] 문학주의자들과 사회주의 사상가들, 경세가들의 이상주의적 담론 경연장이었던 장미촌의 상징성은 '장미촌'이라는 이름이 의미하는 것 이상이다. 그들의 계몽주의적이고 아나키즘적이며 예술지상주의적인 '혼돈의 정신주의'가 이 '장미촌(장미정원)'의 연금술적 기획으로 넝쿨지고 있었던 것이다. 근대 잡지의 이 같은 혼종적 성격은 일제시대 문화예술운동의 전반적 성격을 이해하는 데 중요한 지침이 된다. 책을 사랑하는 자들은 근본적으로 근대적 문화운동의 뿌리에 곁들어 살 수밖에 없다. 그것은 일종의 '운명애적' 성향을 가진 것이다. 문학 분야에 국한시켜서 말한다고 해도 이 문제는 분명한 역사적 사실을 근거로 한다. 아나키스트에서 최고의 시인으로 근대 잡지계를 주도했던 황석우, 신문화운동을 주도했던 박영희, 〈카프〉 운동의 주역이었던 임화, 아방가르드적인 문화를 주도했던 이상은, '책'을 통해 시대적 채무를 부여받았던 시대적 이단아라는 공통점을 가진다.

'잡지 출판'을 중심으로 형성된 식민지 시대 문화운동의 역사는 다음의 세 가지 '계단'[5]을 밟고 간다.

---

4 졸저, 『1920년대 초기 시의 이념과 미학』, 소명출판, 2004 참조.

5 '계단'은 박영희의 용어이다. 그의 상대주의적이며 계몽주의적인 입장이 이 '계단'이라는 말 가운데 숨어 있다. 박영희, 「초창기의 문단 측면사」, 이동희·노상래 편, 『박영희 전집 2』, 영남대학교출판부, 1997, 292~293면; 졸저, 『1920년대 초기 시의 이념과 미학』, 소명출판, 2004, 14~17면 참조.

① 근대 잡지 초창기의 문화운동: 황석우의 『근대사조』 이후 아나키스트 등 사회주의자 운동가들의 1920년대 초 동인지 참여 과정
② 카프의 조직적 문예운동
③ 1930년대 신문 학예면 중심의 전문적 문화예술운동

1930년대 문화예술운동 전반을 다루는 본고가 중점적으로 논의하는 사안은 따라서 ③의 단계이다. 문인과 화가의 관계를 중점적으로 논의하는 만큼, ③의 단계는 신문, 잡지 등 저널리즘 '제도'와 인쇄 매체의 성장, 텍스트 읽기와 쓰기 감각의 변화가 야기한 독자들과의 소통, 신문사 학예면을 중심으로 한 문인과 화가들의 인적 네트워크 형성 및 이것이 잡지 출간으로 이어지면서 결속되는 예술 공동체(커뮤니티)의 성격, 매체 간 혼종 및 장르 변용 등의 논의로 확장될 것이다.

'동인지 시인'이자 신시(新詩) 최고의 시인으로 알려진 황석우는 시인이라기보다는 신문예운동가적인 성격이 짙다. '조선 최고의 시인'으로 명성을 얻은 황석우의 존재는, 그가 '폐허파'의 거두였고, 『장미촌』, 『백조』 등으로 이어지는 동인지 시대의 중요한 잡지 창간의 주도 멤버였다는 사실에서 핵심적인 의미를 갖는다. 그가 처음 일본에서 발간해 조선으로 반입하고자 했던 『근대사조』가 볼온성이 짙은 잡지였다는 사실은 아나키즘과 순예술의 경계가 불분명하던 일본 지식인 사회의 조류를 반영한 것이다. 일본 유학 시절 아나키즘 등의 사회주의 운동에서 지적 자양을 얻었던 조선 지식인들은 '잡지'를 통해 지식인으로서의 정체성을 견지해 나가면서 조선의 근대문화운동에 뛰어든다. 사회주의 사상가들이 생각한 잡지 발간의 궁극적 목표는 신문화운동이라는 옷을 입은 정치운동이었던 것이다.

잡지는 근대문학(예술)의 정립이라는 계몽적 의지와 조선 독립이라

는 정치적 목적을 동시에 충족시키는 것이었다. 잡지 발간 자체를 조선 자주 독립의 계몽적 의지의 표출로 인식했던 탓에 문인 이외의 정치, 경제, 사회 관련 전공자들의 참여 또한 자연스럽게 이루어졌다.『근대사조』를 비롯, 그간 '문예 잡지'로 알려졌던『창조』,『백조』,『폐허』,『장미촌』 동인들의 면면에서 이는 확인된다. '절대주의 정신과 부정(否定)의 정신'이 혼효된 아나키즘적 이상주의와 부정 정신이 여기에 그 잔존의 흔적을 남기고 있는데, 이는 임화가 '『백조』는 실로 커다란 전환기의 문학이다'고 '백조 시대'를 규정[6]할 수 있었던 근거가 되기도 한다.

'데카단스, 감상주의의 온상'으로 알려진『백조』에서 '신경향파 문학'으로의 전이는 이념과 사상의 전환이었다기보다는 근대 잡지의 방향성, 곧 계몽의 '계단'으로서의 한 단계를 진전시킨 것이다. '계단'이 놓인 토양의 성격 곧 계몽주의의 토대는 그대로 둔 채 그들은 그들이 설정한 이상적 세계를 향해 개념과 성격이 다른 계단을 하나 더 올라선 것이다. 여기서 박영희의 '잃어진 것은 예술이요, 얻은 것은 이데올로기다'는 그 유명하면서 대중적인 선언문이 독해될 가능성을 얻는다. 그의 계몽운동의 토대는 예술(지상주의)이었으며, 그 토대 위에서 마르크시즘은 더 이상 지속되기 어려웠다. 그것은 카프의 이념과는 본질적으로 다른 토양을 필요로 하는 것이다. 책광이자 이상주의자였던 박영희에게 '문학(성)이라는 본질주의만이 존재했으며, 이 '계단'은 이러한 절대주의의 온상 위에 형성된 상대적이고 미시적인 '개념'일 뿐이었다. 이 '계단'의 상대주의는 문학 절대주의 및 본질주의 철학의 구도하에서만 작동할 수 있었다는 뜻이다. 따라서 마르크시즘으로의 완전한 '개종'은 적어도 박영희에게는 불가능한 것이었다.

6 임화,「'백조'의 문학사적 의의」,『춘추』 제22호, 1942.11.

연극인뿐 아니라, 화가, 문인, 언론인들이 '토월회'에 참여하면서 문화운동의 터전을 닦았던 경우도 주목된다. 여기에는 사회주의자 등 사상가들 및 미술인들이 동시에 참여하고 있다. 카프의 소형 영화운동에 김기진이 대중화운동의 차원에서 뛰어들고 있는 것도 주목할 부분이다.[7] 문예운동은 결국 정치운동의 성격을 본질적으로 가질 수밖에 없었으며, 문인과 비문인들, 문학 분야 인물들과 비문학 미술·연극·음악 등을 전공한 지식인들이 함께 근대 문예운동을 전개한 것은 자연스러웠다. 그러니까 일제시대 문화운동은 일종의 매체운동적 속성을 가질 수밖에 없었다. 예술 각 장르의 전문적인 지식을 전달하기보다는 계몽적인 차원에서 예술사조나 사상 조류를 전달하고 의식화했던 것이다. 3·1 운동 이후 이 같은 매체운동적 성격의 문화운동은 민간 신문 발행과 함께 신문 매체로 그 중심이 옮겨져 지속된다. 그러니까 황석우의 『근대사조』가 계몽성을 띤 사회운동 매체였던 것만큼이나 1930년대의 학예면의 정체성 역시 계몽적인 목적에 그 근거를 두고 있었던 것이다. 차이점이 있다면, 그 방향 등이 제시하는 미학적 가치나 질적 층위였다.

학예면: 계몽적 문화운동이 역할론

순수예술파적인 감각으로 일본의 신흥예술론을 지지했던 김문집이 〈동아일보〉, 〈조선일보〉 등의 당대 민간지 학예면을 비판한 근거는 바로 이 같은 반개인적·반순수예술파적 감각에 토대한 '계몽적 문화운동의 최고, 최대의 역할성'이었다.

---

7 김기진, 「예술의 대중화에 관하여」, 〈조선일보〉, 1930.1.1~14.

> 조선의 신문들 더구나 그 학예면들이 조선의 계몽적 문화운동의 최고 그리고 최대의 계몽적 문화운동의 최고 그리고 최대의 역할성을 띄우고 있는 것이 사실이고 또 성히 그를 선전하고 있다는 것도 사실이래면 여기서 우리는 새로운 어떤 느낌을 느끼지 않을 것인가? 이것이 내가 평단과 그의 중요한 장면인 학예단에 던지는 애교롭지 못한 인사다.[8]

학예면의 '평론 하나하나가 예술품이어야 한다'는 김문집의 입장은, 정치 논설담론 중심의 저널리즘 매체의 역할을 강조했던 임화나, 연성파적인 예술파적 감각 그룹으로 학예면 집단을 평가하는 후대 연구자들의 시각과도 분명 차이가 난다. 정치・논설과 예술파적 감각의 이 이질적인 속성을 함께 묶을 수 있었던 것은 학예면의 역할이 계몽주의 담론의 중심 매체라는 데 있는데, 김문집은 학예단의 현학적이고 무절제한 난해성 언술 행위를 동경 평단의 그것과 비교하면서 비판한다. '학예단'이 본질적으로 품고 있었던 사회문화운동의 계몽주의적 뿌리를 김문집은 알아차리지 못했던 것이다. 김문집 특유의 시니시즘을 감안하더라도 그의 시선은, '해외문학파(구인회파)'류의 학예면 문화주의를 경향파적・현실주의적・정치주의적인 감각을 탈피한, 이른바 '연성파적'인 예술파적 감각으로 평가하는 후대의 연구자들 시각과도 간극이 있다. 김문집의 비판은 오히려 1930년대의 신문・저널리즘 제도의 본류인 문화운동론의 입장에서 학예면의 계몽주의를 들여다볼 수 있게 한다. 김문집의 입장은 학예면의 비예술파적인 감각, 즉 학예면의 계몽주의적(정치주의적) 성격을 비판했던 것이다.

1930년대 들어서면서 이미 조선의 '객관적 정세'는 악화될 대로 악

---

8 김문집, 앞의 책, 417~418면.

화되었고, 그에 따라 조선 신문의 특수한 사명 곧 계몽적 민족주의 역시 여전히 저널리즘의 중심을 차지하고 있었다. 노동자 계급의 모든 현실적 민중적 요구와 갈등을 봉합할 수 있을 정도로 이 계몽적 민족주의는 신문 발간의 중요한 체제로 작동되고 있었다. 당시 사회주의 계열 지식인들이 신문기자로 대거 진출하면서 민간 신문사는 민중운동과 계몽운동의 한 가운데 위치하게 되지만, 민간 신문의 조선적 특수성이라는 명분이 오히려 민중의 현실적 문제들을 덮어 버리는 요인으로 작용했다. 신문사 인쇄 공장 노동자들의 경영층에 대한 불만과 계급 갈등은 폭파 직전이었지만, 이 명분 때문에 신문사 노동자들의 비참한 노동 조건은 감수되고 있었던 것이다.[9]

그렇다면 1930년대 신문 학예면의 '최고・최대의 역할론'이 등장한 배경은 무엇인가. 근대의 신문・잡지 매체는 필연적으로 시각 문화적인 속성을 갖는 것이어서 문인 이외의 미술 전공자들의 참여는 필연적인 것이다.[10] 1930년대 들어서서 잡지의 시각적 효과는 더욱 강조되기에 이른다. 그것은 1920년대까지의 잡지 발간 시스템 자체의 변화와 크게 맞물린다. 신간회 이후 사회주의 사상가들이 신문사를 퇴직하면서 이와 동시에 외국문학 전공자들의 신문사 입사가 신문 논조나 지면의 변화를 야기한다. 신문사 학예면을 이들이 주도하면서 정치적인 논설보다는 문화예술 중심의 학예면이 크게 부각된다. 뿐만 아니라 신문사 자체에서 출판부를 신설하고 신문사 소속 잡지('자매지')를 발간하게 되자 문인기자들의 역량이 두드러지게 발휘된다. 서양 미술 전공자들이 신문사나 잡지사에

9 김해천, 「신문사 인쇄 공장에서」, 『철필』 1권 2호, 1930.8.10, 64~66면.

10 김현숙, 「구본웅의 작품을 통해서 본 모더니즘 수용의 일례」, 『미술사 연구』 제11호, 미술사연구회, 1997; 김현숙, 「김찬영 연구」, 『한국근대미술사학』 제6집, 한국근대미술사학회, 1998.

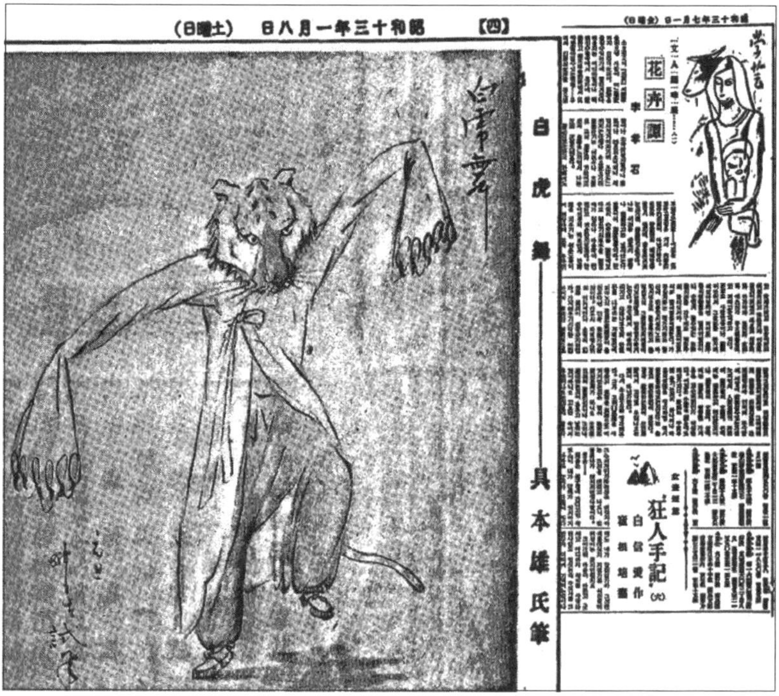

(左) 구본웅의 스케치 〈白虎舞〉(《조선일보》, 1938.1.8). 야수파 화가로 알려진 구본웅이 1930년대 신문 학예면에 그린 삽화. 일제 말기의 조선주의 운동과 그 궤를 같이하는 것으로 보이는데, 역동적이면서 신비주의적인 아우라가 엿보인다. 학예면의 시각적 효과를 독특하게 구현한 삽화이다.
(右) 1930년대 학예면을 구성하는 텍스트의 성격을 확인할 수 있는데, 글과 컷을 어떻게 배치하고 있는가를 알 수 있다.

서 삽화나 컷을 그리고 직접 글을 쓰는 역할까지 하게 되면서 잡지의 편집 스타일이 큰 변화를 맞게 된다. 문인기자 중심의 인적 네트워크가 '구인회', '문장' 등으로 확대되면서 '구인회' 중심의 모더니즘 담론, 『문장』 중심의 문장파 담론의 모드가 형성되는 계기가 된다.

이 같은 매체운동의 관점은 카프나 모더니즘 운동을 연결하는 매개항이 된다. 카프나 모더니즘 예술의 뿌리를 영화, 전위미술 등의 뉴미디어적 감각에 그 기원을 둘 때, 이들이 발간한 매체들은 문학운동의 혁신의 토대이자 근거이다. 카프는 대중운동의 콘텍스트 속에서 이를 실천한 것이며, 모더니스트들은 미학적 방향성 위에서 이를 이해한다. 이들은 공통적으로 신흥예술파적 감각의 구현자로서, 우리 근대문화운동의 주요한 두 축이었던 셈이다. 그들을 공통으로 묶어 주는 것이 바로 뉴미디어 수용이며 이를 통해 생겨난 신감각이었던 것이다.

1930년대 들어, 신문사 학예면 중심의 공동체는 '경계넘기(borders-crossing)'의 문화운동을 이끌면서, 영화 소설, 만문, 화문 등의 새로운 장르 생성, 북디자인 개념의 시집 및 소설집 장정, 잡지 문화 담론 등을 주도한다. 따라서 '해외문학파', '구인회', '문장파' 등은 '경계넘기'의 매체운동을 주도한 일종의 문화예술인 커뮤니티이자, 조직체라고 평가할 수 있다. 신감각파적인 예술 취향은 문학과 미술, 문단과 화단을 서로 넘나들며 영화 등 다른 뉴미디어 분야까지 확대되는데, 이는 일종의 '경계넘기의 매체운동'으로 자리 잡는다.

이들의 거주지인 학예면은 신문 저널리즘이 친일의 국면으로 가기 전까지 문학 담론의 생산과 전파에 중요한 몫을 담당한다. 신문 학예면은 대중적인 성격을 가지기보다는 질 높은 문화 담론이 펼쳐지는 공간이었고 문예의 선진적 이론들이 수용되고 소개되는 장이 된다. 이무영은 '조선의 신문은 가장 높은 수준의 예술 부양자가 되고 지지자가 되어야 한다'고 주장한다.[11] 김문집이 '학예면'을 현학성 운운하면서 비판한 것도 학예면의 아카데미즘을 겨냥한 것이다. 학예면 인적 구성원들이 거의 그대로 활용된 것이 잡지이다. 당시 신문사에서 경쟁적으로 여성지, 소년지, 종합지를 발간할 수 있었던 것은 이들 학예면 집단의 전문성과 역량 때문이다. 당시 잡지와 신문 학예면의 인적 구성과 기능은 유사한 것

11 이무영, 「문단예어, 신문사와 문단」, 〈조선중앙일보〉, 1934.11.18.

이었다.

따라서 1930년대 신문 매체가 여타 잡지들에 비해 더 상업성을 띠었다거나 대중 취향의 흥미성을 강조했다고는 보기 어렵다. 오히려 대중종합잡지를 표방하고 나온 『삼천리』나 『별건곤』, 『제 일선』 등은 대중적인 측면이 강했지만, 그렇다고 하더라도 이 '대중성'은 현재의 '대중성'이 갖는 가치나 맥락과는 그 성격이 다소 다르다. 정치적인 문제를 '雜俎'란 등에서 다소 희화적이고 가벼운 방식으로 처리하거나 컬트적인 것으로 약화 혹은 다소 해소시켜 놓았을 뿐 그 정치색의 아우라는 여전히 존재했다. 신문 지면은 대중적인 것을 광범위하게 일상성의 측면에 포섭해서 처리하고 있었는데 이 경우도 학예면이 아니라 여성면(부인란)이나 생활면 혹은 광고에 반영하는 경우가 많았다. 1930년대 저널리즘에서 대중취향이나 상업성이 지적되지만 학예면 독자층의 수준이나 게재된 글의 성격으로 보면 의미 있는 지적으로 보기는 어렵다. 『여성』, 『신가정』, 『신여성』 등 여성 독자를 주요 타깃으로 내세운 잡지들조차 현재의 '여성지'의 성격과는 큰 차이가 있다. 잡지나 신문은 학술적·비평적 성격의 담론이 발표되는 중요한 매체였기에, '몰대중적이고 무비판적인 매체'라는 잣대로 1930년대 저널리즘을 평가하는 것은 정합적이지 않다. 특히 전문성이 현학성, 난해성 등으로 비판되는 당대 학예면의 현실[12]은 더더욱 대중성과 상업성으로부터 거리가 있었음을 의미한다. 신문 저널리즘이 오늘날 인식되는 것과 유사한 의미의 '상업성'을 띠기 시작하는 것은 1960년대 이후라는 지적을 참고할 수 있겠다.[13]

학예면의 활성화는 신문사 '문인기자' '제도'의 역사에서 조명된다.

---

12 김문집, 앞의 글, 427면.

13 이준우, 「한국 신문의 문화적 기능 변천에 관한 연구-1920년부터 1984년까지의 조선일보, 동아일보를 중심으로」, 연세대학교 대학원 박사학위 논문, 1987, 34면.

1930년대 들어서면 언론 환경의 변화가 감지된다. 하나는 신문사 내부의 정치적인 상황, 두 번째는 저널리즘이 개화할 수 있는 상업 자본주의의 성장, 세 번째는 카프 해소로 인한 문화 집단 내부의 상황 변화이다. 문인기자 중심의 신문 '제도'는 곧 학예면의 활성화를 의미한다. 이는 신문사의 인적 구성의 변화와 관련되며, 이는 당대의 사회・정세와도 직접 연관된다.

1920년대 언론인 집단은 대부분 사회주의자들로 구성되었다. 당시 〈조선일보〉는 '신간회 기관지'로 인식될 만큼 신간회 소속 언론인들이 많았다. 그들은 1925년 조선공산당 사건과 1927년 신간회 결성의 여파로 망명길에 오르거나 퇴사함으로써 언론계에서 점차 사라진다. 이후 신문사 내부에서 기자들의 정치 활동이 사실상 금지된다. 이 과정에서 언론의 민족 정론지로서의 역할이나 지사적 전통의 기자상은 많은 부분 소멸된다.[14] 1935년 카프 해산은 계급주의 문학의 위축을 가져온다. 이 같은 제반 상황들과 맞물려 언론기관에 새롭게 등장한 집단이 문인기자 집단이다. 문인 및 문학예술 전공자들이 신문사에 대거 투입되면서 문화・학술 분야의 전문성이 강화되고 이로써 학예면 역량이 축적되고 그 기능도 강화되었던 것이다.

1930년대 민간지의 중요 구성원들이 '문인기자들'로 채워지고 있다는 사실은 신문・잡지 저널리즘의 '제도'의 변화를 의미할 뿐 아니라 문학 장의 창안과도 깊은 관계가 있다. 신문 연재소설의 중요성이 인지되고 지면의 시각적 효과나 지면 구성의 기능성, 대중 독자들의 기호 등이 중요하게 인식된다. 문인기자는 근대 신문 초창기부터 존재했지만, 그들이 하나의 문단 세력권을 형성하고 있었던 것은 아니었다. '신문 초창기

14 박용규, 「일제하 민간기자 집단의 사회적 특성의 변화 과정에 관한 연구」, 서울대학교 대학원 박사학위 논문, 1994, 196~197면.

에는 언론인이 부차적으로 문인의 역할을 했다'는 평가는 당시 신문의 문예물 게재가 신문 제작의 한 방편으로 이용된 것임을 보여준다. 이인직의 신소설 연재는 문학 그것의 독자적 영역을 인식한 데서 기인했다기보다는 신문 면수를 채우는 기능적인 것이었다. 이인직 자신도 전문적 문인으로서의 자기 정체성을 가지고 있지 않았던 것 같다. 민태원, 최찬식, 조중한 등의 번안소설과 창작소설이 실리기도 했지만, 그것이 정통 문예물로 인식되기는 어려웠다. 본격적인 신문 연재소설로 알려진 『무정』은 춘원이 매일신보 기자 노릇을 하면서 동지에 연재해 유례없는 인기를 얻었던 것인데, 그것은 당시 신문사 경영이 어려웠던 상황에서 원고료를 아낄 방편으로 문인들을 활용했던 결과였다.[15]

이 같은 문화예술 취향의 신문 지면과 학예면 증대에 대한 비판적 시각도 있다.[16] 조선에서 신문(저널리즘)은 구한말 일종의 '정치 기관'으로서의 성격을 가지고 출발한다. 신문의 대사회적 계몽과 정치적 담론을 선도하는 역할은 매체로서보다는 '기관'으로서의 공적 성격이 강했기 때문이다. 식민지 정책이 가혹해지면서 신문은 점차 그 정치성이 약화되는 것과 동시에 취미, 문화 중심의 문화적 가치가 증대되게 되는데 그 중심에 학예면 제도가 존재한다. 기업화된 신문사가 자체 내에 출판부를 신설하고 상업적으로 잡지계의 왕좌를 점유해 가는 현실은 저널리즘의 비평 정신의 몰락과도 밀접한 연관이 있다는 것이다.

15 '원고료' 제도가 다소 정착되기 시작한 것은 1930년대 『조광』의 창간 즈음이다. 신문사 발간 잡지들이 생겨나면서 자연스레 경쟁 관계가 형성되고 이로써 작가의 지위 격상, 문학 성과 확산 등의 성과를 얻게 된다. 이효석, 「첫 고료」, 『전집 7』, 239면

16 임화, 「잡지문화론」, 앞의 책, 38면.

문인-기자, 역설 혹은 평행

그런데 흥미로운 것은, 문인기자들에게는 문인으로서의 정체성이 신문기자로서의 정체성에 결코 희석되지 않았다는 것이다. 그들은 신문기자로서보다는 문인으로서 살기를 원했다. 신문기자로 활동했던 문인들에게 생계의 '안정성'은 상대적인 것일 따름이었고, 따라서 문인기자들 대부분은 궁핍한 생활에서 여전히 벗어나지 못했다.[17] 그들에게 보다 본질적인 문제는 문인으로서의 양심, 더 좁혀 말하면, 기자로서의 글쓰기와 문인으로서의 글쓰기 차이를 어떻게 내재적으로 극복하는가 하는 문제였다. 이 문제는, 1920년대부터 동아일보와 조선일보를 옮겨 다니며 오랜 기간 언론인 생활을 했던 염상섭의 글에 비교적 내밀하게 나타난다.

> 예술가에 있어서 기자 생활함으로 말미암아 예술적 양심을 잃거나 속화하여 예술적으로 타락한다고 생각하여서는 아니될 일이다. 기자 생활이란 극무(劇務)요 속무(俗務)가 아님이 아니지만 그렇다고 극무, 속무에 종사하는 사람은 모두 속화하고 악화하고 사람으로서나 예술가로서의 양심이 마비되는 것은 아니다. 하물며 다른 직업과 달라서 소위 사회의 목탁이니 여론의 향도이니 무관제왕이니 하는 기자생활에서랴… 그가 만일 문학가인 경우면야 더욱히 자기반성이나 내적 고투가 예민하니만치 조신(操身)과 열심(熱心)에 청고(淸高)를 자기(自期)하는 노력이 많을지니….[18]

염상섭은 기자 생활이 '속무'이지만, '사회의 목탁', '무관제왕' 등으로 불릴 정도로 사회적 가치를 부여받는 직업이니 만치 '조신, 열심, 청

17 조용만, 『울밑에 핀 봉선화야』, 범양사출판부, 1985, 141~173면.

18 염상섭, 「기자 생활과 문예가」, 『철필』 2권 1호, 1931.2, 16면.

고'로 표명되는 문학가의 생활과 다르지 않다고 본다. '가치중립적 세계관'으로 요약되는 염상섭의 문학적 가치관을 반영하듯, 그는 기자 생활이 예술적 양심을 잃고 속화하여 예술적으로 타락한다고 생각할 수 없다고 못 박는다. 그러나 대부분 '장엄한 자로서의 문인'이라는 작가의 존재론적 태도는 생활인으로서의 기자라는 조건과 충돌을 겪을 수밖에 없었다. 문인기자들의 자기인식이 작가적 상처와 생계적 방편 사이에서 흔들리고 있었던 것이다. 저널리즘이 세속적 성격의 매체로 평가되면 될수록 '고고한 작가'로서의 문인들의 자기기만은 피할 수 없었다. 문인 역시 기껏 직공 내지 기술자에 불과한데도 '고귀하고 존경받는 존재'로 이해되고 있는 것[19]이라는 이원조의 지적은 오히려 '문인기자'의 1930년대 실존적 조건을 반영한 듯 보인다. '문인'에서 '기자'로 점차 평행 이동하는 징후가 이 말 속에 숨어 있는 것이다.

신문기자라는 직업이 전대에 비해 비교적 안정된 생황을 누릴 수 있는 방편으로 인식되어 1930년대 많은 문인들이 기자라는 직업과 문인으로서의 창작 생활을 겸하게 된다. 1930년대 언론에 종사했던 문인으로, 조선일보에는 염상섭, 현진건, 김동인, 김기림, 채만식, 홍기문, 함대훈, 이원조 등이 있었고, 출판부에는 이은상, 윤석중, 백석, 노자영, 노천명, 김래성, 계용묵 등이 있었다. 동아일보에는 현진건, 이익상, 주요섭, 윤백남, 이무영, 홍효민, 주요한, 이은상, 변영로, 심훈 등이 있었다. 백철, 조용만, 최학송, 정비석, 이봉구, 조풍연, 이서구, 김소운 등도 1930년대 학예부 기자였다. 이태준은 1935년 무렵 조선중앙일보 학예부장을 맡기도 하였다. 김기림은 기자가 됨으로써 문인활동을 활발하게 펼칠 수 있었던 대표적인 문인기자였다. 문인기자들은 대체로 한 언론사에 계속 소속되

19 이원조, 「순수문학과 대중 문학 문제」, 〈조선일보〉, 1933.3.15.

기보다는 여러 신문사를 옮겨 다녔다. 직업인으로서의 기자 의식보다는 문인으로서의 자기 정체성이 우선했음을 알 수 있는데 이는 기자라는 직업이 생계적 방편으로 이용된 것과 무관하지 않을 것이다.

기자와 문인의 직업적 분화가 이루어지지 않은 탓에 소속 언론사에서의 기자로서의 집필 활동과 문인으로서의 집필 활동은 충돌을 겪을 수밖에 없었다. 각 신문사 소속 문인은 타 신문사에 집필을 하지 않았다.[20] 그것이 강제적이었는지는 정확하지 않은데, 보다 실질적인 이유는 증면 정책으로 학예면이 확충되면서 타 신문사에 작품을 발표할 여유가 없다는 것이었다. 실제 당시 발표 지면과 문인기자들의 작품의 관계를 보더라도 '타사 발표 제한'은 엄격한 것은 아니었던 듯하다. 오히려 문인기자들은 소속 언론사의 학예면에 더 많은 발표 기회를 얻었던 것으로 추정된다. 일제시대와 해방공간을 통틀어 언론인으로서의 삶을 지속적으로 살았던 김기림은 동북제대 유학을 가기 전까지 조선일보 사회부 기자였다. 하지만 그는 〈조선일보〉 학예면을 중심으로 폭넓은 문학 활동을 했고 당대 〈동아일보〉, 〈조선중앙일보〉 등의 지면에도 그의 글이 실린 것이 확인된다.

김기림의 대표적 시론들은 대부분 학예면에 실렸다. 학예면이 없었다면, 1930년대 대표적인 시론은 빛을 보기 어려웠을 것이며 시 이론가로서의 김기림의 명성도 지속되지 않았을 것이다. 전반적으로 발표 지면이 제한되어 있었던 당시 문인기자들은 자기가 속한 신문사의 학예면 기고가 용이했던 것이다. 문단 형성 과정에서 문인들의 친소 관계가 학예면을 통해 두드러지게 나타나고 있는 것도 이 같은 점을 반영한 것이다.[21] 화가들 또한 특정 신문사에 소속돼 삽화, 컷, 표지화 등을 그리게

---

20 염상섭, 「최근 학예난의 경향」, 『철필』 1권 2호, 1930.8, 31면.

되는데, 안석영, 김규택, 정현웅 모두 신문사 및 관련 잡지사 출판부에 소속돼 삽화가로서의 역량을 발휘한다.

동아일보에서 오랫동안 문인기자 생활을 했던 이무영 또한 기자와 문인의 이중적 지위를 어떻게 해결해 나갈 것인가 하는 문제를 고민했다. 그는 '우리를 빛내고 우리만의 것을 건설한다는 신문이든 다소의 손을 보더라도 건전한 문학 건성을 위해 공헌해야 한다'고 전제하고, 특히 문제점으로 신문 사원의 타 신문, 기타 기관지에 집필을 제한하는 제도를 지적한다. 경제부나 사회부 기자가 타 신문에 원고를 제공하는 것은 있을 수 없으나 문예면 기사는 성격이 다르다는 것이다.

> 여러 가지 불리한 조건 밑에서 조선의 문인은 그 대부분이 신문사의 봉급으로 생활을 보장하여 가고 있다. 지면 제한되어 1년에 2, 3차밖에는 지면 얻지 못한다. … 더욱이 그 문인이 작가인 경우에는 더 괴로운 일이 발생한다. 신문 이외에 발표할 기관이 없는 조선에서 발표 작품이 있어도 발표하지 못하게 되고 발표한대도 심한 구속을 받지 않으면 안 된다. … A라는 작가를 월 50원에 썼다면 A의 신체만은 신문사「소유」가 될 수 있을지라도 그의「예술」은 대중의 것이다. 조선의 신문은 무엇보다도 가장 높은 수준의 예술 부양자가 되고 지지자가 되어야 할 것이다. 그리고 본의만은 아니면서도 호구지책으로 신문으로 기어드는 조선의 문인을 좀 더 우대하고 고주라는 지위를 버리고 문화 건설의 전위대로 자임하여 그네들의「예술」을 구속치 않을 만한 도량이 있어야 할 것이다. 쭉쭉 뻐더나는「예술」을 불과 기십평되는 사옥안에 감금할 필요가 어데 있는가.[22]

---

21 백석 시집『사슴』의 출판 기념회의 참석자들은 김기림, 홍기문, 이원조, 노자영 등 대부분 조선일보의 문인기자였다. '白石氏 詩集「사슴」出版紀念會. 二十九日에' 기사(〈조선일보〉, 1936.1.28)에서 확인된다.

22 이무영,「문단예어, 신문사와 문단」, 〈조선중앙일보〉, 1934.11.18.

이무영의 주장은 '문인기자'는 '기자'와 다르다. 학예면의 기사는 경제, 정치 기사와 다르다는, 근본적으로 문인기자의 정체성을 '기자'가 아닌 '문인'에 두고 있음을 보여준다. '르포(사실)'와 '문학(재현)', 실재와 미적 형상은 다른 것이기 때문이다. 이 고고한 '차이'에 대한 자각은 순문예적인 것을, '사실 나부랭이'인 신문 기사보다 우위에 두는 완고한 예술가적 자의식과 다르지 않다. 그러니 문인기자들은 기자이기 이전에 문인인 것이며, 이 정체성을 인정해 달라는 항변인 것이다. 문인기자들에게 지면 제약이나 신분 구속은 타당치 않다는 것이다. 문인으로서의 정체성은 이무영에게는 여전히 예술가적 자유 의지와 예술 자율성에 근거해 있었던 것이다. 경영의 차원이 아니라 도덕과 계몽의 차원에서 건실한 문예잡지를 신문사에서 발행하는 도량이 필요하다는 주장도 문인의 자기 정결성을 옹호하기 위한 논리였다.

발표 지면의 구속과 기자와 문인의 신분상 이중성은 1930년대의 문인기자의 존재론적 모순 상황을 의미한다. 이 같은 모순은 1950년대 이후 문인과 기자의 직업적 분화가 이루어지는 시기에 사라지는 것으로 보이지만,[23] 1930년대 문인기자들에게는 직업과 문예 종사자라는 이중적 모순 상황을 뚫고 나갈 여지가 없었다. 그들 스스로는 '무늬'만 기자이지 실상은 문인으로 살기를 원하며, '기자는 생계를 위한 일종의 생활 방편이며 문학을 위한 수단에 지나지 않는다'는, 뿌리 깊은 '문사 정신'의 계승자였다. 문인들에게 '밥벌이용' '신문기자 생활'은 문인으로서의 글쓰기의 양심과 상충되는 것이었다. 이는 문인들의 내적인 모순율일 수는

23 서구 지식인들 사이에서도 이 둘의 대립은 고민거리였다. 사르트르와 바르트, 라카르두 등에게서 확인된다. 산문과 시, 문학어와 일상어, 지식서사(écrivant)와 작가(écrivain), 정보제공자와 작가 등의 구분이 이와 관련이 있다. 김병익, 「작가란 무엇인가」, 『문학의 새로운 이해』, 문학과 지성사, 1996, 32~33면.

있어도 실상 1930년대 문학장의 본질을 훼손할 수는 없었다. 현실은 내적 욕망을 횡단해 질주하고 그 횡단은 하나의 거대한 장을 창안하는 동력이 된다. 그것은 '뜻밖의 일'이며 '주사위던지기'의 우연성의 카타르시스다. 이 경우, 부정의 현실이 열정을 먹여 살린다고 말하지 않을까. 의식적으로 '기자'로서의 정체성을 지우고자 했던 문인기자들의 의식의 층위와는 달리, 1930년대 신문 저널리즘의 장은 신문화운동의 토대로 자리잡아 간다. 구한말부터 이어져 온 '제도이자 기관'으로서의 성격이 '문화제도'라는 다소 연성화된 성격으로 변한 것이다.[24] 그것은 앞서 언급했듯, 그들의 학문적 정체성이나 전문성, 1930년대의 시대적 변화, 생계 등의 현실적인 문제들과 연관되어 있다. 김기림, 정현웅, 이원조, 함대훈, 백석 등의 경우도 예외가 아니었을 것이다. 화가들도 마찬가지다. 정현웅 역시 그러했다.

> 내 자신에 대해서나 독자에 대해서도 가책 비슷한 심정을 느끼고 이래서는 안되겠다는 생각이 들게 된 것이오. 또 하나는 요새에 와서 비로서 조선에서도 장정이 상품화(商品化)되는데서 관심은 한층 커진 것이다. 나와 같이 재능(才能)을 상품화하는 것으로서 업(業)을 하는 '예술가(藝術家)' 아닌 인간으로서는 이러한 종류의 일에 대하여 왼만한 양심(良心)만으로서는 성의(誠意)를 다 할 수 없게 된다. 관심을 해가니까, 자연이 흥미도 생겨지고 또한 얼마큼 어려운 것이라는 것도 알았고, 장정이 예술이라는 것도 알았다.[25]

신문사에서 '밥벌이'를 한다는 것은 예술성과 상업성, 예술가와 생

24 김민정, 『한국 근대문학의 유인과 미적 좌표』, 소명출판, 2004.

25 정현웅, 「장정의 변」, 『박문』, 1938.12.

계 사이에서 번뇌하는 예술가로서 화가들의 자의식을 건드린다. 이른바 '순 미술'과 '상업미술'의 영역에서 하나를 선택한다는 것은 생존의 문제를 마주하고 있는 화가들에게는 '양심의 여부'를 결정짓는 문제일 수만은 없었다. 특이한 것은, 정현웅은 이 경계에 서서 장정이나 삽화를 예술의 경지로 끌어올리는 문제를 진지하게 고민하고 있다는 점이다. 집단생활을 일종의 지식인 문화운동의 차원에서 이해하고 있었던 것이다. 정현웅은 신문사에 취직해 출판미술 분야에 투신함으로써 이 문제를 적극적이고 구체적으로 해결해 나간다. 그러니까 1930년대 출판미술계에서 그가 업적을 남길 수 있었던 것은 무엇보다 신문·잡지 저널리즘의 장(場)이 있었기 때문이다.

정현웅은 조선에서 삽화를 그리는 것은 하고 싶다고 되는 것이 아니라 신문사의 사원이라는 갸륵한 영예를 반드시 얻어야만 되는 까다롭고도 거추장스러운 일이라고 언급한다.[26] 화가든 문인이든, 이들은 독자와의 소통을 중시하는 신문 매체의 특성을 십분 활용하고, 신문 지면의 특성을 고려한다. 학예면은 대중 욕구와 신문 학예면 기자의 능력을 효과적으로 결합시킨다. 연재소설과 삽화는 이 신문 학예면이 만들어 낸 문인-화가 협업의 좋은 실례가 된다. 계절 수필, 화문, 시화 등도 동일한 예에 속한다.

이들 1930년대 문인기자들은, '동인지 시대'부터 이어져 오던 장르 간, 매체 간 혼종을 적극적으로 실현하면서 화가들과 문인들의 공동 협업 작업을 계승한다. 차이가 있다면, 이들의 활동은 그 이전까지와는 달리 '신문 학예면 제도'와 밀접하게 관련되어 있었으며, 영화 등 뉴미디어와 결속되어 있었다는 사실이다. 활자의 시각주의적 인식(윤전기 미학), 매

---

26 정현웅, 「삽화기」, 『인문평론』, 1940.3.

체 간 상호작용 및 매체 혼종의 동력은 당시 뉴미디어인 영화 장르에 계승된다. 영화 기법이 문학과 미술 양 분야에 영향을 끼치게 되는데, 이것의 토대 또한 학예면과 학예면을 둘러싼 '제도'였던 것이다.

김동인, 염상섭, 이무영 등 문학 순혈주의자들에 가까운 문인들과는 달리, 정현웅, 김기림 등 신문사에서 기자로서 활동한 인물들의 시각은 특징적인 점이 몇 가지 있다. 문학이나 미술 등 전통적인 섹트 예술의 경계를 뛰어넘고 있다는 점, 따라서 예술가적 자의식이나 순결성을 강조하지 않는다는 것, '순혈주의적 시각'으로 문학 및 미술을 바라보지 않는다는 점 등이다. 신문사에 발을 들여놓은 이후 문인으로 출발했던 김기림은 '문단에 불참했다'는 역설적인 선언을 한다.[27] '무엇인가 뜻있는 것을 만들어 보겠다'는 강렬한 의욕은 문학이나 문단이라는 순혈주의적 경계를 뛰어넘어 존재한다. 김기림은 광범위한 지식 기반으로서의 신문이라는 제도의 유효성과 실천적 기반을 강조하고, 문학 역시 그 같은 제도적 기반 위에 그 뿌리를 내리고 있음을 주장한다.

학예면은 이들 문인-화가의 커뮤니티를 형성하는데 결정적인 역할을 한다. '구인회'가 학예면을 중심으로 출판문화 권력을 좌우하는 헤게모니 집단처럼 인지되는 것은 저널리즘 문예가 갖는 본질적인 속성을 고려하지 않은 탓이다. 동아 · 조선 · 조선중앙 등 1930년대 3대 민간지들은 인기 소설가의 장편을 싣기 위해 서로 대립하고 치열하게 경쟁한다. 문인 출신 학예면 담당 기자들이 인기 소설가와의 친분을 이용해 소설가들을 섭외했고 이 과정에서 경쟁사 문인기자들과의 갈등도 필연적으로 생겨난다. 경쟁과 갈등 속에서 1930년대 문화운동 네트워크가 구축되고 문화 지평이 성숙되며 혼종 문화가 충실하게 개화되고 있었던 것이다.

---

27 김기림, 「문단불참기」, 『문장』, 1940.2.

‘문인-화가’ 공동체와 물질적·감각주의 미학의 탐구자들

매체 혼종의 내란

문예, 과학, 교육, 연극, 음악, 미술, 체육 등 각 방면의 신문화운동은 신문사를 주축으로 형성되고 지속되기에 이른다. 음악회나 체육대회, 연극 및 영화 관람회, 미술전람회 등은 주로 신문사 주최로 개최되었으며, 관련 문화예술 정보들이 신문 지상에 집중 소개된다. 1933년 결성된 ‘구인회’의 중심인물이었던 조용만은 일제시대 신문의 역할을 ‘문화운동’의 차원에서 이해하고 있다.[1] 3·1 운동 이후 정치운동을 강력하게 억압하고 통제하기 위해 실시한 일제의 ‘문화주의’ 정책의 역설적인 결과였다는 것이다. 1930년대 들어서는 신문사가 발행하는 잡지들이 잡지계를 주도하게 되는데, 〈동아일보〉의 『신동아』 『신가정』, 〈조선일보〉의 『조광』 『여성』, 〈조선중앙일보〉의 『중앙』 등이 신문사 발행 종합·여성 잡지들이다. 『소년』 등의 어린이 청소년 잡지들도 질적 양적 성장을 이룬다. 신문사 발행 문학 전집류의 인기를 뒷받침한 것은 화가(문인기자)들의 역량에 힘입은 바 컸다.[2] 이들 신문·잡지에 몸담은 문인기자들 및 학예부 기자들을 중심으로 신문·잡지 중심의 문화운동이 본격화된 것이다.[3]

신문의 본질적 성격은 시각적 지면 구성에 있다. 학예면이 ‘세련된 상품’으로서의 가치를 갖게 된 것은 시각 매체로서의 신문 지면의 특성

1 조용만, 『한국신문화운동사』, 정음사, 1975, 117면.

2 오영식, 「정현웅의 장정 이야기」, 『틀을 돌파하는 미술-정현웅 미술작품집』, 소명출판, 2012, 395면.

3 정진석, 「인물로 본 한국 언론 100년」, 『신문과 방송』, 한국언론연구원, 1992, 71면.

을 살린 데 기인한다. 1930년대 잡지들 또한 강력한 시각적 구성력을 가진 것이다. 이들은 문학과 미술의 매체 결합 혹은 매체 혼종적 성격을 특징적으로 구현하고 있다. 연재소설, 외국문학 특집, 계절 수필, 화문 양식 등, 이른바 '저널리즘 장르'가 독자들의 호응으로 크게 유행한다. '볼거리'를 충실하게 구현하고 전달하는 것이 중요한 목표가 된다면, 활자 매체로서의 매체적 특성을 살리는 것이 핵심이다. 시각적인 것을 극대화하는 것이다.

대중적이면서 효과적인 방법은 글 텍스트와 그림 텍스트를 결합하는 것이다. 대표적인 것이 연재소설인데, 신문 연재소설의 핵심은 소설 그 자체보다는 차라리 삽화에 있다고 말할 정도이다. 이 같은 혼종 양식은 여러 장르종들을 낳는데, 만화소설, 영화소설, 동화소설 등이 그것이다. 이들은 공히 영화의 장면 사진이나, 그림, 만화, 판화 등이 결합된 혼종 텍스트로 존재한다.[4] 예컨대 영화소설은 일종의 시네마 양식(cinema style)이 장르로 굳어진 것이다. 영화소설은 평면에서 입체적인 세계를 상상했다는 점에서 가상의 운동성을 구현한 것이다. 그 점에서 영화소설은 1930년대로 보면 미래적인 텍스트였다.

매체 간의 상호작용 혹은 혼종은 일종의 '내란'이며, 핵분열이나 핵융합처럼 거대한 힘과 에너지를 방출한다는 지적은 1930년대 신문 연재소설의 인기를 설명하는 데 유효하다.[5] 연재소설의 인기를 좌우한 것은 소설 그 자체만이 아니고 삽화 및 삽화가의 역할이 컸다. 실제 신문 지면에서 삽화의 비율이 증가하는 것은 1930년대 들어서이고 1935년 이후로 급격한 증가를 보인다.[6] 순 문학적 소설가의 입장에서도 당시 신문소설

4 강민성, 「한국근대신문소설 삽화 연구, 1910~1920년대를 중심으로」, 이화여자대학교 대학원 석사학위 논문, 2002, 61~65면.

5 매클루언, 앞의 책, 56면.

을 단순히 흥미 위주의 것으로만 파악하지 않았다. 소설 연재의 중요한 조건에는 삽화가의 명성이나 질적 수준도 중요했던 것이다. 1930년대에 들어서면, 신문이 하나의 상품으로 인식되면서 독자들의 시선을 끄는 요인들이 신문 제작에 반영된다. 당대 신문 연재소설 삽화의 수준은 당시에도 상당한 위치에 올라 있었다. 따라서 1930년대 신문 학예면은 상업적이고 대중 취향적인 담론을 생산하는 제도였다기보다는 문인·화가의 협업적 커뮤니티의 장으로 평가될 정도로 그 질적 수준이 높았다. 1930년대의 혼성 매체적 감각과 심미적 가치를 실현하면서 1930년대 문화예술 전반의 담론을 생산하고 대중과 소통하는 제도이자 문화적 토대였던 것이다.

인텔리겐치아 지식인들이 생계적 방편으로 신문·잡지의 기자가 되는 '수모'를 감수하거나, '고고한' 소설가들이 일종의 비하감을 뒤로 한 채 신문소설을 연재하기도 했을 것이다. 하지만 그들의 내면을 지배한 것은 당시 불어닥친 신세대적인 신흥예술파적 분위기, 물질적·시각적 감각이었다는 것도 부정하기 어렵다. 전위주의적인 신감각파적 분위기는 실험 정신을 앞세운 그들의 창작 의욕을 지배하고, 시대적·정치적 제약에서 비롯된 정신적 피로감은 정신주의적 숭고함을 앞세운 미적 아름다움으로 대체된다. 그것이 시각적·물질적 감각주의의 실체가 된다. 1930년대 문학의 새로움은 그러니까 전위주의와 정신주의, 물질적인 것과 심혼적인 것, 장엄함과 숭고함이 결합된 것이다. '어둠 속의 빛'과같이 그들의 전위주의는 우울하지만 광채가 나는 것이다. 그들의 전위성은 경쾌하기보다는 어둡고 축축한 진흙과 같은 것이었으며, 한편으로는 성결한 정신주의를 바탕으로 한 것이어서 황홀하기도 했다. 질풍노도같이

6 이준우, 앞의 논문, 127~128면.

그들의 에너지를 전위영화에 쏟아부었던 서구 전위예술과 다른 점이 이것이다. 사회 문화사적인 배경이 양식으로 굳어진다는 하우저의 견해를 빌어온다면, 식민지 시대의 어두움과 근대적 우울이 이 진흙과 같은 끈적하고 비감에 젖은 물질성을 생성시킨 요인인지 모른다. 이들이 심미주의의 결정체인 '문장파'로 수렴되는 것은 놀라운 일이 아니었다. 전위적 이단아의 대표주자였던 이상을 제우스적 모델로 신화화한 김기림의 안목은 이로써 우리 근대문학사의 광채 나는 한 장면을 장식하고 있다.[7]

신감각파 · 물질주의 · 감각주의

이 물질주의와 감각주의의 예술사적 기원은 '신감각파적, 전위예술파적'인 것에 있다. 1930년대 모더니즘 운동의 기원을 일본 신감각파에 두는 연구를 참조할 수 있을 것이다. 문인기자 및 학예면의 주요 필진들이 일본에서 유학한 뒤 갓 귀국한 외국문학 전공자들 · 화가들이었다는 점이 주목된다. 문화 방면의 전문적인 기사와 학술적 비평들이 집중적으로 그들의 손에 의해 탄생되었다. 특히 예술 분야는 전위적이고 실험적이며 신감각파적인 분위기에 크게 좌우된다. 이는 계보학적으로 주관적이고 추상화적인 경향을 띤 인상파 화풍에 연결되며, 전위적이면서도 세련성을 띠는 신감각파적인 일본 신흥예술파에도 그 끈이 닿는다. 일본 신흥예술파는 신감각파의 후대적인 아방가르드 운동으로 평가된다. 1930년대 조선의 인상파적 감각의 옹호자들과 수용자들은 영화 등 뉴미디어의 실험성과 전위성, 신감각적 분위기를 문학이나 미술로 번역하고자 했던 것이다.

---

7 졸저, 『원형 도상의 언어적 기원과 현대시의 심연』, 소명출판, 2012, 37면.

회화성을 강조한 이미지즘이 세기말적인 우울과 관련되어 있다는 점은 이미지즘 시에서 짙은 우울과 불안의 도시적 멜랑콜리가 드러나는 데서도 확인된다. 김광균은 시가 종래의 음악적인 것에서 조형적인 것으로 변화할 필요성이 있다고 주장한다. 미래파, 입체파, 초현실주의로 이어지는 전위회화뿐 아니라 시나리오로부터 그리고 전위음악의 조형성으로부터 시가 방법론적인 것을 체득할 것으로 전망한다. 모필(毛筆)에 먹을 묻혀 쓰던 시와 타자기로 활자화한 시는 형태미나 호흡, 시각 효과에서 차이가 있다. 역전 마차를 타는 것과 급행열차를 타는 것은 속도 감각의 차원에서 다르다. 물소리나 닭의 울음소리 같은 자연이 주는 그 자체의 청각적 감각은 비행기나 전차의 소음에 잠을 깨는 사람의 정서나 자연에 대한 질감과는 질적으로 다르다는 것이다. 이는 첫째, 기계의 소음이 이제 시 창작의 주요 동기가 되고 있음을 의미하는데 우리 내면에 숨어 있던 뮤즈는 외부의 기계 문명의 자극에 따라 생존의 운명을 스스로 개척해야 한다는 점을 지적한 것이다.[8] 둘째, 전위회화, 시나리오, 현대음악 등의 다른 예술 장르와의 관계 속에서 시 운동의 방향성이 정립된다는 것을 의미한다. 그러니까 현대시의 방법론적 전위란 시 장르 자체의 내적 진화를 통해 달성되는 것이기보다는 다른 예술 장르와의 혼종적 상태를 지향할 수밖에 없다는 것이다.

모더니즘뿐 아니라 카프 역시 영화 등 뉴미디어 감각을 적극적으로 구현하고자 했다는 점에서 저널리즘 매체운동과 무관하지 않다. 또 전위예술적 실험 의식을 전제로 한다는 점에서 신감각파적이다. 그들은 공히, 이들 신흥예술에서 문화운동의 혁신의 근거를 발견하고 이를 구체화한다. 대중운동의 맥락 속에서 이를 실천한 카프와 미학적 방향성 위에

8 김광균, 『와우산』, 범양사출판부, 1985, 63면.

서 이를 이해한 모더니즘은 1930년대 우리 문화운동의 주요한 두 축이다. 이들을 공통으로 묶어 주는 것이 바로 뉴미디어와 신감각파적 감수성이다. 이는 이항 대립적으로 이 둘을 단절시키고 타자화시킨 문학사 기술의 '원칙'을 전복한다.

김기림을 '경박한 모더니스트'로 축소 평가할 수 없다면,[9] '모더니즘 시 운동'을 주도적으로 이끌었던 그의 머릿속에는 무엇이 있었을지를 추론해 보게 된다. 모더니즘의 방향성을 설정하면서 김기림은 전위예술의 세계관과 방법론을 탐구의 대상으로 삼는다. 김기림의 근대 문명에 대한 인식론적인 틀은 기본적으로 기계주의 문명에 대한 당대 전위주의 예술가들의 관심과 함께하는 것이며, 이 같은 관점에서 김기림의 '새로운 예술・새로운 시'의 방향성이 모색된다. 김기림의 예술관은 신문사의 '윤전기 소음'에서 슈베르트 음악의 미려한 선율을 느끼는 감각과 본질적으로 상응한다.

1930년대 신흥예술파적 감각을 견지하던 문인들이 이상적으로 설정한 역할 모델은 이른바 '파리파'이다. '화가와 시인들이 모여 시대정신을 공유하면서 공통 목표를 세우고, 시는 그림에, 그림은 시에 영향을 주면서 함께 성장하는 그림'을 그리고 있었다는 것이다.[10] 1930년대 혼종성・개방성의 경계넘기 문화운동의 연원이 '파리'라는 무형적 무영토적 이상주의와 연관되어 있었던 것이다. 그러니까 이들 신흥예술파적 감각이란, '파리적인 것', '뉴미디어적인 것', '입체주의적 시각성' 등이 혼종적으로, 다층적으로 결합된 것인 셈이다.

9 그를 '모더니스트 시운동'을 이끌었던 문인으로 보는 것은 다소 편협한 시각으로 보이는데, 그는 문인기자이자 지식인이며 문화운동가였다. 졸저, 『문인기자 김기림과 1930년대 '활자-도서관'의 꿈』, 살림, 2007 참조.

10 김광균, 앞의 책, 138면.

김기림의 '후예'인 김광균은 1935년 김기림의 추천으로 「오후의 구도」가 세상에 빛을 보면서 신인으로 입지를 굳히게 된다. 김광균의 시적 방향은 김기림이 그리고 있던 문화운동의 구도 위에서 개념화된다.

> 블라맹크 그림의 모티프인 현대의 위기 감각을 높이 평가한다는 이야기, 시인으로 이상이 원고지 위에 數字의 기호로 쓴 시각의 시 이야기, 작품 발표는 적으나 오장환이라는 신인이 주목된다는 이야기 등등이었다.[11]

블라맹크 그림과 이상 시의 도상적 기호들(시각적인 시)과 오장환의 에스프리시가 김기림의 머리를 가득 채우고 있었다. 이제 김광균의 책상 위에는 오장환의 시집과 함께 전위화가들의 화집이 쌓이기 시작한다. 김광균의 정신세계는 이 같은 시각 문화가 주도하는 1930년대 문학의 구도 위에 형성되고 있었다. 이는, 김기림이 시론에서 강조한 시의 '입체주의' 전략과 상관성을 갖는 것인데, 탈로맨티시즘의 방향성은 회화로부터 빌어 온 입체성, 조형성의 구축과 연계되어 있다. 김광균 시의 회화성은 그가 교유한 김만형, 최재덕, 이규상, 신홍휴, 손응성 등의 영향과 무관하지 않다. 이 같은 분위기 속에서 '子午線' 동인이 형성된다. '남만서방' 같은 서점이 이들 문인과 화가들의 사랑방 역할을 하면서 오장환의 『성벽』, 서정주의 『화사집』, 김광균의 『와사등』이 출간되는 데 큰 역할을 한다. 『와사등』은 김만형이 장정을 했고, 『화사집』은 오장환이 돈을 내고 직접 장정을 했다고 하는데 자줏빛 실로 책명을 한 자 한 자 참견을 했다는 것이다.[12] 이 호사가적인 허영심이 어디서 기원했겠는가? 1930년대 문화

11 위의 책, 172면.

12 위의 책, 175면.

주의적인 감각은 문학과 예술이 만나 어우러지는, 시각예술과 문자예술이 혼종되는, 감각적 세련성과 정신주의적 정결성이 섞여드는 이 거대한 혼돈의 영토에 뿌리내리고 있다. 그것은 물질의 남루함이나 일상의 곤궁함을 넘어서는 어떤 신비한 파토스적 힘이자 다이나믹한 창조의 원동력이 된다. 백철이 말한 바로 그, 1930년대 '문화부흥기'는 매체 혼종과 뉴미디어적 감각의 물질적 실현, 문학과 미술, 문학과 영화의 '경계 넘기' 같은 문화 장이 구축됨으로써 형성된 것이다.

김기림은 시론에서 '시적 조형성'에 대해 언급한다. 이는 예술 간의 혼종 및 예술 각 장르 사이의 통섭으로 달성되는 것이다. 그가 '시의 교향악이라 칭한 것은 예술 장르의 결합과 이들의 공명을 통한 조형성 확보를 의미한다. '시네마시', '라디오시' 같은 뉴미디어의 방법론을 시로 재현하는 것은 근본적으로 시의 교향악적 공명이라는 이상을 실현하는 것에 최종심급이 있다.

화단에서의 '신감각'의 분위기 역시 도회적인 우울과 세기말적인 어둠과 밀접한 관련이 있다. 정현웅의 조선미전 입선작 〈해질녘〉에 대해, 김용준은 '씨의 작품은 신감각의 소유자다. 그는 현대 도회의 퍼덕이는 세기말적 우울과 초조, 고민, 절망, 비애, 환상, 죄악 등의 현대인의 말초적 신경을 자극시키고 공포를 일으키게 하고 자살 행동을 취하게 하는 도회적 조류를 그렸다'고 평가한다.[13] 이 대목에서 언뜻 우리는 문단에서의 오장환을 떠올리게 되는데, 이 같은 도회적인 우울과 불안은 당시의 세기말적인 조류를 반향한 것이었다. 뭉크적인 우울과 피카소적인 소외의식이 깃든 감각은 신진 화가들에게 '신감각파'의 이름에 덧붙여져 일종의 시대적인 분위기로 자리 잡게 되는 것이다.[14] 아카데미즘이 지배적

---

13 김용준, 「제9회 미전과 조선화단」, 〈중외일보〉, 1930.5.25.

인 조선 화단의 화풍과는 그 자체로 구별되는 감각이었던 것이다.

대상에 대한 순간적 인상의 포착은 영화에서는 순간적인 장면 전환이나 이동으로 구현된다. 장면 장면의 오버랩을 통해 시간의 지속성과 영원성을 의미화한다는 이 개념은 신화적인 시간으로의 회귀라는 철학적 문제와 연결된다. 스펜더의 「지하철역에서」가 문제인 것은 장면의 겹침, 신화적 시간과 현재적 시간의 입체적 병치 등의 영화적 방법론을 차용하고 있다는 점이다. 이 같은 장면성과 공간 병치가 이미지즘 시의 본질이라고 할 때, 회화나 영화 등과의 장르적 이종 교배에서 기인하는 감각적 혼종성은 필연적인 것이 된다. 신흥예술파적인 아방가르드 운동은 이 같은 복합 매체운동의 성격을 띠고 있으며, 젊은 예술가들의 기호와 열망을 대변한 것이다. 일본 신흥예술파인 '13인 구락부'가 '구인회' 당사자들에게 종종 언급되는 것도 같은 이유이다.

지면과 삽화의 물질적 감수성

물질성·감각성의 실천적 구현자들은 삽화가, 장정가들이다. 신문, 잡지의 삽화는 대부분 당대 화가들이 그리게 된다. 노수현, 이승만, 김규택, 정현웅, 안석영 등이 삽화가로서 명성을 얻었다. 이들은 대부분은 전문적으로 그림 공부를 했던 화가였다. 1920년대에는 주로 노심산이나 이청전 등이 신문 삽화를 그리고 있는데 본격적인 상업미술 활동은 아닌 것으로 보인다.[15] '삽화(揷畵)'로서보다는 '삽회(揷繪)'의 성격이 짙었던 것이

14 최리선, 「정현웅의 작품 세계 연구」, 서울대학교 대학원 석사학위 논문, 2005, 13면.

15 삽화에 대한 인식 미비와 전문성에 대한 인식 부족은 삽화가에 대한 냉대와도 관련되는 듯 보인다. 일 신문삽화쟁이, 「신문소설과 삽화와 삽화가」, 『철필』, 1930.9, 82~83면.

다.[16] 1920년대에는 연재소설이 독자적인 영역으로 인식되지 않았다는 평가도 있다. 〈조선일보〉의 경우, 김낭운이 번역한 『靑衣夜叉』가 심산의 삽화로, 이익상의 『키 잃은 범선』(1927.1.16~7.19)이 청전의 그림으로 연재된 것이 확인되는데, 삽화의 존재성이 크게 부각된 것 같지는 않다. 유엽의 『새 세상 사람들』에서는 이청전,[17] 안석영, 이용우 등이 연이어서 화필을 잡았다. 적어도 1920년대까지는 삽화의 독자성이나 화가의 중요성이 잘 인지되지 않았던 것이다. 1930년대 들어 조선일보에서 문인기자로 활동했던 안석영의 역할이 부각되는 것은 그가 만화소설, 영화소설 등의 혼종 양식의 실천자로서뿐 아니라 학예면을 비롯 출판부에서 발행한 잡지의 컷, 삽화 등을 담당하게 된 데서 찾아진다. 정현웅의 역할 또한 유사한데, 이는 이들이 일본에서 귀국한 후 신문사에 입사해 전문 화가로서 본격적으로 삽화, 장정 등의 출판미술에 뛰어든 것과 무관하지 않다. 이들은 신흥예술파적인 감각과 감수성으로 이 거대한 1930년대 '경계넘기'의 난바다에 뛰어들어 '혼종 텍스트'를 적극적으로 구현하는 오디세우스적 모험을 감행했던 것이다.

화가의 말, 소설가의 말

연재소설 예고편 기사를 일별해 보면, 1930년대 들어서 삽화가의 중요성에 대한 인식이 점진적으로 강화되고 있음을 확인할 수 있다. 초창기에는 연재소설에 대한 인식 자체가 결여되고 있었던 것으로 보인다. 그러다 점차 이 혼종 양식에 대한 대중적 기호가 증가하는 것과 동시에 그

16 강민성, 앞의 논문, 4면.

17 〈조선일보〉, 1927.7.19. 소설 예고 기사가 실려 있다.

중요성이 강화되는데, 삽화(가)의 존재 역시 이것과 유사한 과정을 거치고 있다. "삽화가 이름 미기재→기재→'작자(삽화가)의 말' 미기재→삽화가 사진 미기재→삽화가 사진 기재→'작자(삽화가)의 말' 기재"와 같은, 대체적으로 일정한 패턴을 보여주고 있는 것이다.

우선, 1920년대 연재소설의 지면을 확인해 보자. 〈매일신보〉의 경우, 번안소설 『유정』[18]은 작자 백대진이 기명되지만, 『바다의 처녀』[19]는 작가조차 언급되지 않고 있다. '연애소설'이라는 명칭으로 예고된 『相思의 死』는 심묘(心畝) 김창환의 글과 그림으로 연재된 것인데,[20] 삽화가의 독자성과 전문성이 강조되는 1930년대의 일반적인 연재소설 편집 방식과는 차이가 있다. 1920년대 후반기부터 행인 이승만이 주로 삽화를 그렸는데, 그의 삽화가로서의 지위가 처음부터 인지된 것 같지는 않다. 이서구의 『사랑의 지옥』,[21] 이성해의 『그들은 어대로』[22]의 연재 예고는 '삽화' 이승만의 이름이 분명하게 기재된 것인데, 이는 이승만의 당시 화가로서의 지위나 명성과 관련된 것으로 보인다. 하지만 이때까지도 특별히 삽화가의 명성을 예고 기사의 전면에 내세우지는 않았다. 『그들은 어대로』 예고에서 보듯, '작자의 말'은 소개되지만, 화가에게는 따로 지면이 허락되지 않았다. 당대의 작가 염상섭의 『무화과』,[23] 김동인의 『해는 지평선에』[24] 역시 삽화가 행인 이승만이 소개되어 있기는 하지만, '화가의

18 〈매일신보〉, 1922.5.12.

19 〈매일신보〉, 1925.4.30.

20 〈매일신보〉, 1922.2.6.

21 〈매일신보〉, 1928.5.26.

22 〈매일신보〉, 1931.9.28.

23 〈매일신보〉, 1931.11.10.

24 〈매일신보〉, 1932.9.28.

말'은 주어지지 않았으며 특별히 화가의 이름을 강조하고 있지도 않다. 또 『무화과』, 『해는 지평선』에는 그 이전에는 잘 볼 수 없었던 작가의 사진이 게재되어 있는데, 그에 반해 삽화가의 사진은 게재되지 않았다. 이 같은 편집 스타일 역시 삽화가의 중요성이나 삽화의 비중에 대한 인식이 충분하지 않았음을 의미한다. 삽화가의 사진이 소설가의 사진과 함께 나란히 편집된 경우는 염상섭의 『모란꽃 필 때』인데 윤희순의 사진은 염상섭의 사진이 실린 오른편과 대칭적인 지점에 편집되어 있다.

1927~1928년경까지 삽화가의 존재성이 미미했거나 크게 부각되지 않았다는 것은 독자의 관심이나 기호가 삽화나 삽화가와 호환되지 않았음을 보여준다. 이 사정은 〈중외일보(조선중앙일보)〉나 〈동아일보〉, 〈조선일보〉 공히 크게 다르지 않았다. 〈중외일보〉의 경우, 실제 1927~1929년 사이 연재소설 예고 기사에서 삽화가의 이름은 생략되었으며, 명기되더라도 그것을 강조하지는 않았던 듯하다. 노수현이 삽화를 그렸던 『淨花』(최독견, 1928.8.7), 『太平行』(김동인, 1930.5.30), 『明日』(1930.9.22) 등에서 삽화가의 이름은 생략되어 있다. 하지만 『項羽』(윤백남, 1933.3.20), 『제2의 運命』(이태준, 1933.8.19)에는 소설가의 사진과 나란하게 노수현의 사진이 실렸으며 '금상첨화 같은 삽화를 그리는 일류 삽화가'로서의 화가의 명성을 강조한 것이 눈에 띈다. 대체로 삽화가의 사진을 소설가의 그것과 함께 싣고, 더불어 삽화가의 명성을 강조하는 방식의 기사가 안정적으로 나타나는 것은 1933, 1934년경이다. 1939, 1940년경에는 이 고유한 방식이 거의 정착된 것으로 판단되는데, 1930년대 중・후반기에 들어서면서 연재소설에서 삽화의 존재성이 독자의 관심도나 호응도를 결정하는 중요한 변수가 되고 이에 따라 삽화가의 지위나 역할 역시 크게 부각되기 시작했던 것이다.

연재소설 예고 기사에서 삽화(삽화가)를 지칭하는 수사의 화려함을 볼 수 있는데, 그것이 점차 고정화되고 끌리세화되어 간다는 것도 확인된다. '미감, 금상첨화, 화원' 같은 용어가 거의 '삽화(가)'와 등가적으로 교환되고 있다. 이 같은 용어가 고정화되고 끌리세화된다는 것은 역설적으로 삽화가의 상징적 가치가 고양되고 확립되었음을 의미한다. 연재소설의 편집 방향이나 배치 등의 양식적 고정화는 연재소설의 지위나 성격이 그만큼 안정화되었음을 의미하는 것이기도 하다.

> 삽화를 담당한 리승만 씨의 미감(美感)한 필치 또한 독자 여러분과 이미 친분이 두터운 바이니 금상첨화의 장관은 가히 기대함이 클 것이라고 믿는 바입니다.[25]
>
> 채만식, 『金의 情熱』

> 삽화는 이미 창공을 통하야 여러분과 친하신 윤희순 화백이 니어서 화필을 자브시게 되엿스니 이 두 거장의 글과 그림은 서로 조화를 이루어 찬란한 화원을 여러분 아페 버리게 될 것이오니 지금부터 만흔 기대를 가저주시기 바랍니다.[26]
>
> 한설야, 『塔』

> 더욱이 여기에 석영 안석주 씨의 조금도 머무르지 않고 개척하여 나아가는 독특한 화풍으로 그릴 삽화는 실로 독자 제씨의 경탄을 마지 안을 것이니 비루소 이 소설과 삽화는 장차 큰 센세이슌을 이르킬 것이 틀림업습을 말슴해 두는 동시에[27]
>
> 염상섭, 『狂奔』

25 〈매일신보〉, 1939.6.16.

26 〈매일신보〉, 1940.7.20.

27 〈조선일보〉, 1929.9.13.

小說豫告

有情

〈매일신보〉, 1922.5.12.

次回連載小說豫告

사랑의 地獄

作者 李瑞求 插畵 李承萬

〈매일신보〉, 1928.5.26.

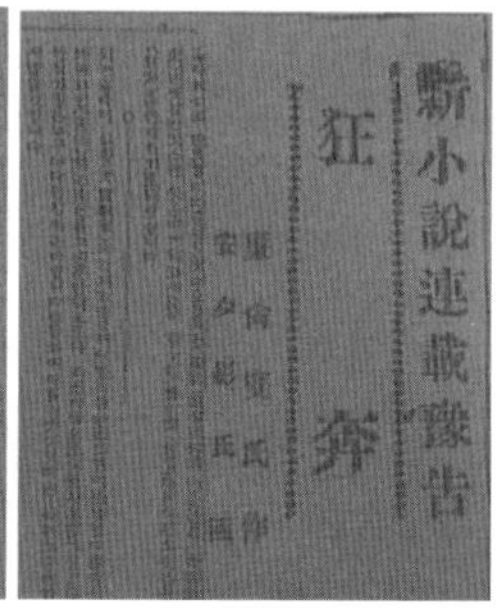

新小說連載豫告

狂奔

〈조선일보〉, 1929.9.13.

五面連載小說豫告

無花果

廉想涉 作

〈매일신보〉, 1931.11.10.

連載小說豫告

『해는 地平線에』

金東仁 作

李承萬 畵

作者의 말

〈매일신보〉, 1932.9.28.

連載小說豫告

「半年間」

朴泰遠 作·畵

明日부터 連載

〈동아일보〉, 1933.6.14.

新聞小說界

明星出現!

長篇小說

雙紅舞

方仁根 作

金奎澤 畵

〈조선일보〉, 1936.9.27.

〈매일신보〉, 1936.6.16.

塔

韓雪野

八月一日 連載

〈매일신보〉, 1940.7.20.

연재소설 예고 기사의 변화. 삽화가의 중요성이 점차 증대되고 있음을 확인할 수 있다.

삽화는 나날이 그 화명이 노파가는 웅초 김규택 씨가 심혈을 기우려 마터보게되엿스니 이 글과 이 그림이 합친다면 그야말로 『雙紅舞』란 제목가티 두 줄기 무지개가 함께 어우러져 지상에 춤출 것을 기뻐게 기다립시다.[28]

방인근, 『雙紅舞』

독자들의 기호가 삽화의 시각적이고 물질적인 미감에 현저하게 기울어져 있음을 예고 기사에서 확인할 수 있다. '이 글과 이 그림이 합친다면, 쌍무지개처럼 지상에 춤출 것이다'는 수사인 동시에 실재였던 것이다. '글과 그림이 조화되는' 혼종 양식으로서의 신문 연재소설의 가치가 중시되고, 화가의 이름이 거명되고 필치의 특징이 언급될 정도로 삽화가의 독립적인 지위가 인정되고 있었던 것이다. 1930년대에 들어서면 삽화의 시각적이고 물질적인 미학이나 그 가치는 지면을 구성하는 중요한 잣대가 된다. 독자들은 소설 내용을 찬란한 화원(지면)과의 상관관계 속에서 즐기고 이해하게 된다.

1930년대에 새삼 삽화 및 삽화가의 중요성이 인식된 것은, 전문 화가들이 출판미술이나 도서 장정에 대해 독자적인 인식을 취하게 된 것과 무관하지 않다. 화가든 문인이든, 이들은 독자와의 소통을 중시하는 신문 매체의 특성을 십분 활용하고, 신문 지면의 특성을 고려한 창작 행위를 시도한다. 이는 시각 매체가 대중문화에 정착되어 가는 과정에서 일반적으로 나타나는 현상이다. 화가들 또한 생계 방편으로 신문사에 취직하지만 장정이나 삽화 같은 출판미술을 기능적인 것에서 전문적인 것으로 점차 인식해 가는 흔적이 누엿하다.

28 〈조선일보〉, 1936.9.27.

저널리즘 제도의 인적 네트워크

문인・화가들은 신문사를 신문화운동의 중요한 장으로 인식하면서 이를 중심으로 커뮤니티를 형성한다. '해외문학파', '구인회', '문장파'의 연계성은 신문사, 잡지사가 중심이 된 인쇄 장의 본격적인 인프라 구축과 깊은 연관성이 있다. 이로써 화문, 영화 소설 같은 새로운 장르 생성, 장르 간 결합 및 혼종, 북디자인 개념으로 장정된 시집, 소설집 출간 등 출판문화의 비약적 성장이 가능해졌다. 문인, 영화인, 언론인 등의 결합체였던 '구인회'도 실상 '저널리즘'이라는 제도의 산물인 것이다.

이 같은 분위기에서 1930년대는 잡지뿐 아니라 소설집, 시집들이 대거 출판된다. 이는, 1935년 5월 조직적인 카프 운동이 종료되던 시점에서 한국문화 예술계가 인프라를 강력하게 구축할 수 있는 힘이 된다. 조용만의 회고에서도 분명하게 드러나는 것이지만, 1920년대 저널리즘은 민족주의적 계몽적 메시지를 전달하는 것이 중요했던 반면, 1930년대 그것은 그보다는 예술적 의장이나 장식 등의 기호적인 욕구를 충족시키는 방면으로 나아간다. 문화적 인프라가 강화된 탓이다. 삽화 및 삽화가의 부상은 이 같은 저널리즘 장의 제도적 장치가 기능한 결과이다.

소설가들의 신감각파적 감수성은 신문 지면을 선택하는 데 중요한 변수로 작용하기도 한다. 이태준이나 최정희의 언급이 의미하듯, 소설가 역시 '글과 그림이 조화'되는 혼종 양식으로서의 신문 연재소설의 가치를 이해하고 있었고 따라서 연재소설이 실릴 지면을 선택하는 데 있어 지면의 구성 방식, 편집 방식의 문제를 고려하지 않을 수 없게 되었다. 독자들의 기호를 충족시키는 단순한 '대중성'의 영합을 위한 선택이 아니라 소설가 스스로도 연재소설이 갖는 혼종성과 개방성, 곧 배치의 미학을 고려한 선택이 필요했던 것이다. 문단 내의 교유 관계가 신문 지면을 선택하는 중요한 조건이 되기도 했겠지만, 이태준으로서는 특히 삽화를 그리는 화가의 역량과 활자, 잉크 등 신문 지면을 구성하는 심미적 측면이 중요했다. 그의 이 같은 문제의식은 그간 별로 중요하게 취급된 적이 없지만, 이 회고는 그의 유미주의나 디테일한 인물의 섬세한 심리 묘사 같은 것들과 연관돼 있다.

本紙에빗날新長篇小說(來二十九日附夕刊부터連載)

花冠

李泰俊作

挿畫＝金奎澤

연재소설을 실을 매체를 선택할 때 중요한 조건이 편집, 활자 등의 지면 환경과 깊은 관련이 있다고 고백한 이태준의 『화관』 연재 예고 기사. '삽화맛'과 활자, 잉크 같은 '편집 스타일'에 대한 그의 기호는 유미주의적인 소설 문체와도 상관성이 있다.

이태준은 〈조선일보〉에 『화관(花冠)』을 쓰면서 새롭게 눈에 끌렸던 것이 지면과 삽화라고 고백한 바 있다. 이태준의 경우, 소설가의 입장에서 신문 삽화가 소설의 심미적 요인과 관계가 있다고 보았던 것이다.

> 원고 부족이 첫째 문제요 '캇트'나 삽화 그리는 사람과 자신과의 신문지의 시대성 인식에있어서두 거리가 있는 것이 둘째 고통이요 다음은 공장에서 손과 기술이 한가지로 부족한 것이였섯다. 사실 불평을 쏘다 놋는다면 어듸 이런 데리켓트한 문제뿐도 아닐 것이다. 밥갑이 멸달치씩 밀니니 일이 손에 잡히지 안는데다 여기자와 연재소설이 오는 날보다 빠지는 날이 다 만헛스니 광고는 적고 혼자 아홉단 열단을 채우노라면 제재를 운위할 경우가 아니헛섯다.[29]

29 이태준, 「두 강도의 面影과 직업적 냉정 문제」, 『무서록』, 서음출판사, 1988, 46면.

「화관」 때 기분이 좀 새로웠던 것은 지면과 삽화다. 그전 소설들은 삽화가 나뻤다는 것이 아니라 「불멸의 운명」「불멸의 함성」「성모」 줄곳 심산 한분 것뿐이다가 딴 그림과 섞여 오는 맛이 좋았고, 신문지면도 활자, 잉크, 편집, 더 조선일보가 월등히 나 있었다.

(중략)

김기림 씨가 선대(仙臺)서 나와 조선의 학예면 담당이 되며 첫 인사가 장편하나 준비해 달라는 것이다. 명실공히 '長篇匠'이가 되었다. '인제 신문소설은 안 쓰겠소'하고 뻣대였으니 몇 달 쉬이면 또 붓이 근지러워지는 것도 사실이다.[30]

위 두 지문에서, 조선중앙일보 기자로 활동했던 이태준의 기자의 신분과 소설가의 신분 사이의 간극을 확인할 수 있다. 이태준은 마음만 먹으면 자신의 소설을 연재할 신문을 선택할 수 있었으며, 거기에는 '삽화' 및 '삽화가'의 요건도 크게 작용했던 것으로 보인다. 인기 소설가의 경우, 신문에 장편소설을 싣는 것이 큰 문제가 되지는 않았을 것이다. 〈동아일보〉, 〈조선일보〉, 〈조선중앙일보〉 세 신문이 광고와 독자 경쟁으로 치열한 싸움을 하고 있었던 탓에 지면이 부족한 것이 아니라 원고가 부족했다. 연재소설을 쓰는 조건으로 문인기자가 된 이태준은 처음에는 〈조선중앙일보〉의 연재소설을 쓰는 조건으로 객원기자가 되었지만, 〈조선중앙일보〉가 정간되자 〈동아일보〉, 〈조선일보〉 등의 연재소설 주문에 응할 수 있게 된다. 무엇보다 흥미로운 것은, 처음 〈동아일보〉가 먼저 연재소설을 부탁했으나 심산이 그리는 것과는 다른 '삽화맛'과 활자, 잉크, 편집 스타일에 이끌려 〈조선일보〉을 선택했다는 진술이다. 이태준의 유미주의적 시각이 단순히 소설 자체의 문제가 아니라 파라텍스트(paratext)적

30 이태준, 「「청춘무성」과 「화관」」, 위의 책, 135면.

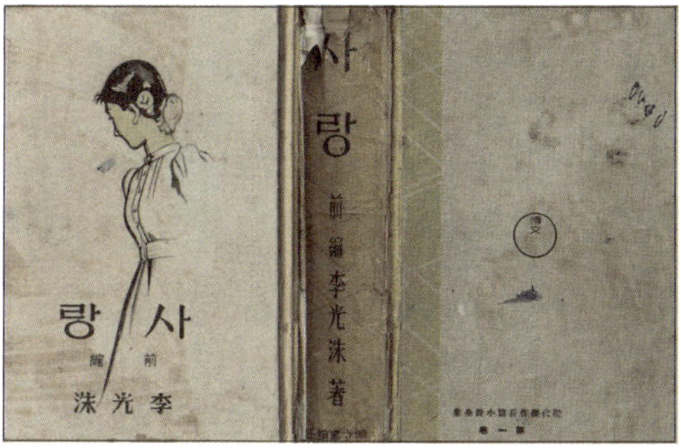

'冊衣까지 또한 淸楚하여 어느 書齋 어느 文匣에 오르나 단연 異彩를 떨칠 것을 믿는다. 愛讀 愛藏이 되기를 빈다'는 이태준의 찬사가 붙은 춘원의 『사랑』.

인 것, 텍스트를 둘러싸고 있는 환경 전체와 관련되어 있다는 것은 주목할 만하다.

이태준의 이 같은 진술은 이광수의 소설 『사랑』의 독후감에서도 확인된다. '독후감'의 초점이 소설의 소설적 가치이기보다는 '책의(冊衣)', '체재(體裁)'에 가 있다는 것이 특징적이다.

> — 이 소설 『사랑』은 무엇으로보나 좋은 조건만으로 탄생되었다 하겠다. 冊衣까지 또한 淸楚하여 어느 書齋 어느 文匣에 오르나 단연 異彩를 떨칠 것을 믿는다. 愛讀 愛藏이 되기를 빈다.[31]

이광수의 소설가적 역량을 문제 삼기보다는 '책의의 청초함'을 도서 선택의 중요한 조건으로 내세우고 있는 것이 특징적이다. 이 '冊衣' 곧 장정은 단순하면서도 간결한 것이 특징인데, 당시 삽화가, 장정가로서 고평을 받던 정현웅의 것이다. 이 물질적이며 시각적인 아름다움 때문에 애독서뿐 아니라 애장서로서의 가치가 있다는 것이다. 이러한 평가는, 장정의 가치가 이 시기에 와서 어떻게 인지되고 있는지를 보여줄 뿐 아

31 이태준, 「춘원의 「사랑」 독후감」, 『박문 3집』, 1938.12, 27면.

니라 장정가, 삽화가의 역할이 문학 독자층 형성에 중요한 변수가 되었음을 확인해 준다.

이태준의 『久遠의 女像』이나 박태원의 『천변풍경』의 광고에서도 이 물질적, 시각적 미학이 특별히 강조되고 있음을 확인할 수 있다. '정현웅 화백의 豪華裝幀으로 더구나 體裁는 조선서 처음인 폴스판으로써 문자 그대로 명실이 상부한 美本이 불원 간 판매된다'는 『천변풍경』의 광고[32]는 '미본'으로서의 책의 가치가 장정과 체재에 있음을 강조한 것이다. 이는 독자들의 관심이 책의 내용(문예학적 가치)뿐 아니라 '미본'으로서의 물질적, 가시적 가치로 옮겨오고 있음을 의미한다. 이 같은 대중의 기호, 곧 대중성을 천하고 얕은, 이른바 낮은 층위의 가치로 평가할 수 있는가 하는 것은 신문 연재소설의 대중성, 통속성 문제와 더불어 또 다른 논증의 필요성을 제기하지만, 분명한 것은 이 같은 대중의 기호가 문학의 문예학적 가치와 더불어 중요한 평가 지표로 인지되고 있다는 사실이다. 뿐만 아니라 대중의 기호를 견인하기 위한 광고 문구의 형태로 제시되고 있다는 것도 눈여겨볼 만하다.

이는 읽기와 쓰기의 문제에서의 신문, 잡지 등 출판물 지면의 물질성이나 책의 겉표지의 제자 및 표지화 같은, '체재'의 중요성을 제기하는 것인데, 이는 문예미학적 구성미나 양식미로 소설을 평가·해석하는 층위와 다른 문제이다. 쓰기든 읽기든 그것은 물질성을 배타적으로 제외시키지 않는다는 것이다. 예컨대 신문을 읽는 모든 사람이 활자를 동일하게 '인쇄된 문자'로 간주하고 읽지는 않는다. 독자들은 소설 내용뿐 아니라 다른 신문과는 차이 나는 활자의 꼴과 크기, 그것의 배치, 표제어, 삽화 등에 따라 특정 신문을 선호하는 경향성이 있다. 신문 지면의 개성은

32 「출판토픽」, 『박문 3집』, 1938.12, 29면.

青春茂盛

이태준의 『청춘무성』(〈조선일보〉, 1940.4.27). '달빛 어린 바다물결, 갑판 위의 물체와 또 그 여러 그림자들, 실물을 보는 듯했다. 글과 그림이 너무나 잘 일치되어서 色이 있고, 냄새가 있고, 움직임이 뚜렷했다고 생각한다'고 최정희가 고백한 정현웅의 삽화.

활자꼴과 그것이 배열되는 방식을 통해 그 신문의 개성이나 특성을 갖추게 되며, 독자들의 신문 읽기 습관은 이 같은 타이포그라피적인 감수성과 분리되기 어렵다.[33]

연재소설을 선호하는 독자들의 감수성이 소설 그 자체의 내용 못지않게 삽화로 옮겨지고 있음을 실증적으로도 확인되는데, 최정희 역시 이태준의 『청춘무성』의 삽화에서 역동적인 감각의 움직임을 발견했노라고 후일 고백한 바 있다.

> 이태준 씨의 청춘무성을 읽었다. 바루 관부연락선을 타고 원치원, 고은심, 스지함 이렇게 셋이 조선에 금강산구경을 나오는 길이였다. 다른날 아침보다 더욱 재미있게 읽었다. [조개꺼풀처럼 속은 없이 놓여있는 은심과 함의구두] [둘이 있는 동안은 선지의 운행도 넘제든지 빨랐다] 라는 등의 구절이 이상하게 좋은 것은 몸이 아픈 까닭인가. 그림도 좋았다. 정현웅씨에게 찬사의 편지가 쓰고 싶었으나 붓을 들 수가 없어서 그만두었다. 달빛 어린바다물결, 갑판 위의 물체와 또 그 여러 그림자들, 실물을 보는 듯했다. 글과 그림이 너무나 잘 일치되어서 色이 있고, 냄새가 있고, 움직임이 뚜렷했다고 생각한다.[34]

---

33 에릭 슈피커만 & E.M. 진저, 『타이포그래피 에세이』, 김주성·이용신 옮김, 안그라픽스, 2010, 13면.

34 최정희, 「병상기」, 『인문평론』, 1940.8, 103면. 이는 『청춘무성』 89회(〈조선일보〉,

정현웅의 삽화는 달빛 어린 바다의 물결, 갑판 위의 물체를 실물처럼, 그러니까 영화를 보는 듯한 생생한 장면을 연출하고 있었다. 수면 위를 미끄러지듯 흘러가는 삽화 이미지는, 이태준의 문체와 어우러져 색과 냄새와 움직임이 있는 텍스트를 새롭게 창안해 낸다. 삽화는 이제 단순히 소설 내용을 보충하는 시각적 텍스트에 구속되지 않는다. 보고 듣고 읽고 냄새 맡는, 혼종적, 공감각적 감수성을 자극하면서 그 자체로 하나의 독창적인 이미지이자 자율적인 텍스트가 된다. 삽화는 공감각적 상상 체험을 가능하게 한다. 그것은 실재와 방불한 것이다. 영화가 주는 현재성과 포스트휴먼적인 불명성과 치환되는 것이다. 이것이 입체적이며 역동적인 뉴미디어적인 감각이자 감수성이며 물질성이다.

미문체의 작가로 이태준을 기억하는 것은 당대에서나 현재에서나 그다지 변함이 없다. 이태준의 미문체는 장정이나 삽화에 대한 그의 '물질주의적인' 감각의 기호와 무관하지 않은 듯하다. 여기서 이태준의 유미주의를 되돌아볼 필요성이 생긴다. '향긋하고 깨끗한' 시적인 문체는 책으로 출간되었을 때 그것과 아름답게 조우하는 장정의 미학으로 연결되어야 한다[35]는 최정희의 진술 역시, 이태준 소설 문체의 한 국면이 소설 외적인 것, 표지, 장정 같은 파라텍스트(paratext)적인 것에 깃든 것임을 의미한다. 최정희는 혼종적 공감의 확장과 물질성의 미학에 관해 언급하고 있는 것이다. 삽화나 장정은 장식적이거나 텍스트를 이루는 하나의 부가적 요소가 아니다. 삽화와 장정은 소설 내용을 보조하는 기능적 도구가 아니라 그 자체로 하나의 완결된 텍스트이자 소설이라는 에크리튀르의 본질적 요소가 된다. 물질적이고 서지적인 것으로서의 '파라텍스트'

1940.6.26)의 삽화를 지칭한 것으로 보인다.

35 최정희, 「신간평, 청춘무성」, 『인문평론』, 1941.1, 215면.

는 그 자체로 텍스트의 한 구성 요소이다. 1930년대 문인들의 감수성은 이미 1920년대의 문자 중심주의 에크리튀르를 넘어서 있다. 그들의 뉴미디어적 감각은 삽화와 장정 같은 시각적 텍스트를 전통적으로 문자 언어에 갇혀 있던 문학 장르로 끌어들이면서 문학의 새로운 장을 여는 동력이 된다.

이태준의 물질주의 감수성과 유미주의 미학

이태준의 문학의 물질성에 대한 감수성은 일찍이 김용준과 교유하면서 싹텄을 것이며, 그 뒤 목일회 및 목시회, 그리고 그것을 잇는 양화동인전의 김환기, 길진섭 등과 교유하는 가운데[36] 깊어진 것이다. 그는 이들과 교유하면서 시각예술이나 고서화에 대한 인식의 폭을 크게 넓히게 되며, 후일 이들 화가들과 문인들이 함께 『문장』을 발간하게 된 것도 이 같은 예술관 및 인간관계가 크게 작용했을 것이다.

이태준은 조선 미술의 '선'을 강조한다. 1920년대 후반 조선미전의 '書部 폐지론'을 계기로 '書와 四君子 논쟁'이 제기된다. '서예'나 '사군자'는 봉건적 잔재이며 예술적 가치가 없다는 폐지론자에 맞서 이를 옹호했던 집단은 표현주의적 문예관을 표방하면서, 문인들과 일정한 교류를 가졌던 목일회 동인들이었다. 이태준 역시 여기에 속한다. 격렬한 선의 움직임을 동양 예술의 선과 동일한 것으로 파악하고, 특히 서와 사군자의 몰락을 동양 예술의 정신성의 몰락으로 이해한다. 동양화 양식에 원근법, 명암법 등 양화법을 절충해서 그린 고희동의 〈금강오제〉에 대한 당대의 긍정적 평가와는 달리, 이태준은 이를 '동양화의 골격인 선조를

36 기혜경, 「1920, 30년대 한국 근대미술과 문학의 교류상에 관한 연구」, 앞의 논문, 47면.

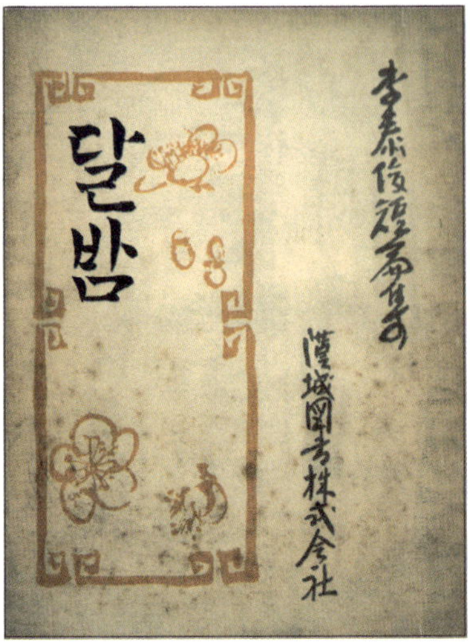

김용준이 장정한 이태준의 소설 『달밤』 표지. 우아하고 단아한 아우라가 깃든 김용준 장정의 특징이 이태준의 유미주의적 문체와 잘 조화되어 있다.

무시함으로써 생명을 잃었다'고 평가한다. 그는 이 그림에서 '금강산의 형해뿐이다. 금강산의 소리는 하나도 들리지 않는다. 물이 모다 죽었다'라고 덧붙인다.[37] 선적인 미는 동양의 정신주의와 내적 생명력을 함의한다. 이태준은 그림이나 도상에서 일종의 아름다움을 본다. 그것은 문인화나 선에서 발견한 정적인 정신주의와 다르지 않다. 그에게 그림은 일종의 문자적 에크리튀르다. 그것이 이태준식 유미주의이다. 서예, 사군자에 대한 이태준의 유별난 관심은 신문 삽화 및 삽화가에 대한 관심과 다르지 않다. 신문의 활자 배열 같은 편집 미학에 대한 관심, 장정에 대한 인식도 마찬가지다.

이태준은 출판물의 결정적 가치가 활자, 제본, 장정이라는 물적인 토대에 있음을 자각하고 다음과 같은 글을 남기기도 한다.

> 편집이란 문장의 취사만이 아님은 이미 여러분이 상식이실 것을 믿는다. 출판물의 최후 가치를 결정하는 것은 실로 활자 호수에서부터 제본까지를 통제하는 장정으로서, 그 일을 양화가 길진섭友가 담임해 주게 된 것은 〈문장〉의 자랑이 아닐 수 없다.[38]

---

37 이태준, 「제13회 협전관후기」, 〈조선중앙일보〉, 1934.10.28.

1930년대 미술사에 나타난 형태의 단순화 및 데포르름은 문단에서 시의 시각화나 문형성(에크리튀르)에 대한 강조와 연관된다. 이태준은 '책'은 '冊'으로 쓰고 싶다[39]고 언급한 바 있다. 이를 문인화 취향이나 한적 중심의 고전주의, 의고 취미를 반영한 것으로 읽기도 하지만, 그의 고전주의는 한자의 시각성과 타이포그라피적 인쇄 감각, 곧 윤전기 미학의 물질주의와 밀접하게 연관된 것이다. 그는 종종 자신의 글쟁이로서의 감각을 호화스러운 지필의 물질성에 비유하기도 했으며,[40] 글쓰는 감각 자체를 붓과 종이를 그대로 만지는 감각[41]으로 기술하기도 했다. 물질은 정신이 투사된 것이라는 이 연금술사적 감각으로 그는 신문 연재소설 곧 '장편장이'로서 삽화와 문자의 병렬적 대칭 관계를 꿰뚫을 수 있었다. 문학을 '넘어(beyond)' 미술계나 고서화로 그 관심의 영역을 넓힐 수 있었던 것은 이태준 문체나 미학관을 다른 것과 차이 나게 하는 결정적인 지층이 되었다.

이 경계적 실존의 지도 위에 일찍이 동경 유학 시절 내유했던 김용준, 김환기, 길진섭 등 화가들이 있다. 이태준은 1936년 개최된 '백만회전(白蠻會展)'에서 길진섭과 김환기의 그림을 보고 '양군 모두 순수회화에의 理想人들이므로 앞으로도 화풍의 많은 변화와 함께 최후의 골까지 돌진하리라 믿는다'고 썼다.[42] 김용준, 길진섭, 구본웅, 이마동, 김응진 등이 참여했던 백만양화회는, 카프 계열의 프롤레타리아 예술관과 외광파적 아카데미즘을 동시에 비판하고 나섰던 순수예술론을 기초로 조직됐던

---

38 이태준, 「餘墨」, 『문장』, 1939.2

39 이태준, 「冊」, 『무서록』, 앞의 책.

40 이태준, 「일기책, 낙서, 신생」, 위의 책, 50면.

41 이태준, 「「청춘무성」과 「화관」」, 위의 책, 136면.

42 이태준, 「機種新書-枝蘭」, 〈조선중앙일보〉, 1936.4.29.

회화 단체이다. 이들은 신감각적이고 아방가르드적이라는 점에서 구인회 동인들의 경향과 유사하다.[43]

『문장』은 이태준과 이병기, 정지용 등의 문인들과 목일회 계열의 미술 단체 소속 화가들인 길진섭, 김환기, 김용준 등이 연계해서 간행한 잡지이다. 이태준, 정지용 등이 구인회에 소속된 문인들이었으므로, '문장'은 구인회의 후속 단체로서의 성격을 다분히 가지고 있다고 평가되기도 한다. 그런데 이태준은 이들 화가들의 경향을 '순수 회화에의 이상인'으로 규정하고 있는데, 이는 마치 구인회를 카프의 리얼리즘 경향과 대비되는 순수문학 단체로 규정하는 논리의 근거를 제시하고 있는 듯한 인상을 준다. 저널리즘을 매개로 결합된 '정치단체'와 다를 바 없다는 규정도 본질적으로는 이와 유사한 맥락을 갖는다. 이때 '정치성을 띤다'는 지적은 '헤게모니를 가진다'는 맥락으로 해석되곤 하는데 이는 '인간은 정치적 동물이다'는 규정성 만큼이나 모호하고 일반적이며 그래서 추상적인 담론이다. 그보다는 '문자 언어에 기원을 둔 문학 행위를 뛰어넘는 유미주의가 이태준에게는 본질적인 것이었다'고 평가하는 것이 더 중요할지 모른다.

이태준의 고서화에 대한 이해나 김용준 등 화가들과의 관계, '목일회' 및 『문장』 지와의 관계 등은 이 같은 물질주의적, 시각주의적 미의식을 기반으로 한 것이며, 그것을 적극적으로 고무하고 확장하는 데 기여한다. 이병기, 이태준, 정지용 등 문장파의 유미주의적인 축제가 문인들만으로 치러진 '그들만의 리그'의 결과물이 아니라 『문장』의 표지화나 제호, 컷을 담당했던 길진섭, 김용준 등 화가들과의 혼종적 결합에 의한 것이었음은 다시 강조할 필요가 있다. 그러니까 이태준의 입장은 소설가

---

43 기혜경, 「1920, 30년대 한국 근대미술과 문학의 교류 상에 관한 연구」, 앞의 논문, 49~50면.

한 개인의 취미나 기호를 반영한 것이기보다는 문학 장의 구도에 매개되어 펼쳐지는 문화적 제도적 시각에 기반해 있는 것이다. 월간 잡지『문장』발간과 동시에 단행본 출간을 목표로 출발한 이 '문장파'들에게 편집, 표지화, 장정은 가상의 '캔버스' 위의 문화운동이며, 그것 자체로 이미 하나의 '작품'이 되는 것이다.

1930년대의 문화운동의 마지막 단계에서 그토록 빛난 성취를 얻게 되는『문장』의 가치는 좁은 범주의 '문학'을 넘어 존재하는 가치론적 영역이며, 그것이 바로 '경계넘기'의 영역이다.『문장』의 유미주의와 고전주의는 혼종성 미학이 구현된 것이다. 텍스트 자체뿐 아니라 인적 네트워크 그 자체도 그러하다. 편집자 겸 발행인으로 참여한 김연만의 '의로운' 동기 역시 '진취적인 출판 행동'의 필요성에 닿아 있다.[44]

이태준의 유미주의는 문학의 경계를 넘어 존재하며, 그의 문단 활동이 출판 활동과 연계되어 있다는 점은 강조될 필요가 있다.『문장』은 그러니까 문인과 화가의 인간적 결속 관계가 혼종적 텍스트성으로 구현된 잡지였던 것이다. 화가들과의 교유는 우연적이거나 일시적인 것이 아니며 또한 단순한 '기호'나 '취미' 활동에 그치지 않는다. 그것은 본질적으로 1930년대 문화 토대의 변천과 그것을 바탕으로 한 문학 자체의 운동성이 내재된 것이다.

정현웅, 액식(額式) 미술로부터의 탈주

이태준의 물질적 감각적 감수성의 대칭적인 지점에 존재하는 화가는 안석영, 정현웅이다. 안석영은, 1920년대부터 1930년대 중반까지 삽화가,

44 『문장』 편집후기「餘墨」, 1939, 2월호 및 3월호.

만문만화가, 소설가로 폭넓은 활동을 펼친다. 당대 사회와 현실을 꼬집는 특이한 혼종 장르인 만문만화(漫文漫畵)[45]를 그렸던 사실도 기억할 일이다. 안석영이 조선일보 학예부장을 했던 1930년에는 만문만화가 신춘문예의 한 부문으로 설정될 만큼 큰 인기를 누렸고[46] 그 이전까지 시사만화가 보여주던 사회 비판 의식을 계승할 수 있었다. 안석영은, 최독견의 『난영』(1927.9.30~1928.3.7), 홍명희의 『임거정전』(1928.11.21~1929.12.25), 염상섭의 『광분』(1929.10.3~1930.8.2), 『삼대』(1931.1.1~9.17), 심훈의 『불사조』(1931.8.16~1932.2.29), 이기영의 『고향』(1933.11.15~1934.9.21), 춘원의 『그여자의 일생』(1권: 1934.1.3~5.14/2권: 1935.4.16~9.26) 등 〈조선일보〉 장편 연재소설의 삽화를 그렸다.

정현웅은 '삽화가'라기보다는 대표적인 '출판미술가'로 기억되어야 할 것이다. 정현웅은 삽화, 장정 등 일제시대 출판미술 분야에서 의미 있는 족적을 남긴다. 1930년대 강력하게 구축된 시각 문화 '장(場)' 속에서 그의 존재가 부상할 수 있었다. 정현웅은 조선에서 삽화를 그리는 것은 하고 싶다고 되는 것이 아니라 신문사의 사원이라는 갸륵한 영예를 반드시 얻어야만 되는 까다롭고도 거추장스러운 일이라고 언급한다.[47] 학예면은 대중 욕구와 신문 학예면 기자의 능력을 효과적으로 결합시키는데, 정현웅은 그 중심에 있었다.

정현웅은 특이하게 삽화가, 장정가로서 자신의 정체성을 견지하면서 순수미술과 구별되는 '인쇄미술'의 대중성과 공리성을 주목한다.[48] 장

45 만화에 짧은 줄글이 결합된 형태로 일본의 '만화만문'에 기원을 두고 있다. 안석영을 비롯, 최영수, 김규택 등의 화가가 활약했다. 이에 대해서는 신명직, 『모던뽀이 경성을 거닐다』, 현실문화 연구, 2003, 6~11면.

46 「신춘현상문예 사고」, 〈조선일보〉, 1930.12.7.

47 정현웅, 「삽화기」 참조.

정, 판화, 만화, 포스터, 삽화 등은 대중성과 공리성을 가진 진보적 예술이며, 기존의 '액식미술(순수미술)'과는 다른 '인쇄미술'로서의 위상을 갖는다. 액식미술이란 무엇인가, 그것은 벤야민이 말한 '아우라'의 기품과 무관하지 않다. '아우라'는 액자 속에 진품을 끼워두고 그 일회성과 희소성을 강조함으로써 예술의 독립성과 자율성을 담보한다는 '순수미술'의 가치론적 맥락을 견고하게 유지시키는 기제이다. 이 신비한 관념으로부터 일탈한다는 것은 순 미술가 집단으로부터의 탈출에의 용기뿐 아니라 전위적이며 진보주의적인 정신의 모험이 필요한 것이다. '인쇄미술'은 그 일회성의 아우라와 고전주의적 정신주의를 붕괴시킴으로써만 성립되기 때문이다. 그런데 이 '인쇄미술'의 업이 생계형으로 끝나지 않고 1930년대 화가들의 자존감과 소명의식으로 한층 격상되는데 이 기반이 바로 문인-화가들의 인적 네크워크였다. 그들의 활동은 '생계'를 넘어 '문화운동'이라는 구체적인 활동과 문학 장의 창안이라는 구체적인 결과물들을 산출해 내고 있었다.

정현웅이 삽화, 장정 같은 출판미술에 처음 뛰어든 계기 역시, 다른 화가들과 마찬가지로, 생계 문제가 제 일의적인 것으로 보인다. 이후 그는 점차 '틀을 벗어난' 출판미술로서 삽화, 장정의 예술적 독자성을 인지하고, 자신의 정체성을 출판미술에 둔다. 정현웅은 삽화, 장정에 대한 소회를 담은 글을 남기고 있다.[49] 정현웅에게 삽화가, 장정가라는 '출판미술업자'로서의 부끄러움은 순수미술에 절대적으로 투신하지 못한 자의 굴욕감이었을 것이다. 그러나 그것은 점차 자존심이자 선구자적 문화운동의 소임이라는 입장으로 전회한다. 1930년대 출판문화 및 문학장의 지

48 정현웅, 「틀을 돌파하는 미술-새로운 시대의 두 가지 양식」, 〈주간서울〉, 1948.12.20.

49 「삽화기」, 『인문평론』, 1940.3; 「장정의 변」, 『박문』, 1938.12; 「틀을 돌파하는 미술」, 〈주간서울〉, 1948.12.20. 등을 참조할 수 있다.

율성과 독창성을 창안하는 과정은 어떻게 보면 미미한 '소음'의 단계에서 거대한 '소용돌이'의 단계로 전회하는 과정이었다.

당대 책 광고나 연재소설 광고의 문맥에서도 점차 장정, 삽화의 가치가 주목되고 있는 현실을 읽을 수 있는데, 이는 삽화가, 장정가로서의 정현웅의 존재가 부상하고 있었다는 반증일 것이며, 또한 지면의 시각성이 독자들의 기호에 상당한 영향력을 끼치고 있음을 의미하는 것이기도 하다. 삽화가로서의 정현웅의 입지 역시 대중 독자에게 미치는 삽화의 영향력과 관계가 있었다. "삽화는 정현웅 씨가 맡아주시기로 하였으니 이 또한 금상첨화라 아니할 수 없습니다"[50]라는 『破鏡』 삽화 광고나, 이광수의 『무정』을 다시 인쇄하면서 "방금 신판을 인쇄 중인바 종래의 장정을 고쳐 정현웅 화백의 麗筆로서 꾸며 面目이 더한층 새롭다"[51]라는 광고에서 장정가로서 입지를 굳혀가던 정현웅의 존재가 드러난다.

정현웅의 '삽화'에 대한 시각의 변이는 1930년대 '경계넘기'의 문화운동의 진전 과정을 보여준다. '부끄러움'과 '예술가(화가)로서의 자괴감'에서, '전문성'과 독자성을 갖춘 출판미술가의 자존감으로 그의 시각 역시 변화되고 있다. 하지만 '삽화'에 대한 미술계 내부의 시각은 여전히 부정적이었던 듯하다. 그것은 삽화가 신문 저널리즘의 부속물로, 문화나 예술이 아닌 '상품'이며, 삽화가는 '사무원'에 지나지 않는 것으로 인식되던 시대 분위기와 무관하지 않다.[52] 하지만 정현웅은 '거리'의 미술이자 '쓰레기 속'의 미술인 삽화의 가치를 대중성과 예술성의 양가적 가치에 두고, 순수 회화와 동등하게 독자성을 지닌 예술로 이해한다. 그는 삽화

---

50 『신가정』 4권 4호, 1936.4, 190면.

51 『박문』 제2호, 1938.11, 24~25면.

52 정현웅, 「삽화기」 참조.

가 소설의 부속품으로서 소설의 내용을 단순히 설명하거나 전달하는 데서 끝나는 것이 아니라 독자적인 조형의 세계로 끌어올려져야 한다고 주장한다. 소설가와 삽화가가 만나는 지점은 중간이다. 삽화에 대한 소설가의 지나친 관심은 삽화가의 상상력에 제한을 주고, 불관언하면 그림 그릴 만한 장면을 생각할 수 없어 삽화가가 좋은 그림을 그릴 수 없다는 것이다.[53] 단지 글의 부속품쯤으로 여겼던 삽화는 정현웅에게 와서 출판미술의 중요한 장르로 자리 잡는다. 출판이 하나의 예술로 인식된 것이다.[54] 1930년대 연재소설의 인기는 정현웅과 같은 전문 화가들의 역량에 힘입은 바 크다.

정현웅은 〈동아일보〉에서 이무영의 『먼 동이 틀 때』의 삽화를 그리면서 삽화가로서의 삶을 시작한다.[55] 일장기 말살 사건으로 〈동아일보〉가 정간되자 그는 조선일보로 옮겨와 조선일보 출판부에서 삽화와 잡지 표지화 등을 그린다. 『여성』, 『조광』 등의 잡지 삽화 및 표지화의 많은 것들이 그의 손에 의해 그려졌다. 1936~1940년 사이 조선일보에 근무하면서 백석과 교유했고[56] 그때 그린 백석 인물 스케치와 백석의 시에 부쳐진 채색 삽화가 남아 있다. 이것은 충분한 이야깃거리를 만들고 있다. 이태준의 중편소설 「코스모스 피는 정원」(『여성』, 1937.4~7)의 삽화 역시 정현웅의 것이다. 이태준의 『청춘무성』(1940.3.12~8.10)을 비롯, 채만식의 『탁류』, 김동인의 『정열은 병인가』, 이기영의 『어머니』, 한용운의 『박명』, 최

53 위의 글 참조.

54 졸고, 『월북 예술가 오래 잊혀진 그들』, 돌베개, 2002, 113면.

55 처음 예고된 삽화가는 이마동이었다(〈동아일보〉, 1935.8.2). 이마동의 발병으로 9월 20일(45회 연재분)부터 삽화를 그리게 된다. 자세한 사항은, 정진석, 「신문지면을 그림으로 빛낸 언론인」, 『틀을 돌파하는 미술-정현웅 미술작품집』, 앞의 책, 376~377면.

56 오영식, 「정현웅 출판미술 목록」, 위의 책, 409~439면.

명익의 「폐어인」, 현덕의 「녹성좌」, 김남천의 『바다로 간다』, 『사랑의 수족관』 등의 삽화를 정현웅이 그렸다.

출판미술가로서의 정현웅의 위치를 확고하게 한 또 다른 분야는 장정이다. 김용준, 이승만, 김환기 등 당시 미술인들 대부분 장정을 남기고 있다. 화가들이 서적 장정에 참여하면서 장정가의 역할이나 장정에 대한 새로운 시각이 생겨난다.[57] '장정'이 생계형으로 시작되었다 해도 궁극적으로는 일종의 문화 사업으로 자리매김될 정도로 1930년대 출간된 소설집, 시집 등의 장정은 화려하고 품격이 있다. 정현웅 스스로도 서적 장정은 일종의 진보적 문화 사업이라 지칭하고 있다. 그는 장정 작업 자체를 예술 행위로 이해한다.[58] 정현웅은 서적 장정은 한 나라의 문화적 수준을 보여주는 한 단면이며, 진보적인 출판업자가 나타나면서 서적 장정이 문화적으로 비약적으로 발전하고 있다고 본다. 이는 모든 출판의 가치는 결국 활자 호수에서부터 시작해 장정에서 종결된다는 이태준의 시각과도 부합하는 것이다. 장정은 문화적인 것이며 출판미술은 그래서 문화운동의 하나이다. 이 같은 시대적 흐름 속에서 정현웅은 예술과 상품, 일과 예술, 예술가와 기자 사이에서의 갈등이나 충돌을 문화운동의 측면에서 조정하고자 했던 것이다.

장정가로서의 정현웅의 면모는, 화가로서의 미학적 인식이나 재능 못지않게 글(문)과 그림(도상)의 혼종적 양식, 타이포그라피에 대한 철학이나 감각을 보여준다는 데 있다. 당시 광고를 보면, 이광수의 『사랑』은 '冊衣'의 청초함을 애독과 애장의 조건으로 삼고 있다. 박태원의 『천변풍경』 역시 호화장정으로서의 가치와 폴스판이 갖는 조선 초유의 '미본'으

57 장수진, 「한국 출판물 장정의 미적 표현과 가치에 관한 연구–근대 이전 출판물을 중심으로」, 『한국일러스트레이션학회』 Vol.18, 일러스트레이션포럼, 2009, 13면.

58 정현웅, 「장정의 변」 참조.

로서의 가치가 강조된다. 일반적으로 정현웅의 대표적인 장정으로 평가되고 있는 것은 안회남의 『불』, 박태원의 『소설가 구보씨의 일일』, 이태준의 『구원의 여상』 등이다. 그의 장정은 '문자학적인' 시각을 견지한 것이다. 제자나 표지 디자인은 책 내용을 암시하거나 요약하거나 재연하는 것에 머무르지 않는다. 소설을 주체적으로 읽고 그것의 독자적 해석 과정을 거치는 상징화 작업이다. 장정 디자인은 독창적인 예술가의 위치에 그를 올려놓는다. 표지 디자인과 제자는 책 내용을 새롭게 보여주고 암시할 뿐 아니라 그 자체로 책 전체를 해석하고 다시 쓴 하나의 텍스트이다. 장정이 또 하나의 예술 행위일 뿐 아니라 문자 행위, 곧 새로운 에크리튀르의 창안이기도 한 것이다.

장정은 삽화가와 소설가의 심미적 소통의 통로이며, 이는 학예면의 제도적, 인적 인프라를 매개로 공고화된다. 이 강력한 인프라 속에서 삽화, 장정 같은 시각적 혼종적 텍스트들이 출현하고 대중적으로 인기를 얻게 되며 1930년대 문화운동의 자율적인 장이 구축되었던 것이다. 이는 저널리즘 문예의 '통속적 · 대중적' 성격을 판단하는 문제와는 다른 차원의 가치가 아닐 수 없다.

따라서 '책'을 '冊'으로 대체하는 이태준의 감각은 의고주의적인 발상의 산물이기보다는 문자의 도상적, 표상적 성격에 대한 유미주의적 인식과 연관된 것이다. 문자의 표의주의적 성취보다는 형상주의적 성취에 깊숙이 간여된 이것은 물질주의적 공간주의적 입체미학을 그 기원으로 하며 '윤전기 미학'으로서의 문자 행위, 기계주의 시대의 미학주의를 상징한다. 인쇄된 지면의 '공백(여백)'은 유미주의적이고 미학주의적인 감각과 직접 연결된다.[59] 이는, 보고 만져보고 느껴보고 감각하는 물질적

59 월터 J. 옹, 앞의 책, 194~195면.

감각과 관련된 '읽기 쓰기'의 문제이며, 활자의 크기 및 모양, 지면과 활자 및 컷, 삽화 등과의 관계를 중시하는 배치와 편집의 공간미학의 문제이다. 이 같은 활자 매체의 편집과 공간의 미학은 '모더니즘/리얼리즘'의 대칭적 세계관의 관점이나 비평 담론의 이론적 구도 속에서는 잘 포착되지 않는다. 오히려 이 '세계관, 방법론, 감각' 등은 상호 비대칭적이다. 이 관점은 물질적 감각과 근대문학 간의 생성적 동인과 관계성에 대한 보다 구체적인 논의를 이끌고 온다.[60] 물질이자 정신의 경지라고 이해되는 이 층위는 고도의 예술가적 감수성과 염결성을 바탕에 둔 것이다. 그것은 정현웅도, 정지용도, 이태준도, 이상도, 박태원도, 이효석도, 김기림도 동시에 공유한 것이었다.

---

60 Wane De Fremery, 앞의 글, 432면.

영화, 활판 인쇄술의 뉴미디어 감각과 혼종 에크리튀르, 혼종 장르의 탄생

새로운 에크리튀르를 향한 단계들

1930년대의 독창적 에크리튀르의 창안은 신문, 잡지 등의 활자 매체의 성장과 변화, 문자 텍스트와 뉴미디어 영화의 조우 등 복합적인 요인이 작용한 것이다. 1930년대 영화, 신문(잡지), 문학은 각각 새로운 텍스트 생산의 주체이자 텍스트 간 상호 혼종의 대상이 된다. 이들 텍스트 사이에 서로 역동적인 관계가 생성되는데, 서로 영향을 주고받는 관계를 넘어 서로 결합된 상태의 텍스트를 생산해 내게 되는 것이다. 1930년대 문학장의 독립성과 자율성을 떠받치는 핵심적인 코드가 바로 이 혼종 텍스트성이다. 언어 매체로 존속하던 문학은 뉴미디어와의 혼종으로 새로운 에크리튀르를 생산하게 된다.[1]

'모더니즘'은 신문 학예면의 확장 및 대중화, 신감각파적이고 신흥예술파적인 예술파들의 등장과 무관하지 않다. 서구 사조의 일방통행적 관계 속에서, 그리고 리얼리즘(카프)이라는 타자들과의 대칭적 관계 속에서 이를 이해하기에는 1930년대 문학의 '판'은 지나치게 미시적이고 복합적이다. 활자 매체의 시각적 속성의 강화라는 '제도'를 고려하고, 신감각파의 전위적인 분위기와 구체성과 시각성을 전제로 한 감각의 물질성을 우리는 눈여겨봐야 할 것이다. 신문, 잡지 등 활자 매체는 이들 신감각파적인 물질성의 미학을 담아내는 그릇이자 그 자체로 새로운 에크리튀르를 요구하고 창안하는 주체이다. '그릇'은 문화를 담고 문화를 먹여

1 매클루언, 앞의 책, 20면.

살리고 살찌운다. 영화 역시 감각의 확장 및 혼종에 크게 기여하는데, 중요한 것은 문인들에게 영화는 테크놀로지 매체로서의 독립적인 위상을 갖는 것으로 인식되기보다는 새로운 에크리튀르를 창안하는 매개자로 이해되었다는 것이다. 이로써 활자 미학의 새로운 지평이 열린다. 영화의 뉴미디어성과 에크리튀르성은 문학이 문자주의를 넘어 입체화하고 공간성, 공감각성을 확보하는 데 기여한다. 이것이 문학의 매체적 확장이다. 새로운 감각의 발견은 새로운 장르의 창안으로 이어지며, 이로써 독자와의 새로운 소통 관계가 정립된다. 새로운 쓰기는 새로운 읽기와 대칭적 관계에 있다. 그 둘의 관계는 상호 교환적이며 동시에 순환적이다.

1930년대 저널리즘을 기반으로 창안되고 본격화된 문학의 장르적 위상도 이 새로운 에크리튀르성과 관계된다. 그림과 글이 결합된 혼종 장르는 혼종 감각을 구현한다. 대표적으로 연재소설을 지칭할 수 있지만, 화문, 시화, 에피그람 등의 장르뿐 아니라 이미지즘 경향의 시 역시 크게는 이 범주에 속한다고 할 수 있다. 문자 텍스트에 그림을 결합하는 것은 시각적인 속성을 극대화하는 전략이다. 문자 텍스트 위주의 지면은 그림과 문자가 함께 병렬적으로 놓이는 지면으로 변화하고, 그림은 문을 보충하거나 점차 문과의 혼종적 상태를 지향하면서 독자적인 존재 의의를 획득한다.

신문 연재소설은 장면 전환 방법을 비롯한 장면 묘사 등에서 영화 매체와의 경계선을 가로지른다. 삽화는 일종의 시각 언어(visual language)로서 기능한다. 삽화의 시각 문화적 속성은 그림 그 자체의 매체적 특성에서 기인하지만, 영화 매체와의 경계넘기에서 그 전략적 지위를 강화한다. 신문 연재소설은 소설가의 지명도뿐 아니라 삽화가(화가)의 위상 및 삽화의 존재로 그 존재 의의가 부여된다. 화가의 이름이 독자적으로 기재된 삽화는 화가의 존재성을 보증하는 것이다. 따라서 신문 연재소설은

〈조선중앙일보〉의 연재소설 삽화들. (上) 심훈 작, 심묘 화의 『영원의 미소』(1933.10.15), (下) 이기영 작, 조수현 화의 『인간수업』(1936.4.23).

새로운 차원의 읽기가 요구되는 장르로 전환한다.[2] 문자 언어로만 이루어진 텍스트에 비해 삽화는 동시적이고 직접적이며 공감각적인 이해를 요구한다. 연재소설의 삽화는 복잡한 정보 전달 처리 과정을 줄임으로써 일반 대중들이 문학에 훨씬 쉽게 다가갈 수 있는 가능성을 제시한다. 신문소설의 본질적인 특성이 대중성을 띠는 것이 아니라 신문소설의 재현 방식 자체가 대중성을 견인하고 있는 것이다. 따라서 '대중성' 논의는 문학성이나 가치론적 문제를 떠나면 결국 '읽기'와 '감각'의 문제, 곧 에크리튀르성의 문제에 집중된다. 뉴미디어로부터 새로운 에크리튀르의 가능성을 탐색하던 화가, 문인들이 공동 작업의 필요성을 인식하게 되는 것은, 저널리즘 제도의 문제를 넘어 읽기 쓰기의 방법론적 문제에서도 본질적이면서 필연적이었다.

이 같은 흐름에서 영화소설이 출현한다. 영화소설은 일종의 시네마 양식(cinema style)이 문학 장르로 굳어진 것이다. 영화소설은 평면에서 입체적인 세계를 상상했다는 점에서, 들뢰즈의 용어를 빌린다면, 이미지의

2 스티븐 로저 피셔, 『읽기의 역사』, 신기식 옮김, 지영사, 2011, 416면.

'가상의 운동성'을 구현한 것이다. 영화소설은 1930년대로 보면 미래적인 텍스트였다. 김기진이 카프의 소영화운동을 대중화운동의 차원에서 이해하고 매체운동에 주력한 것도 유사한 맥락에서 주목된다.[3] 대중화 논리 자체가 일종의 읽고 쓰는 방식의 가독성과 계몽의 효용성에 주목한 것이어서, 시각적 읽기에 대한 대중의 감수성을 전제로 하지 않으면 성립하기 어렵다.

삽화가 있는 시, 곧 시화에 대해서도 유사한 지적이 가능하다. 연재소설의 삽화는 대중 통속성의 기반이 된다는 점에서 일찍 연구자들이 주목한 분야지만, 시의 삽화에 대해서는 그다지 주목하지 않았다. 삽화는 장정과 함께 일종의 물리적, 서지적 차원의 파라 텍스트성을 견지한 탓에[4] 문예학으로서의 언어의 형태미와 언어적 층위의 해석학적 연구에 집중하는 시 연구자들에게는 관심 영역의 밖에 있었다. '시화'에 대한 논의를 찾기 어려웠던 또 다른 배경에는 우리 출간 문화의 상황과도 관련이 있다. 여러 잡지에 묶여 있던 시들을 묶어 시집으로 출간하거나 후대에 다시 재편집해 출간할 경우, 대체로 문자 텍스트만 편집해 출간하는 것이 일반적이다. 첫 발표 때의 텍스트 상황은 거의 반영되지 않는 것이다. 원 텍스트의 콘텍스트적 맥락에 대해서 그다지 관심을 기울이지 않았던 것이다.

그러나 신문, 잡지 등 발표 매체의 제도적 변화, 뉴미디어성의 습합과 같은 문화적 토대의 변천은 문예학의 운명을 바꾸어 놓기도 한다. 문학성은 역사성으로부터 상대화되며 장르적 가변성 역시 이 역사성을 초월하지 못한다. 이 경우, 영구불변성으로서의 '문학성', 혹은 미학연구는

---

3 김기진, 「예술의 대중화에 관하여」, 〈조선일보〉, 1930.1.1~14.

4 윤재순, 「한국 출판물 장정의 미적 표현과 가치에 관한 연구—근대 이전 출판물을 중심으로」, 『한국출판학 연구』 제55호, 한국출판학회, 2008, 159면.

본질적인 해답을 제시하기 어렵다. 당대에 전문성을 가진 화가들이 잡지 편집에 참여하고 있고, 이는 시 텍스트를 물질적이고 미학적인 차원에서 한 단계 끌어올리는 역할을 한다. 언어문자 중심의 숙독적 읽기 문화로부터 점차 시각적 읽기 문화 중심의 보고 감각하는 단계의 문화적 지평이 1930년대에 열리고 있었다. 활자의 공간적 배치나 문자의 디자인성 같은 비언어적 자질들이 문자 언어의 해석학적 층위에 끊임없이 개입한다. 신문, 잡지의 편집 양태가 문학 생산과 소통의 중요한 매개항이 되는 것이다. 1930년대 전문 화가들이 출판미술 분야에 뛰어들게 됨으로써 문학의 존재론적 운명은 전환된다. 신문, 잡지의 대중적 성장은 대중의 심미안 상승, 잡지 문화의 고급화 및 심미화, 단행본의 고급화 같은 문화 전체의 질적인 성장으로 이어진다. 1930년대 문학의 '경계넘기'의 지평은 새로운 에크리튀르의 창안으로 그 위상을 확고히 하게 된다.

구성과 배치의 에크리튀르와 영화 매체와의 혼종

문학에서 문자성, 곧 도구로서의 문자 언어의 가치는 본질적인 것인가. 문학의 생산과 소비, 그러니까 창작의 층위와 그것을 향유하고 소비하는 문학활동의 전 과정에서 문자 언어 이외의 것, 곧 비문자 언어는 문자 언어에 종속적인 존재로서의 지위를 가질 수밖에 없는가. 1930년대는 이런 질문들에 대한 답과 방향성을 확인할 수 있었던 시간이다. 문자 텍스트로 이루어진 문학 언어가 이제 본격적으로 다른 '옷(의장)'을 입고 나타난다. 당대 제도와 역동적으로 상호작용하면서 문학은 스스로 새롭게 문학 하기, 곧 새로운 에크리튀르를 창안해 내었던 것이다.

1930년대 문학은 문자를 넘어, 비문자 언어와의 혼종 에크리튀르로 독자 대중과 소통한다. 그것은 미술의 영역에서 보면 시각 언어가 비시각 언어와 만나 출판미술의 경지를 새롭게 개척해 나가는 과정이다. 어느 쪽으로 이해하든, 1930년대 문학 장의 창안은 매체의 혼종성과 혼종 감각의 문제와 분리되기 어렵다. 이는 마치 현재의 디지털 공간에서의 담론의 생산과 소통의 전사(前史)적 지평처럼 보이기도 한다. 어쩌면 이 같은 혼종적 문화의 맥락들은 실제로는 선사시대로부터 기원하는 문자학의 역사만큼이나 오랜 연원을 가진 듯하다. 곧 '문학 중심주의'와 섹트주의적(장르주의적, 분업주의적) 연구 경향과 분업적 가치 체계가 이 같은 혼종적 문화 상황을 괄호 치거나 간과하고 있지는 않았는가. 인간은 본원적으로 말의 욕망을 도상 기호와 습합시켜 두는 종족이다. 문자와 그것을 해독하는 능력을 최고의 것으로 간주하는 문자 언어적 사고가 이 같은 선사 시대적 문화 가치를 폄하하고 열등한 지위로 격하시킨 것인지 모르겠다.

문학의 새로움은 스타일의 새로움, 곧 새로운 에크리튀르의 창안 없이는 지속되기 힘들다. 기존 미디어는 본질적으로 뉴미디어의 영향 아래 놓일 수밖에 없으며, 그에 따라 새로운 장르종이 탄생하는 것 또한 자연스럽다. 문자와 그림(도상)이 만나 이루어 내는 새로운 혼종 양식들이 1930년대 대거 등장하면서 이를 지칭하는 용어(명칭, 장르종)도 다양하게 나타난다. 용어의 미정착과 이로 인한 혼란은 필연적이며, 어찌 보면 당연하기까지 하다. 이 같은 과도기적인 불안정성이 이 시대 문학의 자율성을 역설적으로 확인해 준다.

읽기의 선조성에서 입체적 감각성으로, 유기적 통일성에서 모자이크(mosaic)적 파편성으로

그렇다면, 이 새로운 에크리튀르성의 본질은 무엇이며, 이 에크리튀르성의 변화를 어떻게 해석할 수 있는가?

문자 언어 중심의 문학 텍스트는 진지하고 성찰적이다. 문자를 읽는 것은 독립적이고 개인적이며 내면적이고 성찰적인 행위이다. 문예물은 기본적으로 문자 텍스트로 존재한다. 따라서 문학 텍스트는 기본적으로 서적 지향적이다. '서적지향성'이란 고백적이고 사적인 성격을 갖는다는 의미이다. 신문은 '3면 기사적' 성격이 강하다. 사회 전반의 공공적 관심사나 대중적 흥미와 관련된 문제들이 중요한 기삿거리라는 점에서 신문은 '집단'의 이해를 기반으로 한다. 이러한 개방성과 '집단'적 이미지는 신문의 모자이크적 속성(mosaicity)에서 비롯된다. 지면을 효과적으로 이용해 시각적 효과를 높이는 '편집의 역할'은 모자이크적인 '배치'의 기술이다.

1930년대 저널리즘을 기반으로, 문학은 언어 매체에 머무르지 않고 도상과 결합되거나 뉴미디어의 방법론 및 표현 의장들과 혼종된다. 서적형 문예물인 문학은 저널리즘 '제도'[5]와 뉴미디어의 환경에 따라 회화적(pictorial)이고 시각적인(visual)인 것으로 입체화, 공간화한다. 문학은 점차 입체적인 감각을 실현시키는 텍스트로 나아간다. 컷, 삽화, 만화 등의 그림 텍스트와 문자 텍스트가 병렬 편집되고, 그림 텍스트와 문자 텍스트가 서로를 보충해 주면서도 각기 독립적인 지위를 갖는 텍스트의 이중성이 실현된다. 이 혼종 언어는 문예어로서의 문자 언어의 층위와는 다른 것이며, 이때 문학은 서적형 문예물의 지위를 넘어서게 된다.

기존의 활판 인쇄술에 의존하기는 하지만 1930년대 학예면의 '모자

5 '제도'는 문화 생산물의 토대, 인적 물적, 유형적 무형적 토대 전반을 가리킨다. 앨런 스윈지우드, 앞의 책, 55~59면.

이크적 배치'는 그 이전과는 분명한 차이가 있다. 화가 및 문인들의 적극적인 참여 때문이다. 문자 역시 산업화된다. 광고의 문자, 그림과 글의 모자이크적 조합, 컷이나 그래픽적 도안 같은 '산업화된 글자'들은 기존 언어문자와 마찬가지의 아이콘(icon)적 지위를 획득하면서 구텐베르크적인 문자의 잠으로부터 빠져나온다. 낱말에 꼭 맞는 활자꼴을 고르는 것만큼이나 내용에 맞는 활자꼴을 고르는 것이 타이포그라피의 전략이다. 활자꼴들은 활자 조판이라는 기계적인 제한 속에서도 손으로 쓴 글씨의 자연스러움을 어느 정도 구현해 낸다. 이는 캘리그라피(calligraphy)적인 장정 미학의 문자학을 설명해 준다. 정현웅의 『탁류』, 이상의 『기상도』 장정은 장정이자 혼성 언어의 문자학적 전략을 담은 것이다. 화문 내용에 맞는 활자꼴, 타이포그라피적 표제어의 감각이 이 장정에 녹아 있다.[6] 그것은 음성 언어 중심의 묵독의 책(서적)의 세계와는 다른 지평을 열어 준다. 고급한 문자학적 장정이나 캘리그라피적인 도안은 문자의 입체화와 시각주의를 반영한 것이다.

신문은 지면의 제약을 '편집'으로 극복한다. 분량이 많은 비평이나 논문 성격의 글이 며칠 혹은 몇 주 단위에 걸쳐 연재물의 형태로 게재되는 것이 일반적이다. 글의 중간마다 작은 제목이나 번호가 붙어 있는 것은 이 때문이다. 그것은 신문 지면 구성의 원칙인 '모자이크적 속성'을 반영한 것이다. 학술지나 논문집에 학술적 담론을 게재하는 현행 제도와는 차이가 있다. 학예면이 질적으로 높은 수준의 담론을 펼칠 수 있었던 중요한 이유이다. '모자이크적 배치'란 일종의 편집 기술상의 원칙이기도 하지만, 신문 자체의 속성과도 분리하기 어렵다. 신문은 하루에 일어난 최신 사건들을 모아 둔 매체며, 유효 기간 또한 하루뿐인 일일 매체이

6 에릭 슈피커만, 앞의 책, 47면.

다. 신문을 읽는다는 것은 하루 동안 일어난 사건들의 시공간을 여행하는 것이며, 이 여정은 '하루'의 사건 혹은 체험 단위로 편성된다. 따라서 속도감 있는 장면 구성이나 장면의 빠른 전환에 적합하다.[7] 작은 예술로서의 바리에테(Variete), 카바레(Kabarett), 무성영화 양식들은 스피드와 짧은 호흡으로 특징되는 대도시의 양식이다.[8] 신문과 양식적으로 동일한 매체이다. 일일 단위로 게재되는 연재소설이나 시리즈물, 공간 이동이나 장면 전환이 용이한 여행기, 르포성 기사, 명승지나 기념물 소개를 겸한 계절 수필, 단문형 에피그람 등이 신문 지면에 적합하다.

뉴미디어인 영화조차 기술적으로 활자 매체의 특질을 공유하면서 서적 지향 문예물의 변신에 일조한다. 문학과 영화 사이에 매체적・철학적 차이 및 그것을 재현하는 기술적 의장의 차이는 분명 존재하지만, 이 같은 매체 혼종이 손쉽게 일어난 이유가 이들 매체가 본질적인 동일성을 구현하기 때문이라는 지적도 있다. 영화는 서적과 마찬가지로 사적인 경험 공간과 환상을 제공한다는 것이다. 신문 학예면의 제도 아래서 인쇄문화에 길들여진 1930년대 화가, 문인들이 영화에 열광했다는 것은 이 두 매체의 테크놀로지적인 성격에 본질적으로 반응했다는 의미이다. 이는 매체 간 혼종성을 실험적으로 재현할 수 있는 계기가 된다.

문자의 선형성을 숫자나 기호를 통해 전복시키는 작업은 연속적 시간성과 인과성을 파괴하는 것이며, 영화에서 몽타주, 공간 재배치 등의 실험은 이 시간성을 파괴하는 핵심적인 전략이다. 그림이나 컷은 문자와는 달리 직접적이고 직관적인 반응을 요구한다.[9] 아폴리네르는 언어적

7 나가미네 시게토시, 『독서국민의 탄생』, 송태욱 역, 푸른역사, 2010, 129면.

8 이상면, 「초기의 영화 논쟁, 문자 매체와 영상 매체에 대한 논의 1910~1930」, 『비교문학』 제27집, 한국비교문학회, 2001, 91면.

9 매클루언, 앞의 책, 98면.

논리성과 인과성을 구축하는 언어의 시간성을 전복시키는 작업을 선례적으로 남기고 있다. 언어의 근대적 운용, 감각의 입체주의적 실현을 꿈꾸었던 김기림, 이상에게 아폴리네르의 실험은 영감을 주었을 것이다. 이상은 '인쇄'라는 기술적 전략으로 활자 크기를 조정하고 활자를 재배치함으로써 언어의 시간적 연속성과 논리적 인과성을 무너뜨린다. 소설 텍스트에 컷을 삽입하거나 삽화를 끼워 넣는 방식 또한 문자 텍스트의 논리적이고 인과적인 시간성을 와해시키는 작업의 하나이다. 연재소설은, 특히 하나의 틀 속에 내용을 끼워 넣기 한다는 점(연재라는 방식과 글과 삽화로 이루어지는 지면 구성 방법)에서 일종의 '신문 양식의 영화'에 근접한다.[10] 문자 텍스트만으로 이루어진 소설과는 달리 신문 연재소설은 비선형적이고 비연속적인 공간을 구성해 낸다. 영화가 문학의 창작과 독서에 영향을 끼치기 시작한다는 것은 문학 작품을 다르게 읽고 쓰는 방법이 생겨났다는 의미를 가진다.[11]

1930년대의 대표적인 뉴미디어인 영화가 새로운 에크리튀르성을 창안해 내는 과정은 널리 알려졌다. 기계 미디어인 영화는 그 어떤 미디어보다 동력학적이고 충동적인 자극을 관객들에게 부여했을 것이다. 특히 박태원, 이상, 김기림, 이효석, 조용만 등 '구인회' 문인들의 영화 애호는 그들의 글쓰기에 깊은 영향을 끼친 것으로 알려졌다. 대부분의 문인들이 영화를 통해 문학의 새로운 방법론과 신감각적인 표현법을 익혔다. 카프 소형 영화운동이 강력한 대중 호소력을 바탕에 깔고 있었다는 것도 동일한 맥락에서 이해할 수 있다. 신감각파적인 소부르주아지들의 집합체로 평가되기도 하는 '구인회'의 동인으로 처음 횡보가 언급되다가 결국 배

10 위의 책, 329면.

11 이상면, 앞의 논문 참조.

먼동이 틀때

李無影 作

鄭玄雄 畵

인간의 복합적인 심리 상황을 입체적으로 묘사한 정현웅의 삽화. 장면의 복합적 구성, 가역적인 시간 질서, 공간의 중층화 등 영화적 구성을 평면의 신문 지면에 구현한 것이다. 일찍이 뉴미디어인 영화 세례를 받았다는 데서 정현웅의 삽화가로서의 역량이 본질적으로 영화와 관련되어 있음을 보여준다.

제되는 사정은 흥미로운 것인데,[12] 이는 '구인회'가 카프의 대항적 집단으로 결성되었다는 '증거'이기보다 오히려 '구인회' 동인들의 신시대적인 감각의 중요성을 보여주는 것이다. 눈으로 문자를 읽고 묵독하고 성찰하는 방식의 읽기는 지면을 읽고 공간을 음미하고 감각하는 새로운 방식의 읽기로 변화한다. 이 같은 새로운 텍스트의 쓰기는 새로운 텍스트 읽기와 등가적 관계를 이룬다. 독자의 요구나 기호가 어느 때보다 중요해진다. 그 징후는 잡지 판권란의 편집후기에서 확인된다. '대중성'은 단순히 소설 내용의 문제가 아니라 제도와 텍스트의 현존과 '쓰기-읽기' 문화의 맥락과 다층적으로 연관되어 있다. 그런 점에서 소설가들에게 책임이 전가된 대중성이나 통속성의 원죄는 부당한 것이다. 적어도 1930년대 생성된 에크리뛰르 미학의 차원에서 대중성은 가치 중립적인 개념이다.

영화가 시, 소설의 창작 방법이나 구성 방식에 크게 영향을 끼친 것 못지않게, 신문 삽화에 끼친 영향 또한 부정할 수 없다. 1930년대 장정가 삽화가로서 정현웅의 재능은 그가 일찍이 뉴미디어인 영화 세례를 받을 수 있었다는 데서 그 기원을 찾을 수 있다.[13] 정현웅이 공식적으로 발표

12 조용만, 『30년대의 문화예술인들』, 앞의 책, 130면.

13 정현웅의 영화에 대한 관심은, 「미술」, 『비판』, 1938.5; 「신백수와 삼사문학과 나」, 『상아탑』 제7호, 1946.6; 「빅 파레드를 보고」, 〈동아일보〉, 1927.12.11; 「나의 본 진

먼동이틀때 (五)

作 李無影

畫 李青駒

이청구의 삽화(上)에 비해 정현웅의 삽화(下)는 리얼리즘적인 사실적 재현보다는 공간 분할과 장면의 파편적 구성 등 전위적이고 실험적인 시도가 두드러진다.

한 첫 글이 「빅 파래드를 보고」(〈동아일보〉, 1927.11), 「나의 본 진홍문자」(〈동아일보〉, 1928.1.14~15)와 같은 영화평이었다는 것은 흥미롭다. 그는 영화적 기법을 차용해 삽화의 화면을 다양하게 구성하는데, 주인공의 시점에 초점을 맞춘 장면 설정 방식, 몽타주 구성법, 강조와 극대화를 위한 클로즈업(close-up) 기법, 입체적 공간감 확보 등은 영화적 기법에서 차용된 것이다.[14] 김남천의 『사랑의 수족관』의 한 삽화는 연못가 벤치에 앉아 있는 두 남녀의 다리 부분과 그것이 수면에 비친 화면을 지면에 분할 배치함으로써 영화의 몽타주 구성 원리를 적용한 것이다. 자동차의 백미러를 통해 행위의 일단을 간접적으로 투영시키는 장면은 인물의 심리를 디테일하게 묘사하는 방식인데, 이는 간결하면서도 압축적이라는 점에서 시적이다. 이무영의 『먼 동이 틀 때』의 삽화에서 이마동의 것과 정현웅의

홍문자」, 〈동아일보〉, 1928.1.14~15. 등 참조.

14 최리선, 앞의 논문, 29~30면.

것을 비교하면 분명하게 구별되는 특징이 있는데, 이마동의 것이 대체로 소설 내용을 그림으로 보여주는 것에 치중해 있다면, 정현웅의 것은 인물의 디테일한 심리, 상징적 암시, 도상적 축약 등 시적 재현에 집중돼 있다. 정현웅의 삽화는 대체적으로 영화 스틸 컷을 차례로 보는 느낌을 준다. 이 같은 기법은 타이포그라피적인 기법이나 도상적 암시성을 활용하는 장정에서도 두드러지게 나타나는 것인데, 상징적이면서 영화적인 이들 삽화는 출판미술에서의 정현웅의 지위를 공고하게 하는 데 결정적인 역할을 했던 것이다. 정현웅의 삽화는 현재의 시점에서 보더라도 모던하면서 섬세하다. 영화 감각을 삽화 형식으로 풍경화할 수 있었던 그의 혼종적 감각 때문이었을 것이다.

그림이 문자 텍스트의 보조적 구실을 하는 '插繪'의 단계에 머물렀던 1920년대의 '삽화'에 비해, 1930년대 들어서면서 삽화는 말 그대로 '插畵'로서의 가치를 구축할 수 있었다. 이는 혼종적 문화 환경 및 문화 제도와 무관하지 않다.[15] 시간성을 지닌 언어예술은 공간예술인 회화와 동일 지면에서 만나 '혼종적 텍스트'를 지향한다. 그림 텍스트는 문자 텍스트와 병렬적으로 지면에 배치됨으로써 '삽화'로서의 역할을 하게 되며, 그에 따라 삽화가의 존재 또한 독립적이면서 독자적인 실체로 그 존재 의의를 인정받는다. 이때, 화가, 문인들의 공동 작업은 필수적이며, 이것은 학예면 중심의 인적 인프라가 구축됨으로써 가능해진다.[16] 시화 등 화

15 강민성, 앞의 논문, 9~21면.

16 여기서 신문은 잡지를 포함한 활자 저널리즘을 의미한다. 당시 신문사는 종합 잡지를 동시에 발간하면서 잡지계를 주도하게 되는데, 〈동아일보〉-『신동아』, 『신가정』; 〈조선일보〉-『여성』, 『조광』; 〈조선중앙일보〉-『중앙』 등이다. 정진석, 「인물로 본 한국언론 100년」, 『신문과 방송』, 앞의 책 참조. 당시 화가, 문인들은 이들 신문 편집국이나 출판부에 근무하면서 학예면 편집이나 잡지 편집을 담당하게 된다. 정현웅은 조선일보 출판부에 근무하면서 동시에 신문 연재소설 삽화와 컷을 그렸다.

문 양식이 본격적으로 등장하는 배경도 여기에 있다.

영화와 문학의 매체론적 차이를 지적하기도 하지만,[17] 이는 문학의 문자주의적 성격을 우월한 지위로 이해하거나 문예학적 입장을 고수한 관점이다. 뉴미디어인 영화와 문학의 관계가 그처럼 이질적이지 않으며, 영화로부터 그림을 거쳐 화문 양식으로 정립되는 것이 지난하지 않았다는 데서 이들 관계의 상관성을 옹호하는 관점도 있다. 영화는 기술 테크놀로지라는 인상 때문에 문자(활자) 텍스트인 책과 거리가 있는 것처럼 인식되지만, 선형적이고 규격화되며 균질화된 관점을 가진다는 점에서 그것은 '책(문자 언어)'과 유사한 성격을 가진다. 일반적으로 영화적인 방법론의 하나로 이해되는 원근법이나 삼차원성 같은 표현 기교들은 실제로 문자 언어적인 것과 다르지 않다. 이들 기법은 하나의 정체된 녹화(촬영)로 이루어진 시리즈이자 고정된 관점에서 발생한다는 점에서는 문자 텍스트의 평면성이나 시점의 고정성과 다르지 않다는 것이다.[18]

문학과 영화의 상호소통성

문학과 영화의 관계가 문학에 대한 영화의 일방적 세례가 아니라 영화와 문학과의 상호 소통성 위에서 생겨난 혼종적 관계였다는 지적은 이 두 매체의 매체론적 특성의 유사성을 주목한 것이다. 초기 전위영화 감독들은 시를 영화로 썼다. 영화를 위해 문학을 뛰어넘은 것이 아니라 문학을 위해 영화를 빌어온다는 의식이 강했다. 영화는 어디까지나 시를 위한

---

17 조연정, 「1920~30년대 대중들의 영화체험과 문인들의 영화체험」, 『한국현대문학연구』 제14집, 2003.

18 노르베르트 볼츠, 『구텐베르크 은하계의 끝에서』, 윤종식 옮김, 문학과 지성사, 2000, 250~251면.

도구였다. 레제, 클레르, 콕토 등에게 영화는 궁극적인 최종심급이 아니었다. 오히려 시적 언어의 또 다른 실현 가능성을 영화라는 기계 미디어에서 찾고자 했다는 사실을 다시 기억하자. 아폴리네르, 엘리엇 역시 영화에서 문학의 또 다른 가능성을 실험하고자 했다. 기계는 풍부한 시적 이미지를 내재하고 있다고 그들은 믿었다.[19] 문학과 영화의 매체적 관계는 단절적이기보다는 결절적이다.

영화 매체의 문자 매체로의 변환 과정에서 그 기술적 차이보다는 영화의 활판 인쇄술적 변환에 따른 새로운 감각의 수용 및 그 재현성 여부가 본질적이었을 것이다. 이른바 '윤전기 미학'은 활판 인쇄술이 재현해 내는 타이포그라피적 효과와 공간적 입체화를 의미한다. 뉴미디어로서 영화의 수용 또한 보다 생생하고 역동성 있는 윤전기 미학의 구축과 깊은 연관성이 있다. 그것은 매체의 진화이자 그 가능성의 극대화를 뜻한다. 문학 텍스트에 영화적 기법이 수용되면서, 새로운 방식의 읽기와 쓰기가 가능해진다. 곧 새로운 글쓰기와 그것을 향유하는 방식이 생겨난다.[20] 문자 매체로 이루어진 텍스트와 삽화가 있는 텍스트의 읽기는 차이가 있다. 시각 언어(visual language)인 삽화를 곁들인 연재소설을 읽는 것은 새로운 차원의 읽기이다.[21] 문자 언어로 된 텍스트를 읽을 때보다 직관적이고 직접적이며 공간가적인 이해가 가능하다. 독자 대중들에게 물질적이면 감각적인 읽기를 부여한다는 점에서 문자 중심의 문학 향유 방식과는 차별성을 갖는다.[22] 노래로부터 분리된 시와 웅변으로부터 분리된 산

---

19 Neal Oxenhandler, *op. cit.,* p.14.

20 이상면, 앞의 논문 참조.

21 스티븐 로저 피셔, 앞의 책, 416면.

22 윤재준, 「한국 출판물 장정의 미적 표현과 가치에 관한 연구—근대 이전 출판물을 중심으로」, 앞의 논문, 159면.

문을 삽화는 감각화하고 물질화함으로써 대중의 기호를 끌어들인다. 새로운 매체로 등장한 영화가 광범위하게 소설가에게 영향을 끼치자 브레히트는 "작가는 자기 입장에서는 영화 관객이다"라고 규정한 바 있다. 시각문화(visual culture) 시대 작가와 독자 사이의 새로운 소통 방식을 주목하게 된 것이다.[23]

이 에크리튀르성에 열광한 것은 무엇보다 1930년대 독자들이었다. 삽화가(화가)들이 독립성을 확보하고 자율적 지위를 얻은 데에는 시각적 지면에 대한 독자층의 기호와 저널리즘적 수요가 크게 작용했다. 신문 연재소설의 삽화가들은, 뉴미디어이자 새로운 테크놀로지인 영화 기법을 차용함으로써 연재소설뿐만 아니라 삽화의 대중적 인지도를 보다 강화한다. 삽화는 영화를 보는 듯한 생생함을 신문 지상에 재연하게 되고 이로써 신문은 활자 매체가 갖는 평면적 시각성이라는 한계를 극복해 나간다. 그것은 마치 시간성과 공간성의 혼종적 성격을 구현하는 미학적 임무의 근대적 시도처럼 보이기도 한다.

1930년대 이미지즘의 유행은 문예사조의 단순한 수용 때문은 아니다. 문자의 입체화, 공간화를 추구했던 당대 문화의 광범위한 지향성은 뉴미디어와의 혼종을 촉진한다. 신문 연재소설 역시 문학 내적인 변화의 산물이기보다는 하나의 제도 아래 기획된 것이며 새로운 테크놀로지의 확장에 따른 필연적 결과이며, 사회적 제도와 제도의 발명에 따라 창안된 것이다.[24] 저널리즘은 문학과 영화, 언어 매체와 시각 매체의 혼종성을 고무하고 장려하는 역할을 하게 된다. 새로운 에크리튀르란 바로 이 같은 영화 테크놀로지의 수용과 감각의 변화에 따른 문예물의 새로운 생

23 이상면, 앞의 논문, 99면.

24 매클루언, 앞의 책, 200~234면.

산, 소통 방식이 만들어 낸 것이다.

신문, 잡지는 뉴미디어적 감각을 실현시키는 장이 된다. 영화에서 얻은 뉴미디어적 감각과 활자 배치를 통한 도상적 효과를 적극적으로 지면에 활용한다. 따라서 일종의 '저널리즘 문예'[25]인 신문 연재소설과 근친적 관계에 있는 것은 소설이기보다는 화문, 시화, 단문 에세이, 콩트, 만문만화 같은 혼종 양식들이다. 이른바 아리스토텔레스 이래 굳어진 네 가지 문예 양식을 가르는 기준점은 이 관점에서는 무화되며, 이들 혼종 양식들의 장르 간 차이는 문예의 네 가지 양식의 차이보다 크지 않다.

연재소설뿐 아니라 화문, 시화, 단문 에세이, 콩트, 만문만화[26] 등 문자(문)-도상(화)이 결합된 이들 장르는 발생 조건, 소통 모델, 창작 행위 등에 있어 이전의 서적 지향적 문예물과는 차이가 있다. 행동, 사유, 사색, 의식, 무의식, 경험 등을 문자 언어를 통해 읽어 내는 문예학적 방법으로는 충분히 설명되지 않는 새로운 문자 행위가 바로 새로운 '에크리튀르(écriture)'이다. 이는 문예학적 모델이 아니라 소통적 모델에 가깝다. 연재소설이 인기를 끈 것은 삽화의 시각 문화적 속성이 갖는 대중성이며, 이는 독자와 작가 사이의 소통 방식이 서적 지향적 문예물과는 다른 층위이 있음을 보여준다. 삽화는 질감, 시각, 촉각 등이 어우러진 통합적이고 물질적인 소통에 기반한 텍스트이다. 조형미술을 이해하기 위해서는 보는 사람이 극히 촉감적으로 참여해야 한다.[27] 그런 점에서 조각가나

---

25 '페이유통(feuilleton)'은 신문 연재소설을 주로 지칭하지만, 시화, 화문 등 저널리즘 문예로 확장해서 이해할 수 있겠다. 아놀드 하우저, 『문학과 예술의 사회사-근세편(하)』, 백낙청 외 역, 창작과 비평사, 1985, 259면.

26 혼종 텍스트의 일종인 만문만화가 주목받지 못한 이유가 '독특한 장르적 성격' 때문이라는 지적은 눈여겨볼 필요가 있다. 신명직, 「안석영 만문만화연구」, 연세대학교 대학원 박사학위 논문, 2001, 7면.

27 매클루언, 앞의 책, 187면.

화가는 문필가보다 TV를 더 잘 이해할 수 있다. 예술이 '감각의 존재'를 감지할 수 있는 질료 속에서 그 힘을 구체화하는 것이라면, 물질성을 구현하는 혼종 장르는 그 어떤 매체보다도 대중적 힘과 잠재성을 동력화할 가능성이 클 것이다. 인간의 사고를 전문화, 세분화, 분석하는 활자의 힘은 감각과 감정의 분리를 가져왔지만, 문자 텍스트와 병행된 삽화의 존재는 사고와 감정의 분리를 재통합하게 한다.[28] 그만큼 독자의 반응 역시 적극적이고 유동적이다. 이는 사유와 판단 중심의 책 읽기 문화와는 본질적으로 다른 것이다.

시화(詩畵)의 존재를 주목할 수 있다. '시화'는 시와 그림이 혼종된 장르로, 언어 미학과 조형미가 혼종된 미학적 구성물이다. 소설 삽화의 경우, 삽화가의 이름이 분명하게 기재되는 것이 일반적이나 시 삽화의 경우는 이와 차이가 있는데, 화가의 이름이 기재된 경우와 그렇지 않은 경우가 있다. 화가의 이름이 시인의 이름과 함께 병기된 시화는 단순한 문양이나 도상 같은 '컷'이 삽입된 텍스트와는 차이가 있다. 해당 문예물의 내용과는 그다지 관련 없거나 의미 연관도 없는 문양이나 도상을 여백을 채우기 위해 삽입한 컷과는 차이가 있다는 뜻이다. 화가의 독자적인 존재성을 보증하는가 아닌가 하는, 저작물의 독창성과 저작권 인정 여부는 '화문 양식'의 독자적 장르로서의 위상을 결정짓고 1930년대 문학 장의 독창성 및 독자성을 판단하는 문제와 관련된다. 삽화가의 이름이 명기된 경우, '시화'라는 장르적 명칭을 부여할 수 있다는 뜻이다.

언어 미학의 범주를 넘어 독자와의 소통 관계가 형성된다는 점에서 '시화'는 기존 시를 읽는 감각과는 다르다. 글자 텍스트만 있는 시에 비해 그림과 함께 있는 시 텍스트는 읽기의 방법, 곧 매클루언의 방식으로

28 위의 책, 198~199면.

말하면, 독자의 참여도가 다르다. 시 텍스트만 있는 경우는 시의 언어미학적 해석이나 심층적 의미에 주목한다. 그것은 언어문자의 이해를 기반으로 한다는 점에서 보다 전문적이며 촘촘한 읽기가 요구된다. 그림 혹은 도상 텍스트의 경우 문자 텍스트에 비해 참여도는 떨어지지만 여전히 높은 참여도가 요구된다. 하지만 그림 텍스트와 문자 텍스트가 동시에 존재하는 혼종 텍스트의 경우, 언어문자는 그림 텍스트와 병렬적 관계에 있거나, 그림 텍스트는 문자 텍스트를 보충한다. 문자 및 그림 텍스트가 각각 단독으로 존재할 경우와 비교한다면, 혼종 텍스트의 문자 텍스트 자체에 대한 독자의 참여도는 줄어든다. 그림 텍스트와 문자 텍스트 이 양자의 상관성과 상보성을 통해 문자 텍스트의 의미를 읽어 내려는 의욕이 커지기 때문이다. 즉 이 양 텍스트는 상호보완적이다. 참여도의 정밀성이 감소한다는 것은, 독자들에게 일종의 '읽기의 자유'를 부여한다는 의미와 통한다. 이미지는 개방성을 가지고 있어서 그림 텍스트 읽기는 문자 텍스트의 숙독적 읽기에 비해 자유롭고 창의적이다. 삽화가 '대중성'을 갖는다는 점은 한편으로는 이 같은 텍스트 읽기의 '개방성'을 의미하는 것이다.

통속성과 대중성은 텍스트의 개방성에 대한 오해가 낳은 것이기도 하다. 따라서 혼종 양식의 관점에서 '대중성' 및 '통속성'은 새롭게 평가되기에 이른다. 삽화는 일반 대중들이 소설 텍스트에 보다 쉽게 접근하는 계기가 된다는 점에서 신문소설이 대중성을 추구한 것이기보다는 연재소설의 재현 방식 자체가 대중성을 견인한다고 말할 수 있다. 즉 시각적 활사 매체로서의 기능과 문예의 소통 방식의 변화가 맞물린 결과이다.[29] 신문 연재소설의 대중성을 폄하하는 담론이나 화문의 '화'로부터

29 강민성, 앞의 논문, 17면.

그림을 배제한 언어문자 중심의 '읽기'는 활자 문화가 갖는 획일성과 냉담성을 표상하는 것이며, 문학 담론의 엘리트주의(elitism)를 반영한 것이다. 신문 연재소설의 문예학적 가치와 대중성·통속성의 문제는 1930년대 매체 변화와 매체들의 혼종적 관계망 속에서 해석되고 논의될 성격의 것이다.

1930년대 신문 및 잡지 소설의 삽화나 표지 이미지가 구독률이나 광고 전략에 필수적인 요소가 되면서 삽화 및 삽화가의 중요성은 한층 강조되기에 이른다.[30] 삽화가의 독립은 저자의 독립성을 강조하는 것만큼 출판 인쇄 매체에서의 화가의 독립성을 보장하는 것이다. 삽화가의 이름은 소설가, 시인의 이름만큼이나 문화 권력의 의미가 있다. 따라서 컷으로 처리된 그림이나 도상이 있는 텍스트와, 화가 혹은 삽화가의 이름이 병기된 텍스트는 질적으로 다르다. 출판 인쇄물에서 획일성과 표준성은 저자의 표현의 독창성과 주제의 일관성을 보증한다. 필사본에서는 저자의 역할이 거의 중시되지 않는다. 인쇄 미디어의 유형적 구분은 지적 재산권을 설정하는 기본이다.[31]

정현웅이 삽화가로서의 자신의 존재를 쓸쓸하게 반추하고는 있지만, 1930년대 삽화가와 삽화의 위상은 화가의 이름을 동등하게 병기할 정도로 격상되고 있었다. 정현웅은 '삽화에서 독자의 세계를 갖는다는 것은 순수 회화에 독자의 세계를 갖는 것과 다름이 없는 천재만이 할 수 있는 것'이라는 고고한 존재로서의 예술가(화가) 인식을 드러낸다.[32] 정현웅의 순 예술과 상업 예술에 대한 모순적 시각은 실상은 예술가적 자존

---

30 권행가, 「곡예사와 화가의 자화상-정현웅의 일제 강점기 작품」, 『시대의 눈 한국근현대미가론』, 학고재, 2011.

31 육영수, 『책과 독서의 문화사』, 책세상, 2010, 31~34면; 매클루언, 앞이 책, 203면.

32 정현웅, 「삽화기」, 앞의 글.

의 이면일 뿐이다. 생계를 위해 문인기자가 되었던 문인들의 자괴감과 다르지 않다. 순수예술을 지고한 것으로 인식하는 예술가적 자존감은 언제나 항상 존재해 왔다. 1930년대의 그것은 가난과 궁핍의 생계형 조건들이 그러한 자존감을 가리고 있는 것에 대한 일종의 회한이기도 했다. 정현웅을 그런 회한을 틀 없는 미술, 곧 액자 없는 미술, 출판미술의 장을 개척함으로써 삽화가로서의 지존과 예술가로서의 자존감을 지속시키고자 했다. 삽화가, 문인기자들의 엄살에도 불구하고 1930년대 문학의 새로운 장은 역동적인 에너지로 솟아나고 있었다. 그 핵심은 인적 물적 네트워크를 포함한 '제도'를 바탕으로 한 읽고 쓰는 방법의 창안, 에크리튀르의 창안이었다. 이 창안과 혁신이 없었다면 그들의 문화운동의 소명감이나 예술가적 자존감은 지속되기 어려웠을 것이다. 그 자존감은 1930년대 문화운동을 확장적이면서 창안적으로 이어 가는 동력이 된다. 1930년대 문학의 방향성은 그런 것이었다. '새로운 쓰기'가 없다면 문학의 전위성과 영속성은 존재하지 않는다.

Ⅱ. 뉴미디어와 텍스트성의 변화

음악과 언어 사이에는 파인 골이 말하는 것처럼 그다지 깊지 않다. 오페라와 음악가와 시인 간의 긴밀한 공조 체제가 필요한 것은 이 때문이다. 자기 예술이 상대의 보조 예술이 되게 할 줄 알아야 한다. "오페라는 두 번 분만되고 싶어한다."

– Lévi–Strauss, 『보다 듣다 읽다』 中

구술의 공간과 살아 있는 언어

활자 꼴이나 배치가 강력한 시적 이미저리를 구축하는 시 장르의 경우, 이미 이를 전략적인 차원에서 활용한 다다, 미래파 등 아방가르드 운동의 역사에서 그 효용성이 입증된 바 있다. 정지용에게서 보듯, '1930년대 모더니즘'이 서구 문예사조사의 역사를 추인하면서 모방하고자 하는 동기에서 비롯된 것이기보다는 매체적인 시각을 기반으로 하고 있다는 점에서 섣불리 서구 모더니즘 이론으로 그 한계나 가능성을 단정할 수는 없다. '아이스크림'과 '아이스쿠리', '몽끼'와 '몽치', '비등'과 '불등' 같은 단어의 차이를 발음, 음향 및 활자 효과의 차이에서 찾아내는 정지용의 감각은 언어의 구술적 효과나 활자의 시각적 형상성과 긴밀하게 대응된다. 이는 '비등'과 '불등'에서 보듯, 상형문자인 한자의 매체적 성격, 표의문자의 청각적 형상성이 시각적인 것과 공명함으로써 발생하는 공감각적 형상성, 이미지의 조형성에 대한 이해가 기반이 된 것이다.[1] 비등, 불등의 경우, 표기는 동일하나 발음은 다르다. 즉 발음할 때의 음향적인 차이와 공명적 효과가 한자의 시각적 이미지와 결부됨으로써 활자의 도상성이 구술적 청각 이미지에 깊숙이 개입한다.

활자화된 언어는 단순히 묵독적 상황 속에 놓인 화석화된 문자가 아니라 낭독의 공간에서 살아 있는 언어로 존재한다. 카프의 낭송시나 슈프레히콜만이 그러한 현재성과 현장성을 추구한 것이 아니다. 모더니스트로 지칭되거나 토속시인으로 지칭되는 시인들의 시 또한 그러하다. 현재성, 현장성은 구술성이며 그것이 바로 생명성이며 민족의 영속성이다.

---

1 매클루언, 앞의 책, 95~97면.

그것이 지방어로서의 조선어의 운명이다. 언어 민족주의 입장에서 조선어의 영속성을 말한다면 그 근거는 여기에 있다. 백석, 김영랑, 이상, 정지용의 위상은 여기서 확고해진다.

그러니까 활자의 시각적 이미지는 본질적으로 구술적 상황 속에 내던져져 있다. 우리는 여전히 그러한 구술성과 음향의 공감각성을 망각한다. 문자를 '쓰여진 글자'의 문맥적 의미에 치중해서 읽는 방법은 시를 이해하고 해석하는 연구자들에게 굳건한 방법론으로 자리 잡고 있다. 그것은 관용적이기보다는 관습적이다.

'활자'의 큐비즘(cubism)적 환각과 말과 글의 혼종적 오케스트라화

활자의 입체화

문자의 입체화란 무엇인가, 그것이 가능한가? 이 같은 질문의 해답을 우리는 1930년대 활자 문화 제도와 시각 문화의 장 속에서 찾을 수 있다. 모더니즘의 한 축은 '활자'의 시각적 효과와 구성적 배치에 대한 고민으로부터 비롯된다. 활자 문화에 기반한 대표적인 예술 장르인 문학은 영화, 라디오, 축음기, 레코드 등의 새로운 테크놀로지 매체와의 '매체적 혼종'을 구상하게 된다. 당시 문인들은 다양한 매체와의 혼종을 통해 문학의 방향성을 새롭게 모색하고 새로운 변종 장르들을 실험적으로 시도한다. 거기에는 새로운 테크놀로지 매체를 통한 문화 공론장의 확보 및 확대에 대한 기대가 작용하고 있다. 1930년대 시에서 이 같은 매체 혼종성이 틈입하는 국면은 당시 모더니즘 시의 새로운 방향성을 모색하는 과정에서도 분명하게 입증되고 있다. 모더니즘의 감각 혼종 및 확장은 매체의 혼종 및 확장과 분리될 수 없다.

활자 배치와 시각적 효과를 염두에 둔 일련의 모더니즘 시는 신문 잡지 매체 및 '활자'의 매체성에 대한 이해를 반영한 것이다. 신문의 매체적 위력을 누구보다 빨리 감지했던 김기림은 자신의 시대를 '윤전기의 아들'이라는 문맥으로 치환한다. 모더니즘 시의 위상은 '윤전기를 거쳐 나온 시'에 정향되어 있다. 김기림의 초기 문학관에 영향을 준 미래파적인 감수성이 투영된 것이기는 하지만 현대시란 결국 근대 테크놀로지 매체와의 교섭을 떠날 수 없다는 분명한 인식을 보여준 것이다. 모더니즘이란 궁극적으로 매체의 근대적 성격에 대한 통찰과 깊은 관계가 있다.

1930년대 시의 방향성은 시를 '입체화'하고 '교향악화'하는 것이다. 이상이나 김기림이 이상적으로 제시한 시의 '교향악적 공명'은 문자 매체의 큐비즘(cubism)화를 꿈꾼 것이다. 김기림은 시론에서 이를 이상화하는 수준에서 논의를 펼치게 되며, 이상은 김기림의 이 같은 이상주의를 실제 텍스트상에서 실현해 보여준다. 이상은 멀티미디어적이면서 혼종감각적인 이미지를 다양한 방법으로 실험하고 있다.

김기림은 20세기 문화 변혁의 토대를 T.E. 흄의 입체파 이론에서 찾고, 이를 '문학예술의 全領野를 휩쓴 한 가지 폭풍'이라 규정한다.

> 20세기 들어서부터 문학상의 새로운 운동 특히 그림의 새 운동과는 실로 불가분의 관계에 있었으며 차라리 한 정신의 두 표현방식이라고 함이 더 옳을지 몰랐다. 「T.E. 흄」의 입체파 이론은 시와 그림에 동시에 제창된 것이며 미래파의 동시성 이론은 시와 그림에 한꺼번에 적용되었었다. 「포브(야수파)」의 반항 정신은 신문학의 정신 그것이었으며, 「다다이즘」, 초현실주의의 새로운 기념비적 예술의 방향등은 문학과 예술의 각 분야에 한 가지로 파동을 일으켰고, 독일의 표현파 운동은 역시 문학예술의 全領野를 휩쓴 한 가지 폭풍이었다.[1]

문학, 미술, 영화, 연극 등 전 예술 영역이 종합예술로서의 지위를 갖게 된 것은 격렬하고 전방위적인 문화운동의 필연적 흐름이라는 것이다. 시의 입체주의는 활자의 입체주의적 효과와 관련이 있다. 그것은 가시적으로 입체화하는 것뿐 아니라 입체파의 정신을 재현하는 것으로 기계주의 세계관의 방법론적 재현과 관련된다.

20세기 문화운동의 전영야에서 일어난 이 같은 입체화의 흐름에 기

---

1 김기림, 『전집 3』, 65면.

대어 시는 회화뿐 아니라 영화 등 뉴미디어적 감각을 수용하고 그것과 혼종한다. 큐비즘 운동은 시간의 동시성과 공간의 다원성을 추구한다. 큐비즘 회화는 이 동시성·다원성의 환각을 이차원의 캔버스에서 구현할 수 있다고 믿는다. 영화는 이를 보다 강력하고 효과적으로 구현하는 기계 매체이다. 기계주의 시대 영화는 속도와 속력의 선적 연속성을 창조성을 가진 상관성의 세계로 이동시킨다.[2] 시의 '교향악적 공명'은 회화와 영화가 추구한 큐비즘적 환각, 곧 복합적·상관적 결합의 세계를 문자 매체인 시에서 실현하려는 전략이다.[3]

1930년대 우리 시는 ① 뉴미디어 방법론을 차용하거나 ② 뉴미디어와의 매체적 혼종을 시도하면서 새로운 가능성을 모색하고자 한다. ①은 '문자의 입체화'에 관한 논의가 중심을 이룬다. 즉 문자 언어인 시가 어떻게 문자 텍스트 내에서 입체적인 공명감을 획득하는가 하는 문제인데, 그것은 언어의 도상화, 이미지화를 실현하는 것이다. ②의 경우, 새로운 장르의 탄생으로 이어지는데, 시화, 화문, 에스프리 장르가 그것이다. 이는 뒤에서 설명할 것이어서 본 장에서는 논의를 생략한다. ①에 대한 논의부터 시작하기로 하자.

'입체시'의 방법론적인 모색은 당시 새롭게 떠오른 '기계 미디어'를 적극 활용하고자 한 것과 무관하지 않다.[4] 단어의 내포적(함축적) 의미에 치중하고 언어미학적 지평에 머무르던 시 장르는 지면의 배치나 활자의 모양, 크기를 고려한 도상적 효과를 실험한다. 정지용, 이상, 김기림 등은 이미 이를 계획하고 있었다. 거기에 영화시가 가세한다. 영화적인 기법

---

2 매클루언, 앞의 책, 14면.

3 위의 책, 12~13면.

4 졸고, 「김기림 시론의 기계주의적 관점과 영화시」, 『한국현대문학연구』 제26집, 2008, 236면.

이나 효과를 활용한 영화시가 시 양식이 갖는 단형성과 주관성을 뛰어넘을 것으로 기대된 것이다.

오케스트라적인 것, 다성악주의의 시

김기림이 말한 '오케스트라적인 시, 교향시' 등은 실재이기보다는 아이디어상의 '개념시'일 것으로 생각되지만, 근원적으로 이는 활자를 변형시키고 영화 매체의 방법론 등을 차용해 오케스트라적인 다성악적 리듬과 건축학적인 구조를 가진 새로운 시의 창안에 가깝다. 여기에는 테크놀로지 매체와 문학의 혼종뿐 아니라 새로운 기계 매체 수용에 따른 감각의 혼종성이 요구된다. 이 새로운 시는 읽는 시, 그러니까 시어의 의미를 '깊게' 이해하는 숙독과 사변의 문학적 감수성과는 다른 감각을 요구할 것이다. 매체 혼종을 통한 '감각의 확장'이다. 따라서 모더니즘 시인들의 '신감각파'적 요소는 기술, 기교 문제가 아니라 매체 확장에 따른 감각 변이 및 확장과 관련된다. 문자 매체인 문학은 신문, 영화, 라디오 같은 테크놀로지 매체와의 혼종적 교섭을 통해 문자 매체로서의 지위를 더욱 확장한다. 그것은 결과적으로 장르 변이를 가져오며 혼종 장르가 생성되는 계기가 된다. 새로운 테크놀로지 매체의 감각과 충돌하면서 문학은 보다 실재적인(real) 표현 방법을 모색한다. 리듬, 이미지의 공명, 미묘한 음감 및 정서, 대상의 새로운 캐릭터 창안 등의 개념이 등장하는 것은 문학의 영화와의 매체적 혼종이 낳은 결과이다.

기술적 표현 방법에 대한 고민은 창의성, 독창성이 요구되는 문학, 예술 장르의 본질이다. 핵심적인 것은 장르 간 혼종으로 혼종 장르가 탄생한다는 점이다. 시나 소설의 영화적 표현 기법의 수용은 '영향 관계'의 초기 과정을 설명할 뿐이다. 궁극적으로 영화시,[5] 영화소설, 라디오시,[6]

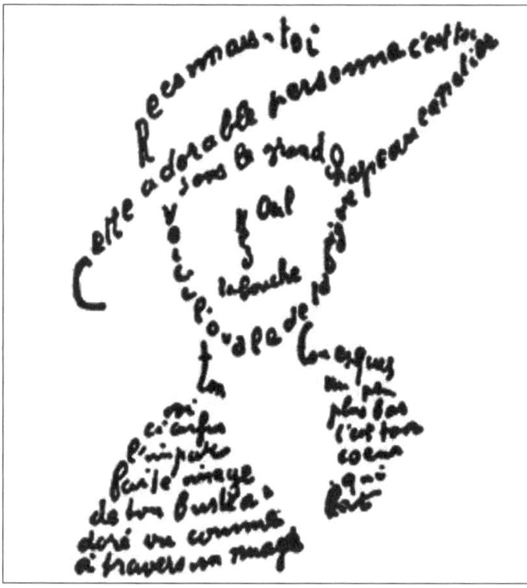

아폴리네르(Apollinaire)의 〈칼리그램(Calligrame)〉(1918). 문자를 도상화하는 입체시 전략의 일종이다.

전보시, 라디오 예술[7] 등의 양식들은 문학 매체가 새로운 기술 테크놀로지 매체를 수용함으로써 탄생한 혼종 장르이다. 이들은 당대의 기술 테크놀로지가 몰고 온 사회적 변화와 감각의 변이 및 확장과 깊이 맞물려 있다.

영화는 1930년대 우리 문인들에게도 널리 알려졌던 영미 '이미지즘 시인들' 엘리엇, 스펜더, 파운드, 오든에게 깊은 영향을 미쳤다. 문자를 '칼리그램'으로 도상화하면서 입체시를 실험적으로 시도했던 아폴리네르 역시 영화에 크게 빚지고 있다.[8] 이들이 김기림의 『시론』 및 『시의

---

5 위의 글 참조.

6 라디오시 장르에 대한 본격적인 논의는, 졸고, 「소리 매체의 귀환과 라디오시의 장르적 모색-1930년대 라디오, 영화, 축음기의 매체적 문화적 혼종성」, 한국어문회, 학술발표회 논문집, 2009.4.24. 테크놀로지 매체와의 혼종에 의해 새 장르가 생성된 문화적 맥락과 '라디오시' 장르 자체의 성격을 구체적으로 논했다. 이 책 209~237면 참조.

7 서재길, 「한국 근대 방송문예 연구」, 서울대학교 대학원 박사학위 논문, 2007.

이해』 등에 자주 이름을 올리는 것 또한 우연하지 않다. 이들 외에도 김기림의 텍스트에 등장하는 낯선 이름들은, 아치볼드 맥라이쉬(Archibald MacLeish), 루이스 맥니스(Louice Macneice), 칼 샌드버그(Carl Sandburg), 맥스웰 앤더슨(Maxwell Anderson) 등인데, 이들은 미국에서 주로 활동했던 모더니즘 시인들이다. 이들이 당시 미국에서 선풍을 끌었던 새로운 기계 매체인 라디오를 통해 시의 혼종성을 모색했던 시인들이라는 것 역시 주목할 만하다.[9]

김기림은 영화, 라디오 등의 기계 매체의 속성을 시에 적극적으로 끌어들여 이미지를 재현하는 새로운 방법론을 고민하고 거기서 근대시의 새로운 방향성을 모색한다. 리듬, 정서, 아우라, 음향감 등을 그들 모더니즘류의 시인들에게서 배우면서 입체시의 가능성을 찾고자 했던 것이다.[10] 1930년대 모더니즘을 기계적으로 사분하던 방식(주지주의, 이미지즘, 다다, 초현실주의)의 논의들은 이 지점에서 새로운 논의가 가능해지지 않을까. 근대시와 이미지즘 간의 관계, 영미 이미지즘 시인들과 정지용, 김기림 등과의 관련성은 테크놀로지 매체 혼종이라는 차원에서 그 논의 가능성이 새롭게 열린다.

당대 모더니즘의 중요한 방향성은 창조성과 혁신성이며, 다른 한편으로는 물질화와 감각성이다. 전자는 주로 '래디컬 모더니즘'류의 수용과 관련해 언급된 것이며, 후자는 주로 이미지즘의 방법론과 관련해 논

---

8 Ying Kong, "Cinematic Techniques in Modernist Poetry", *Literature-film Quarterly* Vol.33, No.1, 2005, p.29.

9 Milton A. Kaplan, "American Speech in Radio Poetry", *American Speech*, Vol.19, No.1, Feb. 1944, p.28.

10 Rick Altman, "Deep-Focus Sound: Citizen Kane and the Radio Aesthetic", *Quarterly Review of Film & Video*, Vol.15, No.3, 1994, pp.1~33. 1930년대 정지용, 김광균 등의 이미지즘 시와 영미 이미지즘 간의 관계, 김기림과 에즈라 파운드와의 관련성 등에 대한 새로운 논의가 필요하다고 판단된다.

의되었던 것들이다. 하지만 모더니즘의 하위 범주에 속해 있는 사조들(4분법)은 방법론적인 차원에서 구분될 수는 없다. 그것은 보다 확장적인 가능성 속에서 논의되어야 하는데, 그것이 당대 기계주의 매체와의 혼종으로 생겨난 감각의 확장 및 장르 변이와의 관계성이다. 이것이 1930년대 모더니즘의 방향성이다. 적어도 김기림에게는 그러하다.

활자와 배치의 미학: 이효석과 박태원의 경우

근대 활자 인쇄술이 문학에 미친 영향력은 지대하다. '활자'에 대한 섬세한 지각은 특히 시인에게 긴요한 필수품이 아닐 수 없다. 문학의 고유한 존재론은 윤전기를 거친 문자 곧 '활자'에 의해 재정립되기 때문이다. 시어의 심층적 의미나 이미지에 집중하는 시 장르는 서사나 플롯이 중심적 기제인 소설 장르에 비해 인쇄의 상태 및 인쇄된 지면의 상황에 직접 노출된다. 문학의 새로운 위상은 새로운 근대 테크놀로지 매체인 신문 잡지의 매체적 성격에 대한 이해와 직접적으로 관련된다.

당시 신문 잡지가 중요한 발표 지면이 되면서 문인들은 '활자'의 크기, 배치, 효과 등을 고려하게 되며, 글이나 텍스트의 심미적 효과를 높이기 위한 지면(紙面)의 환경을 중요하게 인식한다. 소설가의 경우, 활자보다는 소설 내용과 직접 관계가 있는 삽화에 보다 관심을 기울인다. 미문 의식이 강했던 이태준이 신문소설을 연재하면서 삽화가를 염두에 두었던 사실은 인쇄 매체의 특성을 지각한 것과 관련이 있다.[11]

활자의 강약, 지면 배치가 주는 심리적 효과와 기능을 간파하고 있었던 이효석은 신문 지면에서 활자 굵기와 잉크 효과가 주는 심리적 강

11 졸저, 『문인기자 김기림과 1930년대 활자 도서관의 꿈』, 앞의 책, 58~60면

압성과 불안에 대한 글을 남겼다. 그 시각이 사색적이면서도 냉철하다.

> 최근 신문지의 제1면은 늘 흥분된 문자로 채워진다. 활자도 굵거니와 잉크 냄새도 진하다. 모든 것이 위대한 수렁 속에 휩쓸려 들어가 짓무지러들 날이 가까웠음을 절실히 느끼게 된다. 관심사라면 이보다 큰 누구나의 관심사가 있을까. 나는 가령 구체적으로 난중(亂中)의 서국(西國)의 생활이라는 것을 생각해 본다.[12]

신문의 헤드라인은 글자를 조상(彫像)의 형태로 인쇄한 것이라는 매클루언의 지적이 있거니와, '늘 흥분된 문자로 채워진다. 활자도 굵거니와 잉크 냄새도 진하다'는 이효석의 전언은 시각적일 뿐 아니라 촉각적이며, 후각적이면서 청각적인 반향을 낳는다.[13] 세계 대 전란으로 어지러운 수도의 골목에서 중요한 것은 세계사적 사건이 아니라 오히려 카르멘과 연애라는 '아적(我的) 관심'이다. 이효석은 소용돌이치는 대사건 앞에서도 흔들리지 않고 지속되는 일상인의 감각과 아적(我的) 생활의 진정성을 설파한다. 사건을 '사건화'하는 것은 사건 그 자체의 중요성이나 가치보다 신문 편집 상의 타이포그라피적 기능과 활자 및 지면 배치 기술 때문이다. 고도로 입체화되고 감각적으로 장식된 활자는 독자의 눈앞에서 흥분하고 있으며, 세계사적 사건에 쏠린 사람들의 불안한 시선을 증폭시킨다. 이효석에게 인쇄된 문자는 그런 것이었다. 인쇄된 문자는 문자의 조상화(彫像化)이자 감각의 통합화・공감각화를 의미한다. 인쇄의 단일성과 획일성은 문자의 타이포그라피적 효과에 의해 그 단순성을 넘어선다.

---

12 이효석, 「생활과 화단-나의 관심사」, 앞의 글, 『이효석 전집 7』, 창미사, 1983, 81면.

13 매클루언, 앞의 책, 182면.

크고 짙게 인쇄된 고딕 활자체의 신문 헤드라인은 불안과 동요의 정서적이고 심리적인 분위기를 조성한다. 조각적인 문자에는 감각을 통합하고 정서를 재현하는 기제가 숨어 있는 것이다.

다양한 문자 실험 및 문장 실험을 시도했던 박태원의 경우, '윤전기를 거쳐 나온 문자' 곧 '활자'의 매체적 성격을 서사 기법화함으로써 어떤 소설가보다 이 문제에 자각적이었음을 보여준다. 이른바 박태원의 '문체', 혹은 '스타일'은 그의 합리주의적 구성주의적 태도의 반영이기보다는[14] 문자 자체의 매체적 성격에 대한 분명한 자각 위에서 특화된 것이다. 박태원은 '문자의 입체화'에 대한 시각을 분명하게 견지하는데, '선택된 어구를 어떻게 효과적으로 배열하는가' 하는 것은 곧 함축적 문장을 만드는 방법임을 지적하고 있다.

> 전신주 위에 올라앉아 일하는 전신 공부(工夫)과 그 앞에 서 있는 사람과의 대화를 예로 들면서,
>
> "참, 성진이 봤고?"
>
> "? 웨-데는봤못"

이렇게 활자를 배열, 배치함으로써 작가는 '우에서 아래로 나려오는 말과 아래서 위로 올라가는 말 사이에 명확한 구별을, 그대로 독자의 시각 우에 갖게 하였다'[15]는 것이다. 위와 아래의 공간적 층위의 차이를 글자 자체를 뒤집음으로써 시각화, 가시화하고 입체화할 수 있다는 뜻이다. 글자(활자)의 전도는 이것의 시각적 효과를 극대화하는 전략으로 종

14 천정환, 「박태원 소설의 서사기법에 관한 연구」, 서울대학교 대학원 석사학위 논문, 1997, 16면.

15 박태원, 「표현, 묘사, 기록-창작여록」, 『구보가 아즉 박태원일 때』, 264면.

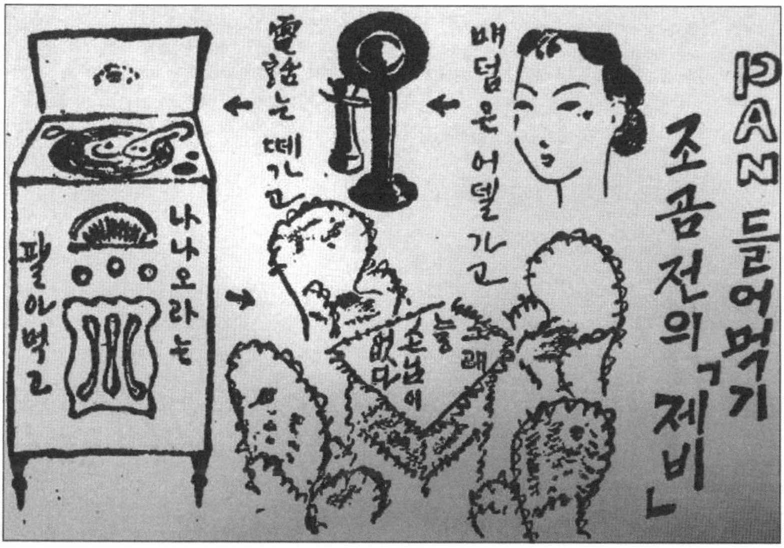

박태원이 글도 쓰고 삽화도 그린 유머소설 「제비」. 박태원의 자필을 확인할 수 있다. 캘리그라피적인 형식이 스케치풍의 형상과 잘 어우러져 읽고 보는 감각을 잘 살리고 있다. 이상의 음악 애호를 축약적으로 보여줄 뿐 아니라 축음기와 전화 같은 전기미디어에 대한 당대 문인들의 관심을 해학적으로 묘사했다. 음악, 미술, 영화 등 다방면에 관심을 가졌던 박태원의 멀티 아티스트적인 면모는 그의 모더니즘 글쓰기의 연원일 것이다.

결되지 않는다. '위에서 내려오고 아래서 올라가는' 말의 공간적 깊이를 확보함으로써 시각적 효과뿐 아니라 말의 음향적 효과를 동시에 노리는 것이다. 활자의 촉각적이고 조각적인 성질은 청각적인 것들을 반향한다. 청각적인 반향은 공간적인 깊이를 갖게 하며 그것은 정서적 공명감을 낳는다.

문자 텍스트가 갖는 한계인 평면성과 시간성을 뛰어넘어 텍스트를 입체화, 공간화하는 이 같은 전략은 20세기 아방가르드 예술가들이 시간에 구속된(chronological order) 문자 형식을 탈피하는 과정에서 모색했던 방식들과 다르지 않다고 하겠다.[16] 2차원의 평면에서 정서의 심층적 울림

16 Ying Kong, "Cinematic Techniques in Modernist Poetry", *Literature-film Quarterly*

을 잡아내고 독자와 공감·공명하는 이 같은 방식은 활자의 크기나 효과 및 배치를 특화함으로써 가능하다. 박태원의 특장은 문자 매체의 한계를 벗어나 텍스트의 역동성을 살리는 방법으로 활자 매체의 성격을 활용한 데서 발휘되고 있다. 이는 매클루언이 지적하듯, '문자(글) 텍스트'를 '구술문화적 텍스트'로 변이하는 가장 효율적인 방법이기도 하다.

한편으로 박태원은 문학 매체인 언어의 단면성과 선조성을 활자의 크기를 통해 뛰어넘고자 하는 전략을 강조하기도 한다. 음악회에서 한 남자가 자신이 오랫동안 사모했던 여자에게 청혼을 하는 장면이 있다. 여자가 그의 요구를 거부하는 장면을 묘사(인쇄)할 때, '할 수 없습니다' 라는 여자의 대답은 큰 활자로 인쇄해야 한다고 박태원은 주장한다. 오케스트라의 음악이 그 순간 사라지고 여자의 거절만이 남자의 귀에 생생하게 꽂히게 되는 심리적 효과를 활자의 크기를 통해 드러낼 수 있다는 것이다. 활자는 정서와 심리 상태를 반향한다. 이효석의 시각과 다르지 않다. 이는 마치 영화에서 크로즈업 등의 화면 구성이나 몽타주 방법을 통해 이를 재현하는 방법을 떠올리게 한다. 모더니즘의 심리주의적 기법은 영화의 문학으로의 일방적 영향이 아니라 네러티브 예술이 깊은 내면의 소리를 포착하기 위해 견지되었던 고유한 방법론이다.

박태원은, 「진통」(여성, 1936.5)에서 "그것은 전혀", "크레오소오트 丸하고"처럼 절의 제목들을 본문 활자보다 크게 인쇄함으로써 서사 단위 위계를 흔드는 전략을 실험적으로 보여주는데,[17] 이는 텍스트에 그래픽적이고 도상적인 성격을 부여함으로써 문자의 선조성을 해체하는 효과가 있다.[18] 박태원 문장의 특징은 청각적 감각(음향) 또는 시각적(형태적)

Vol.33, No.1, 2005, p.28.

17 천정환, 앞의 논문, 32면.

인 감각의 문제인데,[19] 이는 활자의 형태나 배치를 음향 효과와 긴밀하게 관련시킴으로써 문자 텍스트의 구술적 효과를 강조하는 전략과 관계된다. 활자 자체의 구성이나 크기 배열 등을 조작함으로써 시각적 효과를 강조하는 방법은 문자의 도상적, 구술적 효과를 선취하는 전략이다. 문자의 문자주의적 한계를 뛰어넘어 문자문화와 구술문화의 혼종적 상태를 지향했던 1930년대 모더니즘은 역동적인 드라마가 된다. 정지용, 이상, 김기림, 박태원, 이태준, 이효석 등은 여기에 결정적인 역할을 했던 것이다.

> 어느 작품의 문장으로서, 오직 그 내용에 있어 전체적 관념을 표현할 뿐이요, 그 음향으로 그 의미 이외의 분위기를 빚어내는 것이 못 된다면 우리는 결코 그 작품에 흥미를 가질 수는 없다.[20]

박태원은 이어서, '彿騰'을 그것을 읽는 바른 음인 '비등'이라 읽지 않고 '불등'이라 읽는 정지용의 경우를 소개하면서, '불등'이라 읽을 때만이 이 단어가 내포하고 있는 그 격렬한 분위기가 감지될 수 있다고 주장한다. 이는 매우 흥미로운데, 정지용 역시 이 같은 글자 텍스트(문자)의 구술적 효과가 주는 매력에 깊이 경도돼 있었기 때문이다. 우리는 이미 이상이 '박태원–정지용'의 이 '구술적 말'의 동지적 결합에 덧씌워져 있음을 기억하고 있다. 이상은 정지용의 시 「카페 프란스」, 「말」의 한 구절

18 나은진, 「박태원 소설의 기호학적 의미구조론」, 이화여자대학교 대학원 석사학위 논문, 1991, 22~24면.

19 김미지, 「박태원 소설의 담론 구성 방식과 수사학 연구」, 서울대학교 대학원 박사학위 논문, 2008, 16면.

20 박태원, 「표현, 묘사, 기록–창작 여록」.

을 '가장 아름다운 조선말'로 칭송해 하지 않았던가. 그들은 텍스트에 쓰인 말(단어, 시어)의 의미가 구술적 효과에 의해 크게 달라진다는 점을 주목하고 있었던 것이다. '아이쓰쿠리'와 '아이스크림'은 한 가지 사물을 지칭하는 것임에도 불구하고, 그것을 발음하는 순간 그것은 전혀 다른 두 개의 물건을 암시하게 된다는 지적도 마찬가지 맥락을 가진다. 단어를 발음했을 때 느껴지는 신비한 분위기는 구술성이 갖는 부족적이면서 공감적인 효과와 관련이 있다. 단어를 읽을 때 발생하는 음향적 효과는 그 단어에 이미지적 속성을 부여한다. 그러니까 이미지는 단순히 시각성 우위의 시각적 효과를 의미하지 않는다. 시각성은 시어를 발음할 때의 청각성, 구술성의 시너지 효과를 통해 극적으로 달성된다.

글을 읽을 때, 구술할 때 느껴지는 신비한 음향과 글자의 형태에서 감지되는 분위기 등이 통합적으로 작용할 때 의미는 실감 있게 전달된다. 박태원은, '아이쓰쿠리'와 '아이스크림'의 차이는 심지어 연령과 계층 사이의 기호의 차이를 반영하는데, 음향이 '분위기' 즉 이미지적 성격을 통해 의미를 발생시킬 뿐 아니라 그것의 '내용까지를 간섭'하게 된다고 말한다. 글자를 구술화시킴으로써 신비한 아우라를 발산해 내는 것을 말의 주술적 효과라고 칭한 것이다. '언어의 감각성'을 최고의 경지도 끌어올린 것으로 평가되는 정지용의 감수성은 단순히 문자 중심주의에 근거해 있는 것이 아니라 '문자'를 '소리'와 혼종함으로써 이미지의 효과를 극대화한 데서 찾을 수 있다. '소리(구술성)'를 발견한 정지용의 안목을 박태원은 평가하고 있으며, 박태원 스스로 이를 특유의 서사 기법으로 자신의 작품에 녹여내었던 것이다.

구술성의 매혹: 이상의 경우

'감각의 입체화'와 관련된 이 안목은 이상에게서도 발견되는 사안이다. 이상은 「나의 애송시」 설문에서 "지용의 「말」의 '검정콩 푸렁콩을 주마'는 대문이 저에게는 한량없이 매력있는 발성이다"라고 언급한 바 있다. 이상이 지적한 이 '발성'의 문제를 우리는 주목해야 할 것이다. 근대 맞춤법식 표기와 문자주의적 시각에 길들여지면서 문자(글자)가 모든 감각성을 추상적으로 환원해 버리는 경향이 짙다. 문자의 '추상화, 개념화'의 우월성은 구어와 발성의 모든 감각적인 성격을 '의미'의 범주로 축소해 버린다.[21] 본질적으로 시인은 노래하는 자이며, 읊는 자, 구송자이다. 시인의 감각은 '글솜씨'가 아니라 '말솜씨'에 있다. 그것이 '발성', 곧 구술성이다. 시어는 묵독으로 읽히는 것이 아니라 구술되는 데서 그 의미적 효과가 극대화된다.

이상의 통찰은 우리말이 갖는 구술적 효과와 그 아름다움에 대한 인식과 무관하지 않다. 일문시에서 띄어쓰기를 하지 않았다거나, 「오감도」(「선에 관한 각서」)에서 보여주는 것처럼 숫자나 문자를 인위적으로 배치한 것 같은 전략들은 문자주의적인 것으로 보이지만, 실상 그것은 탈문자주의적, 탈선형주의적이다. 문형학적인 것(그래마톨로지)은 시각주의적이며 구술주의적인 것이며 음악적인 것이다. 이상의 전략은 표음주의적 맞춤법이 지향하는 문자 표기의 통일성과는 위배된다. '발성의 아름다움'은 그의 입체주의적이고 다중 감각적인 시선의 중핵 지대에 있다.

이상은 「아름다운 조선말」에서 '아름답게 생각하는 우리말 다섯 가지'를 열거하면서 예의 정지용의 '검정콩 푸렁콩을 주마'를 다시 인용하고 있다. 그만큼 이 '발성'이 이상에게는 인상적이었다. 그는 이 설문에서 '내

---

21 매클루언, 앞의 책, 183면.

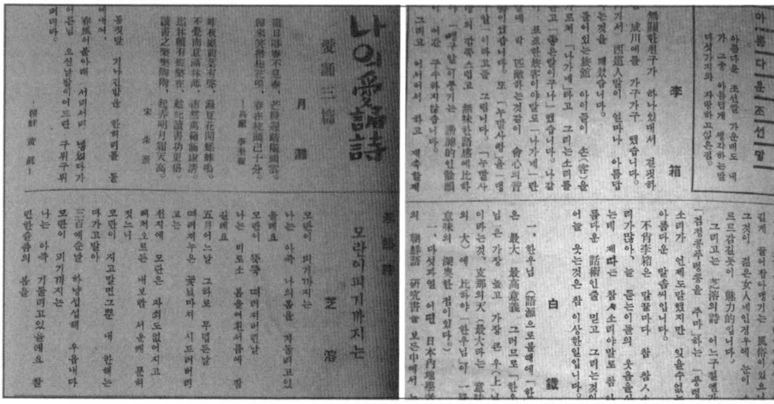

'발성'과 '구어'에 대한 음향 감각을 보여주는 잡지 자료
(左: 『중앙』, 1936.1. / 右 : 『중앙』, 1936.9.)

가 가장 아름답게 생각하는 다섯 가지와 자랑하고 싶은 점'에 정지용의 그 시구절에 이어 다음 네 가지를 덧붙인다. '나가네', '댕구알', '엉-야', '참참' 같은 구술적 방언이 그것이다. '나가네'는 표표한 여객의 이미지를 실어나르는 '회심의 음향'이며, '댕구알'의 해학적인 여운은 깜쯕스럽고 무미한 어감을 주는 '누깔사탕'에 비해 구수한 멋을 풍긴다. 서도 젊은 여인네가 지르는 '엉-야' 하는 콧소리는 눈이 스르르 감길 듯이 매혹적이다. 이상 스스로 자주 쓰는 '참참' 소리는 이상 자신으로서는 참 아름다운 화술이라는 것이다. 이는 표음주의적 표기법과 분명히 다른 말법을 표상한다. 그것은 구술적이며 방사선적이며 음향적인 것이다. 그러니까 문형학주의(그래마톨로지)적인 것에 가깝다. 음성을 표기법으로 환원시켜 추상화해 버리는 방식 대신 그림처럼 방사선적으로 생생하게 되살리는 방식이다.

이상이 생전에 발표한 마지막 작품인 「동해」의 첫 장면은 슈트케이스, 서슬 퍼런 칼, 자객, 나쓰미깡 같은 초현실주의적인 이미지들이 제시돼 있다. 윤과 나 그리고 임의 이른바 삼각관계를 다룬 소설이다. 비밀과 심문, 속이기와 폭로 사이에서[22] 말의 잔치와 수사학의 교란이 펼쳐지면서 텍스트의 중층 구조를 형성한다.[23] '동해'의 의미를 두고 다양한 해석이 나올 만치 '나'의 자의식이나 서사적 전략이 '말(단어, 대화, 대사)'에 밀도 있게 구축되어 있다. 이상 자신이 가지고 있는 특이한 말법의 전략이 숨어 있는 것이다.

소설 서두에 펼쳐져 있는 서도 방언이나 경상도 방언 역시 미묘한 아우라를 형성하면서 인물 간에 쟁투하듯 벌어지는 '말의 게임'의 화려한 전략을 선도한다.

『늬ㅁ재는 刺客 임늬까요?』

서툴른 西道사투리다.

(중략)

『가시내애요, 날쯤보이소, 나캉 결혼할낭기오? 맹誓되나? 듸제?』

『융(尹)이 날로 패아주몽 내사고마 마자 주을란다, 그럼 늬능 우앨랑가? 잉?』

화자인 '나'는 경상도 방언을 쓰면서 "농담이 하고 싶어 죽겠다"라고 독백한다. 이 소설의 '임'이 변동림을 모델로 한 것이든 아니든 그 다음 대사는 대체로 서울말을 중심으로 서술돼 있으므로, 서두 부분의 초현실주의적인 이미지와 방언 사이에는 기묘한 긴장감과 중층적 의미가 형성되어 있다. 남도 및 서도 사투리는 복화술적인 이상의 자의식이 내재되어 있는 내면의 목소리인 것이다. 특유의 'ㅇ' 받침이 콧소리에 섞여 농담과 진의 사이에 펼쳐져 있다. 이들 방언은 농담의 화법적 전략이나

22 김주현, 『이상 소설 연구』, 소명출판, 1999, 115~118면.

23 권영민, 『이상 텍스트 연구』, 뿔, 2009, 318~319면.

농담은 '임'의 진의를 확인하고 비밀을 캐려는 '나'의 고도의 심리전술이다. 화자인 '나'의 독백은 동시에 '농담'으로서의 '방언'과 동일한 지층에 있다.

이는 이상 텍스트에 자주 등장하는 '그렇나, 그렇면' 등의 표기 문제와도 연관되어 있다. 이 문제는 보다 심층적인 탐구가 필요하지만, 이 저서의 의도와 관련된 부분만 기술하도록 하겠다. 이상 텍스트를 현행 맞춤법에 맞춰 재출간하는 경우에 '그렇나, 그렇면'은 지속적으로 '그러나', '그러면'으로 표기돼 왔다. 이 '그렇나, 그렇면'을 '현대체로 바꾸면 '그러나', '그러면'이 된다는 판단은 이상 사후 대부분 편자들의 입장이었다. 이 같은 현행식 표기가 합당한가에 대한 의문은 다음의 문제의식과 연결된다. '그렇나'는 '그러니'로 해석되기도 하는데, 이것이 단순한 오식의 문제는 아닌 듯하다.[24] 문맥적 판단에 따라 수정되고 있기 때문이다. '그렇나'가 '그러나' 또는 '그러니'와 혼동되고 있다는 사실은 이 문제가 단순 맞춤법 문제에서 비롯된 것이 아니라 의미상의 문제와 관련되어 있다는 점을 반증한다.

몇 가지 층위로 나누어 이 문제를 제기해 본다.

① 원문 텍스트에는 '그러나/그렇나', '그러면/그렇면'이 동시에 나타난다.

② 이상 텍스트에는 나타나는 이 같은 표기가 같은 잡지 같은 호에 실린 다른 소설이나 글에는 나타나지 않는다.

③ '그렇나/그렇면'에서 특히 '그렇나'의 경우 이상의 수필이나 시, 그리고 관념적 서술로 일관하는 초기 소설들에는 잘 나타나지

24 김주현 편, 『정본 이상문학전집 2-소설』, 소명출판, 2009, 279면. 임종국 편 전집의 '그러니'를 두고 김주현은 오식이라 보고 현대식 표기로는 '그러나'가 된다고 판단한다.

않는다.

이 같은 기본 사항을 전제로 하면, 다음과 같은 추론이 가능하다. '그렇나'를 '그러나'의 1930년대식 표기 혹은 오기로 볼 것인가. 그렇다면, '그렇나→그러나', '그렇면→그러면'의 현대식 표기로 수정하는 것은 문제가 있을 수 없다. 그런데 ②번의 의문에 접근하면 상황은 달라진다. 이것들이 이상의 개인방언이라면 어떻게 되는가? 그러니까 이상이 '그러나'와 '그러면'과는 다른 맥락에서 '그렇나'와 '그렇면'을 썼을 가능성이 높고 그래서 당대 잡지, 편집, 시는 이를 고려한 식자를 했다는 뜻이다. 그렇다면 현행 맞춤법으로 재출간하는 이상 텍스트는 이상 생전 텍스트의 원문을 따라야 한다. 이 문제는 바로 다음 문제와 이어진다.

'그렇나, 그렇면'이 주로 나타나는 텍스트는 이상이 본격적으로 소설을 쓰기 시작했던 1936년에 발표한 소설들, 그리고 유고로 발표된 것들이 대부분이다. 「날개」, 「봉별기」, 「동해」, 「환시기」 등 주인공과 상대 인물의 대화나 주인공의 독백이 있는 소설 대부분에서 나타나고 있는 것이다. 그것이 독백이든 실제 대화든 주인공의 목소리가 살아 있는 소설 텍스트에서 나타나는 어형이라는 점이 중요하다. ②③의 문제는 이상의 목소리, 음성 언어 차원에 놓인 것이다. 표기상 문제를 넘어 해석 문제나 담론 체계의 문제에까지 광범위한 문제를 제기하고 있는 셈이다. 결론부터 말하면, 이상 텍스트의 '그렇나→그러나', '그렇면→그러면'을 선불리 확정할 수 없다는 것이다.

'그렇면, 그렇니까'에서 보듯 '그러면, 그러니까'에 'ㅎ'이 번번이 첨가돼 있는 텍스트의 하나가 「동해」이나. '그렇니까, 그렇면' 등과 연관시켜 보면 '그렇나' 역시 '그러나'에 'ㅎ'이 첨가된 경우라고 볼 수 있다. 대사와 지문을 동시에 살펴보자.

1) 『그렇지만 자네는 萬金을 기우려두 인젠姙이 裸體 느낼 하나 보기도 어려울 줄알게, 조꿈두 사양헐께없이 구구루 나허구 竝行해서 온전헌 正義를유지허능게 어떵가?』

2) 『자네 소위新婦허구 같이 잇다가는 좀 위험헐껄, 그렇니까 말일세 그 신부는 내 오늘 같이 키네마루 모시구 갈테니 안헐말루 잠시 빌리게 응? 왜 맘에 꺼림찍 헝가?』

3) 앞서가는 내가 놀라야하나. 이경우에 그렇면 그렇지하고 까땍또하지 않아야 더 점잔은가.

윤은 不在요 그렇면 내가 뜻하지않고 姙이의顏色을 살일 기회가 온 것이기에

4) 낄낄낄낄 웃었으면 좋겠는데-아-결혼하면 무엇하나, 나 따위가 생각해서 알 일이되나? 그렇나 재미있는 일이로다. 그렇나 재미있는 일이로다.

이상 「동해」

1), 2)는 서울지역 방언이 구사된 대화의 일부이고 3), 4)는 지문으로 처리돼 있으나 주인공 '나'의 독백이다. 구어적 음감이나 방언을 살리는 대사뿐만 아니라 화자의 생각을 엿볼 수 있는 지문에도 'ㅎ' 음가는 사라지지 않고 표기되어 있다. 2), 3), 4), 모두 현대식 표기법이나 표준어로는 부적절하다고 생각될 정도로 발성 시 강한 어조가 느껴진다.

이는 이상 특유의 구어적 음감과 연관되는데 방언의 구어적 음성성을 살려둔 것으로 생각된다. 그것은 복화술적인 어법이기도 하다. 대사와 지문의 차이가 분명하게 구분되지 않는 이상 소설의 특징을 생각한다면, 지문의 진술은 화자인 '나'의 복화술적인 대사, 일종의 고백적 대화이다. 이상 텍스트의 특성상 대사의 지문과 서술문의 지문이 그다지 차이가 없다면 서술문 지문에서의 'ㅎ' 첨가는 그대로 살려두어야 할 것이다.

발성에 따른 차이가 무화되는 읽히는 글자, 묵독의 문자로서의 언어가 우리의 의식을 지배한다. 방언적 상상력[25]이 우리에게는 별반 존재하지 않는다. 규범화된 문자 체계로 영속하는 표준어는 의사소통의 통일이라는 언어적 중앙집권을 충분히 소화해 내지만 문학적 상상력의 지평을 여는 데는 제한적이다. 이상의 어투를 제대로 재현할 수 없다면, 그것은 문어로 랑그로서만 존재하는 기계적인 언어이거나 규범의 틀에 갇힌 언어일 뿐이다. 이상 텍스트의 음성 언어는 사라져 버린 것이다.

이상의 언어는 일종의 방언적 에크리튀르를 구축하고 있다. 그것은 어조와 미묘한 뉘앙스의 생생한 말을 재생산해 낸다. 이상의 지역 사투리, 구어, 음성성은 개인 방언이기에 앞서 일종의 에크리튀르이다. 이상에게 활자는 '읽는 문자'이기보다는 '음성'과 '구술'의 에크리튀르이다. 그래마톨로지인 것이다.

구술언어란 문자 언어적 교양이 정착되지 않은 사회에서의 종합적인 감각 관여 상태를 뜻한다.[26] 표음주의는 말의 시각적 힘을 분리해 이를 확장시킨다고 한다. 구어라면 간명한 것인데도 이를 글로 쓰면 말은 길어진다. 그렇다면 이상의 감정, 구어적 음감, 의미의 여러 뉘앙스를 기록하기 위해서는 장문의 묘사가 필요했을 것이다. 흐느낌, 신음, 웃음, 날카로운 기침 등을 효과적으로 표현하기 위해서는 많은 페이지가 소비되는 것이다. 이상의 단문체는 이 같은 성기고 밀도가 낮은 표음문자의 서술 방식을 지양하면서 대신 단문체와 구어, 방언 같은 비표음주의식 서술 형식을 택한 전략이 아니었을까. 구어를 최대한도로 살리는 방식이 이상의 단문체적 특징이라는 뜻이다.

---

25 전성태, 「방언적 상상력」, 『내일을 여는 작가』 제24호, 2004, 봄호.

26 매클루언, 앞의 책, 90~91면.

함축과 종합 감각적 간여가 이상 에크리튀르의 전략이다. 반응의 즉각적 형태와 반응에 대한 욕구가 그의 글에는 살아 있다. 문자적인 서술은 감정이나 정서의 간여에 거의 무감각하며, 문자는 정서나 감정을 철저하게 분리한다. 현형 표기법은 이상의 이 같은 구어적이고 비표음문자적 서술 방식을 문어식 문체로 환원시킴으로써 이상의 생생한 목소리를 배제하는 방향으로 정립된다.

인쇄된 지면이 갖는 반복성과 획일성은 정확한 철자와 문장 구조와 발음을 요구하는 압력으로 기능한다. 인쇄 기술의 영향으로 음향이 사라져 버림으로써 유머, 슬랭(slang), 극적인 활력 등이 사라져 버린다는 지적은 주목할 만하다.[27] 표음주의적 문어체 서술의 핵심적 테크놀로지는 문장 전체의 일관된 논리성과 동일한 어조를 구현하는 것이다. 여기에는, 논리적인 이해가 필요한데, 표음주의적 서술은 감정과 정서로부터의 분리를 의미한다. 그래서 더 무자비하다. 부족적이고 비문명적인 상태는 감정적이고 정서적이다. 그것은 구어적 상태에 존재하며 야만적 행위로부터 감정을 구출해 내는 문자 행위이다. 활자를 통해 논리적으로 배우고 이성적으로 사고하면서 우리는 감정과 정서로부터 분리된다. 그래서 이상의 '발성'이 지닌 아름다움과 생생하게 살아 있는 구어적 상황을 간취하지 못한다. 이는 인쇄활자가 갖는 한계일지 모른다. 그래서 이상은 역설적으로 이 인쇄된 말의 고정화・화석화를 뒤집는 방식으로 말과 글을 뒤섞고 그림을 혼종시키고 음악을 질주하고 영화의 문법을 전복하면서 1930년대 '경계넘기'의 새로운 영역을 개척했는지 모르겠다.

아마 이상의 성천행이 결핵 요양차 이루어졌다는 실증적 사실을 특별히 고려하지 않는다면, 무엇보다 서도 사람들의 말의 발성과 그것의

27 위의 책, 201~204면.

음향적 여운을 발견한 것이 이 여정의 핵심이었다고 말할 수 있을 것이다. 발성은 청각적인 여운, 곧 음향이며 이는 미묘하고 신비한 아우라의 감각이다. 낯선 것에서 비롯되는 신비한 감각이 아우라의 본질이라면 그것은 우회적이면서 간접적으로 전해지는, 방사선적이고 부족적인 '말'의 회귀적 성격과 동질성을 갖는다. '스르르 눈이 감길' 듯 매혹적인 말의 에로티시즘은 이 같은 원환 회귀적인 신비주의의 심연에서 비롯된다.

김기림이나 박태원, 정지용 등은 그러한 문자 중심주의의 솔로 콘서트를 지양하고 대신 말의 교향악화, 언어의 음악화, 지면의 입체화를 실천했으며, 그래서 경계넘기의 오케스트라이제이션을 꿈꾸었을 것이다. 감정의 직접성과 동일하게 이해된 센티멘탈 로맨티시즘으로부터의 회피를 근대시의 제 일의적 목표로 설정한 김기림에게도 이 '음향'이 주는 간접성의 아우라는 근대시의 본질에 가까운 것으로 이해되었을 것이다. '교향악적 공명'이란 이 같은 시어의 발성과 음향의 내면적 울림을 의미하는 것이기도 했을 것이다.

그러니까 당시 모더니즘은 눈으로 숙독하는 시로서이기보다는 말로 발성하는 시로서의 가치를 동시에 모색했던 것이다. 김영랑 역시 강진 지방 여인네들의 방언에서 깊고 진한 말의 미묘한 아우라를 감지했는데, 이는 그의 시학의 중요한 뼈대가 된다. 이는 문학의 구술성과 공감각적 감수성이 1930년대 문화 전반에 뿌리내리고 있음을 의미한다. 박태원은 『소설가 구보 씨의 일일』에서 스스로 영화 기법을 수용한 예를 들기도 하는데, 박태원은 언어 매체의 한계를 영화 기법의 수용 등 다른 뉴미디어와의 혼종을 통해 적극적으로 뚫고 나가고자 했던 것이다. 감각의 혼종이 주는 이 가공할 만한 문학적 창안은 문인들의 뉴미디어에 대한 기대를 더욱 가속화시켰을 것이다. 적어도 이상, 박태원, 정지용, 김기림 등 일련의 모더니스트들이 그러했던 것이다.

무게 · 감촉 · 빛 · 음의 공감각적 감수성: 정지용, 김기림의 경우

1930년대 걸출한 세 시인이 있었다. 정지용, 김기림, 이상이다. 그들은 무엇을 했던 것인가. 그들이 궁극적으로 이루고자 했던 1930년대 근대시의 지평은 어디에 그 기원을 두고 있는가. '기원'은 부정되어야 할 것이 아니라 이제 탐색해야 할 처지에 있다. '혼종성'과 '개방성'의 시학의 구도 위에 놓인 이 '기원'은 아직 규명되지 않았다.

1930년대 신문기자 생활을 했던 김기림에게 '활자'는 어떤 것인가? '윤전기의 아들'로서 신문의 위치를 상징적으로 규정한 그의 원초적 감각에서 이 문제는 두드러진다. '활자'의 매체적 특징을 포착하는 김기림의 감각은 윤전기의 역동적 소음과 테크놀로지의 속도감에서 비롯된다.[28] 윤전기의 기계음과 신문 매체의 자극적인 잉크 냄새는 초기 김기림 문학의 방향성을 크게 좌우하고 있다. 김기림 초기의 전위적인 시적 방향성은 미래파 등의 기계주의적 시각을 수용함으로써 구체화된다.

1930년대 모더니스트들은 낭만주의 자아 개념을 포기하고, 이른바 예술과 과학을 통합한 방법론을 제시한 입체파류의 아방가드르 예술관에 깊은 영향을 받고 스스로를 그 후예로 자각한다. 김기림은, '인쇄는 시에 있어서 매우 중요한 의의가 있다'고 전제한다. 그러나 활자 배열 같은 외형적인 차원의 관심만은 아니었다.[29] '활자'에 대한 관심은 '입체시'의 모색과 분리할 수 없지만, 근본적으로 '글(문자)'과 감각 간의 매체적 간여를 바탕으로 한 것이다.

고대와 중세에 시는 주장 입을 통해서 구전되어 후세에 전해지기도 했고, 또 전

28 졸저, 『무인기자 김기림과 1930년대 '활자-도서관'의 꿈』 참조.

29 김기림, 『전집 2』, 73면.

파되기도 했다. 글로 적어서 전해지기 시작한 것도 훨씬 나중의 일이었다. 글로 적은 것을 읽을 적에도 소리를 높여 읽었으며, 듣는 편에서도 주장 귀로 들었을 따름이다. 그러니까 시가 처음 받아들이는 편에 들어갈 적에는 눈이 아니라 귀로, 시각이 아니라 청각을 거쳤던 것이다. 그러나 인쇄술이 생겨서 발달한 다음에는 시는 활자로 인쇄되어 그것이 눈을 거쳐 묵독되는 것이 보통이었다. 즉 활자의 시각적 감각이 시를 이끌어 들이는 첫 관문이 되었다.[30]

김기림은 입체파가 시의 회화성을 구축하는 방법으로 인쇄의 효과를 강조한 것을 인지하면서 아폴리네르나 콕토를 들고 있는데, 유별나게 인쇄한 일종의 형태시는 시의 미적 본질과는 상관이 없는 우연적 행위일 뿐이라고 본다.[31] 활자 배열의 면에 너무나 많은 무게를 허락하게 되면 그 일은 차라리 화가나 인쇄공에게 미는 것이 좋다는 것이다.[32] '활자의 형태미'란 '낭독'이라는 구술적인 소통 방식을 탈피하면서 시가 글자로 읽혀지기 시작한 시점에 등장한 근대시의 속성이라는 것이다. 하지만 아폴리네르가 도입한 형태시의 기원은 흔히 알려진 대로 20세기 아방가르드 운동은 아니며 그것은 그리스 시대까지 거슬러 올라간다. 시각적으로 읽히고 구송되는 시는 오히려 시의 본질적 속성에 가깝다. 그러니까 아폴리네르의 20세기적 실험은 당대 뉴미디어인 영화 매체와 관련된 것으로 보는 것이 옳다.

아폴리네르는 '읽히는 시'로서의 문자의 평면적인 속성을 어떻게 탈피할 것인가 고민한다. 그래서 그는, 활자의 형태나 크기, 색깔 등의 시

---

30 김기림, 「시의 이해」, 위의 책, 219면.

31 위의 책, 219면.

32 위의 책, 73면.

각적인 효과를 고려한 다양한 실험들을 하게 되는데, 문제는 이들 오브제가 드러내는 의미를 판독하기가 쉽지 않다는 것이었다.[33] 흥미롭게도 아폴리네르는 그 난점을 해소할 수 있는 매체로 영화를 선택한다. 김기림이 '입체시'를 통해 시의 단조적인 속성(선형성)을 뛰어넘고자 영화시 장르를 고려했던 사실과 상통한다.

김기림은 시각적 속성에서 탈피한 복합적·혼종적 감각을 구현할 수 있는 시의 가능성을 정지용에게서 찾는다. '시의 말이 일상의 회화에 가까워지기 시작한 것은 1930년 직전이었다'는 평가의 이면에 숨겨져 있는 이름은 '정지용'일 것이다. '20년대 후반기부터 그는 전연 빛 다른 시풍을 가지고' 이단자의 소리를 보냈다는 것이다.[34] 정지용의 이단자적 면모는 시의 유일한 매개인 언어에 대해 주의를 기울인 덕에 가능했다는 것인데, 이는 정지용의 언어 감각을 높이 산 다른 평자나 연구자의 시각과 별반 다르지 않은 듯 보인다. 그러나 김기림의 시각은 단지 정지용의 경쾌한 언어 감각을 문제 삼은 기존 논의들과는 차이가 있다. 정지용에 대한 김기림의 평가는 매체적 시각에서 태동한 것이다. 김기림은 공감각적인 매체로서 언어의 자질을 정지용이 어떻게 확보하는가를 문제 삼는다. 촉각적이며 청각적인 것들이 혼종된 공감각의 이미지를 정지용은 구사할 수 있었다는 것이다.

> 우리말의 각개의 단어가 가지고 있는 무게와 감촉과 光과 音과 形과 音에 대하여 그처럼 적확한 식별을 가지고 구사하는 시인을 우리는 아직 알지 못한다. 그뿐 아니라 단어와 단어의 특이한 결합에 의하여 언어의 향기를 빚어내는 우수한

---

33 Ying Kong, *op. cit.*, p.29.

34 김기림, 『전집 2』, 61면.

수완을 씨는 가지고 있었다.[35]

정지용은 일상 대화의 어법을 가지고 '무게와 감촉과 빛과 음과 형과 음'이 있는 시를 쓴다. 이는 이상이 평가한 정지용의 발성법(구술법)과 다르지 않다. 정지용의 말솜씨는 발성이며 구술성이 갖는 음향적 효과와 밀접하게 연관된 것이다. 이는 자연스럽고 생기 있는 내적 리듬으로 공감각적인 시를 썼다는 의미를 관통한다. 이 시도를 이미 정지용은 1920년대 후반기부터 시도하고 있었다는 것이다. 초창기부터 공감각적인 시의 파토스를 구축해 내었던 정지용의 면모를 뚜렷하게 환기시키는 김기림의 평가는 장르 혼종에 대한 이해를 바탕에 깔고 있다.

사용 매체에 따라 언어예술, 시각예술, 청각예술로 구분하는 것은 진실의 한 면만을 포착할 수 있을 뿐이다. 이들 매체를 통해 전달되는 정보가 수용자에게 포착되고 내면에서 처리되는 과정은 매우 복잡한 과정을 거친다. 최근 매체학적 접근의 연구들이 보여주는 대로, 문학, 영화, 음악, 방송 등의 개별 매체의 존립 양태는 복합적이며, 한 가지 매체만 사용한다고 해서 한 가지 성질의 정보만 처리하는 것은 아니다. 이들 존립 양태는 여러 가능한 묘사 내지 형상 능력들의 조합에서 비롯되는데, 예술작품이 수용자에 수용되는 과정에서 작동하는 정보처리 프로세스는 지각・정서・체험 등의 개별처리 능력의 조합 방식에 의존한다.[36] 마찬가지로 개별 매체의 존립이 그것을 주도하는 감각에 의존한다고 해도 그 감각 역시 복합적인 공감각의 영역에 속해 있다.

시와 회화(그림)를 시간성과 공간성의 예술로 그 범주적 특징을 규명

35 위의 책, 63면.

36 윤기황・이상욱・최보근, 「소리, 문자, 그래픽 작품의 매체별 기본 속성에 관한 연구」, 『독일어문학』 24권, 2004, 149~153면.

하는 논의를 김기림 스스로는 그다지 선호했던 것 같지는 않다. 사상파들의 '회화성'에 대한 집착을 김기림은 부정적으로 평가한다. 김기림은 시와 회화, 이 두 장르의 매체적 성격을 파악하면서 '장르와 장르의 혼선'에 대해 논하고 있는데, 이는 '매체적 혼종'을 의미하는 것으로 보인다. 시가 시간의 예술이며 회화가 공간의 예술이라는 상식적인 주장을 넘어서 김기림은 장르의 혼종적인 교섭을 통해 예술의 독창성을 확보할 수 있다고 본다. 감각의 혼종을 통해 독창적인 형상성을 확보한 시인으로 정지용을 드는 것은 그래서 자연스러운 귀결이 된다.

> 미래파와 초현실파의 그림에는 시간적 동존성이 의식적으로 기도되었으며 사상파의 시 속에서는 어떻게 의식적으로 가시성이 존중되었는가. 이곳에 현대의 모든 예술의 장르와 장르의 혼선이 숨어있다. 그래서 시인이면 시인, 음악가면 음악가들의 추구하는 목표 속에는 '포에시'라고 하는 것에 대한 단일적인 공통한 요구가 그 저류에서 흐르고 있는 것이다.[37]

'신감각파'라는 지칭은 '관능적・말초신경적인'이라는 감각의 문제에 국한되지 않는다. 그리고 이미지스트들이 시각성 위주의 감각파들일 수도 없다. 문자(글자)의 매체적 속성을 그림이나 도상의 매체적 속성과 혼종함으로써 말의 입체적인 효과를 살려낸 것이 정지용의 탁월한 시적 기술이었다. 결국 '무게와 감촉과 빛과 음과 형과 음'은 시가 문자의 평면성이라는 한계를 뚫고 공감각적으로 이미지의 공간성과 깊이를 확보한다는 뜻을 반향한다. 이는 문자 매체의 제한성과 인식의 선형성을 뛰어넘어, 시각・촉각・청각이 혼합된 이미저리의 혼종성을 말한 것이다.

---

37 김기림, 『전집 2』, 62면.

이미지즘은 혼종 감각을 구현함으로써 시의 입체화를 모색한 시의 혁신 운동이었다. 문자 텍스트는 공감각적인 매체로 전환되며, 단일한 감각으로는 포착되지 않는 복합 감각의 매트릭스 위에서 새로운 시적 효과가 생성된다. 그것이 시인, 음악가, 화가들에게 공통되는 '포에지'다. 초기 전위영화인들이 추구했던 것은 독립예술로서의 영화성의 구현이 아니라 도구로서의 영화적 방법을 시에 차용하는 것이었다. 어떻게 하면 기계 미디어를 통해 이 같은 혼종 감각의 시적 드라마를 구현할 수 있는가 하는 문제였다는 것이다. 시혼(포에지)의 뉴미디어적 구현이 여기서 핵심이다. 그들은 영화를 만든 것이 아니라 시를 영화로 썼던 것이다.

정지용의 시는 매체적으로 '환상'의 영역 속에 있다.[38] '환상'의 영역은 중앙집권적 구조인 상상의 영역과는 달리 연방제적 구조를 가진다. 이와 관련된 리차즈의 논의는 문자와 도상의 관계에 대한 매체이론의 성격이 짙다. 각 영상 사이의 의미구조가 유기적인 성격을 갖는 '상상'에 비해, '환상'은 분산적이고 다중심적인 도상의 구조를 갖는다는 것이다. 정지용 시의 공감각적인 속성은 리차즈가 말한 '연방제적 구조'의 속성에 유추된다.

김기림은 현대시 이론을 구축하면서 시, 회화, 건축, 영화 등의 장르에 대한 매체적 이해와 그것들의 혼종적 접근의 필요성을 제기한다.[39] 김기림이 주장한 '입체시'는 '다성주의적 시' 곧 '교향악적 시'의 다른 이름이며, '건축학적 구조'라는 개념과도 상통하는 것이다. 이는 단순히 기교나 방법론의 혁신을 염두에 둔 것이기보다 구도의 구축과 관계된 것이다. 이는 이상이 말한 '여운의 발성' 곧 '음향'의 다싱익직인 울림과 유사

38 위의 책, 239면.

39 신문기자로서 김기림이 모색한 현대시의 방향성에 관한 논의는, 졸저, 『문인기자 김기림과 1930년대 활자-도서관의 꿈』, 앞의 책 참조.

하다. 김기림은 이 같은 발상을 장르론적인 관심으로 옮겨 논의를 펼치게 되는데, 이것이 '영화시'다. 시와 영화와의 매체 혼종적 시도라고 할 것이다.

윤전기의 미학: 활자라는 뮤즈

김기림의 궁극적 의도는 영화가 가진 고유한 방법론적 기술인 '몽타주'라는 편집 기술을 시에 차용하는 것은 아니었던 듯하다. 그보다는 단형적인 시의 범주를 확장하고자 하는 의도였을 것이다. '템포, 선율, 리듬 등의 음악적 요소를 시각적으로 재현함으로써 건축학적이고 교향악적인 복합 구조를 구축하는 영화의 장점을 시에 견인하는 것이다. 김기림은 엘리엇의 『황무지』를 비판하면서 장시의 교향악적이고 웅장한 울림을 주문한다. 결국 단형시가 갖는 '선조적 시간성'을 입체화하는 하나의 방법으로 교향악적 시를 창안하고자 했던 것이다.[40]

건축이나 시가 음악과 마찬가지로 '리듬'을 가졌다고 보는 것은 어떤 내적인 구조적 축조성(제작성)을 서로 공유할 수 있다는 의미인데, 이때 '리듬'은 음악적 측면이 아니라 구조적인 측면을 뜻하며 심층적인 공명이나 아우라에 가깝다. 정지용 시의 리듬감은 심층적인 것이다. 공감각적 이미지가 깊은 내면적 울림을 구축하기 때문이다. 김기림의 『기상도』나 영화 관련 시들은 현대시의 교향악적 건축학적 구조를 구축하고자 한 것이며, 더불어 '영화 매체'의 매체적 속성을 도입한 'Cinematic Modernism'의 시도라 할 수 있다. 정지용, 김기림의 영화 기법의 영향을 받은 시들이나 1930년대 '사상파적인 시'들은 '몽타주'의 기술적인 영향

40 졸고, 「김기림 시론의 기계주의적 관점과 영화시(cinepoetry)」 참조.

보다는 영화 매체와의 매체적 혼종을 통한 이미지의 공감각적 재현을 그 핵심에 두고 있다. 새로운 테크놀로지 매체의 수용에 따른 시 매체의 확장이라는 성격이 강하다.

'활자'의 미학적 효과를 시의 공감각적인 효과와 관련시켜 이해하고 있던 정지용의 시선도 비슷한 목적지를 향해 있다. 그는 특이하게도 '전보시'라는 용어를 쓰기도 한다. 윤전기, 전보, 전신 같은 전기 미디어의 유행은 정지용에게도 강한 흡인력을 던졌을 것이다. 정지용의 시적 욕망은 인쇄용 잉크 냄새(활자 냄새를 깜박이는)와 청각(소곤거리고 있다)이 혼합된 공감각적인 자극이 서로 부딪히는 뉴미디어 장의 한가운데서 생성된다. 흥분을 일으키도록 향기로운 마조히즘적인 욕망은 막 발간된 신문의 활자 냄새에서 자극받은 것이다. '촌스러움'과 '이상스런 흥분'을 가르는 시의 파토스적 자질은 '윤전기를 지나기 전'과 '지나온 후', 기술적인 충격의 경험 유무의 차이이다. 시를 지배하는 것은 천공의 별이 주는 영적 감화나 회감의 차원이 아니다. 시는 활자에 의해 물화되며 그것이 주는 시적 흥분은 시의 파토스적인 효과를 강화한다. 윤전기와 활자의 금속성의 아우라가 근대시의 생생하고 충동적인 동력학이 되고 있는 것이다. 정지용은 이를 '유쾌한 시학'이라 지칭한다.

> 활자 냄새가 이상스런 흥분을 일으키도록 향기롭다. 우리들의 詩가 까만 눈을 깜박이며 소곤거리고 잇다. 시는 활자화한 뒤에 훨석 효과적이다. 시의 명예는 활자직공의게 반분하라. 우리들의 시는 별보다 알뜰한 활짜를 운율보다 존중한다. 윤전기를 지나기 전 시는 생각하기에도 촌스럽다. 이라하야 시는 기사로 항로로 항공우편으로 신호와 함께 흐트저나르는 軍用鳩처럼 날너간다.
>
> 詩의 라디오 방송은 엇덜가?
>
> 저속한 성악과 혼동되기 쉽다.

시의 전신발송은 엇덜가

電報詩!

유쾌한 시학이나 전보시![41]

시는 활자화한 뒤에 훨씬 효과적이다. '인쇄 직공에게 그 공을 반분하라'는 정지용의 호언은 시의 주체가 저 하늘에서 언제 들려올지 모르는 뮤즈의 영감을 기다리는 골방의 시인이 아니라 테크놀로지와 시인의 연대의 산물임을 지적한 것이다. 현대시는 잉크 냄새를 풍기며 거리의 한 복판을 활보하는 기계복제 시대의 운명을 스스로 내장한다.[42] 정지용의 혼종감각적인 태도는 '활자' 매체의 효과에 대한 관심과 긴밀하게 연결돼 있다. 그것이 라디오시나 전보시 같은 혼종적인 장르 개념으로 발전하고 있었다. 정지용은 언어 매체로서 시의 운율을 중요시하기보다 활자를 별보다 알뜰하게 생각하는 '윤전기적 감각'을 강조한다. 저널리즘의 속도감과 산문성[43]보다는 활자의 매체 혼종적 가능성을 그는 중시하고 있는 것이다. 윤전기, 라디오, 전신 등의 전기 미디어 자체의 매체성에 대한 관심은 궁극적으로 '혼종감각'의 효과에 대한 관심이다.

어떤 문화에서든 시각 기능을 강화하고 확장하는 문자주의는 시각 이외의 청각, 촉각, 미각과 같은 감각의 역할을 줄이는 역할을 한다.[44] 역으로, 문자에 소리가 혼종되거나 전기 매체가 결합되는 것은 문자의 한계를 벗어나는 한 방법이다. 라디오시는 일종의 구술문화적 감각을 되살

---

41 정지용, 「소묘 2」, 『정지용 전집 2-산문』, 민음사, 1995, 15면.

42 발터 벤야민, 「기술복제시대의 예술작품」, 최성만 역, 『발터 벤야민의 문예이론』, 민음사, 1983, 218면.

43 정지용, 「시와 발표」, 『정지용 전집 2-산문』, 248~249면.

44 매클루언, 앞의 책, 97면.

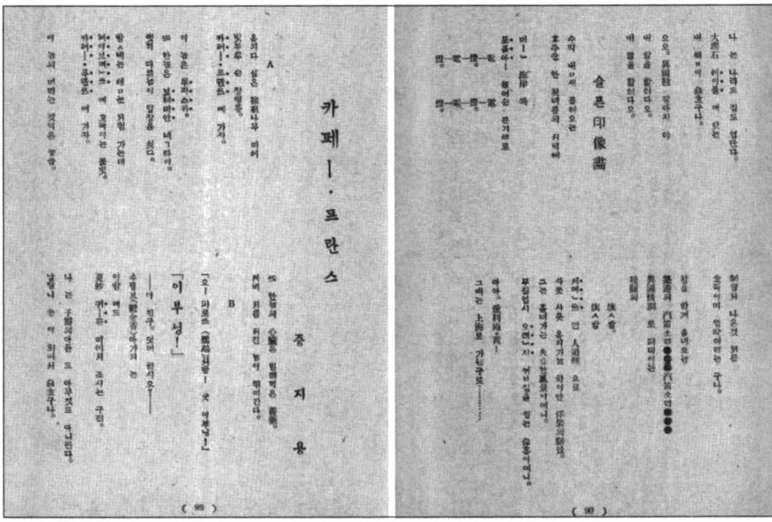

『학조』에 발표될 당시의 「카페 프란스」, 「슬픈 인상화」(1926.6). '이부닝'은 고딕체로 다른 시어에 비해 큰 활자로 인쇄되었다. '패롯 서방'이 시의 화자를 향해 내지르는 소리의 크기와 공명감을 사각화, 입체화한 것이다. '電-燈'을 아래위로 나열한 것은 포플라 가로수처럼 양쪽으로 길게 늘어선 가로등과 가로등이 켜진 거리 풍경을 시각화한 것이다. 일종의 타이포그라피적인 발상이다.

리는 것이다. 이것은 기본적으로 공감각적 감정, 정서의 표출이 된다.[45] 수공업적 시를 쓰던 정지용에게 전기미디어는 부정할 대상이 아니라 새로운 시대에 당면한 시인의 시적 활력을 도모하는 유쾌한 동력이 되었을 것이다. 「파충류 동물」, 「다알리아」, 「카페 프란스」 등 초기 시에서 활자의 공력으로 시도할 수 있었던 윤전기 미학의 산물들을 좀 너 활기차고 윤기 나게 재생할 수 있는 매체로 이 '유쾌한' 미디어를 상상했을 것이다.

라디오가 재현하는 일종의 음향 효과는 신비하게도 드라마의 현실감을 충분히 갖게 하는 것인데,[46] 문자 텍스트에서 활자의 크기와 배치

45 이 같은 '소리'의 도입은 복잡한 정서와 감정, 감각이 얽힌 세계를 창출해 낸다. 구술문화가 폭발적인 잠재력을 갖는 이유이다. 매클루언, 위의 책, 60면.

46 Michael C. Keith, "Sound Effect", *Museum of Broadcast Communications Encycropedia of Radio*, 2004, Vol.13, pp.1297~1300.

를 통해 시각과 청각과 촉각을 결합시켜 공감각적인 효과를 노리는 것과 유사한 방식이다. 감각의 혼종 교배와 입체화는 리얼리티를 살리는 방식이며 일종의 '작은 영화(a tiny move)'의 효과와 연동된다. 입체화의 효과는 '반향하고 공명하는 이미지, 미묘하게 마음을 움직이는 음향'으로 시적 대상들의 속성을 흥미롭게 하는 방식이다.[47] 활자의 크기를 다양하게 하거나 그림처럼 읽히게 하거나 조형적인 아름다움을 주는 것 등 이른바 '명향성(鳴響性)의 원리'[48]는 문예지 『요람』을 만든 '윤전기 감각'과 윌리엄 블레이크, 야나기 무네요시(柳宗悅) 등으로부터 배운 문자 매체와 조형 매체의 매체 혼종적 미에 대한 자각과 연결된다. 문자를 시각화하고 조형화한다는 것은 시의 몸체(body)를 직접화하는 것이어서 구체적이고 실감이 있다. 기계주의적인 매체의 경험을 유기적으로 체화하는 이 경험은 감각의 논리이지 지고한 '문학성'의 고집과는 거리가 있다.

정지용, 문자의 도상화

정지용의 초기 시들에서부터 활자 효과를 전략적으로 활용해 문자의 한계를 벗어나고자 한 흔적은 확인된다. 그것은 문자에 도상적 성격을 부여하는 방식이다. 아폴리네르가 한자의 표의문자적 형상미에 매혹돼 이를 칼리그램(calligramers)으로 형상화한 것과 본질적으로는 유사한 것이다. 정지용은 한글을 다양하게 활자화하는 방식을 쓴다. 다음은 정지용의 초기 시 「카페 프란스」의 일절이다.

---

47 Ying Kong, *op. cit.*, p.29.

48 심재홍, 「시인 정지용의 언어 미술: 그의 시에 쓰인 활자의 이해」, 『기초조형학연구』 9권 1호, 한국기초조형학회, 2008.2.

「이부닝!」

— 이 친구. 엇더하시오? —

이 구절은 후일,

「꾿 이브닝!」(이 친구 어떠하시오?)

로 개작되는 과정을 거치는데, 연구자들이 다양한 해석을 내놓기는 했지만 주목되는 점은 '고딕 활자'로 시각적 효과를 차별화하고 문장 부호가 갖는 기능과 효과를 감안하고 있다는 것이다.[49] 고딕체는 청각적 요소를 시각화하고 움직임을 입체화하는 효과를 전략적으로 수행한다.

「파충류 동물」(1926.6. 『학조』 1호)에서 '**털크덕**'은 일종의 문형학적 에크리튀르이다. 연이 거듭될수록 기차의 속도가 빨라지고 소리의 세기가 강해지는 것을 시각화하고 조형적으로 묘사한 것이다. '**털크덕**' 사이에 있는 '…'는 차량의 연결을 시각화한 것이다.[50] 정지용은 활자로 그림을 그린 시인이다. 그의 '조형적 언어 미감'이 1930년대에 이르기까지 진화론적인 차원에서 일목요연하게 다듬어지는 과정으로 실현된다고 설명하기는 난처하다. 즉 그의 조형저 언어 미감이 다다나 이미지즘 등을 모방한 차원에서 시작되어 선명한 회화성을 목표로 삼는 이미지즘의 구체적 실현 과정으로 종결된다고 그럴듯하게 포장하는 것은 매력적이지만 진실이라고 보기는 어려울 것이다. 이 '포장지' 자체의 논리가 어설프고 난

49 권영민은 특히 고딕체를 음향 효과를 고려한 것이라고 강조한다. 즉 '세 사람이 함께 호기 있게 큰 소리로 인사를 받는 모습을 강조한 것'이다. 권영민, 『정지용 시 126편 다시 읽기』, 민음사, 2004, 51면.

50 김재홍, 앞의 논문, 290면.

감하며 사변에 불과할 수 있기 때문이다. 그것은 실제 정지용의 생애를 비추어서도, 정지용 시의 실재와도 부합하지 않는다.

정지용 시는 단순히 '시각적 인상을 집중, 강화하는 이미지즘 시'의 차원이나 촉각 등의 특정한 감각의 편향성을 모색한 것에 머무르지 않는다. 기차는 '**털크덕**' 거리면서 나아간다. 조각성과 조형성의 에크리튀르는 이 같은 기계적인 행위 모델에 적극성과 역동성을 부여한다. 문자와 회화의 매체 혼종은 이미지의 역동성뿐 아니라 자동화의 이미지를 부여함으로써 주제를 강화한다. 고딕으로 인쇄된 활자는 기차 몸체의 부피를 감각적으로 묘사한 것이며, 그것이 뿜어내는 거대한 소리의 공명까지 감지해 내게 한다. 소리와 촉각, 시각이 공감각적으로 구현되고 있는 것이다. 활자의 크기 및 배치를 통해 시각적 효과뿐 아니라 음향 및 촉각적 효과를 동시에 부여하는, 신문의 '헤드라인 효과'를 정지용은 일찍이 시험하고 있었던 것이다.

정지용의 형태주의적이고 타이포그라피적인 시도가 초기 시에서는 다소 인위적이고 기교적인 방법론상에서 실연되고 있다고 본다면, 다음의 시는 혼종적 감각이 보다 내밀하게 드러난 경우이다. 정지용의 감각은 보다 심층화되는데, 당대 최고의 감각적인 시인으로 평가된 데는 시가 음향적 차원, 공감각적 차원의 내면의 깊이를 획득할 수 있었던 것에 크게 좌우되고 있다.

귀에 서른 새소리가 새여 드러 와
참한 은시계로 자근자근 으더마진 듯.
마음 이 이일 저일 보살필일로 갈라저.
수은방울 처럼 동긍동글 나동그라저
춥기는 하고 진정 일어나기 실혀라.[51]

「이른 봄 아침」에서 특히 주목되는 구절은, '참한 은시계로 자근자근 으더마진 듯'이다. 작고 앙증맞고 순정한 느낌을 주는 '은시계'의 시각적 형상 위에 겹쳐진 '자근자근'이 갖는 의성·의태어적 음향 효과와 '으더마진 듯'의 촉감적인 것이 혼종돼 있다. 중층적이고 공감각적인 표현이 특징적이다. 이는 시각적 효과에 의한 것이라기보다는 공감각인 역동성과 음향의 신비한 아우라 때문이다. "입춘 때 밤은 마른 풀 사르는 냄새가 난다 — 금붕어처럼 어린 녀릿녀릿한 느낌이여(「석류」)" 역시 마른 풀의 건조한 형상, 마른 풀을 자를 때 서걱이는 음향적 효과, '사르는 냄새'로부터 떠올려지는 후각적 이미지 등이 복합적으로 작용하는 구절이다. 어린 금붕어의 형상이 주는 여리고 가녀린 이미지에 '녀릿녀렷'에서 오는 비릿한 냄새의 후각적인 것과 여린 피부색의 촉감적 분위기가 동시에 결합된 것이다.

'아스팔트는 — 사풋사풋 밟어야 쫀득쫀득 받히우는 맛을 알게 된다'는 산문의 한 구절 역시 같은 방식의 공감각적인 효과를 생성한다. '사풋사풋', '쫀득쫀득'은 음향적인 효과와 촉각적인 효과가 중층적으로 결합된 것으로 신비하고 역동적인 느낌을 준다.

미묘한 공명적인 울림(resonant images)은 감각의 복합성 및 말의 구술성에서 기인한다. 초기 시의 활자의 효과와 편집 배치의 기술이 없었다면, 여기에 이르는 과정은 용이하지 않았을 것이다. 그러니까 정지용의 이른바 '초기 시'에서 '후기 시'에 이르는 과정은 '단절'이 아닌 '계단'의 과정이었다. '탁월한 언어 감각의 소유자' 정지용은 혼종 감각, 감각의 공명성, 공감각적인 이미지의 시성(詩性)을 실현한 시인이라고 차라리 말해야 할 것이다. 다다나 이미지즘이 외래 문예사조의 그물 아래서 펼쳐

---

51 『신민』 22, 1927.2.

진 기술적 모방과 답습의 것이었다면 이 과정은 실현되기 어려웠던 것 아닌가.

언어는 본질적으로 활자, 소리, 의미의 층을 동시에 가지고 있으며 언어 매체는 이들의 화성악적 조화 능력을 어떤 매체보다도 잘 발휘한다. 묘사 대상, 지각 형상, 활자, 소리, 의미에서 생성되는 미적 질료들은 언어를 통해 아름다운 조화를 이루며, 비시각적 질료들인 청각, 후각, 촉각은 언어의 층위에서 공감각적으로 작동한다.[52] 이 같은 질료들의 화성악적 조화가 역동적으로 이루어진 시를 우리는 '좋은 시'라고 부른다. '이미지즘 시'로 알려진 정지용의 시들은 대체로 이 같은 역동적이고 복합 감각적인 속성을 지니고 있다. 정지용의 '이미지즘 시'에 구축된 것은 감각의 혼종성이며, 이는 김기림의 '교향악적/건축학적 공명', '이상의 아름다운 발성'과 본질적으로 동일하다. 어떤 특정한 표현 매체에 대한 편견만큼이나 감각의 단일성으로 시의 효과를 이해하는 것 역시 일면적임을 정지용은 그의 시에서 웅변하고 있다.

이상, 글자 놀이 혹은 혼종 매체성의 공포

1930년대 문학의 기술적 의장이나 이른바 방법론은 1930년대 문화 전반의 동력학적 흐름 속에서 고찰되어야 한다. 새로운 테크놀로지 환경과 마주하면서 매체 혼종과 공감각적 효과와 같은 시의 입체주의 비전을 실현하고자 했던 김기림이나 정지용에 비해, 이상은 문학의 기본 자질인 언어문자 곧 글자 자체가 가진 매체적 특성을 사유함으로써 문학의 존재성에 대한 의문을 내화한다. 이상의 타이포그라피적인 시도나 형태적인

---

52 윤기황 외, 앞의 논문, 160면.

'실험시'를 서구 문예사조 다다, 미래파, 초현실주의 등과 비교하고 이들과의 직접적인 연관성을 강조하는 것은 그다지 의미가 없을 것이다. 이상은 전기 미디어가 던져 준 영감을 글자 매체에 대한 사유로 끌어 올린다. 이상의 「地圖의 暗室」에는 '글자'를 사유하는 '그'가 등장해 '글자 그림자 놀이'를 한다. '글자'를 표현의 수단으로서가 아니라 놀이의 대상으로 바라볼 수 있었던 이상은 '글자'의 미디어적 특성을 이해하고 있었던 것이다.

> 인류가아즉만들지아니한글자가 그 자리에서이랫다 저랫다하니무슨암시 이냐가무슨까닭에 한번닑어지나가면 도무소용인글자의고정된글자의기술방법을채용하는 흡족지안은버릇을 쓰기를버리지안을까를그는생각한다. 글자를 저것처럼가지고그하나만이 이랫다저랫다하면 또생각하는것은 사람하나 생각둘말 글자 셋 넷 다섯 또다섯또또다섯 또또또 다섯그는결국에시간이라는것의무서운힘을 밋지아니할수는업다한번지나간것이 하나도쓸데업는것을알면서도 하나를버리는묵은즛을그도역시거절치안는지그느늑에게물어보고십지안타 지금생각나는것이나 지금가지는글자가잇다가가즐것하나 하나 하나 하나에서모도식못쓸것 인줄알앗저버렷구나 벌서가젓구나 버렷구나 또가젓구나[53]

알전구에 봉투를 씌우자 빛이 소멸한다. 아마도 전구의 빛이 봉투에 인쇄된 글자를 비추었을 것인데, 주인공은 그 순간 글자 그림자 놀이에 빠져든다. 글자는 한 자 한 자 시간의 계기적인 흐름을 따라 읽히는 사유의 대상이 된다. 그런데 주인공은 글자를 하나하나 떼어서 공간화한다. 역설적으로 그제야 '그'는 글자가 수단이 아니라 그 자체로 하나의 생명

53 이상, 「地圖의 暗室」, 『정본 이상문학전집 2-소설』, 148면.

력을 갖는 유기적 존재임을 자각한다. '글자'의 생성과 소멸이 생과 죽음에 결절된다. 이 같은 글자에 대한 실존주의적 시각은 자연스럽게 문학의 존재론에 대한 의문과 연결된다. 한번 읽고 가버리는 글자의 낭비성과 비효율성은 문자의 선조적 시간성에 대한 자각이다. 한번 지나간 것은 하나도 쓸모가 없다. 그러니 문학은 본질적으로 허망한 것이다. 그런데 그 낭비성을 알면서도 하나를 취한 뒤 결국 그 하나를 버리는 '묵은 짓'을 반복하고 있다는 것이다. '창조'의 미덕은 '낭비'이며, 자본주의 사회에서 그것은 특별히 무용의 행위이다. '새것'에 대한 예술의 무한증식적인 자기 욕망은 자기를 부정해야만 그 새로운 것(창조성)이 획득된다는 점에서 고도의 부정성을 가진다. 이미 존재해 있는 것들을 항상 뛰어넘어야 하는 예술의 일회적인 속성과 낭비성을 이상은 '글자'의 매체성에 대한 관심으로부터 추출한다.[54] 글자(문자)를 매체로 삼는 문학은 소모적인 시간예술이며, 그것은 필연적으로 죽음과 맞닥뜨린다.

이상은 글자 놀이를 통해 '시간이라는 것의 무서운 힘'을 자각한다. 한번 쓰고 나면 더 이상 생산적 의미를 감당할 수 없는 '글자'의 매체적 성격은 문학의 우연성 곧 순간성을 내포한다. 글자를 취하는 순간 그 글자는 더 이상 의미가 없게 된다. 그것은 예술이 갖는 새로움과 지속(영원성)의 오랜 갈등을 재연한다. 새것 하나를 취하는 그 찰나가 영원성에 대한 환각을 소유할 수 있는 유일한 순간이다. 비약과 착각 속에서 말이다. 어떠한 예술도 영원히 남을 수 없다는 단언은 현세의 모든 것들이 덧없다는 것과 마찬가지로 추상적이다. 오히려 '예술이 죽음이 닿지 못하는 것에 대한 가상'이라면, 글자 놀이는 그러한 가상의 죽음을 통해 영원성의 신화를 빠져나온다. 이상의 끝없는 형식 실험은 이 같은 '글자'의 매

54 T.W. 아도르노, 『미학이론』, 홍승용 역, 문학과 지성사, 1989, 54~56면.

체적 속성과 글자를 매개로 한 문학의 존재론에 대한 의문으로부터 출발한다. 글자를 새롭게 창안하고 새롭게 배열하는 것은 죽음을 넘어서기 위한 것이다. 이상의 텍스트를 가장 전위적인 작품이라 평가하는 이유도 '의미 생산 체계의 붕괴'를 글자 매체에 대한 성찰로부터 끌어내는 데 있다.[55]

이상의 '글자'에 대한 매체적 인식은 오히려 문자 매체의 제한성을 뛰어넘어 입체화하는 시도로 이어진다. 「건축무한육면각체」 계열시에서 보이는 타이프그라피적인 감각, 형태시적 감각, 도상적 기호, 음향적 효과의 도입, 몽타주식 장면 도입 등이 그것이다. 부패해 가면서 변모하는 존재의 형상을 "나날이 그는 아주 작은 활자를 잘못 찍어 놓은 것처럼 걸음새가 비틀거렸다(「공포의 城砦」)"라고 표현하고 있는데, 활자의 크기와 배치가 갖는 효과에 대한 이해가 바탕이 된 것이다. 1930년대 매체 예술가 나즐로 모홀리 나기(Laszlo Moholy Nagy)에 대한 이상의 관심 역시 이 범주에서 이해된다.[56] 이상이 주목한 '글자 놀이'는 문자의 한계에 대한 자각과 혼종적인 미디어 예술 속에서 재탄생하는 선취적인 시간에 대한 기록이다. 이상은, 문자의 조각성과 조형성을 디지털 아트, 그래픽 아트로 구현해 내는 현대 전위예술가들의 선구적 구현자이자 예언자이다. 알전구의 그림자 놀이는 스크린 위에 자막처럼 펼쳐지는 시네포엠의 혼종적 시도이며, 문자를 아트화하는 '디지털 사인 아트'의 원형적 기원처럼 보인다. 그의 글자 놀이는 문자의 도상적 표현 놀이다.

여기서 문자는 선형성의 시간에 갇힌 일원적 표현 매체이기를 포기하고 도상학적 실재로 변이된다. 문자가 인과적이고 획일적인 읽기의 지

55 신범순, 『이상의 무한정원 삼차각 나비』, 현암사, 2007, 368~369면.

56 조은주, 「이상 문학의 건축학적 시선과 '미궁' 모티프-1930년대의 건축학적 이념과 모홀리-나기와의 연관성을 중심으로」, 『어문연구』 36권 1호, 2008.

평에서 해석의 참여를 제한한다면, 도상학적 이미지는 참여의 가능성을 열어 두고 해석의 가능성을 확장한다. 미디어 이론가 볼츠(Bolz)는 '구텐베르크 은하계'의 교양 곧 문자문화 전략의 한시성을 언급하면서, 도상의 기능을 문자의 느릿하고 소모적인 시선을 한순간에 붙잡아 버리는 인스턴트적 효과와 개방적 인식 시스템이라고 설명한다.[57] 도상적 기호는 문자의 폐쇄성을 넘어 분산적이고 입체적인 사고를 가능하게 하는 기능적 시스템이다. 문자의 고립성과 폐쇄성은 도상적 성격을 부여받음으로써 열린 가능성을 확보하게 된다.

이상의 다양한 형식 실험들은 문자를 다양한 방식으로 다른 매체와 혼종하는 매체 확장의 한 방법이며, 공감각적이고 입체적인 방식으로 의미의 다원화와 분산을 시도하는 고도의 미디어 전략이라 볼 수 있다. 뒤에 언급할, 이상 텍스트의 열린 텍스트로서의 '음악학적 지평'이 이와 무관치 않다. 덧붙여, 이상과 르네 클레르 영화와의 관계, 이상과 타 예술과의 '크로씽보더'의 전략 또한 동일한 맥락에서 이해된다.[58]

---

57 노르베르트 볼츠, 앞의 책, 235~258면.

58 졸고, 「이상의 예술 체험과 1930년대 예술 공동체의 기원-'제비'의 라보엠적 기원과 르네 클레르 영화의 수용」, 『한국현대문학연구』 제23집, 2007. 203~250면; 졸고, 「이상 혹은 리토르넬로의 비교교유록」, 『이상의 사상과 예술』, 신구문화사, 2007, 92~117면.

이미지즘의 지평: 문자 · 회화 · 영화의 매체적 상호 혼종과 교향악적 공명을 향한 언어의 유토피아

'이미지즘'을 새롭게 이해하기

'이미지즘'의 회화성이란 무엇인가? 왜 시에서 '그림(회화)'을 꿈꾸게 되었는가? 우리가 이토록 손쉽게 이해하고 있는 이미지즘이 당대 시인들의 기호를 자극한 것은 무엇 때문이었는가?

이미지즘은 일종의 혼종 감각을 구현하는 방법이다. 언어의 입체주의적 비전을 실현하고자 한 것이다. 문자적 읽기를 도상적 읽기로, 시의 정적이고 평면적인 이미지를 동적이고 입체화함으로써 시간성과 공간성에 대한 새로운 개념을 창안한 것이다. 언어의 사변성과 추상성을 회화의 도상성과 공간성으로 변환시키는 전략이 이미지즘 운동의 주요한 방법론이다. 이는 '이미지즘 운동'의 방법론적 기원이 애초에 인상주의 회화에 있었다는 사실에서도 확인된다. 이미지즘 운동은 회화뿐 아니라 당시 뉴미디어인 영화와의 혼종적 텍스트 상황을 염두에 두고 있었다.

하지만 우리 근대시사에서 논의되는 '이미지즘 운동'은 이 같은 관점이 제대로 적용되지 않았다. 이미지는 '그림 같은 이미지', 즉 하나의 장면을 보거나 상상할 수 있게 감각적으로 표현하는 방법으로 제한적으로 이해된다. 여전히 문자 언어 내적인 상황으로 이해하고자 하는 태도가 지배적이다. '시적 회화성'이라는 관점은 '회화적 이미지'라는 모호하고 추상적인 이해와 직결되어 있다. 이것이 회화의 도상성이나 공간성, 영화의 신화적 시간의 재현 등과 같은 문제와 구체적으로 관련되어 있다는 점은 대체로 간과되고 있다. 결론부터 말하면, 기존의 이미지즘 이해나 설명 방식은 이미지즘 시 운동의 본질을 삭제하거나 누락시키기 쉽다. 이미지즘 운동은 애초부터 문자 언어의 회화적 지향을 추구한 것이며, 새로운 에크리튀르로서 시적 방법론을 구축하려던 전략에서 출발한다. 언어의 선조적 시간성 극복, 신화적 시간의 복원, 영화적 장면성의 도입, 장면의 공간적 배치 등과 같은 방법론적 혁신이었고, 이런 방법론적 실험에는 회화 및 당시 뉴미디어였던 영화 매체의 시각성 재현이 바탕이 되었다. 문자 언어인 시의 한계를 뚫는 데 중요한 목적이 있었던 것이다. 한국 근대시사에서 이미지즘 운동은 이 상황을 대체로 생략한 채 기술되어 왔다.

이 절에서는, 이미지즘 운동이 영화 등의 기술 테크놀로지 및 여타 매체와의 혼종 및 혼종 감각을 실현하는 운동이었음을 구체적으로 기술하고, 김광균, 김기림 등의 '이미지즘론'을 재검토하면서 이 책의 관점을 이어 가고자 한다.

시의 회화화

모더니즘 시사를 이해하는 방식은 지극히 문자 언어적 차원 혹은 시 장르 내부의 방법론적 혁신이라는 관점에 서 있는 것처럼 보인다. '이미지즘'을 근대시사에 내부의 구도로 환원시키는 시각은 익숙하고 일반적이다. 하지만 그것은 시 자체의 방법론적 혁신이기보다는 시의 회화화 혹은 회화적 감각의 수용과 깊은 관계가 있고, 다른 한편으로는 영화화 과정과도 연결되어 있다. 이는 이미지즘의 시조로 알려진 엘리엇, 파운드의 이력이나 그들이 펼쳐간 이미지즘 시 운동사에서 분명하게 드러나는 흔적이다.

이미지즘 운동은 문자 언어의 입체주의화를 추구했던 운동이다. 도상 언어를 향한 시의 '경계넘기'이며, 선조적, 발전적 시간 개념을 뛰어넘어 신화적, 원환 회귀적 시간을 회복하고자 하는 시간 의식의 입체화 전략이다. 과거와 현재의 병치, 시간과 공간(장면)의 병치를 시각적으로 기술적으로 재현하는 영화는 이미지즘이 추구하는 시간의 입체화 전략을 손쉽게 수행하는 매체이다. 과거와 미래는 현재와 동시적으로 나타나거나 겹쳐짐으로써 시간의 선조적 연대기는 무화된다. 말라르메, 아폴리네르, 파운드, 엘리엇 등의 시인들이 시도했던 '시네마틱 모더니즘(cinematic modernism)'은 두 개의 시간과 공간이 병치되거나 겹치는 영화적 기법으로 문자 매체의 한계를 극복하고자 한 것이었다.[1] '입체파' 시의 시적 비전은 운동성과 입체성을 본질로 하는 영화 매체의 방법론적 전략을 빌어 직선적 시간의 단일성과 공간의 평명성을 돌파하려는 것이었다.

20세기 초 전위영화가 시 언어를 차용하고 이미지즘 시가 영화 언어를 차용하면서 두 장르는 병행적으로 발전하게 된다. 이미지즘의 전략은 사물을 공간화, 입체화하는 것이며 이는 시인의 체험을 보다 구체적으로 감각적으로 표현하고자 하는 의도와 연결된다. 시는 문자 체계의 산물이어서 문자의 선조성과 시간성(음악성)에서 벗어나기 어렵다. 이미지란 문자적 논리로 이해하는 것이 아니라 회화나 영화의 한 장면처럼 사물을 공간적으로 이해하는 것이다.

따라서 이미지즘은 공감각적인 시적 효과를 노린다. 후각이나 청각과 관련되는 표현이라고 할지라도 실제 이것은 문자를 통한 공감각적 상상 행위 속에서 작동한다. 이미지즘을 '사물의 인상을 선명하고 집약적으로 제시하는 것'이라고 했을 때, 이때 핵심적인 것은 시인의 지적인 동어력이다. 이는 김기림이 근대시의 새 방향성을 설정하면서 감정의 직접

1 David Trotter, "T.S Eliot and Cinema", *Modernism/Modernity*, Vol.13, No.2, Apr. 2006; Susan Mccabe, 앞의 논문 참조.

적 노출, 곧 센티멘탈로맨티시즘에 왜 그토록 거부감을 느꼈던가를 설명해 준다. 따라서 이미지즘은 공감각적 상상력과 함께 전략적이고 치밀한 지적 훈련을 필요로 한다. 그것은 시인에게도 독자에게도 동시에 요구되는 사항이다. 감각의 '차이'는 시인의 기호와도 관련되며, 이는 시를 이해하고 감상하는 시 교육의 방법론적 문제와 깊이 연관되어 있다. 파운드는 '순간에 발생하는 지적이고 정서적인 복잡성'을 이미지의 핵심으로 파악하면서, 그 같은 복잡성은 독자들에게 순간적으로 자유를 느끼게 하며, 그럼으로써 시간과 공간의 제한성으로부터 탈피하게 한다고 본다.[2] 이 같은 자유를 파운드는 위대한 예술작품에서 느끼는 '성장의 느낌'이라고 표현한다. 이미지를 인식한다는 것은, 지적인 성취의 일종이며 마치 순간에 맛보는 예술적 성취와도 같다는 것이다.

20세기 초에 대두한 '이미지즘'은 '이미지'를 새롭게 주목하는 계기가 된다. 문자 언어인 시가 '문자'로써 '문자'를 벗어나는 전략인 것이다. 그러다 보니 이미지즘에서 특히 강조된 것이 이른바 '조형성'이다. '조형성'이라는 단어에서 직관적으로 '시각적 조형성'이 유추된다면, '청각적, 시각적, 촉각적, 후각적'인 것으로 이미지를 구분하는 것은 그 자체로 모순적인 것처럼 보인다. 이것들은 문자 텍스트상에서 동시적으로 감각되기 때문이다.[3] 이미지는 문자 언어를 통해 드러나는 사물의 가시성이다. 소리조차 문자 언어로 기록된다는 점에서 이때 '소리'는 문자를 통해 인지되며 상상된다. 이 간접성이 곧 문자의 조형성에서 오는 공감각적인 수용의 실체이다.[4]

---

2 Boon, K., "The Screenplay, Imagism, and Modern Aesthetics", *Literature/Film Quarterly*, Vol.36, No.4, 2008, pp.259~271.

3 매클루언, 앞의 책, 182면.

4 소리의 이미지가 표현된 것과 실제 시를 읽을 때 발생하는 청각적 이미지는 일단

상상력은 그 자체로 공감각적인 활동의 산물이다. 사물을 느끼고 이해하는 것 역시 독자의 공감각적 상상력에 결정적으로 의존한다는 점에서 '조형성'의 성패는 이미지즘의 성패와 맞물린다. 이때 특히 강조되어야 할 것은 대상을 입체적으로 조망하고 여러 감각을 간여시키는 융합적 상상력이다. 영화 언어와 시 언어를 병행하고자 했던 파운드의 전략도 공감각적 상상력이 작동하는 공간을 확보하고자 하는 의도에서 기인한다. 따라서 이미지즘을 설명하면서 소리, 음과 관련된 시어 및 시적 진술을 '청각적 이미지'라고 설명하는 것은 적절치 않은 듯하다. 비쥬얼 매체인 회화에서 악기가 그려져 있다고 해서 이를 청각적 이미지라고 표현하지 않는 것과 같은 맥락이다. 이미지는 결국 상상 체험을 통해 사물을 '눈에 보는 듯'이 느끼는 것이다.

이미지즘의 시적 대상은 공감각적으로 재현되고 인지된다. 이미지즘을 '눈에 보일 듯 선명하게' 제시한 것이라고 할 때 '눈에 보일 듯'이라는 문맥이 시각성을 위주로 이미지즘을 이해하게 된 요인이었을 것이다. 이미 설명했듯, 여기서 '눈에 보일 듯'이는 시각성이 아니라 조형성(조각성)을 의미하며 이는 시각적인 동시에 촉각적이며 청각적이다. 공감각적이다. 모든 사물을 선명하고 집약적으로 가시화하는 것이 입체화 전략이며, 이것이 이미지의 조형성인 셈이다. 이미지즘을 사상파(寫像派)라 지칭한 1930년대의 용어 역시 이미지즘을 조형성의 맥락에서 이해한 것이다. 따라서 소리(음)를 문자 언어로 표현하는 것이 전제될 때, '청각의 조형성'이란 대상을 선명하고 구체적으로 나타내기 위해 청각적 언어 영상을 제시한 것으로 볼 수 있다. 시적 대상이 청각의 기억으로 재생됨으로써 마치 눈에 보이는 듯한 생생한 느낌을 준다는 뜻이다.

구분할 필요가 있다. 이 문제는 뒤에 다시 다루기로 한다.

이미지즘이 이같이 '조형성'을 강조하게 된 것은 20세기 예술사의 운명과 맥락을 같이한다. 20세기 전후 시는 문자 언어의 한계와 시간과 공간의 한계를 벗어나기 위한 적극적인 모색을 한다. 인상주의, 입체파 등의 추상주의 회화, 영화의 출현으로 시각예술은 근본적인 변혁을 맞게 되며, 시인들 또한 영화 및 회화의 새로운 이미지화 방식에 적극적인 관심을 표명한다.[5] 문자의 선조성과 추상성의 한계를 동시성과 공간성을 통해 극복하려는 시 장르의 움직임은 두 가지 방향으로 나타난다. 하나는 아폴리네르류의 형태주의 시이며 다른 하나는 파운드류의 이미지즘 시다. 전자는 문자시, 타이포그라피 디자인 개념과 연동되며, 후자는 신화적 시간 구조를 도입하거나 영화 언어와의 유비를 통해 공간성 및 입체성을 확보하고자 하는 전략으로 구체화된다. 문자를 시각화하는 방식은 입체파적인 조형성을 문자 언어인 시에 견인하는 것이다. 문자를 읽고 이해하는 문자 리터러쉬의 형태로부터 탈피하고, 시간예술로부터 공간예술로 전환하는 것 등의 분명한 목적의식이 여기에는 있다.

수사학과 사고의 추상화로부터 회화와 심미적 심상(sensous images)으로, 언어예술에서 공간예술로 시가 전환하고자 한 데는 문자의 회화화 과정이 개입되어 있다. 순간의 인상을 포착해 화폭에 그리는 인상주의의 시도는 문자의 회화화 과정에서 중요한 참조가 된다. 말라르메, 아폴리네르 등은 문자의 도상화(입체화) 실험을 감행하게 되는데, 이 시도는 시가 청각예술(문자를 낭송)로부터 시각예술(문자를 보는)로 탈주하는 계기가 된다. 잘 만들어진 운율과 규칙적 리듬 같은 시의 청각적 요소들이 점차 그 지배력을 잃게 되면서 사물을 회화처럼 재현하는 방식이 탐구된다. 순간의 인상을 화폭에 재현하는 인상주의자들과 마찬가지로, 이미지스

5 권승혁, 「현대 영미시의 시각화에 대하여」, 『영어영문학연구』 47권 1호, 한국중앙영어영문학회, 2005, 45~60면.

트들은 사물의 집약적 인상을 포착해 이를 회화적 이미지로 제시한다. 사물의 순간적 인상을 잡아내기 위해서는 지적 통어력과 감정 절제력이 시인에게 요구된다. 탈로맨티시즘을 주장했던 김기림이 이미지즘에 그토록 관심을 가졌던 이유가 여기에 있다. 정지용이 '이미지즘 기획'의 중심에 있었던 이유도 마찬가지이다. 비약의 순간을 포착해 내는 시인의 시선이나 그것을 알아차리는 독자의 시선이 중요하다는 점에서 이것이 '시각 본원성'을 강조하는 것 같지만, 청각, 후각, 촉각적 심상은 결국 심상 본질론으로 수렴된다. '이미지즘의 소유권'의 한 축을 쥐고 있는 리차즈가 후일 문학교육에 관심을 기울였던 연유도 따라서 해명된다. 이미지는 지적으로 훈련되고 통어될 수 있다는 신념과 무관하지 않은 것이다.

지적인 훈련과 통어력

이미지즘의 지적 훈련과 관련해, 우리 문학 현장으로 잠깐 시선을 돌려보자. 르네 웰릭(Rene Wellek)의 『문학의 이해』는 '이미지'가 우리 문학교육 현장에서 강력한 힘을 발휘하게 한 텍스트이다. 초·중등 교과서 및 참고서의 '시의 이해' 항목에는 필수적으로 '이미지'의 종류나 그 용례가 서술되어 있다. 하지만 웰릭의 저서에서는 이것이 그다지 큰 비중을 갖지는 않는 듯하다. 이들 이미지의 차이나 그 차이에 따른 용례 역시 그다지 중요하게 취급되지 않는다. 이미지는 '心意상의 事實'이며 이것은 심리적인 것이다. 이는 '마들렌느 과자'에서 과거의 기억과 회상의 플롯을 구성하는 『잃어버린 시간을 찾아서』의 방법론을 설명하는 네 힘을 발휘한다. 웰릭은 에즈라 파운드조차도 심상을 '회화적인 재현'으로서가 아니라 '한순간의 지적, 정서적 복합체를 나타내는 것, 별개의 여러 관념을 통합하는 것'으로 정의한다고 판단하고 있다.[6]

'일물 일어의 효과'라는 개념을 강력하게 반향하고 있는 파운드의 소론은 결국 시인의 지적인 통어력을 바탕으로 사물의 상징적 맥락을 독창적으로 포착해 내는 심안(心眼)의 중요성을 강조하는 논리이다. 흄에서 파운드에 이르기까지 이미지즘은 단순히 회화성을 추구하기보다는 인식론과 표현의 문제를 제기하고 있었던 것이다.[7] 이미지는 추상적인 생각을 구체화하는 데 사용될 뿐 아니라 감정이나 느낌을 직접적으로 드러내는 것을 회피하기 위해서도 사용된다. 이는 '객관적 상관물'이라는 개념이 '이미지'라는 개념과 동일한 뿌리에서 뻗어나온 것임을 보여준다. 웰릭은 엘리엇의 이 '객관적 상관물'이라는 개념을 '시인이 자신의 느낌을 객관화하고 패턴화함으로써 항상성을 유지하고자 하는 상징 세계'로 정의한다.[8] 김기림이 센티멘탈로맨티시즘의 폐해를 강조하면서 왜 그토록 이미지 논의에 집중하고 있었는가를 이해할 수 있는 대목이다.

그런데 이들 논의의 핵심은 감각 자체의 차이가 강조되기보다는 특수한 것, 전연 별개의 관념들을 통일시키고 이를 선명하게 제시하기 위한 감각상의 표현을 문제 삼고 있다는 데 있다. '시각적 심상'은 실제로 가시적인가 아닌가의 문제를 떠나 있다. 눈에 보이지는 않지만 내면적인 무엇을 나타내거나 지시하는 것 즉 가시화된 것을 '시각적 심상'이라 할 때, 이것이 표현(express)되면 수사학적인 것이지만, 표상(sign)이 되면 상징적인 것이 된다. 직유냐 은유냐 같은, '비유'에 있어 형식상의 차이는 시 교육 현장에서 비유의 두 가지 속성으로 강조되지만, 실상 이는 '표현' 방식의 문제일 뿐이다. 직유, 은유, 상징은 다 '은유(wetaphor)'의 범주에

6 르네 웰릭, 『문학의 이론』, 백철 · 김병철 역, 신구문화사, 1982, 252면.

7 홍은택, 「영미 이미지즘 이론의 한국적 수용 양상」, 『국제어문』 제27집, 2003, 160면.

8 Didac Llorens, "The Analysis of Poetic Imagery", *Jornades de Foment de la investigacio*, p.7. (인터넷 자료)

속한다. 그러니까 이미지, 은유는 표상의 영역에서 상징과 동일하다. 광란의 바다, 황야의 평원, 썩어가는 성 등의 예에서 보듯 세계적 문호들의 작품에서 핵심적인 역할을 하는 이들 배경은 이미지가 상징이나 은유와 분리될 수 없음을 보여준다. '이미지'는 이미지즘 이전에도 존재하던 상징이나 은유와 다르지 않은데, 이미지즘 운동의 맥락에서 특별히 강조된 명칭이자 개념이다.[9] 영화 같은 뉴미디어 및 인상주의 회화의 영향이 크게 미치고 있었던 것이다.

'이미지'는 파운드, 맥니스 등의 근대 이미지즘 운동의 맥락 안에서 형성, 정착된 개념으로, 일반 문예학이나 통상적인 맥락에서는 오히려 '은유'의 틀 속에서 이해된다. '이미지'는 신비평이 주도한 문예비평사의 한 시점에서 구체화된 개념으로, '은유'의 전체 문맥 속에서 보다 확장되고 심화된다. 웰릭은 그래서 이미지는 심리학자들과 미학자들이 동시에 관심을 갖는 분야라고 본다. 이미지를 정신 현상의 하나로 본다거나 과거의 경험을 지적으로 통합하고 조직화한 것이라는 인식은 리차즈의 논의에서 출발하는데, 웰릭은 보링(E.G. Boring), 사르트르(Jean Paul Sartre), 다우니(June Downey) 등의 이론도 참조하고 있다.

한편, 리차즈의 이미지론은 『문학 비평의 원리(*The Principle of Literary Criticism*)』(1924)의 제16장 '시의 분석(the Analysis of a Poem)'에 잘 나타나 있다. 리차즈의 이미지론은 프로이트 이후 심리학의 전반적인 발달 과정과 깊은 관련이 있다. '쾌감' 그 자체에서가 아니라 시각, 청각, 기관, 운동기계적인 경험 속에서 인간은 쾌감을 가진다는 것이다.[10] 기억은 현재 인간의 경험을 풍부하고도 복삽하게 하는 과거의 경험이 재생된 것인데 이는

9 르네 웰릭, 앞의 책, 253~254면.

10 I.A. 리차즈, 『문학 비평의 원리』, 이선주 역, 동인, 2005, 115면.

완전한 재생이기보다는 심리적 평형 상태를 회복하려는 정신 작용이다. 기억과 관계되는 정신 활동 중 가장 친숙한 것이 이미지인데, 시각적 이미지가 그중에서도 가장 널리 알려져 있다.[11] 온갖 종류의 감각에는 그것에 대응하는 이미지가 있고 어떤 사람이라도 자신의 내면에는 풍부한 이미지를 만들어 낼 수 있는 역량이 존재한다. 시어에 의해 환기되는 것은 시어가 나타내는 사물이 아니라 그 사물에 '관한' 생각이며 이것이 바로 '이미지'다. 서정시에서 '연결 이미저리'가 중요한 이유도 여기에 있다.

리차즈의 이미지론

'객관적 상관물'이라는 개념을 중심으로 시를 이지적인 활동의 하나로 이해했던 엘리엇에 비해 리차즈는 시 양식에서의 정서와 감각을 보다 폭넓게 이해하고자 한다. 리차즈는 비평가는 자신이 다루고 있는 상황이 심리적인 것과 어떤 연관 관계에 있는지 알아야 한다고 역설한다. 시를 읽을 때 경험하는 것들은 전적으로 시각 자체의 문제에만 국한되지 않는다. 시각적 이미지를 중시하는 태도는 우연적인 것에 지나지 않는 것을 마치 시의 목적인 것처럼 과장하는 것과 다르지 않다. 그는 시를 읽을 때 일어나는 여섯 가지 현상을 도표로 제시한다.[12] 물론, 시가 문자 언어로 쓰인 시각 매체, 곧 활자 매체로서의 시각성을 갖는 언어예술이라는 점이 전제된다.

인쇄된 말이 주는 시각적 감각

11 위의 책, 131면.

12 위의 책, 143면.

그러한 시각적 감각과 밀접하게 연관된 이미지

상대적으로 자유로운 이미지

다양한 사물에 대한 지시 혹은 "사고"

정서

정서적-의지적 태도

도표상에서 이들 항목들을 시간적 추이와 공간적에 따라 배치한 것은 아니다. 리차즈는 추상적인 것을 구체화하는 방법으로 이 항목들을 나열하고 있는데, 이것들은 동시적이면서 상호 유기적으로 작용한다. '시각적 이미지'를 시의 인쇄 효과나 크기, 방식 등으로 한정해서 생각해서는 안 된다. 인쇄 상태가 독자에게 미치는 영향이 크게 중요한 것은 아니다. 단어는 다른 연상되는 이미지들 속에서 그리고 그 의미를 통해서 효력을 드러내며 독자가 경험한 다양한 사물에 대한 사유와도 연관되어 있다. 그것이 총체적으로 이미지 형성에 기여하게 된다. 그러므로 개별 시어 하나하나를 이미지로 설명하거나, 특정 어구에 특정 이미지를 기계적으로 연결하는 것은 바람직하지 않다. 흥미로운 것은, 시각적 이미지가 항상 동반자격인 청각 이미지 및 발음 이미지와 밀접하게 연결돼 있다는 것이다. 소리 내어 읽든 마음속으로 읽든 시를 읽을 때 마음속에서 들리는 소리 효과는 이미지 형성에 중요하게 작용한다.

리차즈는 청각 이미지와 발음 이미지를 구분한다. 청각 이미지는 마음의 귀에서 들리는 단어의 이미지라고 규정하면서, 이는 실제 그 단어를 입 밖에 내었을 때 입술, 입, 목구멍에서 느껴지는 느낌인 발음상의 이미지와는 구별된다고 말한다. 내면적 목소리와 외부의 소음이 구분되지 않는다는 점에서 청각은 가장 완전하면서 자기충족적인 감각이라는 평가도 여기에 덧붙여질 것이다.[13] 그럼에도 불구하고 이미지의 감각적 성질과 그것의 효과 사이에는 항구적인 관계가 없다. 이미지가 하나의 감각을 대표할 수는 있지만, 그 기원이 되는 감각과의 유사성의 정도가 핵심은 아니라는 것이다. 리차즈는 주의 깊고 감수성 예민한 모든 독자는 똑같은 이미지를 경험한다는 롱기나스에서 레씽에 이르는 비평 논의의 역사를 오히려 부정한다. 이미지는 개인 각자에게 동일하게 수용되지 않는다. 이미지의 기계적 분류는 오히려 시 감상의 기계적이고 동일한 패턴을 강박적으로 반복하는 계기가 된다는 점에서 주의를 요한다. 개인이 사용하는 이미저리의 유형은 각각 다르며 한 작품 혹은 한 시행을 읽을 때의 반응조차 각기 차이가 있다. 자유연상 이미지 때문인데, 이는 비물질적인 것이다. 50명의 독자는 하나의 공통된 그림을 경험하는 것이 아니라 각기 다른 50개의 그림을 경험한다는 것이다.

리차즈는 시의 이미지적 가치를 회화성에 두는 것을 일종의 '조잡한' 방법이라 부정하면서, 오히려 이미지를 어떻게 판단해야 할 것인가를 지적한다. 이미저리의 감각 면을 최고로 발전시키고 이미저리의 본질적인 특성이 충분히 발휘되도록 읽기 습관을 개선해야 한다. 그러나 감각 면의 변덕스럽고 우연한 현상을 지나치게 중시하는 것, 이미지를 생생하고 뚜렷하게 만들어 내는 것은 오히려 그 효력을 반감시킨다. 그보다는 사고에 방향성을 잡아주어 감정을 환기하는 것이 이미지의 본질적인 가치라는 것이다. 이미지는 정서적이며 감각적이지만 그런 감각을 강조하기보다는 오히려 지적인 통어력에 의해 최선의 가치를 발휘할 수 있게 해야 한다. 이미지로부터 사유는 깊어지고 사상이 태동한다. 인간과 예술의 최상의 상호작용은 예술을 통해 인간이 최선의 조직화된 가치를

13 쇠얀 키에르케고르, 『이것이냐 저것이냐』, 임춘갑 옮김, 치우, 2012, 7면.

경험하는 것이다. 이미지의 효력 역시 과거의 경험적 감각을 통해 얻게 되는 생각과 사상의 조직화에 있다. '사상의 결함'이라는 이유로 하디와는 다른 시를 쓴 스윈번을 공격하는 것은 '이미지'를 올바르게 이해한 태도는 아니라는 것이다. 이미지를 읽는 것은 세상에 대한 관심을 읽는 것이며, 사람들은 시 속에서 그림을 찾는 것이 아니라 관찰의 기록과 정서의 자극을 찾는다.[14] 리차즈의 관점에서, 하디는 인간이 자연에서 소외당하는 인간의 고립무원화, '자연의 중립화'를 노래한 시인이다.[15] 웰릭의 이미지 논의는 이 같은 리차즈 논의와 연결돼 있다.

이미지 분류의 오류 혹은 이미지의 본질

우리 시 교육의 현장에 크게 영향을 미친 것으로 보이는 웰릭은 실제로 이미지의 회화성이나 감각 면을 강조하지는 않는다. 오히려 그의 이론은 심리학적이며 정신적이다. 심리학에서 이미저리는 과거의 감정적이거나 수용적인 경험에 대한 기억, 곧 정신의 재생산을 의미하는데, 이것이 반드시 시각적일 필요는 없다는 것이다. 심리학자들이나 미학자들이 분류하는 이미지의 수는 무한하다. 시각적인 것, 청각적인 것, 미각적인 것, 후각적인 것, 이 네 가지 지각과 관련되는 이미지 외에 열에 의한 것과 압력에 의한 것도 있다. 운동근육학적인 것, 촉각적인 것, 감정이입적인 것 등이 여기에 속한다. 그러니까 '촉각적인 이미지'는 압력에 의한 심상의 한 종류이다. '따스한 별들'에서 '따스한'은 촉각적 심상으로 분류되지만, 웰릭은 열에 의한 심상의 한 종류로 분류할 것이다. 정적인 것과 운

14 리차즈, 앞의 책, 149~151면.

15 민중서관 공무국 편, 『이양하 추념문집』, 1964, 140면.

동근육학적인 것(역동적인 것) 사이에는 중요한 구별이 있다. 색채 이미지는 사적으로 혹은 전통적으로 상징적일 수도 있고 그렇지 않을 수도 있다. 공감각적인 이미저리는 하나의 감각으로부터 다른 감각으로 전이(오히려 '변형'이 적절할 것이다)해 가는 것인데, 소리에서 색채로 가는 것 등이 여기에 해당된다. 이상 감각적인 혼돈과 전이(변형)의 창조물이라는 점에서 관습적으로 문학에서 이미지는 공감각적인 것이다.[16]

웰릭은 시를 읽는 독자들에게 유용한 구분은 연결(tied) 이미지와 자유로운(free) 이미지(자유연상)라고 설명한다. 이 부분은 앞서 언급한 리차즈의 도표상에서 '연결 이미저리' 부분과 '자유연상 이미저리' 논의와 연결되어 있는 듯하다. 전자에 해당하는 것은, 청각적이고 근육적인 것인데, 이는 '나'의 반응이 타자적인 것들과 필연적으로 연결돼 있음을 의미한다. 즉 소리는 동시적으로 여러 사람의 반응을 이끌어낸다. 뿐만 아니라 청각 이미지는 실제 귀에서 들리는 것이 아니라 내면의 귀에서 들리는 이미지이다. 근육 감각 역시 마찬가지인데, '나'의 내면의 움직임은 타인에게 전달된다. 후자는 시각적인 것과 그 이외의 것들로 각 개인과 유형에 따라 이 경험은 다양하게 나타난다. 대상을 파악하는 관점은 자신이 경험한 사물의 여러 측면과 상황에 연결되어 있기 때문에 하나의 사물은 다른 하나의 사물과 연관된다. 전혀 무관한 사물들도 무의식의 층위에서는 곧바로 연결성을 가진다. 초현실주의에서 차용한 자유연상 기법은 여기서 그 논리를 얻는다. 이 같은 이미지 분류에 따라 시인들의 기호를 포착하고, 이것이 어떤 시적 효과와 의미화와 관계가 있는지를 이해하는 것이 중요하다는 것이다.

이미지 분류가 시 교육의 방법론적인 것과 관계가 있다는 정한모의

16 르네 웰릭, 앞의 책, 251면.

논의도 여기에 근거해 있다. 이미지즘 시나 형태적인(물리적인, physical)인 시를 쓰고자 했던 시인들조차 단순히 사물의 객관적 실재만을 모사함으로써 내면성을 배제하는 데 성공했던 경우는 거의 없다. 이미지즘 교육은 사물을 지적으로 이해하고 사상을 조직하는 훈련의 한 방법이 된다는 뜻이다. 따라서 시 이론가 에즈라 파운드조차 이미지를 회화적(시각적) 재현(pictorial representation)으로서가 아니라 한순간의 지적이고 감정적인 복합체로서, 분리된 관념들을 통합하는 것으로 규정했던 것이다.[17] 그렇다면 문제는 이미지의 분류가 아니라 이미지의 조직화를 통한 정서의 공명이다. 이 같은 '공명'이 바로 '시의 교향악', 곧 입체시의 이상이다. 언어 매체인 시가 이질적인 매체인 회화나 영화의 방법을 차용하고 이를 실험적으로 계승하면서 이미지의 입체성을 살리고자 한 이유이다. 시간의 단선적 질서는 파괴되고 공간이 재조직화되면서 시는 시간예술로서의 한계와 언어예술로서의 운명을 뛰어넘고자 했던 것이다.

그런데 실상 '이미지'라는 그 개념 자체가 매체의 복합성과 공감각적 상상력에 기반한 것이어서 이미지의 개념을 확정하거나 이미지즘의 본질을 논하는 것은 다소 혼란스럽다. 이미지즘 운동사를 통틀어 어떤 특정한 개념이 강조되었다 하더라도, 예컨대 '일물일어설' 같은 것들조차, 이미지즘을 그 어떤 특정 개념으로 환원시켜 이해하기는 쉽지 않다. 중심인물인 에즈라 파운드, T.S. 엘리엇, I.A. 리차즈, 이들 사이에서도 공통점을 포착하기 쉽지 않을 뿐 아니라, 파운드만 하더라도 시차를 두고 그 원리나 방법을 다르게 설정하고 있기 때문이다.

이미지는 문예사조적인 것이기보다는 문예미학(시학)의 본질적인 특성이다. '이미지'를 감각 차원으로 단순화하거나, 또 그 반대로, 모호하게

17 Rene Wellek & Anstin Warren, *Theory of Literature*, A Harvest Book, Third Edition, 1984, pp.186~188.

만든 요인이라고 할 수 있다. 우리 근대시사 연구에서 '이미지즘'이 오해를 불러일으킨 요인도 비슷한 상황에서 비롯된 것이다. 한편으로 이미지즘 관련 논의들이 대부분 문학 언어에 국한되어 왔다는 점은 상기할 만하다. 20세기 예술사의 전체 문맥과 분리된 이미지즘론은 축소될 여지가 없지 않다는 뜻이다. 이는 단지 사물의 인상을 선명하게 제시하기 위해 감각 이미지를 구사한 것이라는 논의로 그 방향이 축소될 수 있다는 것이다.

김기림, 음악의 이미지

이미지론이 신비평 수용 과정에서 본격적으로 논의된 배경에는 김기림 시론이 있다. 김기림은 근대시의 방향을 설정하는 과정에서 자연스럽게 이미지즘론에 눈뜬다. 김기림에게 영향을 준 엘리엇이나 리차즈가 신비평(New Criticism)의 선구자였고, 김기림 시론이 신비평의 수용을 위한 기반 조성을 하는 데 크게 기여했던 것이다.[18] 1930년대 김기림은 선구적으로 엘리엇이나 파운드, 리차즈를 본격 소개하고 있는데 김기림이 자신의 시론에서 '청각적, 시각적' 등의 용어로 구분하고 있는 것은 감각 기관 그 자체의 차이에 근거하기보다는 심리적이면서 내재적인 차이에 따른 것으로 보인다.

김기림은 이미지즘을 시간예술인 시가 공간예술로 전환하면서 겪게 되는 본질적인 변환 과정에 놓인 사조로 해석한다. 그는 "공간적이라 함은 회화적인 것 다시 말하면 가시적인 성질을 의미한다"[19]라고 쓴다. 여

---

18 이보영 외, 「서구문학의 수용과 그 한국적 변용」, 『세계문학비교연구』 제2집, 세계문학비교학회, 1997, 91면.

19 김기림, 『전집 2』, 62면.

기에 속하는 시인으로 엘리엇, 커밍스(Edward Estlin Cummings)를 든다. 우리나라 시인으로는 정지용을 들고 있다. '사상파'라고 번역한 것 자체가 이미 조형성을 전제로 하는 만큼 이미지즘은 '입체파'적인 전략의 일환이다. 김기림의 주장에서 흥미로운 점은, 현대 모든 예술에는 장르 혼선이 숨어 있다는 발상이다. 현대 모든 장르가 공통으로 추구하는 것이 있는데 김기림은 그것이 바로 '포에지'라고 본다. 발레리의 핵심 개념인 이 '포에지'가 강조된 것은 지적으로 사물의 핵심을 꿰뚫는 시적 방법론에서 연유한다. 이 '포에지'는 기지나 지혜를 의미할 때도 있지만, 발레리는 주로 그리스 이래 유럽 사상을 지배해 온 형이상학적 인식과 지성으로서의 정신을 지칭한다. 그러니까 '포에지'란 지적으로 사물의 가시성을 포착하는 방법인 것이다. 말라르메에서 발레리로 이어지는 이 전통은 말의 신비와 시인의 정신적 염결성을 강조한다. 시의 지적 이해와 방법론을 추구했던 김기림과 반감정주의적 이미지즘을 구사한 정지용과 언어의 기호적 가능성을 탐색했던 이상이 이 정결하고 신비한 '포에지'를 구현한다.

정지용은 우리말의 가시성을 입체적으로 조명할 수 있었던 시인이다. '우리말의 각개의 단어가 가지고 있는 무게와 감촉과 光과 音과 形과 音에 대하여 그처럼 정확한 식별을 가지고 구사하는 시인'[20]이라는 김기림의 정지용에 대한 평가는 정지용 시의 이미지즘적 특성을 날카롭게 포착한 것이다. 정지용은 단어와 단어를 특이하게 결합함으로써 기계적인 리듬의 구속을 깨고 생기 있고 자연스러운 내적 리듬을 창조한다. 이는 파운드의 이미지즘 시의 세 번째 강령을 환기시킨다. '내적 리듬이나 선명한 인상의 제시'라는 이미지즘의 목표는 시의 건축학적인 구조, 교향

20 위의 책, 63면.

악적인 구조를 구축하는 것이며, 이는 곧 공감각적인 구조를 뜻한다. 시각적 심상, 청각적 심상, 후각적 심상과 같은 감각에 따른 이미지는 대립적이거나 위계적인 차이를 갖지 않는다.

청각적 심상이란, 김기림의 표현대로 한다면, 시의 구조적 차원과 관계가 있는 것으로 구조적으로 완벽할수록 내적인 리듬은 자연스럽고 역동적일 것이다. 이는 단형시보다는 서시사적인 구조를 가진 시, 엘리엇의 『황무지』 같은 시에 두드러지게 나타난다. 오케스트라적인 시, 교향악적인 시, 건축학적인 시라고 김기림은 명명한 바 있다. 청각적 심상이란 시의 구조적인 특성과 관련된 개념임을 확인할 수 있다. 김기림이 말한 건축학적 구조, 교향악적 구조라는 말은 발레리가 말한 '건축학적 조형술로서의 예술'이라는 말을 반향한다. 발레리는 예술을 형식 예술과 내용 예술의 두 가지로 구분하면서 형식 예술로 건축과 음악과 시를 들고 있다. 건축과 음악과 시는 내재적인 구조를 갖는 조형적 예술이다.[21] 이것들은 견고한 구조적 축조를 지향한다는 점에서 절대 정신의 표상이다. 예술 본질론에 입각해 시는 구조화와 체계화를 지향하는 예술인 건축에 속한다. 이때 '건축'은 메타 예술로서의 지위를 갖게 되며, 음악, 무대예술, 공연 등 제반 예술을 포함한다.[22] 이미지 역시 내재적인 제작의 기술이 필요한 것이며, 완벽한 조화를 통해 절대정신을 구현하는 데 그 근본적인 목적을 둔다. 따라서 청각적, 시각적, 촉각적 등과 같은 감각기관의 차이에 따른 구분은 피상적이며 '이미지'는 그 같은 물리적인 맥락과는 근본적으로 거리가 있다.

21 加藤邦男, 『건축과 시-폴 발레리의 건축론』, 박재삼 역, 기문당, 1982, 20~25면.

22 가라타니 고진, 『은유로서의 건축 언어, 수, 화폐』, 김재희 옮김, 한나래, 1999, 17면.

> 우리는 지금까지 이미지란 말을 시각적인 「이미지」에 한해서 써왔는데 심리학의 용어례를 채용한다면 청각의 「이미지」라는 말도 쓸 수가 있다. 그러면 음악과 회화에 있어서 다른 것은 이미지의 종목이고 형상이라는 점에 있어서는 마찬가지다. 문학 작품에서 음악적 구조나 회화적 음영을 말할 수 있는 것은 예술의 이런 보편적 성격 때문에 가능한 것이다.[23]

이미지는 공통적으로 심리학적인 차원의 형상성이며 조형성을 의미한다. '예술의 보편적 성격'이란 형상성인데, '문학의 음악적 구조'나 '회화적 음영'은 평면을 공간화, 입체화하는 심리학적인 공간 구성의 원리를 전제로 할 때 가능하다. 질료나 감각 자체의 층위가 전제되지는 않는다는 뜻이며, 이미지가 '장르 혼선을 전제로 한 것'이라는 맥락도 여기서 이해된다. 김기림이 말하는 '청각의(적) 이미지'는 익히 알려진 '청각적 이미지'와는 다르다. '청각을 통해 감지되는 대상 및 질료'라는 사전적 의미와는 분명 차이가 있다. 김기림의 것은 '음악의 세계(이미지)'와 유사한 듯 보인다. 시를 건축과 음악과 함께 동류의 형식 예술로 본 발레리의 시각에 근접한 것이다. '음악의 이미지'란 움직임과 역동성이 있는 카오스적인 세계와 그것에 내재한 비탄적인 울음을 포회한 개념이다. 그것은 시대의 불안, 동요 같은 시대정신과도 깊은 관련이 있다. 그래서 이미지는 사물을 관찰하고 세상을 이해하는 정신이 된다.

김기림은 시각적 이미지의 세계와 청각적 이미지의 세계를 설명하면서 그것들을 형상화한 대표적인 시인으로 각각 김광균과 오장환을 든다. 음악의 이미지와 관련해 오장환을 인용한 대목을 주목할 수 있다.

---

23 김기림, 『전집 2』, 69~70면.

> 오장환 씨의 「獻詞」의 세계는 거진 「와사등」의 세계와는 대조적으로 시각적 이미지보다도 청각적 이미지에 차 있는 것을 본다. 회화라느니보다는 차라리 음악의 세계다. 희랍적 명확성에 대한 게르만적 방탕이고 카오스다. 와사등보다는 몇 층 더 어둡고 캄캄한 심연이다. 그것보다도 훨씬 더 젊어서 따라서 격렬하게 움직이는 세계다. — 그것이 대리석이 아니고 진흙덩이였다면 그 위에 부실부실 무너지는 썩을 흙이었다면 어쨌을까. 오씨는 이리하여 현대의 마음에 거기 알맞은 언어의 옷을 입혀 놓았다. 센티멘탈리즘을 그처럼 타기할 수 있었던 우리가 자칫하면 그의 울음소리에 감동되는 까닭은 바로 여기 있다.[24]

김기림의 '음악의 이미지'는 '청각적 이미지'와 유사하다. '음악의 구조'라고 할 때는 '건축학적인 구조'라는 말과 유사하게 예술본질론의 차원에서 메타적인 의미로 이를 사용하고 있다. 이 네 용어는 그래서 서로의 경계선을 넘나들면서 그 의미를 확장한다. 간결하고 압축적인 시각적 이미지의 세계와는 달리 청각적 이미지의 세계는 어둡고 심연적인 어둠과 마주해 있으며, 무너져 내리는 비탄의 울음들을 압축적으로 가지고 있다. 대리석과 진흙 혹은 '썩을 흙'과 같은 이미지들에서 우리는 이 같은 비탄의 감각이 뿌리내리고 있는 음악적 이미지들 즉 물렁거리고 우글거리는 울음의 이미지들을 얻는다. 시각적인 것과 청각적인 것, 심지어 촉각적인 것들이 혼합된 카오스적인 것이다. 그러니까 '청각적 이미지'는 심연을 흔들고 공명하는 역동성과 내면에서 뿜어 올려진 혼란스럽고 무질서한 다성악적인 리듬 그 자체이며 이것이 음악적인 시, 교향악적인 시의 핵심이다.

시각적인 것에 비해 움직임과 리듬과 변화와 같은 동적인 성격을 갖

---

24 위의 책, 70~71면.

는다는 점도 특징적이다. 오장환 시에 나타나는 생의 비약, 허무의 초극과 같은 생철학적 사고의 편린들은 이 같은 '음악적 이미지'에 의해 명료한 구체성을 얻는다. '문학 작품에서 음악적 구조나 회화적 음영을 말할 수 있는 이유가 예술의 보편적 성격에서 기인한다'고 말할 때 이 '음악적 구조'나 '회화적 음영'은 청각적 이미지, 시각적 이미지의 이칭이다. 청각적 이미지는 연결 이미지와 관련되고 시각적 이미지는 자유연상과 관련된다는 것도 이로써 보다 구체적인 맥락을 얻게 된다. 김기림이 '시의 교향악적 구조'라고 말했을 때 그것은 건축적이고 입체적인 구조의 층위를 뜻한다. '회화적 음영' 역시 사물의 시각적 입체성이라는 이미지즘의 전략과 다르지 않다. '청각적 이미지', '시각적 이미지'를 소리나 눈의 감각지각과 관련되는 시적 소재의 물질적 원천을 지칭하는 것으로 규정한다면 이는 이미지의 역할이나 범주를 축소시킨 것이다. 리차즈의 이론이 심리학에서 왔다는 사실도 청각, 시각 등의 감각 지각을 물질적인 질료의 성격과는 거리가 멀다는 것을 입증한다.

'소리의 조형성'은 공감각적 상상력을 통해 작동한다. 청각과 관련된 물적 요소 자체의 성격에서 기인하는 것이 아니라 '소리'의 감각적 질료들이 시 전체의 이미지들에 섞여 들어가서 생성되는 것이어서 공감각적인 상상력이 작동되지 않으면 획득되기 어렵다. 문자 매체에서 소리는 결국 가시적으로 어떻게 이미지화하는가가 핵심이다. 입체파 이후 문자를 조형 예술로 고정하려는 의욕이 사상파의 이론적 입지를 강화시켰다. 이미지가 문자의 입체성 및 조소성의 효과를 의미한다고 한다면, 이미지란 본질적으로 공감각적인 것이다.

감각들 사이에 크기가 있고 위계가 있다고 생각하는 것은 상식처럼 통용된다. 그러나 감각이나 동적인 움직임이 가시적으로 분류될 수 있고 위계화될 수 있다고 해도 그것들이 시적 이미지화하는 순간 질적인 것으로 전환된다.[25] 시적 이미지의 감각적 차이란 심리학적으로 사물들의 혼융된 덩어리에서 생성된 질적 변환에 따른 차이인 것이다. 신체적인 공감은 정신적인 공감과 인접해 있고, 육체적 지각은 영혼의 내적 상태와 공감한다. 발레리가 말한 '건축과 제작으로서의 시'를 김기림은 지적인 통어를 통한 건축학적 시로 이해하는데, '음, 영상, 의미가 상호 작용하는 건축학적 설계'라는 말 속에는 감각의 혼융이 전체적인 하나의 질서를 향해 움직이는 시의 원리가 숨어 있다. 어떤 시인이 특별히 하나의 감각을 즐겨 사용하는 경우에 이는 강도의 질적인 차이에 따른 감각적 특징을 대변할 뿐이다.

> 말의 음으로서의 가치, 시각적 영상, 의미의 가치, 또 이 여러 가지 가치의 상호 작용에 의한 전체적 효과를 의식하고 일종의 건축학적 설계 아래서 시를 썼다.[26]

여러 가치가 종합된 '건축학적인 구조'는 앞에서 말한 '교향악의 구조'라는 의미와 다르지 않다. 건축이 '동결한 음악'[27]인 것과 마찬가지로 영화 또한 음악이며 서사시 또한 음악이다. 이는 현대 예술 장르가 기술적인 차원에서 상호 텍스트적인 방향으로 점차 나아가고 있다는 측면을 의미할 뿐 아니라 종합예술로서의 성격을 갖는다는 점을 강조한 것이다. 시의 모더니즘은 이 같은 종합예술의 성격을 말의 '전체적 효과'에서 찾게 되는데, 이는 김기림의 '일상 회화의 언어'를 써야 한다는 논지와 연결된다. 일상어(일상 회화)는 전대의 시의 원리였던 운문의 음악성을 구현

---

25 앙리 베르크손, 『의식에 직접 주어진 것들에 관한 시론』, 최화 옮김, 아카넷, 2001, 26~35면.

26 김기림, 『전집 2』, 56면.

27 김기림, 『전집 3』, 66면.

하는 것이 아니라 종합의 전체적 효과를 구현하는 언어이다.

김기림은, 김광균의 시 「광장」의 한 구절, "슬픈 도시엔 일몰이 오고/시계점 지붕 위에 청동 비둘기/바람이 부는 날은 구구 울었다"를 해설하면서, 이 시인이 전하는 언어의 비밀은 '소리조차를 모양으로 번역하는 그 회화성'에 있다고 본다. '비둘기가 구구 울었다'에서 울음 자체가 이미지를 생성시키지 않는다. 이 시의 전체적인 이미지는, '도시의 쓸쓸하고 적막한 풍경이 전경으로 자리 잡고 있는 공간을 배경으로 아득하게 솟은 시계점 지붕 위에 홀로 앉아 울음 우는 비둘기'라는 전체적인 구도 아래서, 이 같은 시각적 조망 한 가운데서 생겨난다. 바람이 부는 날 이 황량함과 처량함은 더더욱 짙을 것이다. 그런 쓸쓸하고 적막한 분위기는 바람이 부는 소리와 비둘기 울음소리의 교향악적인 반향 때문에 더욱 입체적으로 조명된다. '아무도 울으라 강권하지 않아도' 이미지의 조형성 때문에 이 시는 전반적으로 쓸쓸하고 적막한 분위기를 띤다. 시에서 교향악적 '공감'은 심상의 입체주의적이고 공감각적인 효과와 밀접하게 관련되어 있다.

정지용의 시와 장서언의 시를 비교 분석한 글에서도 위와 비슷한 논지를 확인할 수 있다. 정지용의 「歸路」와 장서언의 「古花瓶」을 비교하면서 정지용의 시는 청각에 어필하며, 장서언의 시는 아주 명료하고 투명한 회화성을 가진 시각에 어필하는 시라고 설명한다. '고화병'을 간호부와 봄의 화단으로 이미지화함으로써 조망적 정확성을 부여하고 있다는 것이다. 반면, 정지용의 시는 시인의 영탄이 우리말의 배치와 고저의 운율을 통해 독창적으로 조직화된 것으로 본다. 자연발생적인 시의 음악성과는 달리 주밀하게 선택된 개개의 말이 가진 특이한 음향의 효과가 정지용 시의 음악적 특성을 보여준다는 것이다. 이는 앞에서 지적한, 청각적 이미지의 '청각'이나 '음악적 구조'의 '음악'과 유사한 맥락을 띠고 있다.

시각적 이미지는 청각, 후각, 촉각과 관련되는 사물의 소재적 차원이나 술어적 차원과 대비되면서 존립하는 것이 아니라 이미지 자체의 조형성과 시적 방법론과 밀접하게 연관되어 있다. 따라서 마지막 절의 '고요히 품는/潭潭한 향기'를 두고 김기림은 '후각적 이미지'라는 말을 쓰지 않는다. 김기림은 이 향기를 희랍 정신에 비유하는데, '전편을 감싸고 있는 부드러운 유머와 냉혹하지 않은 아이러니는 차디찬 지성과 감성의 규각을 감추는 육체'라고 평가한다.[28] 이미지즘은 그러니까 감각과 지성의 조화 속에서 일련의 언어적 절제와 정신의 단련을 통해 대상을 구체화하는 전략이다.

정한모는 이미지를 설명하면서 김광균의 「뎃상」을 시각적 회화적 이미지의 예로 들고 있다. 윤동주의 「또 다른 고향」은 '청각적 심상'의 예로, 김광균의 「와사등」은 공감각적 심상의 예로, 정지용의 「유리창」은 '시각, 촉각, 역동적 이미지'가 조합된 것의 예로 인용하고 있다. 인용된 구절 중의 '유리창에/차고'라는 시행에서 '차고'가 촉각적인 이미지일 수는 있다. '입김을 흐리우다' 역시 촉각적인 것으로 서술되고 있지만, 그와 동시에 이는 시각적인 것이기도 하다. 이 시에는 하나의 생략된 장면 혹은 상상된 장면이 있는데 이를 놓치고 있는 데서 설명의 혼동과 모호성이 생긴다. 입김이 피부에 잔잔히 스미는 감각은 촉각적인 것이기는 하지만, 이는 선험적인 감각이자 기억의 경험이다. 이 생략된 장면과, 입김을 받아 유리창이 흐릿해진 장면 사이에는 '사이'가 존재한다. 선험적 기억과 실재 장면의 오버랩이 이 구절의 이미지를 생성시킨다. 그러니까 이 구절은 촉각적인 것이기보다는 전 감각적인, 심지어 온몸 전체의 감각이 작동하면서 경험적인 기억이 재생되는 순간인 것이다. 따라서 여기

28 김기림, 『전집 2』, 329~333면.

서 강조되어야 할 것은 개별 단위의 감각적 체험보다는 시 전체의 분위기와 구조 속에서 심상이 어떻게 작동하고 있는가 하는 점이다.

개별 시어나 시행, 단편적인 어구 자체가 어떤 특정한 이미지를 환기시키는 것은 아니다. 이들은 전체 시의 구성단위로서 시 전체의 구조와 유기적으로 관련됨으로써 이미지를 발생시키고 이로써 시 전체의 이미지 효과가 생성된다. 그러니까 심상은 그 자체로 복합적이고 다층적인 것이다. 유기적이면서도 관계있는 체험의 지적인 종합이다. 이미지스트들이 그토록 지성을 중시했지만 감정적인 차원의 동일화는 부정했는지를 이해할 수 있는 대목이다. '이미지'가 갖는 다층적이고 복합적인 맥락은 리차즈나 파운드의 1920년대 이론적 입론에서 충분히 논증된 것이다. 이미지는 관련된 면들(planes in relation)의 중첩이나 병치를 통해 작동한다.[29] 이는 이미지즘의 방법론이나 이념이 시각예술, 공간성의 원리로부터 파생되었다는 사실과도 부합한다.

'이미지'는 1930년대 시인들에게서 첨예하게 인식된 것인데, 그것이 단순히 시적 방법론의 수준으로 이해될 것은 아니다. 영화 및 회화에 대한 '경계넘기'의 시선을 관통하면서 '이미지'는 보다 명료한 근거를 얻게 되는데 활자 배치 문제나 활자를 통한 입체적 조형성의 효과에 대한 인식은 '이미지' 이해에 선행돼야 할 것이다. '이미지' 문제는 따라서 교향악적 시, 건축학적 시, 영화시 등의 장르론적 인식과 그 기반을 공유하고 있으며, 엘리엇, 스펜더의 수용은 레제, 클레르, 장 콕토 등을 수용한 감각과도 통한다. 궁극적으로 영화나 회화 등의 뉴미디어적 감각을 수용하면서 전통 서정시의 한계를 뚫고자 했던 것이다. 그러니까 김기림의 '탈센티멘탈 로맨티시즘' 전략은 단지 시단의 감상주의를 넘어서는 데 그

29 권승혁, 앞의 논문, 60면.

의도가 있다기보다는 시간과 공간의 재조직화를 통한 시적 조형성의 정립에 있었다고 할 수 있다. 건축학적인 시나 영화시 등이 단순히 장르적 교섭의 차원에서 제기된 것은 아니다. 1930년대 문화운동의 동력 속에서 힘을 얻은 '시의 입체화'의 궁극적 방향성이 이들 개념들을 생성시킬 수 있었다.

라디오, 전화, 영화, 축음기의 매체적 · 문화적 혼종성과 문자 언어의 구술적 효과

소리의 활자 매체로의 틈입

이 절에서는, 1930년대 새롭게 떠오른 뉴미디어인 영화, 레코드, 축음기, 라디오 등 이들 전기 미디어가 전통적인 문예학에 틈입되는 과정을 살펴보기로 한다. 이들 소리 매체들이 시 장르에 어떤 영향을 미치고 있으며, 이 과정에서 어떤 장르 혼종이 일어나고 혼종 장르가 탄생하는가를 살펴본다. 특히, 당시로써는 크게 유행하지는 않았으나 시 양식의 새로운 변종 장르인 '라디오시'를 소개하고, 시의 입체주의적 이상이 라디오라는 뉴미디어를 통해 어떻게 구현되고 있는지를 확인한다. 또한 문자 언어가 어떻게 '소리'라는 음향적 청각적 영상을 입체적으로 재현하고 있는지를 살펴볼 것이다.

전화, 라디오, 축음기, 토키영화, 레코드 등 새로운 소리 매체의 등장은 1930년대 지식 계층의 문화 지형도를 급격하게 변화시킨다. 소리 매체는 '마음의 내란'을 일으킬 정도로 폭발적인 에너지를 장전한 것인데, 따라서 매체의 혼종성 가운데서도 가장 격렬한 것이 바로 문자문화와 구술문화의 결합 곧 문학의 소리 매체와의 혼종이다.[1]

'소리 및 청각' 문명이 활자 미디어 중심의 사회에 틈입하는 과정에서 장르 변용이 일어난다. 새로운 매체가 만들어 내는 문화적 기술적 전략의 변화는 이미 플라톤 시대부터 지적된 것이다.[2] 1930년대 조선의 문

---

1 매클루언, 앞의 책, 56~58면.

2 월터 J. 옹, 앞의 책, 124면.

화적 지형은 이 새로운 매체를 이용한 계몽 전략의 수정 및 실행에 깊이 연계되어 있다. 그것은 개화기 전후 시도되었던 '연설'이나 '토론체 서사 양식' 등 구술문화적 전통의 회복을 의미하는 것이다.[3] '소리 공간'이었던 개화기의 '육성'이 1930년대에 들어서서 '기계음'으로 대체되고 있었던 것이다.

개화기 대한자강회나 독립협회는 개화, 자주, 애국, 계몽과 같은 슬로건을 내걸고 사회적·정치적 각성을 요구하는 연설회를 끊임없이 개최했었고, 대중들은 이 계몽과 민족 각성의 의지에 불타는 명망가들의 육성을 듣기 위해 연단 앞으로 몰려들었다. 한마디로 계몽적 전략에 기반한 구술문화 활성화였다. 개화기 서사문학의 특징으로 지적되는 소리성(구술성)이나 산문 양식의 연설화적 경향은 개화기 문화의 다원성 및 분산·확산과 깊은 관련이 있다. 이 시기 시가 노래로 불려진 것 또한 동일한 맥락에서 설명할 수 있다. 개화기 가사나 창가 같은 노래체 형식이 활성화되는 것은 '부족적인 구술문화'의 속성상 필연적인 것이고, 개화기를 주술적 말의 시대[4]라고 본 것도 동일한 맥락에서 이해된다. '소리 문명'은 계몽의 전국적 확산에 기여했던 것이다.

개화기의 공간 자체가 물리적인 시간 개념에 속한 것이기보다는 구술문화의 방사선적 확산이라는 문화 현상을 내포하고 있다는 점에서 그것은 공간적인 것이다. '공간적 확산과 동시대성 확보'라는 과제가 개화기 계몽주의의 당면 과제였던 만큼 소리 혹은 구술을 통한 개화의 이념 및 사상의 표출은 시대적인 합목적성을 담보하고 있었다. '말'을 매개로 송신자(연사)와 수신자(청자, 독자)의 소통 관계가 성립되었던 것이다. 말

3 월터 J. 옹은 전자 기술이 이끄는 새로운 '소리'의 시대를 '2차적인 구술성의 시대'라 지칭한다. 위의 책, 205면.

4 김윤식, 「개화기의 문학 양식」, 『한국근대문학양식논고』, 아세아문화사, 1980.

을 매체로 한 전달(연설, 구술)은 행동과 반응을 즉각적으로 요구하는 것이어서 개화기의 계몽 프로젝트를 실현하는 데 더할 수 없는 방사선적 에너지를 내재하고 있었고 그만큼 효과적이었던 것이다.

문자 매체인 책이 개별적이고 폐쇄적인 현존을 고집하는 것과는 달리, 소리 매체들은 다원적이고 분산적인 형태의 의사소통 방식을 만들어 낸다. 애국 계몽 의식이 절실했던 개화기 공간은 '소리'로 채워진다. 거기서 목소리는 직접 현존했고 사람들은 연사의 목소리에 귀 기울임으로써 민족의식 각성, 근대적 자각 등 집단의식을 형성해 나간다.[5] 대중 시민적인 연설의 공간은 이 목소리의 직접 현존이라는 방식을 통해 계몽의 프로젝트를 효과적으로 수행할 수 있었다.

이 구술문화적 전통에서 모든 감각은 관여적이고 종합적이며 모든 청자는 공론의 장에 참여한다. 말(구술적 매체)이 소통 체계의 중심을 차지하는 사회에서 개인은 사회집단과 가족 양 집단으로부터 정서적 공동체적 가족 감정을 공유하게 되며 이로써 부족적인 문화 일체감을 형성하고 공동체적 집단 감정을 공유하게 된다.[6] 개화기 문학이나 논설 양식에서 큰 비중을 차지하는 '토론체 양식'은 소리문화의 개화기적 합목적성이 실현된 것이다. 개화기 문학과 사회는 구술문화적 양태 속에서 그 상동성을 확보하게 된다. 예컨대, 안국선의 우화소설 「금수회의록」은 연설의 금지라는 정치적 강압에 의한 토론성의 내재화를 보여준 개화기 산문 양식으로 평가되는데, 대중적 연설 공간이 현실적으로 가능하지 않은 상황에서 문자문화적인 것으로 변형된 변용 양식인 셈이다. 말(토론)을 문자화한 매체 변용 양식인 것이다.

---

5 월터 J. 옹, 앞의 책, 206면.

6 매클루언, 앞의 책, 89~95면.

시 양식의 예로는 최남선의 「세계일주가」를 들 수 있다. 시의 구술적 형태가 노래라면, 이는 '창가'의 활성화와 관련된다. 최남선이 신시의 형태를 포기하고 노래체 창가로 방향을 잡은 것은 문학 양식의 시대적 대응을 정확히 보여준 것이다. 당시 잡지를 살펴보면 흥미로운 문맥들이 발견된다. 노래체 창가는 문자 텍스트만으로 게재되지 않고 도판, 사진 등과 함께 병렬적으로 제시된다. 창가의 구술성은 도판, 사진 같은 도상성을 문자에 결합시키는 양식으로 보다 확고한 대중과의 소통적 기반을 마련한다. 이는 노래체 양식의 산문화를 의미한다.[7] 창가의 악보를 게재하는 층위에서 더 나아가 거기에 각주를 붙이고 사진을 게재함으로써 개화기 시가는 노래의 구술성의 효과와 문자의 촉각적이고 조각적인 성격을 동시에 구비하게 되는 것이다. 만화적이고 목판 인쇄적인 효과를 단번에 달성시킨 이 혼종 양식은 신문의 모자이크적 속성을 도입한 것에 비견될 만하다. 모자이크적 속성은, 인쇄된 글의 단순하고 획일적인 반복성과 기계적이고 평면적인 상태를 뛰어넘는 것이다. 입체적이고 촉각적인 성격을 부여함으로써 독자들의 참여도는 증가된다. 독자들은 이제 평면적이고 수동적인 개인적인 독서 행위, 곧 '숙독의 읽기'를 지양하고 계몽이라는 아젠더를 공동체 전체의 교감 속에서 공유하게 된다. 창가의 계몽적 프로젝트가 훨씬 효과적으로 실현되는 것이다.

그런데 이 '소리' 문화는 1920년대 동인지 문단에 와서 급격하게 소멸한다. 개화기를 넘어서면서 '계몽'은 '예술 절대주의 미학이념'과 조우하면서 미학적 계몽의 임무를 떠안는다. 본격적인 문예미학의 시대가 열린 것이다. 우리 문학은 문자 중심주의의 동인지 문단 시대로 들어서게 된다. 개화기를 지나면서 공고화된 '읽기 중심'의 문화 감각이란 출판 인

7 김윤식, 「개화기의 문학 양식」, 앞의 책, 201~210면.

쇄에 바탕을 둔 문자 중심주의였던 것이다. 그러니까 동인지 문인들이 가진 문자문화 지향성은 문자 리터러쉬를 바탕으로 한 서적(책) 중심주의이며 이는 예술 절대주의를 이상으로 한 것이다. 숙독적 읽기 문화 중심주의, 곧 문자 리터러쉬는 시를 노래로부터 분리시키고 산문을 웅변으로부터 분리시킨다.[8] 소리(구술) 문화는 점차 그 힘을 잃는다. 문자 매체를 전문적으로 다루는 문인들의 등장과 함께 '소리'는 소멸하는데, 이는 문자 매체가 단독적이고 폐쇄적인 성격을 가진 것임을 반증한다.[9] 1920년대 초기 '동인지'는 문학 절대주의의 온상이면서 문인이라는 직업이 여타 지식인들의 문필 행위와 분명하게 분리되는 계기로 작용한다. '동인지 문학'은 고도의 근대 인쇄 기술을 기반한 문자주의적 전통 속에서 만개한다. 이런 류의 문자문화적 인간은 개인적이고 폐쇄적이다. 그것은 서재에서 홀로 고독하게 작업하는 책 마니아, 필로비블론(philibiblon)의 이미지를 분명하게 각인한다. 당대의 대표적인 '서재주의자'였던 박영희는 책 세계에 갇힌 고독한 존재로서의 문자주의적 인간을 완벽하게 보여주는데, 그의 고독과 정결성은 책 중심주의자의 이상이자 근거이며 세계관이다.

'杜門不出 서재에 묻혀 'modern library'나 'everyman's library' 등의 영어 文庫本이나 일어로 된 文學 理論書를 읽었으며, 그의 서재에는 金箔 입힌 천여 권의 藏書가 있었다'는 박영희를, 이선희는 '진실한 서재의 포로'라 불렀다. 대리석 조각같이 싸늘한 박영희의 창백한 인상은, '창백한 서재인'이자 책광으로서의 신성성(神聖性)과 원광(圓光)을 부여하기에 적

---

8 매클루언, 앞의 책, 201면.

9 인간 매체에서 인쇄 매체로의 이동을 설명하면서 매체 문화의 변화가 전문적이고 기능적인 직업의 분화로 이어진다고 해석한 대목을 주목할 수 있다. 이것들이 오히려 매체의 결핍을 낳았다는 것은 다시 매체 혼종의 필요성 및 구술 매체적 기능의 회복이나 필요성과 연결된다. 베르너 파울슈티히, 앞의 책, 121~176면.

절한 캐릭터가 아닐 수 없다. '섭취한 영양분이 피를 만들지 않고 사고력을 만드는 데 소비된다'라는 박영희에 대한 묘사는, 책에서 묘한 향기가 난다는 신화적이고 연금술적이며 중세적인 이미지에 연결되고, 한편으로는, 육체와 분리된 정결한 영혼에 절대적 가치와 신성성을 부여하면서 문학 절대주의를 이상화했던 시대정신과 관련이 있다. 책은 물신화되고 극적으로 이상화되며 책을 가진 자는 물질을 가진 자의 그것과는 비교할 수 없는 가치를 가진 존재로 격상된다. 그래서 가난은 불편하지만 부끄러운 것은 아니다. 이는 문사주의적 전통적 가치관이 근대 들어서 어떻게 근대적 형태로 변모, 계승되는지를 분명하게 보여준다.

1930년대 '기계'의 귀환

1930년대 '소리'가 귀환하는 과정은 영화, 전화, 라디오 등의 기계 테크놀로지가 수용되는 사회 문화적인 변동과 깊은 관련이 있다. 개화기의 소리가 육성이라는 인간 매체를 통해 전파되었다면, 1930년대 소리는 첨단 뉴미디어인 기계 매체를 통해 확산된다. '소리'는 기계 매체에 의해 확대되고 복제되는 과정을 거친다. 1930년대 모더니즘 역시 문자 중심주의, 문자 순혈주의, 문자 순수주의에서 출발하는 것이 아니라 근본적으로는 '경계넘기(borders-crossing)'의 구도 아래 문자 매체의 타 매체와의 혼종을 통해 그 기반을 구축하게 된다. 김기림, 이상, 박태원 등 당대 모더니스트들의 타 장르, 타 매체에 대한 적극적인 관심은 1930년대 문학의 자율적 시스템 구축에 결정적인 역할을 하게 되는데, 그들은 그들의 관심을 문학 바깥으로 이동시키면서 문학의 새로운 방향성이나 방법론을 모색한다.

전화, 축음기, 라디오 같은 청각적 기계 매체가 1930년대 시각 중심의 활자 매체에 틈입하는 과정은 당시 잡지나 신문에서 충분히 확인된다. 이효석, 박태원 등 1930년대 소설가들은 축음기에서 흘러나오는 음악(소리)을 소설 전개의 중요한 모티프로 활용한다. 이는 '소리'의 미학적 기능이나 잠재성을 인지하고 있다는 의미이다. 음향 테크놀로지의 발달은 표현 방식에 대한 작가의 욕망을 불러일으킨다[10]는 점에서 1930년대 '청각의 시각화' 양상은 개화기 때와는 근본적으로 차이가 있다.

활자 매체는 청각 미디어와의 혼종적 결합을 통해 시각중심주의 매체의 한계를 수정, 보완하면서 계몽주의의 효과를 극대화시킨다. 혼종적 매체 전략은 단독 매체가 갖는 커뮤니케이션 전략보다 훨씬 효과적이고 강력한 것이다. 그 첫 번째가 라디오 테크놀로지와의 혼종인데, 실제로 라디오와의 어떤 혼종적 실천을 감행했다기보다는 '효과' 곧 시뮬라크르적인 것에 의해 이 전략이 실행되고 있는 것처럼 보인다. 당대의 표현으로 하면 '라디오 효과'[11]가 그것이다. 이는 '활자'에 '소리'를 입히는 전략으로, '라디오 효과'란 라디오적인 효과를 극대화한 것이다. 당시 라디오 보급률이 낮았고 기계 매체를 대중화할 수 있는 기술력 및 자본력이 부족한 상황에서 실제 라디오와의 혼종 실현보다는 '효과'를 창안하는 것이 더 현실적이었다. 문자 매체인 잡지가 라디오와의 혼종을 통해 '소리 효과'를 창출하는 방향이 최선이었던 것이다.

잡지 『별건곤』이 혼종적 미디어 효과를 시도한 것을 주목할 수 있겠다. 논설류의 글을 '강좌'라 명명하고, 그 필자를 '강사'라 지칭한 것이 확인되는데, 이는 문자 텍스트의 소리 텍스트로의 시뮬라크르적인 시도이다. 왜 문자 미디어의 '라디오 효과', 곧 혼종적 효과가 필요했을까. 민

---

10 임태훈, 「'소리'의 모더니티와 '音景'의 발견」, 『민족문학사연구』 38권, 2008, 441면.

11 이상은 '라디오 효과'를 '위조', '모형'의 맥락에서 읽는다. 이상, 「산책의 가을」, 김주현 편, 『이상전집 3』, 41면.

족의식 각성, 근대적 계몽은 1930년대 저널리즘 제도 아래서도 긴급한 과제로 인식된다. 집단적이고 목적 의식적인 소리 미디어인 라디오가 수행해야 할 중요한 공동선이었던 것이다. 집단적 감수성과 대중적 반응을 불러일으키기 위해 라디오 매체가 지닌 주술적 힘이 필요했던 것이다.

논설과 학술 중심의 민족지적 감수성을 모태로 출발한 『개벽』과는 달리 『별건곤』은 처음부터 '실익과 취미 잡지'를 표방하고 출발하지만 『개벽』의 필진과 기획력을 포기한 것은 아니었다. 『별건곤』의 주요 필진은 여전히 당대의 이름난 각 신문사 논설 필진들로 구성돼 있었다. 『별건곤』이 '개벽적 성격'을 탈각하면서 '별건곤'만의 독자적 특징을 강하게 구축하는 것은, 오히려 점차 논설이 사라지고 대신 잡조(雜組)류의 글들이 많아지는 시기로 보이는데, 흥미로운 것은 그 '잡조류'의 글 자체가 여전히 계몽적 성격을 견지하고 있다는 것이다. 1930년대 중반에 들어서 『별건곤』의 글들은 풍자와 아이러니의 문체적 특질을 보여주는데, 이것은 논설문 못지않은 역동적 에너지를 그 자체로 가지고 있다. 검열 문제로 논설류의 글을 싣는 것이 어려워지자 가벼운 '잡조류'의 글을 통해 논설의 비판적 논조를 대신하고자 한 것으로 추정된다. 이는 임화가 지적한, 신문 논설이 갖는 비판적 기능을 대신 잡지가 일정 부분 담당했다는 지적과도 상통한다. 이는 출판법을 엄격하게 규제받고 있던 잡지가, 비판적 정치 논설을 게재할 수 없었던 당대 상황에서 기인한다. 잡지들은 정치 비판을 이 같은 '잡조류'의 가벼운 글을 통해 그 비판 정신의 맥을 이어갈 수밖에 없었다. 잡지의 '라디오 효과'는 소리(구술성)의 귀환이자 개화기 시대의 계몽주의를 계승하는 것이며 '검열'의 제도적 장치를 우회할 수 있는 수단이었다.

'라디오 효과'와 매체 혼종

'라디오 효과'를 문자 텍스트의 소리화 과정이라고 할 때, 이는 무엇보다 개화기식 연설 공간의 귀환으로 평가할 수 있다. 『별건곤』 제2호 '편집후기'는 종래 잡지에서 보여주는 문자 텍스트식 편집 후기에서 벗어나 있다. 흥미롭게도 '편집실 방송'이라고 쓰고 있는 것이다. '방송'은 전기 미디어의 소리 전파 및 확산의 형태이지 문자 매체로 구현되는 것은 아니다. 글이 소리 매체를 모방한 것이다. 경성 방송국 호출 부호(JODK)를 모방한 'KSKP'를 내걸고 "서울 개벽사 편즙실 방송국이올시다. 지금부터 방송을 시작하겟스니 조용히 드러주십시오"라는 아나운서의 멘트 형식을 모방하고 있다. 종전 잡지 편집후기로 통용되던 편집자의 글이 아니라 아나운서의 '소리' 멘트인 것이다.[12] 편집자는 '아나운서'로 대체되고, 그는 '읽었냐'고 묻지 않고 '들었습니까'라고 묻는다. 더욱이 종래의 편집후기라면 '읽었느냐'는 질문 자체가 가능하지 않다. 아니 그보다는 '불필요하다'는 표현이 맞겠다. 일반적인 편집후기는 편집자의 일방적인 자기 진술이며 자기 언술 행위를 담은 것이지 독자와의 의사소통의 양식을 취하지 않는다. 문자는 개인적 묵독적 성격을 지닌다. 반면, 아나운서의 소리는 쌍방적이며 확산적이어서 독자와 '아나운서화'한 편집자 간의 소통관계가 형성된다. 그래서 아나운서는 독자의 반응을 가상적으로 실현하고 거기에 응답한다. 독자(청자)를 향한 질문은 현장에서의 즉답을 가상적으로 전제한 것이다. 이 같은 시뮬라크르적 구술 상황은 현장성과 생동감을 부여할 뿐 아니라 매체에 대한 독자들의 깊은 간여(engagement)를 실현한다.

'라디오 매체'를 혼종한 글쓰기의 또 다른 형태는 글과 강연의 혼종

12 「편집실 방송」, 『별건곤』 제2~3호, 1926.12.1~1927.1.1.

이다. 『별건곤』 제8호 특집은 '강좌' 형식이다. 강연 초록이나 강연 내용을 문자화한 형태가 아니다. '강연'을 '글'로 옮긴 것을 '초록'이라 하는데 그것은 '글(문자)'이다. 그러나 『별건곤』은 글에 '강좌'라는 이름을 붙여 가상적으로 '구술'의 효과를 살려낸다. 당연히 이 '강좌'의 연사는 글의 '필자'가 아닌 '강사(講師)'로 표기된다. 이관용, 이순탁, 최현배, 김준연, 나원정 등 당대의 유명한 언론인과 학자들이 '강좌'에 참여하고 있는데, 근대 학문과 지식에 토대를 둔 대중 계몽과 교양강좌가 '강좌'의 주를 이루고 있다. 김연준의 '남녀평등국과 불평등국', 최현배의 '남녀 교제사', 나원정의 '금붕어 지식' 같은 것이 그것이다. 개화기의 계몽적인 연설 양식과 그다지 다르지 않다. 다만 자강, 개화, 문명 같은 근대적 개화 계몽의 담론뿐 아니라 서양 근대 학문에 바탕한 전문적 지식을 '강연'하고 있다는 점에서 개화기와는 차이가 있다. 굳이 '강좌'와 '강사' 같은 구술적 양식이 필요했던 이유는 구술적인 담론이 갖는 분산적 커뮤니케이션 효과와 공적 담론의 기능을 강력하게 견지하고자 했기 때문이다. 라디오 매체의 현장감과 전파의 확산력을 고려한 시뮬라크르적 장치였던 것이다.

시각 미디어와 청각 미디어의 혼종적 기능을 극대화한 구체적 실례는 『별건곤』의 '경성라듸오' 코너에서 찾을 수 있다. 일종의 '세태비평란'의 특징을 가지고 있으면서 계몽적 민족주의 시선을 바탕에 깐 것이다. '경성 라디오'는 라디오 방송극 장르 중 '라디오 스케치'의 문자적 변용 형태로, 문자 매체로 청각적 감각을 최대한 구현하고자 한 시도라 할 것이다. 라디오 예술의 일종인 스케치, 난센스, 민담이나 유성기 음반의 대중 희극인 만담 등과 유사하다.[13] 문자 언어를 라디오 매체에 맞게 변용한 양식인 '라디오 예술'의 역발상에서 발현된 것으로, '라디오 예술'이나

13 서재길, 앞의 논문, 58면.

'경성 라디오'나 공히 이 둘은 문자 언어와 소리 언어의 매체 혼종이라는 차원에서는 동일한 양식에 속한다.

『별건곤』이 '라디오 효과'를 차용한 것은 '풍자'의 방법과 관련이 있다. 음의 유사성과 유포니 현상을 적극적으로 구현하고자 한 것이다. '꽹괄이' 소리에 빗대 '깨지고 거덜난' 서울 경제를 풍자한 '서울은 꽹과리 천지', 계층을 막론하고 전 사회가 빠져든 마작 열풍을 빗댄 '麻雀이냐 亡雀이냐' 등에서 보여주는 언어유희는 구술적 만담 못지않게 풍자와 재미가 있다.

> 벼슬 조와하는 조선놈이 마작도 작은 작이닛가 조와하는지는 알 수 업다만은 공작 남작도 다 망하고 밥을 비러 먹는 판에 마작 가튼 작이야 더구나 어림이나 잇스랴. 마작인지 亡雀 인지 시작만 하면 재산도 밧작밧작 시간도 밧작밧작 다 업서지고 말 것이다.[14]

'마작'의 '작' 자 운을 활용해 '공작, 남작'조차 망하는 세태를 비판하면서 '망작'으로 자연스럽게 운을 활용하는 방법이나, 마작을 '시작'하자마자 바로 망하게 된다는 것을 경고하면서 '밧작밧작'의 운을 활용하는 것은 구술적 언어 활용의 형태이다. 판소리조의 구술문화적 전통과 비판 어조가 그대로 살아 있다.

이 같은 문자 매체의 소리 미디어로의 전환은 축음기, 전화, 라디오 등의 기술 테크놀로지와 연결된다. 1920년대 중반기가 되자 조선에서 라디오는 스포츠와 키(시)네마 등과 함께 새로운 근대문명의 상징이자 '과학의 신'으로 등극한다. 라디오가 신문을 정복하고, 영화가 소설을 정복

14 「경성라듸오」, 『별건곤』 제19호, 1929.2.

한다는 최승일의 주장은 당시 이 같은 기계 미디어 보급이 여의치 않은 조선의 실정에서 보면 실감을 갖기는 어렵다. 라디오가 대중에게 미치는 힘이 가시적으로 표출될 수 있었던 상황은 아니었기 때문에 전적으로 수용하기 어려운 측면이 있는 것이다. 그러나 전기 매체가 몰고 올 새로운 사회 문화적 변동에 대한 인식을 보여준다는 점에서는 주목할 수 있다.

> 그 엇더 마하여서 우리의 생활과 접근한 소식을 못 듯게 될까?
> 朝鮮의 라듸오-문명-그것은 정복자의 전유물이다. 지금의 문명이 몰락되는 날은 곳 우리가 새 천지를 발전하는 날이다.
> 전기와 전기와의 싸홈! 지금의 싸홈은 과학의 싸홈-전기의 싸홈이다. 눈에 보이지도 아니하는 멧 만척 공간에서 보내는 전파를 오지 못하게 하는 싸홈! 전기의 他國侵入-攻擊 防禦! 이것이 전기의 싸홈이다.
> 잇는 사람의 작란거리가 되고 말아 버린 문명의 산물! 참으로 우리는 과학에 대해서 면목이 업다.[15]

"미래에 나의 바라는 세계는 전기의 세계다"라고 말했다는 레닌의 진술을 언급하면서 최승일은 '전기의 세계'가 갖는 혁명적인 힘에 대한 기대를 보여준다. 새로운 근대 미디어가 사회 변화의 엄청난 폭발력을 장전하고 있다는 자각이다. 조선의 라디오 문명이 오직 정복자, 침략자, 부르주아만의 그것으로 군림하면서 '우리의 생활과 접근한 소식을 못듣는 것'에 대한 명확한 문제의식을 동반하고 있다는 최승일의 주장은 미디어의 권력적 지배가 갖는 중요성에 대한 인식에서 비롯된 것이다. 실제 일제 말기 '부인시국 뉴스'[16]는 일본 황군의 '호남작전 상황'이나 전

15 최승일, 「라듸오, 스폿트, 키네마」, 『별건곤』 제2호, 1926.12.

황, 시국 상황 등 속보를 전해 주는 일간 보도 뉴스 형식으로 지면에 등장하고 있었다. 보이지 않는 '전기와 전기와의 싸움'은 '침략과 방어'의 실제 전투 못지않은 정보력의 싸움일 뿐 아니라 정보 왜곡의 싸움일 수 있음을 지적하고 있는 셈이다. 라디오 테크놀로지가 갖는 정치 권력적 위세를 파악한 의미 있는 지적이다.

문자의 소리 테크놀로지 수용

라디오 매체의 이 같은 '권력적 위험성'에도 불구하고, 라디오의 대중 매체적 기능을 간과하기는 어려웠을 것이다. 경성방송국 아나운서였던 이석훈은 라디오 드라마의 기술적, 매체적 이해에 앞서 있었다.[17] 라디오는 청각적 감각의 새로운 조건들을 수용하는 현상과 관계가 깊다. 무성영화에서 토키영화로의 발전 과정이나 라디오 드라마의 출현 과정에서 결정적인 것은 '사운드'의 발견이다. '소리'는 영화에서 리얼리즘의 효과를 높이는 데 결정적인 구실을 한다. '소리'에 대한 미학적인 논의가 가능할 정도로 '소리'는 영화 장르에 필수적인 고도의 기법적 장치로 인식된다.[18] 영화에서 '소리'는 시각의 공간적 깊이를 담아내면서 감각을 입체화하는 중요한 기술적 장치로 기능한다. 따라서 영화 매체는 더 이상 시각 매체로 존재하지 않으며, 수용자의 입장에서도 영화는 이제 단순히 시각적 층위의 장르로 인식되지는 않는다. 영화는 그러니까 소리를 통해 감각의 복합적 양태를 구현해 내는 고도의 미학적 복합 매체의 지위를

16 『여성』, 1939.12.

17 이석훈, 「라디오 劇과 그 効果에 對하야」, 『예술』 창간호, 1934.12, 48~50면.

18 Rick Altman, *op. cit.*, pp.1~33.

갖는다.

따라서 1930년대 박태원, 김기림, 이상 등 모더니스트들이 영화로부터 받은 영향은 시각 체험에 국한되지 않는다. 그들의 영화 체험이 단순히 몽타주, 플롯 구성 등 영화적 기법을 습득하는 계기로 작용한 것은 아니었다. 영화의 몽타주 기법이 일방적으로 문학에 전이되었던 것은 아니다. 몽타주는 실제로 문학 자체의 속성에 기인한 것이기도 했다.[19] 또 영화 체험은 시각적 기술의 방법론을 체득하는 계기가 될 뿐 아니라 실제적으로는 음향 감각이나 공감각적 감각의 수용에 예민한 영향을 미친다. 이상의 르네 클레르 수용이 한 예가 될 것이다.[20] 찰리 채플린의 〈city light〉와 같은 토키영화는 소리의 음향적 효과나 그것에 대한 기대를 확산시키면서 문학의 새로운 방법론적 실험을 다양하게 구축할 수 있는 동기를 부여해 주었다.

서사의 전개에 있어 대화 혹은 대사가 주도적인 리터러쉬가 되는 문학 장르에 비해 '擬音과 음악반주'로 대사의 효과를 극대화하는 토키영화나 라디오 드라마는 대중과의 소통 방식에 있어 분명한 차이가 있다. 문학의 순수 문자성은 이들 테크놀로지의 영향으로 그 존재론적 질문에 부딪힌다. 순수 문예적 자존심은 영리성과 대중성에 좌우되는 뉴미디어의 출현으로 위협받기에 이른다. 레코드의 보급은 소리 테크놀로지 문화가 확산되는 데 결정적인 역할을 한다. 『부활』이나 『레미제라블』 같은 러시아 소설을 토대로 한 연극이 드라마 소재로 자주 쓰일 수 있었던 요인은 러시아 음악 반주곡 레코드가 있었다는 사실이다. 〈볼가강의 뱃노래〉나 〈솔베이그의 노래〉 같은 북구의 차고 냉혹한 정경을 떠올리게 하는

19 David Trotter, *op. cit.,* p.239.

20 졸고, 「이상의 예술 체험과 1930년대 예술 공동체의 기원-'제비'의 라보엠적 기원과 르네 클레르 영화의 수용」, 235면.

슬라브 민족 특유의 문화적 정서적 감각이 깃든 음악의 레코딩 작업이 수반되었기에 가능했던 것이다.[21] 하지만 그것이 전반적으로는 그다지 용이하지는 않았던 것 같다. 레코딩 기술 부족 및 레코드 보급률의 미비가 원인이었다. 연극 공연에서 음악 반주가 필요한 상황에서도 그것을 효과적으로 적용하는 데는 상당한 제약이 따랐던 것이다.

하지만 현실은 변하고 있었다. 문학은 이미 '순수'라는 고립의 성채를 나와 장르 혼종을 향해 나아가는 '존재론적 운명'을 마주하게 된다. 기존의 '순수예술'은 새로운 '테크놀로지를 수요함으로써 새로운 기술적 방법을 모색한다. 스테이지 예술과 구분되는 레코드 예술, 인간의 육성을 대신한 유행가 음반, 라디오를 통해 들려오는 시, 소설, 얼굴을 직접 대면한 대사 대신 전화선을 통해 들리는 목소리 효과 등은 당대 뉴테크놀로지에 의한 예술의 새로운 시도를 보여주는 분명한 실례가 되며 이는 예술 개념의 재편을 의미한다. 레코드 음반 출시가 유행가의 존재 조건이 되고 있다는 김관의 지적은 유행가의 성공에는 유성기 음반 보급이 결정적이었던 현실을 증거한다.

> 요새와서는 유행가를 사람이 선전하는 것이 아니라 기계가 선전하도록 변해지고 만 것이다. 다시 말하면 진공관으로 振幅된 레코드의 소리가 사람의 육성 대신으로 유행가 보급의 역할을 담당하게 된 것이다.[22]

인간의 육성을 기계가 대체한다. 인간의 육성은 레코드 음반이나 축음기로 대체된다. 그것은 계몽적 효과를 극대화하면서 몸의 닫힌 감각을

---

21 이석훈, 앞의 글, 49면.

22 김관, 「유행가의 제문제」, 『조광』 3권 11호, 1937.11.

새롭게 열어 가는 계기가 된다. 테크놀로지의 '소리'는 새롭게 인간의 몸을 확장시킨다. 영화, 라디오, 레코드와 같은 뉴미디어는 문학의 방법론적 변화를 견인하고, 이들 뉴미디어 수용은 보다 섬세하고 예민한 감각을 전제로 한다. 독자, 청자, 관람객들은 그들 스스로 확장된 몸의 감각을 소유하지 않으면 사회, 문화적 공동체의 일원이 되기 어렵다. 독자들은 뉴미디어 예술의 수용자이자 감상자로서 스스로 테크놀로지의 능란하고 능숙한 수용자이자 애호가가 되지 않을 수 없었던 것이다. 1930년대 예술의 생산자 및 향유자들은 그러한 뉴미디어의 유저(user)로서 몸의 감각을 기계 매체의 몸을 향해 이완시키면서 스스로 확장된 '기계-몸'의 소유자가 되어 가고 있었다.

당시 문인들은 장 콕토(Jean Cocteau)가 제시한 새로운 방법론에 관심을 기울인다. 모호하고 미묘한 심리의 흐름을 계속 끊기는 전화 목소리로 재현하는 희곡 「목소리(La Voix Humaine)」는 심리주의 서사 전개에 관심을 가지고 있던 문인들을 매료시킨다. 육성을 대신한 전화 목소리는 독백의 효과를 극대화하면서 심리 묘사의 중요한 기제가 된다. 소설에서도 전화를 이용한 심리 묘사가 적극적으로 활용된다. '전화 목소리'는 최재서가 말한 '심리묘사'의 테크놀로지적 변환이다. 테크놀로지가 감각의 확장과 양식의 전위를 가능하게 한다는 것이다. '천국의 한 모퉁이에서 오는 듯한 전화 목소리'는 지금까지 그 어떤 인간의 육성보다도 더 깊은 인간 내면의 울림을 전해 준다. 전화 음성(기계)이 인간의 몸을 대신하면서 인간 심리의 극단적 세부 묘사가 가능해졌고 이는 심리적 리얼리즘의 강렬한 효과를 전유한다.[23] 박용철은 '전화는 모든 인간의 감정을 말살시키는 기계'라 주장하고 시인과 기계의 관계를 선언적으로 부정하는데,

23 함대훈 등, 「전화와 로맨스」, 『조광』 6권 9호, 1940.9; 李鳩, 「전화수상」, 『조광』 4권 9호, 1938.9.

기계가 인간의 목소리를 대신할 수 없다는 그의 목소리는 테크놀로지가 던져 준 새로운 육성에 금세 묻힌 채 사라져 버렸다. 이것이 '현실'이었다.[24]

축음기가 일상의 삶을 변화시키는 모습은 한 편의 소설에서 확인할 수 있다. 부르주아 가정의 교양을 상징하고 정신의 높이를 상징하는 '책 문화적 교양'이 축음기 때문에 심각한 영향을 받게 되는 상황이 그려져 있다. '축음기와 레코드의 소유 여부'로 교양 수준이나 문화 수준이 결정된다는 것은 그 사회가 가진 미디어 전략의 변화를 보여주는 것이다. 문자 미디어에서 기계 미디어의 전환 같은 것이다. 소설 「축음기」는, '애낼는 것을 잊은 것처럼 무심한 가정에 축음기가 장남격으로 귀염을 독차지하게 되'는 상황을 설정한다.[25] '자식을 갖는 것'과 이 기계 미디어인 '축음기와 레코드를 소유하는 것'은 치환적인 관계에 있다. 그것은 대체 가능한 것이다. 이는 가정을 구성하는 기본 틀이 종속적 인간관계로 형성된 가족에 있지 않을뿐더러, 그 가족을 아우르는 구심적 힘이 되었던 가족 간의 '사랑'이라는 추상적 가족 이데올로기가 위협받고 있음을 의미한다. '축음기'라는 기계 매체를 둘러싼 이 같은 허영심과 허구성의 가족 이데올로기가 1930년대 조선의 엘리트 문화를 지배하고 있다.

축음기나 레코드 같은 소리 매체의 위상은 '서책'의 장엄하고 고답적인 위상과는 차원이 다르다. 문자 매체가 지고하게 고수하고자 했던 정신적 영웅주의는 이 화려한 기술 매체의 외향적이고 장식적인 취미로부터 배제된다. 기계 매체와 활자 매체는 이른바 그들이 갖는 본질적인 속성, '뜨거운 것'과 '차가운 것'에 각각 대응한다.[26] 단일한 중심을 향해

24 李鳩, 「전화수상」.

25 최영수, 「유모어소설 전기축음기」, 『조광』 5권 10호, 1935.10.

질주하는 정신의 집중과 고답미가 강조되는 활자 매체의 상징성이 '장서가'의 면모 속에서 힘을 갖는 것이라면, 축음기 같은 기계 매체는 사회 구성원들 간의 상호적인 소통 속에서 화려하고 장식적이며 분산적인 힘을 가진다. 부르주아 사회에서 후자는 사회적 변화의 동력을 스스로 담지해 가면서 존재론적 지위를 입증한다.

'라디오 예술'은 소리 매체와 문자 매체의 결합으로 탄생한 혼종 장르이다.[27] 라디오는 1930년대 대중들의 귀를 강력하게 끌어당긴다. 라디오는 본질적으로 다양한 소리가 뒤섞이고 서로를 간섭하면서 언어의 선형성을 해체하고 혼종적이고 이질적인 감성과 상상력을 자극하는 이른바 '부족적 매체'이다.[28] 라디오는 문자 매체와는 달리, 작가의 초월적 권위를 해체하며 이로써 수신자와 작품 간의 관계는 새롭게 재편된다. 라디오의 이 같은 해체와 재편의 기능은 아방가르드 예술의 가능성을 열기도 한다.[29] 라디오의 기능은 확성기의 기능과 다르지 않다. 라디오는 문자 매체가 가지고 있었던 균질적인 공간화보다 더 멀리 더 넓게 그리고 더 신속하게 대중들의 생활 세계에 틈입한다. 우리말 방송이었던 경성방송국 '제2 방송'의 우리 노래와 조선어 보급 효과는 문자 매체를 능가하는 것이었다.

---

26 매클루언, 앞의 책, 25~38면.

27 자세한 것은, 서재길, 앞의 논문, 3장 참조.

28 매클루언, 앞의 책, 353면

29 요시미 순야, 『소리의 자본주의』, 앞의 책, 313~314면.

라디오시, 귀의 극장

라디오의 보급과 대중적 확산에 따라, 소리와 시를 결합한 혼종 장르가 실험적으로 모색된다. '라디오시'는 새로운 기계 매체가 사회 전반에 수용되는 과정에서 등장한 혼종 장르이다. 정지용이 언급한 '전보시', '라디오시'를 기억할 것이다. 전통적으로 시 장르의 핵심은 구술 언어 양식이라는 점에 있으며 이는 시가 전통적으로 노래와 결합되어 있었던 데서 유래한다. 라디오의 보급이 확장되자 라디오 매체는 시의 압축적이고 암시적인 힘이 필요하게 된다. 많은 시인이 '대기 너머로' 자신의 시를 읽어나간다. 점차 '귀의 극장(the theatre of the ear)'으로서 라디오는 보다 극적인 재료를 요구하게 되었는데 1936년에 영국에서 처음으로 라디오를 위한 '시극'이 쓰인다. 1937년 콜럼비아 브로드캐스팅 시스템(the Columbia Broadcasting System)은 맥 라이쉬(Archibold MacLeish)의 「The Fall of the City」를 배급한다. 이후 시극들은 점차 라디오 방송에 적합하게 씌어진다.

당시 라디오시 시극의 작가 명단에 이름이 올라가 있는 시인들 중 우리가 익히 알고 있는 시인들은 오든(W.H. Auden), 맥니스(Louis Macneice), 샌드버그(Carl Sandburg),[30] 앤더슨(Maxwell Anderson)[31] 등이다.[32] 오든이나 맥루이스, 앤더슨 등은 김기림도 관심을 기울인 시인들인데, 이들이 당시 대중들의 기대와 관심을 받고 있던 기계 매체인 라디오를 통해 자신의 시적 실험을 시도했다는 것은 흥미롭다. 당시 라디오가 등장하자 여타 시인들은 이 뉴미디어에 맞게 자신의 시 스타일을 변화시킨다. 기계 매

30 세계 문학 작가들을 소개하는 글에서 미국 시인으로 언급된다. 이에 대해서는 김기림, 『전집 3』, 57면. 문학개론의 기초 서목에 칼 샌드버그의 시집이 올라가 있다. 『전집 3』, 81면.

31 『전집 2』, 244면.

32 Milton A. Kaplan, *op. cit.,* p.28.

체가 예술의 전위를 가능하게 한다는 것은 이미 '영화의 등장'으로 증명된 것이었다. '전위'는 이른바 'early adapter'로서의 예술가들을 위한 공헌이 되어야 할 것이다. 샌드버그 같은 시인들은 라디오가 자신의 시에 아주 적합한 자연적인 매체라고 이해한다. 인간의 귀가 물리적인 한계를 갖는다는 점은 라디오시의 적극적인 전파와 확산에 방해물로 기능했지만, 이 같은 한계성을 극복하기 위한 장치들이 제시된다. 단순하고 일상적인 단어들을 사용하고 그것을 계속적으로 반복함으로써 청취에 부주의한 독자들조차 결국 그 시구절을 파악할 수 있게 한다는 것이다.

대중 청자들을 대상으로 하는 라디오시는 몇 가지 양식적 특징이 요구된다. 일상적으로 쓰이는 관용구가 보다 효과적이라는 것, 일반 사람들이 대화하는 형식의 리듬을 따른다는 것, 일상적인 낭송법과도 다른 악센트를 사용함으로써 그 효과를 강력하게 구축한다는 것 등이다. 극히 섬세하고 분절적인 말, 활기차고 생동감 있는 악센트가 요구된다는 것이다. 라디오시는 공식적인 언어보다는 비공식적인 언어, 문어적인 표현보다는 일상 회화적인(colloquial)인 표현이 주로 사용된다. 망막에 포착되는 이미지를 고정시켜 천천히 이미지를 관상하는 문자 매체나 여타 시각 매체와는 달리 빠르게 지나가는 청각의 상들을 잡아서 소통하고 동화시키는 기제가 요구되기 때문이다. 라디오시에서 요구되는 방법들은 단순히 새로운 기계 매체의 유행을 빠르게 시가 흡수해 즉흥적으로 매체 혼종의 가능성을 시험해 본 것으로는 보기 어렵다. 그보다는 기존의 시에 뉴미디어를 도입함으로써 시적 언어의 가능성을 새롭게 제시한 것으로 볼 수 있다. 문자 매체인 시는 독자와의 관계가 중시되고 시어를 해독하는 데 초점이 주어지지만, 라디오시는 청자와의 관계가 중시됨으로써 소리 언어가 매개하는 시적 이미지의 세계를 상상할 수 있는 가능성이 강조된다.

이는 영화 기법의 도입으로 시가 청각과 시각과 촉각이 혼종된 공감각적 이미지의 감수성이 포착되는 것과 유사하다. 김기림이 미술, 음악, 영화 등의 장르 혼종을 통한 현대시의 발전을 모색하고, '영화시'의 가능성을 '교향악적 구조, 건축학적 구조'의 맥락에서 설명한 것은, 불충분하긴 하지만, 시의 언어가 어떻게 공감각의 층위, 복합 감각의 층위에서 작동하는 이미지를 생성시키는가 하는 문제에 대한 관심을 반영한 것이다. 김기림은 '시의 용어'를 설명하면서 시는 '늘 살아 있는 것이고 거기서 쓰이는 말 역시 살아 있어야 한다'는 명제를 제시한다. '말'은 일상의 회화 속에서 사용되는 말, 곧 구어체인데, 김기림은 시의 말은 회화에까지 가까이 가야 한다고 주장한다. 그래서 아름다운 시가 일상의 회화를 미화시키는 것 또한 억지로 피할 일은 아니라는 것이다. 사회적 계층이 분화함에 따라 말의 차이가 나타나는데, 오늘날의 시인은 종래의 유한계급이 쓰는 피로한 말을 버리고 자기의 말을 써야 한다는 것이다.

이러한 관점에서 엘리엇은 비판되고 오든, 스펜더, 루이스 등은 평가되기에 이른다. 아마도 엘리엇의 시들은 지성적이며 고답적이기까지 하다. 신화적인 모티프를 차용해서 쓴 일련의 시들을 김기림이 상기한 탓일 것이다. 김기림은 가두와 격렬한 노동의 일터 위에서 새로운 문제가 조직된다고 본다. 가두의 말들은 살아서 뛰고 탄력과 생기에 차 있다. 이 말들은 구어적이고 일상회화적인(colloquial)인 것이다. '거리의 말'이 일반적으로 적용되는 것은 '연설'이다. 김기림은 유한계급의 말과는 달리 지식계급에 속하는 시인의 말은 '연설할 수 있는 산말'이어야 한다고 강조한다.[33] 이 '회화적인 말', '산말'은 라디오시가 기능할 수 있는 중요한 자질이다.

김기림은 이 글에서는 엘리엇풍을 비판하고 있지만, 실제로 엘리엇

33 김기림, 「시의 용어」, 『전집 2』, 172면.

이 1940년대에 쓴 글에는 김기림과 다르지 않은 생각들로 차 있음이 확인된다. 엘리엇은 시인들이란 하나의 법칙에 복종해야 한다고 쓴다. 시는 우리가 사용하고 듣는 그 시대의 일상적인 언어로부터 너무 멀리 벗어나서는 안 된다는 것이다.[34] 즉 대중과 소통하기 위해 끊임없이 언어를 변화시켜야 한다는 것이다. 그래서 라디오시의 외형상의 '한계'는 오히려 뉴미디어를 적극적으로 수용했던 이들 모더니스트 시인들에게는 '기회'가 된다. 시인들은 극적인 대화의 언어를 사용하지 않을 수 없고 그 결과 시는 동시대 사람들의 삶에 동력학적인 생명력을 부여하게 된다.[35] 김기림이 오든, 스펜드, 맥니스 등의 이론에 정통해 있었고, 그것이 그가 모더니즘론을 설정하는 데 중요한 입론으로 작용하고 있었음을 전제할 때, 시와 라디오 매체와의 혼종에 대한 김기림의 관심을 추정할 수 있다.

그런데 김기림은 영화시는 모색했던 것으로 보이지만 정작 '라디오시'를 구체화하거나 장르적인 모색을 한 실례는 확인되지 않는다. 정지용이 산문에서 '라디오시, 전보시' 등 문학과 테크놀로지가 혼종된 뉴 미디어 장르의 가능성을 제기했던 것은 이미 언급한 그대로이다.

주영섭의 라디오시, 교향악적 축제

실제 '라디오시'를 구체적으로 구현한 것은 주영섭이다. 라디오시는 대화의 형식을 가진 극시의 형태를 띠고 있다. 이는 일반적인 낭송시와 다르며, 오히려 프롤레타리아 연극 양식의 하나인 '슈프레히콜'과 유사한 측면이 있다.[36] 집단적 구술의 형태를 띠고 있고 부분 낭송과 합창이 교

---

34 T.S. Eliot, "The Music of Poetry", *Partisan Review* 9, Nov. Dec. 1942, p.455.

35 Milton A. Kaplan, *op. cit.,* p.31.

체되며 낭송자의 역할이 주어진다는 점에서 그러하다. 슈프레히콜이 프롤레타리아 목적의식을 고양시키고 선전선동의 기능에 초점이 모아지는 것에 비해, 라디오시는 축제적 성격이 짙고 집단적 감수성을 고양시키는데 그 중요한 목적이 있다. 인간의 육성이 소리 전달의 중요한 매체인 전자에 비해, 라디오라는 기계 매체를 통한 구술이라는 점은 후자가 갖는 기본적인 특징이 될 것이다. 서정적이고 개인적이며 일방향적인 시 양식이 갖는 한계를 뚫고, 구술이 갖는 확산적이고 분산적인 힘과 기계 매체의 능동적이고 적극적인 기능을 시에 견인함으로써 1930년대 문화운동의 전략를 효과적으로 구축하고자 한 것이다.

다음 시는 주영섭의 라디오시 「카니발」 전문이다.

들창마다 기빨이날리고
지붕에는 風船이떠돌고
젊은이들은 억개에꽃다발을메고
거리로나왔다
뒷거리, 구둣방들창에도 꽃을피워라
언덕밑, 가난한住民들도 꽃을달고나오라

오늘은 카一니발 民衆의除日
거리에는 나비가날고
참새떼가 지붕을덮었다
시굴띠기양주가 도야지꼬리에리본을맺다
뒷거리처녀들도 빩안당기에 꽃을달어라

---

36 박영정, 『한국 근대 연극과 재일본 조선의 연극 운동』, 연극과 인간, 2007, 180~199면.

거리에는 꽃송이눈이내리고
公園에는 音樂隊가陣을쳤다
거리의市民이여 노래를불러라
노래와꽃과 종소리로세게를채워라
오늘은 카ー니발, 民衆의祭日

늙은이들의노래
「카ー니발에집행이는 꽃을잊었다
젊은이여 수레를끌어라
거리는 그대들의것이다」

合唱
「오늘은 카ー니발, 民衆의祭日
들창마다 꽃을피우자
골목마다 기빨을날리자」

젊은이들의노래
「카ー니발은 우리들의날
美와眞理와 調和의수레를끌고
거리로가자 廣場에뫃이자」

합창
「오늘은 카ー니발, 民衆의祭日
들창마다 수건을흔들어라

거리마다 노래를불러라」

어린이 들의노래
「꽃수레가온다
카ー니발이온다
꿈나라가온다
손목잡고나가자
억개메고나가자」

합창
「오늘은 카ー니발, 民衆의 祭日
꽃으로 거리를덮자」

젊은이들의行列은
골목과거리와 언덕과 벌판을덮었다
젊은이들의노래는
대낮을채이고 밤을새여 새벽을불러온다
行列이끝나기전에
꽃이지기전에
카ー니발이지나가기전에
젊은이여 처녀에게키스를보내라
처녀여 젊은이에게꽃을띠어라

코-러스

「오늘은 카ㅡ니발, 民衆의祭日

하늘에 노래를보내자

세상에 꽃을피우자」[37]

이 시는 문자 매체로서의 시 장르의 속성을 견지하면서도 후렴구와 합창의 음향적 효과를 삽입함으로써 '소리' 효과를 강력하게 내재하고 있다. 매체 변용 및 혼종의 특징을 효과적으로 구현한 것이다. 경성 방송국에 근무했던 주영섭의 개인적 경험을 문예운동적 차원에서 반영해 보려는 의도와 관련 있을 것으로 보인다.[38]

이 시는 전체적으로 축제적 상황을 묘사한다. 시원기의 희생 제의로부터 시작된 축제는 전체 공동체를 통합하는 기제의 하나로 인간 매체의 성격으로 확대된다.[39] '축제'는 낱장 문서(문자 매체)와 설교자(개별 인간 매체)에 맞서 대중적인 의사소통 양식으로 고안된 것이며, 그것은 소리의 분산적이고 확산적인 힘과 다중의 목소리가 교향악적으로 결합된 다중매체적 특징을 가진다. 축제는 지배 계층에 대한 불만을 놀이 형식으로 재미있게 구현하는 카니발적 형식이다.[40] 주영섭의 시는 배역시의 형식을 견지하고 있으며, 실제 재연 시 합창곡의 코러스 부분과 개별 파트를 분리해 역할을 분담시킴으로써 전 구성원의 참여를 유도하고 축제의 공동체주의적 목적을 부각시킨다. 시와 라디오의 장르적 혼종, 매체적 혼

37 주영섭, 「라디오시 카-니발」, 『조광』, 1938.5.

38 이상은 1936년 도일한 뒤 일본 검속에 걸려 유치창 신세를 지고 나와 건강이 악화된 상태로 九段 아래 꼬부라진 뒷골목 이층 방에 기거한다. 주영섭은 韓泉과 함께 이상 집을 방문한다. 김기림, 「고 이상의 추억」, 『전집 5』, 418면.

39 베르너 파울슈티히, 앞의 책, 167~169면.

40 위의 책, 174면.

종으로 문자 매체는 폐쇄적이고 개별적인 속성을 뛰어넘어 개방화, 대중화한다.

「카니발」 언어 역시 함축적인 시적 특성을 보이기보다는 지시적이며, 구술적이다. 라디오시의 특성상 간단한 문장 형식이 필연적으로 요구된다. 따라서 이 라디오시가 낭송(방송)을 목적으로 쓰였다고 해도, 양식의 출발뿐 아니라 청자와의 소통의 질에서 차이가 있다. 라디오라는 전기 매체를 통로 삼아 문자 매체인 시를 낭송하는 것과는 다르다는 뜻이다. 일반적으로 시는 비유가 긴밀하고 문장 역시 함축적이고 복합적이다. 라디오에서 시를 낭송한다는 것은 문자 매체의 폐쇄적이고 독립적인 양식은 그대로 유지하면서 라디오 매체를 통한 낭송이라는 소통 방식만 변화하기 때문이다. 한편, 책으로 문자로 시를 읽는 것과 라디오시는 전달의 효과 면에서도 크게 차이가 있다. 라디오를 매개로 한 시의 소통은 시어의 의미를 읽고 그 서정적 효과를 누리는 데 상당한 제약이 따른다는 점에서 한계가 있을 수밖에 없는 것이다.

반면, 매체의 속성상 구어적인 표현과 간결한 시행과 청유형 어법을 주로 할 수밖에 없는 독립 장르인 라디오시는 전달 효과의 측면에서 효율적이고 기능적이다. 「카니발」 역시 이 같은 라디오시의 특징을 반영하고 있다.

방송 소설이 독자적인 미학 형식을 갖춘 장르로 발전하지 못하고 무대극과 방송극이 미분화된 상태로 머물렀다는 지적을 고려한다면, 주영섭의 이 시 한 편으로 라디오시의 성과를 정확하게 판단하기는 어렵다. 그러나 축제적이고 민중적인 시가 양식을 도입하고 음악 양식인 합창을 삽입함으로써 시의 문자문화적 속성을 탈피하고자 한 실험 정신은 주목할 수 있다. '시가'가 시의 기원적 양식이라면 라디오시는 테크놀로지를 이용해 시의 낭송적 형태를 복원한 것이다. 시를 단순히 라디오를 통해 낭송시의 형태로 들려주는 것은 시 장르의 문자적 속성을 그대로 간직한 것으로, 육성으로 구현하느냐, 기계로 구현하느냐 하는 전달 방식의 차이만이 노정된 것이다. 그래서 양식과 음성 언어 간의 관계에서 발생하는 에크리튀르의 문제로 이를 설명하기는 어렵다. 이 문제는 방송 소설이 무대극과 방송극의 미분화 상태로 머문 '한계'와 유사한 것이다. 매체 혼종의 장르적 변용을 실천했던 라디오시의 효과는 이들보다 멀리 나아간다.

주영섭이 보여준 라디오시의 핵심은 음악, 즉 합창 형식을 도입함으로써 시를 개인의 내면에서 불러내 축제와 공공의 장 한가운데로 귀환시켰다는 것이다. 소리의 공공적 성격과 확산적 성격을 부여해 부족적 연대 의식을 강화하는 일종의 '목적시'로서 라디오시는 자체의 독자적이고 자율적인 미학 양식이 구축된 장르로 평가할 수 있다. 음악적 양식을 도입한 것이 단순한 운율적 리듬을 도입한 데서 끝난 것인지, 실제 이 가사에 곡을 붙여 음악 형식으로 재연하는 것으로 발전했는지는 잡지에 실린 형태만으로는 현재 확인하기 어렵다. 방송극에서 음악은 서사가 전개되는 과정에서 극 중 상황에 맞는 분위기를 조성하고 청자의 일루젼에 어필하기 위해[41] 사용하는 부수적인 효과 장치이다. 하지만 라디오시에서 음악은 시의 문자문화적 속성과 동등하게 결합돼 매체 혼종을 실현하고 시의 리얼리즘 효과를 강화한다. 당시 대중극 및 영화 속에서 노래가 삽입되는 것은 보편적인 양식이었던 것으로 보이는데,[42] 라디오시가 합창 형식을 도입한 것은 '노래' 그 자체가 시의 기원적 형태라는 점에서 장르 본질론을 구현하는 증거이자 라디오시가 일종의 미학적 독립성을 담보

41 양훈, 「라디오드라마에 관한 푸라그멘트」, 〈동아일보〉, 1939.8.11~13.

42 서재길, 앞의 논문, 155면.

하고 있음을 증거하는 것이다.

그런데 실상 라디오시는 그다지 활발하게 창작되지는 않았던 듯하다. 현재 당대 잡지들에서 이 같은 양식들이 쉽게 눈에 띄지 않기 때문이다. 라디오 보급이 원활하지 않았고, 문화운동 차원에서 활발하게 이를 창작할 수 있는 시대적 여건이 마련되지 않았기 때문일 것이다. 일제 말기 신문, 잡지, 라디오 등 모든 매체가 신체제화의 길로 급속하게 빠져들거나 폐간당하면서 한국 근대문예운동의 역량 또한 급격히 사멸되는 운명을 맞는다. 이 같은 상황은 매체 혼종의 새로운 장르들이 창조적 변용으로 나아가지 못하는 요인이 되며[43] 몇몇 작가들만이 장르적 실험을 시도하는 데 그친다. 라디오시 또한 이 같은 상황에서 창작의 동력을 상실한다. 라디오시는 라디오가 새롭게 도입되던 시기에 실험적으로 모색된 장르 혼종의 한 가능성에 그치고 말았던 것이다.

라디오시는 음성 언어와 문자 언어의 전기적 결합을 모색하는 매체 혼종의 가능성을 보여주었고, 장르적 변환의 가능성을 열어 주었다. 정지용, 이상, 김영랑, 박태원 등 모더니스트들이 가지고 있던 구어적인 말, 음성 언어에 대한 관심은 '소리문화'의 복원과 문학과 타 매체와의 매체 혼종적 상황과 깊은 관계가 있다. 시 장르 자체 내의 방법론적 혁신, 문자의 입체화, 교향악적 공명 같은 시도들은 문자 미디어와는 이질적인 뉴미디어의 방법론을 그림자처럼 거느리고 있다. 장르의 새로운 변종, 새로운 장르(종)의 탄생은 장르 내의 혁신과 매체 간 혼종 사이에 있다. 이는 기계 매체가 사회문화적 변동의 한 동력임을 증거할 뿐 아니라, 문학예술 양식의 장르 혁신과 장르 혼종에 깊이 관여되어 있음을 말해 준다.

---

43 박영정, 앞의 책, 199면.

카프의 매체운동의 계보와 시네 포에틱스의 대중화 전략

카프의 매체운동의 뿌리

마샬 매클루언, 파울슈티히, 키틀러 등은 매체운동의 이론적 입론을 제시한다.[1] 이들 논의는 신문·텔레비전 등 근대 인쇄 매체 및 테크놀로지 매체 같은 물질적이고 가시적인 것뿐 아니라 인간과 인간 사이의 소통 기제와 관련된 것들까지 '매체'의 영역에 포함시킨다. 소통에 간여되어 있는 인간적, 정신적 기제 전반을 매체의 영역으로 입점시킨 것이다. 매체론적 관점에 기대면, 특정한 시기의 문화적 사회적 변화 과정에서 매체가 어떤 방식으로 어떤 기능을 발휘했는가 하는 물음에 답할 수 있다는 점[2]에서, 매체의 이해는 시대정신을 이해하는 것이며 그것을 떠받치고 있는 사회 문화적 토대와 구조를 이해하는 것이기도 하다.

문예운동을 표방하고 실천적인 활동을 벌였던 〈카프〉나, 〈카프〉 전(前) 단계의 경향 문학 단체로 평가되고 있는 〈파스큘라〉 역시 문인과 미술가 들의 혼종 단체로 출발했던 것은 시사적이다. 일본에서의 신흥예술이 아나키즘과 사회주의 사상이 결합된 형태로 나타나고 실제 잡지를 발간하는 등 매체운동으로 표출되었다는 것은[3] 우리 계급주의 문학운동사를 이해하는 데도 시사점이 많다. 계급문학 역시 출발은 매체 혼종과 신

---

1 Friedrich A. Kittler, *Gramophone, Film, Typewriter,* Geoffrey Winthrop-Young & Michael Wutz (trans.), Stanford Univ. Press, 1999.

2 인간의 노동 문화나 혹은 문화사적 산물로서의 예술을 주목하기보다는 매체적 의사소통과 매체에 의해 매개된 문화적 가치와 의미에 주목하는 것이다. 베르너 파울슈티히, 앞의 책, 15면.

3 정주영, 「파스큐라의 미술론」, 『미술 이론과 현장』 제5호, 2007, 63면.

흥예술파적 감각의 결합에 있었던 것이다. 따라서 본격적인 프롤레타리아 문학운동 단체인 '카프'를 조직론 차원이나 문학 중심의 계급주의 문예운동 단체로 이해하는 시각을 일단 벗어나 카프의 일련의 활동을 매체운동의 관점에서 조명할 필요가 있다. '카프'의 다매체운동에 대한 조명은, 전방위적인 문예운동 단체로서의 조직적 성격을 오히려 분명하게 부각시킨다.

매체운동의 관점에서 주목되는 것은 카프 전(前) 단계 조직으로 이해된 '파스큘라'이다. '백조-파스큘라-카프'로 이어지는 이 계보는 사실상 '조직론'을 연구한 연구자들에게도 익히 알려진 것이다. 신경향파의 중심인물인 김기진이 '백조'를 와해시키는 사정이나, '백조'의 중심인물이었던 박영희나 김기진이 '신경향파'의 핵심 인물로 등장하는 과정은 '카프 운동사'나 '계급주의 문학' 연구자들이 이미 충분히 조명해 두었다. 다만 '계급주의 문예운동론'의 중심 주제와 매체운동의 성격이 결부되지 못함으로써 '백조', '파스큘라', '카프'의 연결 고리는 다소 느슨해졌다. 특히 백조와의 연결 고리가 그러하다.[4] '파스큘라'나 '카프'에 비해 '백조'의 문학 경향이나 지향성은 전혀 다른 차원에 있는 것으로 이해되었던 것이다. 이들 사이에 일종의 '단절'과 '비약'이 있다고 느껴질 정도로 그 간극은 큰 것처럼 보인다. 하지만 이들은 매체운동의 차원에서 계보학적으로 이어지며, 이는 박영희가 말한 '계단론'의 차원에서 그 공통의 목적지를 공유한다.

'파스큘라'의 뿌리를 '백조'로 볼 때, '백조'의 비탄과 고뇌의 병적 낭만주의가 '파스큘라'의 시향성과 완진히 단절되는 것인가는 의문이 있다.

4 근대 문예운동사에서 '백조'와 신경향파 문학의 미학적 근친성은 아나키즘 미학과 문학 절대주의 사유에서 비롯된 것이다. 이 관점을 견지한 것은, 졸저, 『1920년대 초기 시의 이념과 미학』 참조.

김복진이 그린 〈문예운동〉 창간호 표지(左). 일본 전위파 그룹이 발간한 잡지 〈마보〉(右)의 영향을 받은 것으로 알려져 있다.

매체 운동의 차원에서 '파스큘라'는 『백조』 발간의 의의를 그대로 계승하면서 '백조'의 유산을 물려받고 있다. 박영희의 '계단론'을 전제할 때, 이는 '진전'을 의미하는 것이지, 전 단계로부터의 완전한 단절을 의미하거나, 별종의 출현을 의미하는 것은 아니다. 이 관점에서 주목되는 인물이 바로 김복진, 안석영 등 화가들이며, 임화, 김기진, 권환 등 매체 대중화 운동을 지향했던 논자들이다.

'파스큘라' 시기, 김복진, 안석영 등이 주장한 '민중과 민족을 위한 예술'은 매체운동의 성격이 짙은 문화운동이다. '미술과 생활의 결합'을 목표로 한 문화운동은 대중 매체를 통한 창작활동으로 구체화되며, 그들이 주장한 '미술 문명론'은 근본적으로 미술을 통한 근대화 달성을 의미했다.[5] 『문예운동』(1926)과 『집단』(1932)의 표지가 일본 '마보(MaVo)' 구성원들이 발간한 잡지 표지와 유사한 형태를 띠고 있는데, '파스큘라' 동인

5 정주영, 앞의 논문, 55~59면.

이었던 안석영, 김복진은 이 미술 근대화 운동의 중심에 서 있었다. 일본 신흥예술의 중심지였던 '마보' 그룹의 일원이 관동 대지진을 거치면서 급격한 프롤레타리아 운동으로 선회하게 되는데 이는 다다나 표현주의의 사조의 전위성과 계급주의 문화운동 간의 근친적 성격을 보여준다.

잡지, 미술과 생활의 결합

안석영이 『백조』 창간호 표지를 그리고 삽화를 도맡아 '미술 민중화'를 이끌었던 것 또한 매체운동론적 관점에서 파악할 수 있다. 『백조』 2, 3호에 백조사 도안부 명의의 광고가 실려 있는데, 그 구체적인 항목으로 공예품 도안 내지 설계, 광고 도안 내지 문안, 신문·잡지의 삽화, 무대장치, 일반서적 장정, 각종 마크 도안, 상품 진열장 장치, 내지 도안 등이 제시돼 있다. 그런데 이 같은 업무 광고는 기실 광고 이상의 의미를 띤다. 처음부터 '문화사'를 차려 광고 관련 대행 업무를 하고자 했던 것은 그들이 애초에 아카데미즘의 성채 내에 존재하는 예술을 탈피하고자 했다는 뜻이다. 출판 예술의 뿌리를 이미 내재하고 있었다는 것이다. 그들은 출발부터 민중 혹은 생활과 관련되는 예술을 지향했으며, 이것의 토대가 잡지 발간과 같은 매체운동이었다. 안석영의 출판미술에 대한 관심은 그가 일찍이 이승만 등과 함께 '토월회'에 가담해 무대 미술을 담당한 것이 계기가 되었을 것이다.[6] 그는 〈동아일보〉에 나도향의 『환희』의 삽화를 그리면서 삽화가로서 출판미술 분야에 뛰어들어 그 역량을 펼쳐가게 되는데, 이 또한 초기의 민중미술론 및 미술문명론에 기인한 바 크다.

김복진 역시 『문예운동』 표지나 신문소설 삽화를 그리면서 매체운동

6 박암종, 「도서장정의 사적 변화와 특성」, 『출판잡지연구』 제501호, 통권 5호, 1997.

의 구체적인 실천 단계로 진입한다. '민중미술론'의 입론적 성격을 주장하던 단계에서 벗어나 화가로서의 역량을 실질적인 매체운동에서 구하고자 했던 것이다. 그는 화가(조각가)였지만, 매체운동가로서의 그의 역할 또한 분명하게 출판미술의 한 분야에 등기되어 있다. 김복진이 추구한 유토피아적 미술론은 러시아 구성주의 미술가들의 태도와 표면적으로 유사하다고 알려졌다. 북디자인, 포스터 디자인, 연극 영화의 세트 디자인 같은 대중 매체와 관련되는 활동이 그것인데, '미술과 생활의 결합'을 대중 매체를 통한 창작활동에서 찾았다는 점에서 그러하다.

매체운동이 잡지를 중심으로 전개되면서 문인-화가의 결합이나 이들을 중심으로 한 '영역, 장르 간 경계넘기'는 보다 본격적으로 전개된다. 특히 '대중화운동'의 중요한 목표를 달성하기 위한 장르론적 실험은 문예 매체를 넘어 연극・영화・화보 운동 등으로 확산되고, 이것들이 서로 연계되면서 장르적 변용이 일어나며, 새로운 장르가 출현한다. 예컨대 '단편서사시'는 시 양식 내부의 변종 장르이기보다는 서사 양식과 연계된 장르의 성격이 강하다. 문학 내부의 장르 간 교섭이나 혼종이 대중화 운동의 핵심은 아니었으며, 매체 혼종을 통한 대중화 전략이 그 중심이었다. '단편서사시'를 주장했던 김기진이나 권환의 인식은 문예학 내부의 관점에서는 차이가 있는 듯 보이지만, '매체운동' 차원에서는 차이가 없는 듯 보인다. 이들이 주장한 벽보시나 영화운동, 잡지운동, 연극운동 등은 대중화 전략의 '구도' 위에 세워진 일종의 실천적, 방법론적 '개념'들이다. 대중을 위한 잡지 발간 문제도 이 같은 매체운동 차원에서 논의될 수 있다. 이 문제는 뒤에서 본격적으로 논의될 것이다.

다수의 문인, 화가들이 〈파스큘라〉나 〈카프〉의 잡지 발간에 참여하고 있지만, 이들의 영역별 전문성이나 개별성(생산 주체로서의 작가)은 크게 강조되지는 않는다. 즉 전문성에 대한 섹트주의적 인식이 그다지 없다는 뜻이다. 문인, 화가 등 영역별 전문성은 1930년대 와서야 보다 본격화되는 것이다. 초창기 잡지에서 문인, 화가, 사회운동가들이 동시에 사회시평을 하고 동시에 시, 소설 등의 문학 행위의 생산 주체가 된다. 이는 잡지 발간 자체가 문예 언어의 근대화, 문예의 완미화(문학성)를 위한 문예운동이기보다는 사회사상운동의 실천적 행위였다는 역사적 사실을 떠올리게 한다. 잡지를 중심으로 사회사상운동을 펼치고자 한 일종의 매체운동이자 계몽운동이었던 것이다. 그들은 각자가 지닌 영역별 전문성을 오히려 약화시킴으로써 전체적으로 매체운동 전반의 운동성을 강화해 나갈 수 있었다. 그들은 전문성보다는 집단성을 내세운 매체운동에 갖은 역량을 투입한다. 초창기 잡지 발간이나 잡지 유통 및 소비 과정은, 정치적 사상적 목적의 신문화운동과 함께 매체운동의 속성을 동시에 지니는 것이었다.

1927년 〈카프〉의 조직 정비를 전후로, 이른바 '목적의식기'로 방향전환을 한 이후, 임화는 잡지『군기』를 발행한다. 이 잡지 표지화는 일본 구상주의 전위미술 운동 단체의 잡지 표지화와 매우 유사하다고 평가된다. 개인주의적 주관주의 미술이 사회운동의 차원에서 프롤레타리아 운동의 옷을 입고 전개된 예술운동인 셈이다. 이는 매우 흥미로운 것인데, 조직 개념으로 파악할 수 없는 문예운동 자체의 내적 동력이 존재한다는 점을 보여주기 때문이다. 조직원들 각자의 성향이나 지향점, 목표 등은 조직론을 넘어선 지점에서 포착되고 있는 것이다. '대중화운동', '대중화론' 역시 매체운동의 관점에서 포착된다. 이는 '문학 대중화론'에 머무르지 않는 매체 간 '경계넘기'이며, 매체 혼종을 통한 대중화 전략의 차원인 것이다. 대중성을 확보하기 위한 활자 매체의 매체론적 혁신은 긴급한 과제로 떠올랐으며 영화, 입체주의 회화 등 뉴미디어와 문학의 혼종으로 이 운동은 확장되는데, 이는 문자의 입체주의적 효과에 대한 각성과 관계가 있다. 따라서 대중화론은 조직론의 차원이나 문예미학상의 리얼리즘 창작 방법론과 다른 맥락에서 조명될 필요가 있다.

권환과 김기진은 시의 대중화론을 주창한 인물로 알려졌지만, 이들의 궁극적인 지향은 매체운동으로서의 대중화 전략이었다. 대중화 전략의 매체운동적 성격은, 이미 카프의 전 단계 경향 예술 단체인 '파스큘라'의 시기부터 두드러지게 나타나는 것으로, 이는 근대문화 초창기 문화운동 차원에서 시도된 잡지 발간 운동의 연장 선상에 있다.

김기진의 대중화론과 구술 매체적 전략

카프시를 정치운동론의 일환으로 볼 것인가, 아니면 시 양식의 차원에서 평가할 것인가 하는 문제는 당대 카프 자체 내의 창작 방법 논쟁의 핵심에 해당한다. 그 중요한 논쟁의 하나가 바로 '시 대중화론'이다.[7] 당시 권환과 임화의 시는 이 양 경향을 뚜렷하게 대표하면서 이른바 '대비적인 모순'을 보여주는데, 당시 대중화 논쟁의 와중에서도 이 양 경향에 대한 입장은 평자마다 뚜렷한 차이를 보여주었다.[8]

'카프시'는 두 가지 축을 중심으로 논의돼 왔다. '교술적 아지프로시'와 '단편서사시'가 그것이다. 권환과 임화 두 시인이 이 양 날개를 지탱하고 있다. 카프 조직의 기원을 〈염군사〉와 〈파스큘라〉라는 두 단체에 둘 때, 이 두 단체가 지향하는 목표의 차이는 그것이 뚜렷하면 할수록 합목적성을 띠는 것이어서 카프시의 이 두 축을 부정할 근거는 희박하다. 하지만 어떤 경우든 조직론을 바탕으로 문학의 현실 대응력을 문제

7 김윤식, 『한국근대문예비평사연구』, 일지사, 1984, 72~80면.

8 정재찬, 「시와 정치의 긴장 관계-시인 권환론」, 윤여탁 · 오성호 편, 『한국현대리얼리즘 시인론』, 태학사, 1990, 51면.

삼는 차원에서 논의되는 시 대중화는 결국 시 양식론의 문제를 바탕에 깔고 있다는 점에서 여전히 문예학적 관점을 탈피하기 어렵다. '시 대중화론'의 핵심을 임화의 '단편서사시'를 둘러싼 논쟁에 귀속시키거나, 단편서사시의 가능성 및 한계를 대중화론의 가능성과 한계로 보는 관점들은 대중화론을 여전히 문예 양식 논쟁의 자리로 되돌려 놓는다. 임화의 단편서사시가 문학성과 대중성을 함께 견지하고 있다는 점 때문에 단편서사시로서의 가장 완미한 형태를 보여준다는 평가가 대표적이다. 그러나 권환의 입장에서 보면 단편서사시는 '부르시'와 그다지 다를 바 없는 양식이 된다. 권환은 단편서사시보다는 오히려 '아지프로시'에서 시 대중화의 가능성을 찾고자 한다.

권환과 임화로 대변되는 프로시가의 두 가지 경향성을 두고 그 이후로도 논란은 계속되며, 시간을 훌쩍 넘겨 1980년대에도 지속되기에 이른다. 카프시는 1980년대에도 집중적으로 연구된다. '권환 류'의 시를 선전 삐라로 평가하는 경우도 있고, 진짜시의 기능이라 평가하는 경우도 있다. 1920년대 제기된 카프시 논의의 초점은 결국 권환 시를 '선전 삐라'로 볼 것인가 '진짜시'로 볼 것인가 하는 문제에 귀속된다고 할 것이다. '진짜시'와 '선전 삐라', 시적인 것과 비시적인 것의 대립 및 논쟁은 시 양식 내부의 문제가 아니라 시의 '내부'와 '외부'의 문제이다. 임화의 단편서사시에 손을 들어 주는 경우, 이는 서정 양식 내부의 문제로 환원되며 이를 서정 장르의 확장 및 변용으로 평가할 수 있다. 권환의 이른바 '뼉다귀 시'를 선택한 경우라면, 이는 저항 매체로서 시의 매체론적 기능을 핵심적인 것으로 본 것이다. 시 양식 본질론과 매체로서의 시 이장론, 문예학적 문제와 매체론적 문제와의 대립이, 임화와 권환, 이 양자 사이에 놓여 있다. 이 두 경향은 서정 양식 층위에서 동시에 논할 수 있는 성질의 것이 아니며, 따라서 이 논쟁은 초점이 다소 뒤틀어진 채 지속돼 왔다. 본질론으로 도구론을 압박하는 격이다. 특정한 '문학적 관점'이나 규준이 그 외부에 있는 '타자'를 판단하고 평가하는 문제가 돼버릴 위험성을 스스로 내재하고 있었던 것이다. 문예학적 규준으로 매체론적인 문제를 해석, 평가하는 것은 합당하지 않다는 뜻이다. 매체는 매체로써, 매체론적인 기준에 따라 평가되어야 한다. 이는 권환이 강조한 '아지프로시'를 새롭게 평가할 수 있는 근거가 된다.

시의 대중화 논의는 카프 목적 의식기에 불거진 것으로 시를 매개로 대중들을 어떻게 설득하고 계몽시킬 것인가, 아지프로의 수단으로 어떻게 시를 활용할 것인가 하는 문제였다. 카프 대중화론의 핵심 인물인 김기진이나 권환의 관점은 매체운동 전략을 띠고 있다는 점에서, 농민문학론이나 내용 형식 논쟁 같은 프로 문단 내부의 창작 방법론, 리얼리즘 논의[9]와는 층위가 다르다. 그런 까닭에 김기진이나 권환의 논의를 문학 중심의 담론으로 규정하거나, 문예학적인 관점으로 평가한다면 논의 자체가 공소해질 수밖에 없다.

권환의 아지프로시는 일종의 저항 매체의 기능을 가진 것이다. 그것은 시적이기보다는 산문적인 진술에 속한다는 점에서 서정 양식 본질론 및 서정시의 범주로부터 멀찌감치 이탈돼 있다. 김기진의 통속소설론 및 단편서사시론 역시 양식론이기보다는 매체론적 성격을 갖는 것으로, '포스타도 예술작품이오 인민위원회의 정견발표문도 예술된 자격이 있다'는 인식[10]과 유사한 관점을 공유한다. 목적의식기 시의 방향성은 바로 아지프로 및 선전 매체로서의 시의 기능에 있었고, 따라서 시의 '정보 전달의 기능'이 핵심적이었다.[11] 따라서 이 대중화론을 평가하는 것 역시 문

9 김윤식, 「예술대중화론」, 『한국근대문학사상사』, 한길사, 1984, 143면.

10 조중곤, 「비맑스주의 문학론의 배격」, 〈중외일보〉, 1927.6.23.

예학적인 접근보다는 매체론적 관점, 문화학적인 접근이 보다 유효할 수 있다.

김기진은 조선에서의 문예 대중화 문제는 발표기관의 문제, 검열 제도의 문제, 독자 대중의 교양 정도의 문제, 작가 및 시인의 기술 문제 등이 중요하다고 주장한다. 그가 말한 프롤레타리아 사실주의는 어떻게 하면 문학 텍스트를 노동 대중에게 친근하게 접근시킬 수 있는가 하는 문제로부터 도출된다. 대중과의 효과적인 소통을 위해 발표 기관을 갖는 문제, 곧 잡지 매체를 갖는 것은 중요한 문제로 인식된다. 기관지 확보의 긴급성, 4호 활자 사용, 그림 표지의 인쇄 등이 제시된다. 이 같은 방법론적인 문제는, 카프 목적 의식기의 이념적 문제를 담지하면서 대중을 계몽할 매체의 중요성에 대한 인식에서 비롯된 것이다.[12] '4호 활자'란 〈한성순보〉 창간호(1883.10.1)나 영창서관에서 발간한 『고학생의 설움』(1933.11)과 같은 인쇄물에서 보듯, 본문에는 잘 쓰이지 않는 것으로 현재의 10호 활자보다 큰 활자체다. 이는 글씨를 읽기 어려운 대중들을 위해 글자체 자체를 크게 해 가독성을 높임으로써 문자 텍스트가 갖는 '닫힌 성격'을 벗어나고자 한 전략이다. 이는 문자 텍스트에 도상적 성격을 부여하는 것과 유사한 성격을 가진다. '4호 활자'에 대한 강조는 대중성과 계몽성의 획득 전략과 관계가 있다.

따라서 독자 대중과의 소통 문제가 최종심급으로 등장하게 되는데, 문자 매체인 문학의 대중화 방법으로 활자의 크기나 배치를 고려하는 매

---

11 정재찬, 앞의 논문, 54면.

12 김기진, 「예술의 대중화에 대하여」, 『김팔봉문학전집 Ⅰ』, 홍정선 편, 문학과 지성사, 1988, 172면. (이하, 김기진 글 인용은 이 책을 바탕으로 함)
독일의 경우, 〈신문통신〉, 〈공장신문〉, 〈세포신문〉은 프롤레타리아 혁명 문학을 위한 중요한 매체이다. 르뽀나 자서전적인 기록은 후일 장편소설로 전화하게 된다. 서울대학교 독문과 편, 『변혁기의 문학운동』, 1987, 19면.

체적 전략의 중요성이 강조된다. 강연, 낭독, 상영과 같은 대중 계몽 매체를 활용하는 것도 같은 맥락이다.[13] 따라서 김기진에게 중요한 것은 마르크스주의에 기반한 리얼리즘 양식론을 철저하게 지키는 것이 아니었다. 핵심은, 어떻게 대중들에게 프롤레타리아 의식을 심어 주는가 하는 문제로, 이것이 작가의 기술 문제로, 표현의 방법 문제로 표면화된 것이다. 따라서, '조직 확대와 이를 위한 문학 기술 문제'가 핵심이었고 예술 각 방면의 전문적 형식적 문제는 후차적인 것이었다.[14] 이런 상황에서 김기진이 제기한 양식 문제를 '양식 문제 제출의 방법이 진정한 마르크스주의적 방법이 아니다'고 비판한 임화나 한설야는 김기진과 애초 그 논지의 출발점이나 지향성이 달랐던 것이다.[15] 따라서 이들과 김기진의 대립각은 논의가 거듭되면 될수록 초점을 잃고 논의 자체가 공소해질 수밖에 없게 된다.

임화 등이 김기진을 '춘향전 문학자', '예술지상주의자', '개량주의자'라고 비판한 맥락들은 김기진의 문학적 방법론이나 표현 문제에 대한 비판이기보다는 김기진이 자리한 토대 곧 매체론적 입장에 대한 인식 부족을 드러낸 것이다. 대중 계몽의 전략적 효과를 강조한 김기진의 매체주의적 접근 방식에 대응해, 임화나 한설야는 문학주의(문예학적 입장)를 고수하면서 '사실주의(현실주의) 문학'이라는 방법론을 내세우고 있었던 셈이다. 김기진의 대중화론이 김화산의 아나키즘론이나 염상섭의 리얼리즘

13 김기진, 「예술운동의 일년간」.

14 김기진, 「변증적 사실주의」, 「예술운동의 일년간」.

15 김기진의 논의가 일본 측의 林房雄, 貴司山治의 이론과 가깝고, 임화, 안막, 김남천, 조중곤 등의 논의가 원칙론자인 일본의 中野重治, 藏原惟人에 맞닿아 있다는 논의는 이 양자들 사이의 대중화론의 관점의 차이뿐 아니라 이 양자의 논의 자체가 본질적으로 다른 차원에서 출발하고 있음을 보여준다 하겠다. 김윤식, 『한국근대문예비평사연구』, 79면.

론과 같은 뿌리를 가진다는 평가도 결국은 김기진의 주장이 매체운동에 그 핵심적인 뿌리가 놓여 있음을 지적한 것이다. 이들이, 정통적 테제나 노선을 주장하면서 국제화를 지향했던 카프 조직의 중심 논의와 충돌하고 또 그로부터 배제되면서 오히려 구체적 현실성을 획득해 가게 된 것은 그래서 역설적이다.[16] 통속소설론으로부터 출발해 대중소설론으로 나아간 김기진의 대중화론에서 제기된 항목들은 굳이 프로소설 대중화론이라고만 할 수는 없다.[17] 김기진 논의는 마르크스주의 문학론에 근거한 것이기보다는 대중 선동과 계몽의 매체운동적 특성을 가지고 있었다. 김기진 대중화론의 가능성은 '창작방법론의 국제화'와는 층위가 다른 '주변성'이다. 김기진의 대중화론이 궁극적으로는 일본문학과는 다른 조선문학의 '주변성'을 보여준다는 것이다. 조선 노동자 농민 대중의 현실적 상황을 강조한 김기진의 입장은 원론적이고 원초적인 사회주의 창작 방법의 논의와는 그 출발이 달랐던 것이다. 이것이 오히려 매체론적 관점에서의 계몽성이 조선적 구체성과 현실성을 획득하게 된 연유인 것이다.

대중화운동의 구술 매체적 전략

김기진의 농민, 노동자 대중에 대한 인식은 현실적이고 구체적이며 따라서 대중화론 자체도 '어떻게'라는 기술 문제에 치중된다. 여기서 주목할 것이 바로 구술적 효과, 낭독 가능성에 대한 탐구인데 이는 김기진의 대중화론이 '구술 매체적' 전략의 일환으로 제기된 것임을 증거한다. 「농민문예에 대한 초안」에서 김기진이 대중화 방법으로 구상한 것들 중 주목

16 서경석, 「카프에 대한 카프 주변부의 비판과 그 가능성」, 『어문론총』 제41호, 한국문학언어학회, 2004, 257~258면.

17 김윤식, 『한국근대문예비평사연구』, 75~80면.

되는 항목은 다음과 같다.

2. 농민들의 거의 전부는 무식한 사람이니 우리들의 글은 그들이 귀로 듣기만 하고서도 용이히 이해할 수 있는 글이어야 한다.

5. 시에 있어서는 그 의도와 내용은 소설에 대하여 말한 바와 같으며 그 양식만은 재래의 민요조를 취하여 그들의 입에 친한 맛을 주고 쉽게 정들게 하여야 한다. 서사시의 형식도 좋다.

6. 모든 문장은 낭독에 편하고 듣기에 편하도록 되어야 한다.[18]

물론 김기진이 낭독, 낭송을 유독 강조한 것은 글을 읽을 수 없는 농민들을 고려한 것이지만, 낭송, 강연은 개화기 이후 대중계몽운동의 차원에서 널리 행해지던 것으로 이는 '소리' 매체가 갖는 주술적 분산적 효과에 주목한 것이다. 소리 매체는 선전, 선동, 아지프로의 전략적 효과를 정서적 심리적인 층위에서 강화한다. 대중화론은 문자문화와 구술문화와의 결합, 즉 매체 혼종 효과를 대중화 전략의 핵심으로 삼는다. 문자매체가 귀족적이고 일방적이며 폐쇄적이라면 소리 매체는 다원적이고 방사형적이면서 입체적인 효과가 있다. '구술 매체'가 부족적이고 주술적이라는 평가는, '구술성'이 공동체의 광범위한 정보 전달과 선전, 계몽에 효과적인 기능을 담당하기 때문이다.

시의 대중화론에서 특별히 강조된 것은 '민요조' 형식과 '서사시' 양식이다. 민요의 집단 구술성은 달리 언급할 필요가 없을 것이다. 특히 '서사시' 양식에서 강조된 것은, '사건의 내용과 소설적 구성'과 같은 문예학적 자질이 아니라 암시적이고 비약적인 맛을 살려야 한다는, '리듬'

18 김기진, 「농민문예에 대한 초안」, 『조선농민』 제32호, 1929.3.

의 효과이다. 구체적으로 김기진은 임화의 「우리 오빠와 화로」의 두 가지 예를 지적하면서 단편서사시 양식의 문제점을 지적하고 그 방향성을 제시한다. 즉 이 시의 시작 부분은 극히 자연스럽고 가장 적당한 기교를 보인다고 지적하면서 김기진은, "'사랑하는 오빠를 일은 남매와 같이 화젓가락만이 외롭게 벽 위에 걸려 있다'는 간결하고 선명하고 인상적인 수법이" 주목된다고 평가한다. 그러나 제2단에 와서는 '둔하고 탁하여졌다'고 그 문제점을 다음과 같이 지적하고 있다.

> 언제나 철없는 저가 오빠가 공장에서 돌아와서 고단한 저녁을 잡수실 때 오빠 몸에서 신문지 냄새가 난다고 하면 오빠는 파란 얼굴에 피곤한 웃음을 웃으시며 … 네 몸에선 누에 똥내가 나지 않니 … 하시던 세상에 위대하고 용감한 오빠가 왜 그날만 말 한마디 없이 담배 연기로 방 속을 메워버리시는지 우리 우리 용감한 오빠의 마음을 자는 잘 알았어요.[19]

김기진이 '의미가 닿지 않은 형용'이라고 지적한 대목이나, '문장법의 무시로 말미암은 의사의 불통일'이라고 지적한 대목은 사소한 것으로 보인다. '고단한 저녁을 잡수실 때'를 김기진은 '고단한 몸으로 저녁을 잡수실 때'로 고쳐 두었는데, 시적인 암시는 오히려 전자가 더 정교하지만 낭송의 리듬을 고려한다면 후자가 더 적절하다. '문장법의 무시'라고 지적한 예, 즉 '메워버리시는지-메워버리시었는지'의 차이 또한 시제를 일치시키는 문제여서 깊은 논의를 담고 있는 것은 아니다. 그보다 중요하게 지적된 것은 '사구(辭句)의 무의미한 중첩과 사의의 분산'이다. 이는 '설명의 잡연 및 인상이 선명치 못하다'는 지적과 동일한 맥락인데, 문장

19 김기진, 「단편서사시의 길로」.

의 비숙련성에서 비롯된 문제로 판단된다. 이 구절이 비적절하다고 지적한 이유는, 시의 맛은 '설명의 인상적 암시적 비약에, 행과 행간의 정서의 비약에 대부분 있다'는 자신의 주장을 강조하기 위한 것이다. 김기진의 단편서사시에 대한 적극적인 평가의 이면에는 시 양식 본질론적인 측면을 전적으로 부정할 수 없었던 사정이 있는 듯하다. 하지만 간결성과 비약은 낭송의 효과를 높이고 강력한 인상을 제시하기 위한 중요한 자질이라는 점에서 대중화의 핵심적 요소가 아닐 수 없다.

다른 한편으로, 김기진이 관심을 기울인 문제는 단편서사시에 쓰이는 '말(언어)'의 조건에 관한 것이다. '시적인 암시와 비약이 있되, 연마조탁할 필요가 없는 말, 노동자 농민이 쓰는 말'이다. 이는 낭독의 가능성을 염두에 둔 것이다. 따라서 용어 역시 소박하고 생경한 '된 그대로의 말'을 사용해서 낭독에 편하도록 호흡을 조절해야 한다고 주장한다.[20] '현실, 분위기, 감정의 파악이 객관적 구체적으로 되고 감격으로 가득한 한 개의 생생한 소설적 사건'이 되는 시는 읽는 시가 아니라 말하는 시다. 곧 낭독의 효과와 프롤레타리아 리듬의 창조 등은 구술 매체적 효과를 전제하지 않으면 완성되기 어렵다. 암시, 비약, 리듬, 호흡 등은 낭송 시 긴장도와 밀도를 높이기 위한 중요한 요소이다.[21] 소설 작법에서도 마찬가지로 낭독의 효과를 고려해야 하는데, '노동자와 농민은 반드시 눈으로 소설을 보지 않고 흔히 귀로 보는 까닭'이다.[22] 낭독의 편이성과 낭송의 효과를 강조한 김기진의 논점은 결국 낮은 교양을 가진 이들을 계몽하는 가장 중요한 수단이 바로 '그들이 흥미를 느끼고 외우도록 입맛

20 위의 글.

21 위의 글.

22 김기진, 「대중소설론」.

을 맞추는 것' 즉 듣기의 효과임을 강조한 것이었다.[23] 낭송 가능성과 낭독 효과를 중시한 이 같은 방법이 시 제작의 중요한 기술이라면, 단편서사시의 비정제된 난삽한 표현들은 대중들의 청취 행위에 부정적인 요소로 작용한다. 김기진은 그래서 임화의 단편서사시의 난점을 '난삽한 진술', '설명의 잡연'이라는 측면에서 파악했던 것이다. '아리랑'과 같은 재래 가요의 개량을 강조한 것 역시 매체적인 시각을 도입한 것인데, 시를 '부는(읽는) 차원'에서 '구송(노래)하는 차원'으로의 전환과 같은 맥락을 가진다. 이는 달리 말하면 시의 노래화, 곧 소리의 귀환과 노래의 복원이다.

예술 전반의 대중 매체운동

김기진의 대중화론이 나아간 것은 문학 차원이기보다는 예술 전반의 차원이며, 궁극적으로는 매체 혼종의 상황, 멀티미디어적 상황에 귀속된다. 그의 '예술 대중화론'은 다양한 '신(新) 매체'를 이용해 프롤레타리아 의식을 대중들에게 주입하는 전략이다.[24] 그는 더 나아가, 단순한 낭독만을 위한 각본이 학생 및 연극 단체들에 필요하다고 제안하는데, 이 또한 낭독을 통한 아지프로의 효과를 강조한 것이다. 연극, 영화가 대중화를 위한 가장 중요한 매체인 것을 지적하면서도 내용 및 주제, 형식 및 수법 등을 논하지 않은 이유는, 사실주의적 창작방법 자체의 문제나 미학의 문제가 대중화론의 중심 문제가 아니었던 소인과 무관하지 않다.

'아지' '프로'의 기구로서 가장 중요성을 가진 것은 금일의 대중의 교양 정도에

23 김기진, 「프로시가의 대중화」.

24 김기진, 「예술의 대중화에 대하여」.

> 의하건대 영화, 연극, 음악, 시가, 소설, 미술의 순차가 되리라고 생각한다. 대개 노동자와 농민 대중은 거의 전부가 무식하므로 매우 복잡한 것도 이해하기 어려운 것이 사실인 동시에 매우 단순한 것— 예컨대 포스터의 단조한 색채나 혹은 만화 같은 것도 또한 이해하기 어려운 까닭으로 직접 눈으로 보고 귀로 듣고 자기가 스스로 해석하는 수고를 많이 허비하지 아니하고서 해석까지 한꺼번에 있는 것이 아니면 급속히 효과가 나타날 수 없는 까닭이다. 이 의미에 있어 통속성을 가진 영화 장르가 중요성을 획득하게 된다.[25]

김기진은 영화, 연극, 음악, 시가, 소설, 미술, 만화 등을 대중 교양을 위한 매체로 이해하고 있다. 매체의 계몽성의 정도에 따라 이들을 순차적으로 배열할 수 있을 것이다. 통속성을 강조한 것 역시 각 예술의 매체적 특징을 대중성과 계몽성에 두고 있었기 때문이다. 매체운동의 조선적 특수성을 강조한 것도 이들 매체가 갖는 특별한 역사적 국면과 사회적 정치적 상황에 대한 인식에서 비롯된 것이다. 따라서 조선 내의 노동자와 일본 내지의 노동자를 위한 대중화 방법 자체가 차이를 가질 수밖에 없다.

> 시가, 소설, 연극, 영화, 음악, 미술 등의 문제를 조선 내지에 있는 노동자와 농민의 예술로 만들어야 한다는 것을 첫째 조건으로 하고서 고찰하였던 것이다.[26]

영화 매체의 경우, 연극의 대본을 낭송하듯 그 각본을 낭송할 필요는 없다고 본다. 기존 매체를 소리로 전환하는 것은 중요하므로 소설을

25 위의 글.

26 위의 글.

'춘향전화' 하는 것, 시가를 낭송하는 것, 연극 대본을 읽는 것 등은 중요하지만, 영화 대본 곧 시나리오 자체를 낭송할 이유는 없다. 영화는 그 자체로 이미 아지프로화 가능성이 극대화된 총체적 기예 예술이며, 그런 까닭에 영화의 대본인 시나리오 자체를 낭송할 이유는 없다는 것이다. 낭송의 필요성을 언급하는 것 자체가 대중화론이 매체의 구술성을 염두에 둔 대중 매체운동의 일환으로 기획된 것임을 의미한다.

예술대중화론은 그것이 리얼리즘론이든 창작방법론이든 문학 내적인 문제가 아니라 대중과의 소통 관계 속에서 그 존재론적 지위가 결정되는 매체운동의 성격을 지닌다. 희곡의 내용과 형식, 영화 각본의 주제와 수법 등에 대해서는 일언의 논의 여지도 없는[27] 이유가 여기에 있다. '시가 대중화론' 역시 이 예술 매체의 대중화론의 하위 개념으로 제시된 것이어서 그 자체로는 특별한 문예학적 가치를 갖는 것은 아니었다. 희곡의 내용과 형식, 영화 각본의 주제와 수법 등은 문예 양식에서 중시되는 언어 미학의 규범에 종속된다. 이는 대중 매체 규범과는 다른 것이다. 적어도 매체운동가 김기진에게는 그러하다.

김기진의 매체운동으로서의 대중화론의 초점은 결국 ① 전달 용이성 및 효과의 방법으로서의 낭송 문제 ② 연극 및 영화운동의 대중적 매체운동 ③ 발표 기관의 문제 등으로 요약된다. 그의 논의는 문학(시) 대중화론이기보다는 영화, 미술, 연극 등의 비언어 매체를 통한 대중화론에 초점이 모아진다. 김기진의 논점은 도상적이고 주술적인 문화에 대한 경사를 분명히 보여준다. 연극, 영화는 가장 대중적인 연행 예술이기 때문이다. 음악, 미술은 예술운동 차원에서 실제적 수행 가능성은 거의 없지만, 미술의 경우는 포스터의 형태로, 음악의 경우는 공장으로 찾아가

27 위의 글.

는 연주회 등의 형태로 그 가능성을 모색할 수 있다. 김기진은 '영화, 연극, 음악, 시가, 소설, 미술' 등의 순서로 매체의 서열상의 우위를 규정할 수 있다고 강조한다. 그 기준은 대중의 교양 정도에 따른 아지프로의 정도, 곧 매체운동의 전략적 효과에 따른 것이다. 문자 매체의 폐쇄성과 일방성을 벗어나기 어려운 단편서사시는 '음악' 다음의 자리에 존재한다. 내용상 매우 복잡한 것도 조선의 대중들에게는 수용되기 어렵고 매우 단순한 것도 마찬가지로 어려운데, 직접 눈으로 보고 귀로 듣고 자신이 스스로 해석까지 한 번에 할 수 있는 것이 아니면 안 된다는 것이다.

이 같은 관점에서 통속성을 가진 영화는 대중화 전략의 핵심적인 매체로 떠오른다.[28] 영화가 갖는 즉각적이고 직접적인 효과와 현장성 때문이다. 카프의 소영화운동은 영화가 갖는 가상적 운동성을 주목한 데서 가능했다.[29] 대중화 논리 자체가 일종의 읽고 쓰는 방식에 따른 가독성과 계몽성의 효용성에 주목한 것이어서, 시각적 읽기에 대한 대중의 감수성을 전제로 하지 않으면 성립하기 어렵다. 조선의 현재적 상황에서 스스로 보고 듣고 해석까지 할 수 있는 예술이 아니면 대중에게 수용되기 어렵다는 것이다. 따라서 문자 매체보다는 도상 매체가, 개별적으로 향유하는 매체보다는 집단적인 연행 매체가 대중의 이해를 구하는 데 더욱 용이하다. 그렇다면 김기진의 대중화론의 핵심은 시가 대중화보다는 '대중적 매체'와 매체의 집단 연행에 저울추가 옮겨져 있었다고 할 수 있다. 그 점에서 권환의 입장이 오히려 더 문자주의적인 데 기울어져 있으며 문자 매체 중심의 논의에 가깝다. 비시적인 양식, 곧 '뼈다귀시'를 주장한 권환의 논의는 여전히 문자중심주의, 문자 매체 중심의 논의를 펼쳐

28 위의 글.

29 김기진, 「예술의 대중화에 관하여」.

간다는 점에서 역설적으로 시양식 문제의 논의가 된다.

권환의 시 매체 중심주의와 '진짜시'의 매체운동적 지평

권환은 언어 매체인 시에서 대중화의 가능성을 찾고 구체적으로 시 창작을 통해 이를 입증하고자 한다. 대중화론이 활발하던 시기에 쓰인 권환 시는 일제 말기 시집에 발표된 시들과는 근본적으로 차이가 있다. 이것은 시기의 문제이기보다는 시 성격의 근본적인 차이에서 비롯된 것이다. 결론부터 말하면, '교술시' 혹은 '뼈다귀시' 같은 대중화론 시기의 시들은 교술적 아지프로시로서 '시가'의 매체적 특징을 살린 것이다. 교술적 아지프로시들은 매체 혼종성을 기반으로 매체운동의 전략을 내포하고 있다. 반면, 『자화상』, 『윤리』 등의 시집에 실린 시들은 내면성을 특징으로 하는 시 양식 본연의 성격을 갖고 있다.

권환 연구는 다른 카프 문인들에 비해 소략한 편이다.[30] 교토제대 재학 시절의 기록을 바탕으로 권환을 재평가한 김윤식은 그 이유를 두 가지로 들었다. 즉 상당한 자료 수집 뒤에 놓인 자료 자체의 함정 문제, 다른 하나는 자료와 행적 사이의 불일치가 그것이다.[31] 권환은 세 권의 시집, 『자화상』(1943), 『윤리』(1944), 『동결』(1946)을 남겼다. 하지만 이 시기 작품들은 서정적이고 내면화된 자의식을 표출한다는 점에서 카프 시기에 씌어진 '교술적 아지프로' 시들과는 그 성격을 달리한다. 카프 맹원으로 활동하던 시기 권환은 소설, 희곡 등의 장르 전반에 걸친 문학 활동

30 '카프 전집'이 출간되어 있으나 해방 이후 행적에 대해서는 증언 및 면담 기록에 의존할 수밖에 없는 현실도 작용한 탓이다. 황선열 편, 『권환 전집-아름다운 평등』, 전망, 2002. (이하 권환의 글 인용은 이 책을 바탕으로 함)

31 김윤식, 「이념에서 서정으로, 카프 시인 권환의 삶」, 『문학사상』, 2005.6, 123면.

을 하게 되는데, 이때 전위문학적 성격이 짙은 카프 초기 문학의 특성을 전형적으로 보여준다. 권환의 문학은, 마르크스주의에 입각한 계급문학으로서의 카프 문학의 성격에 근접하기보다는 지식인 문학이자 전위문학의 일종임을 부정하기 어렵다. 『카프시인집』(집단사, 1931)에 실린 「정지한 기계」, 「가려거든 가거라」 등을 비롯, 「간판」, 「삼십분 간」 등의 초기 시들이 보여주는 과격성과 관념성 자체가 이 시기 권환 문학의 전위적 성격을 그대로 노출하고 있다.[32]

시집에 묶여 있는 그의 시들에서 위의 평가를 간접적으로 추인할 수 있는데, 카프 시기의 시들과는 본질적으로 다른 시 양식적 특성을 보여주고 있고 어떤 측면에서는 몽환적이고 신비주의적인 특성도 드러나 있다. 이는 단순히 일제 말기 시들의 특징으로 지적되는 심혼 탐색[33]이나 시적 내면화 경향과는 다른 것으로, 『카프시인집』에 실린 시들과 시집에 묶인 시들의 장르적 차이를 분명하게 구분할 수 있는 근거가 된다. 전자의 시들은 매체운동적 성격이 강한 시들로 후일 시집에 수록된 시들과는 구분된다. 이는 카프 시기의 '아지프로시'에 대한 평가나 해석이 시 양식 자체의 틀 내에서 규정할 수 없는 이유를 설명해 준다. 이 같은 관점에서 권환의 '대중화론' 역시 기존의 문학양식론이나 창작방법론 차원과는 다른 관점에서 논의될 수 있을 것이다. 권환의 대중화론은 이른바 '교술적 아지프로시'에서 출발해, 삐라, 르포 등의 비문예학적 장르로 확산되며, 음악, 미술, 연극, 영화 전반의 예술 매체로 확장되는 '경계넘기'의 문화운동 차원에 있다. 권환은 대중화론을 이론적으로 정리할 뿐 아니라

---

32 권환의 첫 작품으로 알려진 「앓고 있는 영」(『학조』, 1927.2)이 관념성과 과격성, 실험성을 가지고 있을 것으로 추정하는 이유는 임화 등의 경우에 유비된 것이다. 김윤식, 위의 글, 125면; 황선엽, 위의 책, 476면.

33 이명찬, 『1930년대 한국 시의 근대성』, 소명출판, 2000 참조.

1932년 '신건설' 문예부에 가입해 연극운동을 펼치게 되는데, 이들은 공통적으로 매체운동의 관점에서 조명되는 것들이다.[34] 연극은 구술적 매체의 기능을 가진 것으로 계몽성과 대중성을 손쉽게 확보할 수 있는 장르인데,[35] 이는 권환이 연극운동에 뛰어든 하나의 계기로 작용한다.

대중화론을 제기하던 당시 쓰인 시들은 일종의 구술성과 도상성을 견지한 것인데, 이는 시 양식이 상대적으로 대중을 향한 메시지 전달이 용이하다는 매체적 전략과 관련이 있다. 권환이 주장한 '교술적 아지프로시'는 '부르시'와의 분명한 차이를 바탕으로 성립된다. 카프시는 대중과의 소통을 위해 창안된 것으로 이때 전달의 효용성이 문제이지 문학성은 부차적인 것이다. 시학(poésie)의 본질론적인 차원을 확보하는 것이 핵심이 아니라는 뜻이다. 권환은 문화운동의 차원에서 교술적 아지프로시의 필요성을 강조하고, 시를 매체로 대중계몽운동을 효과적으로 달성하고자 한다. 권환의 카프 내에서의 입지나 그의 독특한 경력상의 모호성도 이와 관련이 있다고 판단된다. 매체 전략은, 조직운동론적 관점이나 계급주의적 문예운동의 시각이 포회할 수 없는 대중 소통의 문화운동 전략으로, 매체 그 자체의 기능과 효용성이 강조된다. 그러니까 매체의 고유한 특성, 예술성, 문학성, 시성(詩性) 같은 문제는 부차적인 것이며 이를 얼마나 내밀하게 드러내는가 하는 문제는 개인 언어의 총체인 문학가의 그것에 귀속될 사항이어서 '소통'이 중심인 매체운동 차원에서는 중요하게 취급될 대상이 아니다. 전달 그 자체의 기능성과 효용성이 중시되는 매체운동의 차원에 있는 교술적 아지프로시는 대중 전달과 확산을 위한 구술성과 도상성이 중시된다. 이는 시적 리얼리즘의 구현 문제와는

34 베르너 파울슈티히, 앞의 책, 439~456면.

35 양승국, 「한국 근대 희극의 존재 형식과 웃음의 구조」, 『한국의 웃음 문화』, 소명출판, 2008, 204~205면.

본질적으로 다른 것인데, 따라서 그의 시를 리얼리즘의 잣대로 평가하는 것은 무리다.

'진짜시'의 실체

권환의 대중화론은 카프 목적의식기에 제기된 '진짜시'란 무엇인가에 대한 논의에서 촉발된다. 이때 '진짜시'란 선전 매체로서 시의 기능을 갖는 것이었다.[36] 권환은 프로 시단이 '다른 새 길로 방향을 전환하'는 시점에 있다고 보고 그 방향성을 '진정한 아지프로를 위한 시'에 둔다. 권환은, '시를 위한 시'에 머문 김억으로 대표되는 '부르시'뿐 아니라 임화의 단편서사시 및 김병효, 손재봉 등의 몇몇 '아지프로시'에 대해서도 '낭만적 동정주의'에 머물러 있다고 비판한다.[37] 그렇다면 그가 말한 '진정한 프로시', 즉 '진짜시'란 어떤 것인가. 진짜시, 즉 진정한 '프로시'란 과거 시들이 중시했던 예술적 조건과 세련성, 감상적인 태도를 거부하고, '형상화한 삐라와 리포트로 훌륭한 ×××의 ×× 토로의 역할을 하는' 시다. 형상화한 삐라와 리포트는 아지프로라는 본래의 목적에 다가가는 진정한 프로시라는 것이다. 삐라나 리포트가 구체적인 사실에 근거하고 있는 한에서 그것이 표현하고 있는 강도가 아무리 폭발적이라 해도 프로시로 가능하다는 것이다.[38] 구체적인 사실에 근거하고 있는 한 표현의 과격성이나 형식은 크게 문제가 되지 않는다. '사실'의 중요성이란 그 '사실'을 전달하는 것의 문제이지 형상의 문제나 표현의 문제 같은 문예미학적 형식

---

36 베르너 파울슈티히, 앞의 책, 14면.

37 권환, 「시평과 시론」, 앞의 책, 277~280면.

38 위의 글.

미나 예술적 의장과는 직접적으로 관련이 없다. 르뽀나 리포트 같은 저항 매체적 성격을 살리는 것이 프로시의 중요한 기능이다. 이 같은 관점에서, 비참하고 참혹한 사실(사건)이 있다면 그것이 아무리 강도가 높다(폭발적이다)고 하더라도 그 '사실'을 전달하는 것 자체가 중요해진다. '형상화'가 이때 필요하기는 하지만, 이는 문예학적 가치에 기댈 필요는 없으며, 예술 본질론의 차원에서 장르를 규정하는 예술 고유의 관점에 입각할 필요 역시 없다. 강도가 높을수록 그 매체적 효력이 강력한 것이라는 역설도 가능하다.

권환의 입장은 김기진의 입장과 차이가 있다. 특히 대중적 양식의 문제라는 측면에서 확연한 차이를 보인다. 권환은 대중의 흥미를 끌어들이기 위해서 연애적 요소를 도입하거나 〈아리랑〉과 같은 민요를 집어넣어 퇴폐적 분위기에 젖게 하는 방법을 사용하면 안 된다고 본다.[39] 이는 앞에서의 김기진의 논의를 뒤엎는 발상이다. 권환의 입장에서 보면, 김기진의 통속소설론에서 제기된 그런 류의 방식은, '진검 하지 못한 것'이며 대중의 관심을 비속화시키고 관능적 흥미에의 굴복을 의미하는 것이다.[40] 문학의 대중성 확보를 위해 이른바 문학성의 '정도를 낮추는' 방향으로 대중화론의 구체적 방법이 설정된 김기진과는 달리, 권환은 '문학성'이라는 지고한 관점으로부터 벗어남으로써 문학주의의 미망에서 벗어난다. 대중화론을 매체운동의 차원으로 확장하고자 했음에도 불구하고 시 양식론의 감옥에서 벗어날 수 없었던 김기진의 대중화론과는 다른 것이다. 그럼에도 권환이 '시'를 고집할 수밖에 없었던 것은, 시 양식의 간결성과 축약성이 아지프로 효과를 극대화할 수 있다는 점 때문이며,

39 권환, 위의 글.

40 권환, 「조선예술운동의 당면한 구체적 과정」, 앞의 책, 291면.

대중화를 위한 가장 효율적인 장르가 시기 때문이다. '형상화한 르포나 삐라'라고 '형상화'를 강조한 것도 이 때문이다. 본연적으로는 고답적인 예술인 시 양식을 선택하게 된 동기에 대해 권환은 '가장 단축하고 간약한 말 가운데 가장 강렬한 감정을 담아 그것을 다른 대중에게 전달, 흡입 ××시킬 수 있기 때문이다'[41]라고 설명한다. 간단, 간결성이 대중 전달 및 대중 수용을 위한 이상적인 형태라고 본 것이다. 자본 및 장소(공간)가 필수적인 요소가 되는 영화나 연극에 비해 경제적으로도 현실적으로 용이했던 것은 출판(문자)을 통한 매체운동이었다.

따라서 권환의 시 대중화론은 시의 고전적 양식론보다는 매체운동적인 차원에서 논의될 성질의 것이다. 대중화론은 적극적으로 대중을 아지프로화하는 매체운동이다. 권환의 평문 중 본격적인 것은 「무산예술운동의 별고와 장래의 전개책」인데, 여기서 독특하게 제시된 것은 매체의 효용과 기능과 전달 방법에 관한 것이다. 그중 'D. 우리는 어떠한 방법으로 그들에게 보이고 읽힐까' 부분은 상세하고 구체적인데, 여기서 그는 문학 수용자의 커뮤니케이션 문제에 대해 관심을 피력한다. 김기진을 비롯한 당대 평자들이 '예술품을 어떻게 제작할 것인가' 하는 문제들에 논의를 집중한 것과는 달리, 권환은 이미 제작된 예술작품을 전제로 하고 이를 대중에게 '읽히려면 어떻게 할 것인가' 하는 문제에 집중한다. 그가 제시한 것은, 첫째 검열 문제, 둘째 방법 문제이다.

> 출판, 공연, 배포 등의 방법이 교묘치 못하면 현재의 검열 제도가 허락하는 범위 내에서도 경비 부족, 능력 불급 기타 이유로 노동 대중의 것이 되기 불능할 것이다.

---

41 권환, 「시평과 시론」, 앞의 책, 280면.

첫째, 우리의 기관지, 창작집 같은 것을 출판할 때, 부르조아의 그것과 같이 반드시 훌륭한 표지, 미려한 자질, 선명한 인쇄, 풍부한 매수만으로 하여 된다고 하지 말고 5, 6매로나 2, 30매로나 또 등사로나 원고 초본 그냥 그대로나 아려 가성적(可成的) 무료로, 그렇지 못하면 지렴한 책가로 배포 혹은 회독을 시킬 것이다. 물론 우리도 부르조아와 같이 훌륭한 양식을 다 완비하여 그들께 주면 좋지마는 그러나 우리에게는 늘 경비 문제가 있고 또 사실 그 안에 기재된 작품만이 반동적이 아니면 어떠한 소박한 양식이라도 노농 대중을 아지프로함에 조금도 그 효과를 감소케 않을 것이다. (중략) 배포도 가두서점보다 각 조합을 통해 하는 것이 좋을 것이다. 연극, 음악 같은 것도 그러한 방법으로 할 것이다.[42]

중심에 출판, 공연이 자리하고 있다는 것이 인상적이다. 노동 대중이 계몽의 대상이라고 할 때, 프로예술은 세련된 기술이나 광대한 규모, 사치한 장소 등이 필요치 않다. 따라서 염두에 둘 것은 소통 방법이나 아지프로 효과이다. 이 관점에서 보면 기관지 확보 문제, 배포 방법, 연희 장소 문제, 검열에 걸리지 않기 위한 전략적 기술 문제 등이 핵심 사항이 된다. 따라서 일반적인 제책 과정에서 중요하게 취급되는 제본 상태에 관한 문제나 부르주아 인쇄 문화의 산물인 책의 '완성도'를 고민할 이유가 없게 된다. 출판 인쇄물이란 인쇄 및 장정 과정에서 기술적 측면이 중시되고 저자가 독자에게 각인됨으로써 개인 저작물로 추인을 받는 것인데, 이때 책 내용을 고려한 장정의 독자성과 개성적인 디자인은 책의 중요한 자질이 된다. 그러나 권환은 그 같은 '인쇄 문화적 장정'이라는 출판 자체를 부정한다. 소박한 필사본 양식, 날 것 그대로의 원고 지체만으로도 이미 책으로서의 가치가 충분하다는 것이다. 그것은 활자문

42 권환, 「무산예술운동의 별고와 장래의 전개책」, 앞의 책, 251면.

화 시대의 개인 저작물 개념이나 부르주아 상품으로서의 문학 매체로부터의 탈피를 의미하는 것이며, 시를 비인쇄문화 시대의 사회적 구성물로서 부족적 집단적 감수성을 표출하는 매체로 되돌려 놓는 것이다. 여기서 종래 김억류의 시의 미학적 가치는 부정되기에 이르며 이로써 '새로운 시의 길'은 지금까지와는 다른 방향에서 모색되지 않을 수 없다. 문학 고유의 독자성과 시의 표현의 독창성의 가치, 부르주아 문학의 존재 가치 등을 부정하는 맥락에서 대중화론의 아지프로화 전략이 제시되고 있는 것이다. 권환의 논법은 근대 활자 문화산물로서의 책문화와 책의 가치를 부정함으로써 근대 부르주아 문학의 존재 자체를 부정하는 셈이 된다.

삐라, 저항 매체로서의 시

권환은 '형상화한 삐라와 리포트로 훌륭한 아지프로적 효과를 달성하는' 선전 매체의 기능을 '새로운 시'에 적극적으로 부여한다. 그가 특별히 관심을 기울인 것은 대표적인 저항 선전 매체인 삐라인데, 이는 그가 시의 매체적 기능에 적극적인 관심을 가졌음을 증거한다. 삐라와 예술작품의 차이를 지적하는 그의 논법에서 매체 전략의 하나로 시 장르를 주목한 이유의 일단을 찾을 수 있다.[43] 삐라는 정치적인 여론 형성과 선전 선동을 목적으로 활용되는 것으로, 이는 매체의 도구화를 특징적으로 보여주는 것이다.[44] 삐라의 저항 선전 매체로서의 특징은 문자 매체와 도상 매체의 특징을 혼종적으로 구현한 데서 찾을 수 있다. 문자(활자) 그 자체에 모자이크적 특성과 입체적인 성격을 부여해 수용자의 감정 격화를 유도

---

43 위의 글.

44 베르너 파울슈티히, 앞의 책, 283~284면.

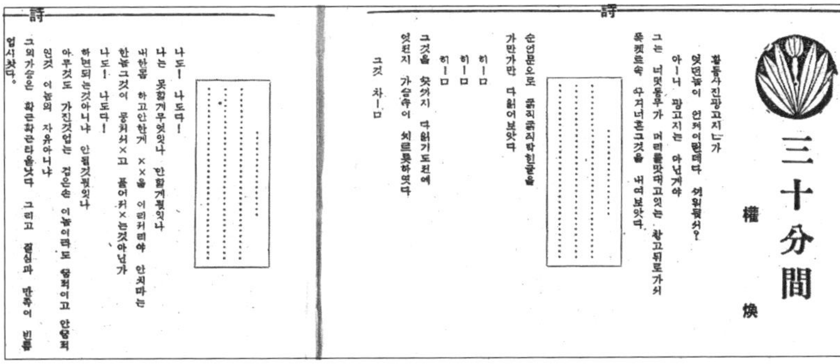

詩

三十分間

權 煥

활동사진광고지ㄴ가
엇던놈이 언제이런데다 써워뒷서?
아ㅡ니 광고지는 아닌게야
그는 너멋동무가 머리를맛대고잇는 광고뒤로가서
쭉켓트속 우겨너흔그것을 내여보앗다

순언문으로 굵직굵직한글을
가만가만 다읽어보앗다
히ㅡㅁ
히ㅡㅁ
히ㅡㅁ
그것을 쏫싸지 다읽기도전에
엇전지 가슴속이 쒸르릇하엿다
그것 차ㅡㅁ

나도ㅡ 나도다!
나는 못할게무엇잇나 안할게뭣잇나
내한몸 하고안한게 ××을 어리커리야 안지마는
한놈그것이 뭉처서×고 풀어켜×는것아닌가
나도ㅡ 나도다!
하면되는것아니냐 안될것뭣잇나
아무것도 가진것업는 검은손 이놈이라도 뭉쳐이고 안뭉쳐
인것 이놈의 자유아니냐
그의가슴은 화끈화끈라올낫다 그리고 결심과 만족에 빈틈
업시찻다。

활자에 그래픽적인 도안을 부가함으로써 시의 이지프로적인 기능을 적극적으로 구현한 권환의 시. 삐라 혹은 전단지가 시에 삽입된 형식이다. 도상적인 속성을 시 양식에 습합시켰을 뿐 아니라 시와 전단지의 매체 혼종을 시도한 것이다.

하고 즉각적인 반응을 일으키는 것이다. 활자에 그래픽 아트적인 속성을 부여한다거나 신문 헤드라인 스타일을 이용하는 것은 글자를 조상(彫像)의 형태로 변용함으로써 수용자의 종합적인 감각을 자극하는 방식이다.[45] 권환은 활자에 그래픽적인 도안을 부가함으로써 시의 아지프로적인 기능을 적극적으로 실현하고자 하는데, 그의 시 「삼십분 간」[46]은 삐라나 전단지를 시 중간에 삽입하고 도상적인 속성을 시 양식으로 끌어들인다.

「삼십분 간」에는 공장 노동자인 '그'가 프롤레타리아 의식으로 각성되어 가는 과정의 초기 단계가 잘 드러나 있는데, 그 같은 각성을 가능하게 한 것이 선전 매체인 삐라, 전단지이다. 이 '선난시' 형태가 시 양식에 견인되고 있는 것이다. 문자 언어와 도상(그림)이 혼종된 이 텍스트는 구술성을 견지하면서 동시에 대중계몽적 전략을 효과적으로 달성한다.

활동 사진 광고진가

---

45 매클루언, 앞의 책, 182면.

46 권환, 「삼십분 간」, 『제일선』 2권 8호, 1932.9, 110~111면.

어떤 놈이 언제 이런 데다 끼워두었어?

아―니 광고지는 아닌게야

그는 너댓 동무가 머리르 맞대고 있는 창고 뒤로 가서

포켓 속에 꾸겨넣은 그것을 내여 보았다

················

································

································

································

이 시는 '선전 삐라'로서의 시의 매체적 특성을 그대로 보여준다. 일종의 '메타 삐라 시'로 규정할 수 있을 것이다. 이 시는 일종의 서사로 구성된다. 동무들끼리 숨어서 엿보는 그 전단지에 '순 언문으로 굵직굵직 박힌 글'이 있다는 진술이 이어지는데, 전단지 내용의 일부를 도판 형식으로 시 중간에 삽입해 둔 것이다. 이 도상성은 그래픽적인 문자, 헤드라인 스타일의 조형성을 띤 타이포그라피보다 생생한 느낌이 더하다. 문자텍스트만으로 이루어진 시에 비해 시각적이고 촉각적이며 입체적이며 이로써 선전 선동의 강력한 효과가 생성된다. 권환은 그러한 삐라의 효과를 강조하고 시 자체 내에 그러한 효과를 재현한다. 이때 '삐라'는 메타언어의 지위를 얻는다.

이 시에서 '삐라'는 문자의 제한적인 아지프로 기능을 뛰어넘어 독자 대중의 강력한 감응을 효과적으로 끌어낸다. 문자 언어로 된 시 텍스트의 공간은 균질적이고 매끄러우나, 이 같은 혼종적 텍스트는 불균질적이며 울퉁불퉁하다. 촉각적이고 감응적이며 확산적이다.[47] 대중신문과

47 노르베르트 볼츠, 앞의 책, 251면.

광고에서 주로 활용되는 이 같은 도상적 도안들은 균질한 문자를 읽어 내는 엘리트 독자들의 기대 지평과는 다른 방향으로 독자들을 수용·견인해 간다. 권환의 이 같은 실험은, 문자와 문자의 조합을 통해 문자의 모자이크적이고 기능적인 성격을 재현했던 미래주의자들의 시도와 유사한 것이다. 문자가 아이콘적인 성질을 획득해 조각품처럼 감지되는 이 실험적인 시도는, '구텐베르크적인 하모니를 폭파하는' 전략과 다를 바 없다. 권환이 재현하고 있는 시의 대중화 전략은 혼종 텍스트의 구현과 관련이 깊다.

이 시에서 흥미로운 것은, '그'는 그가 본 것, 경험한 것을 이 시에 그대로 재현해 두었다고 말하는 대목이다. 이는 무엇을 의미하는가. 대중화론을 주장하면서 권환은 구체적인 생활 국면을 시의 중요한 원천으로 지적하기도 하는데, 이 시는 그러한 노동자 생활의 구체적인 리얼리티를 재현하고자 한다. 여기서 노동자 생활의 '실재'와 그 실재를 시로 '형상화한' 형태는 사실 그 구분이 모호하다. 아니 그 둘은 달라야 한다. '실재'를 시에 그대로 삽입시킨다 하더라도 그것은 창작적 재료이지 실재 그 자체는 아니다. 실재는 다시 형상적인 것으로 재현됨으로써 실재와 시적인 것의 구분이 순간 모호해진다. 즉 '실재'와 '형상화한 예술'의 경계는 사라지고 그것은 겹쳐 있거나 중층적이다. 실제로 일어난 일을 그린 화보나 투쟁 장면이 있는 다큐멘터리 속성을 가진 영화라고 하더라도 그것 역시 실재와 창작적 재료 이 중층적 성격을 동시에 가진다. 권환은 여기서 '실재'의 문제를 리얼리즘론의 문제로 환원시키지는 않는다. 오히려 그가 제시한 방법은 "창작적 재료는 실재적 재료와 동시적으로 병행해 '지입'될 때 교훈과 아지프로 효과가 보다 극대화될 수 있다"는 대중화론의 요체를 반향한다. 결국 '실재'와 다르지 않게 하는 것이 아지프로의 핵심이다. 작품성 그 자체가 문제가 아니라 아지프로의 임무를 합리적으로 보다 강력하게 수행하려는 것이 주 목적인 것이다.

순 언문으로 굵직굵직 박힌 글을

가만가만 다 읽어보았다

히-ㅁ

히-ㅁ

히-ㅁ

그것을 끝까지 다 읽기도 전에

어쩐지 가슴속이 찌르릇 하였다

그것 차-ㅁ

그것 차-ㅁ

그는 다시 한 번 위아래를

한자도 안 빼고 읽어보았다

(중략)

그는 훨씬 굵게 쓰인 끝으로 석 줄을

또다시 읽어보았다 또 한 번을!

이다음 구절에서 권환은 다시 그래픽 아트를 이용한다. 일종의 벽보, 전단지 형태를 시에 끼워 넣고 있는 것이다.

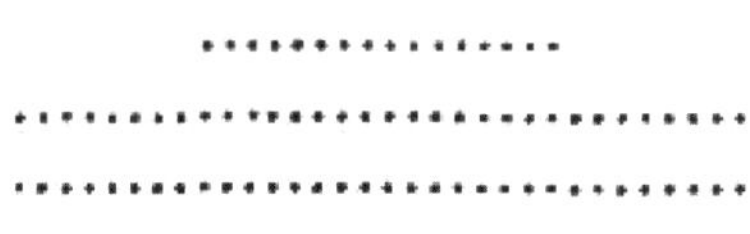

문자와 그림(도상, 도표)이 혼종된다. 이 같은 도상들은 촉각적인 의미에서 독자의 내면을 절박하게 파고든다, 그것은 읽히기보다는 촉각적으로 수용된다.[48] 서양에서 벽보는 16세기 말과 17세기에 등장한 이후 억압받고 지배받는 사람들의 이해관계를 대변하면서 저항・대항 매체의 성격을 강력하게 유지하고 있었다.[49] 권환의 시는 후반부로 가면서 '그'의 각성이 보다 분명해지고 그 각성의 목표도 보다 구체인 것으로 표명된다. 마지막은 '그의 가슴은 화끈화끈 타올랐다. 그리고 결심과 만족이 빈틈없이 찼다'는 것으로 마무리된다.

여기서 주목되는 것 역시 그러한 활자의 입체성을 부각시켜 시의 아지프로 효과를 수행하려는 의도를 분명하게 보여주고 있다는 점이다. '그'가 본 것은 '훨씬 굵게 쓰인' 끝 세 줄의 문장들인데, 그것 또한 도판으로 제시돼 있다. '우리가 이때껏 모른 것도 아니건만/인제야 똑똑히 알'게 된 것은 바로 이 전단지의 선전 문구 때문이다. '훨씬 굵게 쓰인' 세 줄의 문장은 노동자의 민중 의식을 강력하게 일깨우면서 그것을 읽는 노동자 대중의 즉각적인 반응을 유도해 낸다. 권환의 이 같은 시도는 매체적 속성으로 보자면 모더니즘류의 입체파적인 시도와 그다지 다르지 않다. 인쇄된 문자의 획일적이고 선형적인 속성을 거부함으로써 일종의 소음적 효과를 내는 에크리튀르로써 기능하는 것이다.[50] 「가려거든 가거라」, 「이 꼴이 되다니」 같은 비슷한 시기에 쓰인 청유형이나 대화체, 구술적 말의 형태로 쓰인 시들[51] 역시 유사한 성격을 갖는다는 점을 지적할 수 있다. 평이한 말에 대한 요구나 낮은 문자 지식을 가진 대중들에 대한

---

48 위의 책, 252면.

49 베르너 파울슈티히, 앞의 책, 293면.

50 매클루언, 앞의 책, 334면.

51 김용직, 『현대경향시 해석 비판』, 느티나무, 1991, 72~73면.

고려는 마르크스주의 문학 이론의 적합성 여부보다는 계몽과 아지프로적 정보 전달이라는 매체적 효과를 염두에 둔 것이다.

문자 지식과 아지프로의 효과

권환의 대중화론의 또 하나의 중요한 특징은 '문자 지식'의 차원을 문제 삼고 있다는 점이다. 일반 예술운동가의 문자 지식과 노동자, 농민 등 노동 대중의 문자 지식 레벨은 다르며, 형식적인 차원에서 문자 지식 레벨을 낮춘다고 노동자에게 적합한 것이 되지는 않는다. 노동자 농민에게 적합한 매체 자체를 달리 모색해야 한다는 것인데, 이는 그가 영화나 연극 매체에 대한 관심으로 나아가는 중요한 계기가 된다. 이 같은 관점이 가장 예민하게 표출된 것이 바로 「조선예술운동의 당면한 구체적 과정」이다. 그는 여기서 "조선의 중요 산업의 대공장 노동자와 빈농의 '문학 지식' 레벨을 생각하여 대중화를 문제 삼지 않을 수 없다"고 주장한다.[52] 이는 노동자 농민의 커뮤니케이션 능력, 의사소통 능력에 따른 아지프로 및 교화의 방법을 문제 삼은 것으로 매체운동의 성격을 강하게 표출한 것이다.

따라서 프로예술 자체가 이미 노동자 농민을 그 대상으로 한 것이고, 형식도 그들이 잘 감응하도록 하면 그만이기 때문에 고급적 예술, 대중적 예술, 대중적 형식, 비대중적 형식 등을 운운할 필요가 없다. 프로예술 자체가 노동자 농민을 대상으로 아지프로와 교화를 위해 존재하는 것이니 만큼, 문제는 그 문자 지식의 실제적 레벨에 따른 방법론을 모색하는 것이 관건이 된다. 즉 '문학 지식'은 기실 '문자 지식'인 셈이다. 이

52 권환, 「조선예술운동의 당면한 구체적 과정」, 앞의 책, 293면.

같은 귀환의 생각은 문학의 '작품'을 문제 삼는 레벨뿐만 아니라 '문학 체계'를 문제 삼는 행위자 역할 모델과도 다르다. 광범위한 문학 현상과 관련된 인간 행위 전반을 다루는 행위자 역할 모델은 생산자와 전달자와 수용자를 고려한다. 이때 전달자의 역할과 수용자의 수용 정도가 문제인 것이지 그 전달 텍스트가 어떤 것인가 특히 어떤 문학성을 구비하고 있는가 하는 '문학 텍스트'의 질적 국면은 전제할 필요가 없다.[53] 이 관점에서도 '문자 지식'과 '문학 지식' 곧 '책광'의 포에지를 강조했던 박영희의 이념은 목적 의식기 특히 대중화를 모색하던 이 시기를 견뎌내기 힘들었다는 것이 입증된다. 박영희의 전향은 자기 본향으로의 회귀이자 문학적 근원으로의 귀환이었던 것이다.

따라서 문맹의 정도를 측정하고 그에 적합한 방법론을 탐구하는 것이 대중화 방법의 요체가 된다. 대중화 문제를 일본 등의 다른 선진 제국과는 다른 관점에서 포착하고자 한 것도 사실은 '조선의 빈농층의 문자 지식수준의 현격한 격차'에 대한 인식과 깊은 관계가 있다. 공장 노동자와 농촌의 빈농 사이에도 문자 지식수준이 현격하다는 것이다.

> '가나다'도 못 읽는 빈농층에게는 연극이나 영화 등으로 ×× 사상을 아지프로하는 수밖에 없으며, 「춘향전」이나 「추월색」 같은 순언문소설을 겨우 읽을만한 순문맹 면한 빈농층에게는 우리들의 능력 소급한대로 평이하게 써서 그들을 아지프로해야 할 것이다. 그래서 우리 조선의 프로 예술가들은 형식의 '평이'에 대해서 다른 선진 제국의 그들보다는 더 많은 주의를 하여야 할 것이다. 이러한 구체적 문제를 주의 또는 실천하지 않으면 모든 좌익적 인구는 모두 관념화되고 말 것이다.[54]

---

53 베르너 파울슈티히, 앞의 책, 400면.

빈농층 사이에도 문자 지식수준의 차이가 있는 만큼 효과적인 아지프로를 위해서는 시, 소설 등의 문자 매체나 문자중심적 관점보다는 연극과 영화 같은 종합 감각을 자극하는 탈문자 매체를 이용해야 한다는 것이다. 권환의 아지프로화는 문학 텍스트를 얼마나 평이하게 수준을 낮추는가 하는 문자 지식 차원의 레벨에서 벗어나 연극, 영화 같은 종합 매체를 활용해야 한다는 인식으로 이어진다. 문제는, 단지 그러한 기능을 할 수 있는 연극·영화 매체의 조선적인 현실태가 불안정하다는 데 있을 뿐이다. 작가 및 예술가는 그래서 예술가일 뿐만 아니라 아지토타이(agitator)가 되고 또한 프로파간디스트(propagandist)가 된다.[55] 대중들에게 프롤레타리아 의식을 '지입(持入)'하는 텍스트는 창작적 재료뿐 아니라 실재적 재료를 동시에 활용해야 한다. 예술가나 작가로서가 아니라 아지토타이며 프로파간디스트로서 작가, 예술가는 존재한다. 그런데 권환은, '형상화하지 않은 실재적 형상-실재적 재료가 창작적 재료보다 더 많은 교훈과 아지프로적 효과를 주는 것이 많다'고 주장한다. 예술적 형상적 재료보다 실재적 재료에 더 무게가 실려 있다는 사실은, 시의 기능 자체를 매체적 성격에 두고 있음을 의미하는데, 이는 이미 「삼십분 간」 등에서 구체화되고 있음을 확인하였다.

연극이나 영화 역시 권환에게는 매체운동의 성격을 강하게 가지고 있는 장르로 인식된다. 그래서 매체운동의 차원에서 창작적 재료와 실재적 재료를 동시에 이용하지 않으면 안 된다. 연극이 문자문화중심의 문화 전략과는 다른 차원에서 구술 매체의 전통을 충실하게 따르고 있는 점은 권환이 연극운동이나 '신건설' 참여 등으로 나아간 계기로 작용한

54 권환, 「조선예술운동의 당면한 구체적 과정」, 앞의 책, 295면.

55 위의 글, 300면.

다. 문자 언어 매체인 소설, 시가 언어의 '차이' 및 변형, 다의성을 통해 의미를 창출해 내는 것과는 달리 연극은 동일한 텍스트일지라도 연출 과정에서 미세한 변형을 가해 그 변형과 차이를 유도할 수 있다. 잘 알려진 기본 도식을 활용한다는 점에서 연극을 통한 예술 대중화 전략은 무엇보다 용이하다.[56] 특히 실재적 재료와 창작적 재료의 동시적 이용이라는 측면에서 연극은 아지프로의 효과를 달성하는 데 무엇보다 효과적인 매체이다.

> 영화 활동에는 실제로 일어난 대중 시위 운동의 광경, 쟁의 측의 투쟁 광경의 영사도 창작한 시나리오의 그것 같은 아지프로적 효과를 줄 것이며, 회화에는 노동자 농민 대중의 투쟁 화보, 그들의 생활 그라온 등도 창작적 회화와 같은 효과를 줄 수 있을 것이다.[57]

연극, 음악, 미술 등의 분야 역시 동일한 원칙에 의해 '지입'을 실천해야 한다는 논리가 성립된다.[58] 저항 매체적 성격을 강하게 가진 이들 장르에 비해 '부르 출판물'에 대해서는 제한적인 조건을 부여하는데 이는 부르주아 낭만성의 잔재를 그대로 가진 임화의 단편서사시들을 부정하는 맥락과도 통한다. 임화식의 단편서사시를 게재한 부르주아 잡지란 결국 노동자, 농민을 '무의식적인 타협 굴복의 길'에 빠지게 할 것이 주장한다. 노동자, 농민을 아지프로화하기 위한 궁극적인 방법은 '우리들의 출판물을 우리들의 손으로 간행하여 그들 속에 가져가지 않으면 안 된

56 파울슈티히, 앞의 책, 455면.

57 권환, 「조선 예술운동의 당면한 구체적 과정」, 앞의 책, 299면.

58 권환, 「하리코프대회 성과에서 조선프로예술가가 얻은 교훈」, 앞의 책, 313면.

다'는 것이다.

교술적 아지프로시 창작의 연장 선상에서 권환의 출판물 간행 운동, 영화, 연극 등의 문화운동 등 대중화론이 전개되고 있지만, 그의 대중화 논의는 더 이상 빛을 보지 못한다. 다만, 송영 등과 1932년 결성한 극단 '신건설'에서[59] 일본 연출가이자 작가인 무라야마와 함께 〈서부전선이상없다〉를 공연하면서 그 맥을 이어 가는데 이 역시 매체운동의 차원에서 논의될 수 있다.[60]

매체론적 관점은 특정한 시기의 문화적 사회적 변화 과정에서 매체가 어떤 방식으로 어떤 기능을 발휘했는가 하는 물음에 답할 수 있다. 권환의 매체적 관심은 '교술시' 혹은 '뼈다귀시'로 구체화된다. 이는 본질적인 시 양식을 바탕으로 문학성을 구현하는 문제가 아니라 텍스트의 혼종을 바탕으로 문학 본질론을 벗어남으로써 오히려 대중화운동의 본질을 구현하는 방식이다. 그것은 순수성이 아니라 불순성을 바탕에 깐 것이며 균질성이 아니라 협잡성을 추구하는 전략이다. 권환은 문화운동적 차원에서 교술적 아지프로시의 필요성을 강조하고 이를 통해 대중계몽운동을 효과적으로 달성하고자 한다. 그의 관점은 조직운동론적 관점이나 계급주의적 문예운동적 시각이 포회할 수 없는 대중 소통의 문화운동적 전략을 구체적으로 제시한 것으로, 매체 그 자체의 당대적 기능과 가능성을 확보하는 데 유효하게 작용한다.

권환의 대중화론은 교술적 아지프로시의 매체적 전략에 머무르지 않고 영화, 출판, 음악, 미술 등의 문화운동 차원으로 확대되며 이는 실

59 '신건설'은 좌익 극단의 불성실을 극복하고 활발한 공연활동을 하겠다는 포부 아래 출범하게 되는데, 권환은 이때 송영과 함께 문예부 소속이었다. 박영정, 앞의 책. 249~150면.

60 베르너 파울슈티히, 앞의 책, '연극 매체운동' 참조.

제 「삼십분 간」, 「이 꼴이 되다니」 같은 아지프로시 창작에 습합되면서 그 구체적인 역량을 강화한다. 결국 권환의 '뼈다귀시'가 보여주는 아지프로 전략은 도상적이고 구술적인 속성을 시에 부여함으로써 시의 대중운동적 저항 매체적 전략을 강화하는 것과 관계가 깊다. 권환의 이 같은 시도는 모더니즘류의 입체파적인 전략과 매체론적 층위에서는 동일하다. 인쇄된 문자의 획일적이고 선형적인 속성을 거부함으로써 일종의 소음적 효과를 내고자 하는 모더니즘의 방법론적 전략은 매체운동으로서의 카프시의 대중화 전략과 동일한 맥락에서 이해된다.

1930년대 문단을 카프/비카프, 모더니즘/리얼리즘으로 양분하는 관점은 근대문학 연구자들의 오랜 관행처럼 견지된 것이다. 이 시각은 이 시기의 문학을 이분법적으로 재단하거나 한 문인의 문학적 이력이나 여정을 '단절'로 이해하고 평가하는 단초를 제공하기도 한다. 그 흔적은 '근대성'의 문제를 계급적으로, 정치적으로 이해하는 주류적 시각 속에 남아 있다. 권환의 경우에서 보듯, 문학의 경계넘기와 혼종성의 텍스트 실현이라는 점에서 모더니즘/리얼리즘의 방법론적 혁신은 동일한 궤도를 걷는다. 전위성과 실험성을 띠고 있다는 점에서, 경계넘기와 개방성의 미학을 보여준다는 점에서, 그것들에 내재한 예술가적 태도나 방법은 유사한 것이다.

카프 문학의 동력을 우리는 다시 1930년대 문화운동의 전반적인 구도 위에서 다시 탐색해 볼 필요성을 느낀다. 제도적, 물적 변화 속에서 문화 자체가 어떻게 변이의 인자를 스스로 찾고 그 변화에 능동적으로 대처해 나가는가 하는 문제의식이 이때 작동된다. 문화운동이나 문예운동 역시 사회제도와 문화적 토대와의 길항적 관계 속에서 역동적이고 능동적으로 스스로 생성되고 지속해 나간다. 새로운 문학 양식들이 창안되면서 장르 역시 변화한다. 이는, 박영희가 '계단'으로서의 계몽주의 문예

미학을 정립할 수 있었던 이유이며, 그가 '백조'로부터 '신경향파-카프-계급주의 문학'으로 옮겨 올 수 있었던 이유이며, 다시 '카프'로부터 탈퇴하면서 '전향'의 입론을 설정할 수 있었던 이유이기도 한 것이다.

새로운 에크리튀르의 탄생과 시화, 화문, 에스프리 장르의 축제

문자의 풍경화

화문 양식의 혼종 텍스트성과 관련한 논의들은 1930년대 문학 장을 이해하는 데 중요한 의미를 지닌다. 그것은 단순히 문학 내부의 장의 창안과 제도 문제를 넘어선다. 1930년대 문화운동과 문화 제도의 광범위한 토대와 관련되기 때문이다. 1930년대 신문 학예면 중심의 제도적 기반은 문인-화가의 인적 네트워크를 강화하게 되며, 그것은 혼종 장르의 유행과 질적 성장을 견인한다. 신문 활자의 모자이크적 속성은 기존의 문자 미디어와는 다른, 읽고 쓰는 감각의 물질주의적 속성을 대변하는 것이며, 이는 심미적이고 입체적인 시적 방법론의 창안과도 관계가 있다. 저널리즘 문예는 읽기 쓰기 방법, 대중 독자와의 소통 감각 등에서 문자 텍스트 중심의 숙독적 읽기 방법이나 책 문화 중심의 엘리트주의적인 감각과는 차이가 있다.

문자와 그림이 결합된 '혼종 텍스트'는, 장르 문제를 야기한다.[1] 전통적 관점에서, 장르류(양식) 문제는 협소한 문학관 혹은 문학 범주를 규정하는 것과 관련 있다.[2] 최재서 이후 문학 장르를 설정하는 기준은 문자 언어 중심의 내용 형식 문제를 다룬 것이다.[3] 문학사의 중심은 장르적 관습에 익숙한 텍스트들이 차지하며 문학사의 중심 주제 또한 이 주된

1 전집 출간 시 화문 장르는 원본성을 최대한 살리는 차원에서 그림과 함께 싣는 것이 바람직할 것이다.

2 김춘오, 앞의 책, 20면.

3 최재서, 『문학원론』, 춘조사, 1963, 김준오, 위의 책에서 재인용.

장르들에 귀속된다. 1930년대 경계적인 텍스트들, 혼종성의 텍스트들이 주목을 받지 못한 것은 문학 장르를 규정하는 이 같은 오랜 관습 때문이었을 것이다.

혼종 텍스트는 1930년대 문학의 '경계넘기'라는 일종의 문학 장의 제도적 창안에서 비롯된 것이다. 문자 언어 중심의 문예미학적 특징을 고유하게 간직하는 기존 장르와는 그 속성을 달리한다. 이 혼종 텍스트들은 각 예술 영역의 독자성을 주장하는 텍스트가 아니라 예술 간의 교섭과 혼종을 지향한다. 따라서 혼종 텍스트 미학은 순수 언어문자 텍스트의 문학성과는 다른 층위에 있다. 모든 예술에 공통되는 이상적 언어와 정신적 이미지가 있으며 그것은 항구적으로 '문학성'의 규준이 된다는 원칙을 전제로 성립되는 후자는 언어예술의 본질론을 탐구하는 것이며, 전자는 두 매체 사이의 조화와 통일성 및 관계성을 연구하는 것이어서 상대성과 개방성이 핵심이다.

화문 양식은 정신적이기보다는 물질적이며, 언어에 의한 재현보다는 매체적 차이에 따른 혼종적 효과를 노린다. 그것은 '절대적' 미학이 아니라 상대적 미학에 근거한다. 혼종 텍스트의 글 혹은 그림은 그 자체로는 미완의 상태에 있다. 하지만 이들의 존재는 형상화라는 목적뿐 아니라 텍스트 제작의 과정, 예술의 창작 과정을 그대로 보여준다는 점에서 개별 예술 장르의 텍스트 성격과는 차이가 있다.[4] 미완의 양식인 스케치가 화문 양식에 주로 동원되었다는 것은 그 구체적인 실례가 될 것이다.[5] 따라서 혼종 양식은 항구성보다는 가변성, 본질론보다는 차연성(defferance)의 내적 지향을 가진다. 일종의 짜깁기 예술이며, 선택의 미학

4 정지용의 「파라솔/명모」의 창작 과정이나 해석 문제는 여기에 근거해 있다. 졸고, 「정지용의 「파라솔/명모」 연구」, 『현대문학연구』 제36호, 2012 참조.

5 아놀드 하우저, 『문학과 예술의 사회사-근세편(상)』, 51~52면.

이며, 평등의 미학이며 동시성의 미학이다. 종적이기보다는 횡적이다.

혼종 텍스트는 언어문자 중심의 문예미학을 넘어서서 편집과 배치의 미학적 산물이라는 점에서 기존 문예미학 텍스트와는 이질적 성격을 가지며, 작가 절대주의보다는 독자 수용미학에 가깝다는 점에서 새로운 에크리튀르성을 갖는다. 일종의 엘리트즘이 내재되기는 했지만, 한편으로 그것은 문학의 폐쇄성을 지양하면서 대중적 에크리튀르를 지향하는 소통의 미학을 보여준다. 이는 결정적으로 1930년대 문화운동[6]의 저변을 넓히는 역할을 한다. 당시 '잡지광 담론'은 독자들의 읽기 욕망이나 기대지평이 현저하게 잡지 매체로 옮겨지고 있음을 의미하는데 이것의 내적 계기가 '화문' 등 혼종 텍스트의 출현이었다. 특정 집단을 타깃으로 하는 여성지, 아동지, 소년지 등의 잡지도 이 같은 혼종 텍스트의 기대 지평을 구체적으로 실현하는 장이 된다.

저널리즘 문예의 두 양식, 그리고 이미지즘

1930년대의 저널리즘 문예는 기본적으로 시각주의적 속성을 구현한다고 할 때, 이 시각주의적 속성이란 편집과 배치의 모자이크적 성격을 뜻한다. 여기에는 외형적으로 분명하게 드러나는 시각성, 곧 그림과 문자가 결합된 혼종 텍스트들뿐 아니라 시각성이 내면화된, 즉 시각성을 내재적으로 구현한 에피그람식 단문 에세이, 단문 시리즈 연재물, 단형 기행시, 에스프리시, 르포시 등이 포함된다. 문자 텍스트만으로 이루어진 후자의 장르들과 글과 그림의 혼종 양식인 화문, 시화 등은 서로 밀접한 관계가 있다. 전자는 문자 텍스트로 이루어진 것이지만 지면의 여백과 문자의

6 조용만, 『한국신문화운동사』, 117면.

정현웅의 박태원 스케치. 박태원의 '트레이드 마크'로 알려진, 데모테 안경과 갑빠머리가 인상적이다. '스케치'는 '미완의 완성미'라는 르네상스 시대 미학 이념에서 출발한다. 1930년대 '스케치'는 '화'와 '문'이 각기 타자적 존재로서의 독립성을 보존하는 화문 양식에서 '화'의 존재론적 특질을 잘 나타내는 묘사 양식으로 평가할 수 있다.

함축미를 고려한 편집미학을 구현한 텍스트라는 점에서 '시각성이 내재된 것'으로 규정하고자 한다. 저널리즘의 '제도'를 기반으로 성립된 양식이라는 점에서, 이들은 그림과 문자가 혼종되고 공간적 배치가 중시되는 화문, 시화 등과 내재적인 연대를 가지고 있다.

그리고 이미지즘 시가 있다. 이미지즘 시의 방법론이나 존재론적 위상 역시 이들 두 양식과 깊은 관계가 있다. 이들은 공통적으로 '에스프리성'을 기저에 깔고 있다. '에스프리성'은 간결하면서도 명확한 단문 양식에 내재된 직관과 기지의 정신이다.

'에스프리시'에 대해 장르론적 입장을 보여준 것은 김기림이다. 김기림은 오장환의 동요풍의 시를 평가하면서, '에스프리(機智)의 시는 소박한 로맨티시즘의 반동'이며 '진보를 의미하는 것'이라고 그 혁신성과 전위성을 지적한 바 있다. '에스프리 양식'은 일종의 에피그람적인 단문형 글쓰기와 깊은 관계가 있다. 에피그람은 고대 그리스부터 존재했던 장르로 언어 유희적인 기능과 의사소통적인 기능을 동시에 가진다.[7] 에

7 안미현, 「불유쾌한 시간을 위한 생산적 유희」, 『독일문학』 83권, 한국독어독문학회,

피그람 형식은 계몽주의 미학인 '위트'와 밀접하다. '위트'는 자유로운 연상 능력과 언어적 유연성을 조합하는 능력을 필요로 하며, 특별한 주제나 목적을 염두에 두고 예리하게 정곡을 찌르는 기지도 여기에 가미된다. 압축과 간결이 핵심이어서 형식 자체가 짧다.[8] 즉 이들은 배치 및 활자의 효과에 예민한 모자이크적 양식으로서 저널리즘적인 문예로서의 양식적 특성에 활발하게 연계된다. 에피그람의 에스프리는, 일반적인 것을 특수한 것으로 축소시킴으로써 명확함, 생동감, 실질적인 효과를 노린다. 김기림이 말한 '에스프리'는 짧고 간략하지만, 그 속에 심오하거나 촌철살인적인 '기지'를 내포한 것이다. '기지'는 요약적이고 함축적인 언어 감각과 절제된 감정과 경쾌한 시 정신을 요체로 한다. 이는 김기림의 감정 과잉의 낭만주의 부정과도 관계가 있으며, 「오전의 시론」의 핵심 주제인 '명랑성의 시학'과도 관계가 있다.

간략과 함축과 직관을 핵심으로 하는 '에스프리성'은 따라서 짧은 글과 요약적인 그림(삽화)이 결합된 형태 곧 혼종 양식으로 나타나는 경우가 많다. 이는 저널리즘문예로서 모자이크적 특성을 충분히 발휘하면서 지면의 시각성을 구현하고 독자와의 소통성을 높이는 데 기여한다. 김기림은, 오장환이 콕토를 생각나게 한다면서, 조선시단이 테니슨, 브라우닝, 뮤세, 유고 등의 낭만주의 계보에서 벗어나 콕토에 가까워진 것은 진보를 의미한다[9]고 평가한다. 서양 시사에서 테니슨, 브라우닝, 스윈번 등의 낭만주의 계보와 그 이후의 시를 구분하는 중요한 경계는 도시와 기계의 비장한 면과 당대 유럽 사회의 지각 변동과 같은 위기의식의 반

2002, 7~8면.

8 징해룡, 「벤 존슨의 에피그람 연구」, 『영미어문학』 제39집, 1998.5, 173면.

9 김기림, 「신춘의 조선시단」, 『전집 2』, 362면.

영 여부이다. 하지만 단순히 '위대한 기계의 날카로운 비정의 미(the keen unimpassioned beauty of great machine)'를 묘사하는가의 여부가 아니라 그것의 새로운 리듬과 말을 제시하는가에 있다. 이 입장은 장 콕토의 것이다.

1930년대 리차즈, 오든 등의 시론을 주목했던 김기림의 시대를 지나 1960년대 이양하 등이 시론 교수로서 활동하던 시기까지도 지속적으로 장 콕토의 '기계 시대에 필요한 새로운 리듬과 말(언어)'이라는 테제는 작동하고 있다.[10] 우리는 이미 잊고 있지만, '장 콕토적인 것'의 영향이 오랫동안 지속되고 있었다는 뜻이다. 현대인의 차갑고 분열된 의식에 새로운 질서와 통일을 부여하는 그런 말과 리듬이야말로 생명의 말이자 기계의 리듬이다. 콕토 특유의 혼종적 이미지들과 역설이 역설적으로 유희성과 신비주의로 나타나는 것은 뒤에서 확인될 것이다. 콕토의 이미지는 모호하지만 경쾌한 명랑성을 가지고 있으며, 난해하지만 심혼을 끄는 아우라가 있고, 기괴하고 건조한 기계적 이미지 가운데 특유의 단순한 코드가 내장돼 있다. 이 경쾌성, 단순성, 명랑성, 건조성은 이 동요풍의 에스프리 장르의 성격과 밀착한다.

짧고 간결한 형식의 '동요풍'의 시를 '콕토에 가까워진 진보'를 의미하는 것으로 해석한 김기림의 관점은, 초기부터 조선 예술의 방향성에 대해 확고한 입장을 견지했던 그의 이력이 묻어 있다. 뿐만 아니라, 촌철살인적 묘파라는 점에서 순간적 인상을 하나의 장면으로 처리하는 인상주의 회화 및 신흥예술의 전위주의적 시각과도 상통하고 있다. 그것은 지적 정서적 복합체로서의 인상을 하나의 장면에 압축시키는 이미지즘 방식과 상통하는데, 이는 김기림의 이미지즘 취향을 설명해 준다.[11] 김기

10 『이양하 추모문집』, 앞의 책, 143~144면.

11 이보경, 「한중 언문일치 운동과 영미 이미지즘」, 『중국현대문학』 제31호, 2004.

림의 생각은 1930년대 들어 일본에서 유학하고 돌아온 신진 문인, 화가들이 조선 예술의 방향성을 신흥예술의 분위기 속에서 건설하려 했던 당대의 정신사적 분위기와 무관하지 않다. 당대 대표적인 삽화가이자 장정가이기도 했던 정현웅의 입장 역시 이러한 시대적 분위기를 반영하고 있다. 이들 에스프리 양식과, '고루한 전통과 인습에 저항'하는 오장환의 시 「성씨보」, 「열녀문」 등은 상관성을 가진다.

문자 텍스트의 에스프리성과 단문 양식

먼저, 문자 텍스트로 이루어진 단문 양식에는 단형 기행시, 에피그람, 르포식 에세이(풍경 묘사나 명승지 소개의 단형 기행수필) 등이 있으며, 이미지즘 시도 크게는 이 범주에 속한다.

단형 기행시는 단형 기행수필만큼이나 신문 지상에 자주 등장한다. 이들은 연재물이나 시리즈물로 신문 지상에 실리게 된다. 도회의 장면 장면을 스케치하듯 묘사한 짧은 형식의 시들은 신문 지면이 갖는 특성과 관련이 있다. 김기림이 〈조선일보〉에 실은 「遊覽써스」를 보자.[12] 처음 신문에 실렸을 때, 이 시는 유람버스를 타고 서울 시내를 관람하는 형식에 맞게 구성된 단문형 글이다. 신문 지상에서는 한눈으로 유람의 전 코스를 알 수 있게, 그리고 시내 풍경들을 이동하면서 조망할 수 있게 배치되어 있다. 시간의 흐름과 공간적 이동이 결합돼 입체적인 감각을 작동시키는 형식이다.[13] 「여행풍경-함경선오백킬로즉흥시행각」[14] 역시 기차를

---

12 졸저, 『문인기자 김기림과 1930년대 '활자-도서관'의 꿈』 2부 2장, 4장의 내용과 일부 중복된다.

13 『전집』에서는 이것이 하나의 개별 시처럼 독립되어 있어 입체성과 공감각적인 효과를 맛보기 어렵다. '유지한 발장난' 수준의 시로 느껴질 정도다. 신문 문예물을 엮어 다시 전집으로 간행할 때 원전 확인 문제가 여전히 제기된다.

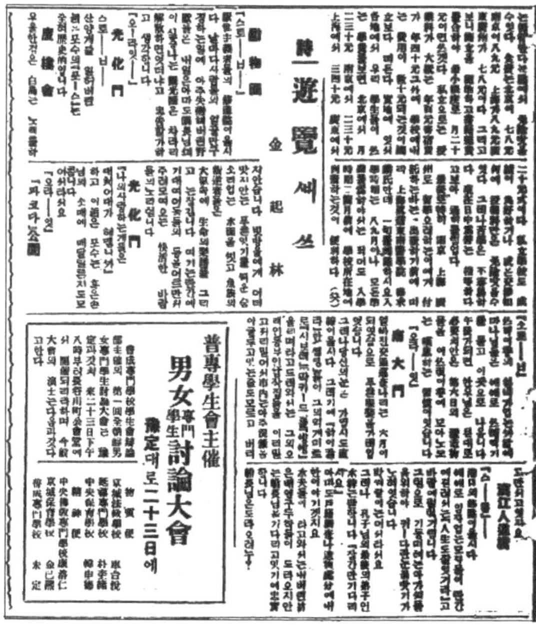

詩 遊覽버쓰 金起林

普專學生會主催
男女專門學生討論大會
豫定대로二十三日에

한눈에 유람버스가 경유하는 전 코스를 조망할 수 있게 시를 배치한 것이 특징적이다. 짧고 간결한 것은 신문 문예의 특징이다.

타고 가면서 차창 밖으로 펼쳐지는 풍경의 공간적 이동과 시간적 흐름을 동시에 느낄 수 있도록 편집된 것이다. 『전집』에서는 각각이 독립된 한 편의 시처럼 편집돼 신문 문예의 특징이 소실돼 있다. 신문 매체의 뜨거운 속성, 그러니까 도시의 활력과 기계의 속도감이 주는 에너지의 확장과 역동성을 편집으로 구현한 신문 문예가 갖는 고유의 특징이 소멸돼 버린 것이다. 혼종 텍스트의 본질적 성격을 알지 못하거나 간과한 탓이다. 『전집』 출간 시 활자의 배치, 시어의 형태 등 활자를 이미지화하고 지면의 특징적 배치를 고려한 시의 특징이 잘 드러나도록 관심을 기울여야 한다.

14 시집 『태양의 풍속』에 수록될 때의 제목은 「함경도오백킬로여행풍경」.

에스프리시

오장환은 1934년 7월 21일부터 〈조선일보〉 아동란 '우리차지'라는 코너에 동요풍의 시를 연재하고 있다. 동요 작가 윤석중도 여기에 참여하고 있다. 오장환의 시는 1936년, 1937년에 집중돼 있고, 1939년까지도 이어지고 있다. 시와 그림을 같이 싣는 방식이라는 점에서 화가들의 역할이 중요한 양식인데, 화가의 이름이 기재되지 않은 것은 당시 삽화가의 역할에 대한 인식이 충분하지 않았음을 의미한다. 연재소설의 위상은 화가의 비중이나 역할의 중요성에 대한 인식과 깊숙이 연결되어 있는데, 에스프리 장르의 중요성은 그에 미치지 못했던 것이다. 에스프리 장르의 그림 텍스트는 '삽화'의 층위에 있다기보다는 일종의 컷 역할에 머물러 있다.

1936~1938년을 전후해 『조광』, 『여성』 등의 잡지에서도 삽화가의 역할이나 삽화의 중요성에 대한 인식은 명백하게 갖춰져 있지 않았던 것 같다.[15] 장르적 문제와 제도적 문제가 여기에 놓여 있다. 삽화가의 정체성이나 삽화의 독립적 가치에 대한 인식의 부족 등 출판미술의 문화적 위상 및 저널리즘 양식 전반의 제도에 대한 이해가 미미했던 것이다.

에스프리시로는, 「자동차」, 「생철병정」, 「부엉이」 같은 순수 아이들의 시선이 담긴 것들도 있지만, 사물의 핵심을 순간적으로 포착한 「련밥」(오장환, 〈조선일보〉, 1936.11.20)이나 상실감 짙은 페이소스를 담은 「휘파람」(강정치, 〈조선일보〉, 1938.10.22) 같은 시도 있다.

옛날 양반 주머니에
연밥 달엇네

15 졸고, 「1930년대 혼종 텍스트와 화문 양식」, 『이문연구』 제153호, 한국어문교육연구회, 2011 참조.

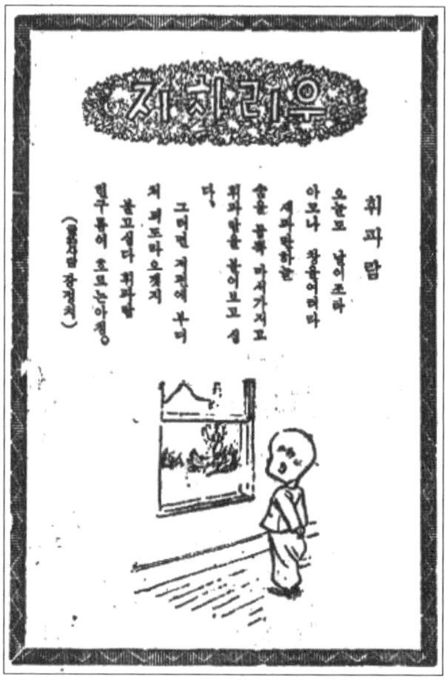

(左) 강정치, 「휘파람」, 〈조선일보〉, 1938.10.22. 절제된 감정이 스케치풍의 컷과 어우러진 '에스프리 양식'이다.
(右) 정지용, 「지는해」, 〈조선일보〉, 1940.8.10. '에스프리 양식'의 압축성과 집약성은 '동경'의 양식적 반응이며 이는 현실적 제약과 시대적 운명을 뛰어넘는다.

연밥은 딱딱한 열매
까만 열마구,

앗싹 깨물면
옛니야기 나올것가테

련밥

연밥의 까만 씨앗에서 옛이야기가 나온다는 발상은 동화적이면서 동시에 뛰어난 기지를 보여준다. 단순하지만 명확하고, 간략하지만 압축적이다. 신문의 '어린이판'에 실렸기 때문에 어린이를 대상으로 한 저널리즘 장르로 볼 수 있지만 그 근본정신은 '진보'와 '전위'이다. 이 '진보'와 '전위'가 '어린이판'을 등에 업고 경쾌하게 나타난 것이다. 시와 함께 그려진 그림(컷)도 앙증맞고 해학적이다. 가독성과 흥미성이 높아 독자들이 선호한 장르였을 것이다. 오장환의 이름은 「매암이」(1939.6.23)에 이르기까지 이 지면에 지속적으로 나타난다.

강정치의 「휘파람」(〈조선일보〉, 1938.10.22) 역시 '우리차지'란에 실렸는데, 삽화가의 이름은 기재되지 않은 채 '글 쓴 사람'인 강정치의 이름만 명시돼 있다.

오늘도 날이조타

아모나 창을여러라

새파란하늘

숨을 듬뿍 마서가지고

휘파람을 불어보고 십다.

그러면 저편에 부디처 되도라오겟지

불고십다 휘파람

흰구름이 흐르는아침

간결하고 압축적일 뿐 아니라 절제된 감정을 스케치풍의 묘사로 담아낸 것이 특징적이다. 서늘하고 건조한 감정의 기풍이 느껴진다. 흰 구름 저 너머로 어딘가에 부딪혀서 돌아오는 휘파람의 이미지는 서늘하고 고독하다. 휘파람을 불고 싶다는 작가의 내면은 저 흘러가는 흰 구름에 의탁돼 있지만, 그 감정이 구체적으로 무엇인가는 알기 어렵다. 흘러가는 구름의 이미지와 휘파람을 불고 싶은 작가의 내면에서 이를 추론할 수 있을 뿐이다. 그런 부유하는 이미지에서 느껴지는 것은 일종의 짙은 상실감과 고독감이다. '시적 에스프리'란 결국 집약적 시적 인상을 포착해 짧은 시 형식 안에 담아내는 것인데, 그것은 문자를 이미지화하는 일종의 이미지즘 방식과 상통한다. 따라서 전체 내용을 요약하는 컷과 문자 텍스트를 병렬적으로 배치하는 방식은 편집 시 중요하게 고려해야 할 사안이다.

컷이 종종 먼 산을 바라보고 있는 아이의 시선으로 제시돼 있다는 것은 인상적이다(「잘 잇거라」, 「휘파람」, 「지는해」). 이는 우연적으로 선택된 것이기보다는 이 장르가 갖는 내재적 속성과 관련이 있을 것이다. 감정과 주관의 중심으로부터 주체를 분리함으로써 시선은 저 '먼 곳'을 향하여 있고, 시선의 종착점은 자신의 내부가 아니라 외부이다. 이것은 '동경'의 양식이다. 시적 대상이나 사물에 대한 감정이입이나 감정 과잉의 상태를 지양하고 사물의 핵심적인 인상을 포착하는 방식은 회화적인 것이며, 순수하고 직관적인 시선으로 사물을 보는 어린아이의 내면은 전위적이며 혁신적이다.

당시 신문사에서 어린이판을 발행하면서 이 같은 양식이 크게 유행했던 것으로 보이는데, 어린이판인 까닭에 글자 텍스트로만 이루어진 지면보다는 삽화가 결합된 양식이 가독성이나 대중성의 차원에서 효과적이었을 것이다. 이 같은 '짧은 시' 형식은 단순히 '어린이용'으로 필요했다기보다는 '진보적인 시적 에스프리'를 위해 요구된 것이었다. 김기림이 말한 진보적인 에스프리란 순수 직관성의 가벼움과 명쾌함이다.

〈조선일보〉 폐간호(1940.8.10)의 '우리차지'는 김영수의 「잘 잇거라」이다. 폐간을 알리는 '작별의 인사'라는 편집자의 인사는 이 시의 내용을 반향하는 듯 보인다. '엄마인 조선일보가 폐간되니 자연히 아가인 소년 조선일보도 같이 한 몸으로 폐간된다'는 편집자의 인사는 윤석중의 「우리애기」, 김영수의 「잘 잇거라」, 정지용의 「지는 해」에 긴밀하게 조응되고 있다. 정지용의 「지는 해」 역시, 같이 실린 「잘 잇거라」의 컷과 마찬가지로, '지는 해'를 바라보고 서 있는 소녀를 그림자와 함께 실루엣으로 처리한 것이 눈에 띈다. 폐간이 사전에 고지됐다는 사실에 비추면, 폐간호의 이 같은 '건조하고 서늘한', '반감정주의적'인 편집은 김기림의 평소의 시각이나 관점과 그다지 다르지 않으며, 이 에스프리에 대한 장르적 관점과도 벗어나지 않는다. 에스프리적인 압축과 집약은 폐간의 시대적 운명과 현실적 제약을 넘어선다. 그것은 비탄의 과거적 양식이 아니라 직관과 동경의 양식이며 미래의 양식이다. 글은 이미지화되고 이미지는 간접적인 방식으로 메시지를 전달한다. 그것은 바르트가 '영매적인 것'이라 이름 붙인 이유와 다르지 않다.

에피그람식 에세이

컷이 삽입된 동요풍의 양식과 달리 단문형 에세이는 신흥예술파적인 분위기와 곁들어 살면서 실험적인 예술 양식을 꿈꾸던 문인들, 화가들에게 애용되었다. 이는 글을 이미지화하는 이미지즘 방식과도 연관되어 있다. 에스프리 장르의 특징인 '간단한 경구, 함축적인 명제 제시' 등의 방식은 산문적인 글에서도 더러 나타난다. 김기림이나 이상이 이 같은 단문 형태의 글쓰기에 취해 있었음은 확인된다.[16] 정현웅 역시 삽화가로서의 역할을 충실히 수행했을 뿐 아니라 이 기지적 에스프리성을 산문에서 발휘한다. 그는 어린이 문예물이나 잡지에 관심이 많았으며, 월북 이후에도

16 이상의 쥘 르나르 영향이나 김기림의 콕토의 영향을 지적할 수 있다. 이상의 단문 형태 서사, 김기림의 「전원수첩」, 「피에로의 독백-〈포에시〉에 대한 사색의 단편」 등을 들 수 있다.

지속적으로 '어린이물'에 삽화를 그리고 장정을 하게 되는데, 이 에스프리성 글쓰기 양식을 두루 실천했던 것과 연관성이 있을 것이다.

'에스프리 정신'의 핵심인 '기지'를 살려, 정현웅은 당대 예술 경향에 대한 신인 예술가들의 뚜렷한 주관과 입장을 개진한다. 정현웅은 『삼사문학』 4집(1935.8)에서 「사, 에, 라」라는 제목 아래 자신의 미술론(회화에 대한 입장)을 펼치고 있다.[17] 당시 정세적인 환경에서 카프 중심의 계급주의 미술론이 퇴색하던 시점과 맞물리면서 정현웅의 시각은, '삼사문학'의 지향성이 반증하듯, 사실주의적인 것과 전위주의적인 것이 결합되어 있다.[18] '사에라'란 불어로 'çà et là'이며, 이는 이것저것' 혹은 '여기저기'라는 뜻이다. 여기저기서 발췌한 글을 인용하거나 요약한 글일 수도 있고, 이런저런 자신의 사념을 서술한 것일 수도 있다. 간명한 에피그람식 사유들의 모음인 것이다. 여기서 그는 「예술과 유희」, 「문학과 회화」, 「내용적인 것」, 「시간성과 공간성」, 「통속성」 등의 문제에 대해 간단하면서도 축약적으로 그의 사변을 서술하고 있다. 회화에서의 소묘적 스케치 양식을 글쓰기로 대체한 형국이다. 『삼사문학』이 당대의 전위적이고 실험적인 예술가들의 입장을 대변하는 잡지였음을 염두에 둔다면, 이 같은 에스프리 정신의 표출은 자신들의 예술적 지향성을 대중을 향해 공표한 '선언서'에 가깝다. 그것은 전통예술을 부정하고 신흥예술의 필요성과 당대성을 확증하는 것과 다르지 않다.

정현웅의 「문학과 회화」를 보자.

---

17 파편적 글쓰기와 모더니즘적 입장의 관계성을 엿볼 수 있는 대목이다. 권행가, 「곡예사와 화가의 자화상-정현웅의 일제 강점기 작품」, 『시대의 눈 한국근현대미가론』, 앞의 책 참조.

18 권행가, 위의 글.

문학은 때때로 회화에 악영향(惡影響)을 준다. 그것은 문학이 조형예술(造型藝術)에 대하야 극도로 내용적(內容的)인 것을 강요함에 있다. 즉(卽) 조형예술의 가치를 사상적(思想的), 내용적인 것에 치중(置重)하고 그 기능이 문학과 동일하다 생각하는 곳에서 이러나는 오해다. 회화는 그 기능에 있어 문학과 본질적(本質的)으로 틀닌다. 회화는 심정(心情)이나 지각(智覺) 보다도 시각적 감성(視覺的感性)에 소(訴)하는 예술이다.

문학과 회화의 차이와 각각의 특징을 간단하게 묘파한 것인데, 당대적 편견이나 오류를 지적하면서 회화와 문학의 장르적 특징을 서술하고 있다. 전문적인 지식을 바탕으로 자신의 분명한 생각을 압축적으로 피력한 글이다.

정현웅의 이 같은 에피그람식 글쓰기는 『삼사문학』 제2호(1934.12)의 「CROQUIS」에서부터 이미 나타난다.[19] '일기장', '교외 사생', '길', '안개를 거름'의 소제목으로 구성된 일종의 모음시로, 사변적이면서도 이미지즘적인 특유의 간결성과 압축성을 내재한 것이다.

지난 날의 畵布는/회색의 monochrome/오늘은 번뇌위에/거짓의 우슴짓는 漫畵입니다.

「일기장」

'일기장'에 대한 명제적 진술을 사념적으로 서술한 글이다. 이 같은 양식적 특성은 '교외 사생'이나 '길' 등에서도 유사하게 나타난다. 이 같

19 『삼사문학』에 실린 정현웅, 장서언의 시는 이미지즘적인 것으로 평가된다. 김희근, 「삼사문학연구-시를 중심으로」, 『한국문학연구』 제5집, 1982, 106면.

은 에피그람식 글은 바로 뒤에 실린 시인 장서언의 이미지즘적인 시와 비교된다. 장서언은 「풍경」이라는 제목 아래 '1 露西亞'와 '2 박' 두 편의 연작시를 싣고 있는데, 이 시들은 집약적이고 간결한 회화적 이미지가 두드러진다. 사념적인 진술보다는 이미지즘적인 장면성이 특징적이다. '노서아'에서 눈벌 위에서 마라톤 하는 소녀의 이미지는 쓸쓸하고 적막한 시인의 내면을 반추하고 있으며, '박'에서는 달빛 교교히 비치는 밤을 소요하는 시인의 내면을 '지붕 위의 박' 이미지가 대체한다. '소녀가 눈벌 위에서 마라톤 연습을 하고 있다'거나 '지붕이 박하나 낳았다'는 것은 은유적이다. 이미지즘의 철학인 간략한 인상을 제시하는 장서언의 방식과 짧고 간략한 정현웅의 에피그람은 유사한 듯 보이지만, 정현웅식의 글쓰기는 사변적이라는 점에서 이미지즘적 방식의 시적 회화성에 미치지 못한다.

정현웅의 에피그람식 단상에 비해 김기림의 그것은 더욱 함축적이고 암시적이다. 그가 줄곧 견지해 온 '탈로맨티시즘의' 시론인 '오전의 시론'의 연장 선상에 있는 것이다. 김기림은 '피에로의 시학'이란 제목 아래 당대의 시와 예술에 대한 입장을 경구 형식으로 묘파한 바 있다. '사색적 단편'이라는 부제가 붙어 있는데, 짧지만 깊이 있는 사색을 통해 도달한 은유적 형식의 글이다. 「제2의 의미」, 「넌센스」, 「포에시」, 「구성」, 「시인」, 「예술활동」, 「슈르리얼리스트의 오류」 등에 대해 간략한 인상을 묘파하고 있다.

> 있을 수 없는 일이 대수롭지 않게 있을 수 있는 것이 어린아이의 세계에서밖에 어디 있을까.
>
> 「넌센스」

우리들의 세기에 들어와서 가장 큰 발견 속에 단어의 발견이 있다. 「구성」— 그것은 1. 선택받은 본질적인 현실의 단편의 2. 유기적 결합에 의하여 3. 신현실을 창조함을 가리킨 말이다. 그것은 현실의 의장적 정리이다. 그러므로 부정주의이며 초현실주의이다.

「구성」[20]

'넌센스'는 '의외성'과 '어린아이의 시선'이라는 장 콕토의 에피그람을 연상시킨다. '구성'은, 신흥예술의 방법론과 가치를 축약적으로 제시한 것이다. 기존의 예술 관념을 비판하고 자신들의 예술 방법론과 방향성을 분명하게 드러내는 방법으로 김기림은 에피그람 글쓰기를 채택했을 것이다. 김기림은 이와 유사하게 「전원일기의 일절」에서 '에스프리 양식'을 보여주기도 한다. 에스프리 양식이 아니었다면, 그것은 '감상적 수필'과 다르지 않았을 것이다. 반감상(정)주의, 반낭만주의 문학에 대한 김기림의 이론적 탐색의 연장 선상에서 이 에스프리 양식이 시도되고 있다.

에스프리 양식의 글들은 논리적 추론에 따른 귀납적 결론을 제시하기보다는 인상적, 주관적, 암시적이며, 직관적인 이해, 순간적 비약을 특징으로 한다. 압축과 암시가 핵심이라는 점에서 시적이지만, 그것은 시간적이기보다는 공간적, 회화적이다. 여백의 공간성과 시적 압축미가 에스프리의 핵심인 것이다. 이는 어린아이의 세계이며, 삐에로의 사상이다. 이를 '뜻밖의 우연적인' 시선으로 파악한 것은 콕토이다. 동요풍의 이 에스프리성이 김기림의 매개로 오장환의 시에서 실현되고 있는데 이는 1930년대 모더니즘의 본질을 이해하는 데도 유효하다.

이미지즘과 에피그람식 글쓰기의 연원은 이질적인 층위에 있지만

20 김기림, 『전집 2』, 299~300면.

한편으로 그 둘은 상동적인 양식이다. 유사한 시대적 사명과 시대정신을 기반으로 형성된 것이라는 점에서 그러하다. 그것은 전위주의적 실험정신으로 무장한 전위예술가들과 공감각적이며 경계넘기를 주도한 예술파들의 정신적 지평 위에서 움직인다. '여기저기' 사유의 단편들을 모아 하나의 작품(텍스트)을 구성하는 방식은 당대 문인, 화가들의 모더니즘 글쓰기 방식의 하나로 자리 잡고 있다. 이 같은 글쓰기 형식은 이상이나 김기림 등에게서 지속적으로 나타난다. 쥘 르나르와 장 콕토의 수용과도 무관할 수 없는 이 양식은 당시 신문, 잡지의 편집 형태의 변화를 이끌기도 한다. 이들 '경계넘기'의 신흥 감각파들은 지면의 한계를 벗어나기 위해 신문의 모자이크식 구성법을 글쓰기 양식으로 창안해 내기도 하고, 글과 그림을 병렬 조합한 혼종적 글쓰기를 재현하기도 한다. 1930년대 신문 학예면의 제도가 정착시킨 중요한 공헌 중의 하나로 평가할 수 있을 것이다.

화문(畵文)의 아우라: 그림의 전경화(前景化), 글의 풍경화(風景化)

저널리즘 문예의 두 번째 양식은, 글과 그림이 결합된 혼종 텍스트이다. 1930년대 신문, 잡지 등의 제도적 기반을 배경으로 화문, 시화 등 혼종 장르들이 새롭게 창안된다. 그것은 짧은 글과 이 글과 관련 있는 그림이나 사진 등 비문자 텍스트 및 도상 텍스트가 혼종된 것이다. 이 새로운 장르는 문자 중심의 문예언어 양식과 형식상, 본질상 차이가 있는데 이 때문에 몇 가지 혼란이 야기되기도 한다. 장르 규정 문제, 시 텍스트 해석 문제, 텍스트의 물질성 및 감각의 변화 문제 등이 그것이다. 이는 앞으로 더욱 본격적인 논의가 필요한 논제들이다.

근대 인쇄 매체의 도입은 그 이전까지 행해졌던 소리 및 청각 중심의 문화를 시각 중심의 문화로 전이시킨다. 활자를 읽고 의미를 이해하는 것이란 활자(문자)에 대한 숙독과 집중, 곧 축자적(逐字的) 소통을 의미한다. 1930년대 그림의 문자 세계의 틈입이란 이 같은 축자적 문자 중심주의에 대한 도전이며, 숙독적, 고립적 읽기에 대한 항거라는 점에서 언어문자와의 거리 두기를 의미한다. 우리는 이를 '축자적 소통'에서 '의역적(意譯的) 소통'으로의 전환이라 해석할 수 있다. 이 같은 문자로부터의 일정한 거리 두기를 텍스트의 여백화, 문자의 풍경화라 할 것이다.

'아우라'가 대상으로부터의 본질적인 우회 혹은 먼 곳에서 불어오는 숨결 같은 것이라 규정한 벤야민의 논리는 인간의 심미적 조건이 축자적인 집중이나 몰입에 있다기보다는 그러니까 숙독적인 것에 있다기보다는, 일정하게 먼 것, 여백적인 것과 같은 심미적 '거리'를 전제한 데서 출발한다. 1930년대의 문화 전반의 심미주의는 이 문자 중심의 텍스트로부터 화문과 같은 혼종 양식의 텍스트로 그 텍스트의 중심이 이동되는 것과 밀접한 관계가 있다. '삽화'란 그림이 글의 배경이 된다는 의미인데, 이때 화문 양식에서 전경화(前景化)되는 것은 글이 아니라 오히려 그림이다. 그러니까, 이는 상대적인 개념인데 실상 그림 저 뒤편으로 물러나 풍경화(風景化)되는 것은 오히려 '글(문)'이라고 해야 할 것이다. 그것이 1930년대 문학의 아름다움이며 혼종 텍스트의 심미적 조건인 것이다.

1930년대 신문, 잡지에 실린 시화, 화문을 어떻게 이해할 것인가 하는 의문은, 먼저 양식론적인 문제를 제기한다. 이 문제는 이미 본인이 쓴 몇 편의 논문에서 그 핵심적인 논제들을 지적한 바 있다. 백석의 「나와 나타샤와 흰 당나귀」는 정현웅의 그림과 함께 실린 것이지만, 이후 문자 텍스트만 독립적으로 소개되면서 혼종 텍스트인 '원본'의 성격이 소실된다. 김기림의 「길」은 '화문' 양식으로 처음 잡지에 실린 것인데, 이것 역시 후대 김기림 전집 간행이나 김기림 텍스트의 장르 규정시 시와 수필

어느 쪽으로 분류할 것인가를 두고 논란을 야기한다. 이 문제는 크게 1930년대 활자 매체의 매체론적 특성에 대한 이해 부족과 다른 한편으로는 문자 언어 중심의 텍스트성, 곧 '순 문학성'에 대한 지고한 복무 의식에서 비롯된 것이다. 그러니까 이 문제는 순수하게 문학 내적인 문제인 시와 수필의 양식론적 차이에 근거한 것이기보다는 장르종[21]의 문제이며, 글과 그림이라는 표현 매체의 문제와 그것을 담아내는 매체 자체의 문제와 관련된다.

화문, 시화 등 문(문자)과 화(그림)가 혼종, 병렬된 혼종 텍스트들의 외형적 특징은, 문자 텍스트의 길이가 짧아지고, 그와 동시에 삽화가 병렬적으로 같은 지면에 배치된다는 것이다. 문자 텍스트와 삽화는 이질적이면서 동시에 동질적인 형태로 결합된다. 글은 풍경화하고 그림은 문자처럼 숙독된다. 혼종 텍스트의 이 같은 모자이크식 지면 구성 방식은 문자 매체의 회화적 속성으로의 편향, 곧 이미지화(pictorial)를 의미하는 것으로, 문자 텍스트의 회화적 속성을 촉진하는 결과를 낳는다. 이 경향은 당시 김기림 등이 주도한 이미지즘 운동과도 상관성이 있다. 이미지즘의 원리는 사물에 대한 순간적인 인상을 지적, 정서적으로 포착해 압축적으로 제시하는 데 있다. 에즈라 파운드가 제시한 이미지즘의 원리는 이를 설명한다. 인상을 집약시켜 그림처럼 보여주는 것이 이미지즘의 원리이며, 이는 감정의 미만을 강점으로 가진 감상주의적인 시와 구별되는 근거가 된다. 이미지즘은 순간적인 기지, 에스프리를 담는 에피그람 형태의 단문, 단문과 그림이 결합된 화문 등과 유사하다. 그러니까 1930년대 일련의 모더니즘 시 경향은 뉴미디어의 등장과 매체의 제도적 변화에 따른 자연스러운 귀결이었던 것이다.

---

21 김준오는 영구불변의 상르 류와 역사적 변천 장르인 장르종을 구분한다. 김준오, 앞의 책, 12~13면.

당대 현실에 대한 임화의 비판적 시각이 살아 있는 화문. 구본웅과 함께 당시 철도 공사가 한창이던 뚝섬 근교로 나가 취재를 한 뒤 각자 글을 쓰고 그림(스케치)을 그린 것이다. (〈동아일보〉, 1938.4.13)

화문 양식의 원본성과 명칭 문제

신문, 잡지의 지면 배치에서 성패를 좌우하는 것은 감각의 물질성을 구현하는 방식이나. 화문은 활자 매체의 시각적 특성을 살린 대표적인 혼종 장르이다. 화문은 글과 그림이 독립적으로 결합되어 있는 경우도 있고, 화(그림, 삽화)가 글의 보조적인 장치로서 기능하는 경우도 있다. 삽화가 있는 신문 연재소설의 경우가 상대적으로 후자의 양식에 가깝다면 문인과 화가가 동시적으로 작업을 하고 각 매체의 특장을 독립적으로 드러내는 화문들은 전자의 성격에 가깝다. 간혹 '문'이 '화'에 후속적으로 덧붙여진 경우도 있는 듯하지만, 선후 문제를 따지는 것은 그다지 의미가 없을 것이다.[22] 화와 문의 장르적 독립성을 물리적인 시간상의 선후 관계에 따라 파악하는 것은 용이하지도 않고 본질적인 문제도 아니다. 계절적 감각을 살린 화문이나 르포식 화문의 경우, 화가와 작가가 함께 야외 스케치를 나가 작업을 하는 경우가 많았다. '이중행각', '삼중행각' 등의 표제 아래 게재된 화문의 경우, '이중', '삼중'은 이 화문에 참여한 사람의 수 및 혼종 매체 수를 뜻한다. '화문'으로 양식을 표기한 텍스트에서 화가들은 독립적으로 자신의 텍스트를 구현한다. 반면, 연재소설 삽화가들은 주로 소설 내용에 맞게 그림을 덧붙이는 방식으로 뉴미디어 글쓰기의 구현에 앞장선다. 이들 삽화가들, 화가들은 점차 삽화의 독립적인 회화 양식을 구현하면서 출판미술 분야에서 전문성을 획득하고 출판미술의 질적 고양에 앞장서게 된다.

당시 화문 양식은 통일된 형식을 갖지는 않았다. 만문만화, 시화, 그림시, 만화 등도 넓은 범주의 화문 양식으로 규정할 수 있다. 그러니까 양식적 특성을 의미할 때의 '화문'은 이들 장르종들을 포함해 글과 그림(도상, 사진 등)이 결합된 혼종 텍스트를 지칭하며, 화문 수필, 화문 기행문, 화문 르포 등은 장르종의 성격을 지칭한 것이다. 따라서 시화는 화문 양식에 속하므로 '화문'으로 쓰기도 하고, 장르종으로서 성격을 부각할 때는 '시화'로 구분해서 쓰기로 한다. 물론 특별한 구분이 필요없는 경우는 혼용해서 쓰거나 이 둘을 병기할 것이다.

---

22 정지용, 「여상사제」, 『여성』, 1936.4. 정지용은 '화'에 '문'을 입히는 이 같은 방식을 '짓부치기'라고 규정하고 있지만, 이는 정지용 특유의 겸양 어법을 전제한 것이어서, 반드시 '화주문종'의 의미 규정을 할 필요는 없는 듯하다.

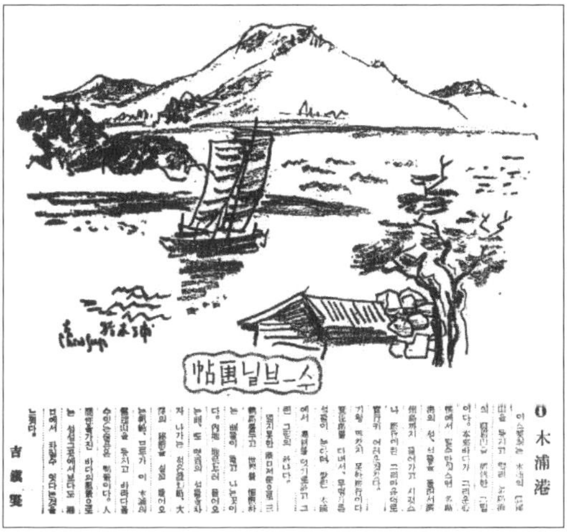

화가가 직접 글을 쓰고 그림을 그린 화문의 유행은 화가들이 신문사, 삽시사에 들어가 편집에 긴여한 상황과도 연관이 있다.
길진섭, '수-브닐 畫帖', 「목포항」, 〈조선일보〉, 1939.8.27.

화문은 그림('화')-'문'('시')의 결합이 일반적인 것이었지만 경우에 따라 '화-문-사진' 등의 결합[23]도 가능했으며, 명칭도 발간 매체의 성격에 따라 각각 상이했다. 양식적 차원에서 '문'과 '화'가 혼종된 장르임을 제시하는 '畵文行脚', '畵文點綴', '詩畵巡禮' 등의 용어를 사용하기도 하고, 그것이 이중 텍스트인지 삼중 텍스트인지를 암시하는 '삼박자 행각', '이인행각' 등의 명칭으로 부르기도 한다. '이중행각'의 경우 문인-화가의 결합을 뜻한다. 삼중 텍스트인 경우 '문인-화가-사진가'의 결합으로 이루어진 삼중 텍스트도 있고, 화가 단독의 화문도 있다.[24] 수재(주제)의 차원에서 '近郊三題', '春郊七題' 등이 사용되기도 한다. 양식적 차원에서 '문'과 '화'의 결합 및 참여 필자 수를 보여주는 전자식 용어('이중', '삼중')와 주제를 암시하는 후자식 용어가 결합된 '춘교이인행각',[25] '신추화문

23 「삼박자행각」, 〈조선일보〉, 1935.4.10~4.25.

24 「수-브닐 화첩」, 〈소선일보〉, 1939.8.23~9.9.

25 「춘교이인행각」, 〈동아일보〉, 1938.3.29~4.16.

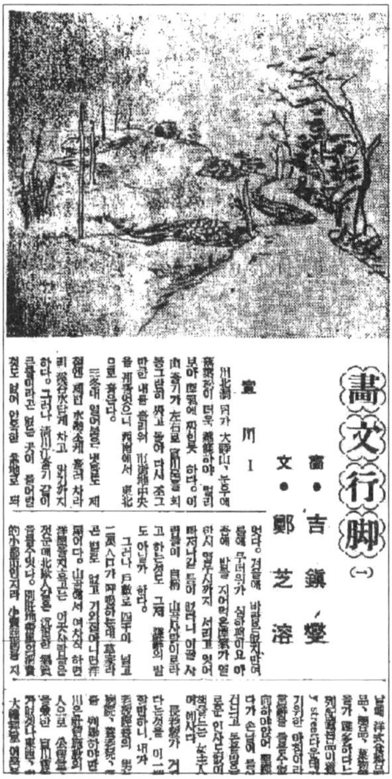
畵文行脚 (一)

畵 · 吉鎭燮

文 · 鄭芝溶

정지용의 「화문행각」, 〈동아일보〉, 1940.1.28. 원본 텍스트는 길진섭의 그림이 있는 '화문'이다. 후일 단행본·전집 등에서 정지용의 글(문)만 소개되면서 정지용의 '수필'로 분류되는 텍스트이다.

첩(新秋畵文帖)', '江郊畵帖', '수(스)-부닐 화첩' 등의 명칭이 사용되기도 했다. 간혹 '그림시(畵詩)'[26]라는 명칭도 눈에 띄지만, 이는 '문'보다는 그림(화)을 전면에 내세운 것이어서 '문'이 중심이 된 보통 화문 양식에 비해 본격적인 장을 형성한 것 같지는 않다. '詩情畵意' 같은 장르도 발견되는데,[27] 주로 이미 널리 알려진 시조와 조선시대의 '화(민속화, 풍속화, 문인화 등)'가 결합된 것이다. 예컨대 윤선도의 시조와 강세황의 그림이 결합된 텍스트는 화문 장르로 새롭게 기획된 것이기보다는 화문 장르의 유행에 맞춰 신문 매체의 속성을 활용하고자 하는 의도에서 기획된 것처럼 보인다. 이름 그대로 시의 서정성과 그림의 '뜻'을 물리적으로 결합한 것으로, 기존의 텍스트를 재활용한 것이라는 측면에서 이 책에서는 논의하지 않기로 한다.

정리하자면 이렇다. 혼종은 주로 문자 텍스트와 도상 텍스트 결합으

26 싸우디 작, 편석촌 역, 「그림시」, 〈조선일보〉, 1933.10.17.

27 〈조선일보〉, 1937.10.29~12.3.

로 이루어지는데 글과 그림, 글과 사진 등의 이종 혼종이 대표적이지만, 경우에 따라 글-그림-사진의 삼종 혼종도 있다. 주로 명승지 소개나 기행문 성격의 텍스트, 풍경 묘사 등을 위주로 한 계절 수필 성격의 텍스트가 많았는데, 이는 그림이나 사진의 시각성과 대중성의 효과를 견인하고자 했기 때문이다. 화문 양식은 '글의 풍경화'를 구축하는 장르로서, 글 그 자체의 내용 못지않게 글의 시각적 효과로부터 대중의 호응을 끌어낼 수 있었다.

수필이나 기행문의 성격을 가진 화문이 많은 것은 이들이 저널리즘 문예물이기 때문이다. 특히 봄, 가을 정경을 묘사한 풍경스케치, 교외 르포, 여행기 등은 화문 양식으로 발표된 것들이 많다. 계절의 성취를 시각적으로 보여주려는 편집 방침에 따라 시내 풍경이나 교외 풍경을 게재하던 관행과 시의성 때문이다. 1930년대 후반기 '조선주의' 담론이 유행하면서 이 화문 양식은 기념물, 명승지를 소개하는 형식으로[28] 전통 유물, 민예물을 소개하는 형식으로도 나타난

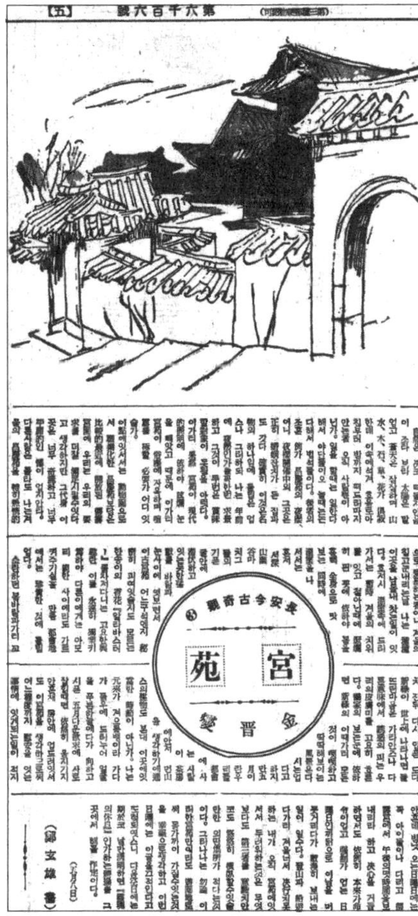

김진섭(문), 정현웅(화)의 화문. 스케치 형식의 화문으로 경성의 특이한 경관을 소개한 시리즈물의 하나다. 〈조선일보〉, 1938.5.11.

다.[29] '민예소묘'는 정현웅과 이원조가 4회에 걸쳐 '걸궁패, 봉산탈춤, 산대도감, 꼭두각시' 등을 소개한 것이다. 둘 다 조선일보 기자였던 경력이 활용된 것이다. 일반적인 기행문과는 달리, 르포 형식으로 기획된 화문 기행문은 문인과 화가가 같이 참여하는 경우가 일반적인데, 이 양식의 글은 내면적 서정성보다는 대상에 대한 서경적인 스케치가 돋보인다.

화문 양식은 1960년대에도 나타난다.[30] 묵독과 사색의 엘리트주의적인 문자 읽기의 문화(책 읽기, 독서)에서 벗어난 신문, 잡지의 모자이크 양식에 대한 대중적 호응이 이 같은 화문 양식의 유행을 낳았다. 텍스트 내적인 언어 미학이나 특성에 대한 연구가 앞으로 수행되어야 할 것이다. 앞에서 지적했듯, 이들 화문은 학예면의 구축과 그 활성화를 가능하게 했던 인적 인프라, 곧 문인-화가의 결합에 의해 생겨난 새로운 '쓰기(écriture)'이다. 계절 수필 등 계절 감각에 맞는 문예물이나 르포물의 필요성에 의해 생겨난 양식으로, 읽고 향유하는 독자 기호의 변화와 물질적 감각의 요구에 따른 저널리즘의 대응물이었던 것이다.[31]

학예면 제도와 '문인기자 전통'은 긴밀한 연관 관계가 있으며, 이것과 화문 양식의 유행 또한 관계가 있다. 이 고리 중 하나만 와해되어도 이 '제도'는 더 이상 지속되기 어렵다. 새로운 에크리튀르로서 화문 양식이 주목되지 못한 것은 이 제도적 문화적 인프라가 해방 이후 특히 1970년대 이후 사라지면서부터이다. 이와 동시에 '화문' 자체에 대한 인지도도 소실된 것처럼 보인다. 특히, 현대 들어 문예 연구자들의 학문적 전

---

28 「長安今古奇觀」, 〈조선일보〉, 1938.5.8~1938.5.14.

29 「민예소묘」, 〈조선일보〉, 1938.5.3~1938.5.6

30 김수영은 1960년대 「보신각」을 화문 양식으로 남긴다.

31 졸고, 「1930년대 신문 학예면과 문인기자 집단」, 『한국현대문학연구』 제12집, 2002 참조.

통, 대학들의 분과학문적 체제는 '문'과 '화'를 동시에 논할 수 있는 지적 인프라를 구축하는 데 장애가 되고 있다. 특히 문헌학적인 문제가 여기에는 내재돼 있다. 후대에 전집을 발간하는 과정에서 '화'로부터 '문'이 독립된 채 편집되면서 원본적 상황에 대한 고려를 충분히 하지 못했던 것이다.

따라서 '화문'을 중심으로 다음과 같은 ① 장르 문제, ② 텍스트 해석 문제, ③ 물질적 감각과 텍스트 향수 문제 등을 제기할 수 있다. 우리는 이 세 가지 문제를 중심으로 혼종 텍트스와 경계넘기의 인식론적인 문제 및 문학사 정립 문제 등을 검토할 수 있을 것이다.

화문 장르의 혼종 텍스트성과 장르 규정 문제

『조광』 1936년 3월호에는 '春郊七題, 二色畵文集'이라는 기획 아래 문인들의 글(文)과 화가들의 그림(畵)이 조합된 '화문'이 실려 있다. 이 '화문'은 당시로는 드물게 3도 채색으로 게재되었다. 배경을 주로 푸른색으로 채색한 화문이다. 채색화여서 계절적 감각이 보다 생생하게 살아 있다. 전체적으로 푸른색 바탕의 지면에 나무를 배경으로 봄 풍경을 스케치한 것이라 화문 7개 텍스트가 전체적으로 사뭇 유사한 인상을 준다.

「시내」-김은호(화)/이은상(문); 「고목」-김용준/이태준; 「길」-장석표/김기림; 「빈배」-김웅초/이원조; 「황일」-최우석/백석; 「서망율도」-구본웅/이상; 「봄물가」-안석주/힘대훈

첫 지면에 안석영이 '春郊七題'라는 한자 제호를 썼고 그림을 그렸다. 대체로 당대의 이름 있는 화가들이 '화'를 그린 데다 이것들이 채색

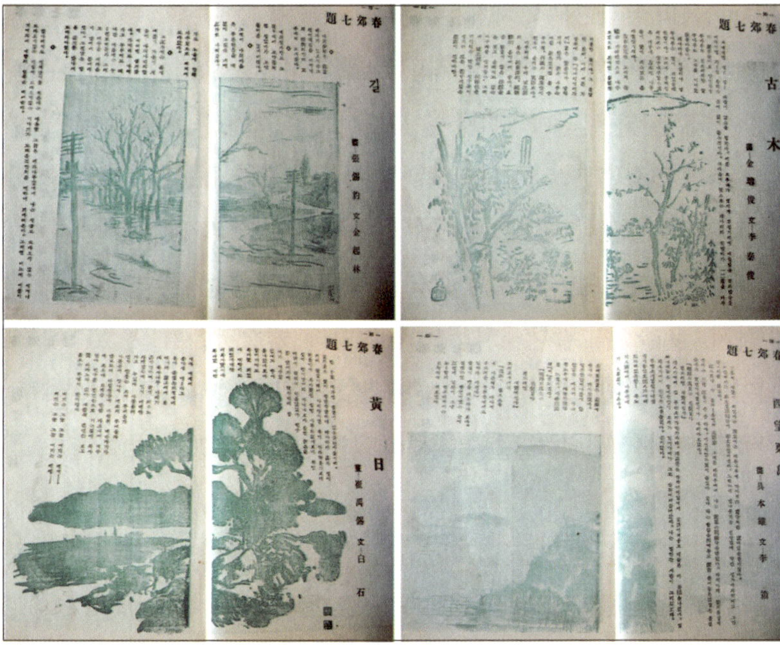

『조광』 1936년 3월호에 실린 3도 채색 화문. '春郊七題, 二色畫文集'이라는 제목을 달아 두었다. 봄, 가을에 들어서면 신문사, 잡지사에서 의례적으로 다루던 기획 특집이다. 계절 감각을 살린 그림(사진)과 지면 배치가 특징적이다.

화여서 지면의 심미적 효과가 뛰어나다. 여기 참여한 문인이나 화가들은 주로 당대의 신문이나 잡지에 간여했던 인물들이다. 이은상, 김기림, 김웅초, 이원조, 백석, 안석주, 함대훈 등이 조선일보 등의 신문사를 거쳐 갔다. 이들 대부분이 문인기자로 활동했던 인물이라는 점에서 신문사 중심의 인적 네트워크 구도를 짐작할 수 있다. 당시 종합 잡지의 문예면 필진들은, 문인기자들뿐 아니라 문인기자들과 친분이 있는 외부 필진들을 중심으로 꾸려졌다. 특히 눈에 띄는 관계는, 김용준-이태준, 이상-구본웅의 조합이다. 김용준-이태준은 〈목일회〉, 〈문장파〉를 거치면서 1930년대 문단의 중요한 담론들을 이끌었던 인물들이라는 점에서 주목된다.[32] 구본웅–이상의 관계는, 주지하듯, 구본웅이 남긴 이상의 초상이나 이상이 남긴 구본웅의 인상(「봉별기」 등)을 고려하면 연관성이 쉽게 추론된다. 이 같은 방식의 인적 네트워크가 어떻게 1930년대 문학의 지도를 형성하게 되었는가는 더 살펴볼 주제이다.

여기서 다룰 주제는 화문 양식의 장르 문제이다. 김기림과 백석의 '문'을 주목할 수 있겠다. 이들이 소설가가 아니라 시인이라는 점을 주목한다. 왜 그러한가. 김기림의 「길」은 화가 장석표의 그림과 함께, 백석의 「황일」은 최우석의 그림과 함께 실렸다. 이 텍스트를 두고 시냐 수필이냐의 장르 문제가 제기된 것은 이들이 '화문' 양식임을 고려하지 않은 데 기인한다.[33] 장르를 구분하는 것이 본질적인 문제는 아니다. 그러나 굳이 장르를 구분하겠다면, 원본 텍스트에 대한 정확한 이해가 우선되어야 한다는 뜻이다. 산문시와 수필 간의 장르적 구분이 명확지 않은 데다, 글의 저자가 시인일 경우, 행갈이가 없는 산문형 글을 산문시로 분류하는 관습적 경향이 있기 때문이다. 이은상이나 이태준, 이원조, 이상의 경우는 그다지 논란이 되지 않은데, 이들은 대체로 소설가, 산문가들이기도 해서 이들의 글을 수필로 분류하는 데 그다지 망설임이 없다. 이상의 「서망율도」는 주로 수필집에 수록되는데 여기에 이의를 다는 경우는 거의 없다. 하지만 백석, 김기림의 경우는 다르다. 이들은 '시인'으로 자리를 지키고 있고, 서사시, 이야기시 형태의 산문시적인 형태의 시들을 발표하기도 했다. 따라서 서정성이 짙은 글은 산문시로 분류될 가능성이 있다. 그런 경향을 반영해서인지 이들 시인들의 화문 작품들은 후일 편자의 시각에 따라 시(산문시)로 분류되기도 하고 수필로 분류되기도 한다.

---

32 정민호, 「문학에서 문화로」, 『한국근대문학연구』 제22호, 2010.

33 졸저, 『문인기자 김기림과 1930년대 '활자–도서관'의 꿈』 참조.

김기림의 「길」 역시 그러하다. 전집 간행시 '수필'로 분류되기도 하고[34] 시로 분류되기도 한다. 형태상으로는 산문이지만, 시(산문시)로 보는 경우도 적지 않다. '부적절한 비유나 무게 없는 말놀이가 말끔히 가셔져 기품 있는 서정의 경지에 이르고 있다'는 것이며, 그래서 "「길」이 모더니스트 김기림과는 전혀 다른 일면을 보여'준다[35]고 평가되기도 한다. 하지만, '모더니스트 김기림과는 전혀 다른 일면을 보여'준 것은 저널리즘 문예의 편집 방향과 밀접하게 간여돼 있다. 계절 수필의 핵심은 서정성과 감각성이다. 「길」은 계절 감각을 시각적으로 전달하기 위해 기획된 화문 곧 혼종 양식 문예물이다. 감성적인 '문'에 그림이 삽입됨으로써 지면의 시각적 효과를 극대화할 수 있었고, 따라서 독자들의 호응이 컸다. 이는 화문 양식의 가장 중요한 특장이기도 했다.

"'길'이 시임에도 불구하고 우연히 수필집(『바다와 육체』, 1948)에 재수록된 것"은 아닐 것이다. 화문의 '화'를 배제한 채 산문형의 문자 텍스트만 수필집에 재수록했던 것이다. 단형 시리즈물로 발표된 「관북기행단장」(1936.3.14~20) 또한 '시인 자신이 시로 기획했으나 적절한 기회가 없어 방치해 두었다가 수필집을 낼 때 버리기 아까워 수록했던 것'은 아닐 것이다.[36] 단문형 기행문에 대한 논의는 앞에서 이미 했으므로 생략한다. 시인가, 산문인가 하는 장르 규정의 논란을 다시 제기할 의도는 없다. 「길」, 「관북기행단장」 둘 다 저널리즘 텍스트의 편집 방향과 기획성이 반영된 문예물임을 지적하고자 한다. 원본성이나 정본성을 확인하는 작업은 텍스트 선별 및 해석에 있어 최초의 작업이자 핵심적인 과정이며, 그

34 김학동, 윤여탁, 정순진은 '수필'로 분류한다.

35 유종호, 『문학이란 무엇인가』, 민음사, 1989, 78~82면.

36 위의 책, 81면.

연자ㅅ간
白石

백석의 「연잣간」, 『조광』(1936.3) 삽화가의 이름이 기재되지 않은 일종의 '컷'의 형태이다. 이는 '시화'와 '시' 사이의 장르론적 운명을 결정하는 형식적 표지이다. 편집 및 지면 배치 상황은 장르 상호 간의 위계적 관계성, 삽화의 독립성 및 삽화가의 인지도와 관련이 있다.

텍스트의 문학성이나 가치 역시 이 원본 확정으로부터 시작된다. 굳이 장르 규정을 할 의도라면 원본에 대한 정확한 이해가 있어야 한다. 이를 간과한 장르 논란은 오류이거나 불필요한 억측을 낳게 된다는 뜻이다.

최우석의 그림과 함께 실린 백석의 「黃日」도 후일 유사한 편집 과정이나 자의적 해석 과정을 거친다. 「황일」은 봄날 한 마을의 평화로운 풍경이 스케치풍으로 묘사된 글이다. 이동순, 김학동이 편한 전집에서는 모두 이 글을 시로 분류하고 있다.[37] 김재용이 편한 전집에는 빠져있어서 편자의 시각을 확인할 수는 없다.[38] 이숭원의 '백석 시 전편 해설'서인 『백석을 만나다』에서는, 이 「황일」에 대해 '또 하나의 필진을 구하지 못하여 편집기자인 백석이 궁여지책으로 자신의 글을 채워 넣은 것 같다'고 하고, '그래서 그런지 시인지 산문인지 명확히 구분하기 어려우며 작품의 짜임새도 다소 성글다'고 평가한다.[39] 저자는 궁극적으로 이 글의 장르를 시로 보는 듯하다. 산문적 진술로 일관한 앞부분과는 달리 마지

37 이동순, 『백석 시 전집』, 창작사, 1987; 김학동, 『백석 전집』, 새문사, 1990.

38 김재용, 『백석 전집』, 실천문학사, 2001.

39 이숭원, 『백석을 만나다』, 태학사, 2008, 226면.

막 두 구절 '그늘 그늘' 식의 명사 중첩이 시다운 면모를 보여준다는 것이다. '궁여지책으로 자신의 글을 실었는지'는 실상 확인하기 어렵고 그래서 '짜임새가 성글고, 시인지 산문인지 구분하기 어려운가' 하는 점은 좀 더 검토가 필요하다.

'시'라고 판단했을 때, 압축적이고 은유적인 언어적 수사가 다소 성글고 긴박감이 떨어진다는 점을 지적할 수 있지만, 더 중요한 것은 실제 이 글이 시 장르에 속하는가 하는 점이다. 실증적인 확인이 좀 더 필요하다는 뜻이다. 이 텍스트는, '화문'의 표제 아래 그림과 글이 함께 있는 3도 채색의 화문이다. 따라서 '화'로부터 분리한 채 문예학적 언어 규범의 잣대로 이 '문'을 규정할 수도 없으며, 더욱이 문자 텍스트를 중심으로 문학성(시성)을 논하는 것은 부적절하다. 텍스트 해석 및 평가 문제는 그 다음 문제이다. 분명한 것은 이 글이 '화문'이라는 표제 아래 그림과 같이 실려 있고, 대체로 계절 수필을 싣는 당시 신문 잡지 편집 방향성을 견지하고 있다는 것이다.

행갈이를 하지 않았다는 점에서 산문 양식이지만, 특별히 시로서의 양식적 성격을 가진 것으로도 보이지 않는다. 마지막 부분, '저기는 그늘 그늘 여기는 쟁쟁 —'은 2행으로 분리돼 후렴구처럼 반복된다. 이 구절은 '다람쥐의 푸념'처럼 제시된 것이다. 전반적으로 이 글은 단형의 스케치적인 묘사가 두드러진다. 서정시라고 하기에는 담백한 서경 묘사가 특징적이고, 수필이라고 하기에는 동화적인 모티프와 감정의 축약적인 절제가 압도적이다. 화문을 시나 수필 등의 장르로 환원시키고자 하는 것은 이것이 특정 문예학적 장르 성격에 부합하지 않음을 오히려 반증한다는 점에서 화문 장르의 독자성이 부각되는 측면이 있다. 화문의 독법은 글과 그림을 동시에 읽는 것이며, 해석이나 평가 역시 여기에 근거할 필요가 있다.

흥미로운 것은 백석의 시 「연잣간」도 같은 호에 실려 있는데, 여기에는 컷은 있으나 화가의 이름은 기재되어 있지 않다. 화가의 이름이 독립적으로 기재되는 화문과 달리 단순 컷과 함께 실린 시는 구별된다. 이는 하나의 지표이다. 이름이 기재된다는 것은 독창적 문예물로서의 저작권을 갖는 것이다. '장르'는 저작권의 한 가지 판별 기준이며, 그것은 미학적 의미를 부여하는 과정에서도 필수적인 고려 요소가 된다. 화가 이름의 존재 여부는 화문(시화) 장르의 독자성을 규정하는 잣대이며, 화문인가, 시인가를 구분하는 중요한 규준이 된다.

이 같은 장르 규정의 혼돈이나 논란은 이들 텍스트들이 '저널리즘 문예'로서의 제도적 기반을 고려하지 않은 탓이다. 문학의 제도는 역동적이며 그에 따른 장르적 진화도 필연적이다. 문학 텍스트는 본질적으로 '4대 양식(장르)'이라는 '제도'에 구속된다고 해도, 당대 문화 제도 및 토대와 내·외적 관계를 맺으면서 스스로 진화하고 생성된다. 1930년대 화문의 등장은 그러한 문학 내·외적 제도의 토대 위에서 생성된 것이며, 그 성격 또한 그 토대 위에서 규명되어야 한다. 실제로 이 '화문'들은 앞에서 지적했듯 당시 신문, 잡지 발간에 따라 새롭게 생성된 저널리즘 장르로서의 성격을 강하게 가진 혼종 장르이다. 백석이나 김기림 둘 다 신문사에서 기자로 활동했던 이력들이 여기에 강하게 묻어 있다. 신문사 인적 네트워크 및 화문의 혼종 장르적 성격, 물질주의적 감각과 시각적 효과를 강조한 채색화로서의 에크리튀르적 특징 등을 여기서 지적할 수 있겠다.

시화의 유행과 독자의 호응

'시화(詩畵)'는 '詩畵報' 등으로도 불렸는데, 시와 화보(그림)가 함께 있는 텍스트를 지칭한다. 화문 양식으로 장르종의 성격을 갖고 있으며, 화문과 분리해 '시화' 혹은 '시화보'라는 특징적인 명칭이 사용된 경우도 있다. 신문 연재소설의 대중성, 통속성을 지적하면서 신문소설의 삽화에 대해 연구, 평가한 논문들은 있으나 시화, 시화보(이하 '시화'로 통칭)에 대한 논의는 대체로 찾아보기 힘들다. 시화는 물질적이고 감각적인 뉴미디어 장르로, 그러다 보니 문예학으로서의 언어 형태와 의미를 다루는 시 연구자들의 관심 밖에 있었다. 그러나 신문, 잡지라는 제도의 차원, 문화적 토대의 변천이라는 시대적 변화와 가변성을 염두에 둘 때, 영구불변성으로서의 시학적 해명이나 언어 미학적 평가가 텍스트 해석의 본질은 아니다. 더욱이 당대에 전문성을 가진 화가들이 잡지 편집에 참여하고 있고, 이는 시 텍스트를 물질적이고 미학적인 차원에서 한 단계 끌어올리는 역할을 한다. 영화 스크린의 한 장면을 모방하거나 스틸 컷과 같은 효과를 강조한 소설 삽화와는 달리 시화의 '화'는 아이콘 그 자체의 서정성과 낭만성에 보다 집중되어 있다. 소설 삽화의 경우, 삽화의 한 장면이 그 자체로 스토리의 일부가 되는 매체적 특징을 지니고 있고, 특히 연재소설의 특성상 삽화는 다음 호의 장면을 암시하거나 장면 전환에 대한 독자의 기대를 담는다. 하지만 시화의 '화'는 삽화적인 기능보다는 전체적인 시의 서정성과 낭만적 아우라를 강조하는 기능을 한다. 소설 삽화에 비해 그 독자성과 독립성이 강조된다.

'시화'는 독자들과의 소통의 변화를 수반한다. 시를 읽고 의미를 숙독하는 것에서 나아가 시각적으로 보고 그 물질성을 감각한다. 신문, 잡지는 문학 생산과 소통의 중요한 매개항이 된다. 1930년대 시화는 언어미학과 조형미가 혼종된 미학적 구성물이었다. 소설 삽화의 경우, 삽화가의 이름이 분명하게 기재되는 것이 일반적이나 시화의 경우는 차이가 있다. 시와 함께 컷 형태로 삽화가 삽입되어 있는 경우가 있는데, 앞에서 언급했듯 이는 장르론적 성격을 부여받기 어렵다. 하지만 화가의 이름이 기재된 시화는 시와 화가 동등하게 텍스트성을 구현하는 것으로 보고 화문 장르로서의 지위를 부여할 수 있을 것이다. 화문 양식은 신문에서도 자주 발견되지만, 시화의 경우는 신문보다는 잡지에서 더 빈번하게 확인된다. 신문 지면의 제약 때문에 시와 그림을 동시에 게재하기는 쉽지 않았을 것이다. 이들 시화 역시 후일 개별 시집에 재수록되거나 후대에 다시 재편집해 출간될 경우에 문자 텍스트만 분리된 채 수록됨으로써 '시화' 양식의 텍스트적 성격이 소실된다. 현재 우리가 읽고 있는 시나 수필 중 시화로부터 분리된 채 문자 텍스트만 남겨진 텍스트인 경우가 많다.

'시화'에 대한 장르 의식이 애초부터 존재했던 것 같지는 않다. '화'에 화가의 이름이 기재된 경우와 그렇지 않은 경우가 섞여 있다. 즉 화가의 그림이 같이 실리더라도 이를 독립적인 것으로 이해하기보다는 문(시)을 보조하거나 보충해 주는 단순한 시각적 장치 곧 '컷'으로 인식했을 가능성이 높다는 뜻이다. 앞서 예로 언급된, 백석의 「연잣간」을 기억할 수 있겠다. 화가의 이름을 게재한 경우와 컷으로만 처리된 경우는 그 독립적 지위 및 장르 규정 차원에서 차이가 있다. 화가의 이름이 기재된다는 것은 화가의 역할이 삽화를 그리는, 그러니까 글의 보조자로서의 기능을 하는 것에서 나아가 독립적인 존재로서의 영역을 확보하고 있음을 의미한다.

'시화' 양식이 가장 빈번하게 보이는 잡지는 『여성』이다. 『여성』은 편집상의 시각적 구성 원칙을 보다 적극적으로 실현한다. '시화'가 본격적으로 나타나는 1938년 전후로 『여성』의 편집 스타일이 눈에 띄게 시각화되고 있음이 주목된다. 잡지의 앞부분에 지면 양면을 활용해 시화를 시원하게 배치한 것이 특징적이다. 백석의 「나와 나타샤와 힌 당나귀」가 채색 화문으로 실리는 것도 이 시기이다. 표지화는 일반적으로 채색화가 대부분이었지만 내제화나 일부 시화보까지 2~4도의 채색화를 쓰기가 쉽지 않았던 당시에 『여성』의 이 같은 편집 방향은 파격적이다. 『여성』의 매진 사태는 이 같은 편집상의 원칙과 분리되기 어렵다.[40] '시화'는 단독으로 편집되기보다는 '시단' 형식의 시리즈물로 기획돼 입체성과 시각성의 효과를 살리고 있다. 이는 계절 특집을 기획하던 신문·잡지의 매체적 특성과 관련되기도 하고, 시인-화가가 짝이 돼 문자 텍스트와 그림 텍스트를 혼종함로써 지면의 시각적 효과를 극대화하고 흥미성을 유발하는 전략과도 관계가 있다.

조선일보 출판부에서 『여성』보다 앞서 창간된 『조광』 역시 시화를 싣고 있기는 하지만, 『여성』에 비해 양적으로도 적은 편이다. 종합 잡지로서의 성격이 강한 탓에 시 양식에 대한 선호도가 상대적으로 약했을 것이다. 『조광』도 점차 시화보나 시화 지면을 확대한 흔적은 있다. 『조광』 1938년 7월호는 '시단'으로 시 지면을 독립시키면서 '시화보'의 명칭을 사용하고 있다. 김안서의 시 「우리들의 七月」은 정현웅의 '화'와 함께 실렸다. 하지만 뒷부분에 실린 김광섭의 「꽃지고 그늘진 날」, 「비개인 날 아츰」, 주수원의 「깨여지는 꿈」 등은 지면 아래 그림(컷)이 있지만 화가의 이름이 병기돼 있지는 않다. 『조광』은 당시까지는 시화, 시의 장르적 차이나 이해에 대한 엄격한 기준을 적용하지 않았을 것이다. '화'의 가치 및 화가의 독립적인 지위에 대한 인식도 확고하지 않았을 것이다.

『여성』 창간호(1936.4)에는 '화문' 양식의 비화가 실렸다. '권두언'으로는 산문을 싣는 것이 일반적인데, 『여성』은 권두에 비시(扉詩) 혹은 비

40 "여성 '신년호'는 나오자 일주일만에 매진이 되여…", 『여성』, 1938년 2월호 편집후기.

화(屛畵)라는 이름으로 시나 그림, 혹은 이 둘이 혼종된 시화를 실었다.[41] 비화는 화가의 그림이며, 비시는 시와 컷이 함께 있는 시인데, 주로 기성 시인들의 것이 많다. 예컨대 창간호(1936.4)의 권두시는 김기림의 「파랑항구」로 화가의 이름은 병기되지 않은 단순 컷이 같이 실려 있다. 하지만 2호의 권두시는 이상의 「명경」(1936.5)으로 안석영의 '화'와 함께 화문 양식으로 실린 것이다. 3호(1936.6)의 권두시는 김기림의 「추억」으로 삽화가의 이름은 표기되지 않았다. 이 시는 김기림의 첫사랑을 그린 것[42]으로 해석되기도 하는데, 삽화는 한 여인과 남성이 바닷가에서 수평선을 바라보고 있는 뒷모습이 묘사된 것이다. 시각적인 인상과 감상적인 효과를 살린 컷이다. 권두의 비시에 화가의 이름을 명기한다는 것은, '화'에 대한 효용성이나 화가의 존재론적 지위를 중시하는 방향으로 잡지 편집의 방향이 나아가고 있음을 의미한다. 여전히 '컷'과 '화'에 대한 이해나 그 차이에 대한 인식이 혼동되고 있으나 점차 '화'에 대한 가치가 부여되고 시화의 장르적 특징을 인지한 편집 방향을 확인하게 된다. 『여성』도 처음부터 '시화'를 앞부분에 배치하지는 않았다. 1937년 8월호에는 서두에 화문이 실려 있는데, 홍종인-김규택, 이원조-홍우백, 노천명-최근배, 함대훈-정현웅의 文과 畵가 그것이다. 그 뒤 차츰 '시화'가 잡지 서두를 장식하는 방향으로 나아가고 있음이 확인된다.

실제로, '시'와 '시화'의 가치를 지면 배치 등의 편집에 반영한 흔적은 많다. 문자 텍스트로만 된 '시'는 '시화(보)'와는 따로 분류되는 경향이 있었는데 산문 텍스트의 지면 한 켠을 빌리거나 활용해 박스 속에 실었

---

41 '비화(屛畵)', '비회(屛繪)', 내제화(內題畵) 등의 출판물 관련 '용어'는 아직 정확하게 정립된 것 같지는 않다. 이에 대한 대략적 서술은 정진석 · 오영식 편저, 『틀을 돌파하는 미술-정현웅 미술작품집』, 소명출판, 2012, 42면 참조.

42 김학동, 『김기림 평전』, 새문사, 2001.

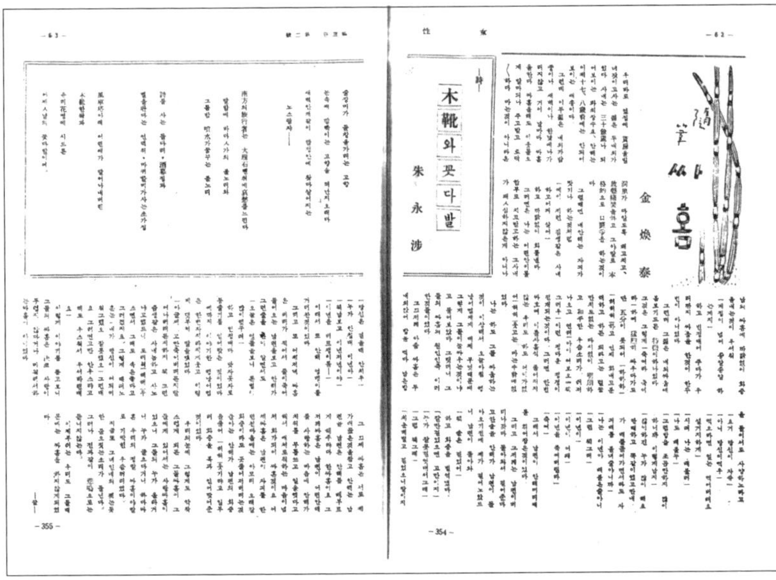

주영섭의 「목화와 꽃다발」이 실린 『여성』(1938.2)의 지면. 양 지면을 충분히 활용해 편집하는 '시화'와는 달리 '시'는 일반적으로 박스 안에 실었다.

다. 예컨대, 『여성』에서 주영섭의 「木靴와 꽃다발」은 김환태의 수필 「싸홈」과 함께 같은 지면의 박스 안에 편집되었다(1938.2). 이시우의 산문시 「당신이 옆을 보고 앉을 때는」(1938.5)은 컷은 있으나 화가의 이름이 기재되어 있지 않다. '시'는 '시화'에 비해 그다지 알려지지 않은 시인들의 것인 경우가 많고, 대체로 '시화'에 비해 소략한 상태로 실렸다. 시화에 비해 시에 대한 기대가 상대적으로 낮았던 것은 지면의 배치나 편집 상태를 통해서도 확인된다. 1936년 8월호 '시'는 노천명의 「이처지지 않는 情景」, 임옥인의 「人生」, 김오남의 「農村點景」 등인데, 본문 텍스트와 구별되게 박스 안에 배치하는 편집 방식을 택했다. 특별히 시각적인 효과나 가치를 강조한 것 같지 않다. 박스 안에 시를 배치하는 것은 산문 양식과 구별되는 시의 양식적 특성 때문인데, 이 전통은 대체로 현재까지 이어지는 듯하다. 독립적인 지면과 넓은 여백을 활용해 '화'의 시각적 효용성을 크게 높인 '시화'에 비해, '시'는 박스 안에 독립시켜 싣거나 다른 중요 기사들을 실은 뒤 지면의 나머지 부분을 이용해 편집하는 것이 일반적인 경향이었던 것 같다.

지면 구성 방식은 시화의 장르적 인식 문제와 관련된다. 지면 자체의 시각적 효과를 강조하는 편집 방식에서도 '화'의 독립적 가치 및 화가의 지위를 추정할 수 있다. 산문을 싣고 그 지면의 한 측면을 활용해 시를 한두 편 소개하는 방식과는 질적인 차원에서 차이가 있는 것이다. 시보다는 '시화'의 효용성이나 가치가 두드러지게 커졌다는 의미일 것이다. '시화'를 잡지 서두에, 양 지면 전체를 이용해 화려하게 배치하는 방식은 1937년 후반기부터 1938년 말까지 집중적으로 나타난다. '잡지 매진 사태'도 이와 무관하지 않을 것이다.

『여성』 1937년 11월호는 '특집 시화보'라는 제목 아래 「休憩」-이선희(문)-정현웅(화),[43] 「가을생각」-이은상-황우백, 「가을」-최근배-장덕조, 「성지」-노천명-김규택의 시화가 실렸다. 가을 특집으로 기획된 것이다. 같은 호의 '시'는 주영섭의 「構圖」이며, 박스 안에 실려 있다.

'시화보'라는 명칭은 이후에도 계속 나타난다. 1938년 전후로 발표된 '시화'들이다.[44]

「원단」-백국희-정현웅

43 필호 인의 '문' 혹은 '시'는 문자 텍스트를, '화'는 그림 텍스트를 지칭한다. (이하 표기 형식 동일)

44 잡지 영인본에서 이들 시화 지면은 생략된 채로 영인되는 경우가 있다. 문자 언어 텍스트 중심주의와 화문 양식의 원전성에 대한 인식의 결여 때문인 듯하다. 영인본을 '원전'으로 인식하는 연구의 한계이다. 원본 텍스트의 디지털화와 그것의 공개가 공적으로 필요한 이유이다.

「신년송」-김오남-최근배

「장날」-노천명-김규택(이상, 1938.1)

「우촌점묘」-박월탄-최근배

「언제나 평온한 얼굴을 볼 수 있답니까?」-신석정-정현웅

「등대의 서름」-김안서-김규택(이상, 1938.2)

「폭풍의 집」-모윤숙-정현웅

「내가 이렇게 외면하고」-백석-김규택

「춘경」-주수원-최근배(이상, 1938.5)

'시화보'의 중요성이 커졌다는 것은, 1938년 1월호의 경우처럼, 좌우양 지면 전체를 시원하게 편집한 지면에서 확인된다. '시화보'에는 '시'를 '문'이라 표기한 경우도 있다. 여기서 '문'은 장르가 아닌 '그림'의 상대어로서의 '문'으로, 곧 문자 텍스트인 '시'를 뜻한다. 시화의 장르성이 정착되지 않은 탓도 있지만, 당시 시가, 시, 시화, 시화보 등이 혼용되어 쓰였던 탓도 크다. 현재 연구자들이 인지하고 있는 정도의 문예학적 장르 개념이나 양식 개념을 당대에서는 갖지 않았던 것이다.

1938년 10월호 시화는 '청추시단(淸秋詩壇)' 제하에 실려 있다. 계절적 요인과 감상성・낭만성을 감안한 기획과 시각주의적 편집 방향을 고려한 것이다.

「멧새소리」, 「가무래기의 약」-백석-최근배

「비」-백국희-김규택

「애련송」, 「소꼽노리」-이찬-정현웅(이상, 1938.10)

같은 호의 시로는 한용운의 「산거」, 김종한의 「빨래질」(민요)이 박스

안에 편집되어 실렸다. 11월호에는, 박팔양의 「근영수제」, 모윤숙의 「내가 문을 열때」, 김조규의 「연인과 해안과 슬픈 전별」(목차에는 '여인과 해안'으로 표기)은 시로, 춘성의 「가을밤 에레지」는 목차에 산문시로 표기되어 실려 있는데, 이들 다 '화'가 없는 문자 텍스트로 된 '시'다. 춘원의 「발자욱」, 「가을날」, 「관음상」이 웅초의 그림과, 김상용의 「어린 것을 잃고」가 정현웅의 그림과 함께 편집된 것과는 차이가 있다. 이 시화들은 목차에는 '시단'으로 표기돼 있다. 12월호에는 춘원의 시조 두 편(「고은님」, 「뵈오러 갔던 길」)이 정현웅의 그림과 함께 실려 있는데, 그림이 두 편의 시 아래 시원하게 배치된 것이 특징적이다. 일종의 시화 양식이다. 그에 반해 金大鳳의 시 「別後」는 박스 안에 편집되어 실렸다.

이 같은 상황을 염두에 두면, 당시 시화보, 詩歌, 시의 장르론적 차이가 다소 혼동되기는 하지만, 이들 장르종의 차이가 문예언어학적 가치(문학성)의 층위에서 비롯된 것 같지는 않다. 글과 그림 간의 관계, 지면 배치 및 효과 같은 편집 원칙, 화가의 권한 및 시인의 대중적 지위 같은 잡지 '제도'의 문제에 크게 좌우되었던 것이다. 이는 비언어적 에크리튀르와 문학성 바깥의 '제도'가 이들 장르종을 규정하는 데 중요하게 작용했음을 의미한다. 잡지 편집상의 기술적 의장 및 기능성, 문자 텍스트와 그림 텍스트의 혼종 배치 등 배치와 편집의 모자이크적 구성이 문예물의 조건이 되고 있는 것이다.

채색 삽화와 물질주의 아우리

이 새로운 에크리튀르의 창안은 저널리즘 매체를 기반으로 새로운 제도를 역동적으로 내재화한 데 기인한 것이었다. 시 장르 자체의 언어미학적 선험성에 의해 생성된 것이 아니라 배치와 기능에 따라 발생하는 문

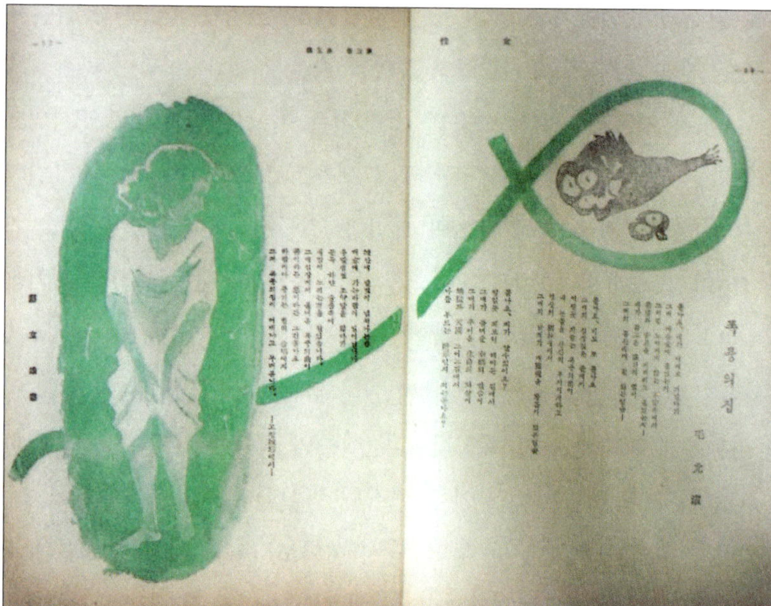

정현웅(화)·모윤숙(시), 「폭풍의 집」, 『여성』, 1938.5.

정현웅(회)·백국희(시), 「元旦」, 『여성』, 1938.1.

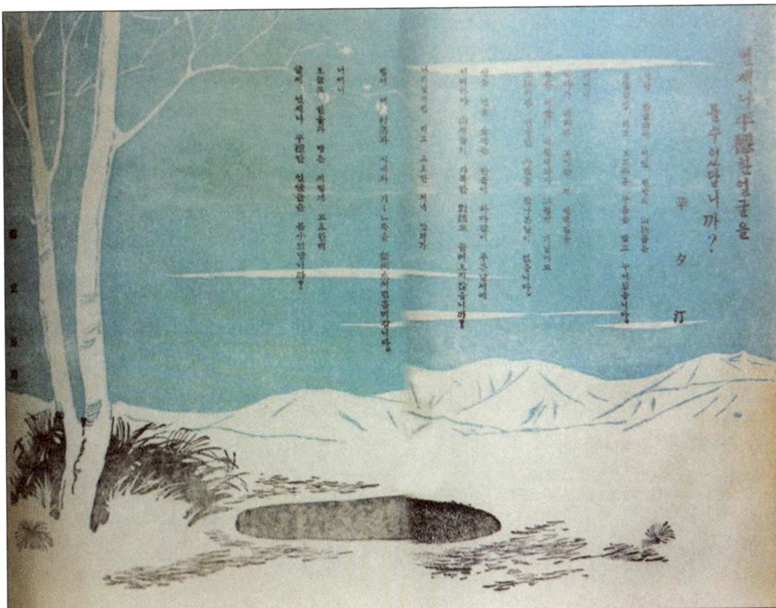

정현웅(화) · 신석정(시), 「언제나 평온한 얼굴을 볼 수 있답니까?」, 『여성』, 1938.2.

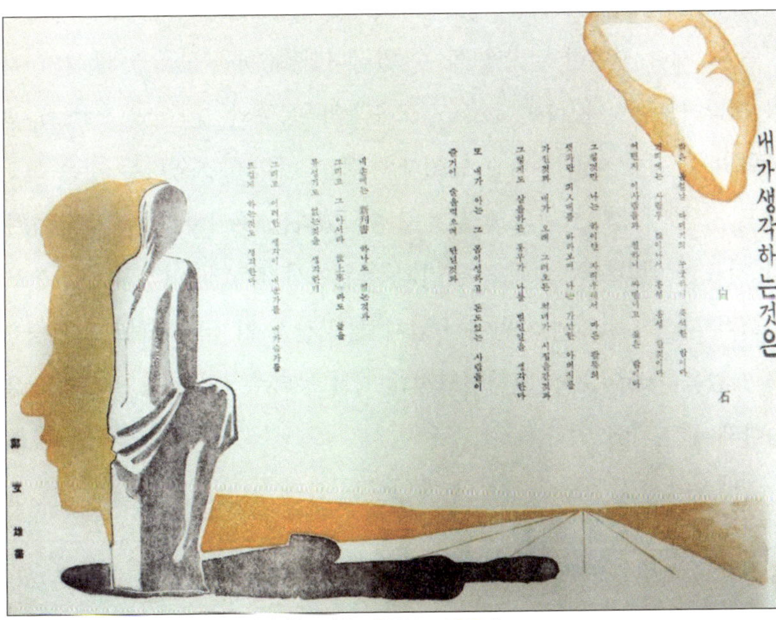

정현웅(화) · 백석(시), 「내가 생각하는 것은」, 『여성』, 1938.4.

자 언어 '밖'의 장에 따라 발생한 것이다. 잡지 편집상의 미학적 효과가 쓰기 및 읽기의 성격을 결정하는 중요한 요인이 되었던 것이다. 문자 텍스트만 읽을 때와 문자와 그림이 혼종된 텍스트를 읽는 것은 다르다. 시와 시화의 양식적 차이는 편집상의 차이와 배치의 차이기도 하다. 근대 장르론은 저자의 저작권과 글의 양식론이 결합된 것이다. 다만, 시에 컷을 삽입했다고 해서 그것이 독립적인 성격을 갖지는 않는다. 그런 점에서 화가의 이름이 독립적으로 기재된 시화나 화문은 장르론적인 차원에서 검토될 필요가 있는 것이다.

1930년대 시화에서 특징적으로 지적되어야 할 것은 채색 시화이다. 최근 확인된 것으로는 백석의 「나와 나타샤와 힌 당나귀」(『여성』, 1938.3)인데, 이는 정현웅의 채색 삽화와 함께 실린 것이다.[45] 같은 호에는 「연인」-김광섭-김규택, 「줄없는 거문고」-장정심-최근배 등이 실려 있다. 채색 삽화가 있는 시화 중 현재 확인된 것은 정현웅이 그린 것인데, 신석정의 「언제나 평온한 얼굴을 볼 수 있답니까?」(『여성』, 1938.2), 백석의 「내가 생각하는 것은」(『여성』, 1938.4), 모윤숙의 「폭풍의 집」(『여성』, 1938.5), 백국희의 「元旦」(『여성』, 1938.1) 등이다.[46] 채색 삽화가 쓰였다는 것은 그만큼 잡지의 시각적 효과와 물질성을 중시했다는 뜻이며, 이는 문학 향수의 지표가 엘리트적 숙독적 읽기의 차원에서 감각적 읽기의 차원으로, 선조적 시간적 읽기의 차원에서 입체적, 공간적 읽기의 차원으로 이동하고 있었음을 보여준다. 모자이크적 읽기는 몽타주적인 영화 읽기와도 밀접하게 관련되어 있다.

백석이 조선일보 출판부에 재입사해 잡지 『여성』 편집을 담당한 것

45 졸고, 「백석의 시 「나와 나타샤와 힌 당나귀」의 정현웅이 그린 삽화」, 『근대서지』 제3호, 소명출판, 2011.

46 정진석 · 오영식 편저, 『틀을 돌파하는 미술-정현웅 작품집』, 179~182면.

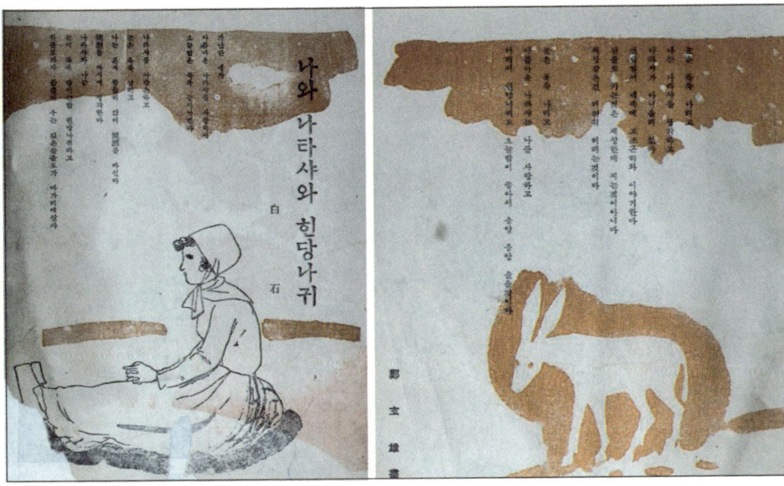

백석(시), 정현웅(화)의 시화. 붉은 실루엣으로 감싸진 당나귀의 형상은 외롭고 고독하지만 순수한 영혼을 가진 자의 아이콘이다. 순수하고 정결한 존재로서 백석이 존재론적 동일성을 부여했던 '당나귀'의 상징성과 통한다. 정서적 일체감뿐 아니라 시각적이고 모자이크적인 지면 배치로부터 생성되는 물질적 감각이 고려된 시화이다.

은 1938~1939년경이다.[47] 백석의 시 「나와 나타샤와 힌 당나귀」(이하, '「나와」')에 삽화를 그린 정현웅과 백석의 관계는 조선일보 출판부를 중심으로 형성된 것이다. 〈조선일보〉가 잡지 발간을 위해 1935년 출판부를 신설하는데, 이은상, 안석주, 함대훈, 최정희, 윤석중, 노천명, 노자영, 김래성, 계용묵 등이 조선일보 출판부에서 '문인기자'로 활동한다.[48] 1930년대 삽화가로서 자신의 존재를 규정했던 정현웅의 존재는 1930년대 혼종 텍스트 문제나 1930년대 문학의 제도적 측면을 이해하는 데 중요한 시사점을 준다. 정현웅이 조선일보 출판부에 근무한 것은 1936년부터이며 〈조선일보〉가 폐간된 1940년 이후는 『조광』으로 자리를 옮긴다. 그는 이 기간에 『조광』, 『여성』, 『소년』 등 잡지에 숱한 삽화와 표지화를 남기

47 졸저, 『월북예술가 오래 잊혀진 그들』, 101면.

48 정진석, 「인물로 본 한국언론 100년」, 『신문과 방송』, 72면.

고 있다. 이 시기를 전후해 그는 백석과 교유했던 것으로 보이는데, 이는 월북 이후까지 이어진다. 『여성』 출판부에 소속돼 있던 시절의 백석의 인물 스케치를 『문장』에 남기고 있고, 월북 후 백석의 동화시집 『집게네 네형제』의 표지화, 삽화를 맡아 책 뒷장에 또 한 컷의 인물 스케치를 남겨 두었다.[49] 백석이 정현웅에게 헌사한 시 「북방에서」를 통해 백석과 정현웅의 관계를 유추할 수도 있다. 화문 및 시화 양식이 지속적으로 생성될 수 있었던 요인은 이 같은 1930년대 저널리즘 '제도'가 바탕이 되었던 것이다.

연재소설 삽화와는 달리 시 삽화는 일회적인 것이어서 한 컷의 그림이 시의 분위기나 뉘앙스에 상당한 영향을 미친다. 「나와」에서 '화'는 이국적인 인물형의 소녀와 붉은 실루엣의 당나귀가 활자가 배치된 지면 아랫면을 차지하고 있다. 눈 위에 선명하게 각인된 당나귀의 붉은 발자국을 묘사한 것이 인상적이다. 붉은 실루엣으로 감싸진 당나귀의 형상은 외롭고 고독하지만 순수한 영혼을 가진 자의 아이콘일 것이며, 이는 백석이 순수하고 정결한 존재로서의 존재론적 동일성을 부여했던 '당나귀'의 상징성과 통한다. 소녀와 시인과 당나귀의 동질적인 존재감은 정현웅의 '화'로 인해 선명하게 부각된다.

이 시화에는 문자 텍스트의 시만으로는 감득할 수 없는 아우라가 있다. 시를 전편 해독하고 언어적 의미를 파악하지 않아도 독자들은 정현웅의 이 정결한 이미지에서 시의 서정적 분위기와 정결성을 체득한다. 시의 아우라는 문자로 읽기 이전에 이미 시각을 통해 공감각적으로 감지된다. 이는 시의 이미지를 하나의 장면과 겹쳐 읽음으로써 시간을 공간화하고 입체화하는 일종의 이미지즘 방식과 통한다. 그것은 현재와 과거

---

49 『문장』, 1941.7; 백석, 『집게네 네형제』, 조선작가동맹출판사, 1957.

를 뒤섞는 신화적인 방식의 재현이며, 이는 일상의 신비화 과정과도 다르지 않다. 그것은 독자를 잡지의 공간으로 끌어들이는 데 효과적으로 기여한다. 시가 단순히 묵독의 형태로 읽히는 사변적이고 추상적인 언어 예술의 단계로부터 그림의 형태로 읽히고 감각되는 물질화의 단계로 확장되었음을 보여주는 것이다.

당시 『여성』이 인기를 끌었던 이유는 내용 그 자체뿐 아니라 시각적인 효과를 강조한 편집 기술의 효과가 컸던 것으로 판단된다. 이는 당대 잡지의 인기도가 단순히 잡지 내용의 질이나 인기도, 곧 '책'의 문자 언어적 속성에 기인한 것이기보다는 신문 잡지의 모자이크적 속성에 크게 영향받고 있음을 보여준다. 실제 당대의 『중앙』이나 『신동아』 등에 비해서도 『여성』이 삽화나 컷을 활용한 지면이 두드러진 것을 확인할 수 있다. 1937, 1938년경 『여성』의 표지화뿐 아니라 속표지의 일종인 '비화(扉畵)'도 채색화였음이 확인된다. 1930년대 시화의 유행은, 지면의 시각적이고 물질적인 효과를 주목한 것이며, 이는 대중 독자의 감각의 향수 문제와도 밀접하게 연관되어 있었다.

혼종 텍스트의 시 해석과 평가

정지용의 「파라솔/명모」를 둘러싼 논란은 이 '문인-화가' 네크워크 한가운데 존재한다. 정지용의 「파라솔」은 '시화순례'라는 제목 아래 발표된 화문의 일부이다. 「明眸」[50]는 '문'과 '화'와 함께 실린, 말하자면, '시-화-문'의 삼중 텍스트 중 일부로 존재하는 시 텍스트이다. 그런데 정작 원문 텍스트인 「명모」는 그다지 연구자의 관심을 끌지 못했다. 후일 시집에 실

50 정지용, 장발이 같이 참여해 '시화순례'라는 제목 아래 발표되고, 후일 시집 『백록담』에 '파라솔'로 개제된 채 실린다. 『중앙』, 1936.6.

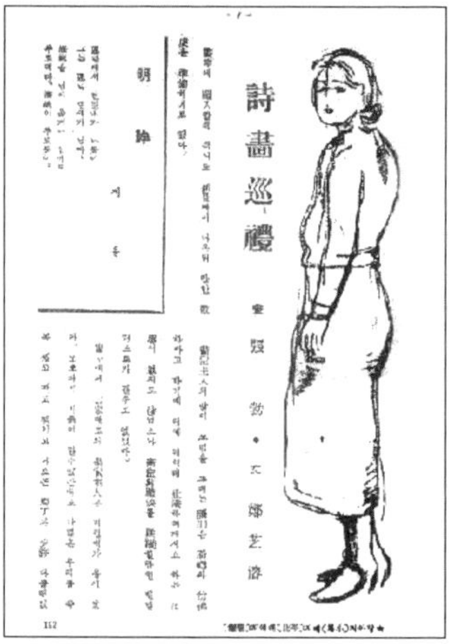

정지용의 「명모」가 처음 실린 『중앙』(1936.6)의 지면. 정지용(시, 산문), 장발(화)의 '시화순례'로 발표된 것이다.

릴 때 개제된 제목인 '파라솔'을 대상으로 연구가 진행되면서 이 시의 해석을 둘러싼 논란이 제기되는데, 시적 대상이 무엇인가뿐 아니라 시 구절의 해석에서도 이견이 있었다. 「파라솔/명모」는 연구 자체가 많다. 대체로 기존 연구에서는 이 시의 시적 대상을 아름다운 여성,[51] 1930년대 신여성의 상징,[52] 호수 위의 백조떼 풍경[53] 등으로 보고 있다. 기존 연구들을 상호 비교하면, 그 원관념의 범주가 상당히 확대되어 있다는 점을 확인할 수 있다. 흥미로운 것은, 이들 연구들이 대체로 이 시의 기본적인 아우라, 곧 종교적 경건성이나 정신적 염결성을 반영하지 않고 있다는 점이다. 특히, '신여성' 혹은 '백조떼'로 해석한 것들이 그것인데, 원래 제목인 '명모'의 의미에 대한 간과, 그러니까 원본 텍스트를 거의 고려하지 않은 해석처럼 보인다. 시의 의미 맥락을 연구자 개인의 주관성으로 환원시킴으로써 원본 텍스트가 갖는 의미나 그것이 지닌 아우라를 거의 소멸시켜 버린 것이다. 실제 원관념으로부터 멀어진 시적 대상은 해석의 정합성마저 의문을 갖게 한다.

---

51 이승원, 『정지용 시의 심층적 탐구』, 태학사, 1999, 146면; 권영민, 『정지용 시 126편 다시 읽기』, 민음사, 2004, 662면.

52 소래섭, 「정지용의 시 〈유선애상〉의 소재와 의미」, 『한국현대문학연구』 제20집, 2006.12, 277면.

53 오태환, 「파라솔의 비유관계와 의미구조 연구」, 『어문논집』 57권, 2008.4, 57면.

시 「파라솔」을 떠받치고 있는 것은, 이것이 원래 시화라는 것, 곧 화문 양식으로 이 시와 함께 '문'과 '화'가 같이 있는 텍스트라는 실증적인 사실이다. 시 「파라솔」은 실제 「명모」라는 혼종 텍스트 형식으로 발표되었으며, 이것이 시 해석의 출발점이 되어야 한다. 그러니까 「파라솔」은, 시화의 텍스트성과 시화를 가능하게 하는 일종의 '제도'를 통한 접근이 먼저 이루어져야 한다는 것이다. 시화의 양식적 성격이 규명되고, 이로써 정합적 해석이 가능해질 것이며, 궁극적으로 이 시의 시적 대상이 무엇이며, '파라솔'이 지칭 혹은 상징하는 것이 무엇인가가 규명될 수 있는 것이다.

이 같은 혼종 텍스트 곧 시화 등의 화문 양식이 유행할 수 있었던 인적 물적 인프라 및 제도에 관한 탐구가 시 해석에 선행되어야 한다. 먼저, 인적 제도에 관한 것이다. 장발과 정지용의 관계를 주목할 수 있는데, 이는 당시 '화문'의 제도적 측면과 밀접한 관계가 있다. 정지용과 장발의 관계는 휘문고 출신이라 점, 카톨릭 신자라는 점, 그리고 『카톨릭청년』 지와의 관계 속에서 규정된다. 장발은 목일회를 구성해 김용준, 이마동, 길진섭, 구본웅 등의 화가들과 미술계를 이끌었고,[54] 목일회는 이태준 등과도 관계가 있었다. 이들이 후일 '문장'의 주요 멤버가 되는 과정은 이미 연구된 바 있다.

당시 화문을 감각적으로 구현하고 있는 잡지 매체는 『여성』이었다. 『여성』은 당시 다른 잡지에 비해 화문 양식을 널리 실었을 뿐 아니라 표지 이외에 비화뿐 아니라 화문에도 채색화를 사용한 경우가 많았다. 『여성』이 이 같은 화문 양식을 폭넓게 활용한 것은, 앞에서 이미 논의했듯, 출판부의 인적 구성과 밀접한 관계가 있다. '달마다 夕影 선생이 도와주

---

54 이경모, 「영광과 고뇌의 백수, 장발의 삶과 작품 세계」, 『미술세계』 통권 198호, 2001.5, 117면; 최열, 『한국 근대미술의 역사』, 열화당, 2006.

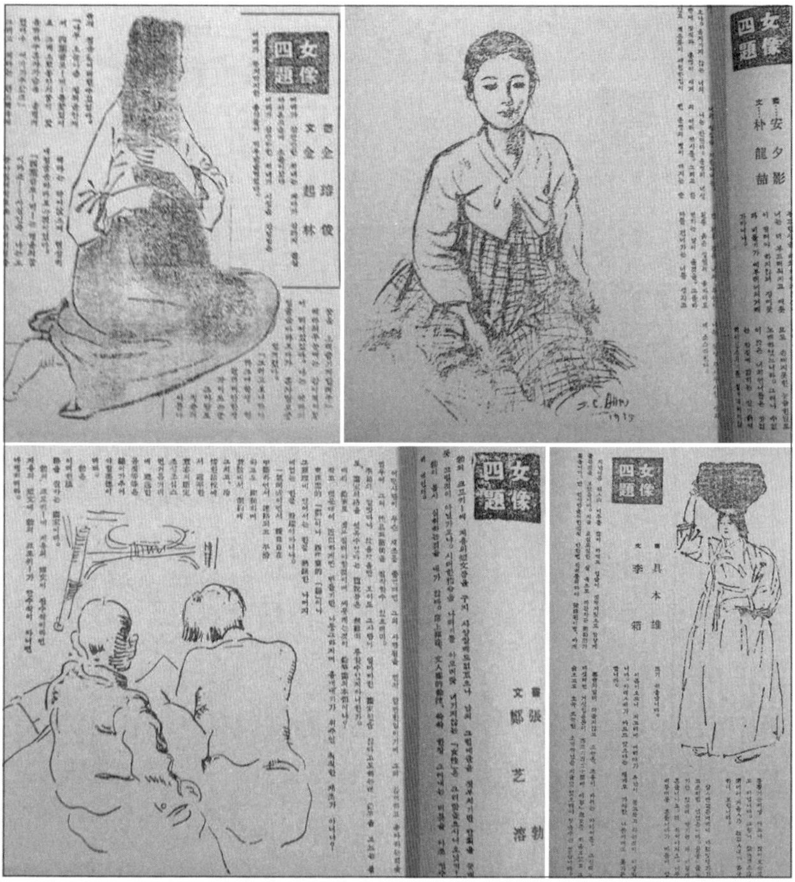

'女像四題' 화문들, 『여성』(1931.4) 장발-정지용, 안석영-박용철, 김용준-김기림, 구본웅-이상의 짝. 1930년대 화문 양식을 가능하게 했던 '문인-화가' 인적 네트워크가 반영된 것이다.

신다'는 편집 후기[55]는 『여성』에 실린 많은 삽화나 컷들이 잡지 편집에 널리 간여했던 영화인이자 소설가이며 신문기자였던 안석영의 것임을 확인한다. 『여성』의 매진 사태 역시 잡지의 편집 방향과 밀접한 관련이 있을 것이다.

55 「편집후기」, 『여성』, 1936.12.

1936년 4월호 『여성』에는 장발과 정지용이 같이 참여한 '화문'이 실려 있다. 특집 제목은 '女像四題'이다. 장발-정지용, 안석영-박용철, 김용준-김기림, 구본웅-이상의 결합으로 완성된 글과 그림의 혼종 텍스트이다. 1920년대부터 이미 삽화가, 소설가, 만화가 등의 이력을 쌓았고 그 뒤 영화계로 나간 안석영의 존재는 차치하고라도, 대부분 인물들이 '목일회', '구인회', '문장' 관련 문인들이라는 점에서 문인과 화가의 교류가 1930년대 문단의 형성의 중요한 고리임을 확인하게 된다.[56] 이는 시화 및 화문 같은 혼종 장르들이 지속적으로 신문, 잡지에 게재될 수 있었던 요인이기도 하다.

문학 '밖'의 텍스트

이들 조합의 관계성에서 핵심적인 것은 텍스트 그 자체의 존재가 아니라 이로부터 발생하는 텍스트의 성격, 작품 해석, 문학사적 가치 등이다. 문학 텍스트 주변을 감싸고 있는 그러한 비문예적 상황이 문학성 자체에 지고한 영향력을 발휘하고 있다는 사실인 것이다. 앞 장에서 '제도'라 부른 것이 이것이다. 구본웅와 이상의 관계는 이미 널리 알려진 바 있으며, 「봉별기」의 해석학적 지평은 이상과 구본웅의 성천에서의 일화를 중심으로 열린다. 문제는 그러한 관계성의 실증적 사실 그 자체가 아니라 이 문자 리터러쉬를 넘어서 존재하는 이 '제도적' 관계성의 상호 맥락이다.

이상이 편집한 구인회 동인지 『시와 소설』(1936.3)의 문제성은 '난해시'로 손꼽히는 정지용의 「유선애상」과 이상의 「가외가선(街外街傳)」이 처음 실렸다는 것, 박태원의 「방란장 주인」, 김유정의 「두꺼비」 등 구인회

56 김용준이 『문장』 표지화를 그리게 된 과정이나 삽화, 장정 일을 시작하게 된 과정은, 「서책의 장정」, 『국도신문』, 1949.12.20.

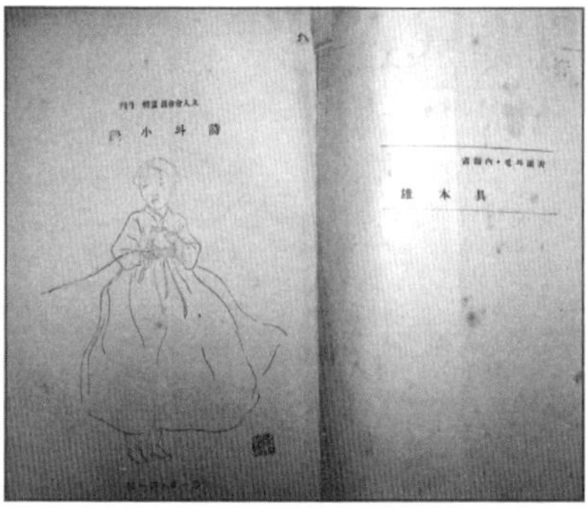

『시와 소설』(1936.3) 구본웅이 삽화와 컷, 내제화를 담당했음을 보여주는 자료.

동인들의 문제적인 작품이 실려 있고 그들의 면모가 직접적으로 드러난다는 것 등에 있을 것이다. 이상이 이 잡지를 편집했다는 사실을 근거로 박태원, 김유정 소설의 삽화(컷)를 이상의 것으로 추정하고, 이를 이상의 관념이나 세계관과 연관시키는 경우가 있지만, 이는 오류일 수도 있다. 이는 보다 정밀한 검토가 필요할 것으로 본다. 『시와 소설』에는 '표지와 컷, 내제화'를 그린 화가로 구본웅을 명기하고 있다. 삽화, 장정과 같은 비문자적 자질들이 텍스트 해석에 영향을 미치는 점을 간과한 채로 문학사적 사실들을 확정하거나 텍스트를 해석하기란 사실상 어렵다는 뜻이다.

이 『여성』에 실린 정지용의 '문'은 정지용과 장발의 관계를 섬세하게 투영하고 있다. 이 '화-문'의 기획이나 창작 과정이 비유적으로 드러나 있다는 점을 특히 주목할 수 있다. 정지용은 '문'에서, 화가의 그림에 문인의 글이 덧붙여지는 형태로 이 글이 기획된 것처럼 언급하고 있다. '남의 그림에 글을 짓 부치기'라고 규정한 지용의 '문'은 '화주문종'의 맥락을 가진 듯하지만, 이는 정지용 특유의 어법이거나 겸양일 수 있다. 정지용은 글의 말미에, "발의 크로키에 지용의 단문이 잔 수작이라면 지용의 단문에 발의 크로키가 딴 수작이 아니면 다행이다"라고 덧붙이고 있다. 이는 두 매체가 서로 독립적이면서 보완적인 역할을 하는 혼종 양식 특유의 기능을 암시한 것이다. 정지용은 '문'에서 평소 정지용이 가지고 있던 절제와 비약의 미를 장발의 '획'과 '선'에 대한 평가와 결부시킨다.

정지용–장발의 인간적 관계가 투영된 것이며, 이것이 '화문'을 가능하게 한 토대가 되고 있다.

'정지용–장발'의 이 같은 인적 구성이 다시 한번 활용된 것이 『중앙』의 '시화순례'이다.[57] '화–장발, 문–정지용, 시–정지용'의 '문–화–시'의 세 장르가 혼종된 '삼중 텍스트'이다. 여기서 '시'는 물론 「파라솔」의 원문 텍스트 '明眸'이다. 시 「파라솔」의 시적 대상이 무엇인가 하는 논란 및 시 구절을 둘러싼 해석상의 의문을 이 원문 텍스트의 상황을 고려하면 해소할 수 있을 것이다. 정지용의 '문'은 '화실에 갈 때는 채플에 갈 때만큼의 경건함을 필요로 한다'로 시작한다. 그림을 그리는 순간만큼은 기도와 방불한 것이라는 화실 주인의 말을 그는 평소의 절제와 촌철살인적인 언어를 통해 보충한다. '모초라기 비듥이를 가엾게 쭉쭉 찢어발기는' 듯이 작업을 하는 화가의 모습에서 그는 포정(백정)이기도 하고 미장이기도 하고 외과의사이기도 한 예술가의 정결성을 본다. 절제되면서도 섬세한 묘사가 자극적이고 감각적이다.

> 격렬한 치욕을 견디는 에와의 후예가 떨고 있다. 화실의 경건이란 긴급한 정신방어이기도 하다. 한 개의 뮤스가 탄생되랴면 여인! 그대는 영원히 희랍적 노예에 지나지 아니한가. 가장 아름다운 것이 제작되는 동안에 가장 아름다워야 할 자여! 그대는 산에서 잡혀온 小鳥와 같이 부끄리고 떨고 含淚한다.

장발의 '화'는 전신 여성의 스케치다. 정지용의 문에 암시되어 있는 '여인'을 언뜻 떠올리게 하지만 긴밀하게 글의 내용을 보충하거나 글의 내용과 밀접하게 관련된 이미지는 아니다. 장발의 스케치는 '문'을 설명

57 「시화순례」, 『중앙』 제32호, 1936.6.

文壇 메리 꼬-라운드 10

漫文 漫畫

明眸의 洋人가튼

春園 李光洙氏

安碩柱

춘원을 '明眸의 洋人'으로 수사적으로 표현한 만문만화. 안석영이 스케치한 춘원의 모습이 인상적이다. 〈조선일보〉(1933.2.1)

하거나 보충하지 않고 독립적으로 존재한다. 그림과 글이 서로 매개적으로 보충하는 '화문'에 비해 이 시화는 보다 암시적이다. 이는 정지용의 시적 방법론이나 記述 문제와 관련된다. 이 같은 '불안정한' '화–문'의 구조는 동일 지면에 박스 형태로 편집된 시「명모」와 관계가 있다. 시「명모」 역시 정지용 시가 가지는 일반적인 특징을 그대로 가지고 있다. 파편적이고 암시적인 이미지들은 그것이 무엇을 빗댄 것인지, 그리고 시적 대상이 무엇인지 파악하기 쉽지 않게 한다. '불안정하다'고 말한 것은 이 때문이다. 그것은 이 시 텍스트의 내용을 '문'과 '화'가 뒤받쳐 준다는 화문의 텍스트성을 고려한 것처럼 보이기도 한다. 그렇다면, 함께 실린 '문'과 '화'는 이 시를 이해하는 하나의 '창'이 된다.

'문'과 '화'를 동시에 고려하고 읽는다면, 이 시는 화가 장발과 그것에 동일시된 정지용 자신의 예술관과 정신주의를 드러낸 것으로 볼 수 있다.[58] '명모'는 '밝은 눈동자'를 뜻하며, '명모호치(明眸皓齒)'라고도 쓰이는데 일반적으로 아름다운 여성을 지칭하는 말로 알려져 있다. '명모'가 고문투의 어감을 주는 것과는 달리, 이는 1930년대 시사적인 용어로 널

58 「파라솔/명모」 관련 사항은, 졸고, 「정지용의 「파라솔/명모」 연구」, 『현대문학연구』 제36호, 2012에서 자세하게 논의했다.

리 쓰였으며, 그레타 가르보 주연의 영화 〈The Temptress〉가 〈明眸의 罪〉라는 제목으로 번역돼 상영된 것을 볼 때 당대 독자들에게는 충분히 이해되고 수용된 어휘였음을 추정할 수 있다. 신문 독자들에게 익숙한 시사용어이며 일상용어였던 것이다. 심지어 안석영이 이광수를 지칭할 때도 쓰이고 있다. 정현웅의 「명모를 줍는다-어느 다방의 별」,[59] 이효석의 '부인은 지적 명모(明眸)를 가진 佳人-촌에서 찾아보기 힘든 神經美의 소유자다(「삼일간」)'[60]에서 보듯, 대체로 아름다운 — 눈을 가진 — '가인형 인물'을 지칭할 때 통상적으로 사용했던 단어였다.

당대적 상황과 어휘적 용례를 고려하고, 이 시가 삼중 텍스트가 결합된 혼종 텍스트인 점을 생각한다면, '명모'는 장발의 인간적 초상이며, 또한 그것에 동일시된 정지용 자신의 자화상이 투영된 것이라 할 수 있다. 그것은 그들의 정신주의와 종교적 경건성을 표상한다. '파라솔처럼 곧게 접히고 곧게 펴지는 것'은 정지용이 '문'에서 밝힌 종교적인 엄숙함과 정신주의적 정결성을 내포한 것이며, 그것은 자기절제와 자기희생의 완벽하고 성스러운 과업을 수행하는 예술가의 자세와도 통한다. 이는 본질적이다. 이 시의 마지막 구절 "파라솔처럼 채곡 접히는 것은 언제든지 파라솔 같이 펴기 위한 것이다"라는 결론은 이들의 정신주의적 정결성과 감정의 단호한 절제와 종교적 엄숙주의를 반향한다. 그 점에서 예술과 종교는 동일한 것이며, 예술가의 행위와 종교적 업무는 상응한다. 그것은 카톨릭 신자로서 성화를 그렸던 장발이나 절제와 극기의 언어 경건주의를 실행했던 정지용의 공유된 정신주의를 표상한다.

이 시 「명모」와 같이 실린 '문'과 '화'는 동시에 한 지면에서 병렬적

59 정현웅, 「명모를 줍는다」, 『여성』, 1939.11.

60 이효석, 「삼일간」, 『이효석 전집 7』, 317면.

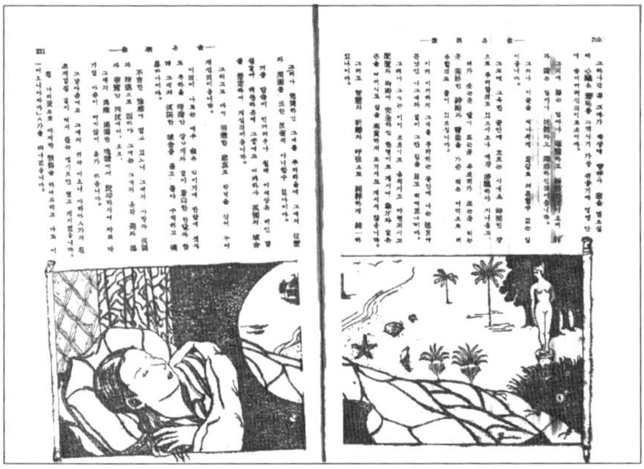

정지용의 「슬픈우상」, 『조광』(1938.3). 「명모」와 마찬가지로 시화로 발표된 것이다. 정지용 시의 난해성 논란이나 시 구절 및 시적 대상을 둘러싼 의문은 '화'가 빠진 채 문자 텍스트로만 시가 편집, 소개되는 상황과도 관련 있다.

으로 서로를 떠받치면서 서로를 보충한다. '시화순례'의 세 텍스트는 서로 독립적인 텍스트이면서 또한 하나의 혼종 텍스트로 존재한다. 시집 『백록담』에 재수록될 때 「명모」는 원제목의 의미가 다분히 소실된 채 「파라솔」로 개명된다. 이후 제기된 논란은 기실 이 시의 원본 텍스트가 '화문' 양식이었다는 점, 이 화문의 독자적 가치에 대한 인식의 부족에서 비롯된 것으로 보인다. 이 시의 해석학적 지평 역시 화문 양식의 텍스트성 및 독자성에 근거해 있다고 판단된다. 그렇기에 이 삼중 텍스트를 각각 독립적으로 분리하게 되면 텍스트 본래의 의미가 훼손될 뿐 아니라 해석상의 논란이 야기될 수밖에 없을 것이다. 화문 양식 및 시화 장르는 구조적으로 새로운 에크리튀르로 창안된 문예물이며, 1930년대 문인-화가의 인적 네트워크를 통해 형성된 장르이다. '제도'는 시 「파라솔/명모」의 해석학적 층위에 끊임없이 개입하고 있다. 1930년대 문화의 '제도'는 새로운 에크리튀르를 창안하는 '구도'이자, 새로운 에크리튀르 역시 이 제도를 확장시키는 개별 '모나드'이자 '개념'인 것이다.

장정의 캘리그라피적 감각과 입체주의

출판미술의 개화

삽화와 장정이 가진 미학은 가시적이며 구체적인 감각의 층위에 존재한다. 책이라는 구체적 '물건'이 있고, 그것에 가시적으로 미적 의장을 입히는 장정가의 기술이 필요하며, 서지적이고 물질적인 이른바 '구체성의 감각'에 크게 좌우된다는 점에서 여타 예술보다 물신적이다. 삽화가 장정은 촉각의 미학(tactile values)을 증거한다.[1] 지면에 양감과 입체미가 부여됨으로써 문자 텍스트의 비물질적, 비가시적, 사변적 한계성을 뛰어넘는다. 삽화는 그러니까 일종의 조각적인 양감과 조형적인 무게감을 지면에 부여함으로써 신문·잡지에 대한 독자들의 호사가적 관심을 견인하게 되는 것이다.

삽화, 장정은 '출판미술' 장르에 속하지만 1930년대까지 여기에 크게 관심을 가진 화가는 거의 없었던 것으로 보인다.[2] '액식미술'에 비해 이 같은 '인쇄미술'에서는 미술의 본질적인 가치를 찾을 수는 없다는 인식이 지배적이었을 것이다. 일제시대 장정가로 이름을 떨친 화가는 안석영, 정현웅, 이승만, 김용준 등이다. 대체로 생계형 화가들이 이 일에 뛰어들지만, 특히 안석영, 김용준, 정현웅 등의 경우는 반드시 생계형 장정가, 삽화가로 볼 수 없는 국면이 존재한다. 이들은 지속적으로 문인들과 일련의 커뮤니티를 구축하면서 일종의 문화운동을 전개한다. 선언적으로 '문화운동'을 표방하지 않았다 하더라도 1930년대 이후 일제 말기까

1 아놀드 하우저, 『문학과 예술의 사회사-근세편(상)』, 34~35면.

2 윤재준, 「한국 출판물 장정의 미적 표현과 가치에 관한 연구-근대 이전 출판물을 중심으로」, 159면.

지 전개된 그들의 활동은 한 시대의 문화운동의 전체 인프라를 구축할 정도로 강력한 생명력을 가지고 있었다. 그들이 남긴 잡지, 장정, 화문, 표지화, 삽화, 문예물들이 이를 증거한다. 그들의 문화적 구성물들이 어떻게 일제시대의 정치적・사회적 억압을 견뎌내었던가를 생각하면 이는 충분한 의미를 갖는다. '목일회', '문장파' 등의 인적 제도적 토대 위에서 그들의 활동은 지속된다. '친구 부탁으로' 장정을 하게 된 김용준은『문장』지 표지화를 그리면서 점차 독창적인 화풍을 정립시켜 나간다. 이 과정은『문장』발간의 성격에서 충분히 설명된다.

> 일본적인 환경에서 살면서도 나는 되도록 일본책 장정을 보려하지 않았다. 되도록 내가 기거하는 분위기를 머리에 그리고 내가 만지고 사랑하는 이조여풍의 모든 미술품들을 애완함으로써 내 구상의 양식을 삼았다.[3]

일본 화풍에서 벗어나기 위한 김용준의 노력은 1930년대 학예면에 대대적으로 등장하는 조선주의 문화운동이나, 1930년대 말기『문장』의 정신주의와 밀접하게 연관되어 있다. 개별적인 관심 혹은 생계형 활동으로는 설명되지 않는 어떤 공적인 행위와 담론들이 이 같은 1930년대 문화운동의 토대 및 제도 위에서 건축되고 있었다. 장정 또한 그러한 것이었다. 이 절에서는 대표적인 출판미술가로서의 지위를 가졌던 정현웅과 그의 장정이 갖는 의의 및 가치를 중심으로 기술할 것이다.[4]

---

3 김용준,「서책의 장정」,『국도신문』, 1949.12.20.

4 미술에 대한 식견이 부족한 탓에 장정가 전체를 아우르지는 못했다. 정현웅은 대표적인 '출판미술가'로 그에 관한 관련 자료가 대체로 잘 정리되어 있다. 정현웅,『정현웅 전집』, 청년사, 2011; 정현웅 기념 사업회,『만화가 정현웅의 재발견』, 현실문화, 2012; 신수경・최리선,『정현웅—시대와 예술의 경계인』, 돌베개, 2012; 정진석・오영식 편저,『틀을 돌파하는 미술—정현웅 작품집』.

근대적 장정은 개화기 때부터 이미 시작되지만, 실제 장정가의 이름이 책 표지에 기재되는 것은 1920년대 들어서이다. 그때까지 장정이나 장정가는 독립적인 지위를 갖지 못했던 것이다. 화가들이 장정을 하게 된 계기는 당시 신문사가 출판부를 신설해 전집이나 잡지를 간행하던 '제도'와 연관이 있다. 인쇄미술로서의 장정의 가치는 1930년대 진보적 출판사의 등장과도 관련이 있다.[5] 1930년대 출판문화운동은, 삽화, 장정, 잡지 발간 등을 매체운동의 하나로 인식한 근대 초기의 출판문화운동이나 카프 대중화운동과 동일 범주에 있으며, 해방공간에서의 정현웅의 활동도 이것과 상관성이 있다.[6]

대체로 '생계형'으로 시작됐던 '장정' 활동은 정현웅에게는 전문적인 예술활동이자 문화운동으로 이해된다. 그는 장정의 새로운 에크리튀르로 창안할 수 있었으며, 그러한 활자의 물질적 가치를 문자문화적 감각과 긴밀하게 조응시킬 수 있었다. 해방 공간의 분위기에 힘입어 그는 '탈액식미술', '틀을 돌파하는 미술'이라는 개념을 정립하는데, 이는 1930년대의 삽화, 장정 같은 '인쇄미술'에 대한 자신의 철학과 연계되어 있다. '틀을 돌파하는 예술'이란, 아카데미즘과 '순수예술'의 순혈주의적 성채의식과는 분리된, 진보적·전위적 입장의 미술(예술)이며, 이 같은 그의 입장은 해방 공간의 시대정신과 결합돼 진보적 미술관으로 재정립되기에 이른다.

정현웅 장정의 특징은 매체 혼종적 형상성, 곧 '그림의 활자화' 혹은 '활자의 그림화'로 규정할 수 있는데, 이는 장정, 삽화와 같은 출판미술

---

5 정현웅, 「장정의 변」, 앞의 글.

6 해방공간에서 정현웅은 조선미술본부서기장, 『신천지』 출판국장, 조선조형미술동맹 회화부 위원, 조선미술동맹위원 등의 활동을 한다. 최열, 「정현웅의 사유와 행적-우울한 시대정신과 사실주의 그리고 문화사의 지평을 확장한 거목」, 『정현웅 전집』, 앞의 책, 435면.

의 독립적 지위에 대한 그의 진보적 인식과 무관하지 않은 듯하다. 정현웅 장정의 특징은 타이포그라피(typography)에 대한 관심과 직결되어 있다. 타이포그라피는 문자를 시각화, 입체화하는 이미지즘 사고방식의 일종이다. 타이포그라피는, 음성 언어 곧 소리의 충실한 반영이자 내용 전달의 수단으로서의 '글자'라는 개념을 뛰어넘어 매체적 환경의 확장을 의미하는 에크리튀르 행위이다.[7] 이는 언어문자의 시각적 폐쇄성과 묵독적 상황을 벗어나 소통의 공감각적이고 공감적인 공명을 이루고자 하는 소통의 전략이다. 타이포그라피적인 시도는 독자와의 새로운 소통을 염두에 둔 쓰기・읽기 전략이며, 이 점에서 새로운 에크리튀르이다. '활자는 소리다'라는 선언은 이 같은 활자의 입체화와 독자와의 새로운 소통성을 강조한 것이다.[8] 따라서 새로운 소통 행위로서의 타이포그라피적인 장정의 시도는 실험적이고 전위적인 표현 행위라는 점에서 창조적 예술 문화운동인 것이다.

현대 비평 이론의 분석적 태도를 제시한 리차즈는 『원리』에서 "훌륭한 인쇄 기술은 일종의 예술이다"라고 단언한다. 리차즈가 중국의 서예를 인쇄 기술의 최고 경지라고 이해한 것은 서예의 타이포그라피적인 미학, 한자의 시지각적이고 도상적인 효과 때문이다. 글자를 읽어 내려가는 눈은 여섯 종류의 반응과 마주치는데, 처음 시를 접하는 독자들의 인상은 인쇄된 말이 주는 시각 감각에 의해 결정된다. 이미 이 시를 읽은 독자들에게는 이 시지각은 그다지 중요하지 않다. 인쇄된 글자의 크기, 모양, 간격 등은 시를 대할 때 느끼는 반응 전체에서 볼 때는 아주 미미한 편이며 오히려 낯익은 활자에서 오는 안정감과 집중력이 시의 이해에

---

7 안병학, 「글자 개념의 인식론적 변화로 본 타이포그라피」, 『한국콘텐츠학회논문지』 7권 10호, 2007.10, 153면.

8 에릭 슈피커만 & E.M. 진저, 『타이포그래피 에세이』, 7면.

결정적이다. 자기가 처음 읽은 판본 이외의 판으로 동일한 시를 읽은 것은 불쾌하고 정신집중의 효과를 떨어뜨리게 하는 효과를 갖는다는 지적도 있다.[9] 활자에 신경을 쓰든 혹은 그렇지 않든, 시를 읽을 때 훌륭한 인쇄 기술이 주는 미학적 측면이나 수용 효과는 무시해도 좋은 문제는 아니라는 것이다. 특히 '첫 경험'의 경우, 그러니까 어떤 시를 처음 접했을 경우, 활자의 시지각적 효과는 결정적이다. 우리는 인쇄된 단어와 그 시지각적 이미지 및 그것과 연결된 이미지를 통해 의미를 이해한다. 이미지가 시를 이해하는 데 효과를 미친다는 사실은 자명하다는 것이다. 그러니까 시(시어)의 의미는 그 단어의 활자 이미지와의 연관성 속에서 독자의 의미망 안으로 흘러들어오게 되는 것이다. 타이포그라피는 활자적 변형과 배치・변형을 통한 새로운 의미 생성을 목적으로 하는 문자의 디자인화이다. 이때 문자는 단지 내용을 담는 그릇(도구)으로써의 역할에서 나아가 그 자체로 하나의 텍스트로서 기능하면서 독립적인 씨니피앙이 된다.

정현웅의 문자학적 장정

정현웅은 장정과 삽화에 대한 생각을 몇 편의 글에 펼쳐 놓았다. 당시에는 보기 드문 것이다. 정현웅은 장정이 갖는 가치를 문화운동의 차원에서 이해했을 뿐 아니라 그것의 물질적 가치가 문학을 향유하는 새로운 방법임을 인식한다. 그의 장정에서 독특한 것은, 문자학적 의미에서 장정의 독자적인 형식을 추구한다는 점이다. 그는 문자를 전달하는 도구로서가 아니라 타이포그라피적인 소통의 수단으로 이해했다. 장정의 문자

9 I.A 리차즈, 『문학비평의 원리』, 이선주 옮김, 동인, 2005, 141~145면.

정현웅이 장정한, 박태원의 『소설가 구보씨의 일일』(문장사, 1938). 문장사에서 제일 먼저 발간한 단행본. '소설 쓰기'의 방법론적 문제를 '원고지'라는 상징적 틀 속에 구현하면서 글과 그림의 혼종적 감각을 구현한, 정현웅 특유의 문자학적인 감각이 살아 있는 장정이다.

학적 이해, 문자의 도상학적 이해가 가능했다는 것은, 일종의 매체적 이해가 가능했다는 뜻이다. 정현웅의 타이포그라피적인 감각은 활자를 변형, 배치하는 디자인 개념이기보다는 문자학적 에크리튀르 창안과 관련된다. 일종의 손글씨체(calligraphy)는 물질적 감각이며, 기호적이고 도상학적인 디자인 감각을 대변한다. 그것은 입체적이고 다층적이며 파노라마적이다. 즉 운동성이 있다. 이 같은 입체적 타이포그라피적인 감각은 사물의 운동성과 시간의 지속성을 구현해 내는 영화적 기술의 재현과도 무관하지 않은 듯하다.

특히 주목되는 것은 박태원의 『소설가 구보씨의 일일』(문장사, 1938)의 장정이다. 한국 출판 장정 가운데 특이한 것으로 평가[10]될 만큼 독특하면서도 신선하다. '구인회'로부터 '문장'으로 이어지는 문단 내적 관계와 문단사적 개연성뿐만 아니라 박태원–이태준–김용준–정현웅을 둘러싼 1930년대 문화운동 전반의 인프라와 제도를 고려하지 않으면 이것의 구체적인 맥락과 실상을 이해하기 어렵다. 진취적인 문화 행동을 표방하

10 정진석・오영식 편, 『틀을 돌파하는 미술–정현웅 작품집』, 82면.

안회남의 『불』(을유문화사, 1947). 소설의 내용을 하나의 문자로, 즉 도상학적인 기호로 압축적으로 표상한 정현웅의 장정이다.

면서 출발한 '문장파'가 출간한 첫 단행본이 박태원의 소설집이라는 것은 인상적이다. 박태원의 신인다운 실험성과 소설의 '多彩絢爛'한 성격이 고려된 것인데, 이는 '상업미술적인 측면을 배제하고 표지, 장정을 그 자체로 하나의 예술작품이 되게 한다'는 문장파들의 출간 '선언문'을 반향한다. 흥미롭게도 이 진취적이면서 실험적인 소설을 '문장'에서 출간했던 것이고, 그리고 그 장정을 정현웅이 맡아서 했던 것이다.

익히 알려진 대로, 이 소설은 일종의 고현학적 방법론을 적용한 메타 소설이다. 그것은 글(소설)쓰기 방식을 그대로 보여주는 소설, 소설 쓰기 과정 자체가 하나의 소설이 되는 소설로서, 포스트 모더니즘적인 감각이 살아 있는 소설로까지 평가된다. 정현웅은 이 같은 '소설 쓰기'의 방법론적 문제를 '원고지'라는 상징적 틀 속에 구현한다. 이것은 그가 장정을 단순히 장식적 디자인을 구현하거나 소설 내용을 표면적으로 반영하는 데 두지 않고, 책 내용을 개념화하고 구상화해서 하나의 문자학적 세계를 구축하는 것으로 인식하고 있음을 보여준다. 그것은 문자와 도상의 혼종적 결합 상태를 가시화한 것이다.

안회남의 『불』(을유문화사, 1947)은 타이포그라피적인 도안이 돋보이는, 압축적이고 요약적인 장정이다. '불'을 인장처럼 붉은색으로 처리해 시각적 효과를 높인 점은 독창적인 것으로 평가된다.[11] '불'을 붉게 음각함으로써 문자는 도상화(타이포그라피)되며 이 도상 기호는 전체 소설의 의미를 압축적이고 시각적으로 재현한다. 소설의 내용을 문자 하나로, 즉 도상학적인 기호로 압축적으로 표상한 이 같은 형태의 문자학적 세계는 기표와 기의를 임의적으로 연결해 메시지를 전달하는 자연적인 언어 관계의 층위와는 다르다.[12] 기표와 기의의 관계를 장식적 위장의 관계로 규정하고 문자 언어를 음성 언어의 종속적 상태에 두는 소쉬르적 견해에서 보면 이 같은 형식의 제자 디자인은 '이상한 이미지'일 뿐이다. 정현웅은 책의 내용을 단순히 재현하고 암시하거나 베끼는 식의 장정 양식에서 벗어나 혼성적이고 문자학적인 가치를 존중하는 장정을 창안해 낸다. 장정가는 단순히 책을 제자하고 제책하는 기능인으로서의 역할을 넘어 하나의 에크리튀르를 창안해 내는 문자학의 창안자가 된다. 그는 여기서 출판미술가이자 그림문자 창안자로서의 1930년대 출판문화운동의 한 장을 독특하게 구축해 낸다.

채만식의 『탁류』(1938) 장정은 제호를 굵게 처리한 것이 눈에 띈다. 앞표지는, 검게 칠한 바탕색 위에 '거칠고 탁한' 이미지를 서체를 통해 구현해 내고 있으며, 뒤표지는 '탁류'에 손을 담근 형상을 표현하고 있다. 문자는 그림화되고, 그림은 문자화되어 있다. 타이포그라피적인 감각과 이미지를 문자화한 감각 그리고 손글씨체(calligraphy)의 물질적 감각이 잘 어우러진 장정이다. 정현웅의 장정은, 책의 내용과는 별 상관없이 서구 회화적 기법을 실험적으로 활용하거나 장식적으로 모방한 것과는 본질적으로 차이가 있다. 초기에 일본 그림을 본 떠 삽화를 그리던 습작기적

11 김진하, 「자연주의적 리얼리즘 목판화의 배미」, 『나무거울』, 품, 2007, 139면.

12 자크 데리다, 『그라마톨로지에 대하여』, 김웅권 역, 동문선, 2004, 70면.

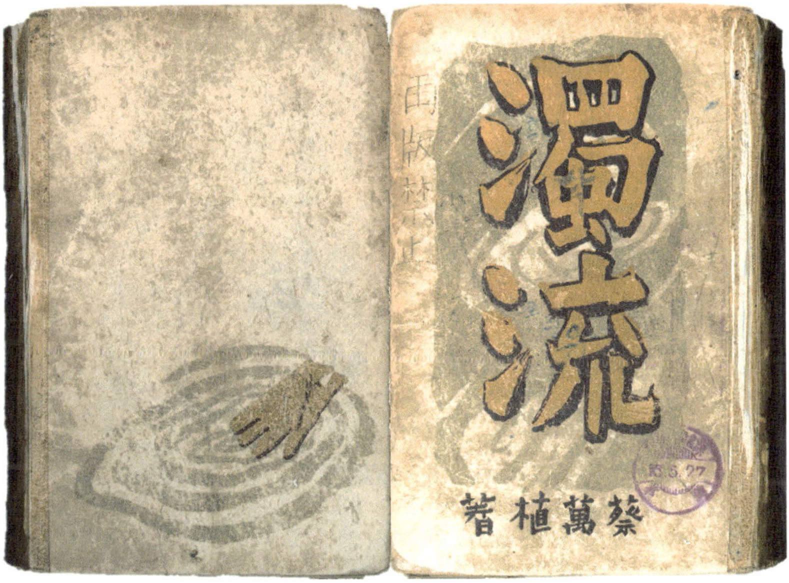

채만식의 『탁류』 장정. 검게 칠한 바탕 색 위에 '거칠고 탁한' 이미지의 서체로 구현된 앞표지와, '탁류'에 손을 담근 형상의 뒤표지. 손글씨체(calligraphy)의 물질적 감각이 어우러진 장정이다.

인 감각에서 벗어나 보다 우리 환경에 맞는 그림을 그리게 된 사정[13]과도 밀접한 관련이 있겠지만, 삽화, 장정에 대한 그의 독자적인 시각이 정립되고 있다는 점을 간과할 수 없다.

이태준의 『구원의 여상』(영창서관, 1948)은 단편소설집이다. 1937년 태양사판의 장정과 이 장식적 문양의 장정은 차이가 있다. 특징적인 것은 세 개의 원안에 그려진 도상이다. 나무, 램프, 사슴이 기호적인 형상으로 처리돼 있다. 표제 '구원의 여상'의 주제인 '여성성'을 통한 구원의 문제를, 생명수, 빛, 사슴이라는 원형 도상과 연결해 축약적이면서 상징적으로 나타내고 있다. 이 세 도상이 기호 문자라는 점에서, 회화적이기보다는 문자학적인 정현웅 장정의 특징이 잘 구현된 것이다. 화가로서의 예

13 「애독자 여러분들이 좋아하는 시인, 소설가, 화가 좌담」, 『소학생』 제71호, 1949.10.

이태준의 『구원의 여상』(영창서관, 1948). 세 개의 원안에 나무 · 램프 · 사슴을 기호적인 형상으로 처리했다. 여성성을 통한 구원의 문제를, 생명수 · 빛 · 사슴이라는 원형 도상과 연결해 축약적이면서 상징적으로 시각화한 장정이다.

술적 재능과 기술되기보다는 주체적 해석과 의미의 창안이라는 문학 주제학적 감각과 재능이 발현된 것이다. 서적을 탐독하면서 인문학적 사유를 기르고 읽고 쓰는 방법에 대한 탐구를 꾸준히 했다는 그의 회고를 돌이켜 보면, 이것들은 정현웅이 장정가로서의 독특한 입지를 구축하는 데 바탕이 되었을 것이다.

이상의 『기상도』, 활자의 음악화

문자 언어를 타이포그라피적인 것으로 입체화 · 도상화하는 '문자학적 장정'은 이상에게서도 확인된다. 「이상한 가역반응」 등의 연작시에서 드러나듯, 이상 시는 전반적으로 문자 매체의 도상학적 · 기호학적 층위와 관련되어 있다. 이상의 시와 다다(이즘)와의 유사성을 주장하는 연구는 말과 문자의 관계에 대한 인식, 문자의 매체적 특징에 대한 좌표 설정에서부터 출발한다. 이들 연구들은 문자의 음성 언어적 측면보다는 문자의 시각적 특징과 표의 문자로서 문자학적 층위를 주목한다.[14] 안상수와 김민수의 연구는 이상 텍스트 자체를 지고하고 성스러운 문자의 세계로부터 끌어내려 이상의 탈문자적인 실험이 어떻게 시도되었으며 그것이 표상하고자 하는 것이 무엇인가를 탐구한다는 점에서 탈문학('경계넘기') 연구의 성격이 짙다. 매체 변용 및 전환의 인식론적 시각을 추출하고 있기 때문이다. 안상수의 시선은, 문자와 시각 기호의 중간 지대에 이상을 위치시켰다는 점에서 비교적 온건하다고 할 수 있다. 김민수의 연구는 미래, 다다 등의 20세기 전위예술의 연장 선상에 이상을 등기시켜 두고 점차 그것을 디지털 시각예술 쪽으로 확장시키고 있다. 이상 텍스트를 현재적 관점에서 조명하고, '경계넘기'의 시각으로 견인한 연구라 하겠다.[15]

다다, 미래파 등의 전위예술사조와의 관련성, 곧 이상의 텍스트와 서구 예술사조와의 관련성은 이미 많은 논의가 이루어졌고, 또 주목할 만한 성과를 거두고 있다. 정작 문제는 '이즘(사조)'의 문제를 뛰어넘는 창의적 텍스트 생산 과정인데 이는 '이즘'의 영향 관계라기보다는 문자 표현의 한계를 뛰어넘는 매체적 전략의 방법론 속에 잠복되어 있는 문제로 보인다. 이상은 문자 매체가 갖는 평면적이고 단일한 의미 재현의 한계를 뛰어넘는 복합적이고 입체적인 의미 생성의 전략을 모색하고 있는데 그것은 당시 전위영화의 방법론과 멀티 아티스트적인 실험으로 구현되었던 것들이다. 영화는 매체의 운동성과 입체성을 충분히 현실화하고

14 김민수, 『멀티미디어 인간 이상은 이렇게 말했다』, 생각의 나무, 1999, 158면.

15 김민수는 '시차적 현상'을 이상 텍스트에 적용하고 있다. 김민수, 위의 책, 245면.

있었고 이상은 활자만으로 그러한 운동성을 가상적으로 재현하고자 했던 것이다. 그는 평면적이고 선형적인 세계 속에 살았지만, 그가 상상했던 공간은 입체적이고 다면적이며 중층적인 것이었다. 그것의 실례가 바로 타이포그라피적인 문자, 숫자, 도형, 좌표 등을 이용한 기호적인 시들, 장정과 삽화이다. 이상이 즐겨 썼던 기호는 추상적 의미체계로서의 랑그라기보다는 물질적 체계들이며 문자학적 질료들이다.

이상의 활자 매체에 대한 인식[16]은 실제로 장정, 삽화 등의 분야로 확대되면서 구체화된다. 그것은 두 가지 의미가 있는데, 아티스트이면서 동시에 디자이너로서의 존재감이 그것이다. '디자이너'란 자신의 창의성을 발휘하면서도 다른 사람의 문제를 해결해 주는 동시적 역할을 하는 존재로서의 의미를 갖는다.[17] 장정가로서의 이상은 창백한 서재인의 감각이 아니라 세계를 디자인하는 자로서의 존재감을 표출한다. 그는 평면 공간 위에 놓인 활자를 입체성과 운동성을 가진 것으로 변형시킨다. 이상은 김기림의 책 『기상도』(1936)를 장정하면서 이 같은 운동성과 지속성을 구현해 낸다. 활자는 고정되어 있지 않고 2차원의 평면과 '책'이라는 세계의 갇힌 지면을 미끄러지듯 넘나든다. 이상이 창조한 문자학적인 세계는 공간과 시간의 층위를 분절하고 거기에 새로운 운동성을 부여한다. 일종의 비약이 내재돼 있는 것이다.

장시 『기상도』는 전 세계적인 태풍의 내습을 예고하는 장면으로부터 시작한다. 이상은 『기상도』를 장정하면서 '기상도'의 활자 크기와 배치에 세심한 주의를 기울인다. 격랑으로 휘몰아칠 세계사의 운명이 '기상도'라는 활자 크기와 그것의 배치를 통해 구체적이고 감각적으로 재현

16 이상 · 김주현 편, 「지도의 암실」, 『이상문학전집 2』, 소명출판, 2005.

17 사이먼 록슬리, 『타이포그래피의 역사』, 송성재 옮김, 생각의 나무, 2005, 299면.

이상이 장정한 김기림의 『기상도』(1936)의 겉표지. 단순하고 모던하게 처리했다.
『기상도』의 내제지는 세 장인데, '氣象圖'라는 제목은 점차 큰 활자로 디자인되었다. 태풍과 격랑의 강대함을 시각적이면서도 물질적으로 구현한 것이다. 활자의 파노라마적인 배치로 운동성과 입체성을 살렸다. 1948년 '산호장'에서 김경린이 재출간할 때 이 양식을 그대로 모방했다. (인천문화재단 함태영 박사 제공)

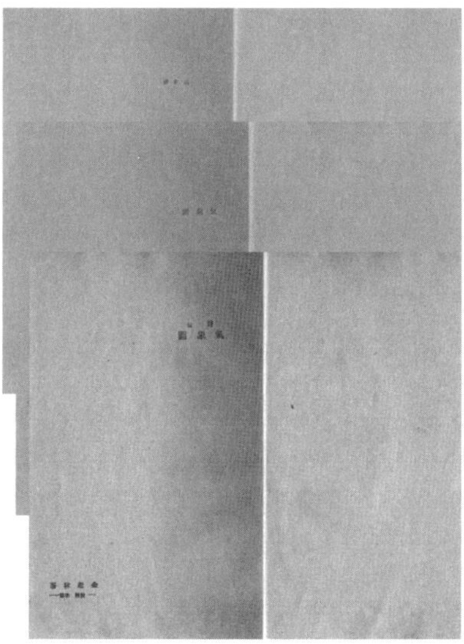

할 수 있다는 듯 말이다. 『기상도』의 내제지는 다른 도서의 경우와는 달리 세 장이며, 겉표지까지 합치면 네 장이다. 그런데 이 '기상도'라는 제목의 활자 크기는 표지부터 내제지에 이르기까지 각각 다르다. 표제지에서부터 내제지로 점차 이동하면서 '氣象圖'라는 활자의 크기가 점차 커진다. 그것은 태풍과 격랑의 강대함을 시각적이고도 물질적으로 구현한 것이다. 독자가 활자를 통해 그 격랑의 크기와 강도를 물질적으로 감각할 수 있도록 한 장치이다. '氣象圖'를 이루는 활자들은 크기가 아니라 강도이며 밀도이디. 고전적인 악기 구성과 배치로 가장 실험적이고 전위적인 음악을 연주하는 오케스트라처럼 기존의 활자꼴과 크기로 이상은 상징의 의미 폭을 무한대로 확산시킨다. 이 같은 방식은 '음악적인 것'이다. 이상의 장정은 글쓰기의 '음악'이다. 리듬의 무한 변주와 비약의 리토르넬로이다.[18] 따라서 '氣象圖'는 그 자체로 하나의 문자학이자 세계이며 문자학의 오케스트라화이다.

활자는 도구가 아니라 속도감과 강도를 동시에 구현하는 살아 움직이는 생명체다. 이상은 활자의 크기를 변형하고 연속시킴으로써 감각을 직접화하고 구체화시킨다. 평면이 입체를, 고정성이 운동성을, 정적인 것이 동적인 것을 가상적으로 구현하고 있는 셈이다. 장정은 시집의 내용을 요약하는 것과 동시에, 그 자체로 시의 일부가 된다. 그러니까 『기상도』는 시집 표지부터 시작된다고 말해도 좋다. 표지 그 자체가 시 내용의 일부인 것이다. 시집 『기상도』는 제자 및 표지 전체가 일종의 시가 되는 창의적이고 실험적인 에크리튀르를 보여준다. 이상은 표지 장정에 있어서도 타이포그라피적인 감각을 살려 문자의 입체화를 실현하고 공간의 다층성을 기획했던 것이다. 이상은 보이는 '현실'보다는 차라리 보이지 않는 '너머'의 세계를 상상할 수 있었으며, 아날로그적 세계를 디지털 세계의 지평으로 확장할 수 있었다. 그래서 그는 20세기를 산 것이 아니라 21세기를 살았던 것이다.

장정은 문자를 책이라는 그릇에 담는 최종 행위이다. 에피그람 형식의 단문 에세이, 에스프리성의 강조, 이미지즘, 화문, 시화 등의 장르에서부터 장정에 이르기까지 1930년대 문화운동은 혼종적 콘텍스트 상황 속에 놓여 있었다. 이들의 유행은 활자 매체의 이미지화 혹은 도상화 경향과 관계가 깊다. 이는 1930년대 문학 장의 중요한 변화, 신문 학예면의 제도적 활성화나 영화 등의 뉴미디어와의 영향관계가 기반이 된 것이다.

혼종 텍스트에서 문자 텍스트만 분리해 기존 문예 장르에 이를 귀속시키고 이를 규준으로 이들 텍스트를 해석하거나 평가하는 것은 오류이

18 에릭 슈피키만, 앞의 책, 47면.

거나 오독의 위험성이 여전히 존재한다. 백석이나 김기림의 글이 전집의 형태로, 새로운 맞춤법과 판본의 형태로 재출간될 때 혼돈을 가져온 이유가 여기에 있다. 장르론적 혼돈, 맞춤법상의 혼돈, 활자 배치나 모양, 크기의 혼돈은 단순한 오류에 그치지 않는다. 그것은 1930년대 예술가들이 꿈꾸었던 문자학적 세계를 왜곡하거나 오해한 것일 수 있으며, 그것은 1930년대 문학장의 '실재'와도 다를 수 있다. 활자 매체의 성장과 같은 제도적 측면, 독자들의 '읽기' 습관의 변화, 대중성이라는 소통과 공감의 측면, 그리고 화가들과 문인들의 커뮤니티 형성과 관련된 1930년대 전반의 문화운동 네트워크 구도 위에 1930년대 문학이 존재한다. 문자텍스트 중심의 문예학적 규범을 지고하게 적용한 문예학 연구의 관점을 적어도 이 경우에는 잠시 떠나와야 한다.

Ⅲ. '경계넘기'의 상상력 혹은 오마주(hommage)

이 뼈만 남은 몸을 赤土 있는 곳으로 運搬하지 않으면 안 되겠다. 나의 透明한 피에 이제 바야흐로 赤土色을 물들여야 할 時機가 왔기 때문이다. 赤土 언덕 기슭에서 한 마리의 뱀처럼 말라 죽을지도 모르지만, 나는 아름다운 — 꺽으면 피가 묻는 古代스러운 꽃을 피울 것이다.

– 이상, 「첫 번째 放浪」 中

현해탄을 넘어, 파리(Paris) 혹은 '문학'이라는 근원성

장 콕토, 르네 클레르 그리고 페르낭 레제

1930년대 문인들에게 영향을 끼친 서구 전위예술가들은 공통적으로 영화, 문학, 음악, 회화 등 예술 전반에 걸쳐 관심을 가졌던 인물들로, 이들은 당시 뉴미디어였던 영화를 빌어 전위적이고 실험적인 방법론을 실천한다. 거기에 이름이 등재된 인물이 장 콕토, 르네 클레르, 페르낭 레제 등이다. 이 장에서는 어떻게 1930년대 문인들이 이들을 읽고 있으며 이들의 예술에서 어떤 경계인적 영감을 얻고 시적 방법론을 모색하고 있는지를 살펴보게 될 것이다. 장르 간, 영역 간 경계넘기를 넘어 감각 혼종을 통해 문학의 방법론적 실험과 방향성을 모색하는 과정에서 멀티 아티스트이자 전위예술가였던 이들의 텍스트가 어떻게 참조되고 있는가를 살펴볼 것이다.

멀티미디어 아티스트이자 문학과 회화의 혼종적 텍스트를 실현한 장 콕토가 1930년대 문학 텍스트 및 문단에 등기되고 있는 국면, 1930년대 문인들이 가장 선호했던 영화감독 르네 클레르가 이상 텍스트에서 실현되고 있는 국면, 그리고 전위화가이자 영화인이었던 페르낭 레제가 '입체파' 시의 이상을 실현하고자 했던 김기림의 텍스트에 등재되는 국면 등을 살펴보기로 한다. 이들은 범박하게 '파리파'로 지칭할 수 있다. 이상, 김기림, 박태원, 이효석 등의 이들에 대한 오마주적인 관심은 이들 예술가에 대한 개인적인 관심이나 추종이기보다는 문학의 고향, 곧 '파리'로 표상되는 문학주의의 이데아 혹은 노스텔지어와 밀접하게 연관된다. 따라서 이들의 '파리'란 무엇이며, 어떤 것이어야 했는가에 대한 논의부터 시작하기로 한다.

근원적 장소이자 아방가르드의 성소

1930년대 문인들에게 '파리(Paris)'란 무엇인가? '파리'는 '파리'이자 '파리'가 아니다. 그들이 꿈꾼 '파리'는 궁극적으로 문학예술의 근원적 고향으로서의 상징성을 갖는 것이었다. 1·2차 세계대전을 전후로 서구권 예술가들을 중심으로 형성된 '트랜스 아트랜틱(Trans-Atlantic)'은 문화의 유럽 중심지가 파리라는 인식에 기반을 둔 것이었으며, 동아시아 권역 문인들의 '파리지엔'으로서의 예술가적 삶에 대한 동경 역시 서구권과 다르지 않았다.[1] '파리'는 지역성과 공간성을 가진 파리로서이기보다는 서구 문화예술의 본향으로서의 파리가 더 가깝게 있었다. 파리는 이데아였으며 본질이었다는 점에서 '영원성'의 성채였다.

1930년대 문인들에게 몽마르트 언덕의 예술 공동체 일원인 피카소, 헤밍웨이는 부러움의 대상이었다. 1930년대 문인들은 파리의 가난한 예술가들의 사랑과 예술을 그린 〈라보엠(La Bohéme)〉을 흠모했다. 그들에게 영화는 유럽으로 가는 상상의 제국이자 예술 방법론이 숨어 있는 전위적 텍스트였다. 그들은 유럽의 감독과 배우들의 새로운 영화들의 목록을 자신들의 '위시 리스트(wish list)'에 올려 둔 영화광들이었으며, 자신의 좋아하는 여배우들에게서 미의 절대적 기준을 찾았다. 사소하고 소소한 듯 보이는 이 같은 '파리 취미'는 그것이 취미나 기호에 그치고 만 것이 아니라 크게는 선위예술과 실험 의식의 진빙위적 관심이 몰입된 움직이는 입체적 텍스트였다는 것이 핵심일 것이다. 그들이 문학뿐 아니라 음악,

---

1 하야시 요코(林洋子), 「후지타 츠구하루: 노마드적 파리지앵에서 디아스포라로」, 『한국근현대미술사학』 제18집, 2007, 137면.

미술, 영화 등 전위예술 전반에 관심의 촉수를 예민하게 늘어뜨릴 수밖에 없었던 이유이다.

따라서 '파리'의 상징성은 역설적으로 두 개의 이미지 혹은 공간으로 집약된다. 하나는 문학예술의 근원적 '장소'로서의 공간이며, 다른 하나는 아방가르드 예술 공동체라는 성소이다. 그것은 고전주의/전위주의, 근원/혁신, 과거/미래 같은 개념들의 쌍과 연결되는데, 이는 이항 대립적인 것이 아니라 병렬적인 것이다. 이는 핵심적인 자질이다. '파리'는 고전주의적 미학 규범 혹은 근원적 문학성(ésprit)이며, 탈규범과 혁신의 아방가르드 예술의 정신성이다. 그래서 '파리'는 출발점이자 동시에 도착점이다.

이 '파리'는 그래서 지리적으로 도달해야 할 장소를 넘어서 미래적인 시간성이 깃든 상징적 기표 아래서 작동하고 있다. '파리'는 조선문학의 방향과 미래를 밝혀주는 일종의 모태적 코라(chora) 같은 것이다. '파리'는 실행을 지속적으로 연기하는 차연의 공간이자 가상의 공간이며 미래의 공간이다. 그것은 실현 가능하지 않다는 점에서 이데아적이며 상상적이다. 문인들의 파리 지향은 낭만적 이로니에 가까운 것으로, '파리'라는 이 가공할 만한 기호는 따라서 그 자체로 모순성을 내포하지 않는다. 그들의 심층에는 결코 파리를 둘러싼 갈등과 분열이 없었다. 단지 갈 수 없기에 그토록 강력한 노스텔지어의 본향이 안타까울 뿐이다.

그들의 모더니즘은 이른바 본질적으로 작가주의에 기댄 것이라 할 수 있는데 그런 점에서 그들은 예술 절대주의자들, 이데아주의자들, 고전주의자들이다. 다른 한편으로는, 조선 예술의 방향성을 신흥예술이나 아방가르드 예술의 방법론적 혁신으로부터 그 계기를 얻고자 했기에 영화나 음악 등 문학을 넘어 타 분야로 그 관심을 확장한 것은 지극히 자연스러운 것이었다. 딜레탕트적인 관심이 결국 '경계넘기'의 보헤미안들을 만들어 내는 법이다. 이 보헤미안들은 음악회, 미술 전시회, 무용 공연회, 영화관 등을 들락거리며 관람평을 쓰는 등 문학 이외의 글쓰기에 몰두하면서, 문학의 '타자'들을 혼종 텍스트 축제에 끌어들인다. 그들이 이 같은 문학 이외의 타 분야에서 자질을 드러낼 수 있었던 것은, 근원적으로는 예술혼은 동일한 중심에서 발원한다는 고전주의적 관점에 기대면 설명 가능하기도 하다.

문인들은 '파리'에 대한 그들의 욕망을 잠재워 주던 영화감독 르네 클레르에 심취한다. 클레르는, 〈파리의 지붕 밑〉, 〈파리제〉 등을 만든 아방가르드 영화감독으로 조선 지식인들에게 '파리의 시성'을 대변하는 인물처럼 알려져 있었다. 클레르는 '파리'를 배경으로 영화를 만드는 감독이라는 인상이 지배적이었던 것이다. 음악, 오페라, 미술 등 여러 예술 장르가 종합된 영화를 만들기도 했던 클레르는 무엇보다 문예 영화의 계보를 잇는다는 점, 가장 순수한 서정과 풍자를 그리는 지성적인 작가라는 점 등이 지적되기도 했다.[2] 클레르는 스스로도 영화의 순수성이나 시적인 측면에 대한 분명한 입장을 가지고 있었고, 영화라는 매체가 '새로운 시'를 어떻게 창조할 수 있는가 하는 점을 고민했다. '어두워진 홀에서 휘몰아치는 서정적 감정의 물결'을 그는 영화라고 이해했고 이를 새로운 대중 매체 시대의 시적 표현으로 이해했다. 클레르가 쉬르리얼리즘에 경도되었던 것도 같은 맥락에서 이해할 수 있다.[3] '세계에서 유일한 영화 창작가'라는 클레르를 평가하는 당대 저널리즘의 시선에서, 1930년대 미학적 자기 반영성이 투철했던 이상, 박태원, 김기림, 이효석 등 구인회 작가들을 포함, 박용철[4] 등에 이르기까지 그들이 왜 이 프랑스 영화

2 수영섭, 「불란서영화의 특질」, 〈조선일보〉, 1939.6.25.

3 René Clair, *Reflections on the Cinema*, William Kimber, 1953, pp.60~66.

감독 클레르에 관심을 가졌던가를 추정할 수 있다.

이효석의 문학 절대주의

이효석은 특히 문학 이외의 장르를 두루 섭렵했던, 즉 영화, 음악 등에 관심을 가졌던 문인으로 알려져 있다. 이효석 특유의 문학・예술 취향은 '예술의 본질론적 탐구'라는 주제로 모아지는데, '파리지엔의 삶'이란 이효석에게는 '예술가의 삶'으로 등치되는 것이다. 이효석의 '파리' 사랑은 다소 예술지상주의적・편집증적인 사고를 반영하고 있는 것처럼 보인다. '파리의 감상의 예술적 표현'에서 '파리'는 아름다움의 본질을 구현하는 성채로 끌어올려진다. 이효석이 클레르를 평가하는 기준도 바로 이 예술 절대주의 원칙에 있으며, 이는 '이상화된 파리'라는 성소의 상징화 과정과 분리되기 어렵다.

이효석의 작가주의가 가장 분명하게 드러난 것 역시 '파리파'에 대한 그의 시각에서이다. 그는 당시 조선 지식인들에게 인기가 있었던 프랑스 영화배우 '다니엘 다류(Danielle Yvonne Marie Antoinette Darrieux, 1917~)'에게[5] '파리'는 '고향'이자, '미래성'이라고 단호하게 썼다. 이는 다류의 고향이자 미래성이기보다는 자신의 그것이자 조선문학의 그것이며, 궁극적으로는 예술의 그것이어야 했다.

---

4 '시를 위한 독서, 그 외에 르네 클렐의 사진과 디트리히의 연기를 보는 것이 가장 좋은 취미였'다는 것이 김영랑이 본 박용철의 면모이다. 한사코 시집 한 권을 안 낸 것도 박용철의 시 절대주의적 신성 의식과 연관되는 듯하다. 김영랑, 「인간 박용철」, 김학동 편저, 『김영랑』, 문학세계사, 2000, 138면.

5 나니엘 다류는 〈파리의 연인(pot-pouille)〉(1957), 〈파리의 분노〉(1938) 등에 출연했으나 〈파리의 지붕 밑〉에는 출연하지 않았다.

> 그대는 파리에서 태어났고 파리에서 자라난 순수한 파릿내기-파리젠느가 아닌가, 파리의 감상의 예술적 표현이라는 것을 더러 생각해 본 적이 있는가 없는가. 나는 파리에 관래서는 무지는 하나 먼 이국에서 파리의 감상이라는 것을 때때로 공상해 보며 그 표현을 생각해 본다. 벌써 낚시질하는 사람들의 그림자도 드물어진 세느강 언덕의 가을! 안개가 자욱이 낀 속으로 단풍 든 수목이 울창해 보이고 간간이 낙엽이 날아와서는 강물 위에 떨어지는 가을— 어디서인지 군밤 굽는 냄새가 흘러오는 강 언덕을 검게 입은 여인의 그림자 걸어오는 강가의 가을— 이런 파리의 그림을 생각할 때 그것을 배경으로 한 애끓는 이야기가 반드시 있을 법하여 그것의 표현이 하나의 아름다운 예술의 길이 아닐까.[6]

낭만성은 몽환적이면서 낭만적인 감수성과 분리하기 어렵다. '파리' 하면 떠올려지는 이 '예술의 길'이라는 낭만성은 지극히 추상적이면서도 분명한 지향성을 가진 것이다. '파리'는 당시 조선의 문턱을 넘어 다다를 수 있는 단 하나의 성소적 공간이었기에, '그곳'은 일본이어도, 미국이어서도 안되었다. 그래서 이효석은 다류에게 속히 '고향으로 돌아가라. 구라파로 돌아가라, 거기서 다시 그대의 길을 찾으라'고 말한다.

이 같은 이효석의 경계인적 욕망은 그가 앙드레 지드, 베를렌느, 콕토, 발레리, 발자크 등의 프랑스 작가들에 대한 심도 있는 평가나 그들의 작품에 대한 깊이 있는 해석과도 연관되어 있다. 특히 앙드레 지드의 소설 『좁은문』, 『전원교향악』의 인물들은, 육체와 영혼의 조화된 미의 구현자 혹은 그러한 절대적 사랑의 구현자로 지목되곤 했는데, 이효석은 『좁은문』의 알료사를 '과도의 이성과 편집적 극기 절제에 일종의 안타까움을 느낀다'고 말하면서도 '지적 이상'을 가진 여성으로 평가한다. '영원히

---

6 이효석, 「스크린의 여왕에게 보내는 편지」, 『이효석 전집 7』, 198면.

가버렸으므로 지금에 있어서 잡을 수 없으므로 한없이 아름다운' 그런 것이 그가 규정하는 신비이자 '생활'인 것이다. 그래서 이효석은 그런 문학을, 그런 영화를, 그런 파리를 상상한다. 그의 단언적 문장은 장엄하고 몽환적이다. '문학이여. 인류와 함께 길이길이 영화롭고 다행하라!'[7] 그가 책광인 것도, 그가 영화광인 것도 유사한 관점에서 설명된다. 생활은 곧 신비이며 이것은 절대적이라는 점에서 문학과 예술의 가치와 다르지 않다. 그것이 파리이자 파리 지향성이다. '그곳'에는 지드뿐 아니라 콕토, 클레르도 있었다.

이효석의 '다니엘 다류에게 보내는 편지'는 다음과 같이 이어진다.

> 나는 물론 파리의 지붕밑이나 크리엘이 그린 그 외의 파리의 감상이라는 것을 맛보아 왔으나 대개는 지나쳐 요란해서 고요한 정서의 맛이 적은 것이 유감이었고 프랑소와 로제에나 아나베라의 감상도 보아왔으나 그들에게서도 촉촉한 정서의 맛-눈물이 푹 솟을 만한 애끓는 겨자씨의 맛을 느끼지는 못했다. 이런 방면의 빈 것을 채워주고 불만을 기워줄 만한 작품의 출현이야말로 나의 지금 가장 바라마지 않는 것이며 (중략) 지나친 명랑성을 버리고 파리의 감상 — 감상이란 말을 오해하지 마라 — 을 회복할 때 거기에 밋밋하게 자랄 미래성이 있지 않을까.[8]

예술 본질론 입장을 강하게 견지하고 있었고, 이 같은 측면에서 '영구성'의 예술을 강조한 이효석이 일제 말기 '국민문학'이라는 일회적이고 우연적인 문학을 무의미한 것으로 치부한 맥락을 여기서도 확인할 수

7 이효석, 『전집 7』, 93면.

8 이효석, 「스크린의 여왕에게 보내는 편지」, 『전집 7』, 197~200면.

있다.[9] 이효석은 소란하고 슬립스틱류의 코미디나 판타지 같은 영화들을 좋아하지 않았다. 그가 '에띠이 켄터의 소극은 재미가 덜하다'고 평가하는 대목도 같은 맥락이다. '예술이란 쓰린 것'이며, 예술가란 '기계같이 쓰이지 말고 원작과 역할에 대한 자기의 의견과 주장을 가져야 한다'고 그는 썼다. 도스토예프스키, 토마스 만의 소설에 대한 그의 관심도 궁극적으로는 범용한 생활인과 예술가 정신의 갈등이라는 큰 범주에 얽혀 있다. 익히 알려진 대로, 『토니오크뢰커』, 『베니스에서의 죽음』 등의 주인공들은 비범과 평범, 예술과 세속, 정신과 현실이라는 초극하기 어려운 이원적 항 사이에서 갈등을 겪는다. 건강한 시민으로서의 '생활'의 복귀는 그들에게는 지난한 여정이 될 수밖에 없다. 죽음으로 그것을 초극하거나 혹은 고대 그리스적인 정신주의로 되돌아가는 길을 택함으로써 그들은 궁극적으로는 현실(생활)로 복귀하지 못한다. 데카당으로 빠지는 길에서 한 걸음 솟구쳐 빠져나오고자 하지만 그 길은 낭만주의적인 정신주의로의 복귀를 의미할 뿐이다. 1930년대 전후를 '사실주의 시대인지 모르나 기실은 낭만주의 시대'[10]라고 이효석이 당당하게 선언할 수 있었던 배경에는 그러한 '작가주의적인 꿈'을 궁극적인 예술가 정신으로 환원하는 이효석의 예술 절대주의적 관점이 내재돼 있다.

이효석의 관심은 영화, 음악 등 예술 전반에 걸쳐 있었을 뿐 아니라 영화 제작에도 두루 간여했다. 카프 영화 단체 서울 키노에서 안석영, 서광제, 김유영 등과 〈화륜〉(1931) 연작을 발표하고, 실제 영화 편집을 맡았으며, 1937년 〈동아일보〉 제1회 영화소설 당선작인 최금동의 「환무곡」을 각색하기도 한 전력이 있다.[11] 하지만 영화의 시각주의, 곧 스크린의 절

9 김윤식, 『일제 말기 한국 작가의 일본어 글쓰기론』, 서울대학교출판부, 2004, 276면.

10 이효석, 「駑馬의 十年」, 『전집 7』, 265면.

정론적인 운명에 그는 편들기 어려웠다. 문학이 주는 풍부한 환상을 영화는 갖지 못한다는 시각을 이효석은 일정하게 견지하고 있었던 것이다. 이효석의 영화에 대한 몰입은 뉴미디어의 신기성에 근거한 것이기보다는 시적 서정성을 다른 방식으로 구현하는 데 대한 관심으로 이해할 수 있다. 이는 르네 클레르의 영화 매체에 대한 시적 이해와 평행한 것이다. 〈미완성교향곡〉, 〈악성 베토벤〉 같은 영화에서 이효석은 서투른 뉴미디어적 기교・방법론보다는 차라리 음악을 택한다.[12] 당시 유행한 클레르 영화를 보는 관점의 차이는 문인들의 문학관 혹은 미적 형상화 방법에 대한 관점의 차이가 반영된 것인데, 당대 모더니스들이 이구동성으로 극찬한 〈유령 서쪽으로 가다〉조차 '장난과 꾀가 너무도 드러나 보였다'라고 평가[13]한다. 이것 역시 예술본질론과 완고한 작가주의를 견지했던 이효석의 문학관(예술관)이 반영된 것이다. 이효석에게 '파리'란 문학의 고향이자 '영원한 예술'의 노스텔지어이다.

김기림의 시선에 드러난 이상의 파리

고전주의적이고 작가주의적인 관점의 이면은 결국 아방가르드적인 창조적 모험의 정신이다. 미래파・다다・초현실주의 같은 20세기 초 서구 아방가르드 예술가에서 이 두 상반된 이념을 묶어낼 수 있었던 인물은 김기림이다.

저 미래파와 다다와 슈르리얼리스트들은 거진 이해자가 전무한 적막 속에서도 수

11 김종원, 정중헌, 『우리 영화 백년』, 현암사, 2001, 154~156면.

12 이효석, 「채롱」, 『전집 7』, 183~185면.

13 위의 글, 183면.

> 없는 돌진을 감행하게 된 것은 실로 이 문학적 정열이었다. 이 모험의 정신을 통하여서만 그들을 이해할 수가 있는 것이다. 그들의 악착한 노력이 단순히 곡예나 헛일처럼만 눈에 비치는 관중들은 구주에도 얼마든지 있었다. 그러한 눈을 가진 것을 자랑삼아 이야기한 사람들은 결국 자신이 노인이라고 함을 공언한 것에 지나지 않았다. 우리 시단에서는 그러한 젊은 노인들을 제군은 얼마든지 보았을 것이다.[14]

이 글은, 이상을 비롯한 '벗'들의 모험의 정신과 창조적 예술 의지의 연원을 미래파·다다·슈르리얼리즘에서 찾고자 했던 김기림의 의도를 담고 있다. 김기림은, 등단 직후부터 기성 예술에 대항하는 새로운 예술관을 피력하면서, '1930년 이후의 활동은 모조리 여기에 속하여 있다'[15]고 언급한 바 있다. 1930년 이후 김기림의 활동은 '새로운 예술'의 정립 과정인데, 그 바탕에 서구 아방가르드 예술이 존재해 있는 것이다. 김기림 주변의 '벗'들은 그런 점에서 어린아이와 같은 심정으로[16] '곡예'나 '헛일'처럼 보이는 '예술의 모험'을 감행했던 자들로 그 중심에 이상이 서 있는 셈이다.

1933년 이상은 총독부 기사직을 사직하고, 배천온천에 가서 금홍을 데려와 다방 '제비'를 차린다. 이상이 실질적인 직업, 곧 생활을 가진 적은 이 이후로는 없다고 알려져 있다. 그런 이상이 정지용, 김기림, 구보 등과 본격적으로 만남을 갖게 되는 시기도 이즈음이다. 1934년 이상은 구인회에 가입해 정지용, 이태준, 김기림, 박태원 등과 본격적인 교유를

14 김기림, 「오전의 시론」, 『전집 2』, 167면.

15 기혜경, 「1920, 30년대 한국 근대미술과 문학의 교류 상에 관한 연구」, 앞의 논문.

16 김기림, 『전집 5』, 315면.

하고, 이태준의 호의로 〈조선중앙일보〉에 「오감도」를 게재, 유례없는 '필화 사건'을 겪는다. 1935년부터 1936년 도동(渡東) 하기 전까지 이상은 별다른 직업 없이 지내며 소설과 시 몇 편을 잡지 등에 기고하고 있다. 1933년에서 1936년까지 이상은 '구인회' 친구들과 어울려 문학과 예술에 관한 다양한 담론을 즐기며 다방을 드나들었고, 다방 경영을 해 나갔던 것이다. 그 담론 중의 하나가 영화였던 것이다. 조용만은, 이상이 박태원의 주머니를 뒤져 명치정에서 〈최후의 억만장자〉를 보았다고 회고한다. 이 영화가 제작된 1년 후인 1935년경이었을 것이다. 당시 조선에서 서구영화는 영화 제작 후 1년 뒤쯤 상영되는 것이 통례였던 듯하다.

이상의 새로운 인류, '경계넘기'의 유목족

김기림은 이상과 자신들의 대화 주제는 항상 프랑스 문학, 특히 시에서 시작해 나중에는 르네 클레르의 영화, 단리의 그림에까지 미쳤다고 쓴다.[17] '이상은 르네 클레르를 퍽 좋아하는 눈치다'라는 언급도 덧붙였다. 김기림은 다른 글에서 '여행'의 정열에 대해 말하면서 르네 클레르와 이상을 끌어들인 바 있다. 김기림은, 인생의 절망으로부터 도망하기 위해 여행으로부터 구원의 혈로를 구한 것은 보들레르라고 하고, 보들레르의 시구를 빌어, 다만 떠나기 위해 여행을 떠나는 진정한 영혼의 모험가들의 후예로 이상을 지적한다. 이상은 한 계절 떠나기 위해 떠나는 계절조의 날개를 꿈꾼 것은 아니며, 천공을 마음대로 날아다니는 새 인류의 종족을 꿈꾸었다는 것이다.[18]

---

17 김기림, 「이상의 모습과 예술」, 『그리운 그 이름 이상』, 32~33면.

18 김기림, 『전집 5』, 173면. 그러나 정작 이상은 이 같은 문인들의 여행벽을 경멸한다.

이상이 1936년에 발표한 「날개」를 염두에 두면서, 이상이 지향했던 예술을 아날로지 한 김기림은 르네 클레르(1898~1981)의 영화에서 '여행'의 유목주의적 세계관을 탐색한다. 김기림은 〈유령 서쪽으로 가다〉는 자유를 찾기 위해 길을 떠난 자들의 이야기며, 서구인들은 유행을 따라 서편으로 가서 거기서 자기들 손으로 새로운 질서를 만들었다는 것이다. 우리 조상들 역시 보다리를 꾸려 시베리아나 북간도로 갔지만 거기서 비참하게 쫓겨난 현실을 그는 덧붙인다. 당대 현실을 보는 김기림의 시각이 드러난 부분인데, 그는 더 이상 논의를 진정시키지 않는다. 대신 김기림은 르네 클레르 영화의 문법 자체가 갖는 실험적이고 유목적인 성격을 르네 클레르와 이상의 예술적 지향이 갖는 공통점이라는 관점에서 간단하게 밝힌다.

르네 클레르는 영화에서 초현실주의적이고 표현주의적인 실험을 감행한다. 르네 클레르는 판타지와 희극, 아이러니와 위트를 복합적으로 결합시키고, 환상과 현실을 교묘히 병치시키는 실험적인 방법을 취한다. 르네 클레르의 '파리'라는 주제는 '인간의 부재'와 도시를 연결시키는 사회학적인 의미와 관련되어 있다. 클레르 영화에서 파리는 사막 같은 도시, 스스로 부재한 도시로 그려진다. 파리는 무슨 비밀이라도 감추고 있는 것처럼 인간들을 끊임없는 강박 속으로 몰아넣는다.[19] '잠든 도시'라는 주제는 클레르에게는 방법론적인 것이었다. '빛'이라는 영화적 기계가 어떻게 도시 속 인간의 부재라는 사회학적 의미를 담아내는가 하는 문제였던 것이다. 〈파리는 잠들다〉, 〈파리의 지붕 밑〉 같은 잘 알려진 영화에서 클레르는 이 주제를 깊이 있게 밀고 나간다.

클레르는 1930년대 들어 비교적 빈번하게 조선의 신문, 잡지에 소개

19 G. 들뢰즈, 『시네마 1: 운동-이미지』, 유준상 옮김, 시각과 언어, 2002, 158면.

되는데 일본 방문 소식이 전해져 관심을 끌기도 한다.[20] 당시 신문은, '노동, 재산, 연애로부터의 해방을 고조하야 자유를 찬미한 것'으로 평가된 〈우리들은 마음대로〉(1931)[21]를 〈파리의 집웅 밋〉과 〈백만〉(1931)에 이어 '제3회 작품'이라 소개하고 있다. 이상이나 김기림뿐 아니라 이효석 등의 글에서 클레르의 이름이 언급되고 있는데, 당시 많은 문인들이 클레르 영화에 심취했던 것이다.[22] 영화로 시를 썼던 클레르에게 그들은 자신들의 경계인적 욕망을 투사하고 있었던 것이다.

르네 클레르가 당시 관심을 끌었던 이유는 무엇일까. 그것은 그가 '파리'를 배경으로 한 영화를 만들었다는 데 핵심이 있다. 클레르의 〈파리제〉나 〈파리의 지붕 밑〉 같은 작품은 지식인들이 동경했던 파리를 주무대로 한 영화라는 점에서 당시 근대문학 전반에 나타난 '낭만적 동경으로서의 서구'라는 문맥과 평행한다. 1930년에 토키영화로 제작된 클레르의 대표작인 〈파리의 지붕 밑〉이 조선에 수입돼 시사회가 열렸는데, 이 영화 시사회에 참석했던 '인돌'[23]은 이렇게 평가하고 있다.

> 첫째 이 영화는 토키이면서도 표현의 중점을 스크린에 두고 음향과 음성은 극히 필요한 데만 반주적으로 사용하얏다. 그럼으로 불란서 말을 몰으는 우리로도 잘 알아볼 수가 잇다. 둘째 이 영화는 파리의 어느 뒷골목에 숨긴 생활의 단편을 집어내되 시미(詩味)가 듯는 표현으로 세부에까지 주의해가면서 불란서적 정조를,

---

20 「세계적 명감독 르네 클레르 돌연동양내방설」, 〈조선일보〉, 1938.4.17.

21 〈동아일보〉, 1932.10.6.

22 연극에서 영화로 방향을 바꾼 주영섭의 경우, 클레르의 〈파리의 지붕 밑〉, 〈파리제〉 같은 서정적이고 애수가 숨은 영화를 가장 좋아한다고 말하고 있다. 당시 지식인들은 클레르와 함께 「미모자관」의 감독 '자크 페데' 등을 흠모했다. 「신진예술가군상 연극에서 영화로 '클레르'의 서정 세계, 주영섭」, 〈조선일보〉, 1938.6.7.

23 극작가 서항석의 필명으로 영화평을 많이 썼다. 김종원·정중헌, 앞의 책, 182면.

> 그 독특한 향기와 색채를 상함업시 들어내려 하얏다. 그럼으로 여기에는 아메리카 영화에 나오는 파리 장면과 같은 함부로 화려하고 경박한 것은 업고 불란서인의 다른 문예작품에서 볼 수 있는 그 델리케이트한 감각이 교묘하게 살려져 있다. 셋째 이 영화의 감독은 매우 겸손한 사람인 듯하다. 그리고 치밀한 사람인 듯하다. 함부로 잘하는 체 하는 일없시 날카롭고 적은 칼세트로 주의주의해서 사겨가는 정교한 조각사와 가튼 수법이다. 그리고 다 배우들도 적재를 적처에 썼다.[24]

1930년대 세계 최고의 영화로 평가되고, 토키영화를 '邪道'라고 비판했던 채플린조차 극찬했다고 알려진 이 영화에 대해, 평자는 우리가 본 '최고의 영화'가 될 것이라 예상하고 있다. 프랑스 문학을 접했던 지식인들이 이 영화에서 독특한 파리 정조를 취할 수 있었다는 것도, 파리를 배경으로 한 프랑스 영화가 인기를 끌었던 것도 여기서 확인할 수 있다. 클레르 영화의 인기에 힘입어 이 영화 주제곡 〈파리의 지붕 밑〉이 크게 유행하고, 이후 '샹송'의 대표적인 곡이 된다. 이 시대에 이미 프랑스 영화는 '아메리카 영화'와는 다른 '델리케이트한' 섬세한 감각을 가지고 있다고 평가되었는데, 이것을 '詩味'라는 관점에서 보고 있다는 점도 클레르 영화의 특징과 관련된다. '詩味'와 '창작가'라는 관점은 '불란서 문학'과 '파리'를 동경했던 유목적 예술가들 집단의 특유한 분위기가 깔린 것이다. 단순한 이국취미일 수도 있지만, 거기에는 일종의 '정신의 해방구로서의 파리'라는 문맥도 간과할 수 없는 것이다.[25] 클레르의 〈파리의 지붕 밑〉에 이어 〈우리에게 자유를(A nous la liberte)〉도 소개되는데, 여

24 인돌, 「신영화 佛 로비스 토키 파리의 지붕밋 풍부한 詩味 纖細한 감각」, 〈동아일보〉, 1932.1.22.

25 이헌구, 「영화의 불란서적 성격」, 『인문평론』, 1939.11.

기서 '자유'의 의미도 낭만적 사랑과 동경에 대한 '풍족한 자유로움'의 맥락을 띤 것이다.[26]

대중적으로도 '파리'는 인기 있는 테마였다. 여름 특집으로 파리 시민들의 휴가 풍경이 신문 지상에 소개되기도 하는데, 주로 프랑스 영화에서 빌어 온 장면들이 '파리 동경'의 핵심적 이미지로 활용되곤 하였다. 당시 신문들은, 파리 세느강변에서 행복을 낚고, 사랑을 나누고, 꿈을 꾸는 낭만적 동경을 강조하고 파리를 배경으로 한 영화 스틸 사진을 통해 이를 감각적으로 전달하고 있었다.

클레르의 작가주의적인 성향과 예술본질론(영화를 통한 시성의 발현)은 '파리' 이상주의를 고무시켰다. "〈파리제〉의 시를 비저내인 '크레르'를 사랑하는 사람이라면 또한 갓흔 의미에서 「억만장자」의 크레르도 사랑하지 아니치 못할 것이다"와 같은 평가는 시적인 환상과 초현실주의적 비전을 가졌던 '창작가'로서의 클레르에 대한 평가와 맞물려 있다. '파리'는 '르네 클레르'로 곧 바로 치환되는 그런 상징성을 띤 것이었는데, 그것은 '아방가르드 미학'–'시성(詩性, poésie)'–'예술의 본향' 같은 연결 이미지의 기원이 되었다.

26 李鳩, 「여름 강호에 숨은 涼, 淸, 협의 삼상」, 〈조선일보〉, 1938.7.22.

장 콕토의 멀티미디어적 상상력과 단문의 시학

보들레드적이기보다는 콕토적인 것

장 콕토는 문학, 회화, 음악, 춤(발레), 영화 등에서 다방면의 재능을 펼친 멀티 아티스트로 알려져 있다. 그는 20세기 초에 이미 '경계넘기'의 문화 운동을 실천한 인물이었다. 콕토의 텍스트는 표현주의적이고 실험적이며 전위적인 상상력으로 가득 차 있으며, 활자 언어와 도상 언어의 혼종적 텍스트로 이루어져 있다. 장 콕토는 이상, 김기림, 이효석 등 1930년대 문인들에게 공통적으로 관심의 대상이었다. 이런 관점에서, 이상의 그리고 이상을 지지한 김기림의 시적 감수성은 보들레르적인 것이기보다는 콕토적인 것에 가깝다.

그것은 마치 콕토적 감수성이 라신느(Racine), 보들레르(Baudelaire), 랭보(Rimbaud)의 전통에 있다기보다 순수시의 전통과 언어와 문장의 인위적 조화에 관심을 기울인 순수시의 전통에 기대고 있다는 논의[1]를 반향하는 듯하다. 경험의 재현 여부보다는 이성과 원칙의 결여라는 관점이 이상의 실제 시적 기호나 성취에 가깝다는 의미이다. 1930년대 이상, 김기림 등의 모더니즘의 시적 감수성을 보들레르적인 전통으로부터 추적해 온 연구 경향은 실재이기보다는 오히려 1980년대 보들레르의 열풍 가운데서 공부한, 본인을 포함한 후대의 연구자들의 해석학적 공간의 산물이지 않을까. '보들레르'라는 프리즘으로 1930년대 모더니즘의 실재를 재구성하고자 한 것 말이다. 그런 점에서 1930년대 문학의 장에서 장 콕토적인 것의 기원을 보다 세밀하게 검토할 필요성이 생겨난다.

---

1 Oxenhandler, *op. cit.,* p.14.

한국 근대문학의 자장 내에서 콕토는 다양하게 수용된다. 근대시의 방향성을 탈센티멘탈로맨티시즘과 명랑성에서 찾았던 김기림에게 콕토는 영화 매체에서 입체파시의 전위적이고 실험적인 방법론을 구하고자 했던 인물로 이해된다. 콕토의 에피그람적 단문 언어의 양식 또한 시각적이면서 입체적인 이미지 언어의 구현과 무관하지 않다. 특히 시 비평 논쟁, 이른바 '기교주의 논쟁' 가운데 형이상학적 신비주의와 관련된 카톨리시즘 논의에서도 콕토의 흔적을 찾을 수 있다. 이는 1930년대 모더니즘 시의 방향성이나 비평론의 수준을 가늠할 수 있는 척도가 된다. 무엇보다 '콕토'를 생각하면 즉시 떠올려지는 것은 '천사' 이미지인데, 이는 이상에게서 자주 재현된다. 이상의 '천사' 이미지는 다양하게 변주되고 정교화되는데, 이것이 일본 신감각파를 거쳐 이상에게 수용되었다고 보는 관점이 많다.

이 절에서는 먼저 콕토 관련 새로운 자료들을 소개하면서 기존 논의를 보충하는 수준에서 새로운 논의를 열어 가도록 할 것이다. 에피그람적 단형시의 시적 에스프리성의 구현자로서 콕토가 소개되는 경우가 특히 주목되는데, 앞 장에서 이미 언급한 바 있다. 다만 이는 이 저서의 방향성을 보다 분명하게 밝혀준다는 점에서 보다 정밀한 논의가 필요할 것이다. 콕토의 멀티미디어적 상상력이 이 천사 이미지에서보다 구체화된다는 점을 주목하면서 그것과 이상 텍스트 간의 관계도 고찰될 것이다. 앞의 두 논의, 천사 이미지 및 단문형 에스프리 시성은 신비주의와 정신주의와 관련되며, 이는 궁극적으로 1930년대의 '카톨리시즘 논의'와 연결된다.

'앙케이트(설문)'는 1930년대 잡지의 인기 아이템 중 하나였다. 이 설문 중 '좋아하는 외국 문인'을 묻는 질문에 문인들, 명사들이 더러 장 콕토를 지목한다.[2] 장 콕토의 영향을 손쉽게 확인할 수 있는 것은 장 콕토의 유명한 시 "내 귀는 소라껍질 바다 소리를 그리워한다"라는 구절이다. 연작시 『칸(*Cannes*)』의 다섯 번째 시로 알려진 이 시는 바다의 낭만적 감상을 논할 때 자주 언급된다. 그 간결함과 감상성 때문에 잡지의 扉詩(내제시)로 등장하기도 한다.[3] "나의 두 귀는 조개껍질이 아니나 그리운 바닷소리가 너무나 또렷이 들려온다"[4] 같은 구절로 변용될 정도로 낯이 익은 것이다. '재인(才人)'이라는 지칭에서 보듯, 다방면의 재능을 가진 멀티 아티스트로서의 면모, 기발한 구상과 예민한 감각을 가진 신감각파적 감수성, 아편굴에서 검거되는 등의 기괴한 일탈을 서슴지 않는 전위예술가로서의 면모 등이 콕토에 대한 당시 조선의 지배적인 인상이었다. 콕토가 직접 감독한 표현주의적이며 초현실주의적인 영화 〈시인의 血〉이 언급되기도 했다.[5] 이 전위적이고 실험적인 영화가 소개된다는 것 자체가 '콕토 읽기'의 영향력을 증거해 준다.

임화가 그린 어린이 교양 잡지 『새벗』(1929.7) 표지화. '조선의 장 콕토'로 불릴 정도로 미술, 영화, 연극 등에 능했던 임화의 재능을 잘 보여준다.

---

2 정지용, 「최근의 외국문학 좌담회」, 『삼천리』 6권 9호, 1934.9.1; 김동환, 『삼천리』 13권 3호, 1943.3.1; 최정희, 「좋아하는 문인」, 『삼천리』 8권 2호, 1936.2.1.

3 『여성』 1938.8.

4 이효석, 「가을의 서정」, 『전집 7』, 23년.

5 〈조선일보〉, 1938.8.12; 〈조선일보〉, 1939.6.1.

장 콕토의 자화상.

문인이자 건축가, 화가, 극작가, 무대연출가였던 일본의 무라야마 토모요시(村山知義)와 함께 임화를 장 콕토적인 인물에 포함시키기도 한다. 다재다능한 인간의 전형처럼 임화가 인지되었던 것인데, 시인이자 문예이론가이면서 시나리오도 쓰고 그림도 그리면서 무대연출도 하고 몸소 배우로도 활약한 임화의 멀티 아티스트적인 면모를 주목한 때문이었을 것이다.[6] 임화 초기 시, 「지구와 박테리아」, 「화가의 시」에서 보여주는 다다적이고 아방가르드적인 시풍은 콕토적인 느낌을 주기도 한다. 그러나 장 콕토의 전위적이고 실험적이며 자유주의적인 예술혼이 카프 예술 경향과의 거리 때문인지 임화를 콕토에 비추어 조명하는 방식은 그다지 흥미롭게 뒤를 잇지 못한 것 같다. 오히려 이상, 김기림, 이효석 등 예술파적이며 전위적인 시각을 가졌던 문인들에게 콕토의 이름이나 그에 걸맞은 이미지를 부여하는 것이 더 유효했을 것이다.

당대의 책광 리스트에 한 치도 빠지지 않았던 이효석의 취미는 '읽지 않은 이야기와 보지 않은 경물(景物)'에 대한 호기심이었다. 그의 독서물에는 앙드레 지드, 발레리, 예이츠, 베를렌느 등과 함께 콕토가 있었고 그리고 한때 콕토의 연인이기도 했던 라디게가 있었다.[7] 콕토와 라디게

6 박문서, 「조선의 '콕토' 임화」, 『실화』, 1938.12.

7 이효석, 「地峽의 가을」, 『전집 7』, 52~58면.

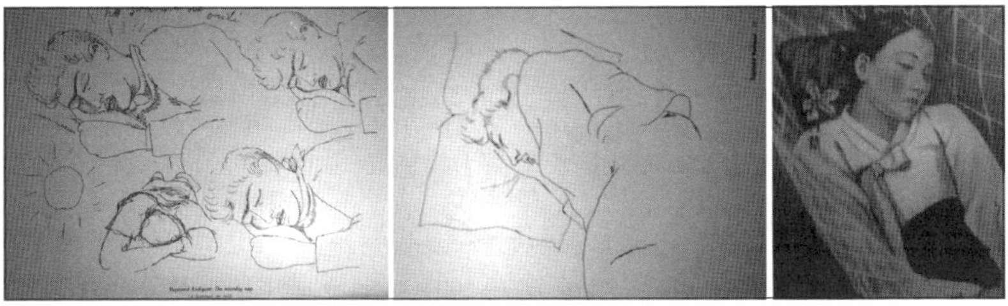

콕토가 그린, 연인 라디게. 몽상적이고 신비적인 분위기가 동성애적인 아우라를 풍기는 스케치다. '라디게의 잠'의 이미지는 1930년대 잡지 표지화에도 영향을 준 듯하다. 오른쪽의 '여인상'은 정현웅이 그린 『여성』(1937.8) 표지화.

에 대한 탐구는 이효석이 가진 성애(性愛)적 환상과 근원적인 것에 대한 동경이 자리 잡고 있는 듯하다. 이상의 경우, 장 콕토를 언급하는 빈도가 더욱 잦은데, 그는 콕토의 글에서 빌려 온 에피람적인 경구들을 자신의 텍스트에서 자주 펼쳐 놓곤 한다. 장 콕토의 이 경구를 해독하는 것은 이상 텍스트의 전 문맥을 이해하는 데 의미 있는 열쇠가 된다. 실제 이상은 「EPIGRAM」이라는 수필을 발표하기도 한다.[8]

김기림은 문학사적인 시각이나 미학적인 시각에서 장 콕토를 이해했던 인물이다. 장 콕토의 실험적 정신이나 전위적인 방법을 미학적인 관점에서 언급하거나 시사적 흐름 가운데서 포착한 논의들은 김기림의 비평가적 감각과 학문적 이해를 바탕으로 한 것이다. 장 콕토와 한국문학의 관계는 피상적으로는 단편적이고 파편적인 듯 보인다. 그것은 장 콕토에 대한 인상 자체가 새로운 것, 전위적인 것, 독특한 것 등에 머물러 있기 때문이다. 활자의 크기나 형태를 이용한 입체파적인 시적 감각을 논한 김기림의 글이나 위트와 재기 발랄한 경구를 인용하는 이상 텍스트에서 장 콕토의 주된 인상을 암시적으로 발견할 수 있을 뿐이다. 그러다 보니 정작 핵심적인 담론도 가끔 잊혀지곤 했는데 그것이 바로 '카

8 『여성』, 1936.8.

톨리시즘론'이다.

'장 콕토의 이해'에는 장 콕토가 가진 형태주의적이고 전위적인 실험 정신이 지배적인 요소로 작용하게 되는데, 그럼에도 실상 그 실험성 및 전위성에 대한 본격적 논의 역시 찾기 어렵다. 기교주의 논쟁 자체가 모더니즘 전개 과정에서의 기술 혹은 방법론적인 논의로 수렴되거나 카프와의 논쟁에서 대항적인 차원에서 설정된 것으로 이해된 연유가 크다. 이 같은 방식은 우리 근대시사를 형식과 내용, 모더니즘과 리얼리즘, 기교와 사회성, 모더니스트와 카프와 같은 이항 대립적 구도로 환원하는 데 유효하게 작동한다. 이분법적 시각은 문제를 단순 명료화하고 어떤 일관된 논지로 시사를 이끌어가는 데 결정적이며, 문학사적인 이슈를 용이하게 추인할 수 있다는 점에서 장점이 있다. 김기림의 '전체시'의 주장이 카프와 모더니즘의 절충적 종합이라는 형태로 이해된 것도 이 구도 안에서 필연적인 결말이다. 이는 시사적인 맥락들을 형식주의적인 종합으로 논의를 전개해 나가는 시사 기술의 방법론상의 문제에서 기인하며, 개별 논제들을 사건(event)화하면서도 이들을 전체적인 구도 위에서 조명하지 않음으로써 발생한다.

하지만 기교주의 논쟁은 시단 헤게모니를 둘러싼 카프와의 문단 내적인 권력 쟁투의 문제라기보다는 1930년대 문화의 지평 위에서 태동하고 전개된 것으로 보는 것이 합리적일 듯하다. 1930년대 문학적 과제들이나 논제들은 문화 맥락주의의 시선으로 조명될 필요가 있다는 뜻이다. 기교나 사회성, 내용과 형식 같은 추상적 층위의 논의가 아니라 실제 1930년대 지성사적인 구도 위에 이들이 얽혀 있다는 데 우리는 관심을 가져야 한다. 그러니까 '기교주의 논쟁'은 문학 담론 내부의 논쟁이기보다는 기실 지성사적인 담론의 층위에서 진행된 것이다. 장 콕토가 수용된 계기도 사실은 여기에 있다. '카톨릭 문학론' 역시 이 범주에 속한다.

따라서 콕토를 수용하고 인용하면서 우리 근대문학이 저변을 넓혀 가는 여러 국면을 다음과 같은 관점에서 고찰할 수 있을 것이다.

첫째, 이미 알려진 대로 기지・위트・전위・실험과 같은, 장 콕토를 떠올리면 자연스럽게 연상되는 테마를 장 콕토의 문학 및 예술 전반을 아우르는 시각을 통해 이해하는 것이다. 특히 김기림, 이상 등이 읽고 인용했던 콕토의 저작들을 중심으로 논의를 전개할 필요가 있다.

둘째, 정신사적인 측면과 관계되는 것, 카톨릭 문학론과의 연관성에 관한 것이다. 이는 정지용, 김기림, 이동구 등의 논의와 연관되는데, 비평사적인 관점에서 이해되었던 앞선 연구자들의 논의들과는 달리 콕토의 '종교성'에 관한 관점을 시적 방법론의 틀 속에서 이해하고, 김기림 및 이상의 시학 및 시편들과 이를 관련시키는 것이다.

셋째, 시사의 전체 구도 속에서 콕토가 어떻게 수용되고 있는지를 이해하는 것이다. 이는 문학의 범주를 넘어선다. 그의 예술은 아방가르드 예술론관 연계되어 있고, 회화・발레・음악뿐 아니라 전위영화 등 여타 기술 매체와도 관련되어 있다. 이는 1930년대 시의 방향성을 이해하는 데 중요한 인자로 작용한다. 김기림의 전체시론 및 지성론, 임화의 반기교파론, 박용철의 순수시론 등 '기교파 논쟁'의 핵심적인 의제는 1930년대 시의 방향성과 관련된 논쟁이다. 하지만 이는 단순히 모더니즘과 그 타자들 사이의 논쟁이기보다는 모더니즘을 포함한 근대시 방향을 창안하는 논쟁이었다고 판단된다. 이 같은 관점에서 그 '방향성의 맥락'을 다시 논의할 필요가 있다. 물론 '경계넘기'와 '개방성'의 미학이라는 이 저서의 관점을 적용한 맥락이다.

포에지, 기지, 에피그람의 신문 지면 구성과 활자 효과: '문자'에서 멀티미디어적 상상력으로

이상이나 김기림이 장 콕토를 읽은 흔적은 곳곳에서 발견된다. 장 콕토는 문자를 입체화함으로써 시의 가시적 효과를 추구한 포멀리즘 시인일 뿐 아니라 지성으로 시를 건축한 인물로 평가된다. 실상, 콕토가 시뿐 아니라 영화・무대예술・회화・장정 등 예술 전반에 특유의 개성적인 세계관을 펼쳐 보였던 점을 고려하면, 그의 예술을 엄격하게 표현주의, 초현실주의 등 어떤 하나의 사조로 규정하기는 힘들다. 그를 '멀티 아티스트'로 규정하고 그 심층적 지점들을 파고드는 것이 콕토의 예술을 이해하는 좋은 방법일 것이다. 시・건축・미술뿐만 아니라 음악・영화・영화소설・장정에 이르기까지 폭넓게 예술의 전 영역에 관심을 가지고 있었던 이상이 경계를 넘나든 장 콕토의 아방가르드적인 예술 세계에 관심을 기울인 것은 자연스러운 것으로 보인다.

먼저, 이상과 관련된 장 콕토를 보자. 일제시대 문인들 역시 활자 문화의 광범위한 세례 가운데서도 기계 매체인 영화에 매혹당한다. 예술 전반에 폭넓은 관심을 가졌던 멀티 아티스트 이상 역시 이 기계 매체가 주는 강력한 매혹으로부터 결코 벗어날 수 없었다. 일본 '신감각파 운동'의 기저에 전위영화가 있었다는 것도 흥미롭다. 이상의 여러 다양한 실험적인 시적 방법은 말라르메나 장 콕토와 같은 전위예술가들의 전방위적 작업과 관련해서 설명할 수 있다. 그러니까 이상, 일본 신감각파 운동, 장 콕토는 같은 선상에 존재한다.

일본의 신감각파 운동의 근원지 『시와 시론』은 최첨단 이론과 실제 작품을 소개하는 전문지로 콕토 소개에 있어서도 당시 일본에서 가장 앞서 있었다고 한다. 콕토의 『직업의 비밀』, 『무질서로 여겨지는 질서에 대하여』, 『아편』, 『사기꾼 토마에 대하여』 같은 작품들이 실려 있었고 그

외 일본 작가들의 소개글이 실렸다. 난명(蘭明)은, 이상의 「흥행물 천사」나 「광녀의 고백」에 나오는 '천사'의 이미지는 일본 신감각파의 일원인 기타조노 가츠에(北元克衛)의 천사 이미지와 관련이 있다고 본다.[9] 장 콕토의 '천사'와 이상의 '천사'와의 관련성은 기존 연구에서 이미 상당히 심도 있게 논의된 것인데, 이 중간 매개자가 『시와 시론』의 키타조노 카츠에(北園克衛), 콘도 아즈마(近藤東)라는 것이다. 「흥행물 천사」와 「광녀의 고백」은 프랑스 전위영화 〈안달루시아의 개〉, 〈잔다르크의 수난〉 등이 매체 변용된 것일 가능성이 있다는 논지이다. 「광녀의 고백」의 망원경적 이미지, 태아의 이미지는 카츠에를 사이에 두고 콕토의 이미지를 반복한 것이며, 콘도 아즈마의 시네 포엠은 영화 〈잔다르크의 수난〉을 다시 쓴 것인데, 이것을 『시와 시론』을 매개로 이상이 수용했을 가능성이 있다는 것이다.[10]

이 같은 문제의식은, 이상의 전위성과 서구 전위영화와의 접합 가능성을 시사한 것이라는 점에서 흥미로운 것이다. 이상 텍스트의 저본을 문자 매체로 한정 짓는 관행을 넘어 비문자 매체로 확장하고 있다는 것, 전위예술가 콕토 및 전위예술의 방법론적 실험을 주목하고 있다는 것 등이 그것이다. 난명의 연구는 당시 지식인들과 문인들에게 새로운 표현 매체로 가인되었던 영화와의 관련 선상에서 논의를 전개하고 있다는 점에서 비교문학사적인 시각을 견지하고 있으며 영향 관계 연구의 성격이 강하다. 하지만 핵심은, '표현자로서 장르의 문턱을 돌파하고 활자 매체로서의 문학을 월경하려는 의지'를 가졌던 이상의 욕망의 근저에 콕토 등의 전위영화가 자리하고 있다는 지적에 있다.

9 난명, 「여사의 눈은 왜 찢어졌는가」, 앞의 책, 269면.

10 위의 글, 269~272면; 난명, 『일본연구』 제38호, 한국외대 일본연구소, 2008 참조.

가츠에 등 일본 신감각파의 경우, 콕토의 전위영화 〈시인의 피(Le Sang D'un poete)〉나 그 외의 전위영화들 〈잔다르크의 수난〉, 〈안달루시아의 개〉 등과의 영향 관계가 실증적으로 증명되는데 반해, 이상의 경우는 그 근거가 뚜렷하지 않다. 다만 특징적인 표현이나 테마에 있어 '콕토의 말'임을 이상 스스로 특정한 경우가 있는데, 콕토의 사상과 예술에 대한 관심이 직접적으로 확인되는 대목이다. 하지만 그 '콕토의 말'의 원본이 무엇인지, 콕토의 어떤 글 혹은 어떤 텍스트인지 분명하게 입증된 것은 아니다.

그렇다면 김기림에게 '콕토'는 무엇이었을까. 김기림은, 장 콕토의 가벼움을 명랑성과 유희성으로 대체해서 읽었던 것 같다. 콕토의 방법을 20세기적인 탈로맨티시즘 예술의 방향성으로 인식한 것이다. 김기림의 '탈로맨티시즘, 모더니즘의 새로운 방향성 추구'라는 목적의식은 이미 그가 문단에 발을 들여 놓은 시점인 1930년대 초기부터 나타나고 있는데, 김기림 스스로 문학을 하게 된 연유가 새로운 문학의 건설이라는 거시적 방향성과 시의 지적 이해와 제작을 통한 새로운 문학의 건설이라는 미시적 목표 아래 놓여 있었던 것과 상통한다 하겠다.[11]

김기림의 글에서 확인되는 콕토의 흔적 역시 파편적이지만 그 문맥을 파악할 수 없을 정도는 아니다. '각도' 문제를 포함한 영화에 대한 시각, 입체파적인 시적 실험, 에스프리 정신 및 경구형의 시, 카톨리시즘과 지성론 옹호 등의 문맥 내에서 확인된다. 이것은 콕토가 멀티 아티스트로서 다방면에 걸쳐 전위적인 예술 실험을 했던 경력과도 통하는데, 이는 김기림의 근대시의 방향 설정이 다양한 문화예술사적인 문맥 안에 있었음을 증거하는 것이다. 근대시의 방향이 시 장르 자체의 내적 혁신에

11 편석촌, 「문단불참기」, 앞의 글.

있었던 것이기보다는 20세기 예술의 방향성과 공유되고 접합된 채 모색되고 있었음을 김기림이 인용하고 있는 '콕토'에서 다시 확인하게 되는 것이다.

김기림은 시의 새로운 형태를 모색했던 입체파 시인이며 기지에 찬 정신의 소유자로 콕토를 규정한다.

> '장 콕토가 항상 새로운 것의 옹호자인 것처럼 로랑은 다른 의미에서 가장 빛나는 진리의 승려인 것을 나는 믿는다.[12]

장 콕토의 전위성이나 실험성은 '새로운 것의 옹호'에 있다. 그만큼 장 콕토의 방법들은 혁신적이며 낯선 것이다. 로랑만큼 장 콕토도 진리의 담지자라는 것이다. 김기림이 지속적으로 관심을 가졌던 것이 조선 근대시의 방향성이었다면, 서구의 20세기 시의 흐름은 이것을 위한 중요한 지침서였다.

음악성과 센티멘탈리즘으로부터 탈피해 공간성과 회화성을 도입한 형태시, 입체시를 20세기 시의 방향으로 설정하면서 김기림은 아폴리네르와 함께 장 콕토를 언급한다.

> 시는 음악성에 의하여 성립하는 것이 아니라 보다 더 회화성에 본질적인 것이 있다는 새로운 미학에 기인하여 출발한 것이나 드디어는 인쇄의 형태성의 효과와 결합한 이른바 형태시가 나타나게 되었다. 이 기운을 가장 촉성한 것은 입체파 운동인 것 같다. 시에 있어서의 입체파는 회화상의 입체파처럼 시의 의미에 있어서까지 그렇게 분명한 미학을 수립할 수는 없었고 차라리 외형에 대한 변혁에

12 〈동아일보〉, 1932.2.19. (김기림, 『전집 3』, 164면)

그쳤다. 보다 적절하게 말하면 인쇄술의 시적 표현이라고도 말할 수 있다. 아포리네르나 콕토의 이상스럽게 지면에 활자를 배열해 놓은 시도 그 의미는 지극히 온건한 서정시인 것이다. 막스 웨버의 시는 더 많이 이 의미적인 것을 거세하고 순수한 포말리즘의 시에로 가까이 오고 있었다. 의미의 연계와 통일을 전연 무시한 스타일의 곡예에 그친 거트루드 스타인 류의 시도 이 계열에 속하는 것이라 하겠다. 이러한 시에서의 의미의 맥락이나 음악성을 구하는 것은 잘못이다. 시인은 그 속에서 그러한 것은 계획하지도 않았던 까닭이다. 그는 차라리 그러한 것들을 비시적인 협잡물이라고 생각한 것이다. 그래서 그러한 것들은 탈각하고 순수한 「스타일」의 기계적 효과 내지는 인쇄미의 발휘로써 시의 극치라고 생각한 것이다.[13]

아폴리네르나 장 콕토는 입체파적인 시를 실험하면서도 '서정시'적인 감각에 머무른 반면, 거트루드 스타인(Gertrude Stein), 막스 웨버(Max Weber) 같은 시인은 순수한 포멀리즘 계열의 비의미적인 시를 쓴 시인들로 구분된다. 『입체주의 시(*Cubist Poems*)』(1914)를 쓴 웨버는 화가이기도 했는데 그의 미술 작품에는 야수파, 입체파, 추상주의 계열의 경향이 동시에 나타난다. 거트루드 스타인 역시 대담한 언어 실험을 시도했고 새로운 예술운동의 적극적인 옹호자로 당시 명성을 얻고 있었다.

그들에 비해 콕토의 시나 아폴리네르의 시는 실험적인 것이기는 하지만 여전히 감상적이며 인간적인 아우라를 품고 있다는 것이 김기림의 진단이다. 인간적인 감상성을 배제하고 기계적인 효과의 인쇄미를 발휘한 거르투드 스타인류의 시들은 활자 배열의 효과를 주로 강조한 콕토, 아폴리네르의 시에 비해 회화적인 것에 더 가까이 있다는 것이다. 김기

13 김기림, 『전집 2』, 97면.

림의 최종 입장은 형식적인 것과 내용적인 것의 조화인데, 이는 '생명의 시'로의 종합이라는 논리로 귀결된다. 이 같은 귀결의 출발은 당대의 시가 인쇄술의 발달에 따라 '문자예술로 再轉'되면서 시각적으로 향수 되는 사실과 분명하게 연결되고 있다.

시의 입체주의적 형태주의적인 시도의 본질은 신문·잡지 매체의 '윤전기 미학'으로 탄생된 활자미이며 활자의 모자이크적 배치이다. 그것들은 선시(先詩)적인 것이 아니라 후시(後詩)적인 것이며, 시인의 선천적 능력이나 영감에 전적으로 기인하는 것이기보다는 활자의 지면 배치, 곧 정지용이 말한 '활자공의 직분과 공력'에 의존한다. 하지만 김기림은 '시의 인쇄를 인쇄공에게 맡길 수 없다. 인쇄는 시에 있어 매우 중요한 의의를 지닌다'고 단언한다.[14] 아마 그러한 '인쇄' 뒤의 시의 효과까지 염두에 두고 시인은 시를 써야 한다는 말일 것이다. 이 관점에서 시는 영감으로 쓰이는 '심혼'의 산물이기를 멈추고, 배치와 편집의 인위적 제작물에 가까이 간다. 김기림이 말한 '기교', '기술'은 그런 점에서 인쇄술이 주는 효과 곧 기계미와 모자이크적 배치의 미와 분리될 수 없다. 시와 비시적인 기계의 '협잡물'이자 순수한 스타일의 기계적 효과 내지 인쇄미의 극치를 보여주는 시를 생각하지 않을 수 없게 된 것이다.

시의 입체주의적 형태주의적 시도는 회화의 공간성을 추구하는 것에 아날로지 된다. 신문기자로서 활자 효과와 인쇄 감각을 형태시의 중요한 기제로 이해했던 김기림은 형태시 그 자체는 적극적으로 평가하지는 않았다. 김기림의 시선은 형태 혹은 기교 등 외형적인 새로움이 아니라 그보다 깊숙한 지층에 있는 지성, 정신을 붙잡고자 했다. 어쨌든 모자이크적 지면 배치나 문자의 활자화는 근대시의 방향성을 설정하는 하나

14 위의 책, 73면.

의 지표가 되었음은 분명하다. 내용을 이해하고 함축적 의미를 파악하는 문자 텍스트 중심의 시 해석의 지평이나 읽기는 상당한 변화가 야기되었다. 김기림은 "이러한 시에서의 의미의 맥락이나 음악성을 구하는 것은 잘못이다. 시인은 그 속에서 그러한 것은 계획하지도 않았던 까닭이다. 그는 차라리 그러한 것들을 비시적인 협잡물이"라고 말한다. 물론 이 같은 판단의 중심에 이상이 놓여 있다는 것을 금세 간파할 수 있다. 이상 시는 시어의 함축미를 '읽는' 방식이 아니라 인쇄와 기계미의 배치와 편집의 기계미를 '보는' 방식에 의존한다. 읽는 것(문자적인 텍스트)이 아닌 보는 것(회화적인 텍스트)이다. 김기림은 이상이라는 거울을 중심으로 근대시의 방향성의 좌표를 설정하는데, 그 매개항에 콕토가 있었다. 그러니까 이상과 김기림 각각 장 콕토의 활자미와 회화적 공간성(입체화, 이미지화)과 탈문자적 글쓰기의 전위성과 연대하면서 콕토를 근대시의 방향을 설정하는 하나의 입구이자 출구로 설정했던 것이다.

에피그람의 시학과 콕토적 몽환성

이상과 김기림에게서 두드러지게 나타나는 양식의 하나는 에피그람이다. 이 책의 Ⅰ부에서 이미 '텍스트 혼종'과 관련해 이 문제를 다루었다. 여기서는 장 콕토와 관련한 내용을 중심으로 기술한다.

재치와 기지가 있는 단편적 이미지 위주의 시는 쥘 르나르, 장 콕토, 막스 자콥 등의 영향으로부터 비롯되었다고 알려져 있다.[15] 특히 콕토를 1930년대 이미지즘 수용과 연관시킨 논의는 김광균의 저서에서도 확인되는데, 김광균의 지적은 실제 1930년대 콕토를 수용한 문맥을 정확하게

15 박헌수, 『모더니즘과 포스트모더니즘의 수사학』, 소명출판, 2003, 234~265면; 「막스 자콥의 시법에서」, 『카톨릭 문학』 4권 9호.

포착한 것으로는 판단되지 않는다.[16] 콕토든 르나르든 단순히 이미지즘의 영향권 내에서 이들이 수용된 것으로는 보기 어려울 뿐 아니라, 김광균이 이미지즘을 이해하는 틀 역시 문학적 사실(史實) 중심에 머무르고 있기 때문이다.

콕토의 에피그람적 글쓰기[17]는 문자에서 이미지즘적인 회화성, 즉 직관성을 파악하는 일종의 주지주의적 창작 방법론과 관련이 있다. 1930년대 주지주의 경향과 단문주의 경향은 상관적이다. 이상 텍스트에서 에피그람은 텍스트 내부와 외부를 연결하고, 텍스트 바깥의 지식이나 사건을 텍스트 내부로 끌어들이는 효과를 갖는다.[18] 김기림의 경우도 다르지 않은데, 김기림의 「전원일기의 일절」이나 「에스프리」는 실제 경구형의 단문들로 구성된 특이한 형식을 보여준다. 경구형 단문 스타일과 에스프리 정신의 연관성을 지적할 수 있겠다. 경구형 스타일을 지배하는 요소는 에스프리 정신인데, 이는 현실과 환상을 넘나들면서 메타 텍스트를 구성하는 방법론적이고 미학적인 의장과 관계가 있다. 따라서 콕토 수용은 '수사법'이나 '미적 자의식의 차원'[19]을 넘어서고 있다. 경구형 스타일의 수사학적인 특징보다는 꿈과 현실의 미학적인 혼동에 주목한 최재서의 논의가 보다 설득력이 있다.[20]

김기림이 쓴 「피에로의 독백」은 그 부제가 '포에시에 대한 사색의 단

16 김광균의 글이 일본에서 나온 책을 요약한 데 기인한 것으로 보인다. 박현수, 위의 책, 234면.

17 『전원수첩』 발행은 1934.7. 르나르가 인용된 김기림 글은, 「봄은 사기사」, 『중앙』, 1935.1. (『김기림 전집 5』, 205면) 「전원일기의 일절」, 〈조선일보〉, 1933.9.7~9.

18 이현석, 「이상 텍스트해석에 있어서의 고유명의 문제」, 『한국 현대문학의 근대성 탐구』, 문학사와 비평연구회 편, 새미, 2000, 254면.

19 김성수, 『이상 소설의 해석』, 태학사, 1999 참조.

20 최재서, 「고 이상의 예술」, 『문학과 지성』, 인문사, 1938, 113~119면.

편'으로 총 33개 테마의 경구형 글로 이루어진 텍스트이다. 김기림은 이 글에서 시적 방법론에 대한 메타적 접근을 시도한다. 그중 몇 가지 주제를 포착해 보면, 위트와 기지(난센스), 탈로맨티시즘(蛇性), 미래파적 역동성(힘, 비약), 입체파적 방법론(구성) 등이다. '난센스'에서 김기림은 '있을 수 없는 일이 대수롭지 않게 있을 수 있는 것이 어린아이의 세계의 밖에 어디 있을까'라고 썼다. 이 어린아이의 세계는 장 콕토와 '어린이 차지'란의 동요풍의 시 세계와 중단 없이 연결된다. 짧은 단문형 글이 견지하는 에스프리 시적 정신의 핵심에 '어린이의 세계'가 놓여 있다.

'에스프리성'은 '어린아이의 세계'이며, 이는 '피에로적인 것'이다. 기존의 것에 물들지 않았다는 점에서 그것은 어린아이의 시선에 포착된 세계이며, 순수하고 훼손되지 않은 세계이다. 논리가 아니라 기지와 직관의 세계이다. 따라서 기지 곧 '광대의 언어'는 가볍지만, 인간 내면에 깃든 우울과 몽상을 함축한다는 점에서 그것은 무거움을 동시에 거느린다. '무늬(외형)'만 가볍지 그것은 인생과 세상에 대한 직관과 통찰을 담은 혜안 없이 성립되지 않는다. 가벼움과 무거움, 명랑성과 페이소스는 '화장'과 '맨얼굴'의 양가적 상징을 갖는다. 스타일상의 단문적 문체가 가벼움과 명랑성을 실어나른다면, 건조하고 메마른 단문적 문체의 집약, 함축성은 오히려 성찰적인 메시지를 전달한다. 일종의 '무거움'이다. 그것이 뜻밖의 일, 즉 의외성을 낳는 힘이다. 그러니까 에피그람이란 확장하기 위해서 축약하는 것이다. 그러니 가벼우면서 무겁고, 난해하지만 찰나적 깨달음이 있으며, 유희적이지만 통찰적이다. 세상 속에 있되 세상의 어둠에 물들지 않은 순수의 정신이다.

김기림은 자신의 시를 해설하면서, '속도의 시 문명비판'이라는 제목을 붙이고, 이를 '피에로의 어조'를 본떴다고 설명하고 있다.

포플라의 마른 가지에 가마귀가 한 마리
검은 묵바울가튼 검은 가마귀
웨스타민스타의 寺院의 종이
大英帝國의 黃昏을 느껴 (껴, 껴, 껴)우는 소리-
가마귀는 거문 징키쓰시칸의 後裔올시다
하나 지금은 營養不足으로 卒倒의 症勢까지 보입니다
紳士는 아니외다
葬式의 行列에 끌려가는 알폰소 廢皇전?下의 帽子는 四十五度로 기우러져 잇습니다
사모라의 키보다 큼니다
칼멘아 노래 불러라
사반아의 피를 마시면서

『여성조선』 제1호에서[21]

연극이 시작되기 전 관객 앞에서 그 극에 대한 일장의 서사를 늘어놓는 피에로는 연극의 안내자이다. 변환이 많은 방대한 세계에 독자의 연상을 안내해야 하는 자로서 시인에게 필요한 것이 피에로의 어조 곧 '화상'이나. 이미지가 이미지를 부르고 또다시 다른 이미지를 불러오는, 이 같은 이미지의 연쇄를 김기림은 '연상의 비행(飛行)'이라 지칭한다. 이미지의 비약과 주제의 통일된 기획을 위해 화장이 필요하다. 화장은 그러니까 '모든 순간에 작열하는 감각 위에 瞑目하는 꿈의 발화'인 '포에지'를 위해, 시의 모험을 위해 필요한 것이다.

김기림은 이 시가 속도를 나타낸다고 보고 속도를 재현하는 방법으

21 김기림, 『전집 2』, 334면.

로 두 가지를 지적한다. ① 활자의 직선적 橫列, 음향의 단속 등의 외적 방법 ② 이미지 비약에 의한 내적 방법. 위의 시는 ②를 취했다는 것이다. 각 행의 이미지는 연관성 없이 비약하며, 단어들 또한 무목적적으로 결합하고 있는 듯한 인상을 주지만 실제는 의미의 통일을 기하고 있다. 여기서는 '몰락의 전야를 맞은 주인공으로 하는 세계의 비극'이라는 주제를 통일적으로 구현한다는 것이다.

변화무쌍하고 역동적인 세계에 대한 독자의 시선을 붙잡으면서, 동시에 시를 통해 재현해 내는 세계에 대한 자신의 철학을 웅장한 견자의 목소리로 설파하는 것이 피에로의 어조이다. 그러니까 '화장'은 일종의 트릭이며 숨기기다. 그것은 독자에게 비약의 상상을 할 수 있도록 하는 장치이다. '피에로의 어조'는 그래서 그로테스크하고 환상적이다.[22]

일본 신감각파 기타조노는 『시와 시론』(1929)에서 콕토론이자 시론인 「화장해야만 하는 시인-시는 사치스러움의 정점인가?」를 발표한다.[23] '화장'은 비약, 광대, 가면, 명랑성, 페이소스의 테마들을 가지고 있는 것으로 보이는데, 일본 신감각파에 능통했던 김기림 역시 이상과 마찬가지로 콕토의 방법론이나 개념을 통해 우리 시의 방향성을 설정하고 당대 시인들을 이해하고 있었을 것이다. 기계의 음악, 차가운 금속성과 명랑성 등을 김기림은 '피에로의 어조'가 주는 경쾌함에 대응시킨다. 미래주의 운동에서 현대 예술의 내적 역동성과 진보성을 확인하고 여기서 근대시의 방향성을 발견한 김기림의 초기 인식을 연상시킨다. 그러니까 단순히 수용・모방하기 위한 콕토가 아니라 기계주의의 전위성과 신흥 감각파적인 감수성과 결부된 정신사적・지성사적 지평 위에 콕토의 수용이

---

22 신범순은 이 같은 경향을 '에피그람 서사'라고 지칭한다. 신범순, 『이상의 무한정원 삼차각나비』, 앞의 책, 405면.

23 난명, 앞의 글, 269면.

있었던 것이다.

단일한 인상을 짧게 스케치한 '풍경시'들의 경쾌한 속도감과 명랑성은 '피에로의 어조'를 갖는다. 그것이 저널리즘 문예 특유의 양식적 성격에서 나온 것임은 의심의 여지가 없다. 특히 단형시에 나타나는 '에스프리의 발화'는 '있을 수 없는 일을 대수롭지 않게 받아들이는 어린아이의 상상세계'를 의미한다. 대수롭지 않은 것이 오히려 속도감(비약)과 명랑성을 부르다 '피에로적인 것'은 장 콕토가 일상과 세속의 풍경들을 낯설고 신비스럽게 몰고 가는 방식이며 그것은 어린아이의 시선을 통해 바라보는 세계의 풍경을 담는다. 장 콕토의 시는 시대의 지배를 받는 감각적인 측면과 시대를 초월해 존재하는 몽상적 경향을 띤 측면들이 동시에 존재한다.[24] 전위예술가들은 공통적으로 영화 같은 기계 매체의 다중적이고 공감각적인 차원을 기존 예술에 혼종적으로 결합시킴으로써 그 이전까지 누리지 못했던 몽상과 무의식의 신비스런 존재면을 가시화할 수 있었다. 장 콕토의 몽상을 가능하게 했던 것은 흥미롭게도 기계 매체의 혼종적·통합적 감각의 구현 가능성이다.

기계가 등장하는 대부분의 시에서 기계가 상징하는 것은 대체로 '힘'뿐이라는 지적도 있다. 이는 인간의 무의식이 새로운 어떤 존재를 제 것으로 만들어 소유하자면 시간이 걸린다는 사실을 의미한다는 것이다. 일상적 삶의 운동은 가속화하지만, 우리들 내면적 삶의 리듬은 그렇게 가속화하지 못하며, 그런 점에서 기계 시대의 시는 영화 등 기계 매체보다 그 시적 생산성에서 열세를 면치 못한다. 영화·회화 등의 외적인 경험에 의해 지배되는 시는, 자아 내부에서의 정신적인 정시 및 성숙을 굴착하거나 침잠하는 것에 어려움을 느낀다는 것이다.[25] 그런 내부적인 어

---

24 마르셀 레몽, 『프랑스 현대 시사』, 김화영 역, 문학과 지성사, 1989, 353면.

려움을 콕토는 '천사' 이미지의 몽상적이고 낯선 것들로 채워나갔을 것이다. 그것이 의외성과 낯선 이미지들을 불렀을 것이다. 이상에게서도 이 같은 콕토적인 천사 이미지가 구현되고 있을까? 우리는 대체로 이 천사들을 '근대성'을 상징하는 기호로, 그것에 아날로지 되는 알레고리적인 것으로 이해해 왔다. 그런데 레몽의 해석이나 심지어 콕토의 이미지는 이 같은 '근대성의 천사'에 대한 해석의 지평을 무화시키는 듯하다.

장 콕토의 스케치. '천사' 이미지들. 일상성의 차원도 꿈의 차원도 아닌 '중간지대'에 존재하는 콕토의 천사들은 그로테스크하지만 신비하다. 콕토의 일상 세계는 '신비스런 뜻밖의 일'로 가득한 인공적 기교의 세계이다.

신비주의적인 몽상은 영혼의 상태로 존재하는 그런 것이기보다는 예외적인 상황들 속에 존재한다. 콕토의 시가 더욱 그렇다는 것이다. 외형상 아무 관련이 없는 사건들 사이의 불가해한 관계, 겉으로 표현할 수 없는 상황의 연속, 일제의 이성을 초월한 어떤 아날로지 마술에 의해 촉발된 이미지의 결합 등이 바로 그것이다. '예외적인 것'들은 일상 속에 대수롭지 않게 존재한다. 이를 다른 맥락에서, '중간지대'에 속하는 것이라고 부를 수도 있다. 콕토의 시는 행위와 사실들의 제시처럼 보이지만, 이것은 일상적 삶의 차원도 꿈

25 위의 책, 314~315면.

의 차원도 아닌 중간지대에 있으며 이것은 이 세계를 낯설게 변모시키려는 듯한 느낌을 준다. 레몽은 '일상적 환상성'이라는 말로 요약하는데, 콕토의 시는 인공적 기교로 가득 차 있는 '신비스런 뜻밖의 일'에 대한 집요한 탐구를 보여주고 있다는 것이다.

장 콕토나 막스 자콥의 환상성은 내면적 상태나 어떤 서정적 몽상의 세계를 환기시키기보다는 구어적이고 신문 기사 스타일의 끌리세들을 한데 모아둔 것 같은 느낌을 주기도 한다. 그 한가운데에 어떤 비현실적인 요소, 불안한 후광(Aura), 모호한 계시 등이 자리 잡는다. 서로 획이 뒤얽힌 암호처럼 그것들은 시를 광채 나게 하고 수수께끼 같게 만든다. 이미지는 일종의 계시처럼 직접적으로 제시된다.[26] 천사 이미지가 천상적 질서를 담고 있으면서도 낯설고 기괴한 '뜻밖의 형상'으로 가시화되고 있는 이유이다. 이상이 말한 대로, 천사는 어디에나 있다. 그러나 기괴스런 형상을 한 천사는 이상하게 공허하고 낯선 울림을 준다.

단형시와 동요적인 것

에피그람의 시적 형식은 단형시로 구체화되는데, 특히 동요풍의 시가 여기에 속한다. 동요풍 시를 에스프리적인 것으로 본 것은 동심에서 비롯되는 기지(機智)와 난센스가 이들 시에 존재하기 때문이다. 김기림이 말한 바로 '장 콕토적인 것'이다. 「유람버스」, 「3월의 프리즘」, 「여행풍경」, 「식료품점」 등 신문 지상에 실린 김기림의 단형시들 또한 에스프리적인 발화의 개념에서 벗어나지 않는나.[27] '에스프리 정신'과 관련해 김기림이

26 위의 책, 330~332면.

27 졸저, 『문인기자 김기림과 1930년대 '활자-도서관'의 꿈』.

주목한 인물은 오장환이다. 동요와 짧은 시를 통해 에스프리의 발화를 보여준 오장환이 콕토를 생각나게 한다고 그는 평가한다.[28] 오장환이 일찍이 콕토의 기지에 찬탄했다는 지적[29]이 여기에 덧붙여진다. 콕토풍의 시란 명랑성의 에스프리와 단형시 특유의 경쾌한 속도감이 있는 시를 뜻한다. 이것이 '진보'이다. 김기림의 짧고 속도감 있는 기행시나 르포시도 여기에 속할 것이다. 이른바 현실의 한복판에서 붙잡은 신문기사 스타일의 시들이다. 콕토의 그것처럼 몽환적이고 계시적일 수 없는데 이유는 문화적인 차이 때문이다. 카톨리시즘적인 신비주의가 김기림에게는 존재할 수 없었던 것인데, 콕토나 김기림 모두 출발은 동일하게 '현실'이었으나 김기림은 '비현실'의 모호하고 수수께끼 같은 아우라를 포착할 수 없었다.

대신 김기림이 주목한 것이 어린아이들의 시선으로 본 '현실'이었다. '현실'을 '뜻밖'의 사건으로 만드는 경쾌한 시선이 어린아이의 세계에는 있었다. 탈로맨티시즘의 협곡을 빠져나오는 것이 근대시의 방향성이었다는 점에서 그것은 '진보'이기도 했다. 당시 오장환의 '동요와 짧은 시'에는 에피그람적인 기지와 난센스가 있다. '있을 수 없는 일이 대수롭지 않게 있을 수 있는 것이 어린아이의 세계에서밖에 어디 있을까'라고 정의한 김기림의 시각과도 연관되어 있다.[30] 동요풍의 짧은 시들은 그러한 환상성과 기지, 난센스의 시학을 구체화하고 정의한다. 콕토의 '환상성'이 오장환의 동요풍 시에서는 기지와 감각적인 이미지들로 대체되어 있었던 것이다. 시와 그림을 같이 싣는 혼종 텍스트인 것도 주목할 부분

28 김기림, 「신춘의 조선시단」, 『전집 2』, 362면.

29 김기림, 「감각, 육체, 리듬」, 『전집 2』, 379면.

30 김기림, 『전집 2』, 299면.

이다. 단 화가의 이름이 병기되지는 않았다. 뜻밖의 기지, 낯설고 색다른 발상이 중시되는 동시 자체의 장르적 특성이 중시되었던 탓에 화(그림)는 부수적인 것으로 머물렀을 것이다.

「전원일기의 일절」, 그리고 「포토막(potomak)」

콕토의 시선이 강하게 느껴지는 에피그람 장르로 김기림의 「전원일기의 일절」을 들 수 있다. 몇 개의 작은 제목 아래 에피그람이 펼쳐져 있다. 제목들은 주로 쥘 르나르의 것을 연상시키지만, 그중 '아버지' 편은 콕토의 『포토막(*potomak*)』이 언급된 것이어서 관심을 끈다. "어버이 편으로 말하면 원근법의 이상한 법칙에 의하여 눈앞에서 멀어져 가는 그놈이 점점 자신으로부터 멀어 가는 것이다"를 인용하면서 콕토의 『포토막』의 한 구절이라고 적시하고 있다. 김기림이 인용한 구절을 실제 『포토막』에서 확인하기란 쉽지 않다. 다만 유사한 구절로 ① '인간의 경우에, 천재는 비실재의 영역에서 도피하자마자 그는 천재가 되기를 그만둔다.' ② '이미지나 소리와 같은 지각은 우리에게 도달하는 바로 그 순간에 것은 낡고 이미 죽은 것이 된다' 등을 지적할 수 있겠다. 김기림이 인용한 구절과 유사하기는 하지만 정확하게 이 대목인지 확신할 수는 없다.

『포토막』은 콕토의 작품 중에서도 난해하고 복잡한 구조를 가진 텍스트로 알려져 있다. 서사보다는 주로 에피그람적인 문구들로 이루어져 있다. 매체적으로는 글과 그림이 혼종되어 있다는 점에서 이후 콕토의 저작의 특징을 선례적으로 보여준 미래적인 텍스트로 평가된다.[31]

---

31 Jean Cocteau, "le Potomak", *Cocteau's World: An Anthology of writings by Jean Cocteau*, Margaret Crosland (ed.), *Dodd Mead*, 1973. p.85. ('포토막'의 내용은 이 책을 참조한 것이다.)

Eugenes, Persicaire, Potomak 같은 인물들이 등장해 어떤 주제에 대해 토론을 벌이며, 환상적이고 기괴한 장면들이 중첩되어 나타난다. 다른 에스프리 경구를 담은 텍스트와 유사하게 짧고 간략한 에피그람들이 서사를 이끌어 간다는 점에서 경구형 산문의 특징도 동시에 가지고 있다.

『포토막』에는 다양한 삽화가 존재하며, 이야기 속에 다른 이야기가 끝없이 펼쳐져 전개된다. 여러 인물이 등장해 '나'와 이야기를 나누고, 그 이야기의 서술자가 자신의 주인공들에 대해 말한다. 이상 텍스트와의 유사성은 ① 나비, 정원, 천사 이미지 ② 연작 제목 부치기 및 경구식 글쓰기 ③ 글쓰기(독서)에 대한 메타적 접근 ④ 비유기적인 배치와 무질서한 주체들의 펼침 등이다. '포토막'이라는 텍스트성은 이상 전체 텍스트의 성격을 반조하고 있다. 난해하고 비유기적이며 경구적인 서사들이 특히 그러하다.

서두에는 1~10까지 번호가 붙은 짤막한 문장이 나타난다. '처음에 나는 유진(the Eugenes)을 만났다', '텍스트도 없이 유진의 앨범을 그렸다'로 시작된다. 한 권의 책을 써야 할 필요성을 느꼈고, 흩어진 엄청난 수의 노트들을 가지고 있었으며, 그것을 구술했다는 것이다. 그런데 그것은 책이 아니었으며 단지 서문에 불과했다. 그런데 무엇에 대한 서문인가? '나'는 도처에 '책'을 남겨 두고 나이브하게 거드름 피우며 미래를 약속하고 떠난다. 어린 시절에는 작품의 타이틀 목록을 만들지만, 그것들을 집필하지 않는다. 그래서 우리는 어떤 책도 읽을 수 없는 것이다. 포토막의 인물들은 지드에게서 빌려 온 것이라고 언급돼 있는데, 이들 인물의 입을 통해 콕토는 자신의 글쓰기에 대한 일종의 철학을 선언하고 있는 셈이다.

'포토막'의 인물들을 눈여겨볼 필요가 있다. 제목이기도 하며 이야기 속의 캐릭터적인 인물이기도 한 'Potomak'은 어떤 존재로 그려져 있을까. 포토막은 젤라틴 형태의 몸을 가졌으며, 주인과 가벼운 농담을 하는 괴물로, 마들레인(Madeleine)에 있는 아쿠아리움에서 '망가진' 존재로 묘사되어 있다. 'Potomak'은 미국 포토막(potomac) 강에서 온 이름인데, 콕토는 여기서 'c'가 아닌 'k'를 완고하게 고집한다. 카말레온성 변신은 숱하게 반복되는 죽음과 생의 제의적 반복을 의미할 것이며, 농담은 이 같은 신화적 제의들을 경쾌하고 유머스러하게 다룸으로써 리얼리즘적인 장엄미와 숭고미를 전복하는 전략이 된다.

'Agremone'는 글과 그림 사이에, 문장과 다른 문장 사이에는 어떤 연결 관계도 없다고 단언한다. Canche는 사상은 구(phrase)에서 생성된다고 말한다. 그것은 마치 꿈꾸는 사람이 몸을 뒤척일 때마다 꿈이 다양하게 변화하는 것과 같다는 것이다. 이는 마치 하나의 파편적인 문장 혹은 구에서 다른 파편적인 구와 문장들 사이에 콕토의 사상이 무질서하게 숨어 있다는 의미처럼 보이며, 콕토의, 에피그람식 글쓰기의 연원이 이 같은 파편적 단상들이 갖는 잠재적 힘에 있음을 설명해 주는 듯하다.

'괴물'은 Persicaire가 창조한 것으로, 머리가 크고 위아래에 진흙 심장이 있는 맬랑콜리하고 뚱뚱한 야생의 창조물이며 턱을 반쯤 벌리고 숨을 쉴 때마다 독이 든 풀에 물이 뿌려진다. 하지만 아무도 그 괴물을 본 적이 없다.

『포토막』의 또 하나의 핵심적인 이미지는 나비이다. 나비는 중국인 화가의 손에서 마지막 화룡점정을 찍고 날아가 버린다. 중국인 화가는 죽기 직전 마지막으로 붓 터치를 하는데, 나비는 그때 종이에서 빠져나와 날아가 버린다. 그림 속으로 인간이 들어가 버리거나 그림 밖으로 그림 속의 존재가 나오는 서사는 동양에서 낯익다. 이는 몽환성과 환상성, 현실과 실재의 구분의 무의미성, 예술(텍스트)와 실재(현실) 사이의 모호성과 연관된다. 마지막 어구는 굿바이(Goodbye)이다. 이상의 「날개」에서 보듯 이 어구는 낯이 익다.

『포토막』의 한 구절은 아크로바(acrobat)에 관한 것이다. '모든 스텝은 추락이라는 속임수를 쓰는 것이다'는 내용인데,[32] 글쓰기의 '운명'을 암시하는 듯하다. 글쓰기란 마치 아크로바를 하는 곡예사처럼 그 위험한 줄타기가 어디서 끝나는지 몰라 땅을 디디고서도 조심조심 걷는 행위를 그만둘 수 없는 운명을 가진다는 것 말이다. '너'를 당혹하게 만드는 문장이 있다면 그것은 암초가 아니라 하나의 부표로서 얼마나 내가 멀리 왔는지를 보여주기 위한 것이다. 콕토는 파편성, 무질서, 깨어진 목소리, 유기체의 죽음 같은 그의 글쓰기의 핵심 철학을『포토막』에 펼쳐 두었다. 유진, 포토막, 나비 같은 것들을 왜 창조했는지, 그것들 사이와 어떤 관계들이 있는지 자신은 모르겠다고 한다. '비밀의 건축(secret architecture)'은 콕토의 무질서한 결합들, 유기적인 몸의 해체・조합 같은 카멜레온식 창조를 의미하는 것 같다. Canche는 '나'에게 '무엇을 준비하고 있는가'라고 묻지만, 자신은 대답할 수 없다고 말한다. 너무 많은 변신은 카멜레온을 지쳐 쓰러지게 할 뿐이다. 실제 건축가이기도 했던 이상의 초상이 짙게 드리워져 있는 이 '비밀 건축'이라는 테마는 콕토와 이상을 연결하는 글쓰기 건축의 중요한 '문턱'인 것처럼 보인다.

『포토막』에 묘사된 '괴물' 캐릭터의 이미지는 경구식 글쓰기의 전위적 사상과 그 방법론을 관통하는 것이다. 이 같은 단상적 사유를 펼쳐가는 글쓰기 방식이 1930년대 이상, 김기림 등에게 매혹적인 것으로 비춰졌을 것이다. 그런데 실제로 김기림이 인용하고 있는 '포토막'의 구절은 『포토막』 자체의 주제 의식이나 내용과는 그다지 상관이 없는 듯하다. 『포토막』은 에피그람적인 서사와 암시적이고 환상적인 장면 묘사가 특

32 이상은 시 「출판법」에서 '아크로바'에 대해 언급한다.

『포토막』에 삽입된 콕토의 스케치. 큰 머리와 진흙 심장을 가진 맬랑콜리하고 뚱뚱한 야생의 창조물로 묘사돼 있다. 턱을 반쯤 벌리고 숨을 쉴 때마다 독이 든 풀에 물을 뿌리는 그로테스크한 괴물의 형상이다.

징적이다. 전체 내용 또한, 길 떠나는 아들과 아버지의 이별 또는 세대론적 차이를 언급하는 김기림의 「전원일기 일절」과는 거의 맥이 닿지 않는다.

김기림의 '인용'과 유사한 구절로 판단되는 구절, 앞에서 언급한 ①의 문장 뒤에는 다음과 같은 구절들이 이어진다. "파르망(Farman, Maurice, 프랑스 항공기 제작자인 듯)의 첫 번째 비행에는 12명의 관중들(spectators)이 있었다. 그리고 만약 우리가 동물원 근처를 질주하는 한 무리의 켄타우로스가 그려진 포스터를 계속 읽는다면, 우리는 가려고 하지 않을 것이다. 아니면 우리가 그 포스터를 읽은 일주일 후에 가려고 할 것이다"라는 문장들이다. 비실재의 영역과 일상의 혼동, 환상 혹은 몽상의 무한 가능성과 창조성(텍스트의 창안성)을 강조하는 듯한 이 대목은 다음에 나오는 '파르망의 첫 번째 비행'이나 '켄타우로스의 질주', '동물원' 같은 모티프들과 유기적으로 연결되지 않는다. 비행기를 보려고 몰려든 관중들을 한 무리의 켄타우로스로 묘사하고 그것을 관찰하는 시선이 '동물원'을 보는 관찰자로 설정돼 있음을 확인할 수 있을 뿐이다. 동물원에서 동물 구경하듯 인간을 관찰하고 조롱하는 장면은 이상의 텍스트에서도 낯익게 확인되는 것들이다. 콕토는 이 대목에서 그러한 환상적이고 비실재적인 이미지는 천재의 영역에 속하는 것이라고 말한다. 상상력이 부족한 사람은 '되고자 하는 존재'로서의 자신을 보지 못하고 단지 있는 그대로의 자신만을 볼 수 있을 뿐인 것이다.[33]

켄타우로스는 장 콕토가 남긴 스케치에 나타나는 혼종적 종족(hybrid race)의 이미지를 투영한 것으로, 비유기적이고 파편적인 모티프들이 각각 병치됨으로써 환상적인 풍경을 연출하는 장 콕토 특유의 스타일을 보여준다. 그의 멀티 아티스트적인 감각이나 재능은 천재적인 영감, 곧 비실재의 영역을 탐구하는 그의 영감에서 비롯된 것이지만, 이는 미디어 혼종이 바탕이 된 입체적인 사유와 상상력의 산물이었다. 콕토의 어린이나 천사 혹은 혼종적 인류들은 그러한 천재로서의 영감이 만들어 낸 비실재적인 이미지였을 것이다.

이처럼, 김기림이 정확하게 어떤 대목을 인용하고 있는지 실제『포토막』텍스트에서 확인하기는 어렵다. '포토막' 자체의 환상적인 전개나 기괴성은 이성적이고 분석적인 글을 주로 썼던 김기림의 스타일과는 정작 맞지 않다.『포토막』에서 떠올려진 인상적인 장면이「전원일기의 일절」에 투영되었을 가능성이 더 크다. 서론에서 밝힌 '인식론적인 미학'의 층위에서 김기림이 콕토적 이미지를 자신의 글에 투사했다는 뜻이다.『포토막』과「전원일기의 일절」사이의 스타일상의 유사성은 오히려 '에피그람적인 것'에서 찾아야 할 것이다. 에피그람 장르의 한 가능성은 혼종 텍스트를 형성한다는 데 있다. 장 콕토식 스타일은 글과 그림이 혼종

33 Jean Cocteau, *Drawings; 129 drawings from "Dessins"*, Dover Publications, N.Y., 1972. (이 책에 인용된 콕토의 몇 스케치는 이 책에서 빌어왔다.)

된 것이다. 멀티 아티스트로서의 존재감을 지속적으로 견지하고 있었던 장 콕토는 단문 스타일의 문자 텍스트와 자신이 직접 스케치한 그림들을 동시에 배열하거나 문자 텍스트에 그림을 삽입시킨다. 단문 스타일 혹은 에피그람 형식이 힘을 받을 수 있었던 것은 이 같은 그림 텍스트의 존재 때문이었다.

『포토막』 역시 콕토가 직접 그린 스케치들이 있는데, 『포토막』에 등장하는 캐릭터의 이미지다. 스케치는 '미완성의 스타일'이다.[34] 에피그람적 단상이 갖는 축약과 절제와 유사한 형식이다. 이 스케치는 『포토막』의 절대적 난해성을 마치 보증이라도 하듯, 문자 텍스트의 내용을 '보충'하기보다는 오히려 난해성을 가중시킨다. 화가였던 이상의 경우는 콕토식 스타일을 구현할 수 있었지만, 비평가이자 신문기자로서 문자 언어 중심의 글쓰기를 실천했던 김기림은 장 콕토로부터 문자 텍스트의 에스프리적인 발화만을 간취했을 것이다. 에피그람의 에스프리성은 건조하고 메마르면서도 깊은 사색의 울림을 담아낼 수 있는 양식인데 김기림은 이 같은 단형식 문장 스타일에 매력을 느꼈을 것이다. 이는 조선 근대시의 방향으로 설정했던 탈로맨티시즘의 방향성을 실현하는 데도 긍정적인 힘으로 작용했던 것이다.

이미지즘적이고 단형시적 감각에서 비롯된 사물이나 내면의 디테일하면서도 축약적인 묘사, 시의 파편적 이미지와 몽타주 기법 같은 것들을 단순히 영화적 기법의 영향으로 일반화하기는 힘들다. 그보다는 장 콕토 등 직접적인 매개 인물이나 그들의 구체적인 텍스트들부터 왔다고 믿는 것이 합리적일 것이다. 김기림이 인용한 '포도막'은 이 같은 추측의 가능성과 이 추측의 실마리를 던져 주고 있다.

---

34 아놀드 하우저, 『문학과 예술의 사회사-중세편』.

멀티미디어적 상상력과 카메라의 눈

'천사 이미지'나 '에스프리 발화'에 이어, 뉴미디어와 관련된 콕토의 문맥이 폭넓게 확인되는 것은 영화 및 영화적 기술·방법의 문학적 수용과 관련된 것이다. 거기에는, 콕토가 이미 감독한 몇 편의 실험적인 영화가 자리해 있다. 장 콕토 영화의 대부분은 표현주의적인 전위성과 초현실주의적인 상상력이 기반이 된 것이다. 당시 콕토의 전위영화 〈시인의 피〉가 신문 지상에 소개되기는 했지만, 조선의 현실에서 콕토의 이같은 영화를 직접 접하기는 어려웠을 것이다. 일본 신감각파 등이 소개한 잡지나 책을 통해서 콕토 영화를 접하고 콕토 영화의 기술적 스타일을 문학적인 것으로 이해했을 가능성은 충분히 있다.

김기림은 '각도의 문제'가 콕토의 용어임을 지적하면서 콕토의 영화적 언급을 인용한다.

> "오늘의 시인은 언제든지 그 자신의 각도를 준비해야 할 것이며 또한 각도를 변화시키고 이동시킬 줄도 알아야 할 것이다."[35]
>
> "진짜 리얼리티란 우리들이 날마다 접촉하고 있음으로써 기계적으로밖에는 보이지 않는 사물을 마치 그것을 처음 보는 것처럼 새로운 각도로서 보여주는 것이다."[36]

'한 개의 엑스타시'의 '發電體,'[37] '새로운 각도, 진짜 리얼리티, 카메라의 눈' 등 김기림이 시론에서 '현대시'의 개념을 설명할 때 사용했던

35 김기림, 「오전의 시론」, 『전집 2』, 170면.

36 위의 책, 170면.

37 김기림, 「시의 모더니티」, 『전집 2』, 81면.

다양한 수사(修辭)들은 장 콕토의 전위영화나 영화론에서 발원했을 가능성이 있다.[38] 실제 콕토의 전위영화를 보았느냐 그렇지 않으냐의 실증적인 확인의 문제이기보다는 그러한 콕토의 핵심 사상을 책을 통해 접했을 가능성은 있다.

'근본적인 것은 형상적인 리얼리티'라는 언급은 '형상'에 대한 입체주의적인 시각이 깔린 것이다. 아폴리네르, 콕토, 피카소 등의 입체파 인물들에 대한 관심과 형상적 리얼리티를 구현하는 영화에 대한 관심은, 둘 다 지적 태도와 방법론에서 출발하고 있다고 점에서 공통점을 갖는다. 앞에서 언급한 「전원일기의 일절」의 한 테마인 '아버지'에서 "어버이편으로 말하면 원근법의 이상한 법칙에 의하여 눈앞에서 멀어져 가는 그 놈이 점점 자신으로부터 멀어 가는 것이다"라는 대목은 한편으로는, '카메라의 눈'을 통해 사물을 재현하고 심리적인 정황을 묘사하는 영화의 카메라 기법을 떠올리게도 한다. '원근법의 이상한 법칙'은 물체의 물리적 거리와 정서적·심리적 거리를 카메라의 시각으로 표현한 영화적 리얼리티의 한 방법이다. 김기림의 영화에 대한 관심은 영화 그 자체에 있다기보다 현대시의 리얼리티 구현을 위한 방법론적인 차원에서 모색된 것인데, 사물의 본성을 깊숙이 탐색한다는 점에서 이는 지성적 태도에 속한다. 주지주의, 지성론 등의 연장 선상에서 콕토가 이해되고 있다는 뜻이다.

이는 '카톨릭 문학론'에서 몽환성과 신비주의를 지성론의 한 테두리에서 이해한 것과 유사한 정신주의에서 출발한다. 그것은 절대적 신앙의 범주에 속하는 것이다. 콕토의 신앙에 가까운 신비주의적 몽환성은 콕토의 영화에서 초현실주의적이고 기괴한 이미지들로 등장하며, 그것은 망

38 난명, 앞의 논문 참조; 졸고, 「김기림 시론의 기계주의적 관점과 '영화시(cinepoetry)'- 페르낭 레제 및 아방가르드 예술관과 관련하여」 앞의 논문 참조.

원경적인 황홀경, 천사, 괴물의 형상으로 이상에게 수용된 바 있다. 콕토의 망원경은 하늘을 보는 만화경의 판타지이며, 이는 '어린아이'의 세계이다. 시의 만화경적인 모호성은 언어를 조작함으로써 새롭고 놀라운 리얼리티를 창조해 내는 전략과도 상통한다. 콕토는 리얼리티의 국면을 전환시킴으로써 환상을 즐길 수 있다고 믿는다.[39]

그래서 장 콕토의 영웅들은 언제나 어린아이 혹은 청년들이다. 행복은 항상 판타지 속에서만 실현된다. 행복은 그런 유년 시절의 복귀를 통해서만 주어지겠지만, 그것은 헤라클리투스의 강물 마냥 두 번 다시는 손을 담글 수 없는 그런 불가능한 강물이다. 한번 지나간 것은 돌이키기 어려우며, 판타지를 통해서만 가상적으로 실현된다. 유년의 하늘이란 그러한 천상적인 것으로만 실현되며, 지상의 인간은 망원경이라는 가상적 거울을 통해서만 그러한 천상의 어린이 세계를 들여다볼 수 있다.

판타지의 본질은 기이하고 이상한 것, 괴물(하이브리디티)의 세계로 재현되는 것이다. 콕토의 작품들은 그러한 하이브리드성의 인격체들로 가득 차 있고, 그 인물들은 궁극적으로 그들 자신의 괴물성 곧 자아를 발견하는 지적인 존재들이 된다. 이것이 콕토가 말하는 자기인식(self knowledge)이다. 이러한 육체적 과정은 스크린상에서 상징적인 변형의 과정을 거친다. 실재하는 미는 도덕적이며, 이 도덕적 미가 곧 자아에 대한 지식인 것이다.

장 콕토의 이미지는 우리들의 무의식에 자리 잡고 있는 신화의 원형성을 의식의 수면 위로 불러낸다. 이 억압되어 있던 무의식의 판타지는 삶에 미만해 있는 내적 동력이자 자기인식의 에너지이다. 콕토의 죽음의 이미지는 열정으로 가득한 생의 판타지이다. 천사나 괴물의 형상적 이미

---

39 Neal Oxenhandler, *op. cit.,* pp.15~18.

지는 인간 존재의 본질을 원형적 질서의 하늘 아래 두고자 했던 콕토의 궁극적 탐구 주제와 관련되어 있다. 김기림이 말한 '리얼리티와 각도의 문제'라는 문제의식은 영화적 방법론의 수용이라는 차원에서 20세기 전위영화가 추구했던 시적 실험을 떠올리게 하며, 신비주의적 몽환주의와 구원의 문제라는 점에서 1930년대 말기의 카톨리시즘 논의 및 전형성 논의의 연장 선상에 있다. 금속성과 메마름으로 가득 찬 기계주의적 정신성이 어떻게 절대주의적 종교성과 신비주의적 몽환성과 만나는지를 우리는 콕토에게서, 콕토를 읽었던 김기림에게서 확인하게 되는 것이다.

카톨릭 문학론과 절대적 신앙으로서의 몽환성

김기림의 '전체주의 시론'은 형식논리학의 수사학적 산물로 이해되기도 한다. 이 역시 카프와의 대타적 관계를 매개항으로 설정한 때문인데, 그보다는 지성론적인 차원에서 이를 이해할 필요가 있다. 현실을 이해하고 그것을 초극하는 태도가 당대의 시인에게 주어져 있는데 이 같은 지성적 태도를 김기림은 '모랄'이라고 본다. '문예사조'를 그는 '예술활동' 혹은 '문학의 태도'라는 말로 요약하곤 하는데 문예사조를 보는 시각 역시 모랄의 문제가 된다. "정신의 방향성에서 리얼리즘의 대립 개념은 센티멘탈리즘이며, 문학의 태도로서 로맨티시즘은 고전주의에 대립한다"[40]라는 그의 주장은 윤리주의적 관점과 미학주의적 관점을 구분한 데 따른 것이다. 초현실주의나 카프는 실상 센티멘탈리즘의 산물이라는 점에서 공통적인 기반을 갖는다. 이 같은 센티멘탈리즘을 넘어설 수 있는 것은 바로 고전주의가 강조한 명징한 지성의 힘이다. 그러니까 '현실에 대한 태도'

---

40 김기림, 『전집 2』, 110면.

로써 필요한 것이 바로 '리얼리즘'이며 이것의 문학적 태도가 고전주의이다.[41] 이른바 '센티멘탈 로맨티시즘'은 반리얼리즘과 반고전주의적인 정신과 태도를 의미한다. 그러니까 '센티멘탈 로맨티시즘'은 윤리적 관점의 문제이며 동시에 문예미학적인 태도이기도 한 것이다. 이는 그의 문학적 출발이 지성인적 태도에서 비롯되었다는 점을 확인시켜 준다.

'센티멘탈 로맨티시즘' 부정은 카톨리시즘 문학론에 대한 김기림의 입장과도 관련된다. 이 카톨리시즘과 김기림을 매개하는 인물이 콕토이다. 콕토를 중간에 놓고 보면, 콕토의 전위적인 실험 의식과 지성사적인 방향이 정지용 등의 모더니스트들의 카톨릭 문학론과 겹쳐져 있음을 확인하게 된다. 김기림 시론의 많은 중요한 관점들이 광범위한 지성사 위에서 건축되고 조직되고 있었던 것이다. 카톨릭 문학론은 종교문학론이기보다는 지성론의 일종이다.

콕토가 카톨리시즘으로 나가게 된 것은 '지성에 매혹된' 때문이라는 것이 김기림의 진단이다.

> 오늘에 와서도 마리탱, 장 콕토 등이 카톨리시즘으로도 나가고 있지마는 그것은 중세기 속에 때때로 나타나고 있던 지성에 매혹된 것에 지나지 않는다. 그들은 얼른 보면 르네상스의 휴매니즘을 부정하는 것 같으면서도 그것을 부정하기 위하여 준비한 무기는 역시 르네상스에서 물려가진 지성이 아니냐.[42]

콕토의 카톨리시즘은 당대 부르통 등이 주도한 급진적인 초현실주의와는 달리 동성애, 카톨릭, 리얼리즘, 감상성 등을 결합한 보다 온건한

---

41 졸고, 「김기림 시론의 기계주의적 관점과 '영화시(cinepoetry)'–페르낭 레제 및 아방가르드 예술관과 관련하여」, 앞의 논문 참조.

42 『전집 2』, 111면.

것이었으며, 그래서 콕토류의 오브제는 외형적으로 알아볼 수 있을 정도로 당대 초현실주의 흐름에서는 비주류적인 것에 속했다. 종교성과 온건을 벗지 못한 것은 콕토의 정신주의가 르네상스의 인본주의를 물려받은 지성을 바탕에 두고 있었기 때문이다. 이것이 그가 카톨리시즘으로 나아간 정신사적 풍경의 배경이었다. 콕토의 괴물, 천사, 어린아이 같은 캐릭터는 '자기인식(self knowledge)'의 결과물이며 그래서 그것이 아무리 기괴하고 비현실적이며 심지어 비윤리적인 것이어도 도덕성을 가질 수 있는 것이다. 콕토가 스크린상에서 재현하는 하이브리드 동물이나 괴물성은 그러한 자기인식에 관한 상징인 까닭에 이들 괴물성의 인물들이 변형 과정을 거쳐 '미인'이 되는 것은 상징적으로도 논리적으로도 전혀 이상하지 않은 것이다. 물질의 차원이 아니라 심혼의 차원에 존재하기 때문이다. 비실재적인 것은 지적인 성찰의 산물이며 그래서 그 어떤 것보다 우위에 있는 절대적 가치가 된다. 콕토의 전위의식이나 실험의식이 '온건한 것'으로, 카톨릭적인 것으로 간주돼 당대 초현실주의자들에게는 비주류적인 것으로 인지된 것도 이 같은 이유 때문이다.

김기림은 엘리엇의 고전주의적 관점이 결국 지성론의 일종이었으며 그의 왕당파적 입장이나 영국 국교를 선택한 것도 이와 관련된 것임을 지적한다. 카톨리시즘이 지성론의 차원에서 받아들여지고 있음을 암시한 것이다. 이는 카톨릭 문학과 모더니즘(주지주의)의 상관성을 이해하는 데 도움을 준다. 지성론의 범주에서 시는 계획된 질서와 통제 아래에서 제작되는 것이다. 시의 제작은 시인의 지적 활동에 의해 확보된다. 우선적으로 배제해야 할 것은 감상성과 애매성이다. 명랑성이나 건강성은 정신의 위치와 태도상에서 온 것으로 애매성과 감상성을 배제함으로써 명료한 비전을 확보할 수 있다. 이는 '오늘 밤 속에서 내일 아침을 빚어내는 사람의 얼굴'에 비유된다. 음울, 패배감, 은둔, 탐닉 같은 세기말적인 것들은 시적 정조의 문제가 아니라 시인의 태도와 자세의 문제이다. 이는 일본의 주지주의 개념으로 김기림을 평가한 이양하와 그 뒤의 논자들이 여기에 암묵적으로 동의했던 사실과도 통한다. '지성적 태도의 문학은 이른바 주지주의나 지성주의 계보에 든 일본 문단의 배경이 깊이 자리 잡고 있다'는 앞의 지적을 참조할 수 있겠다. 김기림, 정지용, 이상 등의 시는 계획되고 질서화된 것이다. 그러니까 지성적인 태도와 자세로부터 발원한 것이다. 그들의 시가 『카톨릭 문학』 지에 실릴 수 있었던 이유를 설명해 주는 대목이다.

김윤식은 카톨리시즘이 지성론의 일종이었음을 일찍이 간파한 바 있다. 엘리엇, 마리탱, 콕토 등의 서구 지성들이 현대 문명의 위기를 타개하기 위해 신에 의한 구원, 영원성의 탐구라는 절대주의적 정신세계를 모색했다는 것이다.[43] 카톨리시즘을 두고 프로 문학 진영과 모더니즘 문학 진영 사이에 갈등이 벌어지는데, 임화는 이 문제를 몇 차례에 걸쳐 진단하고 있다. 임화는 1933년 시단을 회고하는 과정에서 특별히 카톨리시즘 문제를 지적하는데, 카톨리시즘의 특징으로 신비와 직관, 고딕적 환영과 장엄 의식, 형이상학의 몽환 등을 들고 있다.[44] 단적으로 '신비와 감성의 순수한 상태를 형이상학적으로 추구하는 경향'이라고 요약한다.

1933년의 시점에서 임화가 보여준 카톨리시즘에 대한 비판적 입장은 1939년에 와서 변화를 보인다.[45] 신에게도 인간에게도 돌아갈 수 없는 인간의 지적 페시미즘이 낳은 신적 휴머니즘의 사상이라는 것이다.

---

43 김윤식, 『한국근대문예비평사』, 258~264면.

44 임화, 「33년을 통하여 본 현대조선의 시문학」, 〈조선중앙일보〉, 1934.1.1~12; 「1933년의 조선문학의 제 경향과 전망」, 〈조선일보〉, 1934.1.1~14. (『임화문학예술전집 평론 1』, 소명출판, 2009, 346면)

45 임화, 「카톨리시즘과 현대 정신」, 〈조선일보〉, 1939.5.2~4.

따라서 카톨리시즘은 복고적 낭만주의가 아니라 근대의 휴머니즘과 합리주의를 카톨릭 교의와 조화시켜 보자는 운동이 된다. 임화가 '신적 휴머니즘'이라고 지칭한 이 문맥에 이르면 김기림의 논의와 임화의 논의는 교차점을 찾게 된다. 그런데 흥미로운 것은, 장 콕토가 보여준 카톨리시즘적인 교의는 임화가 그토록 부정하고 비판했던 1930년대의 낭만주의적 이상주의에 가깝다는 사실이다. 여기서 1933~1939년 사이의 임화의 심경이나 사상의 변화를 감지할 수 있다. 카톨리시즘 시인들은 대부분 쉬르 리얼리즘의 경향을 직간접적으로 통과해 온 사람들이며, 몽환의 추구는 신에 대한 절대적 신앙과 합일된다. 이는 종교적인 차원이기보다는 휴머니즘의 차원이다. 1930년대 정치적 전환기의 임화의 무의식이 투영된 것이라 할 것이다.

신에 대한 암시, 영원에 대한 사념 등은 카톨리시즘과 초현실주의의 상관성을 보여준다.[46] 당시 전 세계적으로 불어닥친 불안사조나 실존주의 등이 이들 사조에 큰 영향을 미친다. 김기림은 카톨릭 문학이 불안의 시대에 파산한 현대 정신의 피난소로서의 역할을 할 것이라 주장한다.[47] 콕토를 이해하고 수용하는 태도 역시 구원의 문제와 관련되어 있었다. 콕토가 중세로 돌아간 것은 신을 통한 구원의 행위인데, 이때 신은 기독교의 신이 아니라 휴머니즘적인 것으로 대체된 개념이다. 그들이 '지성을 버리고까지 중세기의 시민이 되고자 한 것은 아닐 것'이기 때문이다. 콕토의 천사 이미지 자체는 반고답적이면서 반기독교적이다. 천사는 등이 굽었거나 '타락한 천사'이며 이는 콕토가 그린 수많은 천사 이미지와도 통한다. 이는 콕토의 몽환성이 카톨릭적인 교의보다는 휴머니즘적인

46 위의 책, 260면; 이동구, 「카톨릭은 문학을 어떻게 취급할까」, 『카톨릭청년』 창간호, 1933.6.

47 김기림, 『전집 3』, 114면.

것에 바탕을 두고 있음을 의미한다.

콕토의 방법론은 광범위하게는 입체주의적인 시적 실험의 과정이다. 이는 구성의 문제, 상상과 환상을 통한 시적 리얼리티의 확보 문제 등과 연관되어 있다. 에피그람적 단문 양식의 유행, 시의 입체주의적 방향성 정립, 글과 그림의 혼종 텍스트, 천사 이미지 및 신비주의 담론과 연관된 카톨리시즘론, 지성론 등의 비평 논쟁 등에서 전위적이고 실험적인 방법으로 멀티 아티스트로서의 새로운 영역을 개척했던 장 콕토의 흔적이 보인다. 앞에서 이미 지적한 대로, 이상의 전위적인 시적 실험이나 김기림의 입체주의적 근대시의 방향성은 보들레르적인 것에 그 기원이 있다기보다는 콕토적인 것에 가깝다. 파리라는 특정한 도시에서의 근대적 경험을 형이상학적인 시선으로 풀어낸 보들레르식의 경험의 재현보다는 언어적 이미지와 평행적 주제(parallel themes)의 조작 같은, 이른바 '순수시(언어)적 감수성'이 1930년대 문인에게 보다 주효하게 작동하고 있기 때문이다. 장 콕토 중심의 구도가 1930년대 우리 근대문학의 실제 지형에 좀 더 가까울 것이다.

페르낭 레제(Fernand Léger)의 '기계춤'의 시적 변용과 '윤전기 감각'의 물질성

김기림 「오전의 시론」의 기원

이 절에서 중요하게 논의할 주제는 ① 레제, 콕토, 스펜더, 엘리엇 등의 기계주의적 시각과 김기림 시론의 관련성이며, ② 영화 텍스트와 문학 텍스트의 매체 간 혼종 장르인 '영화시'와 김기림의 영화시 창작과의 관계이다.

김기림은 그의 초기 문학관을 지배했던 현대 전위예술사조, 즉 미래파, 입체파, 다다, 초현실주의 등이 시도했던 기교 차원의 형태 파괴나 형식 해체는 우연성과 일회성을 가질 뿐이라는 점에서 비판하는데, 이는 전위예술이 끌고 가는 시대정신과 새로운 방향성이 보다 핵심적이다라는 논리와 연결되어 있다.[1] 김기림이 T.S. 엘리엇, 윈덤 루이스, 에즈라 파운드, T.E. 흄을 수용한 맥락도 그 기원에는 미래파가 있다. 이들은 사상적인 차원이나, '재현'의 방법에 대해 미래파와 시각 차이를 드러내기도 했지만, 근본적으로는 '미래파'와 인식론적 출발을 공유하고 있다. 김기림이 「시론」에서 제기한 윈시적 명랑성, 반감정주의 시학은 비만한 감정의 시학과는 차이가 있다는 점에서 이른바 '건조성(탈로맨티시즘) 시학'이라 부를 수 있는데, 이는 흄이 제기한 신고전주의 기하학적 시론과 계보상 연결된다. 특히 페르낭 레제와의 관련성 속에서 김기림의 모더니즘 시의 방향성이 보다 명료해지는데 레제를 통해 김기림의 시관과 시구 전위예술가들의 정신적 소통 지점을 확인할 수 있다.

1 김기림, 「감상에의 반역」, 『전집 2』, 115~116면.

近代泰西美術巡禮 (38)
「투람프하는사람」 페낭·레-제作

'근대태서미술순례'는 시리즈물로 기획돼 40회가 연재되는 동안 마티스, 브라크, 마리 로랑상, 르누아르 등의 화가 및 그들의 작품이 소개되었다. 페르낭 레제의 〈투람프하는 사람〉은 38번째로 소개된다(〈조선일보〉, 1930.12.23). 첫회에 필자 이름이 'SYW생'으로 표기되어 있다.

김기림의 글에서 특징적으로 언급되고 있는 인물은 '페르낭 레제'이다. 신문기자기도 했던 김기림의 활자 문화에 대한 감각을 '윤전기 미학'이라 지칭할 때, 이는 기계적 인공적 미가 주는 역동성, 생명력, 건조성의 미학을 의미한다. 이것을 광범위하게 '입체주의적인 것'으로 환원시킬 수 있지만, 그 기원은 인상주의, 미래파적인 것에 있다. 레제 등의 전위예술가들의 영화적 발상이나 기계주의적 생명력에 대한 현대주의적 시각은 이 인상주의적 운동성과 미래파적인 역동성과 연관이 있다. 레제는, 신흥예술파들에게는 새로운 감각과 방법론을 제시한 전위예술가로 이해되었을 것이다. 1930년 들어 신문 지상에 '근대태서미술순례'라는 제목 아래 인상주주 이후 여러 서구 미술가들의 작품을 소개하는 란이 마련된 것도 확인된다.[2] 마티스, 브라크, 마리 로랑상, 르누아르, 반 동겐, 페르낭 레제 등의 현대 작가들이 소개되는데, 신흥미술 양식에 대한 당대의 관심이 반영된 것이다. 페르낭 레제의 그림은 〈투람프하는 사람〉이

2 〈조선일보〉, 1930.11.8~12.25.

Léger, 〈독자(La Lecture)〉(1953). 마치 금속성의 로봇처럼 금속성과 기계미가 묻어나는 여성 누드. 기계주의적인 육체와 생물학적인 육체의 혼종성이 구현되어 있다.

소개되어 있다.

김기림이 고향 성진에서 화가 K와 함께 기성 예술의 타락과 블록화를 비판하면서 기계주의적 역동성과 신흥 감각을 살린 새로운 예술을 주창하던 것과 레제의 기계미 예찬은 서로 조응하고 있다. 신흥예술파적 감각은 기계주의의 신화의 재연보다는 기계주의적 활력과 역동성으로 새로운 문학의 구도를 장안하는 데 헌성되어야 했고 김기림이 레제를 주목한 것도 이 때문이었다.

페르낭 레제가 구체적으로 김기림의 시론에 등장하는 장면은 「감상에의 반역」 중 '시의 모더니티'이다. 김기림은 '스윗타스'의 명제라고 밝히면서 레제를 인용하고 있다. 이는 김기림의 모더니즘 시론의 이칭(異稱) 격인 '오전의 시론'에서 기계적인 금속성과 소음주의적인 활력을 강조한 것과 관련되는데 이는 미래주의적인 것이며 아방가르드적인 것이기도 하다. 입체파 화가였던 레제의 기계 예찬의 근원이 미래파적인 것에 있다면, 김기림의 '오전의 시론'은 미래파적인 것이며 동시에 페르낭 레제적인 것이다.[3]

> 첫째 우리들의 시는 기계에 대한 열렬한 미감을 가지게 되었다는 것.
>
> '운동과 생명의 구체화'(페르낭 레제)로서의 기계의 미를 인정하는 것이다. 그리고 그것은 내일의 사회질서와 인간 생활에 있어서 새로운 기조가 될 것이다.
>
> 둘째 정지 대신에 동하는 미
>
> 그것은 미학에 있어서의 새 영역이며, 시에 있어서의 새 역학의 존중이다. 행동의 가치에 대한 새 발견이다.
>
> 셋째 일하는 미
>
> 다시 말하면 노동의 미다. 움직이지 않는 것은 '죽음'이다. 움직이지 않는 신, 움직이지 않는 천국, 열반은 '죽음'의 상태가 아니고 무엇일까. 활동은 생명이다. 진보다. 그것은 그 자체가 미다.[4]

페르낭 레제(Fernand Léger)는 큐비즘 화가이자 전위영화 감독으로 20세기 초 전위예술가들의 행적과 유사한 이력을 거친다. 레제는 현대 대량생산에 대한 낙관적인 기여자였을 뿐 아니라 엔디 워홀에게 명성을 안겨 준 '팝 아트'의 선구자로 평가되기도 한다. 레제는 기계와 현대 발명품들은 궁극적으로 현대인을 유토피아적인 세계로 이끌 것이라고 믿

3 해방공간의 김기림의 '기계주의적 근대주의' 인식 또한 1930년대 초반에 이미 형성되어 있었던 것이거나, 그것이 변형된 것이다. 이는 김기림에게 '기계주의'는 본질적인 것이며, 이는 해방공간에서의 '근대주의'가 '변신'이라는 사상 전환이나 전향의 문제와 그다지 관계가 없다는 것을 의미한다.

4 김기림, 「감상에의 반역」, 『전집 2』, 82면.

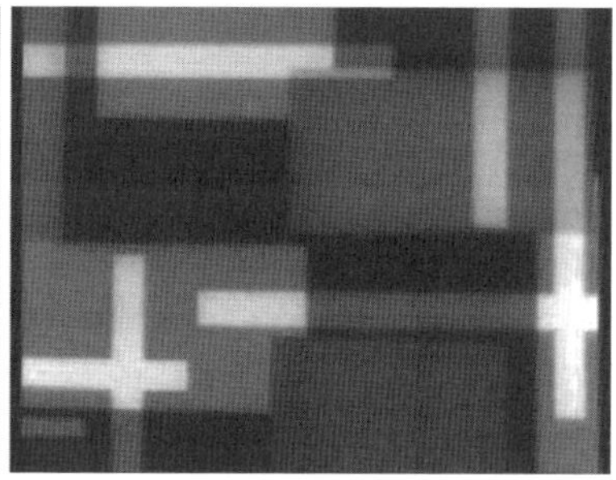

(左) Léger, 〈Ballet Mecanique〉. 세탁부가 무거운 짐을 지고 계단을 오르내리는 동작이 반복되는 장면. 속도감, 운동선, 기계주의 생명력 등을 표상한다.
(右) Hans Richter, 〈Rhythmns 21〉. 선과 면을 결합한 추상파 화가들의 회화를 연상하게 하는 초기 전위영화의 특징이 잘 드러나 있다. 전위영화인들이 주로 입체파 화가였던 경력과도 무관하지 않다.

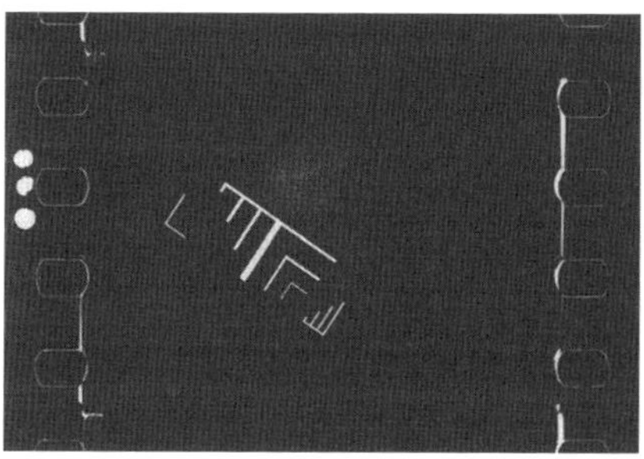

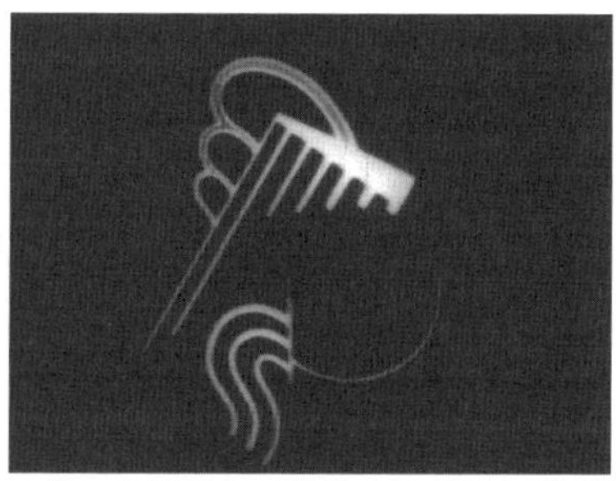

Viking Eggeling, 〈Symphonie diagonale〉. 삼각형, 원 등 기하학적 도형과 냄비, 국자, 프라이팬 등의 사물을 병치시켜 애니메이션화함으로써 일상적인 사물에서 낯선 생명의 움직임을 포착해내는 장면. 애니메이션적인 반복과 리듬감이 생성된다.

었고, 과학 기술의 발명자들처럼 동시대 예술의 '발명'에 헌신하게 된다. 역설적으로 오히려 이것 때문에 고전적인 '예술' 개념을 의식하고 있던 대중들은 그의 기계 발명품 같은 예술을 이해하지 못했고 기계주의적 영감으로 가득 찬 레제의 예술은 비난의 대상이 된다. 기어와 피스톤, 윤전기 같은 기계의 부속품이 미적 대상이 될 잠재성을 가진 것임을 일반 대중들은 알아차리지 못했던 것이다.[5]

〈Ballet Mecanique〉(이하, '발레')는 레제가 1924년 만든 약 11분짜리 단

편 영화로, 레제의 기계주의적 세계관이 통찰력 있게 드러나 있다. 흥미롭게도 실제 그는 후일 발레 창작에 참여하면서 인간과 기계의 상호조화라는 그의 예술적 이념을 실천한다. 레제는 이 영화에서 실험적이고 전위적인 방법으로 사물의 생명력, 삶의 비약, 속도감 등의 주제들을 영상화한다. 〈발레〉는 1920년대 초기 전위영화들, 에글링(Viking Eggeling)의 〈Symphonie diagonale〉이나, 한스 리히터(Hans Richter)의 〈Rhythmns 21〉과 함께 1920년대 초 전위영화의 계보를 이어 간다. 〈발레〉는 사물의 기계적인 반복 운동과 애니메이션적인 묘사가 특징적이다. 무거운 짐을 지고 계단을 반복적으로 오르내리는 여자 세탁부의 영상을 기계의 영상과 병치시켜 보여주기도 하고, 삼각형, 원 등 기하학적 도형과 냄비, 국자, 프라이팬 등의 사물을 병치시켜 애니메이션화함으로써 사물로부터 낯선 생명의 움직임을 조직하거나, 그러한 사물들을 끝없이 화면에서 명멸하게 함으로써 우연성과 소멸의 반복이 주는 낯선 인상을 강화시킨다.[6] 단순한 애니메이션적인 동작의 반복 · 실행인데도, 그것이 주는 리듬감과 역동성은 강력한 것이다. 김기림이, 기계미, 노동의 신성성, 리듬과 역동적 생명력이라 언급한 레제의 명제는 이 영화에서 구체적이고 실감 있게 재현되고 있다.

고전주의와 기계주의의 조우

특히 화가로서 레제의 공헌은 여성 육체를 기계 인간인 로봇 형상의 육체로 변형시킨 것에서 확인된다. 레제는, 인간의 육체를 보고 누드화를 그릴 수 있는 것처럼 기계도 '누드화'로서의 육체를 가지고 있다고 믿고

---

5 Katharine Kuh, *op. cit.,* pp.95~100.

6 키리스틴 톰슨 외, 『세계영화사』, 주진숙 외 옮김, 시각과 언어, 2000, 282~284면.

Nicolas Poussin, 〈Landscape with Polyphemus〉(1649). 레제는 기계를 통해 현대의 신화를 창조할 수 있다고 믿는다. '현대의 민속학'이라는 규정에서 레제의 기계주의는 푸생의 고전주의와 자연스럽게 연결된다.

Léger, 〈La Partie De La Campagne(피크닉)〉(1952). 페르낭 레제가 그린 '현대적 풍경화'. 푸생의 그림과 비교하면서 감상해 보라.

육체의 새로운 개념과 형상들을 제시하는데, 이는 기계-인간 동형동성론의 관점에 입각한 것이다. 레제는 기계가 인간 활동의 궁극적 확장이라 본다.[7] 이는 엘리엇이나 초현실주의자들의 시에 나타나는 '자동화'의 개념과도 연결된다. 20세기 시에 나타나는 인간 행위의 자동화 모델이 기계 시스템에서 온 것과 평행하게 이 '자동화'된 기계 육체는 인간 몸의 확장이기도 한 것이다.

레제는 동시대 예술가 장 뒤뷔페(Jean Dubuffet)와 비교되곤 하는데,[8] 뒤뷔페는 '미는 어디에도 없다'는 다소 니힐리즘적이고 데카당스적인 미학에 자신의 미적 이념을 걸쳐 두고 있다면, 레제는 기계적인 요소에서 미를 발견하려고 노력한 인물이라는 것이다. 뒤뷔페가 본능, 열정, 무드, 폭력, 광기를 주장한 데 반해 레제는 진정한 예술작품이란 완전한 균형을 이루어야 한다고 본다. 인간의 마음속에 존재하는 비물질적인 세계와 무의식적이고 모호한 세계를 그릴 것을 주장하는 뒤뷔페와는 달리 레제는 외적인 세계, 질서 있고 정리된 세계인 기계주의적인 금속성의 세계를 그리는 것이 당대적인 리얼리즘의 몫이라고 생각했다. 신흥예술파들에게 리얼리티는 기계적인 활력과 능동성으로부터 모색되었던 것이다.

'기계는 미래의 희망이자 과거의 폭로가 된다'는 명제는 기계를 통해 현대적 신화를 창조할 수 있다는 믿음에서 비롯된다. 기어, 윤전기 같은 데서 역동적인 생명력을 찾고 이를 근대주의적인 삶의 활력으로 이해했던 것은 그 이전 미래파들이 가진 속도의 낭만성에서 그 기원을 찾을 수 있다. 거기서 더 나아가 레제는 기계의 차가운 이미지에 열광하고 로봇 육체와 유사한 기계 누드를 찬양하는데 그것은 미래적인 인간의 창안에 비견된다. 여성 육체의 '사이보그 선언'이라는 페미니즘의 정치학을 생물학과 결합시킨 공헌자가 되기에 그는 부족함이 없을 정도이다.[9]

---

7 매슈 게일, 『다다와 초현실주의』, 오진경 옮김, 한길아트, 2001, 209면.

8 Katharine Kuh, *op. cit.*, pp.100~101.

입체파로 출발한 레제의 정신적 기조가 전위적이고 실험적인 정신에 근거해 있지만, 근본적으로 고전주의 정신에 닿아 있다는 점은 김기림의 지성적 세계관을 떠올리게 한다. '현대 민속 화가'라는 이칭에서 보듯, 레제의 작업은 고전주의적인 것과 연결돼 있다. "푸생(Poussin)의 고전주의와 라벤나(Ravenna)의 모자이크를 시카고식 재즈만큼이나 자주 언급할 정도로 레제의 작업은 '과거'와 연결돼 있다"라는 평가를 참조할 수 있다. '푸생의 풍경화는, 상상력이 발휘되도록 하는 효과를 소재 그 자체에서 찾는 근대파 화가들에게 길을 열어 주었다는 것이다.'[10] 레제에게 기계나 재즈 같은 현대주의적인 예술들은 일종의 '현대적인 민속학'이었던 것이다. 기계로부터 현대 문명의 역동성과 전위성을 상상한 레제는 그래서 푸생을 연결하는 하나의 통로가 된다. 20세기 초 레제 등 전위예술가들이 견지했던 아방가르드적 실험과 도전의 정신적 지주는 고전주의적인 것에 기울어져 있었던 것이다. 한 때 '파리파'로 피카소, 콕토 등과 어울렸던 스트라빈스키조차 그의 음악의 전위의 기원을 바흐에 두고 있다는 지적은 흥미로운 것이다.[11] 센티멘탈 로맨티시즘 부정이 고전주의의 태도와 연관되어 있다는 김기림 자신의 진단도 이와 다르지 않다.

김기림이 인용하고 있는 페르낭 레제의 '기계미'는 김기림이 초창기에 쓴 한 편의 글을 다시 반향한다. 김기림이 일본 예술대학을 졸업한 뒤 조선에 돌아와 고향에 머물면서 쓴 「오후와 무명작가들」에는 조선문학예술의 근대적 방향성에 대한 신세대로서의 그의 인식이 드러나 있는데, 김기림은 어떤 익명의 화가 K와의 대화를 소개하면서 기성 예술을

9 Donna Haraway, "A Cyborg Manifesto", *Simians, Cyborgs, and Woman*, Routledge, 1991, pp.272~274.

10 클로드 레비스트로스, 『보다, 듣다, 읽다』, 고봉만 외 옮김, 이매진, 2005, 18~19면.

11 밀란 쿤데라, 『사유하는 존재의 아름다움』, 김병욱 옮김, 청년사, 1994.

거부하고 새로운 예술을 창조적으로 펼쳐야 한다고 주장한다. '모터'에서 쏟아지는 기계의 폭음을 그는 마리네티적인 것에서 찾고 이를 '동력의 미', '생활의 미'로 규정한다. 여기서 그는 당시 모더니즘 문인들이 견지하고 있었던 기성 문학예술에 대한 비판과 새로운 문학예술, 이른바 예술의 근대적 방향성 수립이라는 명제를 가시화할 수 있었다.

> K君의 [오토바이]는 [개솔린]의 보얀 연기를 확확 쏘대며 K군의 다리 아래서 전율한다. 3馬力의 [모터] 그것을 에워싼 흰 연기, 거기에서 쏟아지는 동력의 폭음 나는 지금 [마리네띠]의 시편을 감상하고 있는가—과거의 [로맨틱]한 자연적인 소박한 미를 부정하는 아니 학살하는 폭군과 같은 동력의 [리듬]이 생활의 美가 있지 않은가. 힘있게 붙잡아 주었던 K군의 손바닥이 남긴 체온이 채 사라지기도 전에 K군의 [오토바이]는 갔다. 안개와 몸짓 발 저쪽에[12]

K군의 다리 아래서 전율하는 오토바이의 소음과 동력적 리듬에 흡인된 김기림의 독특하고도 강렬한 인상이 느껴진다. '로맨틱한 자연적인 소박한 미'는 '로맨티시즘의 원형'인 것처럼 보인다. 그 로맨틱한 미를 부정한 곳('감상에의 반역')에 '리듬'과 '생활'의 미가 있는데, 김기림은 그것을 마리네티의 시편을 감상하는 것에 견준다. 김기림의 초기 문학관을 지배한 것은 바로 이 현대 생활의 미 곧 '기계미' 갖는 차가움과 건조성, '동력미'로 표현되는 속도감인데, 이것이 '현대적 리듬'이다. 이것이 무엇보다 마리네티의 예술에 연결돼 있다는 점을 주목해야 할 것이다.[13] 앞에

---

12 김기림, 「오후와 무명작가들-일기첩에서」, 『전집 3』, 201면.

13 '미래주의(미래파)'에 대해서도, 프랑스 상징주의와 데카당에 대한 마리네티의 비평적 관심을 고찰하고 이를 모더니티의 모델(거울)로 이해하는 연구가 도움을 준다. Luca Somigli, "The Mirror of Modernity: Marinetti's Early Criticism Between

서, 인상주의-미래파-레제로 이어지는 전위예술의 기계주의 정신성의 문맥을 우리는 여기서 다시 확인하게 되는 것이다.

20세기 도시 거주자들은 '운동, 역동성, 투명성, 발산된 색채를 띤 빛의 세계'를 새롭게 경험하며, 미래파 화가들은 이 현대성의 경험을 단순한 묘사보다는 형태와 색채로 전달한다. 주관적인 감정을 전달할 때조차 '이미지의 섬광, 역동적인 색채, 리드미컬하게 조형된 상형문자'들을 새롭게 조합하는 기술이 필요했다. 그래서 미래주의 회화는, '기계주의'의 도래와 새로운 시대 현실에 조응하는 운동성과 생명의 역동성을 살린 '움직이는 모더니티'를 생생하게 구현하고자 한다. 지각과 감정적 반응을 반영한 힘찬 선의 움직임, 빛과 색채의 변화를 통한 역동적 움직임, 추상화된 형상을 통해 구현되는 기하학적 움직임 등은 미래주의의 이념인 역동성과 속도감, 동시성을 가시적으로 형상화한 것이다. 피카소, 브라크 등이 주장한 입체파(Cubism) 예술은 이 미래파적인 것과 방법론적인 측면에서는 상통해 있었다. 김기림이 '시의 모더니티' 문제로 이해한 레제의 명제 역시 미래파의 회화에서 실감 있게 형상화된 것들이다.

김기림은 미래파로부터 기원한 이들 전위예술이 가진 역동적이고 생명력 있는 기계미에 몰두하면서 근대시의 방향성을 설정하지만, 후일 해방공간에서는 '근대성'이라는 미망으로 이 기계적 역동성에 일견 함몰되는 듯한 인상을 주기도 한다. 그가 '오전의 명랑성과 현대적 감각'을 강조할수록 형식주의적이고 이분법적인 관념성이 강화되기 때문이다. 후일 연구자들이 김기림에게서 발견한 것은 주로 로맨티시즘과 센티멘탈리즘 부정의 연장 선상에 있던 현대적 감각과 '오전의 명랑성'이었다. 김기림의 시론 및 시는, 주로 스펜더, 에즈라 파운드, 엘리엇 등의 시인

Decadence and 'Renaissance Latine'", *The Romanic Review,* Vol.97, No.3-4, Trusteers of Columbia Univ., 2006.

들에게서 영향을 받은 것으로 알려져 있는데, 이들의 초창기 정신을 지배한 것이 미래파의 기계적 생명력과 약동이었고 더 나아가 문명사회에 대한 통찰이었다.[14] 이들로부터 영향받은 기계주의 세계관은 김기림이 '뜻있는 문학'의 방향성을 제시한 '오전의 시론'의 중요한 이론적 실천적 근거가 된다. 따라서 김기림의 근대주의에 대한 시각을 '과학 기술 문명 찬양'이라는 단순 도식으로 평가할 수는 없다는 뜻이다.

1930년대 문인들이 가졌던 새로운 예술에 대한 욕망은, 장 콕토, 르네 클레르, 페르낭 레제 등, 장르를 뛰어넘어 아방가르드 예술을 펼쳤던 멀티 아티스트 전위예술가들의 텍스트로 정향된다. 서구 아방가르드 예술가들과 그들의 작품이 1930년대 모더니즘의 방향성과 문단 형성의 모델로 존재하고 있었다. 영화 매체는 '기계주의적 시각'의 수용 및 그에 대한 가치평가와 분리될 수 없는데, 전위예술 양식에서의 형태 해체와 새로운 방법론 또한 '추상적 기계미'를 전적으로 수용・변용한 데서 비롯된다. 따라서 '기계-반인간주의'라는 관점으로 모더니즘을 해석하거나 '외래 사조의 무분별한 수용'이라는 관점으로 김기림 연구의 틀을 제한할 이유가 없는 것이다.

「감상에의 반역」, 「오후와 무명 작가들」이 공통적으로 언급하고 있는 '기계미'의 근원적인 문맥은 미래주의 '창립선언문'에서 제기된 열 가지 조항들과 '미래주의 회화: 기술 선언'의 문맥들을 연상시킨다. 페르낭 레제, 미래주의, 김기림은 그렇게 연결되어 있다. 기계 육체와의 아날로지는 미적 형상성이나 형태적 구성에서 구체화되는데, 이는 김기림의 '영화시'를 이해하는 중요한 근거가 된다. 김기림의 문단 진출은 '무엇인가

---

14 만 레이는 에즈라 파운더의 충고로 영화 매체를 이용해 더욱 추상적인 전위예술 작업을 시도하기도 한다, 〈Ballet Mechanique〉의 몇 장면은 만 레이가 찍은 것으로 알려져 있다. 키리스틴 톰슨 외, 앞의 책, 283면.

뜻있는 문학을 만들어 보겠다'는 확고한 결심 아래 이루어진 것이다.[15] 기자로서의 출발이 김기림에게 존재론적인 문제로 걸려 있었던 만큼 그는 문학 고유의 고답적인 독립성을 강조할 이유가 그다지 없었다. 기계적 생명력과 속도에 대한 열렬한 지지로써 김기림의 문학이 출발하고 있고, 그의 미학적 인식은 이 기계미로부터 비롯된다. 김기림이 레제의 그림이나 영화 텍스트를 본 것인지 확인하기는 어렵다. 다만 이렇게는 말할 수 있다. 레제의 텍스트는 1930년대 시와 영화 간의 혼종적 텍스트 실현을 위한 중요한 '참조사항'으로 기능하고 있으며, 김기림의 '영화시' 장르에 대한 이해에도 기여했을 것이다.

영화시와 아방가르드 미학

'영화시'는 전위영화적 방법론을 서브 텍스트로 둔 것으로, 1930년대 '영화'와의 경계넘기를 통해 창안된 장르이다. 영화의 기법 차용이라는 미시적 연관성보다는 조선 근대시의 방향성이라는 보다 거시적인 목표와 관련된 것이다.[16] 당시 영화 장르와 그 입체미학에 대한 관심 자체가 조선문학의 방향성과 밀접하게 연관돼 있었다. 영화는, 식민지 시대 문인들에게 새로운 감각적인 경험을 제공하면서 영화적 기법을 실제 문학 텍스트에서 활용해 볼 수 있는 소통적 매체였던 것이다.[17] 김기림, 이상 등

15 편석촌, 「문단불참기」 참조.

16 1920년대 초기 아방가르드 영화와 시와의 하제 간 연구는 시 장르와 영화 사이의 매체적 특질과 관계성을 논함으로써 '시에 대한 영화의 일방적 영향' 관계를 논하는 방식과는 차이를 보여준다. 앞에서 인용한, Katharine Kuh, David Trotter 등의 논의 참조.

17 황호덕, 「한국 모더니즘과 영화–이상, 매트로폴리탄, 활동사진」, 『한국사상과 문화』 15집, 30면.

은 영화의 전위적이고 실험적인 방법론과 세계관에 깊은 관심을 가지고 있었다.[18] 그들은 특징적으로 당대 영화 텍스트의 구체적이고 상세한 목록들을 언급하고 있고, 당대 이름난 영화감독이나 전위예술가들 그리고 이들의 전위 텍스트를 문학의 주요 자양분으로 삼았다. 르네 클레르, 장 뒤비비에, 장 콕토, 페르낭 레제 등 전위예술가이자 전위영화 감독이었던 이들의 이름이 1930년대 근대 문인들의 테스트에 등재돼 있다.

김기림의 「(속)오전의 시론」 등의 모더니즘 시론이나 『기상도』를 비롯한 시 작품들은 다른 예술 양식과의 혼종적 텍스트성 실현이라는 맥락에서 논의를 확장할 필요가 있는데 '영화'와의 '경계넘기'도 그중 하나이다. 영화와의 관계성은 두 가지 관점에서 중요한데, 김기림의 시를 '영화시'라는 장르론적 관점으로 논의하는 것, 다른 하나는 그의 시론과 기계주의 세계관의 관계이다. 김기림의 근대 문명에 대한 인식론적인 틀은 기본적으로 기계주의 문명에 대한 당대 전위주의 예술가들의 관심과 함께하는 것이며, 이 같은 관점에서 김기림의 '새로운 예술, 새로운 시'의 방향성을 평가할 수 있었다. 김기림의 예술관은 신문사의 '윤전기 소음'에서 슈베르트 음악의 미려한 선율을 연상하는 감각과 본질적으로 상통하는 것이다.

김기림은 '영화시(cinepoetry)'의 가능성을 제기할 뿐 아니라 실제 영화시'를 쓴다. 김기림의 영화시 「시네마 풍경」은 아방가르드 영화 미학의 '육체성' 논의와 분리될 수 없다. 영화적인 기제들이 스며들어 있는 영화시는 집합적으로 여러 모티프가 병치되어 있고 초월적 구조를 가진 아방가르드적인 미학을 보여준다.

---

18 김민수, 『멀티미디어 인간, 이상은 이렇게 말했나』. 이상의 영화 체험과 관련한 연구로는, 황호덕, 위의 글.

영화시와 교향악적 구조

김기림은 『문학개론』의 「문학과 예술」 편에서 '영화시'를 구체적으로 언급하고 있다. 문학과 미술, 문학과 다른 예술 간의 장르적 혼종과 경계넘기에 관한 언급이다. 근래의 문학과 예술(그림, 조각, 음악, 건축 등)은 서로 밀접하게 관련되어 있으며 이들 장르 사이에 중요한 공유점을 견지하고 있음을 설명한 대목이다.

> 영화는 일찍이 무성시대에 벌써 화면의 예술적 구성에 대한 자각을 가지게 되어 「빛과 그림자의 음악」이라는 말을 들었거니와 거기는 특히 소련의 「클레숍」의 공헌이 컸던 것이다. 그것이 다시 「토키」로 발전하자 문자 그대로 「회화와 음악과 문학의 종합 예술」의 실을 거두게 되었다. 그래서 영화의 새로운 수법은 시에, 소설에, 극에 심각한 영향을 주었다. 그런데 이 영화의 빛과 그림자에 의한 회화적 방법은 멀리 和蘭 화가 「렘브란트」의 빛에 대한 천재적 해석에서 기인한 바 컸었다. 영화가 제기한 새 이론으로서 문학에 절대한 흔적을 남긴 것은 소련의 「에젠슈타인」. 「포도프킨」 등의 「몽타주」론일 것이다. 그것은 소설의 구성 속에 또 시의 전개에 그대로 활용되어 「시네포엠」(영화시)의 시험까지 있게 되었다. 영화의 여러 가지 수법 「클로스 업」 「컷트백」 「오버랩」 「몽타주」를 다소간이라도 이용하지 않은 현대소설가는 거의 없다해도 과언이 아니며 모든 영화 수법을 최대한도로 이용한 것은 아마도 「北緯 42도」의 작가 「전. 도스. 파소스」일 것이다. (중략) 일찍이 괴테는 건축을 「동결한 음악」이라는 비유로써 표시했다. 건축에는 음악과 마찬가지로 「리듬」이 있다는 의미였을 것이다. 그런 의미에서 본다면 영화는 「템포」의 선율과 「리듬」을 가진 섬에 있어서 그대로 음악이라고 말한 누구의 말은 거짓이 아니다. 이러한 음악의 구조, 특히 교향악의 구조는 새로운 서사시라고 하는 현대소설의 구도와 장시(예를 들면 「T.S. 엘리엇」의 『황무지』)의 구도

에 매우 충실하게 활용되고 있다.[19]

초기 무성영화 시대 영화 화면의 예술적 구성은 이미 앞에서 지적했던 대로 특징적인 것인데, 이들 영화 제작자 및 감독들이 주로 표현주의, 입체파, 초현실주의 등의 추상주의 화가였던 점과 무관하지 않다. '빛과 그림자의 음악'으로 비유되는 초기 무성영화들은, 어둠과 밝음의 대비와 그것의 조화를 통해 생명력과 반복과 질주의 운동성, 리듬감을 효과적으로 살려낸다. '빛과 그림자의 음악'으로서의 무성영화의 유산은 토키영화 시대에 들어서서 비약적인 발전을 하게 되는데, 그것이 김기림도 언급하고 있는 르네 크레르, 뒤비비에[20] 등의 거장들에 의해서인 것이다. 특히 이 두 인물은 당시 조선에서도 인기가 높았고, 실제 문인들의 글에서도 자주 언급되는 대표적인 전위예술가이자 전위영화인이다.

김기림은 특별히 '영화시'를 주목한다. 진정한 현대시의 위상은 결국 영화와 재즈와 레뷰와 시네마와의 관계 속에서 획득되어야 할 것임을 강조하고 있는데, 이 부분은 김기림이 이 글의 뒷부분에서 언급하고 있는 엘리엇의 『황무지』나, 후일 자신의 창작시인 『기상도』 등과 연관된 것이어서 더 논의가 필요하다. 실제 김기림이 '영화시'를 주장한 것은, 영화가 가진 고유한 방법론적 기술인 '몽타주' 때문만은 아니었다. 영화는 '템포, 선율, 리듬 등의 음악적 요소를 시각적으로 재현하면서 건축학적이고 교향악적인 복합 구조를 구축할 수 있는 장르여서, '단조의 시'의 한계를 극복하기 위해 시가 궁극적으로 혼종할 수 있는 매체로 지목되었기 때문이었다. 이것은 김기림이 설정한 현대시의 방향성과 밀접하게 연

19 김기림, 『전집 3』, 65~66면.

20 〈상선 테니시디(Le paquebot Tenacity)〉(1934)의 감독, 김기림, 「시의 난해성」에서 인용된 바 있다. 김기림, 『전집 2』, 115면.

관된다.

엘리엇의 『황무지』에 대한 김기림의 평가는 간혹 모순된 것처럼 비춰지는 경우도 있다. 서구의 시사를 폭넓게 이해하고 있던[21] 김기림이, 엘리엇의 『황무지』가 20세기의 신화가 아니라 중세기의 신화를 건설한 것이라고 비판한 맥락과 교향악적인 구도가 시에 충실하게 반영된 작품이라 평가하는 맥락은 상호 모순된 것처럼 보인다. 이 같은 상반된 평가는 어디에서 기인하는 것일까. 엘리엇의 『황무지』가 갖는 '현대적' 국면을 김기림이 적확하게 인지하고 있었는가는 여기서는 일단 미루어 둘 필요가 있다.[22] 다른 관점을 빌어오자. 김기림이 현대시의 완미한 형식을 가진 것으로 이상의 시 「위독」을 평가하고 있는 것에서 참조의 근거를 찾을 수 있다. 실제 『황무지』에는 형식적인 차원의 전위성이나 언어적 형태 실험은 존재하지 않지만, 현대의 병리학적이고 해체적인 징후가 드러나 있다. 교향악적이면서 다성악적인 울림을 주는 장시의 양식적 성격은 현대문명에 대한 비판에 효과적이다. 영화시는 시의 입체화・다성악적 울림의 효과를 살리기 위해 창안된 형식이라는 것이 김기림의 진단이다.

『황무지』에 대한 김기림의 평가는 '교향악적 구조를 가진 서사시'라는 데 초점이 모아져 있는데, 이는 시와 영화의 매체적 혼종성에 대한 인식과 무관하지 않다. 영화시는 시의 단형성・평면성・선조성을 영화의 복합적이고 중층적인 감각과 재현 방법을 통해 넘어서고자 한 것이다. 영화의 '리듬과 템포'가 만들어 내는 감각의 구체성과 입체성, 역동성을 수용함으로써 현대시의 새로운 국면을 개척할 수 있다고 본 것이다. 건축과 시가 음악과 바산가지로 '리듬'을 가졌다고 보는 것은 어떤

21 김기림, 「상아탑의 비극–「사포」에서 초현실파까지」, 『전집 2』.

22 David Trotter, *op. cit.*, pp.237~265. 엘리엇의 '신화'가 고진적인 것뿐 아니라 현대 영화의 서사적 차용과도 관련이 있음을 밝히고 있다.

내적인 구조적 축조성(제작성)을 이들이 공유하고 있다는 의미인데, 영화의 스토리라인이 펼쳐 가는 내러티브적인 측면보다는 영화 언어의 전위적인 형식 실험과 입체적 재현 방식에서 '리듬'을 전유할 수 있다. 리듬은 음악적 측면이 아니라 구조적인 측면을 뜻한다. 엘리엇의 『황무지』와 영화시는 그래서 구조적인 상동성을 갖는다.

'음악적 구조', '교향악적 구조'는 상동적이다. 김기림의 『기상도』를 포함 영화 관련 시들은 김기림이 추구한 현대시의 교향악적·건축학적 구조의 도입, '영화시'에 대한 혼종 장르론적 관점을 투영한 것이다. 1930년대 '예술 대중화론'의 맥락에서 제기된 카프의 '영화시'는 매체론적 관점에서 김기림의 입장과 상관성을 갖는다. 카프의 영화시는 애초에 영화 제작의 전제 조건으로 논의된 것은 아니었다. 일종의 지상 문예물 형태로 기획된 것이라는 점에서 지상(紙上) 영화 상영이라는 목적을 가진 '영화소설'과 그 맥락을 같이한다고 할 수 있다. 당대의 정치적 경제적 상황이 어려워지고, 현실적으로 영화 제작을 하기 힘든 상황에서 카프 영화부에서 그 난관을 극복하는 하나의 방안으로 제기된 것인데, 영화시든 영화소설이든 일종의 창작 방법과 관련된 문제여서 영화 제작을 전제로 한 시나리오 창작과는 구별되는 것이었다.[23]

> ××적발전상의 ××적 勞力大衆의 당면적 요구에 적응되는 題材를 정확히 포착하야 영화적 형성을 목적하는 「조형적 材料」와 「시각적 效果」만에 전적으로 주력된 紙上영화의 구성인 영화 제작을 전제한 본래적 「씨나리오」와 영화의 주제로 포착된 내용이 일층 이해의 정확 명료를 期하야 動的인 역학적 정서적 감각적의 문예적 描寫로 구성되여 직접 지상을 통하야 일반 문예적 기능으로 ××적 효과를

23 백문임, 「식민지 시대 프로영화 운동론」, 『연세학술론집』 2000, 49면.

발현하는 「영화시」로 분류되어 「씨나리오」의 양식을 二개의 형태로 유별할 수 있다. 「영화시」는 일반 노력 대중의 생생한 본체험과 ××중에서 현실적 재료를 獲取하야 직장과 농토에서 생산될 수 있는 양식이다. 영화에 대한 專門적 기술자가안인 일반 노력 대중의 열렬한 창의성에서 산출되는 영화의 제재는 필연적으로 「영화시」의 양식으로 형성되지 안흘수업다.[24]

카프 조직 내에서 예술 대중화론의 일환으로 제기된 '영화시' 장르에 대한 관심은 영화가 갖는 대중적 효과와 선전술 전략에 근거한 매체론적 유효성 때문이다. 대중에게 보다 쉽게 다가가기 위한 전술의 하나로 제기된 '영화시'는 영화 제작을 전제한 시나리오와는 달리 지상 발표가 주목적인 순수 문예물의 성격을 갖는 것이었다. "이해의 정확 명료를 期하야 動的인 역학적 정서적 감각적의 문예적 描寫로 구성되어 직접 지상을 통하여 일반 문예적 기능으로 ××적 효과를 발현한다"고 박완식은 밝히고 있다. 예술 대중화 방안으로 '영화시'를 제기했다는 측면에서 김기림이 보여준 입체적이고 교향악적인 구조를 지닌 '영화시'와는 그 층위가 다르다. 김기림의 영화시는 오히려 입체파적 · 표현주의적인 성격이 강하고 난해성을 가진 것이어서 예술 대중화 방법론과는 거리가 있었다. 다만 시 혹은 영화 각각 단독 장르로서의 결점이나 한계를 타 매체와의 혼종을 통해 돌파하려는 발상에 근거하고 있다는 점은 공통점으로 지적할 수 있을 것이다.

실제 '영화시'는 어떻게 구현되고 실제 혼종 텍스트로 정착되는가. '영화시'는 ① 일차적으로는 '제재' 차원에서 설정될 수 있지만 보다 중요

24 박완식, 「금후 영화 운동의 원칙 중심 과제, ―「캅프」 영화부에 입각하야」, 『신계단』 제8호, 1933.5.5, 97면.

한 것은 ② 영화 기술의 도입이나 ③ 장르론적인 차원의 논의를 필요로 한다. ①의 경우는 다시 기계 문명에 대한 소재적인 차원의 것뿐 아니라 새로운 기계적 행위가 불러일으키는 사유나 감정의 재현으로 나타난다. ②는 시나 혹은 소설에서의 '몽타주' 기법의 수용을 들 수 있다. ①, ②의 경우 기존 연구들에서 이미 논의된 것이지만 소재나 기법에 치우친 것이어서 다소 제한적인 성격을 가진 것이었다. ③의 경우는 별반 논의가 없던 사안이다. 본 절에서는 ①, ②의 경우 기존 논의를 보충하는 수준에서 논의를 진행할 것이며, 김기림의 기계주의적 시선과 김기림 시론 및 시와의 관련성 속에서 ③의 문제를 보다 본격적으로 다루게 될 것이다.

'각도'의 문제와 새로운 리얼리티

스펜더의 「급행열차」를 해설하면서 김기림은 기계미와 스피드의 동력학이 영화 매체의 시각성과 효과적으로 연결된다는 것을 암시적으로 밝혀 놓았다.[25] '힘차고 억센 '피스톤'의 움직임을 연상시키는 역학적인 '이미지'를 그는 '영상, 심상'이라는 말과 병기하고 있다. 현대시의 회화적 요소를 언급하면서 그는 '이미지'를 영화적 시각성(영상)과 마음에 떠오르는 심상을 동시에 지칭하는 것으로 정리한다. 입체시의 핵심적 요소인 '회화성'이 '영화의 영상 이미지(영상)'보다는 '심상'에 가까운 의미로 쓰일 가능성이 현실적으로는 더 높다고 할 수 있지만, 그다음 구절을 보면 이 '회화성'을 오히려 '영상'의 효과를 강조하는 맥락에서 쓰고 있음을 확인할 수 있다. 김기림은 급행열차의 모습을 서술하면서 마치 하나의 영상이 우리 눈앞에 펼쳐지는 것처럼 '움직이는' 그러한 시각성을 강조

---

25 김기림, 「시의 효과」, 『전집 2』, 253면.

한다. '굼틀거리는 어세에 밀려 우리 앞으로 다가드는 것'이라는 묘사는 영상 이미지의 동적인 리얼리티와 입체적인 감각에서 온 것이다.

> 기계로서의 저의 속력에 자못 만만하면서도 어디까지든지 당황하게 서두르지 않고 늠름하게 움직이는 급행열차의 숨쉬는 듯한 모습은 다시 저 거만스럽고도 당당한 그러나 숙명적으로 여성의 교태를 어쩌지 못하는 여왕의 이미지와의 처음에는 당돌한 결합, 나중에는 자연스러운 조화로 하여 더욱 생동하는 것이다. 원 시의 첫 세줄에 흩어놓은 파열음 P.K.T와 마찰음 F.S에서 울려오는 소리의 효과는 여기서 매우 적절하다. 높아가는 속력을 보이기 위하여 거기 흘러가는 집과 공장과 모지의 옮아감. 속력이 가지는 절망에라도 비길 그 어쩔 수 없는 육박하는 위기감은 무덤 앞의 비석들의 에피소드 때문에 더욱 비극성을 돋운다. 다시 바다 위의 기선과의 대조, 눈에 보이는 것으로부터 소리에의 전환, 정정으로 향하여 집중하는 그림과 소리의 한데 얽힌 율동, 무척 둔탁스러운 무게를 가지면서도 공기와 같이 경쾌하기 짝이 없는 기예의 음악이 어느새 흘러오는 것이다.[26]

이 인용문에는 미래파, 레제, 파운드 등에게서 떠올려지는 여러 시적 방법론이 서로 중층적으로 겹쳐 있다. 그것들은 공통적으로 기계미, 혼종 감각, 파편적 이미지의 충돌을 거느린다. 소리・빛・시각적 이미지가 서로 겹치고 착종되면서 그 역동적 이미지가 생생하게 되살아난다. 이 혼종적 감각 및 감수성은 새로운 세계상의 제시이자 그 세계를 이끌어가는 생명력이다. 오늘의 문명만이 이 같은 '금속의 풍경'을 만들 수 있다. 그 속에서 느끼는 야성적인 행복은 '속력이라는 기이한 작용', 즉 '운동 속에서 파악되는' '실재와의 접촉'에서만 온다. 이 스피드의 동력학

26 위의 글.

과 기계미의 '실재'를 경험할 수 있는 매체가 바로 영화이며, 이는 영화 미디어가 갖는 시각적 가능성과 생생한 재현 방식 때문이다.

영화의 시각 기술에 대한 김기림의 열렬한 관심이 모더니즘 시론의 일부로 제기된 것은 「각도의 문제」에서이다. 김기림은 공간과 시간의 새로운 발견을 주장하면서, 평면을 공간화하는 입체파와 선조적인(lineal) 시간을 중층화해서 시간 자체를 공간화하는 초현실주의적인 것에 대해 언급한다. 이 같은 공간과 시간에 대한 새로운 시각이 각도의 이동, 변화의 가능성이다.[27] 이를 영화로 옮겨 보면 어떨까. 사물의 무한한 변화 가능성을 의미하는 '새로운 각도'의 제시는 카메라에 의해 기적적으로 실현된다. 같은 사물이라도 '카메라'의 앵글을 바꿈으로써 거기서 발견되는 가치 또한 매번 달라질 수 있다.[28] 시의 단조성과 평면성을 극복한 것으로 김기림은 장시 계열의 『신곡』, 『실락원』, 『황무지』 등을 들고 있는데, 김기림은 다양한 각도로 조명되는 메타포어와 이미지를 적극 평가한다. '각도'는 그가 건축학적인 구조의 교향악적인 시와 유사한 의미 맥락을 띤다. 카메라 앵글을 통해 사물의 입체적인 면을 조명할 수 있고 다양한 형식 시도와 양식 실험들이 기술적으로 가능하다는 점에서 '각도'는 시의 입체화 및 '영화시'의 중요한 개념을 이룬다.

김기림이 사물을 보는 새로운 시각인 '각도의 방법'을 발견한 것은, 앞에서 언급했듯, 장 콕토를 통해서이다. 김기림은 장 콕토가 '새로운 각도'의 문제를 정면으로 제기한 것이라 평가한다.

> '콕토'는 이런 말을 했다. "진짜 '리얼리티'란 우리들이 날마다 접촉하고 있음으로

27 김기림, 「각도의 문제」, 『전집 2』, 169~70면.

28 김기림, 『전집 2』, 169면.

써 기계적으로밖에는 보이지 않는 사물을 마치 그것을 처음 보는 것처럼 새로운 각도로서 보여주는 것이다."

사물의 단순한 모사나 반영으로 리얼리티가 확보되지는 않는다. 사물의 피상적인 모사는 사물의 낯익은 인상과 습관적 읽기를 가중시킬 뿐이며, 그것은 독창적 형상성을 전제로 하는 예술적 가치와는 거리가 멀다. 어떤 사물을 매번 마치 처음 보는 것처럼 보이게 만드는 것은 '각도'의 문제인데, 이 새로운 각도를 통해 리얼리티는 확보된다. 이때 '리얼리티'는 사물의 사실적 모사를 뜻하지 않고 대신 시각의 새로움이 주는 사물의 생생한 재현을 의미한다. 콕토의 이미지는 낯설고 그로테스크하다. 그것은 시각의 새로움 때문인데, 이는 기존의 시각이나 관습들을 전도함으로써 가능하다. 콕토의 천사 이미지 또한 그 연장 선상에 있다. 이 같은 전복적인 시각이나 관점들을 '새로운 각도'라 할 것이다. 영화는 특히 그러한 새로운 각도를 형상화하는 데 있어 표현상으로, 기술적으로 유용하다. 콕토는 문학, 그림, 영화 장르들 간의 경계를 가로질러 새로운 각도로써 새로운 혼종 장르의 예술을 선구적으로 창안해 나간다. 김기림의 '영화시'는 콕토적인 사물의 재현 방식 모방이나 시의 영화화 자체를 위해서가 아니라 사물의 입체적 조명을 통한 리얼리티 구현이 주목적이었다.

김기림의 시의 기술적 방법론이나 그것에 반영된 문학관은 스펜더, 엘리엇, 리차즈 같은 모더니스트들뿐 아니라 장 콕토 등의 전위예술가들의 텍스트로부터 온 것임을 다시 주목하게 된다. 장 콕토의 텍스트는 기계주의적 시각과 영화적 방법론의 실현, 크로씽보더의 전형을 보여준다는 맥락에서 중요하게 취급되어야 한다. 현대시의 방향성 자체가 장 콕토가 가지고 있었던 전위예술의 방향성과 방법론을 강하게 환기시킨다. 거기에 구체적인 생활 세계의 경험, 곧 1930년대의 현대적 일상적 경험이 중층화되어 있는 것이다.

김기림의 시에 기계주의적 세계관은 어떻게 재현되는가. 김기림은 「화물자동차」에서 시인의 육체를 '깨여진 자동차', '四足獸'로 투사시켜 놓았다.

> 작은 등불을 달고 굴러가는 자동차의 작은 등불을 믿는 충실한 행복을 배우고 싶다.
> 만약에 내가 길거리에 쓸어진 깨여진 자동차라면 나는 나의 「노-트」에서 장래라는 「페이지」를 벌-서 지여버렸을텐데…
> 대체 자정이 넘었는데 이 미운 시를 쓰노라고 벼개로 가슴을 고인 동물은 하누님의 눈동자에는 어떻게 가엾은 모양으로 비칠가? 화물자동차보다도 이쁘지 못한 사족수.
> 차라리 화물자동차라면 꿈들의 파편을 걸어실고 저 먼-항구로 밤을 히하야 가기나 할터인데…
>
> 「화물자동차」 전문

1930년대 경성의 자동차 문화에 대한 논의를 여기서 다시 할 필요는 없을 것이다. 그러한 일상적 경험을 토대로 이 시가 창작된 것이라고 해도 논란의 여지가 별로 없다. 이 시에서 특히 주목되는 것은 기계에 아날로지 된 인간 육체의 형상성이다. 시인의 육체는 자동차 같은 기계문명에 의해 투사된 새로운 육체이다. 이 기계 육체에는 원고지와 씨름하며 밤을 밝히는 낭만적인 존재로서 시인은 그 흔적을 찾기 힘들다. '자정이 넘었는데 미운 시를 쓰노라고 벼개로 가슴을 고인' 시인의 모습은 화물자동차보다 이쁘지 않은 '사족수'에 지나지 않는다고 요약된다. 인간의 육체는 화물자동차의 기계 육체에 의해 전복당하고, 시인은 가엾은 '사족수'의 존재로 격하되어 있다. 시인의 고전적인 존재론을 설명할 때 환유적으로 언급되는 '노트'는 가끔 '원고지'의 변용으로 사용되는 것이지만, 김기림의 이 시에서는 '장래'를 예정할 수 없는 듯 '가엾은' 모양으로 투사된다. 시인의 육체가 기계적이고 동물적인 육체에 의해 투사・전복되는 순간, 고유한 시인의 존재를 환유하던 노트의 '페이지'는 소멸할 처지에 놓이며, 원고지 위에서 사투를 벌인 시인의 고유한 꿈들도 지워질 처지에 있다. '화물자동차'에 아날로지 된 시인의 육체가 장엄과 숭고의 가면을 벗고 '사족수'의 의지박약한 희극성을 띤 기계–동물의 육체로 변신해 있는 것이다. 인간–기계 동형동성론에 바탕을 둔 시인의 존재는 기계주적 사유가 어떻게 감상적이고 낭만적인 휴머니즘적 인간주의를 대체해 나가고 있는지를 보여준다.

> 어족과 같이 신선하고 기빨과 같이 활발하고 표범과 같이 대담하고 바다와 같이 명랑하고 선인장과 같이 건강한 태양의 풍속을 배우자.[29]

이 서문에는 다소 가볍고 날렵해진 육체성의 미학이 드러나 있다. '이족과 같이 신선하고 표범과 같이 대담하고' 육체에 대한 묘사가 나열돼 있다. 기계의 육체와 생물학적인 육체의 결합이 만들어 내는 이 기이한 환상적 이미지들은 신선하고 독창적이지만 김기림은 이를 더 이상 끌고 가지 않는다. 김기림의 시가 피상적인 차원에 있다고 평가되는 한 가지 이유일 것이다. '오전의 시론'에서 제기한 명랑성과 새타이어의 시학은 '어족과 표범과 바다와 선인장'의 감각적인 이미지들을 단순하게 모

29 김기림, 시집 『태양의 풍속』(1934.10) 서문 「어떤 친한 「시의 벗」에게」. (『전집 1』, 15면)

사한 수준에서 머문다.[30] 시인의 존재론은 '방탕한 속도의 기사'라고 규정하는 데서 속화되며, 이로써 인간 육체는 기술 문명의 신화에 강박 당한 채 점차 사물화된다. 김기림의 「오전의 시론」을 가볍고 경박한 것으로 규정한 것은 그의 시론 전반에 대한 검토에서 비롯된 것이기보다는 이 같은 '가벼운' 측면에 집중한 데 따른 것이다. 이는 김기림의 '깊이'의 부족이나 시인으로서의 천분의 결핍을 의미하기보다는, 기계주의적 사고가 문학적으로 내면성을 확보하는 데 필요한 정신적 성숙과 시간의 필요성을 반증한다. 콕토와는 달리 카톨릭적 신비주의가 수용되기 힘든 문화적 토대가 여기에 가세한다.

속도의 시와 장면시

기계주의는 속도의 신화를 낳는다. 김기림은 '속도의 시'라는 테마를 따로 설정해 그 아래에 두 편의 시 「스케이팅」과 「여행」을 배치한다. 우리는 그간 이 '속도'라는 용어를 만지작거리며, 속도와 발전의 드라이브를 걸고 달려가는 현대문명의 무비판적 수용자라는 투의 닉네임을 김기림에게 부여해 왔다. 아무튼, 이 두 시편의 제목에서 속도와 장면 이동, 일상적 공간의 이탈, 시간의 비약 등의 테마들이 감지된다. 근대의 일상적 공간은 급격한 속도감과 공간 이동에 의해 비약적으로 요동치면서 삶의 기존 질서들을 해체해 버린다. 새로운 각도는, 바로 이 속도의 시간과 그것을 통해 해체되는 기존의 일상적 공간이 새롭게 만나 교차선을 이룰 때 생겨난다. '속도의 시' 가운데 한 편인 「스케이팅」에서 기존의 시간적 질서가 무너져 내리는 경험을 김기림은 '기호 우를 규칙에 억매여 걸어가

---

30 김기림은 이를 '오선의 생리, 아츰의 체격'이라 불렀고, 이에 근거한 시학을 '오전의 시론'으로 명명한다.

는/시계의 충실을 나는 모른다'라고 표현한다. 대신 그는 그러한 새로운 세계의 시적 경험을 '희롱하는 교차선의 모든 각도와 곡선에서 피어나는 예술'이라고 말하고, 시인을 '분방한 한 속도의 기사'라고 칭한다. 이 같은 김기림의 속도감은 '오전'의 감수성과 맞닿아 있다는 점에서 현대시의 미학이다. 그는 여기서 '예술'의 개화를 본다.

'속도'의 감각을 공간을 빠르게 횡단하는 근대의 감각이라고 할 때, 일련의 '여행' 모티프들은 속도의 동력학과 경쾌함을 보여준다. 속도는 공간적・지리적 한계를 일시에 관통하면서 경쾌하고 모험 가득한 육체의 신화를 만들어 낸다. '방탕한 속도'라는 표현은 속도의 역동성과 혼곤한 에로티시즘이 혼합된 육체의 이미지를 보여준다. 그러나 그것은 구체적인 물체(육체)의 속도가 아니라 속도 그 자체의 질주이다. 곧 속도가 주체인 것이다. 속도는 장애물 경주하듯 국가의 경계선을 넘나드는 국제열차나 전망차로 변용되면서 악무한의 질주를 만들어 내고, 더 나아가 대륙과 해양을 가로지르며 속도는 극한적으로 가속화한다. '여객선'은 그러한 극한의 질주를 상징하는 '속도의 육체화'를 상징한다. 속도를 '기계–몸'으로 가시화, 구체화한 것이다('속도의 시'–「여행」).

영화시에서 '여행시'는 일종의 '장면시'이기도 하다. '속도의 시' 중 「여행」을 비롯, 『기상도』, 「씨네마 풍경」 등에 나타나는 이국적 공간・인물・여로는 하나의 장면을 보여준다. 장면의 교차 편집은 서사에서 '몽타주'의 원리와 다를 바 없는데, 이는 김기림이 말하는 '카메라의 각도'나 '입체적 표현'과 다르지 않다. 이 시들에서 외국 지명, 인명 등 '국제적인 정보'는 한편으로는 신문기자였던 김기림의 저널리즘 감각에서 온 것임을 부정할 수 없겠지만, 한편으로 영화 스크린상에서 나타나는 장면(풍경)과도 무관하지 않을 것이다. 동시에 이는 장면의 빠른 전환 및 공간병치, 몽타주, 편집 기술과 관련된 것이다. 이때, 공간 이동의 계기는 '탈

것'이며, 공간 이동의 시작점과 종결점은 '정거장'이다. '정거장'은 스크린상의 운동 이미지와 관련이 있는 일종의 이동 공간(spacing)이자, 이동 언어(moving script)이다. '전차・기차・화물자동차・기선・비행기' 같은 탈것들의 등장과 '정거장'・항해와 해로・지도와 같은 여행 모티프・移民들・국경 여행자들・방랑자들・다양한 모국어들・호텔과 항구는 그러한 공간적 변환과 이동 행위, 시간적 추이를 나타내는 중요한 토포스이다. 이는 마치 몽타주 기법을 동원한 듯 효과적으로 배치되어 있다. 속도가 없다면 이동이 없고 이동이 없다면 언어도, 장면도 없다. 속도, 이동, 여행, 항해, 이국의 토포스는 영화시의 중요한 인자들이다.

속도의 시학은 근대 기술 문명이 만들어 낸 기계 육체의 시학이다. 영화는 이 같은 기술 육체의 이미지와 자동화 이미지를 집약적으로 재현한다. 자동화 기술과 육체의 기계적 움직임을 문자 언어로 재현해 내는 것이 영화시인 것이다. 인간과 기계의 아날로지는 인간을 기계 육체화하는 것이다. 단형의 풍경, 이동 모티프, 빛과 어둠의 교차적 이미지, 공감각적 표현 등은 영화시의 중요한 카테고리이다. 영화 화면의 빠른 움직임과 몽타주에 비견되는 시의 공간 편집과 장면 병치는 영화가 나타나기 이전에도 이미 쓰였던 시적 기술이지만 '영화시'에서 '속도의 동력학'과 더불어 본격화된다.

빠른 장면 전환이나 몽타주 편집 기술은 '속도'의 절대 선(善)을 보여준다. 영화는 '속도의 시학'의 본질을 구현해 낸다. 기계에 의한 인간 지각력의 상실이나 기계에 의해 확충된 자동 행위에 대한 비판 같은 익숙하게 논의되는 '근대성 비판'의 시각을 김기림의 영화시에서 찾기는 어렵다. 기계에 대한 몰입으로부터의 탈출 욕망도 여기서 기대하기 어렵다. 유한의 인간 육체를 넘어선 기계 육체는 불멸성을 구현한다. 기계 육체는 인간 육체의 확장이며 꿈이며 그 자체가 진보이며 미(美)다. '스피드'와 '기계미'가 곧 '진보'인 한에서 그것은 현대시의 방향성이자 그 자체로 현대시의 미학이며 나아가 '영화시'의 미학이다. '오전의 시론'이 탈감상주의적, 탈낭만주의적인 것과 마찬가지로 영화시는 탈인간주의적, 탈유기적 세계관에 근거해 있다. 여기서 김기림의 기계주의적 육체는 레제의 그것에 쉽게 아날로지 된다.

기계 육체와 속도의 신화는 새로운 근대 시학을 대변한다. 김기림 시의 명랑성, 경쾌함의 자질들과 코스모폴리탄적인 감각은 이 주저 없는 속도의 신화 덕분이다. 속도는 세계의 시민을 한 자리에 모은다. 그것은 자유와 평등의 코스모폴리탄적인 유대감을 이상화한다. '세계시민'의 정체성을 강조하는 속도의 신화 앞에서 자본주의 문제나 현대문명에 대한 비판의식은 희석된다. '영구한 시온은 없다'는 시인의 허무주의적인 시선은 속도의 스펙트럼 앞에서 쉽게 부서진다. '방탕한 속도'의 신화를 비판하는 김기림의 목소리는 희미해진다. 기계적 행위는 있되 그 행위에 대한 내면 성찰이나 깊은 숙고는 김기림의 '속도의 시편'에서는 찾기 어렵다. 내면성의 부족을 그로테스크하고 기괴한 하이브리드 육체의 신비성으로 대체한 콕토의 경우와 대비시켜 볼 수 있다. '기계'가 내면화되는 것은 시간이 필요하다. 영화 매체의 주특기인 기술적 실험성이나 전위성을 문자 매체인 시가 따라잡기에는 더 긴 자기 모색과 성찰의 시간이 필요했던 것이다. 이것이 시의 속성이며, 시인의 운명이다. 이것이 김기림의 모더니즘이다.

속도 그 자체가 물화되는 시에 비해 현대 문명 비판이라는 주제 의식이 살아 있는 시도 있다. '빛과 어둠'의 교차적 편집은 문명 비판의 주제 의식과 긴밀하게 연결된다. 영화 기법이 주제의 심화를 이끌어낸 경우이다. 시 '이동건축' 연작 중「어둠 속의 노래」는 영화관 체험이 나타난다. 몇 개의 장면들이 파노라마처럼 펼쳐지지만, 이것들 사이에 어떤 일정한 인과성이나 연속성이 있는 것은 아니며, 이 장면들은 구체적이고 실재적이기보다는 상념적인 것처럼 보인다. 어둠의 실체 역시 뚜렷하지 않다. 어둠은 도시에서의 생활, 가난, 위선, 욕망 같은 구체적인 맥락을 갖기보다는 상념에서 피어난 어떤 이미지에 가깝다. 어둠의 흐름은 그러니까 상념의 흐름이며, 그러한 상념의 공간적 병치다. 어둠의 흐름은 시간적이기보다는 공간적이며 그래서 문명비판의 시각은 희석되고 역사의식은 희박해진다. 명멸하는 스크린의 빛과 어둠으로 제시되는 이 시의 이미지는 현실에서 발생한 구체적인 사건을 다룬 것으로 보기 어렵다. 시적 대상이 주체가 아니라 상념 그 자체가 이 시의 주체이다.

경찰의가 「오-토바이」에서 나렸다.
거리의 거지가 종각에 기댄 채 꿋꿋해버렸다.
교당에서는 목사님이
최후의 기도 끝에 「아멘」을 불렀다.
다음날 아침 조간에는 그 전날 밤의 추위는 六十年來의 일이라고
거짓말했다.
내일은 신사와 숙녀들은
안심하고 네거리로 나올게다.

극장에서는
학생과 회사원들이 사이좋게
같은 盞에서 炭酸 「가쓰」를 비았었다 드리켰다 …
芝罘種의 무우와 같은 「스크린」의 「아메리카」 여자의 다리에 식욕을 삼킨다.

도시의 어두운 거리에는 먼지와 똥과 석탄재와 버려진 아이들과 아이들의 사체가 유서마냥 흩어져 있다. 오토바이에서 내리는 경찰, 종각에 기대어 선 거지, 교당의 기도하는 목사의 모습은 실제인지 스크린상의 것인지 알기 어렵다. 현실과 스크린상의 이미지와 시인 내면에 깃든 상념의 장면들은 서로 혼종 교직되어 있으며 몽타주 기법으로 펼쳐져 있다. 어두운 육체들의 카니벌을 보는 듯하다. 극장이라는 장소(공간)의 어둠과 영화 스크린상의 빛의 어둠, 그리고 실제 영화의 배경으로서의 어둠, 주제로서의 '삶의 어둠'은 중층적으로 겹쳐 있고 이것들은 알레고리적이다. 스크린 위에 펼쳐지는 이미지는 시인의 상념을 가로지르며 명멸한다. 스크린의 이미지는 동요하는 시인의 상념을 좇아 불안정하게 흩어진다.

이 시에서 장면의 기계적인 변환이나 움직임은 시인의 불안정하고 우울한 정서와 긴밀하게 연결돼 있다. 이는 '이동 시각(視覺)'의 르포르타주이며 문자 언어의 영화적 입체화를 향한 일종의 '문형학(Grammatology)적 시도'이다. 영화의 시각 기술 효과를 차용해 시의 입체성을 살리는 문자의 영상적 재현이다. 이 '몽타주'식 장면 전환은 '이동의 스크립트'로서 영화시학을 구현한다.

김기림의 '영화시'에 대한 관심은, 앞에서 이미 언급했듯, 영화의 건축학적이고 교향악적인 구조 구축과 관련이 있으며, 이는 기계 미디어인 영화와의 매체적 혼종을 통한 문자의 공간화・입체화 전략이다. 김기림 모더니즘 시론의 핵심의 하나인 「속 오전의 시론」의 한 구절은 전기기사와 빛이 주는 감성에 관한 언급인데, '영화시'를 이해하는 데 도움을 준다.

> 우리들의 위대한 전기기사들은 약간의 星座를 만들어서 흐린 하늘에 걸어서 음산한 해수욕장의 밤을 밝힐지도 모릅니다. 그러며는 우리들의 선배의 한 분은 이

렇게 말할 것입니다.

「그러나 별빛의 찬 숨결만은 아마도 별에게서만 올 수 있는 것이다.」

김기림은 이 언급에 이어 '오늘의 자손에게 있어서는 전기조명의 찬 숨결은 또 전기조명에서만 온다'고 '선배의 말'을 뒤집는다. 김기림은 '아름다운 시'와 '아름다운 생활'을 분리하면서 자연적인 빛인 별빛과 인공적인 빛인 전기조명을 각각에 대응시킨다. 현대 생활의 가치는 후자에 기인할 수밖에 없음을 강조하고 싶었을 것이다. 자연적인 별빛에서 아름다움을 읽고 그것을 향유할 수 있는 감성이 '비둘기같이 얌전하고 조심스러운 감성'이라면, 인공적인 전기의 빛을 미적으로 향유할 수 있는 감성은 '독수리같이 거칠고 탁탁한 감성'일 것인데, 문명의 피로한 상태인 당대에 필요한 감성은 후자라는 것이다. 김기림의 이 같은 구분을 형식론이며 기계적 이분법이라고 비판할 수는 있지만, 그것은 센티멘탈 로맨티시즘과 그것으로부터의 탈피를 표방한 '오전의 시론'을 설명하기 위한 대안적인 틀에 지나지 않는다. '아름다운 시', '감상적인 시'의 부드러움과 말랑함보다 '전기기사가 밝히는 해수욕장의 인공 성좌'가 지닌 '차고 거칠고 틱틱한 아름다움'을 김기림은 근대시의 성좌로 삼고자 한다. 기계 매체의 차고 거칠고 탁한 이 비인간주의적 아름다움에서 그는 건축학적이고 교향악적인 육체를 보고 있었다.

시가 생활 태도를 조직하는 것이고 시의 태도란 생활하는 그것에 대한 태도이며, 어떤 태도를 가진다는 것은 '그 세계'에 대한 어떤 파악을 전제로 한 것이다. '그 세계'는 우리가 다리로 걸을 수 있는 거리로써만 잴 수 있는 환경 너머에 있다. 그것은 과학과 기술의 힘으로 자연의 한계를 극복한 그런 생활 세계인데, 시간적으로는 과거에서 미래로, 공간적으로는 대우주로부터 전자(電子)의 세계까지 뻗쳐 있는 것이다.[31] 김기림의 근대시론의 출발점이 '기계주의적인 미학'을 그 근저에 깔고 있으며, 그 시학적 재현이 영화시였음을 이 문맥에서 다시 확인하게 되는 셈이다.

이는 그가 이미 1930년대 신문기자로서 문단에 진출하던 시기부터 견지하고 있던 세계관이자 문학관이기도 했다. 김기림의 '윤전기적인 감각'은 '미래파적인 속도감'과 어깨를 나란히 겨누고 있다. '영화시'를 언급하면서 다시 김기림이 신문기자로 첫발을 내딛던 시절로 되돌아가 보자. 거기에는 김기림의 '윤전기 미학'의 감수성이 질주하는 준마처럼 펼쳐져 있다.

> 일찌기 미래파의 화가 '마리네티'는 스물여섯 개의 다리를 가진 말(馬)을 그린 일이 있다. 그는 치분(馳奔)하고 있는 말을 어떤 순간에 파악하여 그 순간 그의 의식에 표상된 그대로의 형상을 '캔바스' 위에 재현한 것이다. 나는 편집국에 들어 선 첫날에 새로 한 시 마감 시간을 좌우하여 모든 '테블' 위에서 원고지는 만지는 기자들의 손가락의 회전은 실로 '프로펠러'와 같이 보였다. 그리고 사회부장은 50 이상의 귀를 가지고 있는 것 같았다. 왜 그러냐 하면 간단없는 전화가 그를 습격하기 위하여 모든 순간순간에 그의 '테블' 위에서 소리치고 있으니까….[32]

질주하는 말의 한순간과 거대한 폭음을 내며 회전하는 프로펠러의 속도감과 신문사 마감 직전의 상황은 김기림의 역동적이고 섬세한 감수성에 의해 날카롭게 포착된다. 말의 육체가 26개의 다리를 가진 동력학의 육체미로 변용된 마리네티의 감수성을 김기림은 기계미로 환치하고

31 김기림, 『전집 2』, 256~257면.

32 김기림, 「신문기자로서의 최초 인상」, 『전집 6』, 94면.

있다. 오토바이의 속도감이나 동력학은, 전기기사가 전해 주는 탁하고 거친 전기의 빛과 다를 바 없다. 이를 동일하게 '좋은 감각'으로 수용할 수 있는 감수성이 이 '윤전기 감각'에 숨어 있는 것이다.

윤전기 미학과 기계의 육체

오후 2시 마감 시간 직전의 신문사 편집국 상황을 '한 장의 흡반지와 흡사하고 신문기자란 실로 이 흡반지의 각 세포에 부착한 흡반'과 같다고 표현한 김기림의 미적 감수성은 '윤전기 소리가 슈베르트 음악보다 황홀하다'는 기계주의 시선의 교향악적 반향이다. 마리네티의 그림에서 포착한 이 기계미의 동력학은 편집국 기자들의 모습에서 사회부장의 육체에서 다시 재현된다. 인간주의적인 육체는 여기서 기계적인 것에 의해 전복된다. 그것은 경쾌하고 축제적이다. 인간이 주체가 아니라 '기계-인간'의 혼종 육체가 주체이다. 기계화된 몸들, 26개의 다리를 가진 말, 프로펠러 손가락을 가진 기자들, 50개 이상의 귀를 가진 사회부장, 소리치는 테이블, 이들 하이브리드적인 몸이 주체인 것이다. 이들 육체는 간단없이 소리치고 주저 없이 움직이며 질주하고 회전하는, 기계적 동력학의 주체이다. 이들의 이미지는 이미 페르낭 레제 등의 전위예술가들이 만든 초기 전위영화 이미지에서 익히 보아왔던 것들이다. 이들 영화에서 사물들은 스스로 춤추고 움직이면서 리듬을 만들고 이미지를 생성해 낸다.[33] '춤'은 리듬이며 리듬은 생명의 약동이다. 이 생성된 리듬과 이미지는 이들 사물에 생명을 부여하고 시간의 지속을 만들어 낸다. 이 영화적 방법이 김기림에게 하이브리드적인 육체와 기계적 동력학을 읽는 감수성으

---

33 옥타비오 파스, 『활과 리라』, 김홍근 · 김은중 옮김, 솔, 2001, 87면.

로 표출된 것이다.

김기림은 어떻게 '영화시'라는 시와 뉴미디어와의 혼종 장르를 상상하게 되었는가를 확인해 보자.

> 「마리넷트」를 수반으로 한 야만적인 젊은 예술가의 무리의 손으로 봉화를 든 「반철학적, 반교양적」인 미래파의 운동이야말로 내가 암시하려고 한 것이다. … (중략) … 궁징 닥친 한줄기의 生路로서 탐구해 얻은 이 미래파의 길은 단말마의 최후의 유린한 발버둥처럼 밖에는 보이지 않는다. 그리고 『자연의 球體와 尖圓形과 원통형으로 추구된다』고 한 「세잔느」에게서 출발한 최근의 회화사상 큰 「에포크」를 그은 입체파의 화가 「피카소」의 주위에 모여던 시인 「아포리네르」, 「콕토」, 「모랑」 등의 입체시가 어떻게 과거의 시를 말살하기 위하여 광태에 가까운 惡戲를 감행했는가를 우리는 보았다.[34]

'미래파-입체파시-다다-초현실주의'에 이르는 '문학적인 길'과 '마리네티-세잔느-파카소'로 이어지는 회화사의 길이 병렬적으로 혹은 교차적으로(혼종적)으로 놓여 있다는 김기림의 시각은 그가 문단에 등장한 초기부터 일관된 것이었다. 그러니까, '마리네티-세잔느-피카소-아폴리네르 콕토 모랑' 등이 벌인 악희(惡戲)의 축제는 과거의 시(예술)와 결별하고 '쾌주하는 미'를 창조하기 위한 고육지책이라는 것이다. 근대시의 붕괴를 눈앞에 목도하면서, 그가 내세운 것이 바로 생활의 발견이었고, '명일의 예술이란 무엇인가'에 라는 물음표의 자리를 그는 '시네마'로 대체하고자 했던 것이다. '집단생활'의 예술적 가능성이 영화 매체에 있다는 것도 지식인적 책무감으로 근대시의 방향성을 모색했던 그의 의도

34 김기림, 「상아탑의 비극-「사포」에서 초현실파까지」, 『전집 2』, 314~316면.

에 부합했을 것이다. 이는 벤야민이 영화 매체의 대중적 감수성과 그것의 집단적 공유를 주목한 것과 비견될 것이다. 중요한 것은, 김기림의 초기 신감각파적 감수성이 결국 '영화시'라는 장르 혼종적인 양식들을 창안하는 것으로 이어진다는 점이다. '미래파-입체파-영화시' 등은 이 같은 1930년대 문학 판의 구도 위에서 생성된 것이며, 그 자체로 1930년대 문학판의 구도를 만들어 가는 개념의 하나였던 것이다.

활자 배치나 시각적 효과를 강조한 '입체시' 개념이나, 교향악적이고 건축학적인 구조를 강조한 '영화시'의 주요 개념들에서 언어 매체를 기계 매체로 확장하고자 했던 김기림의 독특하고 선진적인 시각을 확인하게 된다. 자동화된 이미지·몽타주 등의 영화적 기법은, 엘리엇이 말했던 것과 같은, 몰개성화된 말의 기술을 추구하는 모더니스트 양식(장치, apparatus)이다.[35] 그 궁극적 목표는 말의 통사적 구조의 해체이다. 시각적 매체인 영화의 몽타주는 언어 매체인 시에서는 감당하기 어렵다. 장면·장면의 병렬적 배치가 가능한 영화 장르와는 달리 언어 매체인 시에서 단절과 비약의 효과는 결국 통사론적 문맥의 전복으로 귀결될 것이다. 영화시에서 '그런데, 그런데…'와 같은 단어의 연속적인 나열과 말의 생략이 나타나는 것은 영화와 시의 매체적 차이에 기인한다. 말의 생략과 반복은 시인의 어눌함 때문이 아니라 분절과 결절의 한 방법이며, 말로써 말을 지연시키는 기술인 것이다. 영상 이미지와 문자의 매체적 차이 때문에 발생하는 이 간극은 바로 말이 그 매체적 운명을 스스로 넘어서야 하는 말의 '문턱'일 것이다. 이 점을 보다 분명히 하기 위해서는 1930년대 문인들의 '시네마틱 모더니즘' 연구가 더욱 왕성하게 이루어져야 한다. 특히 멀티 아티스트로서 매체학적인 것에 관심을 기울였던 이상의

---

35 David Trotter, *op. cit.*, p.240.

관점을 점검함으로써 이 문제는 보다 분명한 결론을 도출할 수 있을 것이다.

김기림 초기 미학과 문학관을 지배한 것이 미래파류의 동력학적 속도감과 기계주의 세계관이었고, 이들 전위예술가들이 가진 이 기계미의 방법론이나 미학은 김기림에게도 낯선 것이 아니었다. 김기림의 영화시에 대한 장르론적 접근이나, 그의 시 『기상도』, 「시네마 풍경」 등은 이 기계주의적 세계관과 관련된 텍스트이다. 페르낭 레제, 장 콕토 등에 대한 관심도 결국은 전위예술의 실험적이고 도전적인 세계관이나 방법론을 모색하기 위한 것이었다. 영화시는 영화기법의 단순한 수용이나 차용을 목표로 한 것은 아니었다. 당시 근대시의 방향을 새롭게 설정하고자 했던 김기림에게 영화는 방법론 혁신의 요체이자 하나의 근거가 되고 있었다. 영화시는 탈로맨티시즘의 이상과 입체파적 방법론이 실현된 혼종장르이자 기계주의적 세계관의 미학적 형상물이었다.

이상을 발견하기

매체학적 관점으로 이상을 보기

이상은 1930년대의 혼종성과 개방성의 시학을 발견한 자이며, 그런 이상을 발견해야 할 의무가 우리에게는 있다. 그런 구도 속에서 이상이, 김기림이, 박태원이, 이효석이 존재한다. 심지어 임화까지 그러하다. 이 인물들은 '개념' 곧 구체성이다. 그런 구도를 잡는 것, 그 위에 이들 인물들의 텍스트를 펼쳐 놓는 것이 이 절의 중요한 의도이다.

이상이 심취했던 예술 유파는 무엇이며 또 그를 몰입하게 했던 예술가들은 누구인가 라는 물음은, 단순히 이상의 예술적 취향을 묻는 것에 그치지 않는다. 그것은 1930년대 모더니즘 문단의 방향성과 깊이를 가늠하는 잣대가 될 뿐만 아니라,[1] 1930년대 경계넘기의 문화운동의 전방위적 상황을 투명하게 보여준다. 작가론 및 작품론 연구에 치중했던 기존 연구 경향이 최근 주제론 연구, 텍스트성 연구[2]로 다변화되고 있고, 이상 텍스트를 문학 이외의 타 분야와 연계해 보려는 시도도 있다. 이들은 이상 문학 연구의 저변 확대라는 점에서 의미가 있다. 이상의 전기적 사실에 비추어, 건축학적인 조망이나 시각예술적 측면에서의 연구가 관련 분야 연구자들에 의해 시도되기도 했는데,[3] 건축학적인·미술사적인 관점

---

1 졸고, 「이상 혹은 리토르넬로의 비교교유록」, 『이상의 사상과 예술』, 앞의 책. 여기에서 이상의 음악 예술 체험과 이상의 문학을 관련시킨 바 있는데, 그때의 문제의식을 '영화 텍스트'로 확장한 것이다.

2 '원본' 대조를 통해 『이상전집』(소명출판, 2005)을 출간한 김주현은, 원본 확정 문제의 중요성을 강조하면서 이상 글쓰기의 상호 텍스트성 연구가 해석의 난관을 뚫는 한 방법임을 강조하고 있다. 김주현, 『이상 소설 연구』, 소명출판, 1999, 378면.

3 김민수, 「시각예술의 관점에서 본 이상 시의 혁명성」, 『이상 문학 연구 60년』, 문학

은 문학 연구자들에게 중요한 참조사항을 던져 준다. 이상 텍스트와 영화와의 관계에 대한 연구도 새로운 연구 경향이라 할 수 있는데, 이들 연구가 이상 텍스트와 영화 장르 자체를 본격적으로 다룬 것으로는 보기 어렵다. 한국 근대 미술과 문학의 관계를 다룬 일종의 학제 간 연구도 다수 있으며,[4] 근대 추상 표현주의 화가이자 이상의 친구였던 구본웅과의 관계 및 미술 사조를 다룬 연구도 있다. 포비즘이나 입체파적인 화풍의 수용을 중심 논제로 삼고 있기는 하지만 대체로 이 논의들은 문학과 미술 교류사가 중심이어서 이상을 본격적으로 논한 것은 아니다. 하지만 이 같은 '문학 외적'인 연구는 이상 문학을 새롭게 발견하게 하는 새로운 통로가 된다.

이상 텍스트를 문자 중심의 텍스트로 읽고 해석하고 의미 해독에 집중한 것은 이상 연구의 오랜 관행이다 '문인'의 영토를 벗어난 이상, 문학의 경계를 떠난 이상은 한국문학 연구자들에게 잘 각인되지 않는다. 문자 지식으로서의 언어의 의미와 형식을 연구하는 것이 연구자들의 주된 관심이었다. 기호의 의미를 해독하는 것은 곧 이상 텍스트 해독의 과정이 된다. 경구적 언술의 근거를 밝힌 연구는 실증적 연구인 듯하지만, 이 역시 기호 해독이나 해석의 문제와 연결되어 있다.

그런데 최근 이상 연구는 이상의 텍스트를 문자 중심의 텍스트로 한정시키는 구속에서 해방되고 있다. 서양 예술 사조(이즘으로서의 방법)의 수용과 그것과의 유사성 및 차이점을 밝히는 연구나, 미술 매체와의 관련성을 탐색하는 작업은 비교문학적인 연구의 전형적인 예가 될 것이다. 그러나 예술가의 창작 과정에 대한 해명 없이 수용 과정에서의 기원과

사상사, 1998.

4 김현숙, 「구본웅의 작품을 통해 본 모더니즘 수용의 일례」, 앞의 논문 참조.

모방, 유사성·차이점 등을 천착하는 것은 단순 비교 도식에 함몰될 가능성도 있다. 이상 텍스트 자체가 비문자 텍스트와 상관성을 가지고 있으며, 문자 텍스트의 '근거'가 비문자 텍스트인 경우도 많다. 모홀리 나기, 장 콕토, 르네 클레르 등 이상이 관심을 가졌던 예술가들의 텍스트는 문자 매체가 아니라 조형적·시각 매체이다. 이들 매체들의 표현 방법은 언어의 의미론적 시각을 벗어나 있으며 전위적이고 실험적이기까지 하다.

이상의 예술 체험을 '경계넘기'의 맥락에서 이해하는 작업은 이상 글쓰기를 해명하는 데 크게 기여한다. 음악, 미술, 영화, 건축 등에 관한 이상의 예술 체험의 '역사'는 그의 문학과 직접적으로 연계되어 있다.[5] 이상이 경성고등공업학교(이하 '경성고공') 미술반에서 활동했던 사실은 널리 알려져 있고, 그가 경성고공에 입학한 이유가 미술을 하기 위한 것이었다는 증언도 있다.[6] 이상이 서양 회회사에서 특히 인상파 이후의 화파에 관심을 가졌고, 마티스와 피카소 등의 20세기 추상주의 예술에 깊이 경도된 것도 확인된다. 아방가르드 추상예술의 기원이 인상파에 있고 인상파의 예술이 '회화적 추상'의 개념을 정립한 것도 참조할 수 있다. 베토벤, 슈베르트, 모차르트 등의 음악가 이름도 이상을 회고하는 지인들의 기록이나 그가 쓴 글에서 확인되고 있다.[7] 당대 최고의 바이올리니스트로 평가된 미샤 엘만(Mischa Elman)의 연주회를 직접 가볼 정도로 이상은 고전음악에 대한 식견이 있었다.[8] '경계넘기'는 그의 글쓰기 혹은 더

---

5 신범순은, 문학뿐 아니라 영화, 미술 등의 텍스트 전반을 탐색하면서 이상의 문학의 철학적, 사상적 깊이를 규명해 냈다. 신범순, 『이상의 무한정원삼차각나비』, 앞의 책 참조.

6 원용석 외, 「이상의 학창시절」, 『그리운 그 이름 이상』, 앞의 책, 368면.

7 「실화」에는 모차르트 '교향곡 41번'이 구체적으로 언급돼 있다.

8 이상과 엘만 음악과의 관계에 대해서는 졸고, 「이상 혹은 리토르넬로의 비교교유록」, 『이상의 사상과 예술』, 앞의 책 참조.

나아가 그의 예술 행위의 본질이다. 문자 언어의 매체적 숙명성 앞에서, 다양한 표현 기술을 가진 매체들의 기술적 방법론을 이상은 고민했던 것이다.

이상의 이 같은 탈문학적 · 경계인적 지위가 이상 연구사를 통틀어 뚜렷하게 부각된 것은 아니다. 이 문제는 멀티미디어적인 관심을 가졌던 몇몇 연구자들, 비문학 전공자들에 의해서 선행적으로 검토된 바 있다. 안상수의 타이포그라피적인 시선으로 본 이상, 김민수의 멀티미디어적인 시선을 통한 이상, 난명의 전위영화 텍스트와 관련된 이상 등이 그것이다. 이들은 공통적으로 '탈문자적 시선'을 이상 텍스트의 핵심으로 보고 거기서 이상 텍스트의 중심을 추출하고 있다. 특히, 재구조화되는 질료로서의 언어의 성격을 주목하면서 '의미의 지연'이라는 해체적 관점을 이상 시에 도입한 김민수의 연구[9]는 매체론적 관점의 범주에 든다는 점에서 참조할 가치가 있다. 문어 중심의 문학, 문자적 의미 중심의 언어예술이 디지털 아트 같은 시각예술로 전회되어 가는 현재의 시점에서 김민수의 이상 연구는 시사하는 바가 있다.

'경계넘기'의 매트릭스상에 위치한 1930년대 문학사를 들여다보면서 우리는 이상의 위치를 다시 점검하게 된다. 이상은 시, 소설 등 문학장르를 전위적으로, 실험적으로 실천했던 문인이기보다, 차라리 여러 경역을 넘나들면서 매체 혼종을 실험하고 혼종 장르를 창안하고 그래서 텍스트 자체를 난해하게 만들어 버린, 그런 전위예술가이자 경계인적 인물이 아닐까. 이상은 '멀티미디어적인 인간형'[10]으로서의 신화를 한국문학사에 건축한 인물로 설정해 두고 싶은 것이다.

9 김민수, 『멀티미디어 인간 이상은 이렇게 말했다』, 앞의 책, 170면.

10 위의 책, 237면.

문어체 전통의 글쓰기 방식과 서체를 중시하는 사람들의 욕망은 주로 활자를 신봉하는 사람들에 의해서만 그 명맥이 유지될 것[11]이라는 전망을 보더라도, 읽고 사색하는 언어예술 곧 문학 환경의 축소는 쉽게 짐작된다. 문자 그 자체는 이제 기호·표문자·장식 활자 등의 체계로 대체되어 나가면서 비음성적 커뮤니케이션을 위한 혼성 언어가 될 것이다. 이 혼성 언어는 한 집단(민족 등)에 구속된 통일된 언어체로서의 모국어와는 달리 지역적 언어적 한계 없이 누구든지 읽을 수 있는 언어로서 존재할 것이다. 젊은 세대가 현재 공유하고 있는 시각적 도상적 언어 스타일이 전통적 문어체 언어를 얼마나 붕괴시키고 있는가. 아스키 아트나 전자 사인 아트가 구현하고 있는 시각적 기호들과 트위터(twitter) 등 소셜 네트워크의 세계에서 실현되고 있는 비음성적 커뮤니케이션의 상상적 공간을 생각해 보라. 이상은, 자신의 시대를 뛰어넘어 미래적 인간의 존재를 예시적으로 구현할 수 있었던 '최초의 인간'이었으며, 그 스스로 디지털형 인간이고자 했다는 점에서 '최후의 인간'이었던 것이다.

11 사이먼 록슬리, 『타이포그래피의 역사』, 앞의 책, 305면.

예술가 공동체의 '라보엠적 이상'과 '제비'의 꿈

데폴매숑(déformation)의 아방가르드

이상의 서양 예술에 대한 전방위적 감각은 딜레탕트 취미를 넘어서 있다. 김기림은 '제도와 관청 지위를 바로 팽개치고 그 대신 음악과 시와 그림을 산' 이상의 예술 전반에 걸친 전문가적인 감각과 관심을 언급한다.[1] '이상의 아방가르드적인 예술 감각은 그의 나이 18세 이전에 이미 형성되어 있었다'고 언급될 정도로 예술 전 분야에 걸친 이상의 식견은 문학을 위한 중요한 자양분이었다. 미술에서 시작한 그의 예술 취향은 영화, 음악 등의 분야로 확장되었는데, 미술에서 문학으로 옮겨간 것은 그의 예술 취향의 정점에 해당하는 것이었다. 이상의 아내였던 변동림은 '이상은 그 시대에 가장 진보적인 교육을 받았다. 건축과 미술과 시를 동시에 습득했다'고 썼다.[2] 이상의 탈경계적이고 혼종적인 자질은 그 자체로 당대의 전위이자 당대의 신화가 된다. 아방가르드가 추구하는 '데폴매숑(déformation)'은 혼성적이고 개방적인 미학에서 출발하기 때문이다.

이상은 이 '데폴매숑(déformation)'의 아방가르드 정신을 일종의 '속이기'라고 지칭하고, 이를 실행할 예술 전사들의 공동체를 꿈꾼다. '자신들의 예술이야말로 어떤 것으로도 설명하기 어려운 것이며, 이들을 설복할 학설은 그 어디에도 없다'는 것이다. 이는 이상과 그 예술 공동체의 예술 취향이 20세기 추상예술의 아방가드르 정신에 그 기원을 두고 있음을 표명한 것인데, 자신들이 추구한 예술뿐 아니라 일상적 삶 역시 '데폴매숑'

1 김기림, 「이상의 모습과 예술」, 『그리운 그 이름 이상』, 33면.

2 김향안, 「이상에서 창조된 이상」, 위의 책, 183면.

이라는 전위적 방법 속에 존재해 있음을 내세운 것이다. 이 문제는 '심미적 자기 반영성'이라는 관점에서 연구돼 온 것이지만, 이는 보다 세밀한 추적을 요한다.

'구인회'를 둘러싼 일화나 풍문들은 사실은 아방가르드적인 예술 행위의 일면을 대중화한 것이다. 일상적 삶의 데카당한 측면 자체가 예술적 퍼포먼스로 기록되는 것이 아방가르드적인 것이다.[3] 일종의 '선언서'를 퍼포먼스처럼 내걸고 있다는 것, 다양한 분야의 예술가들이 모여 기성 예술의 규범과 질서를 적극적으로 부정하면서 이를 통해 예술 공동체의 자유의지를 공고하게 표명한다는 점 등은 20세기 아방가르드 예술운동의 특징이다. 몽마르트르 언덕을 중심으로, 음악, 미술, 문학, 사진 등의 서로 다른 분야에서 전위의 전사이기를 자처했던 예술가들이 모여 서로 예술적 영감을 나누면서 추상예술의 심오한 경지를 이루어 내었던 20세기 아방가르드 예술사가 이 점을 분명하게 보여준다.[4] 몽마르트르 예술가들이 집단적으로 20세기 추상예술의 큰 원형질 덩어리를 만들었다면, 1930년대 문단은 '이상'이라는 중심인물을 두고 형성된다. 그들은 '이상'이라는 성좌를 중심에 두고 전위예술이라는 '은하의 축제'를 벌였던 것이다.

이상은 「(소설로 쓰는) 김유정(론)」에서 1930년대 예술가들의 면모를 과시하듯 밝혀 놓았다. 실명으로 인물들을 그려가는 방법은 헤밍웨이의 『움직이는 향연(*A Moveable Feast*)』에서 볼 수 있는 양식인데, 회고록(nonfiction)과 소설(fiction)의 중간적인 방식이라 할 것이다. 실명의 인물들을 모델로 한다는 것, 다른 사람들의 이야기를 쓰면서 자신의 이야기를

3 유진 런, 『마르크시즘과 모더니즘』, 김병익 역, 문학과 지성사, 1996.

4 만 레이, 『나는 다다다』, 김우룡 역, 미메시스, 2005 참조.

한다는 점에서 일종의 '레마테(remate)' 형식[5]이라 할 수 있다. 이상은 이 '레마테 형식'인 「김유정」을 통해서 이 '큰 예술가' 집단의 오만과 예술적 자의식과 그들의 치열한 경쟁 관계를 드라마틱하면서도 은유적으로 재구성해 놓았다. 「김유정」에는 이상을 중심으로 한 '예술가 공동체'에 속한 문인, 예술가들의 인간적인 면모와 교유 관계 그리고 문학예술사적 흐름 등이 포착되어 있다.

1930년대 김기림, 이상, 박태원의 문학은 그 자체로 아방가르드적인 실험성을 견지한다. 아방가르드 시학은 문학을 비롯 음악, 회화, 영화 등을 혼종한 다중매체적인 기호학의 영역이며, 아방가르드 정신을 지향하는 예술가들의 실험적 시도 또한 이들 각 영역의 혼종을 통해 가능해진다.

'라보엠적인 것'의 기원

이상과 그의 친구들이 남겨둔 기록에 의하면, 이상이 심취했던 예술 텍스트로는 오페라 〈라보엠(La Bohéme)〉, 르네 클레르의 영화 〈유령 서쪽으로 가다〉, 〈최후의 억만장자〉 등이 있고, 음악가로는 모차르트, 바이올리니스트 미샤 엘만(Misha Elman), 화가로는 마티스, 피카소 등이 있으며, 멀티 아티스트 장 콕토에 대한 관심 또한 각별했다. 이들 예술 텍스트에서 추출되는 공통점이나 주요한 특징들이 이상과 그의 문학・사상을 이해하는 데 의미 있는 지침을 제공해 줄 것이다. 이들 예술가들의 텍스트에

---

5 바스크 지방에서 행해지는 하이 알라이(jai alai) 경기에서 사용하는 용어로 '벽치기'를 뜻한다. 자신의 주변 사람들의 이야기를 통해서 자신을 이야기하는 것, 일종의 '되튐' 효과를 겨냥한 것이다. 스콧 도널드슨, 『헤밍웨이 Vs. 피츠제럴드』, 김미경 옮김, 갑인공방, 2002, 서문 참조.

는 몇 가지 공통점이 있다. ① 예술가들, 보헤미안들의 삶과 사랑을 그리고 있다는 점. 파리의 가난한 예술가들의 삶과 사랑을 그린 〈라보엠〉을 주목할 수 있다. 르네 클레르 영화가 파리를 중심으로 예술가들의 삶을 그렸다는 것도 상관성이 있다. ② 웃음과 아이러니와 위트의 미학이 전반적으로 깔려 있다는 점. 르네 클레르의 전위영화 기법과 다다 혹은 초현실주의적 시퀀스의 결합이 웃음과 위트의 형식과 어우러져 있다는 점. 이상의 초현실주의적 방법론은 이들 예술 텍스트의 지향점과 관련된다. ③ 탈영토주의적(deterritorization)인 유목적 세계관과 신화의 재현. 미샤 엘만의 바이올린 주법과 특징을 읽어 내는 이상의 시선, 이는 마티스나 피카소를 바라보는 시선과도 연관되어 있다. ④ 예술에 대한 이상의 탈장르적・탈경계적 인식론과 멀티아티스인 장 콕토, 전위영화 감독 르네 클레르에 대한 관심 사이에는 상관성이 존재한다.

이상이 '제비', '무기', '쓰루' 등 다방이나 카페를 실제로 운영한 것은 널리 알려져 있다. 이상의 다방 운영에 대해서는 '스캔들' 중심의 일화들이 널려 있다. 이는 '다방'이라는 공간을 현재의 풍속사적인 관점으로 들여다보기 때문이다. 그러나 당시 이상이 경영한 다방은 대중적이기보다는 다소 귀족적인 통속성이 있었다. 통속성이라고 본 것은 일종의 현학적이고 속물적인 선민의식이 있었다는 뜻이다. 다방의 벽면에는 이상의 예술적 취향을 알려 주는 그림이 장식되었고, 당대 유행하던 고전음악이 축음기에서 흘러나왔다. 다방 구석진 곳에 앉아서 1930년대 문인들은 당대 최고의 바이올리니스트 엘만의 랄로 협주곡에 귀를 기울이고, 쥘 르나르나 장 콕토의 해학과 기지에 찬 경구성 문구들을, 아마도 만담경연하듯, 읊어대었을 것이다. 아폴리네르, 장 콕토 등 초현실주의 문학에 대해 논쟁하고, 판타지 코미디 장르의 영화를 개척했던 르네 클레르 영화에 대해 신랄한 비판을 날려가며 이 새로운 매체의 표현 가능성에 열광했을 것이다. 이들이 다방에서 벌였던 이 같은 예술 논쟁은 보헤미안적이면서도 고전주의적인 분위기가 있다. 이것의 모델 또한 서구 보헤미안 공동체의 삶에 있었다. 이 기원을 일단 '라보엠적인 것'으로 지칭해 보자.[6]

〈라보엠〉은 푸치니가 작곡한 4막짜리 오페라로 푸치니의 오페라 중에서도 가장 대중적인 작품이다. 이상이 〈라보엠〉을 좋아했다는 기록은 친구 문종혁의 기록에서 확인된다. 경성고등공업학교(이하 '경성고공') 시절부터 절친한 친구였던 문종혁은 몇몇 회고적인 글에 이상의 예술가적 자질과 취향을 밝혀놓았다. 가장 가까운 위치에서 이상을 지켜보았던 문종혁은, 문학은 물론이고, 화가 및 화파, 음악가, 철학 등 예술 전반에 걸쳐 있던 이상의 독서 취향과 이상의 예술 방면 관심을 증언하면서 특별히 '라보엠'을 언급한 바 있다.[7]

이상 연보에 의하면, 이상이 보성고등보통학교(이하 '보성고보')를 졸업하고 경성고공에 입학한 때는 17세인 1926년이다. 문종혁의 '이미 18세에 뿌리박고 있었다'는 언급은 경성고공 시절 이미 이상에게 서구 예술에 대한 폭넓은 지식과 취향이 있었음을 의미한다. 미술을 하겠다는 의지로 경성고공에 입학했다는 것도 이 같은 관점에서 이해된다. 특히 '스토리 라인 위주'의 영화 감상법에는 별반 관심이 없었다는 것도 형식과 방법의 탐구, 데폴매숑의 아방가르드 취향을 우회적으로 알려준다. 이상은 영화감독과 배우들의 영화사에서의 계보학적 위치도 파악할 수 있었을 것이다. 이는 르네 클레르의 영화에 대한 이상의 관심을 확인해 주는 것인데, 이 문제는 뒤에 다시 논의하게 될 것이다. 특히 〈라보엠〉을

6 신범순은 '다방'을 '라보엠적 활동 공간'이라 설명하고 있다. 신범순, 『이상의 무한정원 삼차각 나비』, 63면.

7 문종혁, 「심심산천에 묻어주오」, 『그리운 그 이름 이상』, 97면.

좋아한 연유는 충분히 주목할 만하다. 이상과 그의 친구들, 아방가르드적이면서 딜레탕트적인 예술 애호가들, 화가들, 영화인들, 문인들로 구성된 '구인회의 실체'[8]나 1930년대 문단의 분위기를 고려하면 더욱 그러하다. 다방 '제비'의 어원적 문화적 기원이 어디에 있는가 하는 점도 역시 〈라보엠〉 취향의 맥락들과 연결된다.

이상이 〈라보엠〉을 오페라 공연 형태로 본 것인지 확인하기는 어렵다. 윤복진의「오페라에 관한 단편적 고찰」은 당시 대중들에게는 생소했을 오페라 장르를 소개하면서 실제 동경에서 열린 〈라보엠〉 공연을 보고 난 뒤의 소회를 기술하고 있다.[9] 당시 경성에서는 오페라 공연이 거의 불가능했을 것인데, '오페라'에 대한 당대 인식의 불충분성과 무엇보다 이 같은 서양 예술을 공연할 수 있는 물적 인프라와 경제적인 토대가 거의 마련되지 못했던 것이다. 불경기로 오페라 공연이 열리지 못했던 일본 공연계를 감안하면, 조선에서 오페라 공연을 감상하기는 쉽지 않았을 것이다. 그러나 이상이 경성고공을 다니던 시기인 1928년에는 영화로 만들어진 〈라보엠〉이 기신양행(紀新洋行)에서 수입돼 상영된 기록도 있다. 안석영 감독의 영화 〈심청〉을 제작하기도 했던 기신양행은 원래 파라마운트 영화를 수입해 배급하던 회사였다.[10] 이상이 영화 〈라보엠〉을 보았을 가능성도 있지만, 여기서 이 논의를 위한 실증적인 자료의 입증이 중요하지는 않을 듯하다.

〈라보엠〉 원작은 앙리 뮈르제(Henri Murger)의 소설『보헤미안의 생활 정경(*Scene de la vie boheme*)』이다. 푸치니는 뮈르제의 소설을 각색하면서 파

8 김민정,「1930년대 문학적 장의 형성과 구인회」, 앞의 책 참조.

9 윤복진,「오페라에 관한 단상적 고찰-라뽀엠을 보고서」,〈조선일보〉, 1934.7.8~7.14.

10 김종원, 정중헌,『우리 영화 백년』, 191면.

리의 가난한 시인 루돌프와 지고지순하지만 끝내 결핵으로 삶을 마감하는 미미의 사랑 이야기에 초점을 맞추었다. 그러나 원작인 앙리 뮈르제의 『보헤미안의 생활정경』은 보다 복합적인 플롯을 지니고 있으며 특정한 인물에게 초점을 맞추지 않고 다양한 인물들의 개성적인 면모가 균등하게 배치돼 있다. 19세기 초 혁명의 기운이 감돌고 있던 파리의 가난한 예술가들의 삶과 사랑을 그린 이 소설에서, 20세기 추상예술을 선언하고 전개했던 아방가르드 예술가들의 보헤미안적인 삶의 모델을 추출할 수 있을 것이다. 거룩한 시인 루돌프, 그림의 거장 마르셀, 음악의 대가 쇼나르, 위대한 철학가 콜린느 등 네 명의 예술가들이 카페 '모뮈스'를 중심으로 그들의 예술적 포부와 사랑을 펼쳐 나간다. 그들이 일정하게 모이는 카페가 있고, 이들과 낭만적인 연애를 나누는 여성들이 있으며, 예술에 헌신하는 인물들의 공동체적 우정과 사랑이 있다는 점은 20세기 몽마르트르를 중심으로 모여든 일군의 예술가들의 삶의 모델로서뿐 아니라 우리에게는 이상을 둘러싼 '구인회' 작가들의 삶과 예술을 이해하는 데 아날로지 되는 장면이 많다.

그런데 이 소설에는 이상을 연결하는 몇 가지 고리가 있다. 앙리 뮈르제의 소설에서 이들 네 명의 인물 앞에는 '위대한', '거대한', '거장의', '거룩한'이라는 절대적인 가치를 내재한 형용사가 붙어 있는데, 이들 보헤미안들은 자신들에게만 이 같은 형용사 부여를 허락한다. 이상은 「(소설로 쓰는) 김유정(론)」에서 이와 비슷한 시도를 하는데, 이 같은 류의 '이름 붙이기'는 선민의식과 귀족적 정신주의의 표상적 질서에 속한다. 김기림, 박태원, 정지용, 김유정 등의 인물들은 간결하고 재치 있게 그 특징이 포착되어 있는데, 이들의 범상한 기질을 포착하는 이상의 안목은 날카로우면서도 만평적이다.[11] 돈키호테적인 기질도 없지 않으나 관용적인 성격의 정지용, 호인형의 김기림, 내면적 자의식이 두드러져 보이는 박태원 등에 대한 인물평은, 당시 여타 잡지에서 인기리에 게재되던 '인물평'과 그다지 다르지 않다.[12] 분명한 차이를 하나 지적하다면, '해학적이고 만평적인 소묘'의 이 인물평 속에 깃들어 있는 이들과 이상의 관계이다. 이 인물평에 내재된 이상의 의도는 상당히 복합적인데, 그것은 이들 예술 공동체의 절대적 자기 숭앙의 의미를 가지기도 하면서 서로 간의 은밀한 경쟁의 드라마를 구현하고 있다는 점에서 그러하다. 따라서 구인회 집단의 성격을 논의하는 보다 중요한 실마리를 '라보엠'에 대한 이상의 적극적인 관심에서 추출할 수 있다.

'다방'은 예술가 공동체에 대한 이상의 관심과 연계되어 있다. 이상은 '제비'를 비롯, '무기', '식스나인' 등의 다방, 카페를 경영한 것으로 알려져 있다. 다방이나 카페를 경영한 이유에 대해서는 다양한 증언이 있다. 문종혁의 증언은 예술가 이상에 그 초점이 맞춰져 있고, '일경의 눈을 캄플라치하기 위한 것'이었다는 김향안의 증언도 있다. 예술가들이 다방이나 카페에 몰렸다는 것이 이들 공간을 중심으로 지식 담론이 형성된 문화사적 사건인 것은 분명해 보인다. 최근 시간과 공간에 대한 연구가 집중되면서 다방의 문화사적 의미나 문화 공간으로서의 역할에 대한 심도있는 논의가 이루어지고 있는데, 이것에서 이상의 '다방'을 참조할 수 있을 것이다. 여기서는 다만 이상이 경영한 다방 중 대표적인 것으로 꼽히는 '제비'의 어원적 기원이나 맥락에 대한 논의와 〈라보엠〉의 관계, 이상의 경계넘기적인 예술 취향의 관계 그리고 예술가 공동체에 대한 이상(李霜)의 동경 등과 연관지어 논하게 될 것이다.

---

11 이상, 『정본 이상문학전집 2-소설』, 김주현 엮음, 앞의 책, 318면.

12 이선희, 「작가 조선인 군상」, 『조광』, 1936.4; 이석훈, 「(속) 작가인상기」, 『중앙』, 1936.5.

제비, 예술 공동체의 움직이는 축제

다방 '제비'의 이름은 뮈르제의 소설 마지막 장면을 떠올리게 한다. 뮈르제의 소설은 미미는 죽고 이들 보헤미안들이 대체적인 성공을 거두면서 평범한 일상인으로 되돌아가는 것으로 끝을 맺는다. 예술가로서의 정열과 의지와 낭만적 몽상은 물질적 가난과 사랑의 상실을 버텨낼 수 있었던 힘이자 그들의 예술가적 정체성의 징표였다. 하지만 이제 예술가들에게 이 같은 보헤미안의 고귀한 정신성과 예술가로서의 존귀함은 존재하지 않는다. 희미하게 사라져 버린 것이다. '제비'는 화가 마르셀이 그들의 보헤미안의 젊음과 정열을 쓸쓸히 회고하면서 노래를 부르는 장면에서 등장한다. '제비'는 그러한 보헤미안들의 정신성과 정결성을 상징한다. 제비는 그렇게 예술과 사랑의 봄을, 보헤미안의 시간들을 다시 일깨워 주러 찾아오는 것이다. 번역서에 나와 있는, 마르셀이 부르는 노래의 가사를 옮겨 보도록 한다.

어젯밤, 제비를 보았네,
봄을 알리러 찾아온 그 제비를.
난 아름다운 그녀를 생각했다네.
시간이 있을 때면 나를 사랑해주던 그녀
그리고 하루 종일
생각에 잠겼다네
지나간 달력들을 들추며,
우리가 그토록 사랑했던 시간이 담긴 그 날력을
(중략)
안녕, 잘 가시오, 옛 사랑
이제는 시들어버린 그 옛 사랑

이제는 시들어버린 우리의 젊음은
이제 저 낡은 달력 속으로 사라진다네
달력 속에서 재로 변해버린 우리의 과거,
그 과거를 들추다보면
잃어버린 낙원으로 가는 열쇠를 찾을 수 있을지도[13]

예술에 대한 열정과 사람을 불태웠던 보헤미안 시절의 '봄'은 이제 가고 없다. 제비는 그러한 기억을 일깨워 주러 이들을 잠시 찾아오지만, 그 봄의 시간은 이제 환몽처럼 사라지고 없다. 예술과 사랑과 의지와 정열이 함께했던 보헤미안의 시간들은 그렇게 사라져 버린 것이다. 이들 네 명의 예술지망생들에게 그러한 한때의 시간들은 쓸쓸한 추억 속에 잔존할 뿐이다. 이 순결한 청춘의 시간을 회상한다는 것은 얼마나 쓸쓸하고 신산한 일일 것인가. 뮈르제의 소설은, 마르셀이 부르는 이 노래를 통해 이들 예술가들이 보헤미안으로서의 삶의 종착역을 쓸쓸하게 지나고 있음을 암시하면서 끝을 맺는다. 예술과 낭만의 축제는 달력 속에서 재로 변해 버린 시간처럼 그렇게 끝이 난 것이다. 이상의 '제비'는 그렇게, 뮈르제의 소설에 나오는 보헤미안들의 삶에 대한 동경을 다시 축조하듯 닮아 있다.

'제비'의 원형 상징적 테마는 이 같은 추론에 힘을 보태 준다. 신화에서 '제비'는 물찬 듯 빠르고 민첩한 새로, 한 때를 빈 들에서 보내고 한때를 골목에서 보내는 견자적 존재로 그려진다. 제비는 눈을 다치게 되면 빈 들로 나가 약초를 찾아 눈을 닦고 혜안을 다시 얻는다. 순결한 고행과 단련을 통해 제비는 견자로서의 자신의 존재를 징표하는 것이다.

13 앙리 뮈르제, 『라보엠』, 이승재 옮김, 문학세계사, 2003, 394~396면.

뮈르제는 '제비'를 순결한 보헤미안적인 삶의 시간들에 대한 회귀적 열망을 담은 존재로 묘사한다.

문종혁이 다방 '제비'와 이상 문학과의 중요성을 언급하면서, '라보엠에 나오는 그런 사람들이 모이는 곳이다'라고 썼던 기록을 참조할 수 있겠다.[14] 이상에게 '다방'은 '실존'이 아니라 '환몽'의 성격이 짙다는 것, 그것의 모델은 〈라보엠〉에서 왔다는 것, 다방 제비에서 이상의 문학이 익어 갔다는 것 등을 확인할 수 있다. 문종혁의 증언은 당시 일반 잡지에 실린 '다방'의 대중화된 모습이나 향락주의적 풍경과는 거리가 멀다. 『별건곤』 등의 잡지 '잡조'란에서 '다방'은 카페걸, 모던걸이 드나들고, 인텔리겐차들과 돈 많은 자제들이 모던걸, 카페걸들과 연애하느라 젊음을 탕진하고 퇴폐적 일상을 경험하는 공간으로 묘사돼 있다. 그러나 이상이 그리고 있는 '제비'는 '라보엠적인 공간'이다. '낭만파의 미술가, 음악가, 시인, 돈 없는 젊은이가 식사할 돈도 없어 차 한잔을 앞에 놓고 사랑하는 애인과 마주 앉아 사랑을 속삭이는 가난한 자리'인 것이다. 다방 제비를 경영한 이후 이상 문학이 자리를 잡기 시작했다는 것은, 다방을 중심으로 문인, 화가 등이 모이면서 이상과 이들 간의 문단적 교유가 활발해졌다는 의미일 것이다. 중요한 것은 이상의 다방 경영의 이상적 모델이 〈라보엠〉에 있다는 것이다. 이상이 특히 이 오페라를 좋아했다는 기록 또한 〈라보엠〉에 나오는 '예술가 공동체'에 대한 이상의 동경을 설명해준다. 자신의 물질적 토대는 뿌리뽑혔으되, 결코 사라지지 않는 불멸성으로서의 예술가적 존재성 같은 것들이 이 '제비'의 이미지에는 있다. 이상의 〈라보엠〉적인 것의 취향은 음악과 영화와의 '경계넘기'적인 예술 취향과 다르지 않다.

---

14 문종혁, 「심심산천에 묻어주오」, 『그리운 그 이름 이상』, 118면.

'제비'의 인상적인 이미지는 「종생기」에서 다시 포착된다. 멋들어지고 단정한 댄디적 풍모와 자유주의자인 보헤미안적인 분위기가 '제비'의 이미지에 살아 있다. '나'가 속이기의 천재 정희와 다시 조우하는 장면에서 '우리들은 이 땅을 처음 찾어온 제비 함쌍처럼 잘 앙증스럽게 만보하기 시작했다'고 쓴다. 켈트족 설화는 '경박한 품행'의 상징적 의미를 다소 담는 텍스트이다. 제비(fand)는 바다의 신 마난남(Manannam)의 부인으로 그녀는 쿠추라인(Cuchulainn)과 사랑에 빠져 도망가 한 달을 지낸다. 한 달 후 쿠추라인은 제비를 버리고 부인 에메르에게 돌아가는데, 판트는 슬픔에 잠긴 채 그녀의 남편에게 되돌아가는 것이다.[15] 「종생기」에 그려진 '잘 앙증스럽게 만보하는 제비 한 쌍'의 이미지는, 경박한 품행을 보여주는 '판트'의 이미지와 보헤미안 예술가의 이미지를 중첩적으로 거느린다.

> 걸어가면서도 나는 내두루매기에 잡히는 주름살하나에도 단장을 한번 휘저었는 곡절에도 세세히 조심한다. 나는 말하자면 내 우연한 종생을 깜쪽스럽도록 찬란하게 허식하기 위하야 내 薄氷을 밟는듯한 포스를 아차 실수로 문어트리거나해서는 절대로 안된다는 것을 굳게 銘 하고 있는 까닭이다.[16]

박빙을 밟는 듯한 세세함과 간결함과 조심스러움이 묻어 있는 그런 절제된 댄디의 세계는 감쪽같은 '포즈'의 세계를 의미한다. '경쾌한 리듬의 악보'로 제비의 모습을 그린 쥘 르나르의 수사학이 여기에 대응된다.[17] '찬란하게 허식하기 위하야 박빙을 밟는 듯한 포즈'의 세계는 낭비

15 한국문화상징사전 편찬위원회, 『한국문화상징사전』, 동아출판, 1995, 534~535면.

16 이상, 「종생기」, 『정본 이상문학전집 2』, 360~361면.

적인 예술의 세계이며 바로 정신적 귀족주의를 전면에 내세운 보헤미안들의 세계이다. 하우저는 댄디의 세심한 멋부림과 사치는 보헤미안의 방탕하고 무질서한 생활과 동일한 것이라고 말한다. 영웅주의적 내면성의 발현이자 인간적 긍지의 마지막 남은 빛을 상징한다는 점에서 보헤미안의 삶은 정신의 평준화와 속물적 부르주아 삶에 대한 저항이라는 것이다.[18] '제비'의 이미지는, 이상이 입을 열면 언급했다는 니체의 '중간인'[19]에 대한 비판 의식이 자리 잡고 있고, 댄디적 영웅주의와 켈트족의 '판트적' 이미지가 복합돼 있다. 그같은 복합적인 이미지는 금홍과 자신의 관계 속에서 훨씬 굳어진 것이다. 요컨대, '제비'의 연원 자체는, 문종혁의 증언에 의한 그대로, 이상이 꿈꾼 다방의 이미지와 댄디적 예술가로서의 자기 면모를 그대로 투영하고 있다. 이상 문우들의 회고에서도 특별히 각인된 것 또한 다방 '제비'의 인상임을 참조할 수 있겠다.

1937년 동경에서 이상이 죽고, 도호쿠대학(東北帝大)에서 유학했던 김기림은 1938년 조선으로 돌아온다. 김기림과 그를 맞는 박태원, 이상의 친구들에게 떠올려진 것 또한 다방 '제비'였다.[20] 이상은 '제비'의 임자이자, 그들을 묶어 주었던 중요한 연결고리였다. 〈라보엠〉의 다방 모뮈스 다방 '제비'는 그들이 꿈꾸었던 새롭고 창조적인 예술이 존재하는 인공낙원적 이상향이었던 것이다. 라보엠의 주인공들이 모뮈스에서의 시간을 회상하듯, 이상의 사후 김기림과 박태원은 다방 '제비'에서 이상의 화신(化身)을 보고 있는 것이다.

---

17 박현수, 『모더니즘과 포스트모더니즘의 수사학』, 245~252면.

18 A. 하우저, 『문학과 예술의 사회사-현대편』, 202~204면.

19 F. 니체, 『짜라투스트라는 이렇게 말했다』, 최승자 옮김, 청하, 1992, 206면.

20 박태원, 「느티나무 아래-김기림 형에게」, 『여성』, 1939.5; 김기림, 「박태원 형에게」, 『여성』, 1939.5.

예술가 공동체의 낙원이 축제처럼 매일 펼쳐지던 파리에서의 삶을 헤밍웨이는 "움직이는 축제(moveable feast)"라고 언급한다. 이 "움직이는 축제"의 이미지는 아방가르드 예술의 운동성과 정신의 역동성을 담고 있다. 이상은 누구도 꿈꾸지 못했던 그런 예술가의 정신을 조선에서 개화시키고자 했던 것일까. 그런 움직이는 축제의 이미지를 상징적으로 다방 '제비'에서 구현하고자 했을까. 박태원이 그린 '삽화'에서 제비 다방은 음악과 인간과 사랑과 예술가들이 살고 있는 그런 축제적 공동체에 대한 꽁트적 반응이 아니었을까.

이상이 꿈꾼 낙원의 이미지는 예술가 공동체의 삶이 존재하는 곳이라는 다소 낭만주의적인 사고에 근거해 있다. 그러나 뮈르제의 소설에서 보여주는 데카당하고 낭만적인 풍경에 비해서는 목표지향적인 성격이 짙다. 김기림이나 이상 등 1930년대 문인들은 자신들이 가지고 있던 근대문학과 예술의 실천을 분명한 목표 위에서 시도하고 있다. 김기림은 입사 직후 발표한 글 「오후와 무명작가들」[21]에서 기존 예술을 부정하면서 새로운 예술의 방향을 설정하고자 하는데, 이상과 박태원, 이태준, 정지용 등의 교유를 통해 이는 보다 구체적으로 실천되었던 것이다.

이를 더 확장하면 우리는 르네 클레르와 마주친다. 이상은 영화 장르 중 특히 코미디 장르나 판타지 영화, 추적신과 범죄 드라마가 있는 영화에 심취했던 것 같다. 이는 그의 아방가르드 시학과 관련해 특히 주목되어야 할 것이다. 루드비히의 〈맨하튼에서의 모험〉(1936)은 소설 「실화」에 언급되어 있고, 〈프랑켄슈타인〉, 〈죄와 벌〉 등 영화 텍스트를 접한 기록도 있다.[22] 특히 페르낭 레제와 더불어 초기 다다이즘 영화감독으로

---

21 김기림, 「오후와 무명 작가들」, 〈조선일보〉, 1930.4.27~5.3.

22 수필 「此生輪廻」에 언급돼 있다.

알려진 르네 클레르를 좋아했다는 기록은 지인들의 회고에서 공통적으로 나타난다. 이상은 1934년 제작된 르네 클레르의 영화 〈최후의 억만장자〉를 박태원과 조용만 등과 보았으며, 1935년에 제작된 〈유령 서쪽으로 가다〉도 본 것으로 확인된다.[23] 르네 클레르가 이 영화를 통해 보여준 것은 아방가르드적인 실험정신이었는데, 이것은 이상이 다양한 예술 영역을 '경계넘기' 하면서 전위적이고 실험적인 예술가적 모험을 시도했던 사실과 결코 분리되지 않는다.

23 조용만, 「이상시대, 젊은 예술가들의 초상」, 『그리운 그 이름 이상』, 304~305면.

르네 클레르의 환상, 고발, 추적 모티프와 감각 혼종

파리를 사랑하는 클레르

파리를 배경으로 한 영화가 '서구동경'이라는 측면에서 당시 대중들의 관심을 끌었다면, '일반인의 눈으로는 감상하기 어렵다'는 〈최후의 억만장자〉가 이상의 관심을 특히 끈 이유는 무엇인가. 1934년에 제작된 〈최후의 억만장자〉가 조선에 소개된 것은 1935년으로, 이 영화는 상영되기 전부터 '서양 영화 중 최고봉이며 영화가 생긴 뒤에 처음 보는 것'이라고 평가되는 등 언론의 관심을 끌었다. '창작가의 야심의 높이와 그것을 수행하는 데 있어 수단을 그르치지 않고서도 혁혁한 성과를 나타낸 것만으로도 공전의 영화'라고 할 수 있다는 것이다.

> 〈최후의 억만장자〉는 작년도 서양 영화의 최고봉이였다. 아니 어떠케보면 영화가 생긴 뒤에 처음보는 것이라고 할 수 있을는지 몰을 것이다. 첫째 그 창작가적 야심의 높이로서만도 이 말은 할 수 있지만 그 창작가적 야심을 수행하는 데 잇서서의 그 수단을 그르치지 아니하고서 그와 가티 혁혁한 성과를 나타낸 것만으로도 「억만장자」는 공전의 영화이라고 할 수 잇슬 것이다. 만약 좀 더 강조한다면 일반인의 눈은 아직도 이 영화를 올케 감상할 만치 조련되지 안헛다고 까지말하고 싶다. 그러나 이러한 영화를 제작한 '크레르'를 '판타지스트(몽상가)'라고 하는 것보담은 역시 창작가이라고 해야 할 것이며 또한 이 세계에서 유일한 영화창작가이라고 해야 할 것이다. '파리제(巴里祭)'는 누구라도 조희할 것이다. 요컨대 '파리제'는 파리를 사랑하는 '크레르'의 어엿분 戀文이다.[1]

---

1 「불영화계3명물(3) 최후의 억만장자 감독 파리아 루네 크레르」, 〈조선일보〉, 1936.3.3. 〈파리제〉는 아마도 〈Bastille day〉[original title, 〈Quatorze Juillet〉(1933)]

영화 줄거리는 대략 이러하다. 여왕의 철권통치로 '예스맨' 관료들만이 존재하는 '카지나리오(Casinario)'라는 나라가 불황으로 경제가 바닥나 혁명의 벼랑에 서게 된다. 이 위기를 타개하기 위해 머리를 굴리던 여왕은 자신의 아름다운 공주를 미끼로 세계에서 가장 부유한 은행가(Banco)를 설득한다. 이 은행가는 여왕의 권력을 차지하고 독재를 행사하게 된다. 암살당할 위기에서 겨우 목숨을 건지긴 하지만, 그는 이 때문에 심각한 뇌 손상을 입고 어린아이처럼 된다. 꼭두각시 행정부와 시민들은 이 독재자를 천재라 생각하고 그가 남발하는 칙령에 복종하게 된다. 이 영화에서 가장 성공적인 장면은 뉴스 영화처럼 편집된 부분인데, 시민들은 의자와 모자와 넥타이가 금지되는 칙령에 동의하고, 집단 체조 연습에 강제로 참가해 광장에서 몇 시간 동안 달리기를 계속한다. 수염을 기르고 짧은 팬티를 입은 남자들은 모든 대화가 금지된 가운데 사람들 앞에 나타나는데 정부의 반대자들은 감옥에서 박수를 친다.

파시스트 국가의 통제에 대한 신랄한 비판 때문에 독일과 이태리에서 상영 금지된[2] 〈최후의 억만장자〉는 이전의 〈백만(Le Million)〉(1931)이나 〈우리에게 자유를〉 같은 작품에 비해 지루하고 수다스러우며 희극적 창조성이 부족하다. 단조로운 유머와 과장된 풍자가 이 영화의 장점을 희석시킨다는 비판도 있었으나 당시 시대 상황을 반영하는 어떤 작품보다 개념적으로 우수하다고 평가되었다.[3] 파시즘 국가 통치에 대한 언급이라는 측면에서는 전적으로 우수한 작품이라는 것이다.[4] 조용만과 윤태

를 지칭하는 것 같다.

2 Naomi Greene, *René Cclair a guide to references and resources,* G.K. Hall & cO, 1985, 42~44면.

3 Andre Sennwald, "movie review", 〈New York Times〉, 1935.10.30

4 위의 글.

영, 박태원은 영화 〈최후의 억만장자〉에 대한 비교적 상세한 기록을 남기고 있다. 조용만[5]과 윤태영[6]은, 이상이 이 영화를 보고 나서 히틀러를 풍자한 여러 장면을 재미있어하며 세세하게 묘사했다는 것, 위트와 파라독스가 넘치는 화술을 보였다는 것 등을 공통으로 언급한다. 당시 지식인들은 이 영화를 통해 파시즘 비판과 독재자 풍자라는 카타르시스를 경험할 수 있었다는 것이다. 이 증언에서 풍기는 지식인 담론과 사회적 분위기는 당시 신문 기록을 통해서도 확인된다.

당시 신문들은 프랑스, 영국, 독일 영화를 주로 '구주 영화'로 소개하고 그 흐름이나 경향을 미국 영화의 그것과는 차이가 있다고 전하고 있다. 독일의 경우는, 파시즘의 분위기 속에서 점점 오락영화의 성격이 짙어지고 히틀러를 찬양하는 영화도 제작된다. 〈회의는 춤춘다〉, 〈광란의 몬테칼로〉 같은 '신동향'을 반영한 독일 영화들이 경성에 소개되기도 한다.

> 나치스 영화계는 점점 그 위기를 전해오면서 본래의 오락영화로서의 복구하는 모양이다. 사실 '히틀러 청년'이나 '졸업시험' 등은 결코 대중을 위한 영화로서 오래 존재할 가치를 가지고 있지 않은 모양이다.[7]

이 같은 관점에서, '사회풍자극'으로 소개된 〈최후의 억만장자〉에 대한 기대를 읽을 수 있다. 1930년대 초기 작품들에 비해 '억만장자'가 '사회관에서의 현격한 차이'가 있고 르네 클레르가 진보적인 길을 넘고

5 조용만, 「이상 시대 젊은 예술가들의 초상」, 『그리운 그 이름 이상』, 304~305면.

6 윤태영, 「자신을 건담가라던 이상」, 위의 책, 48~49면.

7 「금년에 상영될 구주 영화의 전망」, 〈조선일보〉, 1935.2.4.

CINEMA 映畫에서 어든 콩트 Conte

最後의 億萬長者 (4)

朴泰遠

박태원의 '영화에서 어든 콩트' 「최후의 억만장자」, 〈조선일보〉 1937.6.29. 삽화는 정현웅이 그렸다. '판화' 같은 느낌의 물질적 감각이 구현된 삽화로, 박태원(구보)를 연상시키는 등장인물의 형상화가 독특하다. 르네 클레르의 영화는 소설가들뿐 아니라 화가(삽화가)들에게도 영감을 주었다.

있다는 것이다. 1935년 이후 전 세계적으로 불어닥친 파시즘의 조류에 대한 지식인들의 반응을 엿볼 수 있는 대목이다. '재산, 노동, 연애로부터의 해방'을 주제로 했다는 〈자유는 우리에게〉가 조선극장에서 상영될 때 제목이 〈우리들은 마음대로〉로 개제된 것은[8] 이 영화가 갖는 정치적 파장과 당시 조선의 현실을 참작했기 때문이었을지도 모른다.

박태원은 클레르의 영화에서 모티프를 차용해 「영화에서 어든 콩트 최후의 억만장자」를 쓴다.[9] 박태원이 르네 클레르를 수용하는 방식은 일

8 〈동아일보〉, 1932.10.6.

종의 패러디다. 환상과 코미디가 결합되면서도 풍자와 짙은 페이소스가 녹아 있고, 다양한 예술 장르들이 초현실주의적인 방법으로 혼융돼 있는 클레르 영화 문법을 박태원은 문자 텍스트로 재현한다. 〈최후의 억만장자〉에서 클레르가 보여주는 사회 비판 의식을 박태원은 자신의 창조적 역량을 훼손하지 않은 방향에서 실험적으로 패러디한다. 당시 '콩트'나 '유모어'는 신문 연재물로 인기를 끌었던 장르이다.[10] 장편 소설보다 분량이 짧으면서도 반전과 기지가 돋보여 독자들의 관심을 끌었다. 이 장르가 특히 주목되는 것은, 화가들의 그림이나 소설가가 직접 그린 작화가 동시에 실린다는 점에 있다. 박태원은 이미 「유모어 꽁트 제비」를 자신이 직접 그린 삽화와 함께 연재한 적이 있다.

「영화에서 어든 콩트 최후의 억만장자」는 화가 정현웅의 삽화와 함께 연재된 일종의 저널리즘 문예물이다. 형식적으로는 클레르의 영화 문법을 고려한 부분이 눈에 띈다. 여기에 등장하는 인물들을 비롯한 고유명사들은 음악 용어를 차용해 작명된 것이다. 파리와 경찰이 없는 이상적인 국가의 이름은 '트레모로'이며, 이 국가는 악기(기타) 형상을 하고 있다. 그 나라의 억만장자의 이름은 '안단테 모데라토'이며, 그 딸은 '알레그로 비바체', 그 딸의 가정교사는 '론디노'다. 이 국가의 광장은 '가보트'인데, 춤곡의 명칭을 빌린 것처럼 보인다. '룸바' 종남작, '뽈레로' 호텔, '세레나데호', '마주르카호' 등은 모두 음악 용어이다. 제1경부터 제7경까지의 장면으로 구성돼 있는데, 이는 악장 구분 용어를 차용한 것이거나 영화의 'scene'을 차용한 것으로 보인다.

---

9 〈조선일보〉, 1927.6.25~7.1

10 박태원 외에, 이선희, 「여인도」(1937.6.22~24)와 안회남, 「일허진 지평선」(1937.6.18~20) 그리고 이태순, 「사막의 화원」(1937.7.2) 등이 '영화에서 어든 콩트' 제하의 연재물로 실려 있다.

추적과 탐정, 사건의 우연성과 연쇄적 질주, 반전과 해결, 풍자와 비판 같은 고리들이 전체 스토리를 속도감 있게 끌고 나간다. 갑자기 파리가 나타나면 전 국민이 파리를 잡느라고 법석이다. 연쇄적 사건의 핵심 동인이 되는 '우연한 사건'의 발단은 〈백만〉에서는 '복권'이지만, 이 콩트에서는 '파리를 퍼트린 범죄자를 잡는 것'이다. 파리 잡기에 몰두하는 우매한 민중들, 동물 보호를 해야 할 협회가 파리 잡는 협회가 되는 모순, 국민 동원령 같은 시대적 비판과 풍자가 있지만, 그것은 판타지 코미디풍의 형식에 녹아 들어가 있어 전면적이지는 않다. 모든 소란과 혼돈을 다 해결하고 기적적으로 결말을 맺는 클레르의 방식을, 박태원은 '파리' 사건을 해결한 사람이 조선에서 온 기이한 청년 '구보'라는 것으로 등치시킨다. 마지막에 그 범죄를 해결하는 자로 '구보'를 슬며시 끼워 놓는 '자기반영성'의 전략을 구사하는 박태원식 장기는 여기에서 살아난다. 정현웅 또한 삽화에 '갑빠머리'와 '대모테 안경'을 한 구보를 묘사해 구보의 소설 전략을 뒷받침한다.

사회풍자와 비판이 살아 있고, 형식적으로는 초현실주의적인 아방가르드 미학을 거침없이 구사하고, 춤, 음악, 판타지 등의 장르 결합을 통해 예술가 혹은 창작가의 자기의식을 특장적으로 구현하는 클레르 영화 문법은, 정현웅의 삽화와 박태원의 콩트적 묘사가 결합된 혼종 텍스트로 새롭게 창안된다. 클레르 영화에 대한 당대 문인들의 관심은, 초기 작품들에서는 구주 예술의 중심지인 '파리'에 대한 낭만적 동경이 자리하고 있고, 다른 한편으로는, '창작가'로서의 클레르에 대한 자기 동일시적 욕망이 내재된 것이있다. 클레르 영화는 실험적이고 독창적이라는 측면에서 전위적 방법과 실험적 전략을 모색하던 1930년대 문인들에게 글쓰기 욕망을 강력하게 추동했다. 특히 〈최후의 억만장자〉에 대한 관심은 파시즘 비판의 맥락이며, 이는 일본 식민지 정책을 비판하는 전력과 관계있다.

이상 또한 이 세 층위를, 파리 동경, 창작가적 자기 동일시, 일본 파시즘 비판 전략 등을 동시에 넘나들고 있지만, 그것은 보다 심층적이다. 예컨대, 이상이 〈최후의 억만장자〉를 보는 관점은 '피시즘 비판'이라는 측면에서는 비슷하지만, 다음 두 가지 점에서는 일반적인 평가와는 다르다. '천하 사람을 우롱한 주인공의 행동'을 그린 이 영화를, 「오감도」 필화 사건을 겪고 난 뒤, '오감도가 천하 사람을 우롱한' 것에 아날로지 해서 본 영화라는 것이 그 하나이며[11] 다들 "히틀러를 악한이라 부르고 있고, 이 영화도 그렇게 보이도록 만들었지만 그러니 히틀러는 천재"라고 칭찬했다는 대목에서 다른 하나를 유추할 수 있다. 전자의 경우, 불란서 사람들은 이 독특한 클레르의 영화 문법을 충분히 이해하고 수용한 반면, 자신은 그런 이해를 대중들로부터 받지 못했다는 일종의 원망과 절망감을 나타낸 것이다. 두 번째는 클레르의 풍자를 다시 뒤집는 이상의 천재성이 드러난다.

> 다방에 들어가서 차를 마시면서 이상은, 히틀러를 모두들 악한이라고 부르고 있고, 이 영화도 그렇게 보이도록 만들었지만 그러나 히틀러는 천재라고 칭찬하였다. "이 다음에는 같은 르네 클레르 감독의 〈유령 서쪽으로 가다〉가 나온다는데, 그것도 박형한테 구경시켜달라고 예약합시다."하고 이상은 너털웃음을 웃었다.[12]

〈최후의 억만장자〉가 문인들에게 소개되는 과정과 그것이 문학 텍스트로 변용되는 실증적 사실이 나타나 있는 대목이다. 아마도 박태원의

---

11 신범순, 『이상의 무한정원 삼차각 나비』, 83면.

12 조용만, 「이상의 시대 젊은 예술가들의 초상」, 『그리운 그 이름 이상』, 304~305면.

발의로 이 영화를 단체 관람한 듯한데, 박태원은 개인적으로 이 영화를 토대로 앞의 그 유모어 소설을 쓸 수 있었다. 이상이 다른 글에서 언급한 〈유령 서쪽으로 가다〉 역시 박태원의 발의로 혹은 재정적 지원으로 구인회 인물들의 단체 관람이 이루어졌을 가능성이 있다. 이처럼 이 예술 공동체의 관심은 문학에 국한된 것이 아니라 전 예술 영역에 걸쳐 있었고, 이 뉴미디어 체험을 토대로 자신의 창조적 역량을 강화할 수 있었던 것이다. 이것이 이들 예술 공동체의 '우리 경험'의 실체일 것이며, 1930년대 문학적 자율성의 구도가 형성된 중요한 동인일 것이다.

클레르 텍스트와 리토르넬로 시학

클레르 영화 문법에 동의하면서도 그 영화의 보는 일반적인 독법을 다시 뒤집어 버리는 이상의 '비밀' 담론 취향과 '변신술'적 에피그람 어법은 이 영화를 평가하는 대목에서도 다시 발휘되고 있다. 조용만이 클레르의 '파시즘 풍자'에서 카타르시스를 느낀다면 이상은 거기에 묘사되거나 언급된 세계를 전도시킴으로써 그 세계에서 벗어난다. 이상은 '히틀러는 천재'라는 맥락으로 클레르의 영화 문법을 다시 한번 뒤집는다. '히틀러 독재와 파시즘에 대한 풍자'라는 일반적이고 상식적인 독법은, 이상이 클레르를 좋아하면서도 그것을 비판할 수 있는 힘을 얻는다. 〈유령 서쪽으로 가다〉를 비판하는 방식 또한 이상의 독특한 수사법에 근거하고 있는데, 이상이 클레르식 전략을 어떻게 자기 것으로 수용하는가가 여기서 확인된다.

이상은 도동(渡東) 하기 직전인 1936년 10월 초에 쓴 김기림에게 보낸 편지에서 '〈유령 서쪽으로 가다〉는 〈홍길동전〉과 함께 영화 사상 굴지의 가장 가치 없는 것'이라는 혹평을 한다. 〈유령 서쪽으로 가다〉는 클레르가 영국으로 건너가서 만든 영화다.

「幽靈西에 가다」는 명작 「홍길동전」과 함께 영화사상 굴지의 가라구다입니다. 르네 클레르 똥이나 처먹어라.[13]

당대 대부분 문인, 예술가들이 그지없이 찬탄하던 클레르를 혹평하는 이상의 안목이 이채롭다. '르네 클레르 똥이나 처먹어라'에서 '똥이나 처먹어라'는 이중적 암시를 띤다. 1930년대 르네 클레르와 함께 파리의 영화계를 평정한 장 비고(Jean Vigo)[14]에다 르네 클레르를 빗댄 것이며 이로써 클레르를 비판한 것처럼 보인다. '똥이나 먹어라'는 무정부주의자였던 장 비고의 아버지가 개명한 이름이라는 전언이 있다. 이 설이 맞다면, 마치 '장 비고의 똥이나 처먹을 정도로 장 비고에 비해 작품이 형편없다는 것'을 말하는 듯한 뉘앙스를 풍긴다. 위트와 암시로 가득 찬 이상의 수사법이다. 이상의 영화 취향이 폭넓게 형성돼 있음을 시사하는 대목이기도 하다. 이상이 『영화시대』라는 잡지에 영화소설 「白兵」을 연재하게 된 계기도 르네 클레르의 영화에 대한 깊은 관심과 분리할 수 없을 것이다.[15]

이상이 르네 클레르를 좋아한 데는 무엇보다 클레르 영화가 갖는 본질적인 테마와 방법론에 있었던 것 같다. 이상의 아방가르드 정신을 포괄하는 '리토르넬로의 시학'[16]을 르네 클레르 영화는 담당해 내고 있기

13 이상, 「김기림에게 보낸 사신」, 『정본 이상문학전집 3-수필』, 247면.

14 1930년대 프랑스 감독으로 반항아적이면서도 초현실주의적인 분위기의 영화 〈품행제로〉로 명성을 얻었다.

15 이 서신에서 그는 클레르의 영화를 혹평하면서 바로 다음에 『영화시대』에 '백병'을 연재하게 된 소식을 전하고 있다. 현재 시점에서, 〈백병〉은 발굴되지 않고 있다.

때문이다. 이는 초기 다다이즘 영화에서 시작된 르네 클레르의 실험적인 방법론과 진보주의적 세계관을 반영한다. 르네 클레르의 공적 가운데 중요한 것은 음향의 리얼리즘적 효과를 거부한 것이다. 초기 유성영화 시대 영화감독들은 표현주의 음악을 선호했다. 표현주의 음향은 영상과 분리되어 독립적으로 존재하거나 스크린상에서 재현되는 이미지와 분리된다.[17] 르네 클레르는 사실주의적인 음향 사용을 반대하면서 음향 또한 영상만큼이나 편집될 수 있다고 믿는다. 그는 음향의 독립성을 주장하는데, 이것이 쇼트를 대신할 수 있을 정도로 영상과는 독립적으로 존재한다는 것이다. 예컨대 문 닫는 동작을 보여주지 않아도 소리 자체만으로도 그 의미는 충분히 전달된다. 따라서 동시 녹음은 필수적인 것이 아니었다. 많은 장면이 음향 없이 촬영되었고, 몽타주 장면들이 위트 있고 재기 넘치게 병치 되면 그에 따라 음악이 더빙되었다.

대부분 아이러니스트들이 그러하듯, 클레르의 주특기 또한 영상과 실재 사이의 대비뿐 아니라 보는 것과 듣는 것 사이의 대비에 있다.[18] 클레르의 영화 〈간주곡(Entr'acte)〉(1924)은 페르낭 레제(Fernande Léger)의 〈발레의 기교(Ballet Mecanique)〉(1924)와 함께 영화사상 다다이즘 영화의 걸작으로 알려져 있다. 「감상에의 반역」 중 '시의 모더니티'에서 김기림은 '스잇타스'의 명제라고 밝히면서, '운동과 생명의 구체화'라는 레제의 기계주의 미학을 언급한 바 있다.[19] 레제나 클레르의 전위영화 방법론이나 시

16 G. 들뢰즈와 P. 가따리의 용어이다. 소음과 카오스의 무질서를 통한 전위적 방법론을 통칭하는 것이다. 들뢰즈, 가타리, 『천개의 고원』, 김재인 역, 새물결, 2003, 567~569면. 이에 관해서는 졸고, 「이상 혹은 리토르넬로의 비교교유록」 참조.

17 L. 쟈네티, 『영화의 이해』, 김진해 역, 현암사, 1996, 176면.

18 Celia McGerr, *René Clair*, Boston, G.K. Hall, 1980. 쟈네티의 책에서 재인용.

19 김기림, 『전집 2』, 82면.

적 실험이 1930년대 예술가들에게 각인된 것은, 이들의 입체파적인 비전에 대한 호응이자 이들의 멀티 아트스트적 면모에 기인한 것이었다.[20]

일제시대 미술가들에게 미래주의, 입체파, 다다이즘 등의 사조가 뚜렷한 방법론적인 차이를 통해 모색되지 않았듯, 문인들 또한 이들 예술의 사조적 차이나 기교 혹은 방법론적인 차이에 대한 분명히 인지를 갖지 못했다. 기존 예술을 혁신하면서 일종의 아방가르드 정신을 공유한 '주관주의 예술'로 이 예술사조를 이해했던 것이다. 김기림 또한 이 같은 측면에서 미래파, 다다, 초현실주의 예술을 받아들인다. 서구 아방가르드 예술의 기교나 방법 그 자체뿐 아니라 그것의 아방가르드적인 혁신성과 창조성에 주목한 것인데, 레제의 기계주의적 생명력과 활력에서 김기림은 근대시의 미래적 비전을 확보하고자 했을 것이다.

그런데 이상과 클레르를 매개하는 또 다른 중요한 고리는 클레르가 맥 세네트의 추적 영화들에서 영감을 받았다는 대목에서 확보된다. 클레르의 영화 〈간주곡〉[21]의 장례식 신을 생각해 보자. 장례식이 엄숙하고 느린 속도로 진행되는 와중에 갑자기 관이 없어진다. 이후 위엄 있는 부유한 신사들이 성을 내며 담배를 뻐끔뻐끔 피우는 시퀀스가 빠른 속도로 진행된다.[22] 이 같은 '추적 신'은 클레르의 〈백만(Le Million)〉(1931)에서도 나타난다.[23] 가난한 예술가 미첼(Michel)이 복권에 당첨되면서 벌어지는

---

20 졸고, 「이상 혹은 리토르넬로의 비교교유록」 참조.

21 다다이스트 시인이자 이론가인 프란시스 피카비아(Francis Picabia)가 극본을 썼다.

22 L. 자네티, 앞의 책.

23 〈유령 서쪽으로 가다〉 이후 침묵을 깨고 런던에서 당시 유명 배우 모리스 슈발리에가 주연하는 신작 영화의 제작발표회를 가졌다는 소식이 게재된다. 슈발리에는, "신작 영화가 오페렛타의 냄새를 풍길 것임을 예상하고, '밀리온'의 환영이 사라지지 않은 모양"이라고 말하고 있다. 다양한 장르와 음악이 혼합된 〈밀리언〉에 대한 관심이 높았음을 확인할 수 있다. 「침묵을 깨트린 루네 크레르, 론돈서 신제작발표」, 〈조선일보〉, 1937.10.26.

해프닝을 그린 것인데, 미첼이 복권이 든 재킷을 여자 친구인 베아트리체(Beatrice)의 집에 두고 오면서 서사가 전개된다. 복권이 든 자켓이 도둑과 성악가 등에게로 차례로 전해지면서 그 복권을 찾기 위한 추적이 연이어 일어난다. 이 과정에서 르네 클레르는 소리, 대화, 음악이 착종되는 거대한 혼돈을 시도하고, 오페라, 발레, 뮤지컬 등의 복합적인 공연 예술을 삽입시킨다. 르네 클레르는 영상과 소리를 정합적으로 결합시키는 방법을 택하는 대신 대위법적으로 구성하는, 당시로는 혁신적인 방법을 선택한다. 같은 스튜디오를 쓰면서 티켓과 사랑을 두고 경쟁을 벌이는 미첼과 프로스트의 내면의 목소리 곧 양심의 소리는 인물의 독백이나 행동, 대화로 표현되지 않는다. 골똘한 생각에 잠긴 인물들의 표정을 배치하고 거기에 상인들이 부르는 노래가 입혀진다. 소리와 사운드 트랙의 혁명적이고 모험적인 시도를 한 것으로 평가되는 이 영화는 후일 채플린의 〈모던 타임즈〉(1936)[24]에 영향을 줄 정도로 그 선구적인 업적이 인정된다. 보헤미안적인 예술가의 생활을 다룬 점, 음악, 미술 등의 장르 혼종과 아방가르드적인 형식, 반리얼리즘적인 화면 배치, 위트와 아이러니와 우연성이 결합된 웃음의 미학 등 〈Le Million〉에서 보여주는 방법은 이상 텍스트가 문자 텍스트로 이루어진 것이라는 점을 감안하더라도 둘 사이의 상관성이 적지 않다.

복권을 손에 넣기 위해 한 무리의 군중이 질주하듯 달려가는 장면이나 우연적인 것들의 방해로 복권을 손에 넣는 시간이 계속 지체되는 상황은 이상의 시 「오감도」 연작의 질주 모티프, 막혀도 좋고 뚫려도 좋은 골목길의 열린 시적 결말과 방법론적 측면에서 유사하다. 욕망은 즉각적으로 충족되지 않고 낭만적인 사랑의 실현은 방해받으며 극의 결말은 지

24 Elliot Stein, 〈Le Million〉 해설, creterionco, 2000.

연된다. 반복과 우연이 리듬을 낳는다. 모호성이 초현실주의적 신비를 생성시킨다. 김기림, 박태원 등에게 인상적인 시로 남아 있는 「운동」, 「AU MGASIN DE NOUVEAUTES」 등 백화점 연작시에 공통으로 나타나는 것도 바로 '우로보로스 뱀'의 형상과 같은 반복과[25] 우연성의 결합에 의한 다다적인 분위기다. 이상 스스로도 '한 마리의 뱀은 한 마리의 뱀의 꼬리와 같다. 또는 나는 한 사람의 나의 부친과 같다'[26]고 밝힌 바 있다. 질주는 혼돈이며 혼돈의 무한 반복은 거대한 원을 이룬다. 이 '원' 곧 무한 반복의 우로보로스 형상이다.

특히 음향과 영상과 소음이 혼돈스럽게 얽혀 초현실주의적인 분위기를 만들어 내는 것은 이상의 특징적인 글쓰기 방식인데, 클레르 영화의 이 같은 반사실주의적 접근법과 환상성의 코드가 이상의 취향을 자극했을 것이다.

> 나의 방의 시계 별안간 十三을 치다. 그 때, 號外의 방울 소리 들리다.[27]
>
> 시내-사람들은 여전히 그 알아볼 수 없는 낯작들을 쳐들고 와글와글 야단이다. 가등이 안개 속에서 축축해 한다.[28]
>
> 雀亂처럼 들끓는 음악을 그는 기울어져 가는 한칸의 창에서 전송하였다. 낡은 모습의 슬픔이 그를 엄습하였다. 악보화된 성적표가 그의 소화계를 난마와 같이 蹂躪하였다. 중량의 구두 소리의 체적-[29]

25 박현수, 「이상의 아방가르드 시학과 백화점의 문화기호학」, 『이상 문학 연구의 새로운 지평』, 역락, 2006, 155면.

26 이상, 『정본이상문학전집 1-시』, 151면.

27 이상, 「작품 제1번」, 위의 책, 177면.

28 「실화」, 『정본 이상문학전집 2-소설』, 344면.

29 이상, 「얼마 안되는 변해」, 『정본 이상문학전집 3-수필』, 147면.

이상 문학이 대체로 그러하듯, 감각적인 차원은 중층적이며 리토르넬로적이다. 이것이 다다나 초현실주의적 시적 발상인 것은 더 설명할 필요가 없다. 위 텍스트에서 이미지와 음향은 카오스적인 형태로 결합돼 있다. '소음, 음향의 변형 및 원환회귀적 반복은 리토르넬로적이다. 이들 텍스트에서 보여주는 소리와 음향의 무질서한 혼돈은 르네 클레르가 시도한 음악 및 영상의 대위법적 결합과 음향을 통한 이미지 재현의 방식과 다르지 않다. 클레르 영화에는 소란스런 군중들, 추적 혹은 질주, 뜻 모를 웅얼거림, 무의미한 말의 반복, 우연적인 신(scene)의 연쇄적 결합이 소음과 같은 감각적 변이를 이끈다. 클레르나 달리의 초현실주의적 방법에서 이상은 유사한 기법적 코드를 발견하고 거기에서 동질적인 아방가르드 미학을 확인했을 것이다.

질주와 운동 이미지

김기림은 이상을 두고 '르네 클레르를 퍽 좋아하는 눈치다'는 투로 완곡하게 이상과 클레르 간 코드의 유사성을 지적한다.[30] 〈맨하튼에서의 모험(Adventure in Manhatten)〉과 같은 '범죄 영화'나 〈백만〉 같은 추적신이 나타나는 영화, 탐정 영화 스타일에 이상이 관심을 기울였던 사실은, 그의 시에 나타나는 '운동 이미지'와 관련해 주목할 부분이다. 들뢰즈는, 영화의 이미지는 그 자체의 내적 동력에 의해 움직이는 자동기계로, 우리 내면에서 우리의 정신적인 자동기계를 일깨우는 것이라고 말한다.[31] 이는 마치 엘리엇이나 파운드가 관심을 기울였던 '자동화'라는 기계적 행위의

30 김기림, 「이상의 모습과 예술」, 『그리운 그 이름, 이상』, 32면.

31 G. 들뢰즈 『시네마 2: 시간-이미지』, 이정하 옮김, 시각과 언어, 2005, 313~314면.

내적 리듬을 연상시킨다. 프랑스 영화와 소련 영화의 스타일은 다르다. 에이젠슈타인에게서 나타나는 것처럼 인간과 기계가 변증법적인 대립관계에 있는 소련 영화가 동력 기계를 연출하는 것과, 프랑스에서 그것을 보여주는 방식은 다르다. 프랑스에서는 기계 속의 운동량과 영혼 속의 운동 방향의 통일성을 추구하고 이를 죽음을 불사하는 정열과 같은 것으로 인식한다. 기계와 생명체, 내부와 외부, 기술자와 힘 같은 것들은 내적으로 반향하며 소통의 과정들 속에서 한 데 묶인다. 기하학적인 추상성에 생명을 불어넣는다는 클레르 영화는 이 점에서 프랑스적인 영화의 운동 이미지를 가장 독특하게 보여준다.

〈백만〉에서 영화 속 인물들은 끊임없이 질주한다. 질주는 리듬을 낳고 비약을 생성시키며 그것은 결국 리토르넬로의 음악이 된다. 어떤 공간에서 사람들이 점차 나타나다 점점 더 많아지는데 그들은 공모하듯 기계적 운동을 유발시키며 또 스스로 기계적 리듬의 주체가 된다.[32] 거기서 각각의 인물은 대상 뒤에 숨어 있거나 아니면 시간의 흐름 속에서 스스로 용수철이나 모터의 역할을 맡는다. 여기서 하나의 추상예술이 생겨난다. 유기체는 이 같은 자동화 기계의 이미지 속에서 스스로 리듬이 되고 음악이 된다. 이상의 시에는 순수한 운동 역학이 만들어 내는 물질의 변형이 있다. 질주의 끝은 비약과 리듬이며 그것은 그 자체로 하나의 음악이 된다. 심지어 기호(점·숫자·문자)로 이루어진 도상 텍스트들조차 그러하다. 문자 매체인 탓에 이 같은 운동 이미지가 색채나 음악과 맺는 관계가 영화 매체에 비해 다소 희박하다는 점이 다를 뿐이다. '순수한 운동'은 '분방한 변형'의 이미지들을 구현한다. 「조감도」 연작, 「삼차각설계도」 연작, 「오감도」 연작 등에서 나타나는 속도와 질주와 반복은 기계적 운동

32 G. 들뢰즈, 『시네마 1: 운동-이미지』, 83~84면.

의 구현체이자 그 변형체들이다. 그것들은 그 자체로 리듬이며 음악이다. 그 자체가 리토르넬로이다.

순수한 운동으로서의 질주는 음향 이미지와 착종되는데, 이는 한편으로는 열려 있고 한편으로는 모호하며 또 다른 한편으로는 생성적인 것이다. 이는 각각의 그림을 매번 다른 각도에서 보도록 요구하는 비구상회화가 추구하는 가치와 다르지 않은데,[33] '낯설게 하기'로 텍스트를 매번 새롭게 창안하는 방식으로 볼 수 있다. 움베르토 에코(Umberto Eco)는, 비구상회화의 기호나 소리군을 중심으로 진행되는 이와 같은 열린 성격의 현대 예술은 정보 이론으로 설명할 수 있고 이를 미학적인 차원에 적용할 수 있다고 말한다. 음렬 음악은 불확정성과 모호한 상황을 창안해내는 기교나 절차를 선호하는 문화의 흐름과 관계를 맺고 있는데, 음의 배치에 따른 의미의 다양한 산출을 그 특징으로 한다. 음악가 베베른이 12음렬을 배치해 음악적 담론을 조절하고자 시도했던 것에서 이상의 「진단 0:1」이나 「오감도 시 제4호」, 「선에 관한 각서 1」, 「선에 관한 각서 3」 등을 '배치'의 시학으로 설명할 수 있다. 일종의 편집 상태에 따라 의미가 산출되는 열린 텍스트의 성격을 띤 이 시들은 베베른이 창안한 음악적 시학을 떠올리게 한다.

예측 불가능성 가운데서도 수준의 층위가 높은 것들은 가장 높은 수준의 무질서에 의존하는데, 그것은 극히 상투적인 의미뿐만 아니라 가능한 의미 자체 모두를 본질적으로 전혀 인식할 수 없게 한다. 이는 엄청난 정보를 전달할 수는 있지만 이해 가능성은 제한될 수밖에 없는 채널을 이용한 메시지로 규정된다.[34] 이 예측불가능한 무질서의 운동이 결정적

33 움베르토 에코, 『열린 예술작품』, 조형준 역, 새물결, 2006, 108면.

34 위의 책, 111~143면.

으로 극한 상태에 도달하는 지점에는 기계적인 운동 에너지, 수성으로서의 리듬만이 존재한다. 들뢰즈는 이를 '주체(형상)는 지워진다'고 말한다. 유령, 몽상가, 악마 같은 존재가 그 주체의 자리를 대체하는데, 이는 운동의 우주적 열림 상태를 상징한다. 기차에서 속도와 가속, 그리고 재난은 기관사의 여러 가지 상태, 증기 속의 시지프스, 불 속의 프로메테우스, 눈 속의 오이디푸스와 같은 이미지에 투사된다. 이 같은 인간과 기계의 결합을 '인간의 수성(獸性)화'라 한다.

인간과 기계의 '수성적' 결합은 미래주의자들의 회화에서 그 단초를 엿볼 수 있다. 김기림은 신문사 윤전기의 소음과 슈베르트 음악을 대위법적으로 연결시키기도 한다. 신문사 마감 시간인 오후 1시의 편집국의 혼돈스런 분위를 50개 이상의 귀를 가진 괴물형의 사회부장의 이미지와 배치시킨 김기림의 직관은 놀랍고 흥미롭다. 그는 이 예측불가능한 기계주의 동력학의 이미지, '인간의 獸性化'를 그리고 있다. 하이브리드 이미지를 이처럼 역동적으로 묘사함으로써 김기림의 시대는 새로운 리얼리티를 창안하는 힘을 얻는다. 활자 · 영화 등 기계 미디어의 복합적이고 입체적이며 공감각적인 창안력이 이를 가능하게 했던 것이다. 기계주의적 세계관은 기계와 인간의 혼종적 이미지로 구현되는데, 이는 구체적인 '몸'의 형상화로 구현될 뿐 아니라, 그 속도와 활력의 리듬감으로 표상된다. 기계주의의 속도는 곧 혼종적 몸이다. 이 관점에서 클레르, 콕토, 레제, 이상, 김기림 등의 텍스트에서 나타나는 혼종성의 이미지는 동질적인 것이다. 이를 극단적으로 몰고 간 이상은 그 음악적 열림 상태를 '리토르넬로'화한다.

앞에서 언급한 이상 시의 구절들을 이 관점에서 다시 살펴보자.

> 나의 방의 시계 별안간 十三을 치다. 그 때, 號外의 방울 소리 들리다.[35]
>
> 시내-사람들은 여전히 그 알아볼 수 없는 낯작들을 쳐들고 와글와글 야단이다. 가등이 안개 속에서 축축해 한다.[36]
>
> 雀亂처럼 들끓는 음악을 그는 기울어져 가는 한칸의 창에서 전송하였다. 낡은 모습의 슬픔이 그를 엄습하였다. 악보화된 성적표가 그의 소화계를 난마와 같이 蹂躪하였다. 중량의 구두 소리의 체적-[37]

'13'을 치는 시계 소리와 호외의 방울 소리가 혼합되고 이 같은 소리와 음향의 혼합된 이미지는 그로테스크한 '수성'의 이미지와 연동된다. 알아볼 수 없는 낯짝을 한 사람들의 소란은 안개에 축축해진 가등의 이미지와 혼합된다. 들끓는 음악과 악보화된 성적표가 난마와 같이 유린된다. '구두 소리의 체적'에서 느껴지는 음향의 무한 반복적 이미지와 그로테스크한 중량감 등은 '수성화된 인간'의 형상이며, '순수한 운동'에 의한 '분방한 변형'의 형상들이다. '가뭄이 안개 속에서 축축해 한다'와 같은 '감각적인 표현'은 소리와 촉각과 음향이 혼효된 것으로, '수성'의 하이브리드 이미지와 함께 입체적이고 혼종적인 시학을 구현한다.

반복과 질주의 기계적 운동은 르네 클레르 영화 미학의 핵심을 구성한다. 이런 반복은 음악이 된다. 심지어 인상파 화가 모네가 그린 정원의 '수련'에서도 이 반복의 이미지와 그로 인해 생성되는 음악적 리듬의 감흥을 맛볼 수 있다. 같은 이미지를 반복해서 그리면서도 그것을 매번 창의적으로 재구성하는 과정에서 그러한 반복과 질주의 음악이 생겨나고

35 이상, 「작품 제1번」, 『정본 이상문학전집 1-시』, 177면.

36 이상, 「실화」, 『정본 이상문학전집 2 소설』, 344면.

37 이상, 「얼마 안되는 변해」.

입체적인 시학이 완성된다. 이상의 「오감도」, 「선에 관한 각서」 등과 이것을 관련시켜 볼 수 있겠다. 균질적인 공간 속에서 운동을 조합하고 중첩시키고 변형시키는 기계적이고 기하학적인 운동은 생명력이 있다. 일명 팡탱(pantin)이라는 꼭두각시놀이 같은 이 기법은 복제와 재복제, 교대, 주기적인 회귀와 연쇄반응이라는 정교한 법칙에서 작동된다. 장 비고의 「라딸랑뜨」의 젊은 여인의 방황 또한 같은 원리에서 작용한다.

클레르는 이 기계적이고 기하학적인 추상성에 깊은 생명성을 부여하는데 그것이 그의 영화의 시적 일반성이다.

> 구체적 대상, 욕망의 대상은 원동력, 즉 시간 속에서 작용하는 엔진이나 용수철처럼 나타나며, 흡사 더욱 더 크게 기계화되어가는 집합의 부분들처럼 점점 더 많은 수의 사람들이 공간 속에서 차례차례 타날 때 그들이 공모하는 기계적 운동을 유발한다.[38]

〈백만〉에서 욕망의 구체적 대상은 복권이지만 그것은 복권 그 자체에 의미가 있는 것이 아니라 사람들이 질주하고 모이는 욕망의 원동력으로 작용한다. 복권을 좇아 사람들은 끊임없이 질주한다. 기계주의적인 속도의 운동감은 음악과 이미지가 조응해 만들어 내는 화려한 색채미와 조응한다. 여기서 운동은 음악이 되고 음악은 회화가 된다. 클레르는 음악과 영상과 이 기계주의적 속도감을 결합시켜 영상 시학을 만든다. 1930년대 영화평에서 언급된 '詩味' 혹은 '창작가적 야심'이란 르네 클레르가 시도했던 이 같은 입체주의적, '시적 리얼리즘'의 방법론을 말한 것이다.

---

38 G. 들뢰즈, 『시네마 1: 운동-이미지』, 82~83면.

클레르는 스크린 위에서의 '논리의 지속'을 반대하면서, '시각의 착각은 나의 것이다. 이 재창조된 우주는 나의 것이고 그것은 내 마음대로 내가 자족하는 형상으로 방향을 설정한 것이다'는 영화에 대한 분명한 시선을 견지한다.[39] 이 말은 이상이 말한 '제4차원'의 세계와 미묘하게 겹친다. 클레르의 전위적인 문법에는 신화적 분위기와 꿈과 환상이 미묘하게 겹쳐 있다. 논리와 절대적 의미를 부여하는 기존의 영화 독법을 허물고 그 자리에 환상과 꿈을 배치시킨 클레르의 전위적인 방법은 이상 텍스트의 몽환성을 떠올리게 한다. '모든 지각들이 뒤섞이고 소멸되고 다시 생성되는 추상과 꿈의 지대에 세계의 형상을 위치 지우는' 이것은 음악적 시학의 세계이다. 환상과 추상과 해학과 기지와 비판으로 채색된 르네 클레르의 영화적 서정은, 이상의 예술적 감각을 자극시키기에 충분했을 것이다. 이상의 클레르 영화에 대한 관심은 줄거리나 스토리 라인의 특이성에 있다기보다는 그 전위적인 형식과 실험 정신에 있었던 것이다.

환술 혹은 푸가(Fuga)적인 것

클레르의 '영화적 장난'은 이상 문학의 '장난'스럽고 유희적 성격, 그리고 김기림이 말한 '피에로의 독백'이라는 말을 반향한다. 실험과 모험의 기법은 아방가르드적인 이들 예술의 자유 문법을 지칭한다. 실제 그들은 스스로의 행색을 '곡마단'에 비유하기도 했고,[40] 이승만이 『풍류세시기』에서 보여준 〈구본웅과 이상의 모습〉 또한 이들을 '곡마단'의 존재감으로 묘사한 수작이다.[41] 조용만은, 이상이 구본웅, 양백화와 함께 실제로

39 앙리 아셀, 『영화미학』, 조병옥 역, 탐구당, 1989, 40~43면.

40 조용만, 「이상 시대, 젊은 예술가들의 초상」, 앞의 책, 311~313면.

'곡마단적 가각풍경'을 연출한 풍경을 희극적으로 묘사하기도 했다.[42] 이상은 「실화」에서 '곡마단'의 풍경을 다루고 있다.

> 진따-(넷날 활동사진상설관에서 사용하든 吹奏 악대) 진동야의 진따가 슬프다. 진따는 전원 네 사람으로 조직되었다. 대목의 한목을 보랴는 소백화점의 번영을 위하야 이 네 사람은 클리넷과 코넷-과 북과 소고를 가지고 선조 유신당초에 불으든 유행가를 연주한다. 그것은 슬프다 못해 기가 막히는 가각풍경이다. 왜? 이 네사람은 네사람이 다 묘령의 여성들이느니라. 그들은 똑같이 진홍색 군복과 군모와 꼭구마를 장식하얏드니라.
>
> 아스팔트는 저젔다. 鈴蘭洞 좌우에 매달린 그 鈴蘭꽃모양 가등도 저젔다. 크리라넷 소리도-눈물에-저젔다. 그리고 내머리에는 안개가 자옥-히 끼었다.[43]

'거짓말'의 환술을 파노라마처럼 펼쳐보이는 소설 「실화」의 문제성은, 예술 텍스트를 기반으로 '환술'의 여러 모티프를 몽타주로 구성한다는 데 있다. 서두에 에피그람으로 '사람이 비밀이 없다는 것은 재산이 없는 것처럼 가난하고 허전한 일이다'를 내세우고 있다는 것은 이 소설 전체의 메시지가 '비밀' 곧 '환술'이나 '거짓말'에 있음을 분명하게 제시한 것이다. C양과의 '속이기' 연애, 적빈을 팔아먹는 예술가의 허위에 대한 장 콕토의 경구, 연이와 S와 나의 속이기 시합, 모차르트의 41번 교향곡 주피터와 모차르트의 환술, 유정과의 거짓말 정사와 거짓의 유언 등의 모티프들이 서로 혼재돼 있는 것이 「실화」의 진면목이다. 예술 감식가이

---

41 기은경, 앞의 논문, 44면.

42 조용만, 앞의 글, 304~313면.

43 「실화」, 『정본 이상문학전집 2-소설』, 344~345면.

자 범죄학자가 나오는 〈Adventure in Manhattan〉이 언급된 것도 주목할 일이며, 이상 앞에서 이상이 알아듣지 못하게 불란서 말로 회화를 하는 예술가와 극작가도 몽환적으로 묘사돼 있고, '야웅의 전채', 거짓의 표식으로서의 白菊, 造花 등의 은유적 장치들도 있다. 「실화」는 그야말로 거짓과 비밀과 은유와 암시의 화려한 파노라마와 이를 숨기고 드러내는 탐정가적 언술이 회상과 비약의 장면 속에서 질주하는 텍스트이다. 이런 혼돈된 여러 모티프는 단속적인 연쇄를 통해 비약과 환상의 장면들을 연출한다.

'진동야의 진따' 장면 또한 진따의 구슬픈 가락과 광대의 기가 막히는 가각 풍경과 함께 몽환적이면서도 감각적으로 묘사되어 있다. 현재와 과거가 혼란스럽게 이동하는 것도 특징적이다. 이상은 왜 '진따' 소리가 '슬프다 못해 기가 막힌다'고 썼을까. '진따'는 청일전쟁 이후 야유회나 운동회, 선전을 위해 생긴 가두 악단이다. 처음에는 17~18명의 인원이 기본이었으나 쇠퇴하면서 5~6명 정도로 축소 편성돼 운영되었고 점차 광고를 위한 목적으로 사용되었다. 선율 악기와 리듬악기가 중심이 되는데, 큰북, 작은북, 탬버린, 트라이앵글이 활기차게 리듬을 선도하면 클라리넷과 코르넷, 바이올린이 선율을 넣었다. '대로 예술'의 특성이 강해 연주 수준이 급속히 저하되자, 소수의 곡목만으로 대중을 매료시켰다.[44] 레퍼토리가 부족했다는 뜻이다. 활동사진이 유행하면서 활동사진관 악대로 연주자들이 옮겨가고, 중산층의 예술 욕구가 근대적 무대예술로 옮겨감에 따라 가두 악단 구성이나 연주의 질적 수준이 저하될 수밖에 없었다. 「실화」에는 이 한물간 유행가 가락을 연주하는 진따 악단의 '네 명의 여자들'이 등장하는데 그들은 똑같이 우스꽝스러운 옷장을 하고 광대

44 요시미 순야, 『소리의 자본주의』, 129~133면.

같은 희극을 연출하고 있다. 한몫을 보려는 소백화점의 상술을 위해 동원된 '진따' 악단의 가면적 얼굴에서 이상은 일상적 삶의 자본주의적 침투를 우울하게 지켜보았을 것이다.

진동야의 쓸쓸한 회상 장면은 아스팔트와 영란꽃같이 서 있는 가로등 풍경과 혼합된다. 스즈란도(鈴蘭洞) 입구에 서 있는 가로등은 비에 젖어 고개를 떨구고 있는 영란꽃 같은 분위기인데, 진따의 크라리넷 소리와 함께 그것은 과거를 현재로 불러들이는 입구로 작용한다. '내머리는 안개가 자욱이 끼었다'고 이상은 그 혼돈과 죽음과 같은 데카당스적 분위기를 그려낸다. 어둡고 축축하고 죽음 같은 분위기는 여러 감각적인 이미지들과 혼합돼 독창적인 아우라를 풍긴다. 소리와 영상은 비에 젖은 아스팔트와 가로들의 축축한 이미지와 결합돼 데카당스적인 분위기를 더욱 몰고 간다. 이 환상적 이미지가 시간과 공간을 가로지른다. 감각과 이미지의 혼합과 혼돈은 현실과 환상, 과거와 현재의 시간을 가로지르며 '속도'의 탈주선을 만들어 내는데, 촉촉하게 물에 젖은 아스팔트나 가로등은 그 속도를 차단하면서 그 속도감에 들러붙는 기괴한 덩어리(수성적 이미지)가 된다. 이상은 이 질주와 속도감으로 미래의 시간을 창조하고자 했을 것이다. '인간의 속도'라 이름 붙인 '선에 관한 각서'의 음악적 시학은 이 혼종적이고 환상적인 이미지들에서 그 구체적인 형상을 얻는다.

묘령의 여성들이 입고 있는 광대적인 복장들은 그러한 그로테스크한 혼합을 상징적으로 보여준다. 펠리니(Pederico Feliini)의 영화 〈어릿광대(The Clowns)〉에서 보여준 '프로카당스적(procadence)'인 독창성이 이상의 어릿광대적 시선 속에 녹아 있다. 질주와 행렬의 장면에서 과거(기억, 회상)가 끌어올려질 때 독창적인 이미지가 창안된다. 장면과 감각의 혼합은 소란과 어수선함의 이미지를 만든다. 과거와 현재를 잇는 것은 '길'이라는 행렬의 이미지이며 이때 시간과 공간은 동일 지층에 존재한다. 이로써 신화의 시간은 현재화하며 이미지는 혼종되거나 비약함으로써 신비한 색채를 입는다. '환술'은 '광대의 시학'을 의미하고 이것은 '리토르넬로'의 음악적 시학과 다르지 않다. 이상이 클레르의 판타지 영화에 심취한 이유이다.

음악, 삶의 예의

이상이 음악에도 상당한 조예가 있었다는 사실은 이상 텍스트의 '음악적 시학'과 관련해 흥미로운 것이다. 여러 기록이나 당대 문인들의 회고를 통해 이상의 음악 취향을 확인할 수 있다. 당시에는 관람은 커녕, 축음기로 감상하는 것조차 용이하지 않았을 오페라를 익히 알고 있었던 것도, 〈라보엠〉을 가장 좋아했다는 것도 문종혁의 회고에서 확인된다. 이상의 특기인, 슬쩍 걸쳐 두듯 언급한 대목도 눈에 띄는데, 「조춘점묘」의 '나가야' 풍경을 언급하면서 카페 여급이 남편을 버리고 떠난 사실을 서술하면서 "「메리 위도」가 된 화형은 남편을 更迭하기에는 환경의 이롭지 못함을 깨달았던지 떠나버리고"라고 쓴 대목이 그것이다. '메리 위도'에 당시 외래어 표기에 쓰던 꺾은 괄호 표기가 된 것으로 보아 외래어 고유명사일 확률이 높다. 즉, 돈 많고 아름다운 미망인 한나를 둘러싸고 벌어지는 해프닝을 그린 레하르의 3막짜리 희가극인 〈메리 위도(Merry Widow)〉를 차용한 것이다. 이상이 쓴 글의 제목에는 음악 작품 번호(works number)를 붙인 것도 있다. 연작인 「작품 제1번」, 「작품 제2번」, 「작품 제3번」 같은 방식을 그는 즐겨 썼다.

이상은, '끽다점'의 예의를 언급한 「추등잡필」의 '예의'에서 사뭇 진지하고 엄숙한 태도로 '街衢의 喧噪한 잡음에 바뀌는' '아름다운 음악'에 대해 쓰고 있다.[45] '결코 이웃 좌석에는 들리지 않을 만큼 그만큼의 낮은 목소리로 담화하는' 끽다점은 '직업을 떠나서 투쟁을 떠나서 經綿한 정서를 풀 수 있는' 공간인 것이다. 그곳에 '슈벨트'나 '쇼팡'이 있기 때문이다. 음악은 가두의 소란스럽고 번잡한 일상과는 다른 경역에 존재한다. 니체의 그 유명한 명제, '음악이 없다면 삶은 오류이다'는 것을 증명이라도 하듯 그는 '음악이 있는 삶의 예의'에 대해서만큼은 진지한 고백조의 언어를 썼다.

구체적으로 언급한 음악가로는 모차르트를 들 수 있다. 「날개」에는 '나'가 경성역에 있는 티룸에 들러 커피를 마시는 장면이 나온다. '이따금 들리는 날카로운 혹은 우렁찬 기적 소리가 모찰트 음악보다도 더 가깝다'고 되어 있다. 특히 「실화」에는 모차르트 교향곡 41번 주피터(목성)가 언급돼 있다.

> Mozart의 41번은 '목성'이다. 나는 몰래 모차르트의 幻術을 투시하랴고 애를 쓰지만 공복으로하야 저윽히 어지럽다.[46]

진따를 회상하면서 '머리에 안개가 자옥히 끼었다'고 설명하는 부분에서도 '환술'의 초현실주의적이고 신비적인 분위기가 묘사돼 있는데, 이 이미지와 모차르트의 41번에서 떠올리는 '환술'의 이미지는 서로 교직된다. 이런 환술적인 분위기는 어릿광대의 가면이나 복장에서 보여주는 원색적인 것의 부자연스러움과 조잡성, 과장적이고 제스츄어적인 분위기, 몽롱함 등과 미묘하게 대비되는데, 어릿광대가 연주하는 음악 또한 명징한 선율의 그것이기보다는 어수선하고 우물거리는 음향의 효과

45 「추등잡화」, 『정본 이상문학전집 3-수필』, 94~95면.

46 「실화」, 『정본 이상문학전집 2-소설』, 346면.

에 더 근접해 있다. 시각적이면서도 청각적인 것들의 혼합이 바로 곡마단의 환술의 분위기인 것이다. 들뢰즈는 펠리니의 '어릿광대'를 분석하면서 이미지의 음향적 속성을 간파한다.

> 결정체-이미지는 시각적인 것만큼 음향적인 것으로서, 펠릭스 과타리가 시간의 결정체를 탁월한 하나의 '리토르넬로'라 정의한 것은 타당한 것이었다. 혹은 어쩌면 선율적 리토르넬로란 단지 하나의 음악적 구성 요소로서, 또 다른 구성 요소 즉 리듬적 구성 요소라 할 갤럽과 대립되면서 섞인다고 할 것이다.[47]

선율과 리듬은 섞여 리토르넬로를 구성한다. 이미지는 시각적이면서 동시에 음악적이다. 속이기의 천재들인 'C양'이나 '姸' 같은 여자들은 '조류'로, 그 여자들에게 속으면서도 또한 그 여자들을 속이는 자신을 덥석뿌리에 수염이 난 '말'로 아날로지 함으로써 「실화」의 환상적 분위기는 강화된다. '속이기의 게임'은 반복된다. 반복적 리토르넬로의 궤도에서 이 속고 속이는 길항 관계를 상징적으로 드러내는 형상은 '말과 새'다. 이들은 '하나가 다른 것을 데려가고 촉발시키는 반면 다른 것은 최후의 파괴 혹은 소진에 이르기까지 그 자신으로부터 거듭 재생된다.' 이 두 동물은 리토르넬로를 상징적으로 재현하는 이미지이다.

죽음과 재생, 파괴와 창조의 프로카당스적인 형상들은 리토르넬로가 이루어 내는 고유한 미학이다. 이상은 이를 '4차원 세계'라 명명한다. 이 시공간이 이루어 내는 접합 면의 심연이 독자들로서는 난해하기 그지없을 것인데, 이것이 '환술' 혹은 '어릿광대적인 시학'의 요체일 것이다. 이상이 '안개 같은', '어지러운'이라 말한 것은 모차르트의 이 41번 교향곡

47 G. 들뢰즈, 『시네마 2: 시간-이미지』, 183~184면.

의 핵심을 짚어 낸 것이다. 천재적 영감으로 최고 음악가의 위치에 오른 모차르트에 대한 환술 욕망은 다양한 장르의 통합과 감각 착종의 환상적 분위기 속에서 구체화된다.[48]

모차르트 41번 교향곡(KV 551, 일명 '주피터')은 모차르트의 교향곡 중 최고의 작품으로 평가된다.[49] 40번 G단조 교향곡(KV 550)의 음울하고 비극적이면서도 튕겨 나오는 반항적인 아름다움을 계승하고 거기에 숭고미와 이상주의적인 정신을 담은 것이다. 승리와 힘과 지성을 상징하는 최고의 신 '주피터'의 이름을 따온 만큼, 이 곡은 승리와 환희의 순간을 재현하는데 승리의 황홀을 상징하는 팡파르적인 음율과 음울하고 비탄적인 내면의 목소리가 대위법적으로 밀도 있게 구성된 점이 특징이다. 특히 4악장 푸가의 기법을 주목할 수 있는데, 푸가는 모방, 확장, 축소, 자리바꿈, 반복, 스트레타 등을 통해 변화와 긴장을 주는 양식이다.

〈주피터 교향곡〉을 '환술'로 치환해 해석하는 이상의 시각은 흥미로운데, 실제 〈주피터 교향곡〉에 대한 청취 행위를 통해서만 이상의 이 '어지러운 환술'의 맥락을 이해할 수 있다. 여기서 하나의 논점을 제기할 수 있다. 이상의 언급은 독서 행위가 아닌 청취 행위를 통해 이루어졌다는 사실이다. '주피터'가 아니라 '목성'이라고 언급한 것도 눈에 띈다. "Mozart의 41번은 '목성'이다." 그런데 연구자들이 관심을 기울이는 것은 '41번 교향곡 그 자체가 아니라 이 교향곡의 별칭인 '주피터'이다.[50] '주피터'라는 별칭에 오히려 지나치게 집중한 것은 김기림의 시 「주피터 추

48 이 같은 비의적 분위기는, 모차르트가 「티투스의 관용(La Clemenza Di Tito)」이나 「마술피리」에서 보여준 것처럼 프리메이슨 교도였던 점과도 관련된 듯하다.

49 말테 코르프, 『아마데우스 모차르트』, 김윤소 옮김, 인물과 사상사, 1998, 171면.

50 이 별칭은 요한 페터 질로몬에 의해 붙여진 것이다. 일레인 R. 시스먼, 『모차르트 주피터 교향곡』, 김지순 옮김, 동문선, 2004, 서문 참조.

방」이나 이상을 주피터(제우스)적인 영웅의 면모와 연결시키는 발상에서 연유한 바 크다.

그러나 실제로 「실화」의 전후 맥락을 들여다보아도 이 언급은 이상의 청취 행위와 관련된다는 점을 분명하게 확인할 수 있다. 41번의 '별칭'에서 이상이 받은 감흥이나 인상이 아니라, 그러니까, '주피터'에 초점이 있는 것이 아니라 41번 교향곡 그 자체에 있다는 것이다. 이상은 41번 교향곡을 직접 들었던 것이다. 아마도 이상은 모차르트 최고의 교향곡인 'C장조 교향곡'의 최고 절정 부분인 피날레 악장에 대한 청취 경험을 말하고자 했을 것이다.

이상이 말한 '환술'의 맥락은 주피터 교향곡이 갖는 숭고함의 양식적 특성과 연결된다. 실제 41번 교향곡을 들어본 사람이라면 누구나 4악장 피날레 부분에서 경쾌함과 장중함, 우아미와 장엄미, 화려함과 숭고함의 이 극단적인 감정의 소용돌이에서 일순간 벗어나기 어렵다. 음악을 듣고 난 뒤의 청각적 쾌락이 금세 어떤 정신적인 것에 이끌려지는 황홀감와 도취에 다다르게 되는 것이다. 41번 교향곡에 대한 수많은 연구는 이를 확인해 주고 있는데, 이 중 주목되는 것은 이 교향곡이 프리메이슨의 의식적이고 형식적인 특징을 반영했다는 것, 제1악장과 4악장 특히 4악장의 피날레 부분이 고전수사학과 연결된다는 것, 감정과 정서적 반응을 넘어 사상 이상의 것을 담았다는 것 등이다.[51] 극단적 대조와 자유푸가 기법으로 이루어진 이 4악장의 피날레 부분은 '숭고미'라는 초월적인 미학적 경험을 청중에게 선사한다. '탈주와 변형'의 정신주의적 리토르넬로가 거기에 있다.

이상은 41번 교향곡의 피날레 파트에서 '환술의 시학'과 마주치고

51 위의 책, 30~31면, 56~57면.

저 스스로 몸서리쳤던 것이다. 이 '41번'에 대해 '음악은 의도적으로 조화로운 안개'라든가 '모든 교향곡의 불멸의 모델이며 이상'이라 평가한 모차르트 당대의 평가는, 이상이 말한 '어지러운', '안개 같은'이라는 대목과 우연히 만난다. 모차르트 당대 청중들 또한 이 C 장조 교향곡에서 낯설고도 초월적인 정신적 고양감을 느꼈던 것이다. 이상 또한 이 교향곡에서 직관적으로 유사한 경험을 했던 것이다.

모차르트의 41번 교향곡은 자유 푸가 양식을 추구한다. 양식적 제한을 벗어나 여러 양식을 혼합한 것이다. 피날레 악장은 모든 유형, 모든 표현, 모든 대조적 속성을 내포한 것이기에 극도의 혼돈에서 정교함과 질서, 극도의 비탄에서 오는 황홀감과 자유로움, 극단의 대조에서 오는 숭고와 도취를 구현한다. 이것은 혼돈스런 공간 구성, 감각의 혼돈과 착종, 안개 같고 어지러운 플롯 등으로 특징되는 「실화」의 양식적 특징만큼이나 '환술적인 것'이다. 그 숭고함의 양식적 특징은 음악적인 것의 절대주의를 표상한다. 음악의 실제 청취 행위를 통해서만이 이상이 이 41번 교향곡을 언급한 맥락을 이해할 수 있다. 대조와 혼돈과 착종을 충동하는 모델이 모차르트의 41번 교향곡, 〈목성〉에 있었던 것이다. '저음이 어지러운' 이 거대한 사상은 '환술의 시학'이다. 「실화」는 이상의 문학이 어떻게 음악을 향한 '경계넘기'의 영역에 뿌리내리고 있는가를 증언하는 텍스트이다. 음악적인 것은 리토르넬로적인 것이다. 그것이 '환술의 시학'이다.

질주와 변형의 반복된 리듬 속에서 우울과 우아는 한 데 뒤섞이며, 무한의 우주로 정신은 확장된다. 음악은 감각을 정신화한다. 엘만의 바이올린 연주에서 질주와 변형과 유목의 정신을 읽어 내었듯, 이상은 이 '41번 교향곡'에서 상반된 것들의 악무한적인 조화를 읽는다. '환술의 시학'을 이들은 특징적으로 구현하고 있었던 것이다. 우아함과 명랑함을 표현력의 깊이로 견인하고, 음악적으로 서로 반대되는 것들을 결합해 놀랄 만한 시적 탄력성을 부여했던 41번 교향곡에서, 이상은 천재의 끊이지 않는 열정과 예술의 이상주의적인 모범을 보았을 것이다. 평범한 사람들 사이에서 스스로 소외되어 버린 이 위대한 이 천재에게 이상은 자신을 투사하고 있었는지 모른다.[52]

35년 10개월 8일을 산 모차르트에 비해 만 26세로 요절한 이상의 생애가 더욱 극단적이면서 몽환적인 느낌을 주는 것 또한 사실이다. 불안한 충동과 도덕적인 책임감이 혼합된 천재의 성격을 창조해 낸 영화 〈아마데우스(Peter Shaffer's Amadeus)〉(1984)를 만든 밀로스 포먼(Milos Forman) 감독이 말했듯, '스스로 닫힌 세계에 의해 거부되고 농락당한' '비인습적인 인간'으로서의 모차르트는, 이상이 「실화」에서 밝혔듯, 자신의 환신(幻身)이었다. 음악의 절대적 환각 속에서 저 스스로를 영속시킨 모차르트에게서 이상은 정신의 불멸성을 보고자 했다.[53]

이상의 예술 체험은 음악, 미술, 영화 등의 분야에 폭넓게 걸쳐 있는 '경계넘기'의 영역에 있다. 이 같은 입체적인 장르 혼종성과 혼종적 매체 감각이 그에게 어떤 예술가적 모험과 영감을 불러일으켰는가는 실증적인 자료를 검토하는 것 이상의 의미를 가진다. 보다 중요한 것은 그것의 해석학적 층위이다. 그것은 시간적인 질서와 순차적이고 연대기적인 질서에 종속되지 않으며, 단순히 영향의 양적인 차원에 국한될 수도 없다. 이상은 르네 클레르, 장 콕토, 모차르트, 미샤 엘만 등의 예술가들로부터 '환술'과 같은 예술적 영감을 얻었을 것이며, 독특하고 창의적인 시선으로 자신의 '리토르넬로 시학'을 구성했던 것이다.

---

52 말테 코르프, 앞의 책, 227~229면.

53 슬라보예 지젝 · 믈라덴 돌라르, 『오페라의 두번째 죽음』, 이성민 옮김, 민음사, 2002, 98면.

이들 예술 텍스트들이 이상의 문학에 직접적이고 구체적이면서 개별적인 차원에서 방법론을 제공했는지는 확언하기도 어렵고 증명하기도 지난하다. 문학과 영화 각각의 고유한 매체적 특성 때문에, 영상과 음향의 대위법적 구조를 가진 클레르의 영화가 이상의 문학에 직접적으로 투사된 것으로 보기는 어렵다는 주장도 있다. 그러나 음악, 미술, 영화 등의 아방가르드 텍스트의 전위적이며 실험적인 형상성은 인지미학적인 차원에서 이상에게 방법론적 탐색의 동기가 되었을 것이다. 이상의 문학은 당대 그가 듣고 보고 읽었던 다양한 예술 텍스트, 그리고 영화 체험이 바탕이었다. 그 중심에 존재하는 것 중 하나가 르네 클레르였다는 것, 우리는 이것을 말할 수는 있으리라.

이상은 어떻게 매체의 '경계를 넘어' '혼종 텍스트'를 실현하고 있는가?

'경계넘기'의 입구

이상 글쓰기의 본질을 미학적인 차원에서 '음악적인 시학'으로 규정할 수 있다. 이 절에서는 이상 텍스트가 갖는 혼종적 성격을 '음악적 시학' 혹은 '열린 텍스트'라는 관점으로 조명해 보고, 이상의 멀티미디어적 글쓰기와 그 혼종적 예술 양식 및 공감각적 이미지 등에 관해 서술할 것이다.

이상의 에피그람은 마치 '경계넘기'의 정언적 명제들을 자동기술로 풀어내고 있다는 인상을 준다. '경계넘기'의 철학적 명제와 방법들을 기술하고 있는 듯 보이기 때문이다. 그러한 에피그람식 기술 방법 자체가 일종의 '경계넘기'를 재현하는 에크리튀르라는 듯 말이다. 그는 '구인회' 동인지 『시와 소설』을 편집하면서, '어느 시대에도 그 현대인은 절망한다. 절망이 기교를 낳고 기교 때문에 또 절망한다'고 썼다. 그의 절망은 기교와 그 기교를 넘어서 존재하는, 경계선 너머의 어떤 초월적인 경지를 말하고 있다. 이상의 에피그람은 '경계넘기'의 철학이자 혼종 텍스트학의 원론이다.

이상은 「선에 관한 각서」, 「오감도」 등의 연작시에서 문자와 숫자로 기입된 디지털 예술을 예언하는 듯 기호 놀이를 펼쳐둔다. 이상의 에피그람 언어는 문학의 언어, 곧 문자 언어 행위를 넘어선 것이다. 오히려 언어도단의 선시적 언술 행위에 가까이 다가간다. 도표, 도상, 숫자 등으로 가득 찬 그의 텍스트는 언어문자 이전의 에크리튀르이며, 이 같은 '기호적 펼침'의 문자 행위를 통해 이상은 디지털 시대의 '포스트휴먼'적인 인간의 실존을 제시한다. "사람은 광선보다도 빠르게 달아나면 사람은 광선을 보는가, … 미래로 달아나는 것은 과거로 달아나는 것과 동일한 것도 아니고 미래로 달아나는 것이 과거로 달아나는 것이다”라는 경구가 제시된 「선에 관한 각서 5」에서 광선보다도 빠르게 달려 나가는 물질적 입자는 미래 인간의 실존적 조건을 제시한 것이 아닐까.

문학을 넘어 미술뿐 아니라 음악, 영화, 장정, 건축 같은 타 예술과의 ‘경계넘기’를 시도한 선구적 전위예술가로서 이상은 기록될 것이다. 이상은 문자의 감옥에서 벗어나, 타이포그라피로서의 시를 창안하고, 문자를 아트 예술로서 시각화하며, 평면적 공간을 입체적인 것으로 상상하고 새로운 에크리튀르를 창안해 낸다. 그것은 문자 언어와 그림 언어 간의 매체적인 조와와 대비, 그리고 혼종을 통한 제3의 이미지와 상상 공간의 창안으로 이어진다. 그것이 이상이 상상한 ‘파리’가 아니었을까. 그는 1930년대 조선이라는 시공간을 넘어 ‘파리’라는 상상적 공간을 창안하고 21세기적 새로운 문자 행위를 꿈꾸었던 멀티 아티스트이자 매체운동가였던 것이다. 그런 까닭에, 이상은 본질적이면서도 근원적인 ‘경계넘기’의 창안자이자 모험가이며 실천자로 이 경계넘기의 장 맨 선두에 등기되어야 할 것이다. 이 ‘경계넘기’의 지대에 미친 그의 공헌은 1930년대의 시공간을 넘어서 현재까지도 그 반향을 멈추지 않고 있다.

‘음악적인 것’ 혹은 열린 텍스트

한국문학사에서 이상의 텍스트만큼 혼종적이고 개방적인 미학을 보여주는 것은 유례를 찾기 힘들다. 더욱 문제적인 것은, 이 혼종성과 개방성이 여러 매트릭스상에서 실현되고 있다는 점이다. 우선, 이상에게 ‘시’나 ‘소설’이라는 장르 간 경계는 그다지 의미가 없다. 이상의 ‘시’만을 특별히 언급한다거나 ‘소설’만을 언급한다거나 하는 것은 이상 텍스트의 장르

간 경계를 확정하기 어려운 점을 고려한다면 적절하지 않다. 근대문학 텍스트 자체는 엄격히 양식론적 성격을 규정하기 힘든 경우도 있고, 근대 저널리즘 제도하의 신문・잡지 매체의 특성 때문에 새롭게 생성된 혼종 장르도 많다. 이 저서의 출발선에서 제기한 것처럼, 이상 텍스트를 두고 장르 문제나 양식 문제를 거론하는 것은 더더욱 의미가 없다. 이상 텍스트는 문예미학상의 어떤 문제나 근대문학 내부의 '제도'를 넘어서(beyond) 있는 것이다. 이상 텍스트는 저널리즘적이기보다는 탈저널리즘적이다[1] 에피그람적인 단편들의 조합이나 은유적 모티프의 절합으로 이루어진 그것은 어떤 특정한 체계로 전환시키려는 비평적 유혹에 끊임없이 저항한다. 이른바 '독수리의 시선'을 가진 헤겔적 텍스트가 아니라, '까마귀의 시선'을 가진 니체적 텍스트이다.[2] 이상 텍스트를 분석하면서 하나의 모티프나 이미지를 중심으로 그것이 변주되는 계기를 추적하거나 특정 주제론에 집중할 수 있는 이유가 여기에 있다.

이상은 동일한 이미지를 반복하거나 파편적으로 절합시킬 뿐 아니라 유사한 어구나 문장을 각기 다른 텍스트에 끝없이 펼쳐 둔다. 시 특유의 연구 테마인 이미지, 상징을 다루고자 할 때에도 어떤 특정 테마들이 이상의 시뿐 아니라 이상 텍스트 전반에 나타나므로, 시 장르 '만'의 연구는 처음부터 난항을 겪게 마련이다. 파편적인 이미지, 모티프를 선택해, 어구, 문장들의 텍스트 내적 맥락을 유기적이고 종합적으로 분석・해석하는 것이 연구자의 중요한 임무가 된 것은 이상 텍스트의 본질적 성격에 기인한다.[3] 「오감도 작자의 말」을 보면, 이상이 시 장르에 대한

1 이상, 「오감도 작자의 말」, 『그리운 그 이름, 이상』, 20면.

2 밀란 쿤데라, 『사유하는 존재의 아름다움』, 174~175면.

3 파편적인 제재나 모티프를 체계적으로 이론화한 논의들, 특정 유형들에 집중하는 최근의 논의들이 장르적인 시각이 아니라 포괄적인 주제론에 집중되고 있다는 것은 흥

자의식은 분명 있었을 것으로 추정되지만, 텍스트 자체로 시와 비시적인 것을 구분하기는 쉽지 않다.

이상 텍스트는 그 자체가 자료이면서 작품이고 방법론이다. 이상 문학은 기본적으로 에피그람적인 성격을 갖는다. 통상적인 의미 체계가 해체되고, 비개연성을 가진 어구나 문장이 인접적으로 연결됨으로써 텍스트는 독창적인 의미들을 생산하게 되는데, 이는 미학적인 가치와 자료적인 것 사이의 갈등 속에서 끊임없는 논쟁적 효력을 발휘한다.[4] 이상 문학의 '항구적 당대성'이라는 이율배반성은, 체계의 전형성과 개방성, 자유로운 다극성과 항구성 간의 변증법을 포함한다.[5]

여기서 이상 텍스트의 혼종성과 개방성을 규정하는 하나의 틀을 제시할 필요가 생긴다. 그것은 '열린 텍스트'라는 관점이다. '열린 텍스트'란, 이상 텍스트가 자의적인 해석을 가능하게 하는 텍스트라는 의미가 아니며, 초현실주의·다다·미래파 같은 전위주의적이고 해체주의적 전통의 계보 속에서 문예사조사적 위치를 점유하고 있다는 의미도 아니다. 특징적으로, 이상 텍스트가 현대 예술의 계보 속에서 그 역사성을 견지하고 있으면서도 어떻게 지속적으로 문학 방법론의 탐구 대상이 되고 있는가를 말하는 것이다. 전위예술가들이 견지했던 '의도적인 열림'의 효과를 넘어 이상의 텍스트는 자료로서의 가치, 작품으로서의 가치, 방법론적인 탐구 대상으로서의 가치를 동시에 견지하면서 저 스스로 열린다. 이는 이상 텍스트가 해석의 지층을 무한대로 확장하는 근본적이고 본질

미롭다. 레이몽 트루송, 「주제의 연구: 방법론의 문제」, 이재선 편역, 『문학 주제학이란 무엇인가』, 민음사, 1996, 5~41면.

4 김윤식은, 이상 문학 연구의 방향성은 텍스트 연구와 문학 연구의 갈림길을 인식하는 것에 있다고 본다. 김윤식, 「이상 문학 연구의 어떤 방향성」, 『발견으로서의 한국현대문학사』, 서울대학교출판부, 1997.

5 움베르트 에코, 『열린 예술작품』, 140면.

적인 조건이다. 이상 텍스트를 분석하는 과정은 그물 조직의 빈 여백처럼 무질서하게 놓인 텍스트의 지층을 파고들어 하나의 질서를 찾아가는 과정인데, 이 과정에서 역설적으로 보다 분절적이고 명료한 언어가 요구된다.[6]

열린 텍스트는 정보전달의 차원에서 설명될 수 있다.[7] 열린 성격을 가진 텍스트는 관습적인 텍스트보다 훨씬 많은 양의 정보를 전달한다. 이 경우, 창작 과정의 규명이나 역사적 이해가 작품 자체에 대한 비평적 해석보다 더욱 용이하다. 좋은 작품과 나쁜 작품, 시와 비시의 경계를 구분하기도 힘들다. 시 작품 자체에 대한 미학적 평가보다는 작품의 구성 원리 곧 시학의 분석과 해설이 우선적이다. 텍스트는 시학의 표현으로서의 의미, 그러니까 시학의 원리를 담고 있다. 예술작품이 예술론이듯, 시 작품은 시론인 것이다. 시가 시인이 말하고자 하는 시학의 문제를 표현하고 있는 것이니만큼 좋은 작품이냐 나쁜 작품이냐의 논쟁 자체가 유용하지 않다. 논쟁이 생산적이지 않다는 뜻이다. 이상 시 연구가 수필과 소설과 공통 영역을 점유하고 있고, 시성(poésie) 문제가 중요 쟁점이 되지 않는 이유도 같은 맥락이다.

일련의 이미지나 모티프들이 텍스트를 따라 반복적으로 재배치되면서 끊임없이 변형되는 속성은 '음악적인 것'으로 규정할 수 있다.[8] 이상 텍스트의 성격은, 비분절적인 음들의 파편성과 시간의 연속성을 특징으로 하는 음악의 속성과 유사하다는 것이다. '음악적인 것'은 음악 장르와의 직접적 연관성을 의미하지는 않는다.[9] 텍스트 생성 요건 자체가 음악

6 미셸 푸코, 『말과 사물』, 이광래 역, 민음사, 1993, 16~17면.

7 움베르토 에코, 『열린 예술작품』, 301면.

8 슈타이거가 구분한 '서정적인 것'과 '서정 양식'의 차이가 하나의 준거가 될 것이다. 에밀 슈타이거, 『시학의 근본개념』, 앞의 책.

적인 성격에서 기인한다는 것인데, 질주와 속도의 모티프, 소리 · 소음 · 음향의 탐색, 공감각적 이미지, 텍스트의 배치 등에서 이를 확인할 수 있다. 비분절성 · 음의 무의미성은 음악의 내재적 질서를 구성하며, 질주하는 음은 시간성을 초월해 절대 자유를 추구하는 정신의 운동을 표상한다. 음악을 최고의 예술로 이해했던 로맹 롤랑은 음악으로부터 절대 자유의 영웅주의를 읽어 낸다. 음악의 소리는 무한 질주와 변형의 생성적 요인이며 모든 음악적인 것들은 이 같은 창조와 변형의 정신주의를 내포한다. 음악은 정서나 사상의 '의미'를 표현하는 도구가 아니라 그 자체로 독립적이고 자율적인 음들의 운동이다. '음악적인 것'은 이상 텍스트의 생성 요건과 이상 텍스트의 사상적 기반을 내포한 개념이다.

'리토르넬로(ritournelle)'로 명명한 들뢰즈의 논의를 참조할 수 있겠다. 리토르넬로가 유독 음악과 관련되는 것은 대지(영토, 의미)에 덜 종속적이며, 음악의 역량을 기표 작용이나 전달의 가치에 두지 않기 때문이다.[10] 새의 노랫소리나 트랄랄랄 같은 어떤 뜻 없는 흥얼거림처럼, 리토르넬로는 오히려 음악을 방해하고 몰아내거나 음악 없이 지내게 함으로써 음악의 본질적 내용이 된다.[11] 반복과 재배치를 통한 생성과 창조가 핵심이다. 이상의 얼굴에서 미샤 엘만과 피디아스의 제우스상을 겹쳐서 읽은 김기림의 안목에서 '신화의 귀환'과 음악적 열림 상태가 동시에 포착된 징후를 읽게 된다.

따라서 열린 텍스트이자 음악적인 텍스트로서 이상 텍스트는 세

---

9 음악과의 상관성을 논한 것으로는, 신범순, 「바다의 거울 푸가」, 『이상의 무한정원 삼차각 나비』, 앞의 책; 조은주, 「박태원과 이상의 문학적 공유점-거울과 음악, 산책의 모티프를 중심으로」, 『한국현대문학연구』 제23집, 2007.

10 들뢰즈 · 가타리, 『천개의 고원』, 661면.

11 위의 책, 567~569면.

가지 층위로 요약된다. 첫째, 선과 점, 숫자의 배치는 음렬 음악적인 열린 상태를 지향한다. 둘째, 동일한 어구 혹은 이미지들의 반복, 속도·질주·변형의 정신주의적 경향은 음악 형식의 내적 구조를 모방한다. 질주와 소음의 형이상학을 리토르넬로의 정신주의로 이해할 수 있다.[12] 셋째, 소리·소음·음향의 모티프들은 음악의 공감감적인 특성을 효과적으로 반향한다. 공감각적인 이미지는 초자아적인 불멸성의 존재론적 사유와 관계가 있다.

열린 텍스트의 인식론적 지도

이상 시는 크게 보아 도상적인 텍스트와 문자적인 텍스트로 나눌 수 있다. 도상적인 텍스트로는 「삼차각 설계도」의 연작시들, 「건축무한육면각체」의 「진단」 같은 시들, 문자 및 숫자의 배열로 이루어진 텍스트, 도상·선형 텍스트 등을 포함한 것이다. 후자의 경우, 초현실주의적인 내용을 담든 서정성을 견지하든 문자적·문맥적 이해를 통해 의미에 접근하는 텍스트는 다 포함될 수 있다. 한편, 「烏瞰圖」 계열의 시들, 그러니까 「시제 일호」처럼 문자적 이해와 도상적 이해의 경계가 확실하지 않은 것들도 있다. 이들은 문자적 의미 해독에 중점을 두기도 하지만, 숫자의 배열, 수평적 읽기와 수직적 읽기, 수평적 질주감과 수직적인 확장감 등의 교차가 역동적인 아우라를 생성하는 텍스트여서 전자에 속한다고 볼 수도 있다. 다만 본 절의 논의 목적이 이상의 시 분류에 있지 않으므로 이들을 어떤 계열로 분류할 것인가의 문제는 논외로 한다. 이상 텍스트 자체가 혼종적인 성격을 가지고 있으므로 분류의 적확성이 이상 시 연구에

12 졸고, 「이상 혹은 리토르넬로의 비교교유록」.

그다지 결정적인 변수로 작용하지 않는다. 위에서 두 가지 계열로 분류한 것은 논의의 편의를 위해서다.

「삼차각 설계도」의 「선에 관한 각서」 계열의 시는 숫자나 점의 배열, 프렉탈적 도형의 연속으로 이루어져 있는 도상 텍스트들이다. 이들은 일종의 '배치의 시'로서, 신음악에서 말하는 음렬 음악과 유사한 형태를 보여준다. 음렬 음악은 강압적이고 형식적인 기존의 조성 음악의 틀에서 벗어나 있는데, 하나의 사물을 서로 다른 각도에서 포착해서 형상화한 비구상회화와 함께 현대 추상예술의 계보에 속한다. 소나타 형식에서는 주제의 연속적인 이어짐과 중첩 과정을 쉽게 확인할 수 있다. 말하자면 개연성의 원리를 따른다. 하지만 음렬 음악의 경우는 통상적인 음조적 가능성의 질서로부터 떨어져 나와 거대한 무질서를 새로 도입하면서 새로운 형태의 조직화 방식을 끌어들인다. 음렬 음악에서는 일반 음악 체계를 따르는 청취 행위는 부정되고 대신 개인적 창조 행위가 요구된다.[13] 무의식적인 청취가 아니라 자각적인 청취 행위가 요구되는 것이다.

12음렬의 작곡가 베베른(Anton von Webern)은 이 같은 열린 상태의 배치를 '내적인 결합'이라고 말하고 이를 음악적 담론을 조직화할 수 있는 방안으로 활용한다. 왼쪽은 베베른이 사용한 공식이며, 오른쪽은 이상의 「선에 관한 각서 1」이다.

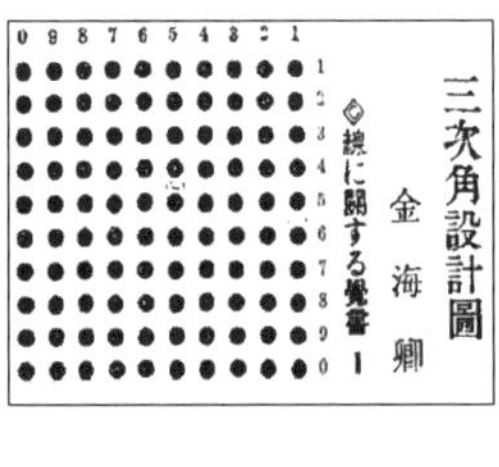

13 레비스트로스, 『신화학 1. 날 것과 익힌 것』, 임봉길 옮김, 한길사, 2005, 132~133면.

수평적으로 읽을 때와 위에서 아래로 혹은 아래서 위로 수직적으로 읽을 때, 이 상이한 배치로부터 기인한 의미의 산출 방식은 확연히 다르다. 이 같은 담론 행위는 단순한 언어의 결합만을 목표로 하는 크로스워드 퍼즐 게임과는 다르다. 배치를 통한 담론의 전략이 있고 독자의 이해 가능성의 채널을 열어 놓음으로써 의미 생성에 기여하기 때문이다. 이 같은 '배치'는 의미의 무질서화된 원천을 이용하고 있기는 하지만 조직화된 메시지의 전달을 포기하지 않는다. 개연성의 체계와 단순한 무질서 사이의 끊임없는 동요가 의미 생성에 기여한다. 즉 열린 텍스트의 내적 무질서는 일련의 창조적인 텍스트 읽기를 통해 재조직되고 질서화되는 것이다.[14]

가장 흥미로운 메시지는 정보는 풍부하지만 해독하기 어려운 경우의 것인데, 이때 문제가 되는 것은 의미 자체를 전혀 인식할 수 없도록 만드는 것, 원초적 무질서에 의존할 때이다. 무질서와 질서 사이의 긴장과 동요의 변증법이 사라지는 임계점에 도달하게 되면 정보로서의 가치는 무화된다. 열린 텍스트는 그래서 '제한된' 잠재력, '통제된' 무질서를 견지하게 되는데 이상은 '배치의 시'의 무질서한 배열을 통제하기 위한 하나의 전략을 구사한다. 도표 아래 문자 텍스트가 덧붙여져 있음을 주목해야 할 것이다. 일종의 무질서를 통제하는 장치들을 배치함으로써 의미의 산출을 유도하고 해석이 무한대로 확장되는 것을 경계하면서 의미 생성의 가능성을 열어 둔다. 그럼으로써 의미의 지연을 기다리는 열린 텍스트의 가치를 구축한다. 도상적인 성격을 갖는 이상의 시들은 문자 감각과 공간 감각을 통합적으로 재현함으로써 무질시의 임계점을 넘어선다.

14 움베르토 에코, 『열린 예술작품』, 앞의 책, 137~138면.

문자 텍스트와 도상, 기호 텍스트의 결합을 통해 읽기의 변형을 시도한 또 다른 예는 「선에 관한 각서 7」에서 볼 수 있다. '운동하지 않으면서 운동의 코스를 가진다든가, 시각의 이름으로 하여 광선보다도 빠르게 달아날 필요는 없다' 등의 의미를 정확하게 규정하기는 어렵다. 많은 연구자가 지적한 대로, '속도'와 '숫자(시간)'의 개념이 결합되는 것에서 현대 물리학적인 시공간 개념으로 구축된 이상의 사유나 사상을 설명할 수 있을 것이다. 하지만 이 텍스트가 주목되는 것은 문자 텍스트에 도상적인 입체감을 부여한 혼종적 텍스트 구성 방식 때문이다. 문자의 도상화는 '시각의 이름'이라는 문맥으로 표현된다. '□는 나의 이름', '△는 아내의 이름'은 문자를 도상적 형상성을 가진 기호로 변환한 것이다. 문자에 비해 정보량이 증가하면서 의미 및 해석의 지평은 확대된다. 숫자나 점, 프렉탈적 도형이 연속으로 배열된 텍스트들과 유사하다고 하겠다. '시각의 이름은 사람과 같이 영원히 살아야 하는 數字的인 어떤 점이다'는 '배치의 시'에서의 숫자와 점의 배열을 상기시킨다. 이 같은 '배치의 시'들은 궁극적으로 음의 질주와 변형 모티프에 긴밀하게 연결된다.

'질주'와 '변형' 모티프는 공감각적인 이미지들의 변주와 관련성을 가진 것으로 이상 시학의 음악적 원리를 탐색하는 또 다른 틀이다. 「선에 관한 각서 1」에 나오는 '후각의 미각과 미각의 후각'[15]의 공감각적인 표현 역시, 선과 점의 배치를 통해 무한 우주로 열리는 창조적 정신의 지평과 관련이 있다. 숫자나 점의 배열이 연산을 위해서가 아니라 내포적인 힘의 강도로써 변신술의 요체가 된다는 지적을 주목할 수 있겠다.[16] 「오

---

15 '2차원의 평면을 입체적이고 공간적인 3차원의 차원에서 다룰 수 있는 해석기하학의 관념을 도표화 한 것'과 상관성이 있다고 판단된다. 권영민, 『이상전집 1-시』, 뿔, 2009, 273면.

16 박슬기, 「'질주'의 이중적 세보학」, 『이상의 사상과 예술』, 신구문화사, 2007, 317~318면.

감도 시 제1호」가 막한 공간 내에서의 질주를 통한 변형을 보여준다는 점은 상징적이다. 점 · 기호 · 도형 같은 문자와 숫자의 반복과 그것의 변형을 보여주는 열린 텍스트적 성격은 음의 분방한 질주에 바탕한 음악적 시학에 뿌리내리고 있다. 질주와 변형의 감각적이고 구체적인 형상성은 '지도'로 표상된다. 지도는 마음의 미로와 글쓰기의 모호성과 의미의 다층성을 연결한다. 이상 텍스트의 에피그람적 성격은 파편적인 이미지들 간의 비개연적 결합을 특징으로 하는데, 이는 의미의 유기적 연결을 방해하고 의미를 다층화한다는 점에서 미로 같은 '지도'의 속성을 이어 간다. 파편적인 이미지들은 이 다층적 텍스트의 속성인 의미의 무한 변주와 소통한다.

'비밀 전략'의 궤도를 이상은 '지도'라는 선명한 시각적 인상으로 구체화한다. 하나의 지도를 펼쳐 놓고 시선은 그 행로 위를 오르내린다. 이상은 명백한 앎의 인식론적 지도 위에서 움직이면서 자신의 마음의 표정들을 탐색하고 그것을 감각적인 형태로 가시화한다. 『실화』에서 언급한 '비밀과 전략'은 이상 시학의 근본 원리이다. 지도 위의 시선은 여정과 관계가 있거나 여행 중이다. 이상은 자신의 마음을 "白紙 위에 깔아 둔 한 줄기 철로(「距離」)"라는 여로로 표상하기도 한다. "내門 빗장을 내가지르는 소리는 내 心頭의 凍結하는 錄音이거나, 그 겹이거나(「破帖」)"에서는 여행을 가는 마음의 문에 빗장을 질러 버리고, "嘲笑와같이안해의버서노흔 버선이 나같은 空腹을 表情하면서 곧걸어갈것갓다(「紙碑」)"에서는 여정을 떠날 준비를 한다. 96음절을 한 문장으로 통어한 시 「소영위제(素榮爲題)」[17]에서 보듯 이상 시의 공감각적 공간은 이상 텍스트의 생성적 전략과 무관하지 않은데, '지도'가 그려가는 '의미의 미로', 곧 의미의 무

17 권영민 편, 『이상전집 1-시』, 뿔, 2009, 88~89면.

한 변주는 공감각적이며 신비적이다. 시각적인 대상을 청각적으로 전이하는 방식처럼 감각의 소통과 혼종은 선명하면서도 초현실주의적인 시선을 만들어 낸다. '나 같은 공백'이라는 마음의 표정은 '조소 같은 버선'이 환유하는 시각적 인상에 의해 구체적인 표정을 얻는다. "내新鮮한逃亡이 그끈적끈적한聽覺을벗어버릴수가업다(危篤 중 「肉親」)"에서 '도망'은 신선하면서 끈적끈적한 청각적 감수성과 관련된다. 마음의 지도는 시각적인 것에 머물러 있지 않고 청각이나 촉각과 같은 감각의 전이를 통해 낯설고 신비로운 인상을 공명한다. 마음의 '지도'는 마음의 '스크린'이며 이로써 이미지의 입체적인 효과가 달성된다.

초현실주의 이론으로 이상의 이 같은 공감각적인 감수성을 설명하기는 충분치 않은 듯 보인다. 이상 텍스트의 공감각적인 이미저리는 초월적이면서도 강력한 주관성을 지닌 자아의 성찰적인 시선에 의해 포착된다. '지도'를 보고 있는 응시의 시선에서 이를 확인할 수 있다. 「鳥瞰圖詩 第 十四號」에서는 응시의 시선이 선명하게 나타나 있다. '心臟이 頭蓋骨속으로옴겨가는地圖가보인다'고 이상은 썼다. 지도를 따라 움직이는 시선은 육체의 감각적 지점들을 정확하게 포착하면서 선명한 인상을 제시한다.

이마에 싸늘한 손자국이 찍히는 것을 느끼는 것은 그러한 '지도'를 따라가는 정신의 행로 덕분이다. "내門 빗장을 내가질으는 소리는내心頭의凍結하는錄音(「破帖」)"에서 자아는 문의 빗장을 지르는 자신의 소리를 '심두'로 듣는다. '동결하는 녹음'이라는 소리의 공명감은 차갑고 절망적인 내면 공간을 들여다보는 응시의 시선에 의해 포착된 것이다. '지도'는 모든 감각과 정신을 통어하는 자아의 인식론적인 좌표이다. 이상의 텍스트는 텍스트를 끌고 가는 인식론적인 주체의 전략에 따라 열리고 닫힌다. 아폴리네르가 말한 '질서와 모험' 간의 항상적인 투쟁을 상정할 수 있다.[18] 순수 질료적인 성격을 가진 것처럼 보이는 이상의 텍스트가 성찰적인 힘을 이끌어내고 해석의 지평을 확장하는 것은 이 때문이다.[19]

탈주의 감각과 '작은 영화'적 공명

감각의 혼종과 착종과 같은 일종의 공감각적 이미저리는 시에 생동성과 활력을 부여한다. 이는 이상이 다양한 예술 장르에 심취했던 전기적이고 경험적인 사실과도 분리되기 어렵다. 이상 텍스트의 열린 성격은 예술 전반의 다양한 장르가 혼종된 아방가르드 예술 자체의 성격과도 다르지 않은데, 미술, 영화, 건축, 음악 등 이상의 다양한 예술 체험을 지적할 수 있을 것이다.[20] 다만 여기서는 이상 텍스트의 공감각적인 이미지 문제를 중심으로 살펴보기로 한다.

예술에 대한 경험적 지식은 미적 감각을 형성하는 기원으로 작용한다. 감각의 경험적 수용과 그것의 추상적인 재현 사이에는 깊은 연관성이 있다. 인식론적 미학의 접근법은 한 예술가가 다른 장르의 예술을 체험하면서 특정 감각이나 형식의 제한에서 벗어나는 계기를 설명한다.[21] 산문이나 시처럼 언어문자와 관련된 좌뇌와 음악이나 비주얼 아트와 관련된 우뇌가 동시적이면서 통합적으로 기능하는 예술이 제시되기도 한

18 움베르트 에코, 앞의 책, 143면.

19 레비스트로스, 『보다, 듣다, 읽다』, 167면.

20 문학 분야 이외의 연구자들의 논의를 참조할 수 있다. 김민수, 「시각예술의 관점에서 본 李箱 詩의 혁명성」; 안상수, 「타이포그라피적 관점에서 본 이상 시에 대한 연구」, 한양대학교 대학원 박사학위 논문, 1995; 김정동, 「이상의 「날개」에 나타난 건축적 이미지에 관한 연구–1930년대 경성거리를 중심으로」, 『건축 · 도시환경연구』 제8호, 2000.

21 Dario Del Degan, *op. cit.,* p.68.

다. 두뇌학적인 이 통합의 방식이 미적 형상으로 재현되는 것은 아방가르드 예술이다. 아방가르드 예술의 이상은, 객관적인 기능으로 이해되거나 과학적으로 증명되는 외적인 리얼리티가 아니라 의식적인 주체의 내적인 리얼리티를 구현하는 것이다. 이 내적인 리얼리티가 생성되는 요인은 이미지화 방식 때문인데, 이미지는 특정한 하나의 감각에 좌우되는 인상에서 떠올려지는 것이 아니라 감각의 상호 공명을 통해 발현된다. 따라서 아방가르드 예술의 전위성은 이 같은 착종과 혼종의 공감각적인 이미지들을 구현하면서 보다 강력한 예술적 형상성을 얻는다.

1930년대 근대시의 방향성으로 제시된 이미지즘의 '입체화' 전략은 공감각적인 감수성을 기반으로 한다. 이는 문학 장르 자체의 방법론적 혁신에 의해서뿐 아니라 장르 간, 매체 간 혼종에 의해 달성되는 것이며, 이 같은 경계넘기의 미적 행위는 아방가르드 예술 자체의 성격을 담보한다. 문자 매체로서의 시의 운명과 그 평면적인 속성을 어떻게 탈피할 것인가에 대한 고민은 말라르메, 아폴리네르 등 아방가르드 시인들도 고민했던 문제였다. 그들은 활자의 형태나 크기, 색깔 등을 재배치하거나 변형함으로써 의미의 전복을 실험한다. 그들은 다층적 공감각적 효과를 가진 '입체시'를 제안하면서 그 궁극적 가능성을 뉴미디어인 영화에서 찾는다. 매체 혼종의 실험적인 방법론을 제안하고 혁명적이고 전위적인 미적 형상성을 구현한다.

영화(특히 토키영화)는 그러한 공감각적인 이미지를 효과적으로 재현한다. 이미지스트들이 꿈꾸었던 '마음의 스크린(mindscreen)'은 소리를 시각적 층위에 병치시킴으로써 감각의 동시적인 수용과 그것의 생성 효과를 노린 것이다. 과거와 현재, 시각과 청각, 기억과 망각, 주체와 객체는 뒤섞이고 착종되면서 그 경계를 지우는데, 이는 영화에서 포스트휴먼적인 불멸의 이미지를 발견해 내었던 상징주의자들과 유비된다.[22] 김기림의 '입체시'는 시의 단조적인 속성(선형성)을 뛰어넘는 '오케스트라적인 시(교향악적 시)'라는 이상을 구현하는 것이며, '영화시'는 그러한 이상을 구체적으로 실현하는 장르였다.[23]

이상 시의 특징적인 요소인 '질주'와 '변형'의 모티프는 생동적이고 활력적인 공감각적 이미지와 관계를 맺는다. 평면성과 선조성에 구속된 문자는 그 숙명적 한계를 공감각적인 이미지의 공간 확장을 통해 뛰어넘는다. 이 관점에서 이상의 텍스트는 '모든 지각들이 뒤섞이고 소멸되고 다시 생성되는 추상과 꿈의 지대에 세계의 형상을 등기하는' 전위적 예술 문법의 스펙트럼을 보여준다.[24] 감각의 혼성과 이미지의 입체화를 통해 리얼리티를 살리는 방식은 일종의 '작은 영화(a tiny move)'의 효과를 갖는다. '반향하고 공명하는 이미지, 미묘하게 마음을 움직이는 음향 이미지'의 속성들은 영화와 음악이 혼종된 양식적 성격에서 온 것이다.[25] 이미지의 혼종과 착종은, 유기적 원칙으로서의 리듬적 패턴과 조화적 변조라는 발레리의 이념과도 연계된다.[26] 발레리의 궁극적 이상(理想)은 시를 음악화하는 것이었다. 이상 시의 언어는, 창안된 것이 가장 자연적인 것이라는 '순수시파'들의 시의 개념에 연계되어 있는 셈이다.[27]

그런데 이상의 시적 방법론은 말라르메, 발레리의 그것보다는 콕토

---

22 Ying Kong, *op. cit.,* p.35.

23 졸고, 「1930년대 문학의 테크놀로지 매체의 수용과 매체 혼종」, 『어문연구』 제142호, 2009.

24 이상과 클레르의 관계에 대해서는 졸고, 「이상의 예술 체험과 1930년대 예술 공동체의 기원-'제비'의 라보엠적 기원과 르네 클레르 영화의 수용」 참조.

25 Ying Kong, *op. cit.,* p.29.

26 Jann Pasler, "Music as confrontation: The Musical Sources of Jean Cocteau's Identity", *The Musical Quarterly,* Vol.75, No.3, Autumn 1991, p.255.

27 Neal Oxenhandler, *op. cit.,* p.15.

적인 것에 더 가깝다. 말라르메, 발레리와 함께 상징주의 계보에 속해 있는 보들레르를 적용해도 비슷한 결론이 나온다. 감각적 존재의 단일성, 지각된 세계의 단일성을 전재한 보들레르의 형이상학적 '조응'의 개념과는 다른, 구체적인 변형의 물질성과 초현실주의적인 신비주의가 결합된 것이 콕토의 방법이다.[28]

음악의 무어휘성(비언어적 속성)과 무의미성에 대해 언급하면서 루소는 '사전은 음악을 배제한다'고 말한다. 레비스트로스는 음악의 언어는 번역 불가능하다고 하고[29] 야콥슨(Roman Jakobson)의 논의를 소개하는데, 음악에서는 음소들의 어원학적 분류체인 어휘는 존재하지 않는다는 것이다.[30] 음악의 악구 사이에는 분절 언어적인 중간 구성층이 없다. 음악은 '의미'를 갖는 단위인 분절 언어가 존재하지 않으며 따라서 모방의 구속으로부터 자유롭다. 음악이 절대정신을 구현하는 것은 이 때문이다. 소리에는 확정적인 의미가 들어 있지 않으므로, 다양한 오브제들과 자연의 다양한 효과들을 결부시켜 가며 정신은 끊임없이 소리와 의미의 연관성을 찾는다. 우리는 음악에서 '조응'의 공감각적 감수성을 효과적으로 부각시키면서 또한 감각들의 상관성을 포착한다. 음악을 통해 우리는 상상하는 것들의 관계들을 생각한다는 것이다. 눈에 인상을 주는 것을 음악으로 그릴 때 그 음악을 듣는 것은 귀가 아니다. 두 감각 사이에 위치해 그 감각 작용을 비교하고 조합하는 정신이다.[31] 음악의 무어휘성과 무

---

28 정희경, 『은유, 그 형식과 의미 작용』, 서울대학교출판부, 2000, 119면.

29 레비스트로스, 『보다, 듣다, 읽다』, 105~124면.

30 한국어 번역본을 참조한다. 로만 야콥슨, 『문학 속의 언어학』, 신문수 편역, 문학과 지성사, 1989. 308면. "어원에 따른 음운의 분포나 유성음 따위를 찾아볼 수 없다는 데 있다."

31 레비스트로스, 앞의 책, 108면.

의미성은 언어의 인위적 조합과 배치를 보여주는 이상 시의 언어 운용과 무관하지 않다. 경험의 재현이나 문맥의 통일성에 그는 무심하며, 오히려 그것을 거부한다.

이상 텍스트에 나타나는 '음악적인 모티프'는 '질주'와 공감각적 이미지에 기대어 있다. "네온사인은 섹소폰같이 수척하였다(「가구의 추위」)"에서는 네온사인의 불빛이 주는 차가움과 고독감이 섹소폰의 이미지와 혹은 그것이 뿜어내는 음률적인(음향적인) 이미지와 신비하게 결합되어 있다. 불빛은 시각적으로 보이는 대상일 뿐 아니라 온도로 감각되기도 한다.

> 곽란(雀亂)처럼 들끓는 음악을 그는 기울어져 가는 한칸의 창(窓)에서 전송하였다. 낡은 모습의 슬픔이 그를 엄습하였다. 악보화(樂譜化)된 성적표가 그의 소화계를 난마(亂麻)와 같이 유린(蹂躪)하였다. 중량(重量)의 구두 소리의 체적(體積)-32

이들은 영상과 음향이 카오스적인 형태로 결합돼 있는 것인데, 이른바 '리토르넬로' 형식이다. 이상은 「地圖의 暗室」에서 이 같은 공감각적인 공명감을 '음악적 효과'라고 이름 붙인다. '음악적 효과'는 '언어의 채색'이라는 수사를 통해 은유의 이론을 설명하고자 했던 야콥슨의 논의를 연상시킨다. 소리는 포괄적이고 섬세하며 심층적인 감각을 작동시킨다. 페이브먼트를 누르는 구두의 중량감과 리듬감을 '그'를 향해 쏟아져 들어오는 불빛의 어지러운 '마술'에 내응시킨다. 밤 안개 사이로 흐릿해진 시야는 불빛을 받아 마술 부리듯 요동치고, 이 같은 시선 아래서 구두

32 이상, 「얼마 안되는 변해」, 권영민 편, 『이상전집 4-수필』, 앞의 책, 349면.

소리는 마치 꿈을 꾸듯 흐릿한 시야와 혼돈스럽게 얽힌다. '스포츠'와 '마술'은 율동감 있는 동작과 음악적 리듬감이 혼란스럽게 얽히는 효과를 표현한 것이다. '훌훌 나는 초콜레에트처럼 훌훌 날아서' 페브먼트는 '구두 밑창으로 쏙쏙 빠져나'간다. 몽환성은 질주와 속도감이 주는 이미지들과 은밀하게 착종된다. 소란과 소음은 초현실주의적이고 공감각적인 이미지의 원천이다. "리코드 고랑 위의 질주(「斷章」, 「객혈의 아침」)"에서 질주와 속도가 만들어 내는 몽상적인 사유들 역시 음악과 관련된 찰나에 작동된다.[33] 「失花」는 소리・소음・음향 이미지들과 다양한 감각적 감수성이 미묘하게 섞이면서 환각적인 이미지를 만든다. 이 텍스트에서 가장 아름다운 장면은 진보초 스즈란도의 고본 거리를 묘사한 대목이다. 아스팔트에 젖은 영란꽃 모양의 가등은 공감각적이고 환상적인 이미지를 연출한다. 환상적인 거리 풍경은 진따의 음악과 군중들의 알아들을 수 없는 소란과 결부된다. 와글와글한 소리들은 무질서한 반복과 질주의 이미지를 갖는다.

> 시내-사람들은 여전히 그 알아볼 수 없는 낯짝들을 쳐들고 와글와글 야단이다. 가등(街燈)이 안개 속에서 축축해 한다.[34]

소란의 카오스적인 혼란은 '와글와글'과 같은 소음의 음향적인 측면과 '축축한 안개'의 시각적이면서 촉감적인 것들로 채색된다. 이 소음의 카오스적인 아름다움은 김기림이 윤전기에서 들었던 슈베르트적인 소음의 미선율과 수성적 이미지가 착종된 아름다움과 다르지 않다. 이상이

---

33 조은주, 「박태원과 이상의 문학적 공유점」, 274면.

34 이상, 「실화」, 『이상전집 2-소설』, 162면.

음악을 통해 듣는 것은 아름다운 선율 그 자체이기보다는 질주와 변형의 생성적 힘이다. 이 '음악'은, 감각의 다양한 것들이 상호 얽히고 교차하면서 만들어 내는 무질서한 공간과 그로부터 생성되는 정신적 모험을 상징한다.

색채-음향의 탈주적 감각

이상이 죽기 전 김기림 앞에서 혼신을 다해 찬사를 쏟아내었던 대상은 '엘만 톤'이다. 이상은 '엘만 톤'의 감각의 착종과 분열적인 에너지에 대해 말하고 싶었을 것이다.

〈랄로 협주곡〉을 연주한 두 연주자를 비교 평가하면서, 이상은 엘만의 연주를 '질주'와 '변형'이라는 관점으로 포착한다.[35] 브로니슬로 휴베르만(Bronislaw Huberman)의 '랄로'는 너무나 탐미적이지만 기묘할 뿐 정서가 없다고 혹평하고, 미샤 엘만(Mischa Elman)의 그것은 '그저 막 헐어 내서는 완전히 딴 것을 만들어 버린다'고 평가한다.

> 후베르만이란 제금가(提琴家)는 참 너무나 탐미주의(耽美主義)입니다. 그저 한없이 기레이(멋지다) 하다 뿐이지 정서가 없소, 거기 비하면 미샤 엘만은 참 놀라운 인물입니다. 같은 랄로 더욱이 최종 론도의 부를 그저 막 헐어내서는 완전히 딴 것을 맨들어 버립디다. 미샤 엘만은 내가 싫어하는 제금가였었는데, 그의

35 엘만이 조선에서 독주회를 가진 것은 1937년 4월 25일이나. 이징숙 외, 『우리양악 100년』, 현암사, 2001, 350면. 일본에서 연주회를 하기 위해 내동한 것도 확인된다. 〈조선일보〉, 1937.1.14. 엘만에 대한 언급은 윤극영, 「현하의 악단을 도라보면서」, 『개벽』, 1926.1.1. 참조. 엘만뿐 아니라 라스, 하이페츠, 짐발리스트 등 세계적인 바이올린 연주자들이 일제시대 내한 공연을 가진 바 있다. 1936년 10월 도동(渡東)한 이상은 서울에서는 엘만의 독주회를 관람하지 못했던 것 같다.

꾸준히 지속되는 성가(聲價)의 원인을 이번 실연를 듣고 비로소 알았오, 소위 엘만톤이란 무엇인지 사도(斯道)의 문외한 이상으로서 알 길이 없으나 그의 슬라브적인 굵은 선은 그라고 그 분방한 디포메이션은 경탄할 만한 것입디다. 영국 사람인줄 알았더니 나중에 알고 보니까 역시 이미그란트입디다.[36]

음력 섣달그믐에 보낸 것으로 알려져 있는 이 편지는 저물어 가는 한 해의 마지막 시간들을 '이미그란트 정신' 곧 유목 정신의 형형한 푯대 위에 세우고 있다는 점에서 인상적이다. '사도의 문외한'이라 말할 정도로 이상의 진지한 음성이 전해지는 편지인데, 이 진지함은 엘만의 '변형'이 그의 정신을 지배하고 있었던 것에서 기인했을 것이다. 이상은 동경에서 엘만의 연주를 실연으로 보았을 것이다. 끽다점에 앉아 축음기로 듣던 엘만의 연주와는 달리 동경에서 실연으로 엘만을 들었을 때의 감동은 말로 표현하기 어려웠을 것이다. 이상은 그러한 질주와 변형의 음들을 '이미그란트적'인 정신의 지표 위에 생생하게 세워두고 싶었던 것이다.

'엘만톤'은 기교파적인 테크닉을 가리키는 것이 아니라 정확한 주법과 비브라토의 아름다움, 화려한 색채와 완벽한 인토네이션을 가리킨다.[37] 바이올린 곡의 특성상 애잔한 선율과 정서는 센티멘탈리즘적인 분위기를 탈각하지 못한다. 이 감상성을 삭제할 수 있는 것이 바로 개성적인 주법인데, 엘만은 특히 완벽한 인터네이션과 비브라토를 통해 화성적인 선율의 평범한 아름다움을 비틀고 새롭고 독창적인 선율을 만들어 낸다. 거기에 강력한 비트가 생기고 탈선적인 음률의 질주가 생기는 것이다. 낭만주의의 감상성과 애상성을 뛰어넘어 신고전주의의 길을 개척하

---

36 이상, 「편지 7」, 『이상전집 4-수필』, 174~175면.

37 안동림, 『이 한 장의 명반』, 현암사, 1997, 1091~1092면.

면서 바흐 시대로 돌아가고자 했던 스트라빈스키의 전위성은, 그가 〈봄의 제전〉에서 보여주고자 했던 바로 그것처럼, 비트적인 불협화음과 질주의 선율이 주는 분방함이다. 그것은 건조성과 냉담성의 다른 이름일 것이다. 이것이 기계주의적 금속성의 차가움이며, 전위의 냉담함이다. 김기림의 탈로맨티시즘, 정지용의 반감정주의적 시선이 여기에 이어져 있다.

엘만의 연주에서 이상은 예술의 지고한 아방가르드 정신뿐 아니라 화려한 색채의 마술을 본다. '색청(色聽)'의 감각은 일종의 파상적인 리듬과 율동감이다. 이때 '색청'은 '색채-음향'의 조응 관계이기보다는 선후와 중첩의 관계, 곧 이어지면서도 겹쳐지는 혼돈의 아우라이다. 음이 선도적인 역할을 하면 그 다음 눈으로 색채와 중첩되는 색채를 끄집어내고 그러한 색채에 음의 고유한 리듬과 운동을 전달하는 것이다.[38] 이상은 이 화려한 비브라토에서 색청의 감수성을 읽고, '헐어 내서 완전히 딴 것을 만들어 내는' 질주와 변형의 생성적 힘을 꿰뚫는다.

슬라브 계통 음악 교육의 한 계보를 이루는 레오폴드 아우어(Leopold Auer)의 영향을 받았다는 것, 1927년 미국 시민권을 얻음으로써 우크라이나 태생의 유대인 음악의 계보를 이어 갔다는 사실도 엘만에게서 주목할 부분이다.[39] 바이올린이라는 악기 자체에 주목하고 멘델스존 이후의 화려하고 개성적인 색채의 바이올린 신율을 창조해 낸 랄로와, 엘만의 만남은 그 자체로 '변형'과 '창조'의 표상일 수 있다.[40] 슬라브계로 태어나 미국으로 이민을 간 '이미그란트'인 엘만의 생애 역시 '탈주'와 '변형'의

38 들뢰즈·가타리, 『천개의 고원』, 660면.

39 Marc Pincherle, 『바이올린 음악의 역사』, 대학음악저작연구회 역, 삼호출판사, 1989, 114~115면.

40 로베르 피투르, 『프랑스 근대 음악의 대작곡가들』, 편집부 역, 삼호출판사, 1993, 37~39면.

유목적 감각과 관련 있는 것으로 이해하는 이상의 선지적인 식견은 더욱 인상적이다.

현대 음악 미학자들은, 음악을 어떤 감정이나 사상의 표현이라고 말하는 것은 불충분하다고 말한다. 음악은 인간과 시간 사이에 일종의 질서를 부여해 준다. 이 같은 질서를 구축하는 데 절대적으로 기여하는 것이 바로 건축학적인 구조이다. 엘만의 연주에서 이상은 폐허와 같은 무너짐과 창조적 생성력을 동시에 본다. '헐어 버린 뒤 새것을 만드는' 강력하고 견고한 질서를 엘만 연주가 보여주는 테크닉의 완벽성에서뿐 아니라 이미그란트적인 정신의 힘에서 찾고 있는 것이다.[41] 특히 완전히 허물고 새로운 것을 만들어 내는 엘만의 탁월한 주법(엘만톤)은 소리 그 자체의 '리토르넬로'에 접근해 가는 신비스러움을 자아내는데, 이상은 이를 '분방한 변형'이 주는 아름다움으로 이해할 수 있었다. 탈주적인 선율은 육체의 탈각과 같은 환상을 일으키면서 이상의 아방가르드적인 감수성을 자극했던 것이다. 모든 형상이 카오스적인 것으로 탈주하면서 궁극적으로 '리듬'이 되는 '리토르넬로' 시학을 이상은 꿈꾸었을 것이다.

공복과 피로와 같은 육체의 고통을 '곽란'처럼 들끓는 악보의 이미지로 그려낸 「얼마 안되는 변해(辨解)」에서 음악은 '사상을 떨어 버리고 迂曲된 길위를 질서없이 도망쳐다니고 있'다. '자신의 계통을 상한' 음악은 계보와 사상을 떨어 버리고 무한 질주한다. 질주는 무한 변형과 생성을 위한 방법론적 무질서이다. 시간성의 예술이면서 또한 무한대로 열리는 음악의 존재론은 공간의 무한 확장을 담보한다. 소리의 질주는 탈주해 가는 이상 정신의 물질적 표상이다. 이상은, 광대한 음역을 가로지르며 달려 나가는 엘만의 바이올린의 선율에서 육체를 통과해 나가는 찰나

41 스트라빈스키, 『나의 생애와 음악』, 박문정 역, 지문사, 1990, 70~71면.

적 영원성을 느낀다. '엘만톤'은 순간적으로 공간적 한계를 관통하는 빛의 영원성과 소리의 무한 질주가 결합된 어떤 창조적 영감의 지층을 구성하고 있다.[42]

예술 장르의 전방위적인 종합과 초현실주의적인 방법론으로 시학의 영화화를 구상한 르네 클레르 영화에 이상이 심취한 이유 역시 '질주와 변형'과 관련이 있다. 클레르의 영화는 음악적이며 전위적이다. 클레르는 질주와 속도감의 역동적인 이미지를 입체적으로 구현한다. 클레르 영화의 서정시학은 시간의 논리성을 제거한 바탕 위에 환상과 꿈의 판타지를 구현한 것이다. 다양한 장르를 혼합하고 소리와 장면의 비논리성을 결합한 클레르 영화는 '시각적 교향악'의 탄생을 예고한다고 평가된다.

음악과 소음의 착종, 혼돈의 이미지들은 관습적인 현실의 평면들을 가로지르며 무질서한 혼합의 '중간 지대'를 만들어 낸다. 그러한 감각의 혼합과 극한적인 정신의 모험의 정점에 '모짜르트의 환술'이 있다. 이상은 「失花」에서 모차르트의 교향곡 41번 일명 '목성(주피터)'를 분명하게 언급하고 있다.

4악장에 동원된 푸가의 기법은 특징적으로 지적되는 것인데, 푸가란 동일 모티프들의 반복적 변환을 통해 우주적 무한 공간을 재현하는 음악 형식이며, 20세기 전위 음악가들, 스트라빈스키가 바흐로 되돌아가고자 하는 중요한 동기를 부여해 주었던 양식이며, 낭만주의의 감상적 레퍼토리를 거부했던 밀란 쿤데라의 소설적 푸가 양식들의 전범이 되기도 했던 양식이다. 이상이 「실화」에서 밝혔듯, 모차르트는 이상 자신의 환신(幻身)이다. 정신의 극한 시내를 달려나가는 음악의 이미지에서 그는 분사성의 자아를 환각했던 것이다.

42 졸고, 「이상 혹은 리토르넬로의 비교교유록」, 『이상의 사상과 예술』, 엘만 관련 언급은 이 글에서 인용.

공감각적 감수성의 기원과 불멸성의 존재론

「I WED A TOY BRIDE」에서 이상은 자신의 신경이 들어앉아 있음 직한 곳을 '일력, 시집, 시계'라고 밝혀놓았다. '시집'은 '일력', '시계'와 같은 층위에서 이상의 초조와 강박증을 역동시키는 기제이다. 일력과 시계가 시간의 구속과 관련되고, 시간의 구속과 글쓰기의 관계가 죽음과 생명을 전치하는 관계라는 점에서 이 대상들은 「종생기」의 주제를 환기할 뿐 아니라 이상 시학의 원리를 설명해 준다. 그는 '시간 감각'을 생명 현상과 관계된 모든 존재와 우주의 기본 원리로 이해했다. 모호리 나기의 '전인' 개념을 총체적 감각의 원리로, 예술활동의 가장 중요한 원리를 '활동적 리듬'이란 말로 요약하는데,[43] 이는 '시간 의식'에 대한 근본적이고도 분명한 이상 자신의 철학을 선언한 것이다. 이상은 '정력학'에 대비되는 '동력학'이라는 개념을 사용하는데, 이 '동력학'이라는 개념은 '활동적 리듬'의 이칭이며, 그것은 공감각적인 깊이와 공간감을 가진 입체적인 미학과 관련되어 있다. 그러니까 이상에게 시간은 입체적이며 다원적인 감각과 공간적 깊이를 가진 모든 인간적이고 우주적인 것의 총화이다. 즉 원리이자 기제이며 그 변형태로서의 생성물이다.

다음 시에서, 시계 소리는 돌연 공간적인 팽창을 부른다. '13'과 '호외'는 비상식적이고 비일상적인 것을 표상하는 기호이다. 이것이 '별안간'의 부사에 밀착되면서 공감각적인 입체감을 생성한다.

> 나의 방의 시계(時計) 별안간 13을 치다. 그 때, 호외(號外)의 방울 소리 들리다.[44]

---

43 이상, 「권두언」 참조.

44 이상, 「1931년-작품 제1번」, 권영민 편, 『이상전집 4-수필』, 342면.

'호외의 방울 소리'는 질주와 소란의 이미지를 갖는다. 소리는 질주하면서 공간적으로 급격히 팽창하는 느낌을 준다. 시계의 신경증적인 초조감은 시간의 원형 상징성을 갖는 '달'의 이미지에 깊이 투사된다. 달은 시간적·공간적 주기성과 관계가 있는 상징이다. 그런데 '달'의 원형적 모티프는 단순히 신화적 상징을 재현하는 것에 그치지 않는다. 공감각적 이미지를 구축하고 시적 공간을 확장하면서 신비주의적이고 초월적인 주제 의식을 구현한다.

육체의 죽음과 달빛의 냉각이라는 모티프는 이상 시에서 반복적으로 나타난다. 「易斷」 중 「家庭」에서는 "집웅에서리가나리고뾰족한데는鍼처럼月光이무덨다"라고 달빛의 차고 냉혹한 특징들을 묘사해 두었다. 그런데 '빛'이 뿜어내는 공감각적인 이미지는 신비스러우면서 초현실주의적인 분위기가 있다.

> 달빗속에있는네얼골앞에서내얼골은한장얇은皮膚가되여너를칭찬하는내말슴이發音하지아니하고미다지를간즐으는한숨처럼冬柏꽃내음새진이고잇는네머리털속으로기어들면서모심듯키내 설음을하나하나심어가네나[45]

달빛은 창백하지만 황홀한 빛을 내뿜는다. 달빛은 촉감과 청각과 후각과 시각의 모든 감각으로 전이되며 그것들은 육체의 내부로 빨려들어간다. 달빛은 나와 너를 잇는 줄, 운명의 실타래로 이어진다. 한숨처럼 뿜어나오는 설움은 동백꽃 내음새의 황홀한 감각을 자극하며 나의 내부에서 너의 내부로 옮겨진다. 영혼만이 달빛 속에서 충분히 빛나는 것이다(「習作쇼윈도數點」). 달빛 이미지가 색조나 '광도'보다는 빛나고 어두운

---

45 이상, 「素榮爲題」, 권영민 편, 『이상전집 1-시』, 88면.

정도의 '대립(luminance)'을 보여준다는 점에서 이는 시원적이고 신화적인 것이다.[46] 달빛이 차고 냉혹한 것은 달이 어둠과 죽음의 상징성을 갖기 때문이다. 달은 밤의 가장 깊은 곳에 존재하면서 어둡고 검은 성질들을 가지며 축축하고 불길한 느낌을 준다. 달은 죽음과 소멸의 상징이지만 그것 또한 낮의 이미지들을 구원하는 여성화의 완곡 어법이다.[47]

제목에서부터 흰빛의 색채감과 함께 차고 창백한 여성의 이미지를 환기시키는 「소영위제」는 죽음과 시간의 비극적인 이미지들이 아름답게 펼쳐져 있다. 달빛이 내 육체에 닿자 그림자에는 피가 아물거리고 혈관에는 냉수가 방울방울 젖는다. 달빛은 피와 냉수라는 냉혹한 죽음의 이미지들을 발산한다. 육체는 달빛에 냉각되고 달빛의 그림자에 응어리진다. 그러한 육체는 이즈러진 헝겊 조각 같은 심장으로 표상되는데 거기에는 투명하게 자신을 비추는 거울 어항이 존재한다. 어항은 이 냉각된 자신의 육체를 투명하게 반사한다. 달-심장-어항의 이미지들은 죽음과 생명의 반복적 순환 속에서 자아의 내면을 비추는 거울의 형상을 하고 있다. 이 문제는 뒤에서 마티스・피카소의 '거울-어항' 모티프와 자아의 다중성 문제와 관련시켜 논의될 것이다.

「破帖」에서 달은 전자의 파동적인 이미지와 음향적인 이미지가 결합된다. '香線'이라 표현한 다른 텍스트에서 음향은 어떤 미지의 향에 유비되면서 보다 강렬한 신비스러움을 자아낸다. 달빛이 발산하는 '夜陰'은 잃어버린 온도보다 더욱 온도를 냉각시킨다. '파상철판'은 그러한 달빛과 전파의 파동적인 이미지를 투사한 것이다. '완고한 음향에는 여운도 없다'에서 파동적인 이미지들과 그것이 전달하는 잔잔한 감각은 '여운'

46 레비스트로스, 『보다, 듣다, 읽다』, 155면.

47 질베르 뒤랑, 『상상계의 인류학적 구조들』, 진형준 옮김, 문학동네, 1992, 175면.

이라는 정서의 미묘한 움직임으로 포착된다. 여운이 없는 음향은 그러한 존재의 죽음을 말한다. 차고 단단해진 음향은 죽음과 같은 딱딱한 상태로 변한다. 달빛은 육체의 죽음을 화려하게 비춘다. '참살당한 광경'을 이상은 '달이 둥그래지는 내 잔등을 흡사 묘분 비추듯 하는 것'이라고 표현한다(「月原橙一郎」). 내 잔등이 '묘분비추듯' 비춰지면서 상상적인 공간은 크게 확대되며, 죽음의 '어둠'은 여기서 화려하게 살아난다.

죽음은 '어둠과 밝음'의 대립이 아니라 '어둠과 빛남'의 조응 관계를 갖는다. 달빛은 어둠과 밝음의 시각적 차이를 넘어 온도의 차이를 통해 선명하게 감지된다. 그것은 시각적인 것이며 촉각적인 것이며 공감각적인 것이다. "야음을 발굴하는 월광(「파첩」)"은 어둠과 빛의 대조가 찬 것과 더 찬 것의 온도 차이와 중첩된다. "실고초 같은 피가 달빛에 놀라 냉수로 전이되어 혈관을 흐른다(「소영위제」)"에서 달빛은 어둠과 빛남의 시각적 차원을 넘어 피부로 감지되는 물질적인 차원에 있다. 열과 추위라는 정서적이고 감각적인 차원은 여기서 '실존적 추위'라는 형이상학적 문제로 끌어올려진다. 물질적인 것은 형이상학적인 것, 인식론적인 것이다. 우나무노(Miguel de Unamuno)의 명언처럼, 우리는 열(물질) 때문에 죽기보다는 차라리 빛(인식) 때문에 죽는다. 빛(실존)은 어둠(감각)을 넘어서 간다.

밤의 어둡고 불길한 이미지들은 추락, 공포, 현기증, 무거움이라는 실존적 상황을 투사한다. '추락'은 단절과 소멸과 같은 시간의 끔찍한 양상들을 요약하고 응축한 것이다. 일문시 「最後」는 행성의 추락이라는 이미지가 정신의 완선한 절멸, 어떤 정신도 발아하지 않는 상황을 요약한다. 죽음과 소멸의 묵시록적인 주제는 여성 육체의 원형 상징과 연결되며 불안의 심적 상태를 환기한다. 죽음과 시간 앞의 공포라는 주제는 죽음의 비밀스러운 장소이자 소우주인 여성 육체의 월경에 상징적으로 연결된다. 달이 축축하고 습기 차며 어둡고 불길한 것은 월경의 성질을 닮았기 때문이다. 피는 시간과 운명과 죽음과 동형적 성질을 지닌다. '피'에 대한 공포는 그것이 최초의 인간 시계(시간), 달의 운행과 관계있는 인간 최초의 신화이기 때문이다.[48] 「실낙원」 중 한 편인 「월상(月傷)」은 죽음의 묵시록적인 주제와 창조와 생성이라는 신화적인 모티프가 중층적으로 나타나 있다. 죽음과 재난, 창조와 생성의 모티프가 달의 죽음과 새로운 달의 출현이라는 서사와 결합된 것이다. 달의 죽음은 피묻은 달(惡血)의 유영과 냉각, 동결의 이미지로 나타난다. 촌각을 다투는 재난과 멸망의 이미지는 지구 멸망의 시간을 그려내는 SF 소설의 상상력과 근본적인 구도를 같이한다는 점에서 현대적인 감수성과 연결된다.

달은 냉각과 죽음과 불모의 이미지를 강력하게 환기시키지만, 한편으로는 불모의 상태에 빠진 지구를 생명의 빛으로 녹인다. 「斷想」에서 달은 속수무책으로 죽음을 기다리는 지구에 한 줄기 빛을 던진다. 달빛은 눈을 녹이고 황량한 빙원을 정맥처럼 흘러간다. 달이 지구에 던지는 생명의 빛은 '지도'의 행선을 그리고 인류는 그 빛을 따라 봄을 쫓는다. 「월상」에는 한 인물이 등장하는데 '수염 난 사람' 혹은 '나'이다. '수염난 사람'은 이상의 분신적 모티프일 것이다. 이 인물은 행성 멸망의 시간을 아는 예지자일뿐 아니라 새로운 달을 발견해야만 하는 선지자처럼 그려져 있다. 이 인물은 달이 멸망하는 순간에 새로운 달을 발견하는 존재이다. 새로운 달은 불과 같이 빛나며 홍수와 같이 화려하다. 그것은 '나'가 일종의 불사성(Immortality)을 가진 존재이기 때문이다. 묵시록적인 주제는 이 불사성을 가진 존재에 의해 황홀한 빛의 주제들도 변환된다. '거울'과 '어항'과 '보석'은 여기서 서로 관통하면서 공감각적인 깊이를 공유한다.

48 질베르 뒤랑, 위의 책, 159면.

'어항'과 '금붕어'의 자기 거울

이상의 다중적 정체성을 보여주는 것으로 언급되는 '거울'의 이미지는 한편으로 '어항'의 이미지와 연결되면서 몽상적이고 신비주의적인 공간을 확대한다. 안과 밖의 공간적 층위를 가진 '거울'에 비해 '어항'의 층위는 더욱 다중적이고 몽상적이다. '어항'은 그러한 거울상의 프리즘에 속해 있으면서도 다른 한편으로 대상과 자신을 비추는 '금붕어'의 이미지를 그 공간 층위에 겹쳐 둔다. '어항'의 이미지는 개방과 폐쇄. 다르게 보기로서의 응시를 설명해 준다. 금붕어의 시선은 거울의 두꺼운 면과 달리 어항의 투명한 면을 헤치고 나온다. 투명한 어항은 금붕어와 시인의 상호 응시와 시선의 교차와 혼종을 가능하게 한다. 이는 이상의 전체적인 화풍과도 연결되는데, 그것은 마티스적, 피카소적인 것이다.

이상이 꾸준히 그림을 그렸던 것은 확인되지만, 현재 남아 있는 작품은 그다지 많지 않다. 자화상 몇 편과 「날개」의 삽화, 구보의 소설 「소설가 구보씨의 일일」의 삽화 정도가 남아 있다. 문인으로서보다는 화가로서 이상을 평가하고 있는 경성고공 동기 문종혁은, 이상이 초기에는 섬이 굵고 강렬한 '초기 인상파' 풍의 마네 같은 그림을 그리다가 20세가 넘어 가늘고 유영하는 듯한 선과 엷은 중간색 톤의 빛깔을 쓰는, 개성적인 화풍으로 바뀌었다고 증언한다. 1931년 세10회 조선미술전람회에서 발표한 〈자화상〉에 대해 문종혁은, '세잔느풍이기는 하지만, 입체감과 딱딱하고 예리한 맛이 있는 세잔느의 그것에 비해, 마티스풍의 부드러운 맛과 색채와 물체가 몽롱한 아름다움을 준다'고 평가한다.[49]

실제 이상이 남긴 누드풍의 그림은 상당히 마티스적인 것에 가깝다. 인상주의 회화나 마티스풍의 그림에 대한 이상의 관심을 추정할 수 있는

49 문종혁, 「심심산천에 묻어주오」, 『그리운 그 이름, 이상』, 117면.

그림은, 이상이 「소설가 구보씨의 일일」 삽화로 그린 '나부상'이다. 이 누드상은 마티스가 알제리 여행의 경험을 바탕으로 그린 「푸른 나부: 비스크라의 추억」에서 볼 수 있는 여인의 누드 형상을 연상시킨다. 옆으로 비스듬히 누운 포즈, 구상적 형태를 무너뜨리고 과감하게 세부 묘사를 생략한 가는 붓 터치, 풍만한 가슴과 둔부 같은 부분 묘사가 특히 그러하다. 대체로 1930년대 다른 화가들의 습작품에서도 대체로 이와 비슷한 구도와 형상의 여성 누드를 볼 수 있다는 점에서 이 같은 화풍은 당대적인 유행과 관련 있는지 모르겠다. 다만, 이 마티스풍의 그림들이 당대 신흥예술파적인 감수성을 가졌던 화가나 문인들의 취향을 반영하고 있다는 것은 문학-미술 간의 상호 관계성을 알려주는 중요한 코드로 생각된다.

이상이 문종혁에게 보낸 엽서에 첨부한 삽화 또한 유사한 화풍의 것임을 짐작하게 한다.

> 여자가 천장을 향하고 누워있는 모습을 옆에서 본 그림이다. 배는 임신 10개월로는 부족하다. 젖가슴부터 아랫배까지가 고무풍선같다 그 높이가 대단하다. 또 그녀의 얼굴은 메주를 손가락으로 꾹꾹 찔러 만들었다면 입체감이 난다. 이북말로 미욱하기 짝이 없다. 눈퉁이는 나오고 코는 납작하고 입술은 돼지 입이다.[50]

이상의 사도 마조히즘적인 '여성 숭배'의 그림자가 느껴지는 증언이지만, 「소설가 구보씨의 일일」에 그려진 삽화의 '나부상'의 형상이나 구도와 거의 다르지 않음을 추정할 수 있다. 「소설가 구보씨의 일일」에 나온 삽화나 「날개」 속의 삽화의 기본적인 화풍은 유사하다. 여기에는 좀

50 위의 글, 123면.

더 심리학적인 분석이 필요할 것이다.

구본웅의 그림 또한 마티스나 피카소의 영향을 받은 것으로 알려져 있다. 그런데 구본웅의 「여인」은 이상의 그것에 비해 루오풍에 가까운데 강렬한 색과 붓 터치가 생동감을 더욱 강하게 되살려 낸다. 양팔을 들어 올려 머리 위로 얹은 여인의 상반신을 흰색, 붉은색, 노란색, 검은색 등을 사용해 폭발할 듯한 붓 터치로 묘사하고 있다.[51] 가슴 부분을 과장, 왜곡하고, 강렬한 색채를 사용함으로써 원시적·관능적 분위기를 강조하는 방식은 야수파적인 화풍이다. 이러한 포즈의 누드는 마티스를 비롯 서양 야수파 화가들에게서 자주 나타나는데, 구본웅의 경우, 특히 사또미 가쯔조(里見勝藏)와 그의 스승 블라맹크의 화풍과도 연결된다고 한다.[52] 형태의 단순화와 데포름(데폴마숑)은 당시 화단에서 논의되었던 '주관주의적 예술' 경향 곧 표현주의적인 것이었다.

마티스, 피카소의 화풍은 양식적인 추상성과 기호의 임의성을 견지한다는 점에서 인상파 화풍을 이어 가며 이는 미술과의 '경계넘기'를 통해 입체주의 미학을 구현하고자 했던 1930년대 시의 방향성을 환기시킨다. 이상이 이 중심에 있었다. 피카소의 〈마졸리(치터 또는 기타를 들고 있는 여인)〉(1911)에서 묘사 대상이 '여자'라는 것은 거의 인지할 수 없다. 이 그림에서 'Ma Jolie'라는 두 단어는 언어 그 자체로 가시화된 것보다 더 많은 것을 암시한다. 이 그림은 추상의 경계에서 머뭇거리면서 모든 시각적인 재현 활동에 의문을 던지는데, 아폴리네르는 이 같은 그림들을 "현대 화실의 언어로 말할 때 '4차원'이라는 말로 명명되는 공간의 새로운 도량법"이라는 말로 설명한다. 주관주의적이고 공간기하학적인 발상

51 기혜경, 「1920, 30년대 한국 근대미술과 문학의 교류상에 관한 연구」, 61면.

52 김현숙, 「구본웅의 작품을 통해 본 모더니즘 수용의 일례」, 142면.

은 모리스 부세의 『초공간론』(1903)이나, 마티스와 함께 공부한 막스 베버의 '공간의 광대함이 주는 엄청나고 압도적인 느낌을 사방에서 한꺼번에 의식하는 것'이라는 언급과 연관성이 있다.[53] 마티스와 피카소는 일상세계의 물체들을 통해서 신성한 것을 불러일으킬 수 있는 회화를 모색하면서 물체들이 최소한의 물리적인 정체성을 얼마간 보유하면서 동시에 다른 어떤 것으로 변형될 수 있는 회화적 방식을 고민한다. 그러나 이들의 목표 도달 방법은 다소 차이가 있는데, 피카소는 표현의 임의성을 강조하고, 그림 전체가 유추에 의해 충분히 해독될 수 있다는 믿음을 가졌던 데 비해 마티스는 색과 캔버스로 그 개념적 구조를 창조해 낼 수 있다고 믿었다는 것이다. 그런 까닭에 이 두 화가의 그림은 지적이고 인식론적이다. 색으로 표현되든 도상으로 형상화되든 간에 캔버스 어디에선가 화가의 '응시'가 살아 있는 것이다. '금붕어'와 '어릿광대'의 시선에서 우리는 화가가 세계를 창조하고 해석하는 '응시'의 시선을 본다.

'변형과 창조의 문법'을 보여주는 마티스, 피카소의 화풍은 리토르넬로 시학을 구축한다. '어항과 금붕어' 모티프의 그림들을 이상 시와 관련시킬 수 있겠다. 어항과 금붕어의 이미지는 마티스와 피카소의 작품에서 방법론적인 차용과 변용의 과정을 거치면서 독특한 미학적 방법론을 구현한다. 어항과 금붕어의 이미지는, 봉쇄와 개방 간의 대비, 관찰과 피관찰자의 내면적 소통, 화가의 이중적 시선 등의 문제를 암시할 뿐 아니라, 서로 다르게 바라보기, 방법 간의 대비 등의 문제를 제기한다.

마티스는 모로코 등지를 여행하고 돌아온 뒤 가장 독창적인 작품들을 남긴다. 조각 작품인 〈기대어 누운 누드 1〉부터 이미 '금붕어 어항'을 통해 자아의 다중성과 시선의 문제를 다룬 바 있다. 〈금붕어와 조각〉은

---

53 잭 플램, 『세기의 우정과 경쟁 마티스와 피카소』, 이영주 옮김, 예경, 2005, 97~98면. '어항'과 '금붕어'의 '자기 거울'의 성격에 대해서는 이 책을 주로 참조했다.

마티스의 〈금붕어와 조각〉(1912). '어항'은 연못을 극소화한 것으로 금붕어는 어항 안에 갇힌 채 몽상하듯 누워 있는 누드를 끊임없이 관찰한다. 금붕어의 시선은 몽상하고 사유하는 시인의 시선이다.

향수와 몽상에 젖은 화가의 시선이 노스텔지어적인 아우라를 풍긴다. 붉은 금붕어들은 두꺼운 안경을 통해 세상을 응시하는 화가의 다중적 자아이다. 어항은 연못을 극소화한 것으로 인공적이고 인위적인 배치의 공간을 표상한다. 연못 대신 어항, 나뭇잎 대신 꽃, 실제 여성 대신 조각의 여인, 이것들은 소형화되고 인공화된 자연의 대체물이다. 이 인공적인 고안물들은 여성의 에로티즘적인 이미지와 겹치면서 부드럽고 자유롭고 몽상적인 아우라를 생성한다. '어항과 금붕어'는 재현과 창조에 대한 마티스의 관념이 승화된 것이다.

마티스의 〈금붕어와 팔레트〉(1914)는, 피카소의 〈카드놀이 하는 사람〉(1913)의 영향을 받은 것으로 알려져 있는 일종의 '자화상'이다. 마티스의 작품 중 가장 격렬한 반향을 일으킨 것이면서 내밀한 자의식이 표출된 것으로 평가된다.[54] 제1차 세계대전 중에 그려진 것이어서 그런지 근엄하고 엄숙한 분위기가 깔려 있다. 그림을 그리고 있는 자신을 마음

54 위의 책, 106~128면.

마티스의 〈금붕어와 팔레트〉(1914). '자화상'의 일종. 부르통이 '이 그림만큼 자신에 대해 많은 것을 집어넣은 작품은 어디에도 없다고 확신한다'고 말했다는 일화가 전해진다. '금붕어'의 시선은 자아를 들여다보는 화가의 시선이다.

의 눈으로 보는 화가의 초상이다. 복잡하게 얽힌 선과 각, 어지럽게 교차되고 겹치는 면, 거칠고 굵은 터치 등은 화가의 심란한 심리 상태를 보여준다. 부르통은 이 그림을 두고, '이 그림만큼 자신에 대해 많은 것을 집어넣은 작품은 어디에도 없다고 확신한다'고 말한다.

피카소는 마티스의 이 그림에서 영감을 얻어 〈어릿광대〉(1915)를 그린다. 피카소는 초기부터 '다중정체성'을 지닌 어릿광대 이미지에 관심을 기울이게 되는데, 그것은 종종 그의 자화상을 대신하는 것이기도 했다. 음울한 색과 심각한 분위기와 희극적인 분위기가 묘하게 대비・결합된 이 그림은, 분열된 인격이 하나로 융합된 듯한 심리적이고 신비주의적인 특성을 보여준다. 마치 서로 다른 두 사람을 하나의 인물 속에 결합하고 있는 양 어릿광대의 이미지가 분할되어 있는 것이다. 탁자에 닿은 흰 손과 어릿광대의 오른쪽 눈을 담고 있는 사각의 흰 부분은 어릿광대의 몸의 중요 부분으로부터 뚝 떨어져 있다. 미완의 팔레트는 유령 같은 데 이는 재현의 불가능성을 암시한다고 읽히기도 한다. 다중적 인간으로서의 자아, 미완의 과정으로서의 그림, 재현의 불가능성, 인간의 원초적 불안 같은 모티프들이 이 단순화되고 추상화된 선과 색채 속에 표현되어 있다. 이 그림을 두고, 마티스는 자신의 금붕어가 이 그림이 되었다고 말한다.[55] 어항 밖과 안의 세계는 캔버스의 안과 밖이다. 마티스의 인공과 자연, 재현과 실재 사이의 끝없는 의문들을 피카소는 독창적으로 반복하고 있는 셈이다. 마티스는 피카소의 이 그림을 최고의 작품이라 평가한다. '극단화한 자화상'으로서 '금붕어'와 '어릿광대'의 세계는 다중적 인격체로서의 자아, 희극과 비극의 기묘한 결합, 내면의 혼돈, 재현에 대한 심리적 불안 등이 내재된 것이다.

피카소의 〈어릿광대〉(1915). '금붕어' 이미지의 원초적 형태로, 다중적 인간으로서의 자아, 미완의 과정으로서의 그림 혹은 재현의 불가능성 등을 암시한다. '여백의 캠퍼스'가 인상적이다. '소리'의 극단화된 추상성이 리토르넬로라면 이 그림의 '여백' 또한 리토르넬로적이다.

이상이 이들의 그림을 보았는지는 확인하기 어렵지만, 인식론적으로는 피카소나 마티스 등의 실험적 방법론을 이해했을 개연성이 있다.

55 위의 책, 130~131면.

마티스에게서 나타나는 강한 관능적 충족감 같은 것들이 이상의 그림에는 잘 보이지 않는다. 이상이 그림에서 문학으로 그 관심을 집중한 것에도 연유가 있을 것이다. '변형과 창조의 문법'을 보여주는 마티스, 피카소 등의 화풍이나 이상의 실험적인 글쓰기는, 리토르넬로 시학의 구현이라는 점에서 상관성을 갖는다.

그래서 '어항과 금붕어'의 이미지가 변주된 「소영위제」를 다시 들여다보게 된다. "칠 년 동안 금붕어처럼 개흙만을 토하고 지내면 된다. 아니-미여기처럼"[56]과 같이 「失樂園」 중 '육친의 장'에서도 이는 반복되고 있다. 「囚人이 만든 소정원」에서 '금붕어'는 폐쇄적인 공간에 수놓아진 것이다. 금붕어는 수인이 만든 소정원에 유폐되어 있다. 어항의 투명성도 사라졌다. 구름은 방 속으로 들어오지 못하며, 이슬은 유리창에서 울고 있다. '영어된' 정원은 투명성이 사라진 갇힌 '어항'이다. '囹圄된 몸'은 「오감도 시 제15호」에서도 나타나는데, '금붕어'의 시선은 죽음과 같은 자기 응시의 시선이다. '어항'의 투명성이 사라진 곳에서 계절은 순환하지 않으며 금붕어는 삶의 활력을 잃는다.

마티스와 피카소가 '금붕어'와 '어항'의 관계를 통해 드러내고자 했던 몽상적이고 신비적인 자기 응시의 시선을 이상은 '달빛'과 '금붕어'의 관계로 치환한다. 이 '금붕어'의 이미지가 아름답게 변주되는 것은 달빛과 연결될 때이다. '내가 존재하지 않으면서도 나를 위조할 수 없는 거울'이라는 명제는 응시적 시선의 리얼리티를 담고 있다. 내가 자살하지 않으면 그도 자살할 수 없다. 거울 속의 '나'는 나가 존재하는 한 불사적인 것이다(시 제15호). 어둡고 차가운 자기 응시의 시선이 '굴광(掘鑛)'의 이미지로 변형되는 과정은 이채롭고 특이한 것이다. 그것은 음악적인 것

56 이상, 『이상전집 4-수필』, 143면.

이다. 음악은 정신의 황홀경이다. 음악적인 정신의 질주를 형상화한 텍스트의 하나인 「얼마 안되는 변해」에서, 달은 황홀한 빛을 분사한다. 달빛은 '그를 붕어와 같이 아름답게 하'며, 그는 스스로 '잘 제련된 보석을 교묘하게' 분만한다. '붕어의 아름다운 분만'이 출발하는 지점이 음악의 질주이다. 그것은 공간의 한계를 넘어 초현실주의적이고 공감각적인 신비를 만들어 낸다. 달빛은 어항 속의 금붕어를 질주하게 한다. 음악은 생명력의 원천이자 리토르넬로의 춤이다.

음악적인 것의 절대 정신과 무한 생성 텍스트

이상의 공감각적인 이미지는 문자 매체의 평면성을 넘어 입체적이고 신비적인 아우라를 풍긴다. 그것은 시간의 예술이면서 공간적인 열림을 지향하는 음악의 정신을 구현한다. 음악은 대지를 떠나면서 우주를 향해 팽창해 간다. 그것은 소리가 갖는 공감과 무한한 열림이라는 이상에 조응한다. 음악은 무한 질주를 통해 죽음과 생성의 근원 회귀를 반복한다. 음악만이 본질적으로 존재의 탈영토화와 재영토화를 구현할 수 있다. 음악 자체가 활동적 리듬의 생성체이자 그 원형이다. 음악은 불멸의 존재론이자 원형의 메르쿠리우스(Mercurius)이다. 불멸성이라는 주제는 음악적 절대 정신의 이상과 긴밀하게 연결된다.

음악적인 절대정신의 지향 아래서 이상의 텍스트는 생성적 요건을 갖는다. 이상의 텍스트는 지역과 시간을 뛰어넘어 다양한 해석학적 지형을 향해 나아간다. 여기서, 이상 텍스트는 1930년대 일제 식민지 시대 조선이라는 특수한 모더니즘적 조건 아래서 생성된 텍스트이기를 멈춘다. 또한 단순히 문학 작품으로서의 성격도 멈춘다. 이상 텍스트의 개방성은 문학을 넘어 미술, 음악 등의 다른 예술 영역으로의 경계넘기를 하는 생성적 동력이다. 이는 다른 매체와의 혼종 텍스트성 구현, 혼종 감각(공감각적)의 이미지 구현 등으로 확장된다. 그 개방성과 확장성이 이상이라는 고유명사를 일반명사화한다. 그러니까 이상은 그 자체로 하나의 텍스트이자 방법론이 된다. 이상은 이상 그 자체로 질료이자 텍스트이며, 자료이자 작품이고, 또 그 자체로 방법론이다.

이상 텍스트는 그런 점에서 글로벌한 성격을 가진 텍스트이며, 문학, 음악, 미술, 건축, 영화 등 제 분야 예술의 통합적 지위를 가진 텍스트이다. 뿐 아니라 문화론, 통합 매체론, 기호론 등의 다 영역에서 개별적인 연구 대상이면서 또한 이들 분야를 융합하는 소통 텍스트로서의 성격을 가진다. 그 자체로 방법론이 된다는 점에서 이론을 소비하는 텍스트이기보다는 스스로 새로운 이론적 입론들의 생산 주체가 되는 텍스트이다.

이제 이 장의 결론을 내자.

어느 시대나 예술가는 시대에 좌절하고 기교에 절망한다. 그의 정신은 한 세기 혹은 두 세기를 앞서 가지만 시대는 언제나 평균적이고 관습적인 사고를 용인하는 것에 더 익숙하다. 기교에 대한 절망은 그러한 관습을 깨트리고 넘어서야 하는 예술가들의 가혹한 운명을 뜻한다.

이상은, 1930년대 식민지 조선에서 시대와 기교 때문에 끊임없이 정신적 자살을 감행하면서 경계넘기의 텍스트 실현자이자 혼종 텍스트의 창안자로 살았다. 시인, 소설가, 건축가, 화가, 장정가, 삽화가, 심지어 매체이론가로서, 그에게 주어진 멀티아티스트로서의 삶은 1930년대 조선 문학의 전위성과 창조성을 위해 내 던져진 희생제의 축제와 같은 것이었다. 당시 세계사적 조류였던 전위예술의 흐름 속에 있었다는 점에서 이상은 쉬르 리얼리스트 계보에 속한다고 할 수 있지만, 쉬르 리얼리스트들에게는 보기 드문 '인간의 시간'을 창조하고지 했다는 점에서 그들로부터 벗어난다. 식민지의 문화 정치적 한계를 넘어 위대한 예술적 성취

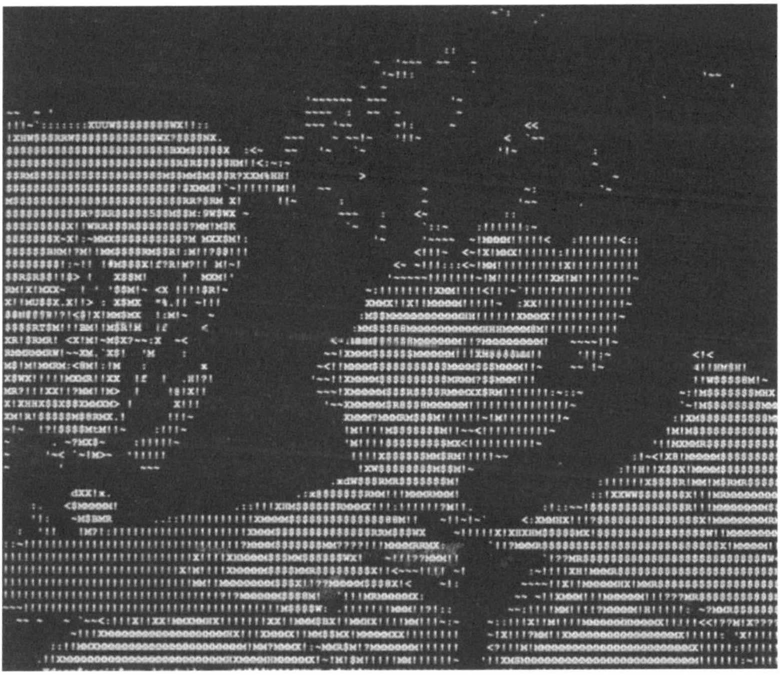

Vuk Cosic, 〈Startreck Ascii film〉(1997~2000). '음악적인 것'을 지향하는 이상의 텍스트는 아스키 예술, 코드 영화, 전자 사인 아트 같은 새로운 예술의 선언적・전사적 텍스트로 존재한다. 문자 언어는 기호・표문자・장식 활자 등으로 대체되어 나가면서 비음성적 커뮤니케이션을 위한 혼성 언어로 존재하게 될 것이다.

를 이룬 그는 '조선어'라는 문자 언어의 감옥'에서 걸어나와 문자를 넘어선 세계를 꿈꾸었다는 점에서 탈시간적이며 탈공간적인 상상력을 가졌던 예술가였으며, '경계넘기'의 창안자이자 실천가였다.

이상이 시도했던 여러 전위적 작업들은 우리 세대로 넘어오면서 한국문학의 미래를 여는 데 결정적인 추동력으로 작용한다. 현재의 문학예술은 문자의 통사적 맥락이나 언어가 지닌 표상적 의미의 한계를 넘어서 있다. 문어체 전통의 글쓰기 방식과 서체를 중시하는 사람들의 욕망은 주조 활자를 신봉하는 사람들에 의해 명맥이 유지될 것이라는 전망도 있다.

문자 언어가 기호・표문자・장식 활자 등의 체계로 대체되어 나가면서 비음성적 커뮤니케이션을 위한 혼성 언어가 된다는 것이다. 아스키 예술, 코드 영화, 전자 사인 아트 같은 새로운 디지털 예술은, '모국어'와 무관하게 읽을 수 있다. 그런 점에서 이상은 세계와의 소통을 꿈꾸면서 과거에서 현재 혹은 미래로 '달아난다'. 식민지 조선에서 이상은 매체 공간이라는 상상적 공간을 상상하고 모국어를 해방시킨다. 그래서 이상은 경계넘기의 최초의 실현자이자 궁극적 완성자로서 기억되어야 할 것이다.

아폴리네르, 리베르디(Pierne Reverdy) 같은 시인들에게서 창조적인 영감을 감지했으며, 섹트 예술의 경계를 뛰어넘어 큐비즘 화가들과 어울리면서 '파리파'의 한 시대를 풍미했던 멀티미디어 예술가 장 콕토는 자신의 시대를 이렇게 회고한다.

> 나는 뒤도 돌아보지 않고 그들을 만났다. 만일 그 때 뒤를 돌아보았다면 나는 설탕 기둥으로 변했을 것이다. 그 때 나는 열정적인 삶에 이르기 위한 도상에 있었다.[57]

'불을 보면 뛰어들 줄 알고, 평소에 초조히 불을 찾아다닐 줄도 아는 정열의 생물'[58]이란, 소멸하지 않는 예술에 대한 의지와 열정의 다른 이름일 것이다. 달려들기를 멈추지 않는 불나비처럼 1930년대 문인들은 그렇게 '경계넘기'의 위대한 창안자들이자 실천자들로 살게 된다. 그것이 1930년대 문학 장의 새로운 지평을 열 수 있었던 동력이다. 이미 이상과 그의 친구들, 박태원, 김기림, 정지용 등에게서 우리는 그런 경계인들의

---

57 빌리 클뤼버, 『피카소와 함께 한 어느날 오후』, 이계숙 역, 창조집단시빌구, 2000, 177면.

58 이상, 「권태」, 『이상전집 4-수필』, 283면.

초상을 보았다. 그뿐인가. 그 경계인들의 지도 위에는 백석, 정현웅, 이효석, 김용준, 이태준 같은 1930년대 문인들과 화가들, 영화인들도 서성이고 있다.

이상과 그의 친구들, 1930년대 문인들이 꿈꾸었던 '파리'는 구체적인 지역성과 영토를 가진 특정 시대, 특정 공간으로서의 '파리'가 아니다. 그것은 문학예술의 '리토르넬로(Ritornello)'이자 혼종 예술의 생성적 공간이며 창조적 상상 공간이다. 아니 그것은 차라리, 문자를 넘어 멀티미디어적 세계와 소통하는 누스페어(noosphere)[59]적 공간이 아닐 수 없다.

59 피에르 레비, 『누스페어』, 김동윤 외 역, 생각의 나무, 2003.

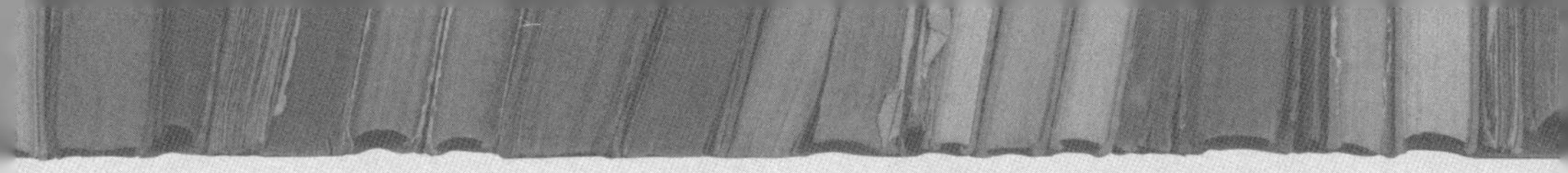

Ⅳ. '경계'를 넘어서 만나다

한국문학의 미래적 지평

내일은 이 주막에서 나를 찾지 말아라.
나는 벌써 거기를 떠나고 없을 것이다.

- 김기림, 『태양의 풍속』 서문 中

'문학성'을 떠나, 문학을 '넘기'

'문학성(poésie)'을 기준으로 문학사를 보는 시각은 보편적이며 일반적이다. 역동적으로 생성되고 변화하며 재탄생하는 문학 장의 토대 위에서 문학을 규범화하고 가치 평가하는 문학성은 항구불변 한 것인가? 이는 문학 장의 토대와 그를 기반으로 한 자율성의 개념들을 항구적으로 담아낼 수 있는가. 이 견고한 아카데미즘의 학풍 속에서 이 문제로부터 누구인들 자유로울 수 있겠는가?

이 저서는, 문학성을 기준으로 10년 단위로 분절된 문학사를 보는 이른바 문학 '내부적' 관점을 일단 떠나기로 했다. 대신, 문학 외부와의 '경계넘기(borders-crossing)'라는 시각을 도입하고, 이를 혼종성의 미학, 곧 개방성과 융합의 관점에서 우리 1930년대 문학사를 고찰했다.

이 같은 관점을 견인하기 위해 이 저서는 1930년대 문학 장의 토대 곧 사회·문화적 토태를 기계주의 시대와 뉴미디어적 환경에 두었으며, 신문 학예면이라는 저널리즘 제도와 그 한가운데 존재하는 인적 네트워크를 염두에 두었다. 글쓰기와 양식, 장르종 같은 문학의 문제, 예술 내부의 문제뿐 아니라 텍스트 혼종 문제, 감각의 변화 문제, 읽고 쓰는 에크리튀르 문제, 뉴미디어 장르 문제 등의 개별적이고 구체적이며 미시적인 문학적 환경과 변화들을 고찰했다.

1930년대 문인들은 잡지, 신문 등 저널리즘 매체와 내·외적으로 혹은 직간접적으로 관계를 맺을 수밖에 없었다. 한편으로 그들은 영화 등 새로운 미디어, 전기 미디어에 열광하면서 여기서 얻은 뉴미디어적 감각을 창조적이면서 실험적인 텍스트 생산에 쏟아 부었다. 1920년대와 분명하게 달라진 점이 있다면, 이들이 대부분 문학 및 미술, 영화 등과 관련된 전문적인 지식을 가지고 있었으며, 신문 학예면의 제도적 장점을 적극적으로 활용할 수 있었다는 것이다. 사회주의 운동과 근대 예술의 확립이라는 계몽 의식이 맞부딪히는 지점에서 동인지나 잡지를 발간하던 1910·1920년대의 상황과는 질적으로 제도적으로 감각적으로 달라진 문화 제도 한가운데서 그들은 잡지, 신문 등의 저널리즘 매체와 소통하고 있었던 것이다. 그들이 '구인회', '문장파' 등의 이름으로 1930년대 문학의 계단을 오르내리면서 새 문화운동의 주체가 되고 혼종적 텍스트를 생산할 수 있었던 동력이다.

그들 대부분은 영화광 혹은 영화 애호가들이었다. 모더니즘계의 문인, 화가들뿐 아니라 경향적인 문학, 예술을 했던 문인, 화가들 역시 영화 장르에 깊은 관심을 가지고 있었다. 그러니까 그들은 신문사, 잡지사에 취직해 생계를 유지하면서 신문·잡지 편집이나 기자 활동에 참여하고 다른 한편으로는 영화적 기법을 문학이나 미술 장르에 투영하게 되는 것이다.

이는 두 가지 중요한 관점을 제시한다. 문자의 시각화 및 문자와 도상의 결합이다. 이를 한마디로 문학의 입체화라고 지칭할 수 있을 것이다 이는 문학, 미술의 영화화 과정이라는 모더니즘의 기법 진화를 의미하는 것으로도 볼 수 있지만, 문학의 눌실싱 미학의 획득이라는 관점에서도 고찰될 수 있다. 그리고 이는 장르 혼종 및 혼종 장르 탄생 그리고 이에 대한 평가 및 해석의 문제와 연결된다. 이 저서에서는 시화, 화문, 라디오시 등의 새로운 장르종과 혼종 양식 텍스트들의 면면을 소개했다. 그것들 중 이 저서에서 처음 소개된 것들도 있다. 일부 채색 화문들도 있는데 이는 매체 혼종을 통한 새로운 '읽기 쓰기'의 방법과 관련된 것이다. 그것은 책 문화 시대의 읽기 쓰기가 아니라 '윤전기 미학'의 산물이며, 전기 미디어 시대의 읽기 쓰기이다. 이 같은 접근법은 기존의 문학사 서술이나 문학 이해의 장에서 소외되거나 간과된 것인데, 따라서 이 책에서 본격적으로 논의하고자 하는 핵심 의도도 여기에 있다.

신문, 잡지, 영화 등은 문학적인 것을 표현하는 수단, 곧 일종의 장치(device)로서가 아니라 당대 최고의 뉴미디어이자 제도이다. 그 자체로 타자들과의 소통 수단이라는 점에서 '뉴미디어'이며, 문단·화단이라는 제도와 같이 얽혀 있으면서 1930년대 문화의 장을 자율적으로 구축한다는 점에서 또 다른 상위의 '제도'이기도 한 것이다. 당대 예술가들이 이들 뉴미디어를 오감으로 체감하면서 의식화하고 이를 넘어설 수 있는 기법적 혁신을 모색하게 된다는 점에서 이 뉴미디어는 성찰적 예술 행위의 근거가 된다. 문학의 범주를 확장하면서 새로운 혼종 예술의 가능성을 탐색할 수 있게 한 일종의 번역 미디어였던 것이다.

신문, 잡지, 영화는 시각 미디어로서의 지위를 가지는데 이는 언어 문자를 매개로 한 기존의 문학 텍스트와는 다른 감각에서 생산되고 향유되는 텍스트이다. 이 같은 문화적 토대의 변화는 문학 장의 변화를 초래하는데, 이 과정에서 문학의 시각예술에서 받은 영감이나 기법이 문학 텍스트에 수용되며, 더 나아가 시각예술과 문자예술이 혼종되는 새로운 장르의 문학 텍스트가 출현한다. 신문 저널리즘이 문화운동의 중요한 제도적 장치가 되면서 문학 텍스트 역시 이 제도의 존립 방식과 밀접한 관계를 맺게 되는 것이다. '제도'는 감각의 변화를 이끌고, 이는 텍스트 재현 방식의 변화뿐 아니라 텍스트성의 본질적인 변화를 이끌게 된다. 예컨대 '구인회'의 결성 동기는 한 개인의 모더니즘적 취향에서 비롯된 것으로 보기 어려우며, 문단 권력의 획득을 목표로 시도된 어떤 특수 집단의 우연적 행위의 소산으로 볼 수도 없다.

신문에서 소설이나 시가 게재되는 방식의 변화나 문학 미디어 자체의 변화는 필연적인 것이다. 그렇다면 매체 간 혼종 텍스트인 화문이나,

삽화가 곁들여진 신문 연재소설에 반응하는 독자의 입장 역시 감각의 확장이라는 차원에서 이해할 수 있다. 라디오나 텔레비전과 같은 새로운 미디어에 즉각 반응하면서 자신의 행위를 성찰하고 그 시대의 새로운 지식이 갖는 의미를 누구보다도 정확하게 간파할 수 있는 집단이 예술가 집단이라는 해석을 수용할 수 있다면, 1930년대 문인, 화가들의 새로운 테크놀로지와의 매체적 수용이나 변용은 문화 저변 전체의 구도를 바꿀 수 있는 돌파력이 내재된 것이었다고 말할 수 있다.

마무리를 하자. 1930년대 문학의 '경계넘기'는 제도적인 것이며 문화 토대와의 길항적인 관계 속에서 생성된 것이다. 뉴미디어적 감각과 텍스트의 존립 방식은 길항적인 것이며, 이 한가운데 '혼종성의 미학'이 놓여 있다. 이는 문화 네트워크의 새로운 존립 방식을 의미하는 것이기도 했는데, 문인, 화가들의 협업과 공동 작업은 필연적인 것이었다. 그것은 '구인회', '문장파' 등의 문인·화가 공동체를 결성하는 계기가 되기도 하지만, 본질적으로 이것은 문인, 화가, 영화인 등 예술 공동체의 이상을 실현하는 것이었다. 이 예술 공동체는 현대 예술의 존립 방식이며, 이는 20세기 초 아방가르드 예술운동이 탄생한 배경이나 그들이 지향한 입체파 예술의 미학적 논리와도 상통하는 것이었다.

이 저서는 1930년대 문학의 실체를 온전히 '경계넘기'와 '혼종성'이라는 맥락으로 조명한 것이다. 거기에는 지금과 같은 섹트주의적 분할이 있는 것이 아니라 경계와 경계, 장르와 장르, 나와 너를 넘나드는 개방성의 철학과 비순혈주의적인 미학의 지도판이 준비되어 있다. 내·외적으로 얽혀 있는 문학의 문제를 '문화 제도'라는 큰 범주에서 들여다볼 필요가 있었으며, 이를 물적·인적 제도의 문제로, 미디어 및 미디어 혼종의 문제로, 새로운 '읽기·쓰기'라는 방법론의 문제로 접근할 필요가 있었다.

저널리즘 제도, 인적 네트워크, 아방가르드 미학 이념, 혼종적 텍스트의 존재는 본질적으로 상호로 얽혀 있는 모나드(monad)적 입자들이자 1930년대 문화운동의 본질이었다. 1930년대 문학사가 모더니즘과 리얼리즘이라는 환원론적 구도로 재현될 수 없고, 1930년대 문단 자체가 그러한 이분적 구도 속에서 재편되지 않는다. 문학 내적 동력으로 1930년대 문학사를 이해한다거나 토대를 이해한다는 것 또한 일면적인 결론에 이를 수밖에 없다. 그렇다면, 문인-화가 공동체의 존재, 혼종 텍스트의 존재, 혼종성 미학은 1930년대 기계주의 시대 문학이 마주친 본질적인 풍경이 아니었을까. 그것이 1930년대 문학의 미적 자율성을 보장하는 제도적 토대가 아니었을까.

1930년대를 '정통 문학'의 문제로 이해한 얼마나 많은 연구서가 존재하는가? 이 '경계넘기'와 '혼종성'의 그물망에 걸려든 것들은, 거시적이고 분할 학문적인 큰 틀에는 포착될 수 없었던 미시적 그물망의 희생자들이며, 문학적 사건의 잉여분에 지나지 않은 '운 나쁜 것들'일 수도 있다. 지금까지는 문학(주의)적인 것들만이 '착한 것'에 속하고 그들만이 우리 근대문학의 '리그' 안에 있었다면, 이제는 너무나 문학 외적인 것들, 이런 '나쁜 것들'이 섞여 들어와 있는 문학적 사건들을 주목할 수 있게 되었다. 어찌 되었든, 이 저서의 결함은 온전히 저자의 몫이다.

참고문헌

1. 기본 자료

※ 신문 및 잡지 자료

『국도신문』『동아일보』『매일신보』『조선일보』『조선중앙일보』『중앙일보』『중외일보』

『개벽』『문장』『박문』『별건곤』『신가정』『신계단』『신민』『실화』『소학생』『여성』『예술』『인문평론』『제일선』『조광』『주간서울』『중앙』『철필』『춘추』『카톨릭청년』

※ 전집류 자료

권 환, 『권환 전집 — 아름다운 평등』, 황선열 편, 전망, 2002.

김광균, 『와우산』, 범양사출판부, 1985.

김기림, 『김기림 전집』, 김학동 편, 심설당, 1988.

김기진, 『김팔봉문학전집』, 홍정선 편, 문학과 지성사, 1988.

김문집, 『비평문학』, 청색지, 1938

김영랑, 『김영랑』, 김학동 편저, 문학세계사, 2000.

김용준, 『풍진세상 예술에 살며』, 을유문화사, 1988.

김주현 · 김유중 편, 『그리운 그 이름, 이상』, 지식산업사.

박영희, 『박영희 전집』, 이동희 · 노상래 편, 영남대학교출판부, 1997.

박태원, 『구보가 아즉 박태원일 때』, 류보선 편, 깊은샘, 2005.

백 석, 『백석 시 전집』, 이동순 편, 창작사, 1987.

______, 『백석을 만나다』, 이숭원 편, 태학사, 2008.

______, 『백석 전집』, 김재용 편, 실천문학사, 2001.

______, 『백석 전집』, 김학동 편, 새문사, 1990.
______, 『집게네 네형제』, 조선작가동맹출판사, 1957.
이 상, 『이상문학전집』, 김주현 편, 소명출판, 2005.
______, 『이상전집』, 권영민 편, 뿔, 2009.
______, 『증보판 정본 이상문학전집』, 김주현 편, 소명출판, 2009.
이양하, 『이양하 추념문집』, 민중서관 공무국, 1964.
이태준, 『이태준 문학전집』, 이광희 편, 서음출판사, 1988.
이효석, 『이효석 전집』, 창미사, 1983.
임 화, 『임화 문학예술전집』, 임화문학예술전집 편찬위원회 편, 소명출판, 2009.
정지용, 『정지용 전집』, 김학동 편, 민음사, 2003.
정현웅, 『정현웅 전집』, 정현웅 기념사업회, 청년사, 2011.
최재서, 『문학과 지성』, 인문사, 1938.

2. 국내 논문 및 단행본

강민성, 「한국근대신문소설 삽화 연구, 1910~1920년대를 중심으로」, 이화여자대학교 대학원 석사학위 논문, 2002.
강희근, 「삼사문학연구 — 시를 중심으로」, 『한국문학연구』 제5집, 동국대학교 한국문학연구소, 1982.
권승혁, 「현대 영미시의 시각화에 대하여」, 『영어영문학연구』 47권 1호, 한국중앙영어영문학회, 2005.
권영민, 『이상 텍스트 연구』, 뿔, 2009.
______, 『정지용 시 126편 다시 읽기』, 민음사, 2004.
권행가, 「곡예사와 화가의 자화상 — 정현웅의 일제 강점기 작품」, 『시대의 눈 한국근현대미술가론』, 학고재, 2011.
기혜경, 「1920, 30년대 한국 근대미술과 문학의 교류상에 관한 연구」, 홍익대학교 대학원 석사학위 논문, 1998.
김미지, 「박태원 소설의 담론 구성 방식과 수사학 연구」, 서울대학교 대학원 박사학위 논문, 2008.
김민수, 「시각예술의 관점에서 본 이상 시의 혁명성」, 『이상 문학 연구 60년』, 문학사상사, 1998.
_____, 『멀티미디어 인간 이상은 이렇게 말했다』, 생각의 나무, 1999.
김민정, 『한국 근대문학의 유인과 미적 좌표』, 소명출판, 2004.
김병익, 「작가란 무엇인가」, 『문학의 새로운 이해』, 문학과 지성사, 1996.
김용직, 『현대경향시 해석 비판』, 느티나무, 1991.
김윤식, 「이념에서 서정으로, 카프 시인 권환의 삶」, 『문학사상』, 2005.6.
_____, 「이상 문학 연구의 어떤 방향성」, 『발견으로서의 한국현대문학사』, 서울대학교출판부, 1997.
_____, 『일제 말기 한국 작가의 일본어 글쓰기론』, 서울대학교출판부, 2004
_____, 『한국근대문예비평사연구』, 일지사, 1984.
_____, 『한국근대문학사상사』, 한길사, 1984.
_____, 『한국근대문학양식논고』, 아세아문화사, 1980.
김윤식・김현, 『한국문학사』, 민음사, 1987.
김재홍, 「시인 정지용의 언어 미술: 그의 시에 쓰인 활자의 이해」, 『기초조형학연구』 9권 1호, 한국기초조형학회, 2008.2.
김정동, 「이상의 「날개」에 나타난 건축적 이미지에 관한 연구 — 1930년대 경성거리를 중심으로」, 『건축・도시환경연구』 제8호, 목원대학교 건축도시연구센터, 2000.
김종원・정중헌, 『우리 영화 백년』, 현암사, 2001.
김주현, 『이상 소설 연구』, 소명출판, 1999.
김준오, 『한국현대장르비평론』, 문학과 지성사, 1990.
김진하, 「자연주의적 리얼리즘 목판화의 백미」, 『나무거울』, 품, 2007.
김현숙, 「구본웅의 작품을 통해 본 모더니즘 수용의 일례」, 『미술사연구』 제11호, 미술사연구회, 1998.
_____, 「김찬영 연구」, 『한국근대미술사학』 제6집, 한국근대미술사학회, 1998.
김호영, 「1920년대 프랑스의 영화예술운동: 아방가르드, 초현실주의, 인상주의 영화」, 『유럽영화예술』, 한울아카데미, 2003.
나은진, 「박태원 소설의 기호학적 의미구조론」, 이화여자대학교 대학원 석사학위 논문, 1991.
나희덕, 「김기림의 영화적 글쓰기와 문명의 관상학」, 『배달말』 제38호, 배달말학회, 2006.

난　명, 「“여자의 눈”은 왜 찢어졌는가」, 『한국현대문학연구』 제30집, 한국현대문학회, 2010.

박슬기, 「‘질주’의 이중적 계보학」, 『이상의 사상과 예술』, 신구문화사, 2007.

박암종, 「도서장정의 사적 변화와 특성」, 『출판잡지연구』 501호, 통권 5호, 출판문학학회, 1997.

박영정, 『한국 근대 연극과 재일본 조선의 연극 운동』, 연극과 인간, 2007.

박용규, 「일제하 민간기자 집단의 사회적 특성의 변화 과정에 관한 연구」, 서울대학교 대학원 박사학위 논문, 1994.

박현수, 「이상의 아방가르드 시학과 백화점의 문화기호학」, 『이상 문학 연구의 새로운 지평』, 역락, 2006.

______, 『모더니즘과 포스트모더니즘의 수사학』, 소명출판, 2003.

서경석, 「카프에 대한 카프 주변부의 비판과 그 가능성」, 『어문론총』 제41호, 한국문학언어학회, 2004.

서울대학교 독어독문과, 『변혁기의 문학운동』, 1987.

서재길, 「한국 근대 방송문예 연구」, 서울대학교 대학원 박사학위 논문, 2007.

소래섭, 「정지용의 시 〈유선애상〉의 소재와 의미」, 『한국현대문학연구』 제20집, 한국현대문학회, 2006.12.

신범순, 『이상의 무한정원 삼차각 나비』, 현암사, 2007.

______, 『노래의 상상계 — ‘수사’와 존재생태 기호학』, 서울대학교출판문화원, 2011.

신수경・최리선, 『정현웅 — 시대와 예술의 경계인』, 돌베개, 2012.

안동림, 『이 한 장의 명반』, 현암사, 1997.

안미현, 「불유쾌한 시간을 위한 생산적 유희」, 『독일문학』 83권, 한국독어독문학회, 2002.

안병학, 「글자 개념의 인식론적 변화로 본 타이포그라피」, 『한국콘텐츠학회논문지』 7권 10호, 한국콘텐츠학회, 2007.

안상수, 「타이포그라피적 관점에서 본 이상 시에 대한 연구」, 한양대학교 대학원 박사학위 논문, 1995.

양승국, 「한국 근대 희극의 존재 형식과 웃음의 구조」, 『한국의 웃음 문화』, 소명출판, 2008.

여선정, 「무성영화시대 식민도시 서울이 영화 관람성 연구」, 중앙대학교 대학원 석사학위 논문, 1999.

오태환, 「파라솔의 비유관계와 의미구조 연구」, 『어문논집』 57권, 민족어문학회, 2008.4.
유선영, 「초기 영화의 문화적 수용과 관객성 — 근대적 시각문화의 변조와 재배치」, 『언론과사회』 12권 1호, 성곡언론문화재단, 2004.
유종호, 『문학이란 무엇인가』, 민음사, 1989.
육영수, 『책과 독서의 문화사』, 책세상, 2010.
윤기황·이상욱·최보근, 「소리, 문자, 그래픽 작품의 매체별 기본 속성에 관한 연구」, 『독일어문학』 24권, 한국독일어문학회, 2004.
윤새준, 「한국 출판물 장정의 미적 표현과 가치에 관한 연구 — 근대 이전 출판물을 중심으로」, 『한국출판학 연구』 제55호, 한국출판학회, 2008.
이강숙 외, 『우리 양악 100년』, 현암사, 2001.
이경모, 「영광과 고뇌의 백수, 장발의 삶과 작품 세계」, 『미술세계』 통권 198호, 미술세계, 2001.5.
이명찬, 『1930년대 한국 시의 근대성』, 소명출판, 2000.
이보경, 「한중 언문일치 운동과 영미 이미지즘」, 『중국현대문학』 제31호, 한국중국현대문학학회, 2004.
이보영 외, 「서구문학의 수용과 그 한국적 변용」, 『세계문학비교연구』 제2집, 세계문학비교학회, 1997.
이상면, 「초기의 영화 논쟁, 문자 매체와 영상 매체에 대한 논의 1910~1930」, 『비교문학』 제27집, 한국비교문학회, 2001.
이숭원, 『정지용 시의 심층적 탐구』, 태학사, 1999.
이정배, 「1930년대 한국문학과 영화의 상관성 연구」, 강원대학교 대학원 석사학위 논문, 2003.
이준우, 「한국 신문의 문화적 기능 변천에 관한 연구 — 1920년부터 1984년까지의 조선일보, 동아일보를 중심으로」, 연세대학교 대학원 박사학위 논문, 1987.
이현석, 「이상 텍스트해석에 있어서의 고유명의 문제」, 『한국 현대문학의 근대성 탐구』, 문학사와 비평연구회 편, 새미, 2000.
임태훈, 「'소리'의 모더니티와 '音景'의 발견」, 『민족문학사연구』 38권, 민족문학사학회·민족문학사연구소, 2008.
장만호, 「문학에서 문화로」, 『한국근대문학연구』 제22호, 한국근대문학회, 2010.
장수진, 「한국 출판물 장정의 미적 표현과 가치에 관한 연구 — 근대 이전 출판물을 중심으로」, 『일러스트레이션포럼』, Vol.18, 한국일러스트레이션학회, 2009.
전성태, 「방언적 상상력」, 『내일을 여는 작가』 제24호, 한국작가회의, 2004, 봄호.
정재찬, 「시와 정치의 긴장 관계 — 시인 권환 론」, 『한국현대리얼리즘 시인론』, 윤여탁 · 오성호 편, 태학사, 1990.
정주영, 「파스큐라의 미술론」, 『미술 이론과 현장』 제5호, 2007.
정진석, 「인물로 본 한국 언론 100년」, 『신문과 방송』, 한국언론연구원, 1992.
정진석 · 오영식 편저, 「정현웅의 장정 이야기」, 『틀을 돌파하는 미술 — 정현웅 미술작품집』, 소명출판, 2012.
정해룡, 「벤 존슨의 에피그람 연구」, 『영미어문학』 제39집, 새한영어영문학회, 1998.5.
정현웅 기념 사업회, 『만화가 정현웅의 재발견』, 현실문화, 2012.
정희경, 『은유, 그 형식과 의미 작용』, 서울대학교출판부, 2000.
조연정, 「1920~30년대 대중들의 영화체험과 문인들의 영화체험」, 『한국현대문학연구』 제14집, 한국현대문학회, 2003.
조영복, 「1930년대 문학의 테크놀로지 매체의 수용과 매체 혼종」, 『어문연구』 제142호, 한국어문교육연구회, 2009.
______, 「1930년대 신문 학예면과 문인기자 집단」, 『한국현대문학연구』 제12집, 한국현대문학회, 2002.
______, 「1930년대 혼종 텍스트와 화문 양식」, 『어문연구』 제153호, 한국어문교육연구회, 2011.
______, 「김기림 시론의 기계주의적 관점과 영화시」, 『한국현대문학연구』 제26집, 한국현대문학회, 2008.
______, 「백석의 시 「나와 나타샤와 힌당나귀」의 정현웅이 그린 삽화」, 『근대서지』 제3호, 소명출판, 2011.
______, 「소리 매체의 귀환과 라디오시의 장르적 모색 — 1930년대 라디오, 영화, 축음기의 매체적 문화적 혼종성」, 한국어문회 학술발표회 논문집, 2009.4.
______, 「이상의 예술 체험과 1930년대 예술 공동체의 기원 — '제비'의 라보엠적 기원과 르네 클레르 영화의 수용」, 『한국현대문학연구』 제23집, 한국현대문학회, 2007.
______, 「이상 혹은 리토르넬로의 비교교유록」, 『이상의 사상과 예술』, 신구문화사, 2007.
______, 「정지용의 「파라솔/명모」 연구」, 『한국현대문학연구』 제36호, 한국현대문학

회, 2012.
_____, 『1920년대 초기 시의 이념과 미학』, 소명출판, 2004.
_____, 『문인기자 김기림과 1930년대 '활자—도서관'의 꿈』, 살림, 2007.
_____, 『원형 도상의 언어적 기원과 현대시의 심연』, 소명출판, 2012.
_____, 『월북 예술가 오래 잊혀진 그들』, 돌베개, 2002.
조용만, 『30년대의 문화예술인들』, 범양사출판부, 1989.
_____, 『울밑에 핀 봉선화야』, 범양사출판부, 1985.
_____, 『한국신문화운동사』, 정음사, 1975.
조은주, 「박태원과 이상의 문학적 공유점—거울과 음악, 산책의 모티프를 중심으로」, 『한국현대문학연구』 제23집, 한국현대문학회, 2007.
_____, 「이상 문학의 건축학적 시선과 '미궁' 모티프—1930년대의 건축학적 이념과 모홀리—나기와의 연관성을 중심으로」, 『어문연구』 36권 1호, 한국어문교육연구회, 2008.
최리선, 「정현웅의 작품 세계 연구」, 서울대학교 대학원 석사학위 논문, 2005.
최 열, 『한국 근대미술의 역사』, 열화당, 2006.
한국문화상징사전 편찬위원회, 『한국문화상징사전』, 동아출판, 1995.
홍은택, 「영미 이미지즘 이론의 한국적 수용 양상」, 『국제어문』 제27집, 국제어문학회, 2003.
황호덕, 「한국 모더니즘과 영화—이상, 매트로폴리탄, 활동사진」, 『한국사상과 문화』 15집, 한국사상문화학회, 2002.

Adorno, Theodor W., 『미학이론』, 홍승용 역, 문학과 지성사, 1989.
Agel, Henri, 『영화미학』, 조병옥 역, 탐구당, 1989.
Bergson, Henri, 『의식에 직접 주어진 것들에 관한 시론』, 최화 옮김, 아카넷, 2001.
Bolz, Norbert W., 『구텐베르크 은하계의 끝에서』, 윤종석 옮김, 문학과 지성사, 2000.
Bourdieu, Pierre, 『상징폭력과 문화재생산』, 정일준 옮김, 새물결, 1995.
_____, 『예술의 규칙』, 하태환 옮김, 동문선, 2002.
Deleuze, Gilles, 『시네마 1: 운동—이미지』, 유준상 옮김, 시각과 언어, 2002.
_____, 『시네마 2: 시간—이미지』, 이정하 옮김, 시각과 언어, 2005.
Deleuze, Gilles & Félix Guattari, 『천개의 고원』, 김재인 역, 새물결, 2003.
Derrida, Jacques, 『그라마톨로지에 대하여』, 김웅권 역, 동문선, 2004.

Donaldson, Scott, 『헤밍웨이 Vs. 피츠제럴드』, 강미경 옮김, 갑인공방, 2002.
Durand, Gilbert, 『상상계의 인류학적 구조들』, 진형준 옮김, 문학동네, 1992.
Eco, Umberto, 『열린 예술작품』, 조형준 역, 새물결, 2006.
Faulstich, Werner, 『근대초기 매체의 역사』, 황대현 역, 지식의 풍경, 2007.
Fischer, Steven R., 『읽기의 역사』, 신기식 옮김, 지영사, 2011.
Flam, Jack D., 『세기의 우정과 경쟁 마티스와 피카소』, 이영주 옮김, 예경, 2005.
Foucault, Michel, 『말과 사물』, 이광래 역, 민음사, 1993.
Gale, Matthew, 『다다와 초현실주의』, 오진경 옮김, 한길아트, 2001.
Giannetti, Louis D., 『영화의 이해』, 김진해 역, 현암사, 1996.
Hauser, Arnold, 『문학과 예술의 사회사』, 백낙청 외 역, 창작과 비평사, 1985.
Jakobson, Roman, 『문학 속의 언어학』, 신문수 편역, 문학과 지성사, 1989.
Klüver, Billy, 『피카소와 함께 한 어느날 오후』, 이계숙 역, 창조집단시발구, 2000.
Korff, Malte, 『아마데우스 모차르트』, 김윤소 옮김, 인물과 사상사, 1998.
Kundera, Milan, 『사유하는 존재의 아름다움』, 김병욱 옮김, 청년사, 1994.
Lévi-Strauss, Claude, 『보다, 듣다, 읽다』, 고봉만 외 옮김, 이매진, 2005.
______, 『신화학 1. 날 것과 익힌 것』, 임봉길 옮김, 한길사, 2005.
Lévy, Pierre, 『누스페어』, 김동윤 외 역, 생각의 나무, 2003.
Loxley, Simon, 『타이포그래피의 역사』, 송성재 옮김, 생각의 나무, 2005.
Lunn, Eugene, 『마르크시즘과 모더니즘』, 김병익 역, 문학과 지성사, 1996.
McLuhan, Marshall, 『미디어의 이해』, 박정규 역, 커뮤니케이션북스, 2001.
Nietzsche, Friedrich, 『짜라투스트라는 이렇게 말했다』, 최승자 옮김, 청하, 1992.
Ong, Walter J., 『구술문화와 문자문화』, 이기우, 임명진 옮김, 문예출판사, 1996.
Pincherle, Marc, 『바이올린 음악의 역사』, 대학음악저작연구회 역, 삼호출판사, 1989.
Pitrou, Robert, 『프랑스 근대 음악의 대작곡가들』, 편집부 역, 삼호출판사, 1993.
Ray, Man, 『나는 다다다』, 김우룡 역, 미메시스, 2005.
Raymond, Marcel, 『프랑스 현대 시사』, 김화영 역, 문학과 지성사, 1989.
Richards, I.A., 『문학 비평의 원리』, 이선주 역, 동인, 2005.
Said, Edward W., 『평행과 역설』, 장영준 역, 생각의 나무, 2003.
Spiekermann, Erik. & E. M. Ginger, 『타이포그래피 에세이』, 김주성, 이용신 옮김, 안그라픽스, 2010.
Steiger, Emil, 『시학의 근본개념』, 이유영 외 역, 삼중당, 1978.

Stein, Elliot, 〈Le Million〉 해설, creterionco, 2000.

Stravinsky, Igor Fydorovich, 『나의 생애와 음악』, 박문정 역, 지문사, 1990.

Swingewood, Alan, 『문화사회학 이론을 향하여 — 문화이론과 근대성의 문제』, 박형신・김민규 옮김, 한울아카데미, 2004.

Thompson, Kristin & David Bordwell, 『세계영화사』, 주진숙 외 옮김, 시각과 언어, 2000.

Trousson, Raymond, 「주제의 연구: 방법론의 문제」, 이재선 편역, 『문학 주제학이란 무엇인가』, 민음사, 1996.

Walter K. Lew, 「이상의 〈산촌여정, 성천 기행 중의 몇 절〉에 나타나는 활동사진과 공동체적인 동일시」, 『역 TRANS』 창간호, 씨앗을 뿌리는 사람, 1999.

Wane De Fremery, 「1920년대 한성도서 인쇄인 노기정에 대하여」, 『근대서지』 제4호, 2011.

Wellek, Rene & Austin Warren, 『문학의 이론』, 백철・김병철 역, 신구문화사, 1982.

Zizek, Slavoj & Mladen Dolar, 『오페라의 두번째 죽음』, 이성민 옮김, 민음사, 2002.

加藤邦男, 『건축과 시 — 폴 발레리의 건축론』, 박재삼 역, 기문당, 1982.

柄谷行人, 『은유로서의 건축 언어, 수, 화폐』, 김재희 옮김, 한나래, 1999.

吉見俊哉, 『소리의 자본주의』, 송태욱 옮김, 이매진, 2005.

永嶺重敏, 『독서국민의 탄생』, 송태욱 역, 푸른역사, 2010.

林洋子, 「후지타 츠구하루: 노마드적 파리지앵에서 다아스포라로」, 『한국근현대미술사학』 제18집, 한국근대현대미술사학회, 2007.

3. 해외 논저

Altman, Rick, "Deep–Focus Sound: Citizen Kane and the Radio Aesthetic", *Quarterly Review of Film & Video*, Vol.15, No.3, 1994.

Benjamin, Walter, "The Work of Art in the Mechanical Age of Reproduction," *Film Theory and Criticism*, Gerald Mast, Marschall Cohen and Leo Braudy (ed.), Oxford: Oxford UP, 1974.

Boon, Kevin Alexander, "The Screenplay, Imagism, and Modern Aesthetics",

Literature/Film Quarterly, Vol.36, No.4, 2008.

Cinematographe, 1893~98, *PMLA*, Vol.120, No.1, Jan. 2005.

Clair, René, *Reflections on the Cinema*, William Kimber, 1953.

Cocteau, Jean, *Cocteau's World: An Anthology of Writings by Jean Cocteau*, Magaret Crosland (ed.), *Dodd Mead*, 1973.

_____, *Drawings; 129 drawings from "Dessins."*, Dover Publications, N.Y., 1972.

Degan, Dario Del, "Crossing borders: Towards a cognitive aesthetic approach to Caravaggio and Beckett", *Semiotics*, Vol.157, 2005.

Eliot, T.S., "The Music of Poetry", *Partisan Review* 9, Nov.-Dec. 1942.

Greene Naomi, *René Cclair a guide to references and resources*, G.K. Hall & cO, 1985.

Haraway, Donna, "A Cyborg Manifesto", Simians, Cyborgs, and Woman, Routledge, 1991.

Hornby, Louise, "Cinema and Modrenism", James Joyce Quarterly, Vol.46, No.3-3, Spring-Summer, 2009.

Kaplan, Milton A., "American Speech in Radio Poetry", American Speech, Vol.19, No.1, Feb. 1944.

Keith, Michael C., "Sound Effect", Museum of Broadcast Communications Encycropedia of Radio, Vol.13, 2004.

Kittler, Friedrich A., *Gramophone, Film, Typewriter*, Geoffrey Winthrop-Young & Michael Wutz (trans.), Stanford Univ. Press, 1999.

Kong, Ying, "Cinematic Techniques in Modernist Poetry", *Literature-film Quarterly* Vol.33, No.1, 2005.

Kuh, Katharine, "Fernand Léger: Pioneering The Present", *My Love Affair with Modern Art*, Arcade Publishing Inc., New York, 2006.

Llorens, Didac, "The Analysis of Poetic Imagery", *Jornades de Foment de la investigacio*. (인터넷 자료)

Macdonald, Scott, "Poetry and Avant-Garde Film: Three Recent Contributions," *Poetics Today*, Vol.28, No.1, Spring, 2007.

Mccabe, Susan, "The "Ballet Mecanique" of Marianne Moorer's Cinematic Modernism", *Mosaic: A Journal for The Interdisciplinary Study of Literature*,

Vol.32, No.2, Jun. 2000.

Oxenhandler, Neal, "Poetry in Three Films of Jean Cocteau", *Yale French Studies*, No.17, Art of Cinema, 1956.

Pasler, Jann, "Music as confrontation: The Musical Sources of Jean Cocteau's Identity", *The Musical Quarterly*, Vol.75, No.3, Autumn 1991.

Sennwald, Andre, "movie review", *New York Times*, 1935.10.30.

Somigli, Luca, "The Mirror of Modernity: Marinetti's Early Criticism Between Decadence and 'Renaissance Latine'", *The Romanic Review*, Vol.97, No.3-4, Trusteers of Columbia Univ., 2006.

Trotter, David, "T.S Eliot and Cinema", *Modernism/Modernity*, Vol.13, No.2, Apr. 2006.

Wall-Romana, Christophe, "Mallarmé's Cinepoetics: The Poem Uncoiled by the Cinématograple, 1893~98, *PMLA*, Vol.120, No.1, Jan. 2005.

Wellek, Rene & Austine Warren, *Theory of Literature*, A Harvest Book, Third Edition, 1984.

찾아보기

국문 인명

[ㄱ]

외국 인명

사항

[ㄴ]

[ㅁ]

[ㅂ]

[ㅅ]

[ㅇ]

[ㅋ]

[ㅌ]

[ㅍ]

<Abstract>

Cross, Watch, Listen and Read : The 1930s Literary World's Borders–Crossing and Poetics of Openness

Youngbok Cho

The purpose of this volume's study aims to shine a light on the Korean literature of the 1930s by focusing on "borders–crossing" and "hybridity" as its main context. Literature, art, music, and film had no clear divisions in those days. Instead, when we look at the 1930s literature from this perspective, we find that there is a map of mix–blooded aesthetics; a philosophy of openness for the crossing of boundaries among genres; between oneself and the other. The hybrid écriture, visible in the community of the writer–painters (artist) and the double textuality of "letters"–"pictures", is the true landscape of the 1930s literature. The institution of journalism, networking, and the ideology of avant–garde aesthetics are, in essence, mutually woven monad that support the structures of the 1930s literary movements. "borders–crossing" and "hybridity" form the core of the 1930s literature's aesthetic independence and experience. The composition of modern Korean literature cannot be reduced to fit into the conformity of 'modernism/realism', and the literary world of the 1930s cannot be reshuffled into such binary classification.

For the people of letters during the Japanese colonial era, to fall in love with books was a fateful act. For the lovers of books (philobiblion), it is difficult to be satisfied with the electronic signs of the digital age. The ones mad for books are not merely reading the printed words, but are feeling with all their bodily senses the aura of the book that surround the letters and types. Their persistency of this dream fantasy for the book is unparalleled, and their tenacious investigation into the printed "type", by which they cover their bodies with the words of the book, is a strategy to console their spiritual aristocratism. The hallucinatory experience that follows after they close the book, in which the types are removed from their bodies, substitute their real material destitution. The paper-white complexions hide the deficiency and the emptiness of their limbs, allowing them to become the metaphor for the perfect spirit of the book. They had to weigh their whole existence on the book. It was the only way for the book lovers of the 1930s to tunnel through the darkness of the colonized reality.

A person of letters in the 1930s was constantly caught in a relationship with the journalistic media, like magazines and newspapers, in internal/external and/or in direct/indirect ways. A writer was passionately inspired by the new electronic media like film, and poured his or her freshly gained awareness of the new media into the production of creative and experimental texts. There were many factors that set this generation of Korean literary artists apart from those that came before in the 1920s. Most of the younger generation had a professional knowledge of literature, arts, and film, and they were able to take advantage of the newspaper's literary page institutionally. This was the force behind how the writers' groups such as 'the Nine(구인회)' and 'the Syntax School(문장파)' were able to become the center of the new literary movements in the 1930s, as they went up and down the stair of the literature, producing their 'hybrid' texts.

For example, one of the remarkable features of the 1930s Korean literature is its hybrid texts of letters and pictures. When one looks at the original texts through facsimiles, illustrations, and book designs that the collaboration of writers and painters produced, one feels their breath blowing on the wind of Time across the valley of Souls. Yi Sang was a poet and a fiction writer, but he actively realized his literary imagination as a multi-artist working as a painter, a media theorist, an architect, a book designer, and an illustrator. In the frontispiece of Kim Ki-rim's book the Weather Map(기상도) that Yi Sang designed, the three Korean words "기(ki)", "상(sang)", "도(do)" that together mean the title of the book are perspectively manipulated into specific types so that the words visualize the speed of spirituality and civilization running off like a hurricane. Jung Hyun-Woong, who worked together with poet Baek Seok at a newspaper company, illustrated Me and Natasha and the White Donkey(나와 나타샤와 흰 당나귀). This illustration is able to densely visualize the poet's innocent interiority and his lyrical aura, which is something the written words of the text find difficult to transfer to the reader only by themselves. The book binding for Yi Tae-joon's collection of short stories Moon Light(달밤) was made by Kim yong-joon, and it shows off a classical and graceful design, visualizing and materializing Yi Tae-joon's esthetic aestheticism. These hybrid texts, in which 'letters' and 'pictures are mixed together, have visual and material auras that the knowledge of letters can neither approach nor produce. If 'aura' is a 'distant longing from far away', this study explores such auratic materiality and sensibility of the 1930s Korean literature.

How many researches and studies are out their that reduce the scope of the 1930s literature by focusing on the problematic issue of "legitimate" literature only? Those works that are caught in the microscopic web of "borders-crossing" and "hybridity" are the "unlucky ones", seen merely as a surplus of the literary happenings, that the macroscopic and genre-dividing academicism's big frames could not catch. If only the texts that are overtly 'literary' belonged to the 'good ones' until now, it is now time for us to shift our attention to the texts that are so blatantly out of the sphere of traditional literature, these 'bad ones', and the literary happenings in which they were mixed in.

In order to tow this perspective, this volume's study considers the substructure of the 1930s literature, as in its socio-cultural environment, as an environment of the technological age and the new media, bearing in mind the journalistic institution of the newspaper's literary page and the networking of writers that was at the center of it. Exploration of these topics is to study the problems of art's interiority and such literary problems like genre, form, and style. Therefore, this volume considers the problems of the text's hybridity, the changing sensibilities, écriture of reading and writing, new media genres, and et cetera that form the individualistic, defined, and microscopic literary environment and its transformations.

조영복

서울대학교 국어국문학과를 졸업했으며, 동 대학원에서 현대시를 전공했다. 광운대학교 국어국문학과 교수를 거쳐 현재 광운대학교 동북아문화산업학부 교수로 재직 중이다. 학생들에게 시적 상상력의 중요성과 문학의 인문학적 가치를 가르치고 있다. 저서로는 『월북 예술가, 오래 잊혀진 그들』(2002), 『1920년대 초기 시의 이념과 미학』(2004), 『문인기자 김기림과 1930년대 '활자 도서관'의 꿈』(2007), 『원형 도상의 언어적 기원과 현대시의 심연』(2012), 『깨어진 거울의 눈 — 문학이란 무엇인가』(2000, 공저), 『니체, 철학의 주사위』(1993, 공역), 『날개』(2011, 편저) 등이 있다.

넘다, 보다, 듣다, 읽다

1930년대 문학의 '경계넘기'와 '개방성'의 시학

펴낸곳 서울대학교출판문화원
펴낸이 오연천
지은이 조영복

초판 1쇄 인쇄 2013년 11월 15일
초판 1쇄 발행 2013년 11월 20일

출판등록 제15-3호
주소 서울 관악구 관악로 1 우편번호 151-742
대표전화 02-880-5252 **팩스** 02-888-4148
마케팅팀(주문·상담) 02-889-4424, 02-880-7995
이메일 snubook@snu.ac.kr
홈페이지 www.snupress.com
영문홈페이지 eng.snupress.com

ISBN 978-89-521-1428-0 93810